史记

三

原著◎西汉·司马迁

文白对照版

主编◎赖咏

中国书店

史记卷二十一

建元已来王子侯者年表第九

制诏御史:[1]"诸侯王或欲推私恩分子弟邑者,[2]令各条上,[3]朕且临定其号名。"[4]

【注释】[1]"制诏",皇帝的书面命令。"御史",此指御史大夫,官名,为三公之一,协助丞相处理政务,并掌纠察弹劾之事,管理国家图籍档案。汉代皇帝颁行制度,用制书。制书的文字都用"制诏某某(三公官名)"开头,加玺封固,再用尚书令印重封,然后颁布州郡。这一制书是武帝元朔二年(公元前一二七年)颁布的。 [2]"诸侯王",汉代皇子封王,都有自己的封国、官属,其地位相当于周代的诸侯,称诸侯王。"推私恩",谓推行、施加私人的恩惠。按,汉初规定诸侯王死后,由其嫡子继位,而其他儿子无尺土之封。武帝采纳主父偃的建议,令诸侯王得推行私恩,分地给子弟为侯。从此每一诸侯王国中又分出若干小侯国,诸侯王的势力大大削弱。 [3]"条上",分列上报。 [4]"朕",音zhèn,皇帝自称。上古不论贵贱,皆可自称为朕,自秦始皇起,只有皇帝或临朝听政的皇太后才可称朕。

【译文】皇上下诏给御史大夫说:"诸侯王凡有愿意把恩惠推及自己的私亲,分封子弟城邑的,命令他们各自条列上报,朕将临时决定这些王子侯的名号。"

太史公曰:盛哉,天子之德! 一人有庆,天下赖之。[1]

【注释】[1]"一人有庆,天下赖之",这两句话本自《书·吕刑》:"一人有庆,兆民赖之。"

【译文】太史公说:真是伟大啊,天子的圣德!他一人有了喜庆,天下都跟着沾光。

国名	兹[7]	安成[11]	宜春[14]	句容[16]
王子号	河间献王子。[8]	长沙定王子。[12]	长沙定王子。	长沙定王子。
元光[1]	五年正月壬子,侯刘明元年。 二	六年七月乙巳,思侯刘苍元年。[13] 一	六年七月乙巳,侯刘成元年。 一	六年七月乙巳,哀侯刘党元年。[17] 一
元朔[2]	二 三年,侯明坐谋反杀人,[9]弃市,[10]国除。			元年,哀侯党薨,[18]无后,国除。
元狩[3]		六	六	
元鼎[4]		六	六	
元封[5]		元年,今侯自当元年。 六	四 五年,侯成坐酎金,[15]国除。	
太初[6]		六		
		四		

句陵[19]	杏山[20]	浮丘[23]	广戚[25]	丹杨[28]	盱台[30]
长沙定王子。	楚安王子。[21]	楚安王子。	鲁共王子。[26]	江都易王子。[29]	江都易王子。
六年七月乙巳,侯刘福元年。 一	六年后九月壬戌,[22]侯刘成元年。 一	六年后九月壬戌,侯刘不审元年。[24] 一			
  六	 六	 六	元年十月丁酉,节侯刘择元年。[27] 六	元年十二月甲辰,哀侯敢元年。 六	元年十二月甲辰,侯刘象之元年。[31] 六
  六	 六	四 五年,侯霸元年。 二	元年,侯始元年。 六	元狩元年,侯敢薨,无后,国除。	 六
四 五年,侯福坐酎金,国除。	四 五年,侯成坐酎金,国除。	四 五年,侯霸坐酎金,国除。	四 五年,侯始坐酎金,国除。		四 五年,侯象之坐酎金,国除。

湖孰[32]	秩阳[34]	睢陵[36]	龙丘[37]	张梁[39]	剧[41]
江都易王子。	江都易王子。	江都易王子。	江都易王子。[38]	江都易王子。[40]	菑川懿王子。[42]
元年正月丁卯,顷侯刘胥元年。[33]	元年正月丁卯,终侯刘涟元年。[35]	元年正月丁卯,侯刘定国元年。	二年五月乙巳,侯刘代元年。	二年五月乙巳,哀侯刘仁元年。	二年五月乙巳,原侯刘错元年。[43]
六	六	六	五	五	五
六	六	六	六	六	六
四 五年,今侯圣元年。 二	三 四年,终侯涟薨,无后,国除。	四 五年,侯定国坐酎金,国除。	四 五年,侯代坐酎金,国除。	二 三年,今侯顺元年。 四	一 二年,孝侯广昌元年。[44] 五
六				六	六
四				四	四

壤[45]	平望[48]	临原[49]	葛魁[50]	益都[53]	平酌[54]
菑川懿王子。	菑川懿王子。	菑川懿王子。	菑川懿王子。	菑川懿王子。	菑川懿王子。
二年五月乙巳,夷侯刘高遂元年。[46]	二年五月乙巳,夷侯刘赏元年。	二年五月乙巳,敬侯刘始昌元年。	二年五月乙巳,节侯刘宽元年。[51]	二年五月乙巳,侯刘胡元年。	二年五月乙巳,戴侯刘彊元年。[55]
五	五	五	五	五	五
六	二三年,今侯楚人元年。 四	六	三四年,侯戚元年。 三	六	六
元年,今侯延元年。[47] 六	六	六	二三年,侯戚坐杀人,[52]弃市,国除。 六	六	元年,思侯中时元年。[56] 六
六	六	六		六	六
四	四	四		四	四

剧魁[57]	寿梁[60]	平度[61]	宜成[63]	临朐[65]	雷[67]
菑川懿王子。	菑川懿王子。	菑川懿王子。	菑川懿王子。	菑川懿王子。	城阳共王子。[68]
二年五月乙巳,夷侯刘墨元年。[58]	二年五月乙巳,侯刘守元年。	二年五月乙巳,侯刘衍元年。[62]	二年五月乙巳,康侯刘偃元年。[64]	二年五月乙巳,哀侯刘奴元年。[66]	二年五月甲戌,侯刘稀元年。[69]
五	五	五	五	五	五
					六
六	六	六	六	六	
	四 五年,侯守坐酎金,国除。		元年,侯福元年。 六		五 五年,侯稀坐酎金,国除。
六		六		六	
三 元年,侯昭元年。[59] 四年,侯德元年。 三		六	六	六	
四		四	元年,侯福坐杀弟,弃市,国除。	四	

东莞[70]	辟[72]	尉文[74]	封斯[76]	榆丘[78]
城阳共王子。	城阳共王子。	赵敬肃王子。[75]	赵敬肃王子。	赵敬肃王子。
三　二年五月甲戌,侯刘吉元年。五年,侯吉有痼疾,[71]不朝,废,国除。	三　二年五月甲戌,节侯刘壮元年。五年,侯朋元年。[73]　二	二年六月甲午,节侯刘丙元年。　五	二年六月甲午,共侯刘胡阳元年。[77]　五	二年六月甲午,侯刘寿福元年。[79]　五
		元年,侯犊元年。　六		
		六	六	六
	四五年,侯朋坐酎金,国除。	四五年,侯犊坐酎金,国除。		四五年,侯寿福坐酎金,国除。
			六	
			六	
			三年,今侯如意元年。二	

襄嚵[80]	邯会[81]	朝[82]	东城[83]	阴城[85]	广望[87]
赵敬肃王子。	赵敬肃王子。	赵敬肃王子。	赵敬肃王子。	赵敬肃王子。	中山靖王子。[88]
二年六月甲午,侯刘建元年。	二年六月甲午,侯刘仁元年。	二年六月甲午,侯刘义元年。	二年六月甲午,侯刘遗元年。	二年六月甲午,侯刘苍元年。	二年六月甲午,侯刘安中元年。[89]
五	五	五	五	五	五
六	六	六	六	六	六
四 五年,侯建坐酎金,国除。		二 三年,今侯禄元年。	元年,侯遗有罪,国除。[84]		
	六	四		六	六
				元年,侯苍有罪,[86]国除。	
	六	六			六
	四	四			四

将梁[90]	新馆[91]	新处[92]	陉城[93]	蒲领[94]	西熊[96]
中山靖王子。	中山靖王子。	中山靖王子。	中山靖王子。	广川惠王子。[95]	广川惠王子。
二年六月甲午,侯刘朝平元年。	二年六月甲午,侯刘未央元年。	二年六月甲午,侯刘嘉元年。	二年六月甲午,侯刘贞元年。、	三年十月癸酉,侯刘嘉元年。	三年十月癸酉,侯刘明元年。
五	五	五	五	四	四
六	六	六	六		
四 五年,侯朝平坐酎金,国除。	四 五年,侯未央坐酎金,国除。	四 五年,侯嘉坐酎金,国除。	四 五年,侯贞坐酎金,国除。		

枣强[97]	毕梁[98]	房光[100]	距阳[102]	蒌[106]	阿武[108]
广川惠王子。	广川惠王子。	河间献王子。	河间献王子。	河间献王子。	河间献王子。
三年十月癸酉，侯刘晏元年。	三年十月癸酉，侯刘婴元年。	三年十月癸酉，侯刘殷元年。	三年十月癸酉，侯刘匄元年。[103]	三年十月癸酉，侯刘邈元年。[107]	三年十月癸酉，涫侯刘豫元年。[109]
四	四 四	四	四	四	四
			四 五年，侯渡元年。[104]		
	六	六	二	六	六
	元年，侯殷有罪，[101] 国除。		四 五年，侯渡有罪， 国除。[105]		
	六			六	六
	三 四年，侯婴有罪，[99]国除。			元年，今侯婴元年。	
				六	六
				四	二 三年，今侯宽元年。[110] 二

参户〔111〕	州乡〔113〕	成平〔115〕	广〔117〕	盖胥〔118〕	陪安〔119〕
河间献王子。	河间献王子。	河间献王子。	河间献王子。	河间献王子。	济北贞王子。〔120〕
三年十月癸酉,侯刘勉元年。〔112〕 四	三年十月癸酉,节侯刘禁元年。 四	三年十月癸酉,侯刘礼元年。 四	三年十月癸酉,侯刘顺元年。 四	三年十月癸酉,侯刘让元年。 四	三年十月癸酉,康侯刘不害元年。 四
六	六	二 三年,侯礼有罪,国除。〔116〕 六	六	六	六
六	六		四 五年,侯顺坐酎金,国除。	四 五年,侯让坐酎金,国除。	一　二年,〔121〕哀侯秦客元年。 三年,侯秦客薨,无后,国除。 二
六	五 六年,今侯惠元年。〔114〕 一				
四	四				

荣简[122]	周坚[125]	安阳[126]	五据[128]	富[131]	陪[134]
济北贞王子。	济北贞王子。	济北贞王子。	济北贞王子。[129]	济北贞王子。[132]	济北贞王子。
三年十月癸酉,侯刘骞元年。[123]	三年十月癸酉,侯刘何元年。	三年十月癸酉,侯刘桀元年。[127]	三年十月癸酉,侯刘腾丘元年。[130]	三年十月癸酉,侯刘袭元年。[133]	三年十月癸酉,缪侯刘明元年。[135]
四	四	四	四	四	四
二 三年,侯骞有罪,[124] 国除。	四 五年,侯当时元年。 二	四 六	四 六	四 六	四 六
	四 五年,侯当时坐酎金,国除。	六	四 五年,侯腾丘坐酎金,国除。 六	四 六	二 三年,[136]侯邑元年。五年,侯邑坐酎金,国除。 二
		六		六	
		四		四	

丛[137]	平[138]	羽[141]	胡母[143]	离石[145]	邵[148]
济北贞王子。	济北贞王子。[139]	济北贞王子。[142]	济北贞王子。[144]	代共王子。[146]	代共王子。
三年十月癸酉,侯刘信元年。	三年十月癸酉,侯刘遂元年。	三年十月癸酉,侯刘成元年。	三年十月癸酉,侯刘楚元年。	三年正月壬戌,侯刘缩元年。[147]	三年正月壬戌,侯刘慎元年。[149]
四	四	四	四	四	四
	元年,侯遂有罪,[140]国除。				
六		六	六	六	六
四 五年,侯信坐酎金,国除。			四 五年,侯楚坐酎金,国除。		
		六		六	六
		六		六	六
		四		四	四

利昌[150]	蔺[151]	临河[153]	隰成[155]	土军[157]	皋狼[159]
代共王子。	代共王子。	代共王子。	代共王子。	代共王子。	代共王子。
三年正月壬戌,侯刘嘉元年。	三年正月壬戌,侯刘意元年。[152]	三年正月壬戌,侯刘贤元年。[154]	三年正月壬戌,侯刘忠元年。[156]	三年正月壬戌,侯刘郢客元年。	三年正月壬戌,侯刘迁元年。
四					
六					
				侯郢客坐与人妻奸,弃市。[158]	
六					
六					
四					

千章[160]	博阳[162]	宁阳[166]	瑕丘[168]	公丘[170]	郁狼[171]
代共王子。[146]	齐孝王子。[163]	鲁共王子。	鲁共王子。	鲁共王子。	鲁共王子。
三年正月壬戌,侯刘遇元年。[161]	三年三月乙卯,康侯刘就元年。[164]	三年三月乙卯,节侯刘恢元年。[167]	三年三月乙卯,节侯刘贞元年。[169]	三年三月乙卯,夷侯刘顺元年。	三年三月乙卯,侯刘骑元年。[172]
	四	四	四	四	四
	六	六	六	六	六
	二 三年,侯终吉元年。[165] 五年,侯终吉坐酎金,国除。 二	六	六	六	四 五年,侯骑坐酎金,国除。
		六	六	六	
		四	四	四	

西昌[173]	陉城[174]	邯平[175]	武始[176]	象氏[178]	易[180]
鲁共王子。	中山靖王子。	赵敬肃王子。	赵敬肃王子。	赵敬肃王子。	
三年三月乙卯,侯刘敬元年。	三年三月癸酉,侯刘义元年。	三年四月庚辰,侯刘顺元年。	三年四月庚辰,侯刘昌元年。[177]	三年四月庚辰,节侯刘贺元年。	三年四月庚辰,安侯刘平元年。
				四	
四	四	四	四		四
六	六	六	六	六	六
四 五年,侯敬坐酎金,国除。	四 五年,侯义坐酎金,国除。	四 五年,侯顺坐酎金,国除。			
			六	六	六
			二 三年,思侯安德元年。[179]	四 五年,今侯种元年。	
			六	四	二
			四	四	四

洛陵[181]	攸舆[184]	荼陵[186]	建成[189]	安众[190]
长沙定王子。	长沙定王子。	长沙定王子。	长沙定王子。	长沙定王子。
四年三月乙丑,侯刘章元年。[182]	四年三月乙丑,侯刘则元年。	四年三月乙丑,侯刘欣元年。[187] 三	四年二月乙丑,侯刘拾元年。	四年三月乙丑,康侯刘丹元年。
三	三		三	三
一 二年,侯章有罪,[183]国除。			五 六年,侯拾坐不朝,不敬,国除。	
、	六	六	六	六
		一 二年,哀侯阳元年。[188]		
	六	五		六
		六		五 六年,今侯山拊元年。[191]
	六			
	元年,侯则篡死罪,[185]弃市,国除。	元年,侯阳薨,无后,国除。		四

叶[192]	利乡[194]	有利[195]	东平[197]	运平[198]	山州[200]
长沙定王子。	城阳共王子。	城阳共王子。	城阳共王子。	城阳共王子。	城阳共王子。
四年三月乙丑，康侯刘嘉元年。[193]	四年三月乙丑，康侯刘婴元年。	四年三月乙丑，侯刘钉元年。	四年三月乙丑，侯刘庆元年。	四年三月乙丑，侯刘䜣元年。[199]	四年三月乙丑，侯刘齿元年。
三	三	三	三	三	三
	二 三年，侯婴有罪，国除。	元年，侯钉坐遗淮南书称臣，[196] 弃市，国除。	二 三年，侯庆坐与姊妹奸，有罪，国除。		
六				六	六
四 五年，侯嘉坐酎金，国除。				四 五年，侯䜣坐酎金，国除。	四 五年，侯齿坐酎金，国除。

海常[201]	钧丘[202]	南城[205]	广陵[206]	庄原[208]	临乐[209]
城阳共王子。	城阳共王子。	城阳共王子。	城阳共王子。	城阳共王子。	中山靖王子。
四年三月乙丑,侯刘福元年。	四年三月乙丑,侯刘宪元年。[203]	四年三月乙丑,侯刘贞元年。	四年三月乙丑,常侯刘表元年。[207]	四年三月乙丑,侯刘皋元年。	四年四月甲午,敦侯刘光元年。[210]
					三
三	三	三	三	三	
	三 四年,今侯执德元年。[204]		四 五年,侯成元年。		
			二		
六	三	六		六	六
四 五年,侯福坐酎金,国除。			四 五年,侯成坐酎金,国除。	四 五年,侯皋坐酎金,国除。	
	六	六			六
					五 六年,今侯建元年。
					一
	六	六			
	四	四			四

东野[211]	高平[212]	广川[214]	千钟[215]	披阳[218]	定[220]
中山靖王子。	中山靖王子。	中山靖王子。	河间献王子。	齐孝王子。	齐孝王子。
四年四月甲午，侯刘章元年。	四年四月甲午，侯刘嘉元年。[213]	四年四月甲午，侯刘颇元年。	四年四月甲午，侯刘摇元年。[216] 三	四年四月乙卯，敬侯刘燕元年。	四年四月乙卯，敬侯刘越元年。[221]
三	三	三	一 二年，侯阴不使人为秋请，[217]有罪，国除。	三	三
六	六	六		六	六
	四 五年，侯嘉坐酎金，国除。	四 五年，侯颇坐酎金，国除。		四 五年，今侯隅元年。[219]	三 四年，今侯德元年。
六				二	三
六				六	六
四				四	四

稻[222]	山[224]	繁安[225]	柳[226]	云[228]
齐孝王子。	齐孝王子。	齐孝王子。	齐孝王子。	齐孝王子。
四年四月乙卯，夷侯刘定元年。 三	四年四月乙卯，侯刘国元年。 三	四年四月乙卯，侯刘忠元年。 三	四年四月乙卯，康侯刘阳元年。[227] 三	四年四月乙卯，夷侯刘信元年。 三
六 二 三年，今侯都阳元年。[223] 四	六 六	六 六	六 三 四年，侯罢师元年。 三	六 五 六年，今侯岁发元年。[229] 一
六	六	六	四 五年，今侯自为元年。 二	六
四	四	三 四年，今侯寿元年。 一	四	四

牟平〔230〕	柴〔232〕	柏阳〔233〕	鄗〔234〕	桑丘〔235〕	高丘〔237〕	柳宿〔238〕
齐孝王子。	齐孝王子。	赵敬肃王子。	赵敬肃王子。	中山靖王子。	中山靖王子。	中山靖王子。
四年四月乙卯,共侯刘漯元年。 三	四年四月乙卯,原侯刘代元年。 三	五年十一月辛酉,侯刘终古元年。 二	五年十一月辛酉,侯刘延年元年。 二	五年十一月辛酉,节侯刘洋元年。〔236〕 二	五年三月癸酉,哀侯刘破胡元年。 二	五年三月癸酉,夷侯刘盖元年。 二
二三年,今侯奴元年。 四	六	六	六	六	六	二三年,侯苏元年。 四
			四五年,侯延年坐酎金,国除。	三四年,今侯德元年。 三	元年,侯破胡薨,无后,国除。	四五年,侯苏坐酎金,国除。
六	六	六		六		
四	四	四		四		

戎丘[239]	樊舆[240]	曲成[242]	安郭[243]	安险[245]	安遥[246]
中山靖王子。	中山靖王子。	中山靖王子。	中山靖王子。	中山靖王子。	中山靖王子。
五年三月癸酉,侯刘让元年。	五年三月癸酉,节侯刘条元年。[241]	五年三月癸酉,侯刘万岁元年。	五年三月癸酉,侯刘博元年。[244]	五年三月癸酉,侯刘应元年。	五年三月,癸酉,侯刘恢元年。
二	二	二	二	二	二
六	六	六	六	六	六
四 五年,侯让坐酎金,国除。		四 五年,侯万岁坐酎金,国除。		四 五年,侯应坐酎金,国除。	四 五年,侯恢坐酎金,国除。
	六		六		
	六		六		
	四		四		

夫夷[247]	舂陵[248]	都梁[249]	洮阳[252]	泉陵[254]	终弋[255]
长沙定王子。	长沙定王子。	长沙定王子。	长沙定王子。	长沙定王子。	衡山王赐子。[256]
五年三月癸酉,敬侯刘义元年。	五年六月壬子,侯刘买元年。	五年六月壬子,敬侯刘遂元年。[250]	五年六月壬子,靖侯刘狗彘元年。[253]	五年六月壬子,节侯刘贤元年。	六年四月丁丑,侯刘广置元年。
二	二	二	二	二	一
			五 六年,侯狗彘薨,无后,国除。		
六	六	六		六	六
四 五年,今侯禹元年。		元年,今侯係元年。[251]			四 五年,侯广置坐酎金,国除。
六	六	六		六	
六	六	六		六	
四	四	四		四	

麦[257]	巨合[259]	昌[260]	蕡[262]	零殷[263]	石洛[264]	扶渧[266]
城阳顷王子。[258]	城阳顷王子。	城阳顷王子。	城阳顷王子。	城阳顷王子。	城阳顷王子。	城阳顷王子。
元年四月戊寅，侯刘昌元年。	元年四月戊寅，侯刘发元年。	元年四月戊寅，侯刘差元年。[261]	元年四月戊寅，侯刘方元年。	元年四月戊寅，康侯刘泽元年。	元年四月戊寅，侯刘敬元年。[265]	元年四月戊寅，侯刘昆吾元年。[267]
六	六	六	六	六	六	六
四五年，侯昌坐酎金，国除。	四五年，侯发坐酎金，国除。	四五年，侯差坐酎金，国除。	四五年，侯方坐酎金，国除。			
				六	六	六
					六	六
					四	四

挍[268]	朸[270]	父城[271]	庸[272]	翟[274]	鱣[275]	彭[276]
城阳顷王子。[258]	城阳顷王子。	城阳顷王子。	城阳顷王子。	城阳顷王子。	城阳顷王子。	城阳顷王子。
元年四月戊寅，侯刘霸元年。[269] 六	元年四月戊寅，侯刘让元年。 六	元年四月戊寅，侯刘光元年。 六	元年四月戊寅，侯刘谭元年。[273] 六	元年四月戊寅，侯刘寿元年。 六	元年四月戊寅，侯刘应元年。 六	元年四月戊寅，侯刘偃元年。[277] 六
		四 五年，侯光坐酎金，国除。		四 五年，侯寿坐酎金，国除。	四 五年，侯应坐酎金，国除。	四 五年，侯偃坐酎金，国除。
六	六		六			
六	六		六			
四	四		四			

瓡[278]	虚水[279]	东淮[280]	朐[281]	涓[283]	陆[284]	广饶[286]	瓶[287]
城阳顷王子。	城阳顷王子。	城阳顷王子。	城阳顷王子。	城阳顷王子。	菑川靖王子。	菑川靖王子。	菑川靖王子。
元年四月戊寅,侯刘息元年。 六	元年四月戊寅,侯刘禹元年。 六	元年四月戊寅,侯刘类元年。 六	元年四月戊寅,侯刘买元年。[282] 六	元年四月戊寅,侯刘不疑元年。 六	元年四月戊寅,侯刘何元年。 六	元年十月辛卯,康侯刘国元年。 六	元年十月辛卯,侯刘成元年。 六
六	六	四 五年,侯类坐酎金,国除。	四 五年,侯买坐酎金,国除。	四 五年,侯不疑坐酎金,国除。	六	六	六
六	六				六	六	六
四	四				四	四	四

俞闾[288]	甘井[290]	襄陵[293]	皋虞[294]	魏其[297]	祝兹[299]
菑川靖王子。	广川穆王子。[291]	广川穆王子。	胶东康王子。[295]	胶东康王子。	胶东康王子。
元年十月辛卯,侯刘不害元年。[289] 六	元年十月乙酉,侯刘元元年。[292] 六	元年十月乙酉,侯刘圣元年。 六			
六	六	六	三 元年五月丙午,侯刘建元年。 四年,今侯处元年。[296] 三	元年五月丙午,畅侯刘昌元年。[298] 六	四 元年五月丙午,侯刘延元年。[300] 五年,延坐弃印绶出国,[301]不敬,国除。
六	六	六	六	六	
四	四	四	四	四	

【注释】〔1〕"元光"，汉武帝年号，共六年，公元前一三四年至前一二九年。〔2〕"元朔"，汉武帝年号，共六年，公元前一二八年至前一二三年。〔3〕"元狩"，汉武帝年号，共六年，公元前一二二年至前一一七年。〔4〕"元鼎"，汉武帝年号，共六年，公元前一一六年至前一一一年。〔5〕"元封"，汉武帝年号，共六年，公元前一一〇年至前一〇五年。〔6〕"太初"，汉武帝年号，共四年，公元前一〇四年至前一〇一年。〔7〕"兹"，乡邑名，汉时属河间国，当在今河北东南部交河、献县一带，确切地点已不可考。〔8〕"河间献王"，即汉景帝子刘德。刘德于景帝前二年(公元前一五五年)受封为河间王，在位二十六年，卒于武帝元光五年(公元前一三〇年)，其事迹见本书《五宗世家》。"河间"，诸侯王国名，辖境约当今河北献县、交河、东光、阜城、武强等地，都乐城，故治在今献县东南。"献"，谥号。〔9〕"坐"，触犯某条刑律，因为某种因由而获罪。〔10〕"弃市"，古代在闹市执行死刑，并陈尸示众，表示与众共弃，称为弃市。《汉书·王子侯表》作"自杀"。〔11〕"安成"，县名，故治即今江西安福平都镇。《汉书·王子侯表》作"安城"。〔12〕"长沙定王"，即汉武帝子刘发。刘发于景帝前二年(公元前一五五年)受封为长沙王，在位二十七年，卒于武帝元光六年(公元前一二九年)，其事迹详见本书《五宗世家》。"长沙"，诸侯王国名，辖境约当今湖南益阳、邵阳以西，衡阳、鄳县以北地区，都临湘，即今长沙市。"定"，谥号。〔13〕"恩"，谥号。〔14〕"宜春"，县名，故治即今江西宜春市。〔15〕"酎金"，汉代制度规定，皇帝祭祀宗庙，诸侯要献金助祭，称为酎金。如果所献之金成色不足，数量不够，或不按时送到长安，就要削除爵位，取消封国。"酎"，音zhòu。〔16〕"句容"，县名，故治即今江苏句容县城镇。〔17〕"哀"，谥号。〔18〕"薨"，音hōng，古时诸侯死称薨。〔19〕"句陵"，当从《汉书·王子侯表》作"容陵"，县名，故治在今湖南攸县西南。〔20〕"杏山"，县名，故治在今河南桐柏西北。〔21〕"楚安王"，名道，为汉高祖弟楚元王刘交之孙，楚文王刘礼之子，于景帝前七年(公元前一五〇年)嗣位，在位二十二年，卒于武帝元光六年(公元前一二九年)。"楚"，诸侯王国名，当时辖境约当今江苏徐州、铜山及睢宁、邳县、安徽萧县、宿县、灵璧、山东枣庄、鱼台各一部分，都彭城，即今徐州市。"安"，谥号。〔22〕"后九月"，这一年是闰年，有两个九月。〔23〕"浮丘"，乡邑名，故地约在今江苏沛县境。〔24〕"刘不审"，《汉书·王子侯表》作"刘不害"。〔25〕"广戚"，县名，故治在今江苏沛县东

南。〔26〕"鲁共王"，即汉景帝子刘余。刘余于景帝前二年(公元前一五五年)受封为鲁王，在位二十六年，卒于武帝元光六年(公元前一二九年)，其事迹详见本书《五宗世家》。"鲁"，诸侯王国名，辖境约当今山东曲阜、滕县、泗水一带，都鲁县，即今曲阜。"共"，音gōng，通"恭"，谥号。〔27〕"节"，谥号。"刘择"，《汉书·王子侯表》记其人名"将"，与此异。〔28〕"丹杨"，当从《汉书·王子侯表》作"丹阳"，县名，故治即今安徽当涂东北小丹阳。〔29〕"江都易王"，即汉景帝子刘非。刘非于景帝前二年(公元前一五五年)受封为汝南王，两年后徙封江都王，共在位二十六年，卒于武帝元朔元年(公元前一二八年)，其事迹详见本书《五宗世家》。"江都"，诸侯王国名，辖境约当今江苏长江以北，射阳湖西南，仪征以东地区，都广陵，即今扬州市。"易"，谥号。〔30〕"盱台"，音xū yí，县名，故治在今江苏盱眙东北。〔31〕"刘象之"，《汉书·王子侯表》记其人名"蒙之"，与此异。〔32〕"湖孰"，《汉书·王子侯表》作"胡孰"，县名，故治在今江苏江宁东南湖熟镇。〔33〕"顷"，谥号。"刘胥"，《汉书·王子侯表》记其人名"胥行"，与此异。〔34〕"秩阳"，当从《汉书·王子侯表》作"秣陵"，县名，故治在今江苏江宁南。〔35〕"终"，谥号。"刘涎"，《汉书·王子侯表》记其人名"缠"，与此异。〔36〕"睢陵"，县名，故治在今江苏泗洪东南，今已没入洪泽湖中。"睢"，音suī。《汉书·王子侯表》作"淮陵"。〔37〕"龙丘"，乡邑名，汉时属琅邪郡，当在今山东东南部一带，确切地点已不可考。〔38〕"江都易王子"，《汉书·王子侯表》作"淄川懿王子"。〔39〕"张梁"，乡邑名，今无考。〔40〕"江都易王子"，《汉书·王子侯表》作"梁共王子"。〔41〕"剧"，县名，故治在今山东寿光南。〔42〕"菑川懿王"，名志，为汉高祖长子齐悼惠王刘肥之子，初封安都侯，于文帝十六年(公元前一六四年)被立为济北王，于景帝前三年(公元前一五四年)徙封淄川王，在位三十五年，卒于武帝元光五年(公元前一三〇年)。"菑川"，诸侯王国名，辖境约当今山东淄博市市区及寿光、益都等县部分地区，都剧。"懿"，谥号。〔43〕"原"，谥号。〔44〕"孝"，谥号。〔45〕"壤"，乡邑名，今无考。《汉书·王子侯表》作"怀昌"。〔46〕"夷"，谥号。"高遂"，一作"高"。〔47〕"延"，《汉书·王子侯表》作"延年"。〔48〕"平望"，县名，故治在今山东寿光东北。〔49〕"临原"，县名，故治在今山东临朐东。《汉书·王子侯表》作"临众"。〔50〕"葛魁"，一作"莒魁"，乡邑名，今无考。〔51〕"节"，谥号。〔52〕"坐杀人"，《汉书·王子侯表》作"坐缚家吏恐猲

(吓)受赇"。 〔53〕"益都",乡邑名,故地在今山东寿光南。 〔54〕"平酌",当从《汉书·王子侯表》作"平的",乡邑名,汉时属北海郡,当在今山东寿光、昌乐、安丘、潍县、昌邑、潍坊市一带,确切地点已不可考。 〔55〕"戴",谥号。 〔56〕"思",谥号。 〔57〕"剧魁",乡邑名,故地在今山东寿光南。 〔58〕"刘墨",《汉书·王子侯表》记其人名"黑",与此异。 〔59〕"昭",《汉书·王子侯表》作"招"。 〔60〕"寿梁",一作"寿良",县名,故治在今山东枣平西南。 〔61〕"平度",县名,故治在今山东平度西北。 〔62〕"刘衍",《汉书·王子侯表》记其人名"行",与此异。 〔63〕"宜成",县名,故治在今山东济阳西北。 〔64〕"康",谥号。 〔65〕"临朐",县名,故治即今山东临朐临朐镇。"朐",音 qú。 〔66〕"哀",谥号,《汉书·王子侯表》作"夷"。 〔67〕"雷",一作"卢",县名,故治在今山东蒙阴东北。 〔68〕"城阳共王",名喜,为汉高祖长子齐悼惠王刘肥之孙,城阳景王刘章之子,于文帝四年(公元前一七六年)嗣位,在位三十三年,卒于景帝中六年(公元前一四四年)。"城阳",诸侯王国名,辖境约当今山东莒县、沂南和蒙阴东部地,都莒,即今莒县城阳镇。 〔69〕"刘稀",《汉书·王子侯表》记其人名"豨",与此异。 〔70〕"东莞",县名,故治即今山东沂水沂水镇。"莞",音 guǎn。 〔71〕"痼疾",顽疾,久治不愈的病。"痼",音 gù。 〔72〕"辟",疑为乡邑名,《汉书·王子侯表》作"辟土",谓属东海郡,当在今山东南部、江苏北部一带,确切地点已不可考。 〔73〕"朋",《汉书·王子侯表》作"明"。 〔74〕"尉文",乡邑名,疑在今河北无极境,确切地点已不可考。或以为当在今湖北西南部。 〔75〕"赵敬肃王",即汉景帝子刘彭祖。刘彭祖于景帝前二年(公元前一五五年)受封为广川王,两年后徙封赵王,共在位六十三年,卒于武帝征和元年(公元前九二年)。"赵",诸侯王国名,辖境约相当今河北邯郸、邢台、沙河等市县和隆尧、永年二县西部地区,都邯郸,故地在今邯郸市西南。"敬肃",谥号。 〔76〕"封斯",县名,故治在今河北赵县西北。 〔77〕"共",谥号,《汉书·王子侯表》作"戴"。"刘胡阳",《汉书·王子侯表》作"刘胡伤",与此异。 〔78〕"榆丘",乡邑名,当在今河北南部,确切地点已不可考。 〔79〕"刘寿福",《汉书·王子侯表》记其人名"受福",与此异。 〔80〕"襄嚵",乡邑名,故地约在今河北广平境,确切地点已不可考。 〔81〕"邯会",乡邑名,故地在今河南安阳西北。 〔82〕"朝",乡邑名,当在今河北南部,确切地点已不可考。或以为在今山东阳谷西南。 〔83〕"东城",汉有东城县,故治

在今安徽定远东南。但此东城原属赵国,当是乡邑名,故地在今河北南部,确切地点已不可考。 〔84〕"侯遗有罪,国除",《汉书·王子侯表》"遗"作"遣",且言其人"为孺子(王侯妾的名号)所杀",并非因有罪削爵。 〔85〕"阴城",乡邑名,当在今河北南部,确切地点已不可考。 〔86〕"侯苍有罪",《汉书·王子侯表》作"嗣子有罪"。 〔87〕"广望",县名,故治在今河北清苑西南。 〔88〕"中山靖王",即汉景帝子刘胜。刘胜于景帝前二年(公元前一五五年)受封为中山王,在位四十二年,卒于武帝元鼎四年(公元前一一三年),其事迹详见本书《五宗世家》。"中山",诸侯王国名,辖境约当今河北内长城以南,保定、安国以西,唐县、新乐以东,滹沱河以北地区,都卢奴,即今定州市。"靖",谥号。 〔89〕"刘安中",《汉书·王子侯表》记其人名"忠"。 〔90〕"将梁",乡邑名,故地在今河北清苑西南。 〔91〕"新馆",乡邑名,《汉书·王子侯表》作"薪馆",谓属涿郡,当在今河北中部,确切地点已不可考。 〔92〕"新处",《汉书·王子侯表》作"薪处",县名,故治即今河北定州市东北古城镇。 〔93〕"陉城",当从《汉书·王子侯表》作"陆城",县名,故治在今河北蠡县南。 〔94〕"蒲领",县名,故治在今河北阜城东北。 〔95〕"广川惠王",即汉景帝刘越。刘越于景帝中二年(公元前一四八年)受封为广川王,在位十二年,卒于武帝建元四年(公元前一三七年)。"广川",诸侯王国名,辖境约当今河北武邑、景县以南,南宫、故城以北,滏阳河西岸以东及山东德州市地,都信都,即今河北冀县城关镇。"惠",谥号。 〔96〕"西熊",乡邑名,当在广川国境内,确切地点今不可考。 〔97〕"枣强",县名,故治在今河北枣强东南。 〔98〕"毕梁",乡邑名,汉时属魏郡,当在今河北西南部一带,确切地点已不可考。 〔99〕"侯婴有罪",据《汉书·王子侯表》,刘婴是因"首匿罪人"而失爵。 〔100〕"房光",《汉书·王子侯表》作"旁光",乡邑名,汉时属魏郡,当在今河北西南部一带,确切地点已不可考。 〔101〕"侯殷有罪",据《汉书·王子侯表》,刘殷是因"贷子钱不占租,取息过律"而失爵。 〔102〕"距阳",乡邑名,疑在今河北西南部,确切地点已不可考。 〔103〕"丐",音 gài。 〔104〕"侯渡",《汉书·王子侯表》记其人名"凄",与此异。 〔105〕"侯渡有罪",据《汉书·王子侯表》,刘凄因酎金失爵。 〔106〕"蒌",音 lóu,乡邑名,故地在今河北饶阳东北。 〔107〕"刘邈",《汉书·王子侯表》记其人名"退",与此异。 〔108〕"阿武",县名,故治在今河北河间南。 〔109〕"湣",音 mǐn,谥号。《汉书·王子侯表》作"戴"。

〔110〕"今侯宽",《汉书·王子侯表》记其人名"宣",与此异。 〔111〕"参户",县名,故治即今河北青县西南木门店,"参",音sān。 〔112〕"刘勉",《汉书·王子侯表》记其人名"免"。 〔113〕"州乡",县名,故治在今河北河间东北。 〔114〕"今侯惠",据《汉书·王子侯表》,第二代州乡侯是刘齐,于元鼎二年(公元前一一五年)至元封五年(公元前一〇六年)在位,刘齐死后刘惠才嗣位。 〔115〕"成平",县名,故治在今河北沧县西南。《汉书·王子侯表》作"平城"。 〔116〕"侯礼有罪",据《汉书·王子侯表》,刘礼因"恐猲取鸡以令买偿"失爵。 〔117〕"广",县名,故治在今山东益都西南。 〔118〕"盖胥",乡邑名,汉时属魏郡,当在今河北西南部一带,确切地点已不可考。 〔119〕"陪安",当从《汉书·王子侯表》作"阴安",县名,故治在今河南清丰西北。 〔120〕"济北贞王",名勃,为汉高祖子淮南厉王刘长之子,初封安阳侯,文帝前十六年(公元前一六四年)封衡山王,景帝前四年(公元前一五三年)徙封济北王,共在位十四年,卒于景帝前六年。"济北",诸侯王国名,辖境约当今山东茌平、长清、平阴、肥城、齐河、禹城等县及东阿、宁阳北部、泰安西南部,都卢县,故治在今长清南。"贞",谥号。 〔121〕"二年",《汉书·王子侯表》作"三年"。 〔122〕"荣简",一作"营简",《汉书·王子侯表》作"营关",乡邑名,故地约在今山东茌平境。 〔123〕"骞",音qiān。 〔124〕"侯骞有罪",据《汉书·王子侯表》,刘骞因"谋杀人"失爵。 〔125〕"周坚",《汉书·王子侯表》作"周望",乡邑名,当属济北国,确切地点已不可考。 〔126〕"安阳",乡邑名,《汉书·王子侯表》谓属平原郡,当今山东平原、陵县、禹城、齐河、临邑、惠民、商河、阳信及河北吴桥一带,确切地点已不可考。一说当作"安陵",县名,故治在今河北吴桥东北。 〔127〕"刘桀",《汉书·王子侯表》记其人名"乐",与此异。 〔128〕"五据",乡邑名,当属济北国,确切地点已不可考。 〔129〕"济北贞王",《汉书·王子侯表》作"济北式王","式王",名胡,为贞王子,景帝前七年(公元前一五六年)嗣位,在位五十四年,卒于武帝天汉元年(公元前九八年)。"式",谥号。《汉书·诸侯王表》作"成"。 〔130〕"刘膢丘",《汉书·王子侯表》记其人名"曜丘",与此异。"曜",或作"瞿",音qú。"膢",音huò。 〔131〕"富",乡邑名,当属济北国,确切地点已不可考。 〔132〕"济北贞王",《汉书·王子侯表》作"济北式王"。 〔133〕"刘袭",《汉书·王子侯表》记其人名"龙",与此异。 〔134〕"陪",乡邑名,当属济北国,确切地点已不可考。 〔135〕"缪",音mù,通"穆",

谥号。"刘明",《汉书·王子侯表》记其人名"则",与此异。 〔136〕"三年",《汉书·王子侯表》作"二年"。 〔137〕"丛",或作"菆",《汉书·王子侯表》作"前",乡邑名,当属济北国,确切地点已不可考。 〔138〕"平",乡邑名,当属济北国,确切地点已不可考。 〔139〕"济北贞王",《汉书·王子侯表》作"济北式王"。 〔140〕"侯遂有罪",据《汉书·王子侯表》,刘遂因"知人盗官马"而不检举获罪失爵。 〔141〕"羽",县名,故治在今山东禹城西南。 〔142〕"济北贞王",《汉书·王子侯表》作"济北式王"。 〔143〕"胡母",乡邑名,当属济北国,确切地点已不可考。 〔144〕"济北贞王",《汉书·王子侯表》作"济北式王"。 〔145〕"离石",县名,故治即今山西离石城关镇。 〔146〕"代共王",名登,为汉文帝子代孝王刘参之子,于文帝后三年(公元前一六一年)嗣位,在位二十九年,卒于武帝元光二年(公元前一三三年)。"代",诸侯王国名,辖境约当今河北怀安、蔚县以西,山西阳高、浑源以东的内外长城间地和长城外的东洋河流域,都代县,故治在今蔚县西南。 〔147〕"刘绾",其人后改封涉侯。"绾",音wǎn。 〔148〕"邵",乡邑名,确切地点今不可考。《汉书·王子侯表》谓属山阳郡,则当在今山东西南部一带。 〔149〕"刘慎",《汉书·王子侯表》记其人名"顺",与此异。 〔150〕"利昌",或作"昌利",乡邑名,确切地点今不可考,当在今山东淄博市与广饶、益都一带。 〔151〕"蔺",县名,故治在今山西离石西。 〔152〕"刘意",《汉书·王子侯表》记其人名"罢军",与此异。"意",音xǐ。 〔153〕"临河",县名,故治在今内蒙古临河北。 〔154〕"刘贤",其人后改封为高俞侯。 〔155〕"隰成",县名,故治即今山西柳村柳林镇。 〔156〕"刘忠",其人后改封端氏侯。 〔157〕"土军",县名,故治即今山西石楼城关镇。 〔158〕"侯郢客坐与人妻奸,弃市",《汉书·王子侯表》记刘郢客后改封巨乘侯,"坐酎金免"。 〔159〕"皋狼",县名,故治在今山西离石西北。 〔160〕"千章",乡邑名,《汉书·王子侯表》谓属平原郡,确切地点今不可考,当在今山东北部一带。 〔161〕"刘遇",其人后改封夏丘侯。 〔162〕"博阳",县名,故治在今河南商水东北。一说当作"傅阳",亦县名,故治在今山东枣庄市南。 〔163〕"齐孝王",名将闾,为汉高祖子齐悼惠王刘肥之子,初封杨虚侯,文帝前十六年(公元前一六四年)受封为齐王,在位十一年,卒于景帝前三年(公元前一五四年)。"齐",诸侯王国名,辖境约当今山东淄博市和卢饶、益都、临朐等县地,都临淄,即今淄博市东临淄镇。 〔164〕"康",谥号,《汉书·王子

侯表》作"顷"。 〔165〕"终吉",《汉书·王子侯表》作"终古"。 〔166〕"宁阳",县名,故治在今山东宁阳西南。 〔167〕"刘恢",《汉书·王子侯表》记其人名"恬",与此异。 〔168〕"瑕丘",县名,故治在今山东兖州东北。 〔169〕"刘贞",《汉书·王子侯表》记其人名"政",与此异。 〔170〕"公丘",县名,故治在今山东滕县西南。 〔171〕"郁狼",《汉书·王子侯表》作"郁桹",乡邑名,故地在今山东鱼台东北。 〔172〕"刘骑",《汉书·王子侯表》记其人名"骄",与此异。 〔173〕"西昌",乡邑名,确切地点今不可考,疑当在今山东中南部。 〔174〕"陉城",当从《汉书·王子侯表》作"陆地",乡邑名,故地在今河北望都西南。 〔175〕"邯平",乡邑名,确切地点今不可考。《汉书·王子侯表》谓属广平国,则当在今河北南和、曲周、任县一带。 〔176〕"武始",县名,故治在今河北邯郸市西南。 〔177〕"刘昌",其人后被立为赵太子,于武帝征和元年(公元前九二年)嗣父位为赵王。 〔178〕"象氏",县名,故治即今河北隆尧西北固城。 〔179〕"安德",《汉书·王子侯表》记其人名"安意",与此异。 〔180〕"易",县名,故治在今河北雄县西北。 〔181〕"洛陵",乡邑名,确切地点今不可考。《汉书·王子侯表》作"路陵",谓属南阳郡,则当在今河南西南部一带。 〔182〕"刘章",《汉书·王子侯表》记其人名"童",与此异。 〔183〕"侯章有罪",据《汉书·王子侯表》,刘章"坐杀人,自杀"。 〔184〕"攸舆",县名,故治在今湖南攸县东北。 〔185〕"篡死罪",《汉书·王子侯表》作"篡死罪囚"。"篡死",谓以强力残杀。 〔186〕"荼陵",县名,故治在今湖南茶陵东北。"荼",音tú。后讹作"茶"。 〔187〕"刘欣",《汉书·王子侯表》记其人名"诉",与此异。 〔188〕"哀侯阳",《汉书·王子侯表》"阳"作"汤"。 〔189〕"建成",县名,故治即今江西高安筠阳镇。 〔190〕"安众",县名,故治在今河南邓县东北。 〔191〕"拊",音fǔ。《汉书·王子侯表》作"柑"。 〔192〕"叶",音shè,县名,故治即今河南叶县西南旧县镇。 〔193〕"康",谥号,《汉书·王子侯表》作"平"。"刘嘉",《汉书·王子侯表》记其人名"喜",与此异。 〔194〕"利乡",乡邑名,故地在今江苏赣榆西。 〔195〕"有利",乡邑名,故地在今江苏赣榆西。 〔196〕"遗",音wèi,寄送。"淮南",指淮南王刘安。刘安为汉高祖子淮南厉王刘长之子,文帝前十六年(公元前一六四年)嗣位,武帝时招纳宾客谋士,多造战具兵械,图谋造反,至元狩元年(公元前一二二年)事败自杀。当时的淮南国辖境约当今安徽淮河以南,巢湖及肥西以北,塘河以东,凤阳、来安、和县以西地,

都寿春,即今寿县城关镇。 〔197〕"东平",乡邑名,《汉书·王子侯表》谓属东海郡,当在今山东东南部,江苏北部一带,确切地点已不可考。 〔198〕"运平",乡邑名,《汉书·王子侯表》谓属东海郡,当在今山东南部,江苏北部一带,确切地点今不可考。 〔199〕"刘䜣",《汉书·王子侯表》记其人名"记",与此异。"䜣",音xīn。 〔200〕"山州",乡邑名,确切地点今不可考。 〔201〕"海常",乡邑名,《汉书·王子侯表》谓属琅邪郡,当在今山东东南部一带,确切地点今不可考。 〔202〕"钧丘",《汉书·王子侯表》作"驷丘",乡邑名,确切地点今不可考。 〔203〕"刘宪",《汉书·王子侯表》记其人名"宽",与此异。 〔204〕"执德",《汉书·王子侯表》作"报德"。 〔205〕"南城",县名,故治在今山东费县西南。 〔206〕"广陵",一作"广阳",当系乡邑名,确切地点今不可考。 〔207〕"常",谥号,《汉书·王子侯表》作"厘"(音sī)。"刘表",《汉书·王子侯表》记其人名"裘",与此异。 〔208〕"庄原",《汉书·王子侯表》作"杜原",乡邑名,确切地点今不可考。 〔209〕"临乐",县名,故治在今河北南皮东南。 〔210〕"敦",谥号。 〔211〕"东野",乡邑名,疑在中山国境内,确切地点今不可考。 〔212〕"高平",乡邑名,疑在中山国境内,确切地点今不可考。 〔213〕"刘嘉",《汉书·王子侯表》记其人名"喜"。 〔214〕"广川",县名,故治即今河北景县西南广川镇。 〔215〕"千钟",一作"千重",县名,故治在今河北盐山西南。《汉书·王子侯表》作"重",谓属平原郡,似误。 〔216〕"刘摇",《汉书·王子侯表》记其人名"担",与此异。 〔217〕"侯阴",上云其人名"摇","阴"字似误。"秋请",诸侯王、列侯按规定当定期朝见皇帝,春朝称"朝",秋朝称"请"。 〔218〕"披阳",《汉书·王子侯表》作"被阳",县名,故治即今山东高青东南高苑城。 〔219〕"今侯隅",《汉书·王子侯表》记其人名"偃"。 〔220〕"定",县名,故治在今河北乐陵东北。 〔221〕"敬",谥号,《汉书·王子侯表》作"敷"。 〔222〕"稻",县名,故治在今山东高密西。 〔223〕"今侯都阳",《汉书·王子侯表》记其人名"阳都"。 〔224〕"山",乡邑名,《汉书·王子侯表》谓属勃海郡,则当在今河北东南部大运河以东一带,确切地点已不可考。 〔225〕"繁安",乡邑名,疑在今山东高青以东黄河下游一带,确切地点已不可考。 〔226〕"柳",县名,故治在今河北盐山东北。 〔227〕"刘阳",《汉书·王子侯表》记其人名"阳已",与此异。 〔228〕"云",乡邑名,疑在今山东东北部一带,确切地点已不可考。 〔229〕"今侯岁发",《汉书·王子侯表》记其人名"茂发"。 〔230〕"牟平",县名,故

治在今山东福山西北。〔231〕"渫"，音 xiè。〔232〕"柴"，县名，故治在今山东新汶西南。〔233〕"柏阳"，或作"柏乡"、"柏畅"，县名，故治在今河北临城西。〔234〕"鄗"，音 hào，县名，故治在今河北柏乡北。〔235〕"桑丘"，乡邑名，约在今河北深泽境，一说在河北徐水西南。《汉书·王子侯表》作"乘丘"。〔236〕"刘洋"，《汉书·王子侯表》记其人名"将夜"，与此异。〔237〕"高丘"，乡邑名，疑在中山国境内，确切地点今不可考。〔238〕"柳宿"，乡邑名，故地在今河北望都东。〔239〕"戎丘"，乡邑名，疑在中山国境内，确切地点今不可考。〔240〕"樊舆"，县名，故治在今河北徐水东南。〔241〕"刘条"，《汉书·王子侯表》记其人名"脩"，与此异。〔242〕"曲成"，乡邑名，《汉书·王子侯表》谓属涿郡，当在今河北涿州市、霸县、任丘、河间、饶阳、安平、清苑、徐水及北京房山之间，确切地点已不可考。〔243〕"安郭"，县名，故治即今河北安国祁州镇。〔244〕"刘博"，《汉书·王子侯表》记其人名"传富"，与此异。〔245〕"安险"，县名，故治在今河北定州东南。〔246〕"安遥"，《汉书·王子侯表》作"安道"，乡邑名，疑在中山国境内，确切地点今不可考。〔247〕"夫夷"，县名，故治在今湖南邵阳西。〔248〕"春陵"，乡邑名，故地在今湖南宁远东北。〔249〕"都梁"，县名，故治在今湖南武冈东北。〔250〕"刘遂"，《汉书·王子侯表》记其人名"定"，与此异。〔251〕"今侯係"，《汉书·王子侯表》记其人名"係"，与此异。〔252〕"洮阳"，县名，故治在今广西全州西北。"洮"，音 táo。〔253〕"刘狗彘"，《汉书·王子侯表》记其人名"狩燕"，一作"将燕"。"彘"，音 zhì。〔254〕"泉陵"，县名，故治即今湖南永州市。〔255〕"终弋"，乡邑名，《汉书·王子侯表》谓属汝南郡，疑在今河南潢川、息县一带故弋阳县境内，确切地点已不可考。〔256〕"衡山王赐"，为汉高祖子淮南厉王刘长之子，淮南王刘安之弟，文帝前十六年(公元前一六四年)封庐江王，景帝前四年(公元前一五三年)徙封衡山王。武帝时与刘安共同谋反，元狩元年(公元前一二二年)事败自杀。"衡山"，诸侯王国名，辖境约当今安徽淮河以南，霍丘、六安以东及河南固始地，都六县，故治在今六安北。〔257〕"麦"，乡邑名，《汉书·王子侯表》谓属琅邪郡，当在今山东东南一带，确切地点已不可考。〔258〕"城阳顷王"，名延，城阳共王刘喜之子，景帝后元年(公元前一四三年)嗣位，在位二十六年，卒于武帝元狩五年(公元前一一八年)。〔259〕"巨合"，乡邑名，故地在今山东章丘西。〔260〕"昌"，县名，故治即今山东诸城东北昌城。〔261〕"刘差"，司马贞《索隐》谓其人名"羌"。〔262〕"蒉"，音 kuài，一作"费"，音 bì。县名，故治即今山东费县西北费城。〔263〕"雩殷"，《汉书·王子侯表》作"虖葭"，乡邑名，疑在今山东东南部一带，确切地点已不可考。"雩"，音 yú。"虖葭"，音 hū jiā。〔264〕"石洛"，乡邑名，《汉书·王子侯表》作"原洛"，谓属琅邪郡，当在今山东南部一带，确切地点已不可考。〔265〕"刘敬"，《汉书·王子侯表》记其人名"敢"，与此异。〔266〕"扶渜"，乡邑名，《汉书·王子侯表》作"挟术"，谓属琅邪郡，当在今山东东南部一带，确切地点已不可考。"渜"，音 jìn。〔267〕"刘昆吾"，《汉书·王子侯表》记其人名"昆景"，与此异。〔268〕"校"，音 xiào，乡邑名，故地在今山东胶县西南。〔269〕"刘霸"，《汉书·王子侯表》记其人名"云"。按，《汉书·王子侯表》记城阳顷王刘霸封挟侯，此表无挟侯，而以刘霸为校侯，似有脱误。〔270〕"枞"，音 lì，县名，故治在今山东商河东北。〔271〕"父城"，《汉书·王子侯表》作"文城"，当非汝南之父城县或辽西之文成县，当系乡邑名，疑在今山东南部、江苏北部一带，确切地点已不可考。〔272〕"庸"，乡邑名，《汉书·王子侯表》谓属琅邪郡，当在今山东东南部一带，确切地点已不可考。〔273〕"刘谭"，《汉书·王子侯表》记其人名"余"，与此异。〔274〕"翟"，乡邑名，《汉书·王子侯表》谓属东海郡，当在今山东南部江苏北部一带，确切地点已不可考。〔275〕"鳣"，音 zhān，乡邑名，故地在今山东苍山南。〔276〕"彭"，乡邑名，故地在今山东费县东南。〔277〕"刘偃"，《汉书·王子侯表》记其人名"强"，与此异。〔278〕"瓡"，音 hú，通"瓠"，乡邑名，当在今山东东平北瓠山一带。一作"报"，瓠山亦名报山。〔279〕"虚水"，乡邑名，《汉书·王子侯表》谓属琅邪郡，当在今山东东南部一带，确切地点已不可考。〔280〕"东淮"，乡邑名，疑在今山东南部江苏北部一带，确切地点已不可考。〔281〕"枸"，当从《汉书·王子侯表》作"拘"，"拘"即"朐"，县名，故治在今江苏连云港市海州镇西南。〔282〕"刘买"，《汉书·王子侯表》记其人名"贤"，与此异。〔283〕"涓"，乡邑名，故地在今山东诸城西南。〔284〕"陆"，乡邑名，故地约在今山东寿光境。〔285〕"淄川靖王"，名建，淄川懿王刘志之子，武帝元光六年(公元前一二九年)嗣位，在位二十年，卒于武帝元封元年(公元前一一〇年)。"靖"，谥号。〔286〕"广饶"，县名，故治在今山东寿光西北。〔287〕"瓶"，县名，故治在今山东临朐东南。〔288〕"俞闾"，乡邑名，疑在今山东半岛西北部，确切地点已不可考。〔289〕"刘不害"，

《汉书·王子侯表》记其人名"刘毋害"。〔290〕"甘井",乡邑名,《汉书·王子侯表》谓属巨鹿郡,当在今河北中部滏阳河中游一带,确切地点已不可考。〔291〕"广川穆王",名齐,广川惠王刘越之子,武帝建元五年(公元前一三六年)嗣位,在位四十五年,卒于武帝征和元年(公元前九二年)。〔292〕"刘元",《汉书·王子侯表》记其人名"光"。〔293〕"襄陵",似非河东之襄陵县,《汉书·王子侯表》作"襄堤",谓属巨鹿郡,当在今河北中部滏阳河中部一带,确切地点已不可考。〔294〕"皋虞",县名,故治在今山东即墨东北。〔295〕"胶东康王",即汉景帝刘寄,于景帝中二年(公元前一四八年)封胶东王,在位二十八年,卒于武帝元狩二年(公元前一二

一年)。其事迹详见本书《五宗世家》。"胶东",诸侯王国名,辖境约当今山东胶水以东平度、莱西、莱阳等县及其迤南地区,都即墨,故治在今平度东南。〔296〕"今侯处",《汉书·王子侯表》记其人名"定",与此异。〔297〕"魏其",县名,故治在今山东临沂东南。"其",音 jī。〔298〕"畅",当从《汉书·王子侯表》作"炀",谥号。〔299〕"祝兹",乡邑名,故地在今山东胶县西南。一说即"祝其",县名,故治在今江苏赣榆西北。〔300〕"刘延",《汉书·王子侯表》记其人名"延年",与此异。〔301〕"绶",音 shòu,系在印纽上的丝带。印大小质地不同,绶颜色宽窄不同,可用以表示身份等级不同。汉代列侯的印可是白玉制作的,系紫绶,由皇帝颁赐。

史记卷二十二

汉兴以来将相名臣年表第十[1]

【注释】〔1〕《史记·汉兴以来将相名臣年表》实际上是一篇自汉高祖创建汉朝起至西汉末汉成帝鸿嘉元年(公元前二〇年)为止的西汉大事记。它主要记载了二百多年间的丞相、将军、御史大夫等中央主要官员的任免、升黜、生死等情况,并附记了历年发生的主要军国大事。可以把它看作一条西汉政治史的纲要。

《史记·太史公自序》中裴骃《集解》云:"《汉书音义》曰:'十篇缺,有录无书。'张晏曰:'迁没之后,亡《景纪》、《武纪》、《礼书》、《乐书》、《律书》、《汉兴以来将相年表》、《日者列传》、《三王世家》、《龟策列传》、《傅靳蒯列传》。元成之间,褚先生补阙,作《武帝纪》、《三王世家》、《龟策》、《日者列传》。"司马贞《索隐》亦云:"《景纪》取班书(《汉书》)补之,《武纪》专取《封禅书》,《礼书》取荀卿《礼论》,《乐》取《礼·乐记》,《兵书》亡,不补。"由此可见,此表是自成书以后便亡佚、补入也较晚的文字。而且《史记》成书于汉武帝时代,此表却包含了直至西汉末年的内容,显然是后人根据《史记》、《汉书》等有关记载补写而成的。

关于此表的作者余嘉锡《太史公书亡篇考》一文中曾提出是西汉末年的冯商。也有人认为作者不是司马迁、冯商及褚少孙等人,而是另有其人,姓名已佚失。孰是孰非,现在还没有确切的证据予以判断。

清人吴见思《史记论文》中,曾就此表没有小序,与其他诸篇不同这一点,猜测说这是由于司马迁在序中讲了"过甚"的文辞,抨击汉朝廷对大臣刻薄寡恩,所以被后人删去。实际上这只是一种推测。《史记》佚篇的原因,现在尚不明了。但可以确定,司马迁对汉代帝王的讥讽之辞与他独特的史识,在当时是不容于世的。当时社会条件不利于《史记》的流传,使之亡佚的原因是很多的。

本表中有一种绝无仅有的书写方式——倒文,即将大臣的死亡、罢免、设太尉等一些大事写成颠倒的文字。历代学者曾多方探讨造成这一现象的原因。我们详细归纳分析了有关研究成果,在注文中予以说明。

	公元前 206	205
	高皇帝元年	二
大事记	春,沛公为汉王,[1]之南郑。[2]秋,还定雍。[3]	春,定塞、翟、魏、河南、韩、殷国。[6]夏,伐项籍,[7]至彭城。[8]立太子。还据荥阳。
相位	一 丞相萧何守汉中。[4]	二 守关中。[9]
将位		一 太尉长安侯卢绾。[10]
御史大夫位	御史大夫周苛守荥阳。[5]	

204	203	202
三	四	五
魏豹反。[11]使韩信别定魏,[12]伐赵。[13]楚围我荥阳。[14]	使韩信别定齐及燕,[15]太公自楚归,[16]与楚界洪渠。[17]	冬,破楚垓下,[20]杀项籍。春,王践皇帝位定陶。[21]入都关中。
三	四	五 罢太尉官。
二	三 周苛守荥阳,死。[18]	四 后九月,绾为燕王。
	御史大夫汾阴侯周昌。[19]	

201	200	199
六	七	八
尊太公为太上皇。刘仲为代王。[22]立大市。[23]更命咸阳曰长安。[24]	长乐宫成,[27]自栎阳徙长安。[28]伐匈奴,[29]匈奴围我平城。[30]	击韩信反虏于赵城。[31]贯高作乱,[32]明年觉,诛之。匈奴攻代王,代王弃国亡,废为郃阳侯。[33]
六 封为郿侯。[25]张苍为计相。[26]	七	八

198	197
九	十
未央宫成,[34]置酒前殿,太上皇辇上坐,帝奉玉卮上寿,[35]曰:"始常以臣不如仲力,今臣功孰与仲多?"太上皇笑,殿上称万岁。徙齐田,楚昭、屈、景于关中。[37]	太上皇崩。陈豨反代地。[39]
九 迁为相国。[38]	十
御史大夫昌为赵丞相。	御史大夫江邑侯赵尧。[40]

196	195	194	193
十一	十二	孝惠元年	二
诛淮阴、彭越。[41]黥布反。[42]	冬,击布。[44]还过沛。夏,上崩,葬长陵。[45]	赵隐王如意死。[46]始作长安城西北方。除诸侯丞相为相。[47]	楚元王,齐悼惠王来朝。[48] 七月辛未,何薨。
十一	十二	十三	十四 七月癸巳,齐相平阳侯曹参为相国。[49]
周勃为太尉。攻代。后官省。[43]			

192	191	190	189
三	四	五	六
初作长安城。蜀湔氐反,〔50〕击之。	三月甲子,赦,无所复作。	为高祖立庙于沛城成,置歌儿一百二十人。〔51〕 八月乙丑,参卒。〔52〕	七月,齐悼惠王薨。立太仓、西市。〔53〕
二	三	四	一 　十月己巳,安国侯王陵为右丞相。〔54〕曲逆侯陈平为左丞相。〔55〕
			尧抵罪。
			广阿侯任敖为御史大夫。〔26〕

188	187	186	185
七	高后元年	二	三
上崩。大臣用张辟彊计。[57]吕氏权重,以吕台为吕王。立少帝。[58]九月辛巳,葬安陵。[59]	王孝惠诸子。[60]置孝悌力田。[61]	十二月,吕王台薨,[63]子嘉代立为吕王。行八铢钱。[64]	
二	三十一月甲子,徙平为右丞相。辟阳侯审食其为左丞相。[62]	四平。 食其。 二	五 三
		平阳侯曹窋为御史大夫。[65]	

184	183	182	181
四	五	六	七
废少帝,更立常山王弘为帝。[66]	八月,淮阳王薨,以其弟壶关侯武为淮阳王。[68]令戍卒岁更。[69]	以吕产为吕王。[70]四月丁酉,赦天下。昼昏。	赵王幽死,[71]以吕禄为赵王。[72]梁王徙赵,自杀。[73]
六	七	八	九
四　　置太尉官。	五	六	七
一　绛侯周勃为太尉。[67]	二	三	四

180	179	178
八	孝文元年	二
七月,高后崩。九月,诛诸吕。后九月,代王至,〔74〕践皇帝位。 后九月,食其免相。	除收帑相坐律。〔77〕立太子。赐民爵。〔78〕	除诽谤律。〔80〕皇子武为代王,参为太原王,揖为梁王。〔81〕 十月,丞相平薨。
十 七月辛巳,为帝太傅。〔75〕九月壬戌,复为丞相。 八	十一 十一月辛巳,平徙为左丞相。太尉绛侯周勃为右丞相。	一 十一月乙亥,绛侯勃复为丞相。
五 隆虑侯灶为将军,击南越。〔76〕	六 勃为相,颍阴侯灌婴为太尉。〔79〕	一
御史大夫苍。		

177	176	175	174
三	四	五	六
徙代王武为淮阳王。上幸太原。济北王反。[82]匈奴大入上郡。[83]以地尽与太原,太原更号代。 十一月壬子,勃免相,之国。	 十二月己巳,婴卒。	除钱律,民得铸钱。[87]	废淮南王,迁严道,道死雍。[88]
一 十二月乙亥,太尉颍阴侯灌婴为丞相。 罢太尉官。	一 正月甲午,御史大夫北平侯张苍为丞相。	二	三
二 棘蒲侯陈武为大将军,击济北。昌侯卢卿、共侯卢罢师、宁侯遬、深泽侯将夜皆为将军,属武祁侯贺,将兵屯荥阳。[84]	安丘侯张说为将军,击胡,出代。[85]		
	关中侯申屠嘉为御史大夫。[86]		

173	172	171	170	169
七	八	九	十	十一
四月丙子,初置南陵。[89]		温室钟自鸣。[91]以芷阳乡为霸陵。[92]	诸侯王皆至长安。[94]	上幸代。地动。[95]
	太仆汝阴侯滕公卒。[90]			
四	五	六	七	八
		御史大夫敬。[93]		

168	167	166	165
十二	十三	十四	十五
河决东郡金堤。〔96〕徙淮阳王为梁王。	除肉刑及田租税律、戍卒令。〔97〕	匈奴大入萧关,〔98〕发兵击之,及屯长安旁。	黄龙见成纪。〔100〕上始郊见雍五帝。〔101〕
九	十	十一	十二
		成侯董赤、内史栾布、昌侯卢卿、隆虑侯灶、宁侯遫皆为将军,东阳侯张相如为大将军,皆击匈奴。中尉周舍、郎中令张武皆为将军,屯长安旁。〔99〕	

164	163	162	161
十六	后元年	二	三
上始郊见渭阳五帝。[102]	新垣平诈言方士,[103] 觉,诛之。	匈奴和亲。地动。 八月戊辰,苍免相。	置谷口邑。[106]
十三	十四	十五 八月庚午,御史大夫申屠嘉为丞相,封故安侯。[104]	二
		御史大夫青。[105]	

160	159	158
四	五	六
	上幸雍。	匈奴三万人入上郡,二万人入云中。〔107〕
三	四	五
		以中大夫令免为车骑将军,军飞狐;故楚相苏意为将军,军句注;将军张武屯北地;河内守周亚夫为将军,军细柳;宗正刘礼军霸上;祝兹侯徐厉军棘门:以备胡。数月,胡去,亦罢。〔108〕

157	156	155
七	孝景元年	二
六月己亥,孝文皇帝崩。丁未,太子立。[109]民出临三日,葬霸陵。	立孝文皇帝庙,郡国为太宗庙。[111]	立皇子德为河间王,阏为临江王,余为淮阳王,非为汝南王,彭祖为广川王,发为长沙王。[113]四月中,孝文太后崩。[114] 嘉卒。[115]
六	七 置司徒官。	八 开封侯陶青为丞相。
中尉亚夫为车骑将军,郎中令张武为复土将军,属国捍为将屯将军。詹事戎奴为车骑将军,侍太后。[110]		
		御史大夫错。[116]

154	153	152	151
三	四	五	六
吴楚七国反,发兵击,皆破之。皇子端为胶西王,胜为中山王。[118]	立太子。[120]	置阳陵邑。[122] 丞相北平侯张苍卒。	徙广川王彭祖为赵王。[123]
二	三	四	五
	置太尉官。		
中尉条侯周亚夫为太尉,击吴楚;曲周侯郦寄为将军,击赵;窦婴为大将军,屯荥阳;栾布为将军,击齐。[119]	二 太尉亚夫。	三	四
	御史大夫蚡。[121]		御史大夫阳陵侯岑迈。[124]

150	149	148	147	146
七	中元年	二	三	四
废太子荣为临江王。四月丁巳,胶东王立为太子。[125]		皇子越为广川王,寄为胶东王。	皇子乘为清河王。[128]	临江王征,自杀,葬蓝田,燕数万衔土置冢上。[130]
			亚夫免相。	
青罢相。				
六月乙巳,[126]太尉条侯亚夫为丞相。	二	三	四 御史大夫桃侯刘舍为丞相。	二
罢太尉官。				
五 迁为丞相。				
御史大夫舍。[127]			御史大夫绾。[129]	

145	144	143	142	141
五	六	后元年	二	三
皇子舜为常山王。	梁孝王武薨。分梁为五国,王诸子:子买为梁王,明为济川王,彭离为济东王,定为山阳王,不识为济阴王。[131]	五月,地动。七月乙巳,日蚀。 舍免相。		正月甲子,孝景皇帝崩。二月丙子,太子立。[134]
三	四	五 八月壬辰,御史大夫建陵侯卫绾为丞相。[132]	二	三
			六月丁丑,御史大夫岑迈卒。	
		御史大夫不疑。[133]		

140	139	138	137
孝武建元元年	二	三	四
	置茂陵。[136]	东瓯王广武侯望率其众四万余人来降,处庐江郡。[139]	
绾免相。	婴免相。		
四 魏其侯窦婴为丞相。	二月乙未,太常柏至侯许昌为丞相。[137]	二	三
置太尉。	罢太尉官。 蚡免太尉。		
武安侯田蚡为太尉。			
御史大夫抵。[135]	御史大夫赵绾。[138]		御史大夫青翟。[140]

136	135	134	133
五	六	元光元年	二
行三分钱。[141]	正月,闽越王反。孝景太后崩。[142] 昌免相。		帝初之雍,郊见五畤。
四	五 六月癸巳,武安侯田蚡为丞相。	二	三
	青翟为太子太傅。		夏,御史大夫韩安国为护军将军,卫尉李广为骁骑将军,太仆公孙贺为轻车将军,大行王恢为将屯将军,太中大夫李息为材官将军,篡单于马邑,不合,诛恢。[144]
	御史大夫安国。[143]		

132	131	130	129
三	四	五	六
五月丙子,河决于瓠子。[145]	十二月丁亥,地动。 蚡卒。	十月,族灌夫家,弃魏其侯市。[148]	南夷始置邮亭。[149]
四	五 平棘侯薛泽为丞相。[146]	二	三
			太中大夫卫青为车骑将军,出上谷;卫尉李广为骁骑将军,出雁门;大中大夫公孙敖为骑将军,出代;太仆公孙贺为轻车将军,出云中,皆击匈奴。[150]
	御史大夫欧。[147]		

128	127	126
元朔元年	二	三
卫夫人立为皇后。		匈奴杀代太守友。
四	五	六
车骑将军青出雁门,击匈奴。卫尉韩安国为将屯将军,军代,明年,屯渔阳卒。〔151〕	春,车骑将军卫青出云中,至高阙,取河南地。〔152〕	
		御史大夫弘。〔154〕

125	124	123
四	五	六
匈奴入定襄、代、上郡。[155]	匈奴杀代都尉朱英。 泽免相。	
七	八 十一月乙丑，御史大夫公孙弘为丞相，封平津侯。	二
	春，长平侯卫青为大将军，击右贤。卫尉苏建为游击将军，属青。左内史李沮为强弩将军，太仆贺为车骑将军，代相李蔡为轻车将军，岸头侯张次公为将军，大行息为将军，皆属大将军，击匈奴。[156]	大将军青再出定襄击胡。合骑侯公孙敖为中将军，太仆贺为左将军，郎中令李广为后将军。翕侯赵信为前将军，败降匈奴。[157]卫尉苏建为右将军，败，身脱。左内史沮为强弩将军。皆属青。

122	121
元狩元年	二
十月中,淮南王安、衡山王赐谋反,皆自杀,国除。〔158〕	匈奴入雁门、代郡。江都王建反。胶东王子庆立为六安王。〔160〕 弘卒。
三	四 御史大夫乐安侯李蔡为丞相。
	冠军侯霍去病为骠骑将军,击胡,至祁连;合骑侯敖为将军,出北地;博望侯张骞、郎中令李广为将军,出右北平。〔161〕
御史大夫蔡。〔159〕	御史大夫汤。〔162〕

120	119	118	117
三	四	五	六
匈奴入右北平、定襄。			四月乙巳,皇子闳为齐王,旦为燕王,胥为广陵王。〔165〕
		蔡坐侵园堧,自杀。〔164〕	
二	三	四 太子少傅武强侯庄青翟为丞相。	二
	大将军青出定襄,郎中令李广为前将军,太仆公孙贺为左将军,主爵赵食其为右将军,平阳侯曹襄为后将军:击单于。〔163〕		

116	115	114	113	112
元鼎元年	二	三	四	五
			立常山宪王子平为真定王,商为泗水王。六月中,河东汾阴得宝鼎。[168]	三月中,南越相嘉反,杀其王及汉使者。[169] 八月,周坐酎金,自杀。[170]
	青翟有罪,自杀。			
三	四 太子太傅高陵侯赵周为丞相。[166]	二	三	四 九月辛巳,御史大夫石庆为丞相,封牧丘侯。[171]
				卫尉路博德为伏波将军,出桂阳;主爵杨仆为楼船将军,出豫章:皆破南越。[172]
	汤有罪,自杀。			
	御史大夫庆。[167]			

111	110	109	108	107	106
六	元封元年	二	三	四	五
十二月，东越反。[173]					
二	三	四	五	六	七
故龙頟侯韩说为横海将军，出会稽；楼船将军杨仆出豫章；中尉王温舒出会稽，皆破东越。[174]		秋，楼船将军杨仆、左将军荀彘出辽东，击朝鲜。[177]			
御史大夫式。[175]	御史大夫宽。[176]				

105	104	103	102	101	100
六	太初元年	二	三	四	天汉元年
	改历,以正月为岁首。〔178〕				
		正月戊寅,庆卒。			
八	九	十 三月丁卯,太仆公孙贺为丞相,封葛绎侯。〔179〕	二	三	四
			御史大夫延广。〔180〕		御史大夫卿。〔181〕

99	98	97	96	95	94	93
二	三	四	太始元年〔184〕	二	三	四
五	六	七	八	九	十	十一
		春,贰师将军李广利出朔方,至余吾水上;游击将军韩说出五原;因杅将军公孙敖,皆击匈奴。〔183〕				
	御史大夫周。〔180〕				御史大夫胜之。	

92	91	90	89	88
征和元年	二	三	四	后元元年
	七月壬午,太子发兵,杀游击将军说、使者江充。〔186〕			
冬,贺坐为蛊死。〔185〕		六月,刘屈氂因蛊斩。		
十二	三月丁巳,涿郡太守刘屈氂为丞相,封彭城侯。〔187〕	二	六月丁巳,大鸿胪田千秋为丞相,封富民侯。〔189〕	二
		春,贰师将军李广利出朔方,以兵降胡。重合侯莽通出酒泉,御史大夫商丘成出河西,击匈奴。〔188〕		
	御史大夫成。			

87	86	85	84	83	82
二	孝昭始元元年	二	三	四	五
三	四	五	六	七	八
	九月,日碑卒。				
二月己巳,光禄大夫霍光为大将军,博陆侯;都尉金日碑为车骑将军,秺侯;太仆安阳侯上官桀为大将军。〔190〕				三月癸酉,卫尉王莽为左将军,骑都尉上官安为车骑将军。〔191〕	

81	80	79	78	77
六	元凤元年	二	三	四
				三月甲戌,千秋卒。
九	十	十一	十二	三月乙丑,御史大夫王䜣为丞相,封富春侯。
	九月庚午,光禄勋张安世为右将军。〔192〕		十二月庚寅,中郎将范明友为度辽将军,击乌丸。〔194〕	
	御史大夫䜣。〔193〕			御史大夫杨敞。〔195〕

76	75	74	73
五	六	元平元年	孝宣本始元年
十二月庚戌,狡卒。		敞卒。	
二	十一月乙丑,御史大夫杨敞为丞相,封安平侯。	九月戊戌,御史大夫蔡义为丞相,封阳平侯。[196]	二
	九月庚寅,卫尉平陵侯范明友为度辽将军,击乌丸。	四月甲申,光禄大夫龙额侯韩曾为前将军。五月丁酉,水衡都尉赵充国为后将军,右将军张安世为车骑将军。[197]	
		御史大夫昌水侯田广明。[198]	

72	71	70	69	68
二	三	四	地节元年	二
'	三月戊子，皇后崩。〔200〕 六月乙丑，义蒐。〔201〕	十月乙卯，立霍后。〔203〕		
三	六月甲辰，长信少府韦贤为丞相，封扶阳侯。〔202〕 田广明、田顺击胡还，皆自杀。充国夺将军印。	二	三	四 三月庚午，将军光卒。
七月庚寅，御史大夫田广明为祁连将军，龙頟侯韩曾为后将军，营平侯赵充国为蒲类将军，度辽将军平陵侯范明友为云中太守，富民侯田顺为虎牙将军，皆击匈奴。〔199〕				二月丁卯，侍中、中郎将霍禹为右将军。〔204〕
	御史大夫魏相。			

67	66	65	64	63	62
三	四	元康元年	二	三	四
立太子。[205] 五月甲申,贤老,赐金百斤。					
六月壬辰,御史大夫魏相为丞相,封高平侯。[206]	二 七月壬寅,禹腰斩。[208]	三	四	五	六 八月丙寅,安世卒。
七月,安世为大司马、卫将军。禹为大司马。					
御史大夫邴吉。[207]					

61	60	59	58	57
神爵元年	二	三	四	五凤元年
上郊甘泉太畤、汾阴后土。[209]	上郊雍五畤。祕祠出宝璧玉器。[211]			
		三月,相卒。		
七	八	四月戊戌,御史大夫邴吉为丞相,封博阳侯。[212]	二	三
四月,乐成侯许延寿为强弩将军。后将军充国击羌。酒泉太守辛武贤为破羌将军。韩曾为大司马、车骑将军。[210]				
		御史大夫望之。[213]		

56	55	54	53	52
二	三	四	甘露元年	二
				赦殊死,赐高年及鳏寡孤独帛,女子牛酒。
	正月,吉卒。			
四	三月壬申,御史大夫黄霸为丞相,封建成侯。	二	三	四
			三月丁未,延寿卒。	
五月己丑,曾卒。				
五月,延寿为大司马、车骑将军。[214]				
御史大夫霸。[215]	御史大夫延年。[216]			御史大夫定国。[217]

51	50	49	48	47	46
三	四	黄龙元年	孝元初元元年	二	三
三月己丑,霸薨。					
七月丁巳,御史大夫于定国为丞相,封西平侯。	二	三	四	五	六
		乐陵侯史子长为大司马、车骑将军。太子太傅萧望之为前将军。〔219〕			十二月,执金吾冯奉世为右将军。〔220〕
太仆陈万年为御史大夫。〔218〕					

45	44	43	42	41
四	五	永光元年	二	三
			三月壬戌朔,日蚀。	
		十月戊寅,定国免。		
七	八	九	二月丁酉,御史大夫韦玄成为丞相,封扶阳侯。丞相贤子。	二
		七月,子长免,就第。		
二月丁巳,平恩侯许嘉为左将军。[221]	九月,卫尉平昌侯王接为大司马、车骑将军。[223]	七月,太常任千秋为奋武将军,击西羌;云中太守韩次君为建威将军,击羌。后不行。	右将军平恩侯许嘉为车骑将军,侍中、光禄大夫乐昌侯王商为右将军,右将军冯奉世为左将军。[226]	
	二月,广德免。			
中少府贡禹为御史大夫。十二月丁未,长信少府薛广德为御史大夫。[222]	七月,太子太傅韦玄成为御史大夫。[224]	二月丁酉,右扶风郑弘为御史大夫。[225]		

40	39	38	37	36	35	34
四	五	建昭元年	二	三	四	五
				六月甲辰,玄成薨。		
三	四	五	六	七月癸亥,御史大夫匡衡为丞相,封乐安侯。	二	三
			弘免。			
			光禄勋匡衡为御史大夫。[227]	卫尉繁延寿为御史大夫。[228]		

33	32	31	30	29
竟宁元年	孝成建始元年	二	三	四
			十二月丁丑,衡免。	
四	五	六	七	三月甲申,右将军乐昌侯王商为右丞相。[231]
			八月癸丑,遣光禄勋诏嘉上印绶免,赐金二百斤。	
六月己未,卫尉杨平侯王凤为大司马、大将军。[229]			十月,右将军乐昌侯王商为光禄大夫、右将军,执金吾弋阳侯任千秋为右将军。[230]	任千秋为左将军,长乐卫尉史丹为右将军。[232]
延寿卒。			谭免。	十月己亥,尹忠自刺杀。
三月丙寅,太子少傅张谭为御史大夫。			廷尉尹忠为御史大夫。	少府张忠为御史大夫。

28	27	26	25	24
河平元年	二	三	四	阳朔元年
			四月壬寅,丞相商免。	
二	三	四	六月丙午,诸吏散骑光禄大夫张禹为丞相。〔234〕	二
		十月辛卯,史丹为左将军,太仆平安侯王章为右将军。〔233〕		

23	22	21	20
二	三	四	鸿嘉元年
			三月,禹卒。
三			四月庚辰,薛宣为丞相。[237]
		七月乙丑,右将军光禄勋平安侯王章卒。	
	九月甲子,御史大夫王音为车骑将军。		
张忠卒。		闰月壬戌,永卒。	
六月,太仆王音为御史大夫。[235]	十月乙卯,光禄勋于永为御史大夫。[236]		

【注释】〔1〕"沛公",即汉高祖刘邦。据本书《高祖本纪》记载,刘邦为沛县丰邑中阳里人。秦末起义占据沛城后,被众人推为沛公。《汉书音义》称:楚国旧制称县宰为公。刘邦沿用楚制。沛,为秦代县名,在今江苏沛县。"汉王",本书《高祖本纪》记载:义军灭秦后,项羽立刘邦为汉王,领有巴、蜀、汉中地区(即今四川、陕西南部等地)。汉王,因汉水得名。〔2〕"南郑",秦代城邑名,为秦汉中郡治所,在今陕西汉中市。〔3〕"雍",秦代县名。地处今陕西宝鸡市东。此处所言"雍",是指项羽封立的雍国,章邯为王,占有关中(今陕西)的西部地区。〔4〕"丞相萧何",丞相为秦汉官职名,是中央政权的最高行政长官,协助皇帝掌管国家政务。萧何,沛县丰人,曾为秦代沛县主吏掾,与刘邦交好,起义一直辅弼刘邦,立功最高,被封为酂侯。详见本书《萧相国世家》。"汉中",秦代郡名,汉代沿袭之。辖有今陕西汉中、安康地区及湖北十堰市、房县等地。秦郡治所在南郑(今汉中市),西汉郡治移至西城(今安康市)。〔5〕"御史大夫周苛",御史大夫为秦汉官职名,为三公之一,职掌副丞相,负责弹劾、纠察和掌管图籍、秘密文书等。周苛,沛(今江苏沛县)人,秦代曾为泗水卒史。刘邦攻占沛城。周苛投刘邦,作帐下宾客,随从刘邦入关。刘邦被立为汉王后,任命周苛作御史大夫。刘邦被项羽围在荥阳时,周苛留守荥阳,使刘邦逃走。项羽攻破荥阳,周苛不降,被烹死。详见本书《张丞相列传》。"荥阳",秦、汉县名。在今河南荥阳县。〔6〕"塞、翟、魏、河南、韩、殷国",均为义军灭秦后项羽分封的诸侯国名。秦军降将司马欣为塞王,辖有关中东部。秦降将董翳为翟王,辖有今陕西北部。楚将瑕丘申阳为河南王,辖有今河南西部。赵将司马卬为殷王,辖有今河南北部。前吴县令郑昌为韩王,辖有今河南中部及山西东南部。〔7〕"项籍",即项羽。下相(今江苏宿迁县)人,字羽。秦末起义军首领,自立为西楚霸王。详见本书《项羽本纪》。〔8〕"彭城",秦汉城市名,汉代设县,为楚国治所。项羽自立为西楚霸王,以彭城为都。地在今江苏徐州市。〔9〕"关中",地名,大致相当于今陕西。也有一种说法认为自函谷关至陇关之间的地区称作关中,大约为今陕西中部及北部地区。〔10〕"太尉长安侯卢绾",太尉,秦汉官职名,为三公之一,掌管军事。卢绾,沛县丰人,刘邦同里人,与刘邦相亲近,随刘邦起义,为将军、太尉,后被封为燕王。刘邦认为卢绾有反意,派樊哙攻打燕国。卢绾逃入匈奴,死在胡地。详见本书《韩信卢绾列传》。〔11〕"魏豹",战国时魏国的王族公子。秦末起义,得楚怀王所给的数千士兵,攻下魏地二十余城,被立为魏王。项羽改封魏豹为西魏王。后被汉韩信俘虏,被周苛所杀。详见本书《魏豹彭越列传》。〔12〕"韩信",淮阴(今江苏清江市)人。投奔项梁军中,后又投汉王。刘邦拜为大将。协助刘邦取得天下,被封为齐王、楚王,后降为淮阴侯。因与陈豨合谋造反被吕后杀死。详见本书《淮阴侯列传》。〔13〕"赵",诸侯国名,地在今河北中部、南部及山西东部。秦国灭赵。项羽把赵国的地域封给张耳,称为常山王。陈余赶走张耳,迎立赵国的旧王歇作赵王。后陈余反汉。汉立张耳为赵王。〔14〕"楚",诸侯国名。项羽自立为西楚霸王,辖有楚地九郡。〔15〕"齐"、"燕",均为诸侯国名。齐地在今山东北部地区,燕地在今河北北部及辽宁西南部地区。项羽分封齐将田都为齐王。燕将臧荼为燕王。〔16〕"太公",刘邦的父亲,名煓,一说名执嘉。〔17〕"洪渠",即鸿沟,古代运河名。从荥阳以北引黄河水东向,经大梁(今开封)折向南,经荥阳入颍水。〔18〕"周苛守荥阳死",在本《表》中倒着书写,俗称倒文。本书中仅本《表》有此写法。这是在史籍中十分罕见的写法。前人对此做过多种解释,但都不能准确地说明产生倒文的原因。本《表》中出现的倒文,一般是在正书叙述的人物事件所属栏格的上一栏出现,例如"相位"栏中记载的丞相被免职,便错位上移,在"大事记"一栏中写成倒文。"将位"栏中将军、太尉去职,则在"相位"栏中写成倒文。"御史大夫"栏中御史大夫去职,则在"将位"栏中倒书。可能因为移上一栏,又要与上一栏文字相区分,就采用了倒文的形式。有人认为,倒文除了与上一栏文字区分外,还有与本栏内容衔接的作用。本《表》内在"相位"、"将位"栏中加注丞相、太尉等的在位年数,这些数字与倒文的相互联系十分密切。如高皇帝元年萧何为丞相,《表》中注"一",是为丞相第一年。以下至孝惠二年注"十四",是萧何在位的第十四年,上一栏中倒文记载"何薨","相位"栏中记载"曹参为相国"。孝惠三年"相位"栏中出现的数字就是"二",表明是曹参在相位的第二年了。出现倒文的原因,《人民日报》一九八三年十一月三日第八版《为何出现颠倒印的文字》一文中介绍了三种不同的看法。第一种是:"凡是将相死、罢免等,在大事记中改换字的写法,即将字倒过来写,这样一顺一倒,比较明显,看起来也方便。"清代人汪越在《读史记十表》一书中就提出了这种意见,认为是:"或便观览,未必有深义也。"但是这种说法不能完全反映《表》中的现状。首先,倒文中还包括了将相死、罢免以外的一些内容,如孝惠四年中倒文

写"置太尉官"等。有些将相死去也没有在《表》中用倒文写出来,如大将军王凤卒于阳朔三年,《表》中就没有记载。其次,不止在"大事记"一栏中有倒文,在"相位""将位"栏中也有倒文。其次,倒文看起来并不见得方便。所以,"这种说法与事实不符合的地方很多,因而不大讲得通"。第二种说法是:"在《表》中,前一栏倒写的文字是下一栏的注释或说明文字。"这种说法似乎也不尽妥帖,因为本《表》中并没有任何注释、说明的内容体例。第三种说法是:"现在见到的倒写文字,很可能原来是写在竹简背面的,后人不明其意,转抄时就将简背文字用倒字的形式来表示了。"李解民《史记表中的倒文》一文即提出此说(见《学林漫录》第三集)。此外,还有人提出:《史记·太史公自序》中有一段关于本《表》写作意图的叙述:"国有贤相良将,民之师表也。维见汉兴以来将相名臣年表,贤者记其治,不贤者彰其事。作《汉兴以来将相名臣年表》第十。"本《表》采用倒文,将三公和各大臣不同的去职原因用倒文形式表示出来,使之更明显,是为了体现"贤者记其治,不贤者彰其事"的写作意图。纵观本《表》中的倒文,可以看出,它表现的都是有关丞相、将军(或高级武职)、御史大夫等官员的死亡、罢免及官位设置变动等重大事件,有一定规律可寻。但是本《表》编写的体例不统一,前后详略不一,都反映出它并未完全定稿,可能只是一个在修改中的稿本。这样,这些倒文很可能是作者自己的特殊标记,以便区分明显,便于进一步修改增删,而不一定是专为读者看的。李解民说:"如果天假冯商时日得以从容完成续作,那么这些倒文必然会成为顺文而置于《表》中适当的位置上,这个谜一样的倒文问题也就不存在了。"这种推论有一定道理。附带说明,本《表》并非司马迁原作,余嘉锡《太史公书亡篇考》曾指出它为西汉末冯商所撰。亦有人认为作者佚名,并非司马迁、冯商、褚少孙等人。关于这一问题,尚待有更深入的研究探讨。 〔19〕"汾阴侯周昌",汾阴,秦汉县名,地在今山西临猗县内。周昌,为周苛堂弟,后任赵相。事迹详见本书《张丞相列传》。 〔20〕"垓下",地名,在沛郡洨县(今安徽灵璧县东南),当地有绝壁,旁为聚邑及堤,因此得名。垓,音 gāi。 〔21〕"定陶",秦汉县名。在今山东定陶县。现此县西北尚有汉祖坛,传说即汉高祖即位处。 〔22〕"刘仲为代王",刘仲为刘邦二兄,名喜,曾被封为宜信侯。代,指山西北部地区。代王辖有云中、雁门、代郡五十三县。 〔23〕"大市",汉代初年,在郡国治所以外,又选定一些重要的城市,设立大市。 〔24〕"咸阳",秦汉城市名,秦代首都。汉高祖元年改名新城,七年撤置,降为县,属长安。汉武帝元鼎三年改名渭城。地在今陕西西安市西北。"长安",汉县,汉高祖五年设置。此处所称"长安",是由于长安县的设立而将原咸阳城辖区均改名为长安。 〔25〕"酂侯",萧何被封为酂侯,以南阳郡酂县为他的封邑。酂,音 zàn,地处今湖北均县东南。 〔26〕"张苍为计相",张苍,阳武(今河南原阳县东南)人。秦代曾任御史。刘邦义军途经阳武时从军。后曾为代相、赵相,被封为北平侯(北平,汉县,在今河北满城县以北),又任御史大夫、丞相。事迹详见本书《张丞相列传》。计相,主管全国户口、租赋收入的官员。徐氏《测议》认为:"计相是主管上计的官员,不应该列入将相表中。"计相这一官名仅见于汉代初年,可能是汉初临时设立的官职。张苍当时是以列侯的身份在相府中主管郡国上计,地位较高。或者撰《表》者是因此将计相列入《表》中。 〔27〕"长乐宫",汉宫室名,在汉长安城内东南角,即今陕西西安市西北。 〔28〕"栎阳",秦汉县名,汉代属左冯翊,在今陕西高陵县以东。 〔29〕"匈奴",古代我国北方的一个游牧民族,也称作胡、鬼方、混夷、獫狁等。秦汉时称之为匈奴。分布在今内蒙古、新疆北部至蒙古、前苏联西伯利亚等地的广阔地域内。善骑射,曾是中原地区的大患。 〔30〕"平城",汉县名,属雁门郡。地在今山西大同市东北。 〔31〕"韩信反虏",指韩王韩信,是战国时韩国襄王的后代,曾为韩国太尉,刘邦打败原韩王韩昌,立韩信为韩王。高祖七年韩信与匈奴合谋反。"赵城",可能是指赵国的城邑柏人及东垣。本书《高祖本纪》载:八年,高祖攻打韩王信的余党,到了东垣。从东垣回来的路上经过柏人。 〔32〕"贯高",赵王张耳的亲信宾客,任赵国相。因为刘邦对赵王无礼,义不受辱,便谋划暗杀刘邦。事未成。后被仇人告密。贯高舍身辩明赵王没有参与谋杀,得知赵王被赦后,自杀而死。详见本书《张耳陈余列传》。 〔33〕"代王弃国亡,废为郃阳侯",代王刘仲弃国逃到雒阳一事发生在高祖七年,见本书《高祖本纪》。此《表》列入八年,误。郃阳,秦汉县名,在今陕西合阳县东。 〔34〕"未央宫",汉代宫室名,在汉长安城西南角,今西安市西北马家寨一带。《史记志疑》云:"未央与长乐同以七年二月成,非至是始成也。" 〔35〕"帝奉玉卮上寿",奉,双手举起。玉卮,玉石制作的酒具,卮,音 zhì。上寿,祝酒,祝福老年人健康长寿。 〔36〕"始常以臣不如仲力,今臣功孰与仲多","始",开始,这里指以前。"力",有力量,有能力。"功",功业,本书《高祖本纪》作"某之业所就孰与仲多","孰",哪一个,谁。 〔37〕"徙齐田,楚昭、

屈、景"，"齐田"是指齐国王族田氏的后裔，"楚昭、屈、景"是指楚国王族昭氏、屈氏、景氏的后裔。《史记志疑》云"景"下缺"怀"字。〔38〕"迁为相国"，《史记志疑》云："萧何为相国在十一年，非九年也。"〔39〕"陈豨反代地"，"陈豨"，宛朐(又作冤句，属济阴郡，今山东定陶县西)人，刘邦封陈豨为列侯，管理赵国、代国的边防军队。因刘邦追查陈豨宾客的不法行为牵连到陈豨，陈豨便自立为代王，领兵造反，后被樊哙斩杀。详见本书《韩信卢绾列传》。〔40〕"江邑侯赵尧"，《史记志疑》云："'江邑侯'三字衍，《公卿表》无之，盖尧封侯在十一年正月，此时未侯也。"江邑，《汉书·地理志》中失载。〔41〕"诛淮阴、彭越"，淮阴，即淮阴侯韩信。彭越，昌邑(今山东巨野县南)人，曾为盗，秦末聚众起兵，领兵三万余人归汉，被拜为魏相国。灭项羽后，被封为梁王。后被告发与扈辄谋反，被免为庶人。流放途中，彭越见到吕后，向吕后表白无罪。却被吕后告诉刘邦，说流放遗下祸患，不如杀掉。因此被杀。详见本书《魏豹彭越列传》。〔42〕"黥布"，即英布，因在秦代犯法被黥面，故称作黥布，六(今安徽六安市)人。秦末为郦山刑徒，聚众逃入长江中为盗，聚兵数千人，归随项梁。灭秦时多立战功，被项羽封为九江王。后被随何所说，归汉。灭楚之后，被封为淮南王。因韩信、彭越被杀，举兵反汉，兵败为番阳人所杀。详见本书《黥布列传》。〔43〕"周勃"，沛县人。随刘邦起兵反秦。被刘邦拜为将军，后被封为绛侯。绛县，在今山西曲沃县南。曾任太尉、丞相。与丞相陈平谋划，诛杀诸吕，拥立孝文皇帝。详见本书《绛侯周勃世家》。"官省"，官职免设。当时太尉因征伐而设，事罢就不设置了。〔44〕"布"，即黥布。〔45〕"长陵"，汉高祖刘邦的陵寝，位于左冯翊长陵(今陕西泾阳县东南)。〔46〕"赵隐王如意死"，刘如意，为汉高祖刘邦与戚夫人所生子，最得刘邦宠爱，几次要把他立为太子，因大臣劝谏未成。刘邦封如意为赵王。刘邦死后，吕后将赵王召至长安，以毒酒毒死。〔47〕"除诸侯丞相为相"，《史记志疑》云："景帝元年更命诸侯丞相曰相，此误。《大事记》称：改诸侯王相国为丞相。当依《大事记》。"〔48〕"楚元王、齐悼惠王"，楚元王为汉高祖弟刘交，辖有淮西之地。齐悼惠王为汉高祖长子刘肥，辖齐地七十余城。〔49〕"齐相平阳侯曹参"，曹参，沛县人。秦代时作过沛县的狱掾(管理监狱的小官吏，掾，音 yuàn)。后随刘邦起兵，封为将军。灭项羽后，任齐相国，封平阳侯。平阳，在今山西临汾市西南。萧何死后，曹参继任汉相国，谨守萧何所定法规，天下平静。详见本书《曹相国世家》。〔50〕"初作长安城。蜀湔氏反"，《史记志疑》云："'初'字误，当云'复作'。"前文记载孝惠元年已经建造长安城西北方。所以此处不应该称"始"。湔氏，蜀县，《汉书·地理志》蜀郡有湔氐道。在今四川松潘县西北。〔51〕"为高祖立庙于沛城成"，《史记志疑》云：《史诠》曰：'今本"城成"误书于"沛"下。'此处"城成"，可能是指长安城修成。本书《吕太后本纪》载："五年六月城就。"如此，"城成"二字应该列入孝惠六年中。"置歌儿一百二十人"，刘邦在高祖十二年途经沛县时，选了沛县的儿童一百二十人，教给他们歌曲，让他们在酒宴上合唱。孝惠帝时将沛宫设为高祖原庙，命令高祖教过的一百二十名儿童作为吹乐(吹鼓手)。〔52〕"八月乙丑，参卒"，《史记志疑》云：《汉书·惠纪》及《公卿表》作'己丑'，误也。"又指出：此表中相国丞相内只有萧何、陈平称薨，其他人都称卒，不明白为什么这样写。〔53〕"七月，齐悼惠王薨。立太仓、西市"，《史记志疑》云："《汉书·惠纪》是'冬十月'，此'七'字误。"太仓，京城中储存粮食的中央仓库，这里应该是"敖仓"。立太仓在高祖八年以前，见本书《高祖本纪》。西市，长安城中西边的市场区。《三辅黄图》记载："长安九市，六市在道西，三市在道东。"〔54〕"安国侯王陵"，王陵，沛县人。刘邦贫微时与王陵交好。后领兵归刘邦，被封为安国侯。安国，在今河北安平县北。王陵事详见本书《陈丞相世家》。〔55〕"曲逆侯陈平"，陈平，阳武户牖乡(今河南兰考县北)人。秦末各地起义，陈平先投魏王咎，后归项羽，为楚都尉。后降汉，为刘邦行反间计，多献计策，被封为户牖侯，后改为曲逆侯。曲逆，汉县，在今河北顺平县东南。陈平后任左、右丞相。详见本书《陈丞相世家》。〔56〕"广阿侯任敖"，任敖，秦代沛县的狱史。随刘邦起兵，曾任上党(治所在今山西长子县)郡守，被封为广阿侯。广阿，汉县，在今河北隆尧县以东。任敖生平详见本书《张丞相列传》。〔57〕"张辟彊计"，张辟彊，又作张辟疆，《匡谬正俗》称："当音为开辟之辟，疆场之疆。"《湖本》作"疆"。为留侯张良之子，当时任侍中，劝诸大臣说："你们请求拜吕台等人为将军，领南北军。这样才能使太后心安，你们也能免祸。"详见本书《吕太后本纪》。〔58〕"以吕台为吕王"，这件事发生在高后元年，《表》列入孝惠七年，有误。吕台，吕后兄吕泽之子。"立少帝"，少帝，孝惠帝宫中美人所生子，孝惠皇后吕氏杀死他的母亲，假装是自己所生，立为太子。〔59〕"九月辛巳，葬安陵"，《史记志疑》云："当依《汉纪》作'九月辛丑'为是。"孝惠七年九月丁酉朔，九月中不应有辛巳日，

当作辛丑。安陵,孝惠帝陵寝名,在今陕西泾阳县西南。〔60〕"王孝惠诸子",吕后想要封吕氏为王,先立孝惠帝后宫美人所生的儿子刘彊为淮阳王,刘不疑为常山王。史载他们并非真的孝惠帝儿子,是吕后把别人的儿子冒名养在后宫,充当孝惠帝的儿子。用来增强吕氏的势力。〔61〕"置孝悌力田",孝悌,孝敬父母,尊重兄长。力田,努力耕作。这里是汉代设立的两种选拔人才的科目。选拔孝行和耕田成绩突出的任命官职,免除徭役。〔62〕"辟阳侯审食其",审食其,沛县人,得吕后宠爱,任左丞相。辟阳,汉县,在今河北枣强县西南。〔63〕"十二月,吕王台薨",《史记志疑》云:"十二月误,《吕后纪》及《诸侯王表》并是十一月。"〔64〕"行八铢钱",八铢钱是西汉初年发行的一种铜币,每枚重八铢(汉代以二十四铢为一两,十六两为一斤)。〔65〕"平阳侯曹窋",曹窋为曹参之子,因继承曹参的爵位,仍为平阳侯。窋,音 zhú。《史记志疑》云:"以窋为御史大夫在高后二年及六年者皆误。《公卿表》谓高后四年为御史大夫,五年免,与《任敖传》合。"〔66〕"更立常山王弘为帝",更立,改立。常山王弘,是孝惠帝后宫美人所生,原名山,封襄城侯,又改名义,封常山王,立为帝后改名弘。常山,西汉郡名,在今河北阜平、石家庄、赞皇地区。〔67〕"绛侯勃为太尉",《史记志疑》云:"事在惠帝六年,非高后四年也。"〔68〕"淮阳王薨,以其弟壶关侯武为淮阳王",淮阳王刘彊,是孝惠帝后宫美人之子,吕后立为王。淮阳王辖地在今河南淮阳、扶沟、太康、柘城、鹿邑一带。壶关,汉县,在今山西长治市北。〔69〕"令戍卒岁更",秦代法制规定,年满二十三岁的男子要到边境屯戍一年。而秦始皇以降,戍卒常多年不能归乡。高后五年,规定戍卒每年更换,叫作岁更。〔70〕"以吕产为吕王",吕产是吕后长兄之子。吕后因原吕王嘉骄纵放荡,把吕嘉废掉,封吕产为吕王。〔71〕"赵王幽死",赵王刘友,是高祖的庶子(侧室生的儿子),初封淮阳王,赵王如意死后改封赵王。娶吕氏女为后,因不爱吕女,被吕女进谗言。吕后为此发怒,把赵王召到京城,困在邸舍中饿死。〔72〕"吕禄",吕后次兄吕释之的小儿子。〔73〕"梁王徙赵自杀",梁王刘恢,是高祖的庶子,娶吕产女为后,吕产女毒死刘恢的爱姬,并处处监视刘恢,使得刘恢悲愤自杀。〔74〕"代王至",代王刘恒,高祖庶子,薄姬所生,被封为代王。周勃、陈平诛杀吕氏后,众大臣因薄姬家人谨慎善良,刘恒又在高祖子孙中年辈最高,便决定迎请刘恒为帝,是为孝文帝。〔75〕"七月辛巳,为帝太傅",《史记志疑》云:"'为帝'上缺'食其'

二字。"又称:"《通鉴考异》据《长历》言八年七月无辛巳,则食其为帝太傅在七年七月辛巳,《百官表》可证。"太傅是汉代官名,位在三公之上。〔76〕"隆虑侯灶为将军,击南越",《史记志疑》云:"《史·南越》及《汉·两粤传》佗(南越王赵佗)攻长沙,高后遣隆虑侯往击之。岁余,高后崩。故《汉书·本纪》书于七年九月,此在八年,误。""灶",即周灶,曾任高祖连敖(楚官名,一说为接待宾客的官吏),又为长铍(音 pí,刀剑)都尉,因在与项羽作战时有功,被封为隆虑侯。隆虑,汉县,在今河南林县。"南越",汉初国名。原秦代南海龙川(今广东龙川县)令赵佗趁秦末战乱,诛杀秦朝任命的地方长吏,攻下桂林、象郡(今广西及贵州东南部),自立为南越武王。汉高祖派陆贾立赵佗为南越王,辖南海(今广东省)、桂林、象郡等地。五世之后国亡。〔77〕"除收孥相坐律",孥,音 nú,儿子,或指妻和子。收孥,是一人有罪,其家属连坐的法律。相坐,是一人有罪,株连及相邻的五家人。汉文帝废除了这两条刑法。〔78〕"赐民爵",皇帝赏赐给男性的平民百姓爵位。〔79〕"颍阴侯灌婴",原是睢阳(今河南商丘县)贩卖绸布的人,投刘邦军中,作战有功,拜为郎中、中谒者、御史大夫等,被封为颍阴侯。颍阴,在今河南许昌市。详见本书《樊郦滕灌列传》。〔80〕"除诽谤律",诽谤律是以妖言惑众,诽谤诅咒皇帝尊上等罪名惩治不当言论,镇压舆论的法律,孝文帝免除了这条刑法。〔81〕"皇子武为代王,参为太原王,揖为梁王",三人均为孝文帝子。太原王,辖太原郡,今山西中部地区。梁王,辖梁国,今河南商丘地区。〔82〕"济北王反",济北王刘兴居,是汉高祖的孙子,齐悼惠王刘肥的儿子,孝文帝二年被封为济北王。〔83〕"上郡",秦汉郡名。地在今陕西北部榆林、延安地区。〔84〕"棘蒲侯陈武为大将军,击济北。昌侯卢卿、共侯卢罢师、宁侯遬、深泽侯将夜皆为将军。属武祁侯贺",棘蒲,秦县,《汉书·地理志》不载,地在今河北魏县。昌县,属琅邪郡,在今山东诸城县北。卢卿,《汉书·高惠高后文功臣表》作旅卿,卢罢师作旅罢师。共县,属河内郡,在今河南辉县。宁县,属上谷郡,在今河北张家口市西。遬,魏遬。深泽,属中山国,今河北深泽县。将夜,姓赵,赵将夜,《汉书·高惠高后文功臣表》作"赵将夕"。武祁侯有误。本书《孝文本纪》作祁侯,祁县属太原郡,在今山西祁县。贺,缯贺。以上均为高祖功臣。〔85〕"安丘侯张说为将军,击胡,出代",安丘,汉县,属北海郡,在今山东安丘县西。张说,高祖军中将军,以功封侯。《史记志疑》云:"考《匈奴传》,是年方议和亲,不应有出代之师,

疑误。"〔86〕"关中侯申屠嘉为御史大夫",申屠嘉,梁(今河南商丘市)人。在高祖军中任材官蹶张(强健有力的勇士),后升为都尉。孝文帝元年,选拔以前跟随高祖的官员二十四人封为关内侯(比列侯低的侯爵,第十九级,因仅有侯号,没有封国,都居住在京城中,所以叫关内侯。《表》书写成"关中侯",可能是后人的误录),申屠嘉被封,后任丞相。详见本书《张丞相列传》。《史记志疑》云:孝文"十六年嘉始为御史大夫,《汉书》本传同。此书于四年误"。〔87〕"除钱律,民得铸钱",铸造钱币,一直是官府专营。孝文帝五年四月,废除了将民间私自铸钱者治罪的法令,允许民间私自铸钱。〔88〕"废淮南王,迁严道",淮南王刘长,是孝文帝的弟弟,与棘蒲侯太子奇谋反,与闽越和匈奴结连。孝文帝不忍依法处死他,仅废掉了他的王位,把他流放到严道(汉县,属蜀郡,地在今四川荥经)去。刘长在途中病死。淮南王辖有九江、庐江、衡山、豫章四郡,即今安徽南部及江西等地。〔89〕"南陵",汉孝文帝母薄太后陵寝,在今陕西西安市东南。〔90〕"太仆汝阴侯滕公卒",太仆,掌管皇帝车马的官员,中二千石(官俸等级,中二千石的官员每月领俸一百八十斛)。汝阴侯夏侯婴,沛县人,曾为秦代沛县吏,与刘邦交好,与刘邦一起举事,多立军功,一直任太仆,被封为汝阴侯(汝阴,汉县,在今安徽阜阳市,《汉书·地理志》作女阴)。因在灭秦战争中曾赐爵滕公(滕,秦县名,西汉改称公丘,地在今山东滕县西),史籍中也常称作滕公。详见本书《樊郦滕灌列传》。〔91〕"温室",汉宫室名,在未央宫殿北。〔92〕"以芷阳乡为霸陵",芷阳乡,在今陕西西安市东北,秦代设县。霸陵,汉孝文帝陵寝,因西临霸水而得名。〔93〕"御史大夫敬",《史记志疑》云:"冯敬为御史大夫在七年,此书于九年,误。"〔94〕"诸侯王皆至长安",《史记志疑》云:"《表》是年止三国来朝,不得言皆至。"〔95〕"地动",地震。〔96〕"河决东郡金堤",东郡,辖今山东茌平、聊城至河南濮阳一带,在当时黄河以南。金堤为黄河堤岸。〔97〕"除肉刑及田租赋律、戍卒令",肉刑,指黥(在面上刻字)、劓(割去鼻子)、断趾(砍去左、右脚趾)等刑罚,齐太仓令淳于公有罪要受刑,他的女儿缇萦到长安上书,请求将自己没入官婢,用来赎父罪。孝文帝被缇萦感动,便下令废除肉刑。孝文帝十三年,又下令免去农民的田租赋税。〔98〕"萧关",汉代关隘名,在今宁夏固原县东南。〔99〕"成侯董赤、内史栾布",《史记志疑》云:"'赤'当作'赫',内史非布也,疑有误。"成,《汉书·地理志》不载,《续汉书·郡国志》载成县,属济北国,在今

山东泰安市南。内史,汉代官职,掌管京师地区行政,秩俸二千石(月俸一百二十斛)。"东阳侯张相如",东阳,汉县,在今江苏盱眙县东。张相如,以守卫河间,攻打陈豨有功被封为侯。"中尉",汉官职名,掌管京师地区的警卫治安,中二千石。"郎中令",汉官职名,掌管皇帝宫殿的门户警卫,统领期门、羽林等禁卫军,中二千石。〔100〕"成纪",汉县,在今甘肃秦安县北。〔101〕"上始郊见雍五帝",郊,在郊外祭祀。五帝,五方上帝。秦代在雍设立白帝、赤帝、黄帝、青帝四畤,祭祀上帝。汉代又设立黑帝畤,共为五帝。畤,音 zhì,祭祀的场所。〔102〕"渭阳",在渭水之北,本书《封禅书》载,孝文帝在霸水渭水交会的地方郊见渭阳五帝。〔103〕"新垣平",汉代方士,赵国人。以方术欺骗孝文帝,劝说孝文帝设立渭阳五庙。〔104〕"故安侯",故安,汉县,在今河北易县南。〔105〕"御史大夫青",即陶青。高祖功臣开封闵侯陶舍之子,嗣封开封侯。开封,汉县,在今河南开封市南。〔106〕"谷口邑",汉代城市,故址在今陕西礼泉县东北。〔107〕"二万人入云中",云中,汉郡,辖有今山西西北及内蒙古西南地区,治所在云中,今内蒙古托克托县东北。《史记志疑》云:"《史》、《汉》《文纪》及《匈奴传》,是年匈奴入上郡、云中各三万人,此言二万,误。"〔108〕"中大夫令免",本书《孝文本纪》作"中大夫令勉"。徐广《集解》认为中大夫令是官号,勉是名。但《汉书·百官公卿表》记载汉景帝初年才将卫尉改为中大夫令。这里仍应是中大夫,令为姓,勉是名。中大夫为汉官职名,属郎中令,比二千石。"飞狐",关隘名,在今河北蔚县东南。"句注",山名,位于今山西代县西北。"张武",原代王郎中令,伴代王进京即帝位,任郎中令。"北地",汉郡名,治所马领,在今甘肃庆阳县西北。"河内守周亚夫",河内郡,辖有今河南安阳、鹤壁、新乡、焦作、济源等市县,治所怀县,在今河南武陟县西南。守即郡守,为一郡的最高长官。周亚夫,绛侯周勃的儿子,被孝文帝封为条侯,条,汉县名,《汉书·地理志》作脩市,地在今河北景县。周亚夫后为中尉、太尉、丞相,因事下狱,绝食而死。详见本书《绛侯周勃世家》。"细柳",地名,在今陕西咸阳市西南。"宗正刘礼",宗正是汉代官职,秩俸二千石,掌管皇族亲属,由皇族担任。刘礼,楚元王刘交的儿子,后被孝景帝封为楚王。《史记志疑》云:刘礼是时未为宗正。"祝兹侯徐厉",《史记志疑》云:"祝兹"当作"松兹","徐厉"当作"徐悼"。松兹,汉县名,在今安徽宿松县东北。"棘门",秦代宫门名,地在今陕西西安市西北。〔109〕"太子立",太子即汉景帝刘启。

〔110〕"车骑将军"、"复土将军"、"将屯将军",都是汉官职名。汉代将军不常设,这里的将军都是为了监管葬事而设立的。"属国捍",徐广说"姓徐,一名厉,即祝兹侯",有误,据本书《惠景间侯者年表》,松兹侯徐厉在孝文七年已经去世,侯位由徐悼继承。如此处的属国捍确实姓徐,就可能是悼字误作悍,又通假作捍,也可解释得通。属国是汉代官名,汉武帝以前称典属国,秩二千石,掌管四方各民族来归降的人员事务。"詹事",汉官职名,秩二千石,掌管皇后、太子的宫中事务。 〔111〕"太宗庙",太宗,是汉文帝的庙号,由丞相申屠嘉去世等人上书建议设定。 〔112〕"置司徒官",《史记志疑》云:"《汉书》哀帝元寿二年始改丞相为大司徒。《史诠》以为错简衍文。"〔113〕"河间王",辖今河北献县、武强、交河一带。都城乐城,在今河北献县东南。"临江王",辖今湖北沙市、荆门、宜昌一带。都城江陵,在今湖北江陵县。"淮阳王",辖今河南淮阳、扶沟、柘城、鹿邑一带,都城陈县,在今河南淮阳。"汝南王",辖今河南周口市以南地区与安徽阜阳市,都城上蔡,在今河南省上蔡县。"广川王",辖今河北衡水、枣强、德州等地,都城信都,在今河北冀县。"长沙王",辖今湖南东北部地区,都城临湘,今湖南长沙。 〔114〕"孝文太后",即孝文帝母亲薄氏。〔115〕"嘉卒",即丞相申屠嘉,以下倒文多仿此。〔116〕"御史大夫错",晁错,颍川(今河南许昌市)人,以文学的身份作过太常掌故(太常是掌管宗庙礼仪的官员,太常掌故是太常掌下的小官吏,负责了解旧日的礼仪制度)。汉景帝为太子时,晁错作太子家令(掌管太子府中事务),得到太子看重。汉景帝即位后,晁错任内史、御史大夫,献计削诸侯王地。吴楚七国以诛晁错为名造反。汉景帝便将晁错杀死。详见本书《袁盎晁错列传》。 〔117〕"吴楚七国反",七国包括吴王刘濞(汉高祖兄刘喜的儿子。吴国辖有今江苏南部、江西、浙江、福建北部等地,都城在吴县,在今苏州市),楚王刘戊(汉高祖弟刘交的孙子。楚国辖有今山东南部、江苏北部等地,都城彭城,在今江苏徐州市),胶西王刘卬(汉高祖的孙子。胶西国辖有今山东高密县一带,都城高密,在今山东高密县),淄川王刘贤(汉高祖的孙子。淄川国辖今山东寿光至益都一带,都城剧县,在今山东寿光县南),胶东王刘雄渠(汉高祖的孙子。胶东国辖有今山东平度至莱阳一带,都城即墨,在今山东平度县东),济南王刘辟光(汉高祖的孙子。济南国辖今山东济南市、邹平县等地,都城东平陵,在今山东章丘县西),赵王刘遂(汉高祖的孙子。赵国辖有今河北邢台市、邯郸市等地,都城邯郸,在今河北邯郸市)。 〔118〕"中山王",中山国在今河北保定市至定县、无极一带,都城卢奴,在今河北定县。〔119〕"曲周侯郦寄",郦商的儿子,继承郦商的侯位。曲周,汉县名,在今河北曲周县东北。"窦婴",孝文帝窦皇后的堂侄,观津(今河北武邑县东)人。孝景初年任詹事,因破七国叛军有功,封为魏其侯(魏其,汉县,在今山东临沂东南)。后得罪丞相田蚡,为救灌夫事被田蚡陷害致死。详见本书《魏其武安侯列传》。"栾布",梁(今河南商丘)人。曾被卖为奴,后为燕王臧荼的军将。汉军俘虏了栾布,梁王彭越请求赎出栾布,为梁大夫。孝文时为燕相。详见本书《季布栾布列传》。 〔120〕"立太子",太子刘荣,后被废为临江王。史书中称作"栗太子",因为他是栗姬所生。 〔121〕"御史大夫蚡",《史记志疑》云:"史失其姓,《汉表》名介。或谓是田蚡,误,田蚡未尝为亚相。" 〔122〕"置阳陵邑",汉景帝陵寝阳陵所在。汉景帝为自己预修陵墓,将弋阳县改作阳陵邑,地在今陕西西安市北。〔123〕"徙广川王彭祖为赵王",《史记志疑》云:"徙赵在五年,此书于六年,误。" 〔124〕"阳陵侯岑迈",《史记志疑》云:"《史诠》谓《汉表》缺……迈之封阳陵,《惠景表》亦失载。" 〔125〕"胶东王立为太子",太子刘彻,汉景帝第九子,即汉武帝。 〔126〕"六月乙巳",《史记志疑》云:"'六月'乃'二月'之误。"〔127〕"御史大夫舍",桃侯刘舍,汉高祖功臣桃侯刘襄的儿子。桃,汉县名,地在今河北冀县以北。 〔128〕"清河王",清河国辖有今河北故城、威县至山东高唐县一带,都城清阳,在今河北清河县东。 〔129〕"御史大夫绾",建陵侯卫绾,代国大陵(今山西文水县西南)人,曾任中郎将、中尉,以平七国乱有功,封建陵侯(建陵,汉县名,在今山东新沂县)。详见本书《万石张叔列传》。 〔130〕"蓝田",汉县名,在今陕西蓝田县西。〔131〕"梁孝王武",汉文帝次子,曾为代王、淮阳王,详见本书《梁孝王世家》。"济川王",所辖地域史书失载,大致在今山东西部。"济东王",辖今山东济宁、汶上等地,汉武帝元鼎二年改为大河郡,汉宣帝甘露二年改设东平国。都城无盐,在今山东东平县东。"山阳王",辖今山东郓城、嘉祥至曹县、单县一带,汉武帝建元五年改为山阳郡。都城昌邑,在今山东巨野县南。"济阴王",辖有今山东鄄城、菏泽、定陶一带。都城定陶,在今山东定陶县北。 〔132〕"八月壬辰",《史记志疑》云:"是月无壬辰。" 〔133〕"御史大夫不疑",塞侯直不疑,南阳(今河南南阳市)人,因领兵平七国叛乱有功被封为塞(《汉书·地理志》失载,在今陕西潼关以东)侯。详见本书《万石张叔列

传》。〔134〕"太子立"，即汉武帝刘彻即位。〔135〕"御史大夫抵"，即牛抵，曾为齐相，见《汉书·百官公卿表》。 〔136〕"置茂陵"，修建汉武帝的陵寝茂陵，地在今陕西咸阳市西。因原名槐里茂乡，故称茂陵。 〔137〕"柏至侯许昌"，汉高祖功臣许温的孙子，嗣封侯。柏至县，《汉书·地理志》失载。〔138〕"御史大夫赵绾"，赵绾，代（今河北蔚县）人。《史记志疑》案语根据《汉书·武帝纪》及《田蚡传》等记载的赵绾建元二年岁首十月自杀，推断赵绾任御史大夫应在建元元年。 〔139〕"东瓯王广武侯望"，东瓯是生活在今浙江温州市一带的越族，汉惠帝封闽君摇东海王，都城在东瓯（今浙江温州市西），因受闽越袭击，举国内迁，被安置在庐江郡（汉郡，在今安徽省南部地区）。 〔140〕"御史大夫青翟"，庄青翟，汉高祖功臣武强侯庄不识的孙子，嗣封侯。武强，《汉书·地理志》失载。《史记会注考证》与《史记志疑》都认为其在建元二年任御史大夫。 〔141〕"行三分钱"，《史记志疑》案语认为，《汉书·武帝纪》记载建元五年"罢三铢钱，行半两钱"，《食货志》载"半两钱法重四铢"，所以这里的"三分"是错字。 〔142〕"正月，闽越王反"，本书《东越列传》记载：建元六年，闽越击南越。闽越为居住在今浙江南部及福建的越族。闽越王郢，后被他的弟弟余善所杀。"孝景太后"，即汉景帝母亲窦氏。《史记志疑》云：《武纪》太后以五月丁亥崩，闽越反在八月，此书'正月'，误。" 〔143〕"御史大夫安国"，韩安国，梁成安（汉县，在今河南民权县东北）人。曾为梁孝王中大夫、内史，详见本书《韩长儒列传》。 〔144〕"卫尉李广"，卫尉是汉代官名，秩俸中二千石，掌管皇宫的门卫和四周屯驻的卫兵。李广，陇西成纪（今甘肃秦渭县东北）人，擅长射箭，曾为陇西都尉、上谷太守等，多次与匈奴交战，是当时的名将，暮年随卫青出征，因迷路失去战机，被迫自杀。详见本书《李将军列传》。"太仆公孙贺"，义渠（今甘肃庆阳西南）人，祖先是胡人。父亲公孙浑邪曾为平曲侯。平曲，汉县，在今江苏东海县东南。公孙贺七次作将军攻打匈奴，都没有大功。详见本书《卫将军骠骑列传》。"大行王恢"，大行，汉代官名，原名典客，景帝中六年改名叫大行令。武帝太初元年又改叫大鸿胪，掌管投降的各民族人士。王恢，燕（今河北北部）人，曾为边邑官吏。献计诱匈奴单于入马邑（今山西朔县）聚歼，因消息走漏未成，得罪自杀。详见本书《韩长儒列传》"太中大夫李息"，太中大夫，汉官名，属郎中令，秩俸比千石（每月八十斛）。李息，郁郅（今甘肃庆阳）人。多次任将军出征，后任大行。护军、骁骑、轻车、将屯、材官等将军，均为出征时设置的将军名号。"篡单于马邑"，在马邑诱歼匈奴单于。单于是匈奴对王的称呼，音 chán yú。 〔145〕"瓠子"，汉代地名，在今河南濮阳。 〔146〕"平棘侯薛泽"，《史记志疑》云："田蚡以三年三月卒，薛泽继相即在此时。"《表》中列于四年是错误的。 〔147〕"御史大夫欧"，张欧，汉安丘侯张说的庶子。 〔148〕"十月，族灌夫家，弃魏其侯市"，《史记志疑》云："灌夫、魏其之死在三年，不在五年，且其死亦不同月。" 〔149〕"南夷始置邮亭"，南夷，即西南夷，居住在今四川西南和云南、贵州一带的少数民族。邮亭，即驿站，官方设置的传递公文信件的转送站。 〔150〕"卫青"，平阳（今山西临汾市西南）人，汉武帝卫皇后的弟弟。多次出击匈奴，被封为大将军、长平侯。"上谷"，汉郡，治沮阳，在今河北怀来县东南。"雁门"，汉郡，治所善无，在今山西左云县西。"公孙敖"，义渠（今甘肃庆阳西南）人，为骑将军、校尉、中将军等，被封为合骑侯（合骑不是地名，是以军功为侯名）。后因出兵损失士兵过多被判死刑。公孙敖便装死，隐藏在民间，后被发觉处死。详见本书《卫将军骠骑列传》。 〔151〕"卫尉韩安国为将屯将军，军代，明年屯渔阳卒"，《史记志疑》云："《匈奴传》及《汉纪》安国屯渔阳在元光六年，此及《安国传》《百官表》言在元朔元年，误。"又指出：韩安国没有驻扎在代，驻在代地的是李息。《表》里有错误。渔阳，汉郡名，在今河北东北部，治所渔阳，在今北京密云区西南。 〔152〕"至高阙，取河南地"，高阙，汉代边境要塞名，在今内蒙古杭锦后旗东北。河南地，指今内蒙古境内黄河以南的地区。 〔153〕"太守友"，姓共名友。 〔154〕"御史大夫弘"，公孙弘，薛县（今山东滕县以南）人，字季。曾为薛县狱吏，以文学被征召，作过博士、左内史，后至丞相，被封为平津侯（平津，汉高成县中的一个乡，地在今河北盐山县东）。详见本书《平津侯主父列传》。 〔155〕"定襄"，汉代郡名，辖今内蒙古和林格尔、卓资、清水河等地，治所成乐，在今和林格尔以北。 〔156〕"长平侯卫青为大将军，击右贤"，《史记志疑》云："青破右贤王后乃拜大将军，是时为车骑将军也，此与《匈奴传》同误。又'右贤'下缺'王'字。""苏建"，杜陵（今陕西西安市东南）人，曾任校尉、将军，因军功被封为平陵侯。"左内史李沮"，左内史，掌管京师北部地区行政的官员，后改名左冯翊。李沮，云中人。"太仆贺为车骑将军"，《史记志疑》云："考《传》及《汉书》无'车'字。""代相李蔡"，成纪人，因与匈奴作战有功被封为乐安侯（汉县，在今山东博兴以北），后曾任丞相，犯法被处

死。"岸头侯张次公",河车人。河车在《汉书·地理志》中没有记载,怀疑是河东之误。张次公以校尉的身份随卫青出征,有功,被封为岸头侯。岸头,河东皮氏县的一个乡亭名,地在今山西河津县。"皆属太将军",《史记志疑》云:"当云'皆属车骑将军'。"〔157〕"翕侯赵信",本为匈奴国相,投降汉朝后被封为翕侯,翕,音 xī,魏郡内黄县的一个乡名,在今河南内黄县西。〔158〕"淮南王安,衡山王赐",刘安、刘赐均是汉高祖的孙子,淮南厉王刘长的儿子。淮南王辖今安徽淮南、寿县、合肥至江苏南京一带。衡山王辖有今安徽霍丘、固始、六安一带。〔159〕"御史大夫蔡",即李蔡。〔150〕"江都王建反。胶东王子庆立为六安王",刘建,汉景帝的孙子,江都王辖有汉会稽、丹阳二郡,在今江苏、安徽的长江以南地区及浙江等地。刘庆,汉景帝的孙子。六安王辖有今安徽霍丘、固始、六安一带。〔161〕"冠军侯霍去病",是卫青的外甥,曾为皇帝侍中,后为剽姚校尉,因军功被封为冠军侯(以军功命名),多次大破匈奴,官至骠骑将军。详见本书《卫将军骠骑列传》。"祁连",山名,在今甘肃酒泉市南。"博望侯张骞",汉中人(一说汉中成固人,在今陕西城固县),曾出使月氏,被匈奴扣留十余年,仍手持汉节,后逃走,到大宛、康居、大夏等地,返回汉朝后为太中大夫。张骞以校尉身份随卫青击匈奴,被封为博望侯(博望不是地名,因张骞熟悉北方地形而得封)。后任大行。详见本书《大宛列传》。"右北平",汉郡名,辖有今河北唐山以北、蓟县以东地区及辽宁西部,治所平刚,在今辽宁凌源县西北。〔162〕"御史大夫汤",即张汤。〔163〕"主爵赵食其为右将军",主爵中尉,汉代官名,秩俸二千石,掌管列侯,武帝太初元年改名为右扶风。赵食其,祋祤(音 duì xǔ,今陕西耀县)人,出征迷路误了军机,罪该斩首,以钱赎罪免官为平民。"平阳侯曹襄",汉高祖功臣曹参的孙子。〔164〕"蔡坐侵园壖",蔡,丞相李蔡。侵园壖,指侵占了皇帝陵园神道外面的空隙土地。壖,音 ruán。〔165〕"胥为广陵王",广陵国辖有今江苏泗阳、阜宁、宝应至泰州、扬州一线地区,都城广陵,在今江苏扬州市。〔166〕"太子太傅高陵侯赵周",太子太傅,汉代官名,负责太子的辅佐教导事务,秩俸二千石。高陵,在今陕西高陵县。〔167〕"御史大夫庆",即石庆,赵人。太中大夫石奋的小儿子,曾为内史,后为丞相,被封为牧丘侯(牧丘,《汉书·地理志》不载)。详见本书《万石张叔列传》。〔168〕"立常山宪王子平为真定王,商为泗水王",常山宪王刘舜,是汉景帝的儿子。常山国辖有今河北石家庄、正定、藁城

等地,都城真定,在今河北石家庄东北。泗水国辖有今江苏泗阳等地,都城凌,在今江苏泗阳西北。"河东汾阴得宝鼎",河东郡汾阴县,在今山西万荣县西。本书《孝武本纪》记载:夏天六月,汾阴的巫神锦,在后土祠旁祭祀时,从土中挖出一个鼎,鼎没有文字款识,刻的花纹很精细,和其他的鼎不同。汉武帝把它迎接来,认为是祥瑞。〔169〕"三月中,南越相嘉反",《史记志疑》云:《汉纪》是四月事。此言三月中,非。"嘉,吕嘉,后被汉军捕杀。〔170〕"八月,周坐酎金,自杀",《史记志疑》云:"《汉纪》及《公卿表》,丞相赵周之死在九月,此言八月,误。"酎金是每年皇室祭祀宗庙时诸侯们送来的贡献金钱,用来供助祭祀。如果送来酎金的数量、成色不足,或者贪污,都成为罪名。〔171〕"九月辛巳",《史记志疑》云:"《公卿表》赵周以九月辛巳下狱死,石庆以九月丙申为丞相。"〔172〕"卫尉路博德",平州(今陕西神木县北)人,曾为右北平太守,击匈奴有功,被封为符离侯。符离在今安徽宿州市东。"桂阳",汉郡名,辖有今湖南耒阳、郴州及广东韶关、英德一带。"主爵杨仆",宜阳(今河南宜阳县西)人,以吏出身,后为御史,以严酷出名。"豫章",汉郡名,辖今江西。"伏波将军"、"楼船将军",都是征伐南方时临时设置的将军名号。〔173〕"十二月,东越反",《史记志疑》云:"《史》、《汉》传其反在秋,此误。"建元六年,汉朝立闽越王的弟弟余善为东越王,元鼎六年,余善自立为帝,发兵反汉。〔174〕"故龙额侯韩说为横海将军,出会稽",韩说是汉文帝时弓高侯(弓高,在今河北阜城县南)韩颓当的庶孙。因攻打匈奴有功,被封为龙额侯(在今山东禹城县南),因酎金不足被免去侯位,所以叫"故龙额侯"。会稽,汉郡名,辖有今浙江中、南部及福建省。"中尉王温舒",阳陵(今陕西泾阳东南)人,是汉代有名的酷吏。详见本书《酷吏列传》。〔175〕"御史大夫式",即卜式,河南人。讲孝悌,善于经营农牧业。曾愿把一半家财捐献给国家,后拜为郎、缑氏(缑,音 gōu,今河南偃师县南)令等。详见《汉书·公孙弘卜式儿宽传》。〔176〕"御史大夫宽",即儿宽,千乘(今山东高青县东)人。儿宽以儒生出身,是著名学者孔安国的弟子,为人宽厚温良,善于治政。详见《汉书·公孙弘卜式儿宽传》。〔177〕"左将军荀彘出辽东,击朝鲜",荀彘,太原广武(今山西代县)人。因为善于驾车被任为侍中,多次随卫青出征匈奴。后在出征朝鲜时缚捕杨仆,违法,被处死。"辽东",汉郡名,辖今辽宁省大部。"朝鲜",国名,辖有今朝鲜北部及吉林南部部分地区。汉武帝灭朝鲜,在那里设置了乐浪、玄菟、真

番、临屯等郡。〔178〕"改历，以正月为岁首"，汉代原使用秦代历法，以十月为岁首。太初元年五月，汉武帝下诏改换历法，参照夏历，把正月定为岁首，历史上称为《太初历》。〔179〕"三月丁卯"，太仆公孙贺为丞相，封葛绎侯"，《史记会注考证》引《汉书·百官表》作"闰月丁丑"。《史记志疑》云："考是年无闰，况汉历遇闰皆归于岁终称后九月，太初改历已后或不，但只言闰月，未识何月。……闰月既误，丁丑之日亦非，则作'三月丁卯'是也。"公孙贺，曾任舍人、太仆、轻车将军等，后代石庆为丞相，因被朱安世告发用巫术诅咒皇帝，被捕，死在狱中。详见《汉书·公孙刘田王杨蔡陈郑传》。葛绎，汉代地名，可能指东海郡下邳附近的葛峄山，在今江苏省邳县以南。〔180〕"御史大夫延广"，史籍中未载其姓。〔181〕"御史大夫卿"，即王卿。〔182〕"御史大夫周"，即杜周，南阳杜衍（今河南省南阳市西南）人，为西汉著名酷吏，曾任廷尉史、中丞、廷尉等。详见本书《酷吏列传》。〔183〕"贰师将军李广利"，汉武帝李夫人的哥哥。太初元年，汉武帝想攻至贰师城取得好马，故以"贰师"为将军号。"余吾水"，今蒙古人民共和国乌兰巴托以西的土拉河。"因杆将军"，因杆，地名。杆，音 yú。〔184〕"太始元年"，据《史记集解》引班固云："司马迁记事讫于天汉。"以下部分为后人续补。《史记志疑》云："以《汉书》校之，大多乖违。"所以前人多不加订正讨论。实际上本《表》均为后人补作。〔185〕"贺坐为蛊死"，贺即丞相公孙贺。蛊，音 gǔ，原指最厉害的毒虫。此处指用巫术诅咒毒害他人。据《汉书·公孙贺传》载：公孙贺因被告发让巫师做法术诅咒皇帝，又在甘泉的驰道上埋偶人诅咒，被捕，死在狱中。〔186〕"太子发兵，杀游击将军说、使者江充"，太子，指武帝戾太子刘据。说即按道侯韩说。当时汉武帝年老，认为左右亲近中有人用巫术诅咒自己，便命令江充、韩说等人追查此事。江充因为和太子有矛盾，怕太子即位后诛杀自己，就在太子宫中挖出桐木人。太子见事情紧急，接受少傅石德建议，派宾客杀了韩说，又向皇后说明，出动长乐宫卫兵杀死江充。丞相刘屈氂率兵与太子军战。太子兵败逃亡，后自杀。详见《汉书·武五子传》。江充，赵国邯郸（今河北邯郸市）人，其妹嫁赵太子丹，后得武帝宠信，任直指绣衣使者、水衡都尉等。详见《汉书·蒯伍江息夫传》。〔187〕"刘屈氂为丞相，封彭城侯"，刘屈氂，为武帝庶出兄长中山靖王的儿子。后因被内者令郭穰告发有诅咒皇帝，让巫师行巫术的罪行，被腰斩。刘屈氂被封为澎侯，澎所在地不明，晋灼注："东海县。"但《汉书·地理志》

东海郡中阙载。刘屈氂生平详见《汉书·公孙刘田王杨蔡陈郑传》。〔188〕"重合侯莽通出酒泉"，莽通，因与戾太子军作战有功被封为侯。重合，具体所在不详。酒泉，在今甘肃酒泉市。〔189〕"大鸿胪田千秋为丞相，封富民侯"，田千秋，又称车千秋，以上书汉武帝为戾太子辩冤而得官。详见《汉书·公孙刘田王杨蔡陈郑传》。富民侯，可能是因文义而定名，不是地名。〔190〕"二月己巳，光禄大夫霍光为大将军，博陆侯"，《汉书·百官公卿表》作"二月丁卯"。霍光，骠骑将军霍去病的弟弟。从任郎官出身，升至奉车都尉（汉官名，掌管皇帝的车舆，比二千石）、光禄大夫（汉官名，原名中大夫，掌管建议评论，比二千石）。汉武帝临终时，委托霍光辅政。详见《汉书·霍光金日磾传》。博陆侯，颜师古注云："盖亦取乡聚之名以为国号，非必县也。""都尉金日磾"，原为匈奴休屠王太子，匈奴昆邪王杀休屠王降汉，金日磾被收作官奴隶，在黄门养马，得武帝宠信，提升至中驸马都尉（汉官名，掌管皇帝车驾的副车马及近侍马匹，比二千石）、光禄大夫。后与霍光共辅政。详见《汉书》霍光金日磾传》。〔191〕"卫尉王莽为左将军"，《汉书·百官公卿表》作右将军。此王莽并非西汉末年篡汉的王莽。"上官安"，为大将军上官桀之子。〔192〕"光禄勋张安世"，汉代酷吏张汤之子。光禄勋，汉官名，本名郎中令，武帝太初元年改名，掌管宫殿门户。张安世生平详见《汉书·张汤传》。〔193〕"御史大夫䜣"，即王䜣，出身郡县小吏，后升至右扶风，代车千秋为丞相。详见《汉书·公孙刘田王杨蔡陈郑传》。〔194〕"击乌丸"，乌丸，史籍中又作乌桓，东胡（活动在东北地区的游牧民族）别种，西汉初年受匈奴攻击，退居乌桓山（在今内蒙古东部），因名为乌桓。〔195〕"杨敞"，曾为大将军军司马，受霍光厚待，升至大司农。详见《汉书·公孙刘田王杨蔡陈郑传》。〔196〕"御史大夫蔡义为丞相，封阳平侯"，蔡义，明经出身，曾为大将军幕府。后因给昭帝讲《韩诗》，升为光禄大夫。详见《汉书·公孙刘田王杨蔡陈郑传》。阳平，汉县，地在今山东莘县。《汉书·外戚恩泽表》载蔡义封七百户，不可能是县侯，此阳平侯是否是阳平县待考。〔197〕"龙额侯韩曾"，为韩说之子。《汉书》中作"韩增"。龙额，在今山东禹城县南。额，音 luò。"水衡都尉赵充国"，水衡都尉，汉官名，掌管皇帝御苑上林苑，首都水流池沼等，秩俸二千石。〔198〕"昌水侯田广明"，以郎出身，多次擒获盗贼反叛，升为大鸿胪。后因有罪自杀。详见《汉书·酷吏传》。昌水，其地不详。〔199〕"龙额侯韩曾为后将军，营平侯赵充国为蒲类将军，度辽

将军平陵侯范明友为云中太守,富民侯田顺为虎牙将军",《汉书·宣帝纪》及《匈奴传》均作"前将军韩增","后将军赵充国为蒲类将军"(蒲类,是匈奴活动地区的一个湖泽名,在敦煌以北。汉朝廷以这个进军目标为将军名称),"云中太守田顺为虎牙将军",《史记》此处有误。田顺,丞相田千秋(车千秋)的儿子。后因有罪,自杀。〔200〕"三月戊子,皇后崩",《汉书·宣帝纪》作"正月癸亥,皇后许氏崩"。许氏,为汉元帝母,被霍光妻子收买的医生淳于衍毒死。〔201〕"六月乙丑",《汉书·宣帝纪》及《百官公卿表》均作"六月乙丑"。据《二十史朔闰表》,本始三年六月己卯朔,当月内无乙丑。〔202〕"长信少府韦贤为丞相,封扶阳侯",长信少府是汉代官名,原称长信詹事,掌管皇太后宫中的一切事务。韦贤,汉代名儒,鲁国邹(今山东邹县东南)人。曾为汉昭帝师。详见《汉书·韦贤传》。扶阳,汉县名,属沛郡,地在今江苏淮北市以北。〔203〕"十月乙卯,立霍后",《汉书·宣帝纪》作"三月乙卯,立皇后霍氏"。霍氏是霍光的女儿。〔204〕"霍禹",霍光的儿子,继承霍光的博陆侯爵位,后任大司马,因谋反被杀。详见《汉书·霍光金日磾传》。〔205〕"立太子",太子即汉元帝刘奭。〔206〕"御史大夫魏相为丞相,封高平侯",魏相,济阴定陶(今山东定陶)人。由郡卒吏(小吏)出身,曾任茂陵令、河南太守、大司农等。宣帝期间辅政,被称作贤臣。详见《汉书·魏相丙吉传》。高平,汉县名,属临淮郡,地在今江苏泗洪县南。〔207〕"邴吉",鲁国(今山东曲阜)人。善法律,自鲁狱史出身,曾任廷尉右监、大将军长史、光禄大夫等,宣帝即位后为御史大夫,后又为丞相。史称贤臣。详见《汉书·魏相丙吉传》。〔208〕"七月壬寅,禹要斩",《汉书·百官公卿表》作"七月壬辰"。〔209〕"上郊甘泉太畤、汾阴后土",甘泉,汉代地名,在今陕西旬邑以南,汉代在此建有甘泉宫。太畤,即泰一畤,祭祀天神泰一的神坛。汾阴,汉代地名,在今山西万荣县以西。后土,是祭祀地神后土的社坛。〔210〕"击羌",羌,活动在西北今甘肃、青海等地的少数民族。〔211〕"役祤",汉代县名,属左冯翊,在今陕西耀县。〔212〕"博阳侯",博阳,汉县名,属汝南郡,在今河南周口市东南。〔213〕"御史大夫望之",即萧望之,东海兰陵(今山东枣庄市东)人。儒生出身,曾任谏大夫、丞相司直等,后任前将军,辅政,因有罪自杀。详见《汉书·萧望之传》。〔214〕"延寿",即许延寿。〔215〕"御史大夫霸",即黄霸,淮阳阳夏(今河南太康县)人。从卒史出身,曾为丞、太守,后为丞相,封建成侯。建成,汉县名,地在今河南永城县

南。〔216〕"御史大夫延年",即杜延年,杜周的小儿子,为人宽厚,曾任太仆。详见《汉书·杜周传》。〔217〕"御史大夫定国",即于定国,东海郯(今山东郯城县)人。郯,音tán。于定国出身狱史,曾任御史中丞、光禄大夫,后为丞相,封西平侯。详见《汉书·隽疏于薛平彭传》。西平,汉县名,在今河南舞阳县南。〔218〕"陈万年",沛郡相(今江苏淮北市西)人。以郡吏出身,曾任县令、广陵(汉郡,地在今江苏扬州)太守、右扶风等。详见《汉书·公孙刘田王杨蔡陈郑传》。〔219〕"乐陵侯史子长为大司马、车骑将军",《汉书·百官公卿表》作"乐陵侯史高"。《汉书·王商史丹傅喜传》亦载:史丹子史高,因为揭发霍禹造反被封为乐陵侯。宣帝拜史高为大司马车骑将军。史书不载史高字。此史子长疑误。本书《建元以来侯者年表》褚少孙所补部分亦作乐陵侯史子长。〔220〕"执金吾冯奉世",执金吾是汉代官名,本称作中尉,汉武帝时改名执金吾,掌管京城的巡查治安防卫,秩俸中二千石。冯奉世,上党潞(今山西潞城县东北)人。曾为郎,出使西域,后为光禄大夫、水衡都尉,多次立有战功。详见《汉书·冯奉世传》。〔221〕"(五年)二月丁巳,平恩侯许嘉为左将军",《汉书·百官公卿表》初元三年载许嘉为右将军,五年迁。永光三年又载左将军卫尉许嘉为大司马车骑将军。此处记初元五年二月丁巳许嘉为左将军可能不误。许嘉为平恩侯许广汉的侄子,袭封。平恩,汉县名,在今河北丘县以南。〔222〕"中少府贡禹",《汉书·王贡两龚鲍传》作"长信少府"。贡禹,琅邪(今山东诸城)人。被征为博士,元帝时征为谏大夫、光禄大夫等职,多所匡谏。详见《汉书》本传。初元五年十二月贡禹卒,依例应倒书,此处遗漏不书。"薛广德",沛郡相(今江苏淮北市西)人,以教授《鲁诗》出身,能直言争谏。详见《汉书·隽疏于薛平彭传》。〔223〕"平昌侯王接",汉宣帝舅王无故子,五凤元年嗣封。〔224〕"韦玄成",丞相韦贤的小儿子。曾任谏大夫、河南太守、太常等。详见《汉书·韦贤传》。〔225〕"右扶风郑弘",泰山刚(今山东宁阳县北)人,精通法律,曾任南阳太守、淮阳相等官职。〔226〕"光禄大夫乐昌侯王商",涿郡蠡吾(今河北蠡县)人,汉宣帝舅王武的儿子。后任丞相,被王凤等人诽谤而免相病死。详见《汉书·王商史丹傅喜传》。〔227〕"光禄勋匡衡",东海承(今山东枣庄市南)人。家贫而好学,曾为平原文学、博士、给事中等。后因被告发侵占了侯国界外的田地而免官。详见《汉书·匡张孔马传》。〔228〕"卫尉繁延寿",《汉书·百官公卿表》作李延寿,又记载"一姓繁"。繁,音pó。

〔229〕"卫尉杨平侯王凤",应作阳平侯。阳平,汉县名,在今山东莘县。王凤,汉元帝王皇后的长兄,继承了其父王禁的侯位,为大司马专权十一年,阳朔三年病死。此《表》阳朔三年阙载王凤卒一事。〔230〕"右将军乐昌侯王商为光禄大夫、右将军",《汉书·百官公卿表》作"右将军王商为左将军"。本传亦同。此《表》误。〔231〕"王商为右丞相",《汉书·百官公卿表》作"丞相"。"右"字衍文。本传亦作"丞相"。〔232〕"长乐卫尉史丹",长乐卫尉,汉官名,掌管长乐宫的禁卫士兵。史丹,鲁国(今山东曲阜)人。祖姑母史良娣,为汉宣帝的祖母。因外戚恩封官职,曾任中庶子、驸马都尉、侍中等。详见《汉书·王商史丹傅喜传》。〔233〕"太仆平安侯王章",按之《汉书·景武昭宣元成功臣表》及《外戚恩泽侯表》,均未见有平安侯王章,疑此处平安侯为衍误。〔234〕"张禹",河内轵(今河南济源县南)人。幼学经书,以郡文学出身,后为博士,教授太子(汉成帝)《论语》。后任诸吏散骑光禄大夫等职。详见《汉书·匡张孔马传》。〔235〕"太仆王音",汉元帝王皇后的堂弟。侍奉王凤如子,得到王凤的宠信,被王凤推荐代替自己任大司马。详见《汉书·元后传》。〔236〕"十月乙卯,光禄勋于永为御史大夫",《汉书·百官公卿表》作"十一月丁卯"。于永,于定国的儿子。曾任侍中中郎将、长水校尉,娶馆陶公主。详见《汉书·隽疏于薛平彭传》。〔237〕"薛宣",东海郯(今山东郯城县)人。少年时为佐吏,后被察举孝廉、茂材,任长安令、御史中丞等。后升任御史大夫、丞相,因广汉郡起盗贼,邛成太后丧事仓促等过失被罢免。详见《汉书·薛宣朱博传》。

史记卷二十三

礼 书 第 一[1]

太史公曰:洋洋美德乎![2]宰制万物,役使群众,岂人力也哉?[3]余至大行礼官,[4]观三代损益,乃知缘人情而制礼,依人性而作仪,其所由来尚矣。[5]

【注释】〔1〕"礼",规范人们行为的种种规则、仪式的总称。帝王时代的礼,具有明显的等级性、阶级性。"书",《史记》所创的专门论述某种重大事项的体裁。《汉书》以下史书沿用其体,改称为"志"。《礼书》,是《史记》八书之一,全篇略论礼的沿革、阐述礼的作用。据《汉书·司马迁传》颜师古注引张晏说,汉元帝、成帝时代《礼书》已经残缺。现传的这篇《礼书》乃当时人褚少孙兼取《荀子》中《礼论》、《议兵》两篇的一些段落,修补而成的。〔2〕"洋洋美德乎",这是对礼的赞美。"洋洋",盛大的样子。 〔3〕"岂人力也哉",意思是说主宰万物,役使群众,主要靠礼的教育感化,不能单凭强制力量。 〔4〕"大行",官名。汉武帝时有大行令掌管礼仪。"官",官府。 〔5〕"尚",久远。

【译文】太史公说:多么盛大恢宏的美德啊!主宰万物,役使群众,难道就靠人们的强制力量吗?我到过主管礼仪的大行官府,观看夏商周三代对礼仪的删减增益,才知道顺从人情来制定礼规,依照人性来作出仪节,由来已久了。

人道经纬万端,[1]规矩无所不贯,诱进以仁义,束缚以刑罚,故德厚者位尊,禄重者宠荣,所以总一海内而整齐万民也。[2]人体安驾乘,为之金舆错衡以繁其饰;[3]目好五色,为之黼黻文章以表其能;[4]耳乐钟磬,为之调谐八音以荡其心;[5]口甘五味,[6]为之庶羞酸咸以致其美;[7]情好珍善,[8]为之琢磨圭璧以通其意。[9]故大路越席,[10]皮弁布裳,[11]朱弦洞越,[12]大羹玄酒,[13]所以防其淫侈,救其凋敝。是以君臣朝廷尊卑贵贱之序,下及黎庶车舆衣服宫室饮食嫁娶丧祭之分,[14]事有宜适,物有节文。[15]仲尼曰:"禘自既灌而往者,吾不欲观之矣。"[16]

【注释】〔1〕"人道",人间事理。"经纬",布帛的纵线为经,横线为纬。"端",头绪。此句意谓人间事理纵横交错,千头万绪。 〔2〕"海内",古人认为我国疆土四面环海,故称国境以内为海内。〔3〕"舆",车箱,泛指车。"衡",古车单辕,辕前端的横木叫衡。衡两边各施一轭,分别架在两马颈上,便于引车。 〔4〕"黼黻",音 fǔ fú,古礼服上绣的图案花纹。黑白相间如斧形的花纹叫黼,黑青相间如掊形的花纹叫黻。"文章",错杂的色彩。古时以青赤两色相配合的花纹为文,以赤白两色相配合的花纹为章。 〔5〕"八音",古代乐器的总称。指用金、石、土、革、丝、木、匏、竹八种材料做的乐器。〔6〕"五味",酸、辣、苦、咸、甜。此泛指各种滋味。〔7〕"庶羞",各种佳肴。 〔8〕"珍善",指各种珍贵的玩赏器物。 〔9〕"圭璧",都是贵重玉器。圭为长方形,上端呈等腰三角状。璧为扁圆形,中有孔。〔10〕"大路",即大辂,天子乘用的礼车。"越席",越音 huó,蒲草编的席。 〔11〕"皮弁",古冠名,用白鹿皮制做的礼冠,帝王临朝时所戴。"布裳",白麻布做的下裳。上为衣,下为裳。裳不是裤子,形制略如长裙,但分为前后两片。先系后片遮后,再系前片蔽前。男女都穿用。 〔12〕"朱弦",瑟上所张的红色丝弦。据说丝弦经红色煮染,发音较浑厚。

"洞越",越是瑟底小孔,洞越是将底孔贯通瑟面,为了使瑟声低沉。〔13〕"大羹",大音 tài,不加调料的肉汤。"玄酒",其实就是清水。祭中将清水放进空酒樽里,与酒樽并设,且尊称之为玄酒,而设位又在酒樽之上。用大羹、玄酒,都为了表示不忘古。〔14〕"黎庶",平民百姓。"分",音 fèn,名分。〔15〕"节文",节制性的文饰。〔16〕"禘",祭名。"灌",本作"祼"。祭祀开始,作为主人的君王,酌以郁金香草汁加入黍米酿制的香酒,献给代表祖先神灵的尸,尸受献将酒灌于地,这项祭祀中的第一次献酒就叫作灌。天子诸侯在太祖庙里平均五年之中举行两次盛大祭礼,一名祫,旨在祖先合食;一名禘,旨在审谛昭穆。这里指鲁国的禘祭。鲁文公二年,鲁国举行禘祭时,竟将鲁僖公的神主放在鲁闵公的前面。鲁僖公虽是鲁闵公的庶兄,但他是在闵公死后才即位的,他既曾做过闵公之臣,按理他的神主应该排在闵公神主之后才是。孔子认为把僖公神主硬置于闵公神主之前,破坏了君臣的体统、名分,违反了禘祭的本意。所以他说观看鲁国的禘祭,及至第一次向尸献酒之后,就不愿意再往下看了。这里所引孔子的话,见《论语·八佾》。

【译文】人间事理虽然纵横交错,千头万绪,而规矩却能无所不贯,用仁义诱导人们上进,用刑罚来束缚人们行为,所以道德高就地位尊崇,俸禄重就宠幸光荣,这是统一国内、规范万民的原则。人们的身体安于乘坐车马,就为之车箱嵌金、车衡上彩来增添装饰;人们的眼睛喜好五颜六色,就为之在衣服上加上各色图案花纹来表现他的仪态;人们的耳朵喜欢聆听钟磬音乐,就为之调和八音来涤荡他的心灵;人们的口舌喜爱品尝各种滋味,就为之烹制各种佳肴或酸或咸而极尽其美;人情爱好珍贵优美的物品,就为之琢磨圭璧等玉器来通其情意。古时帝王乘坐的大辂,上铺蒲席;帝王视朝头戴白鹿皮弁,而下穿白麻布裳;帝王用的瑟,朱红的丝弦而瑟底之孔上通;大礼中为了不忘古,设置不加盐菜的肉羹,还以清水与醴酒并设且为上尊:这些都是用以防止过度奢侈、拯救衰败的。因此,君臣在朝廷上尊卑贵贱的次序,下至黎民百姓的乘车、衣服、房屋、饮食、嫁娶、丧葬、祭祀的名分,每桩事都有适合身份的限度,每件物都有节制性的文饰。所以孔子说:"鲁国举行的宗庙的禘祭,在第一次酌香酒献尸主之后,我就不想再看了。"

周衰,〔1〕礼废乐坏,大小相逾,管仲之家,〔2〕兼备三归。〔3〕循法守正者见侮于世,〔4〕奢溢僭差者谓之显荣。〔5〕自子夏,〔6〕门人之高弟也,犹云"出见纷华盛丽而说,〔7〕入闻夫子之道而乐,二者心战,未能自决",而况中庸以下,〔8〕渐渍于失教,〔9〕被服于成俗乎?〔10〕孔子曰:"必也正名。"〔11〕于卫所居不合。仲尼没后,〔12〕受业之徒沉湮而不举,〔13〕或适齐、楚,〔14〕或入河海,〔15〕岂不痛哉!

【注释】〔1〕"周衰",指周王朝迁都雒邑(今河南洛阳)后,国力衰微。〔2〕"管仲",名夷吾,字仲,春秋时代齐国人。他辅佐齐桓公,通货积财,富国强兵,使齐桓公成为春秋五霸之首。生年不明,死于公元前六四五年。详见《管晏列传》。〔3〕"三归",储存粮食、布帛、钱币的三座台库。《管子·山至数》篇中说:"请散棧台之钱散诸城阳;鹿台之布散诸济阴。"储存财物用台,因为台既高爽,利于防腐朽锈蚀,又便于守护。此种粮食、布帛、钱币本是市租收入归国君所有者。桓公既霸,遂将这项收入赏给了管仲,管仲就仿效国君筑三台存储。管仲功劳虽大,然而毕竟是臣,家中兼备三归,实属僭越。〔4〕"见",被。〔5〕"奢溢",奢侈过度。"僭差",音 jiàn cī,越分。〔6〕"自",即使,虽。"子夏",姓卜名商字子夏。孔子弟子,长于文学。曾为魏文侯的老师。生于公元前五〇七年,死于公元前四〇〇年。详见《仲尼弟子列传》。〔7〕"说",音 yuè,通"悦"。〔8〕"中庸",材质平庸的人。〔9〕"渐渍",音 jiān zì,浸润,沾染。〔10〕"被服",被音 pī,喻指亲身感受。〔11〕"必也正名",语见《论语·子路》。子路问孔子:卫国国君将请您去理政,您打算先办何事?孔子说"必也正名"。意谓首先要端正名分。〔12〕"没",音 mò,通"殁",死去。〔13〕"举",举用。〔14〕"齐",国名,在今山东省北部。"楚",国名,在今长江中游一带。《论语·微子》说,太师挚到齐国去了,亚饭干到楚国去了。〔15〕"河海",河专指黄河,海谓海滨。《论语·微子》说,鼓方叔到黄河边上去了,少师阳和击磬襄到海滨去了。

【译文】周朝衰微,礼废乐坏,大小人物不顾名分,互相逾越。管仲的家中,兼备来自市租的钱、粮、布三种库台。遵守法度和正道的人被世俗欺侮,奢侈僭越的人被称作显贵尊荣。虽然卜子夏身

为孔子门下高徒，尚且说"出门看见纷繁华丽的事物就欢悦，回来聆听夫子讲的道理就快乐，两种情感在心中争斗，自己不能决断"，又何况中材以下的人，被错误的教育所熏染，被习俗所包围呢！孔子说："一定要端正名分。"他在卫国与所居的政治环境不合拍。孔子死后，他的受业门徒，人材埋没而不被举用，有的前往齐国、楚国，有的到了黄河、海滨一带，岂不令人痛惜呀！

至秦有天下，[1]悉内六国礼仪，[2]采择其善，虽不合圣制，其尊君抑臣，朝廷济济，[3]依古以来。至于高祖，[4]光有四海，[5]叔孙通颇有所增益减损，[6]大抵皆袭秦故。[7]自天子称号下至佐僚及宫室官名，少所变改。孝文即位，[8]有司议欲定仪礼，[9]孝文好道家之学，[10]以为繁礼饰貌，无益于治，躬化谓何耳，[11]故罢去之。孝景时，[12]御史大夫晁错明于世务刑名，[13]数干谏孝景曰：[14]"诸侯藩辅，[15]臣子一例，古今之制也。今大国专治异政，[16]不禀京师，恐不可传后。"孝景用其计，而六国畔逆，[17]以错首名，天子诛错以解难。事在《袁盎》语中。是后官者养交安禄而已，莫敢复议。

【注释】[1]"至秦有天下"，公元前二二一年，秦王嬴政统一六国，自称始皇帝，建都咸阳。 [2]"内"，通"纳"，收纳。"六国"，指韩、赵、魏、齐、楚、燕。 [3]"济济"，音 jǐ jǐ，仪节隆盛的样子。[4]"高祖"，指汉高祖刘邦。 [5]"光"，广。"四海"，古人认为中国四面环海，所以用四海喻指天下。[6]"叔孙通"，薛（今山东薛城）人。曾为秦朝博士。后归附刘邦，也任博士。刘邦称帝，叔孙通为之制定礼仪。官至太子太傅。详见《叔孙通列传》。[7]"大抵"，大都。"袭"，因袭，继承。"故"，旧例。[8]"孝文"，指汉文帝刘恒。汉朝皇帝死后，例在谥号上加"孝"字，表示国家以孝治天下。[9]"有司"，古代设官分职，各有专司，因称官吏为"有司"。[10]"道家"，古代的一个学派，遵奉老聃的清静无为的学说。 [11]"躬化"，以身作则，进行感化。[12]"孝景"，指汉景帝刘启。[13]"御史大夫"，官名，主管弹劾纠察，掌管图书秘书，官位仅次于丞相。"晁错"，颍川（今河南禹县）人。西汉政治家。文帝时为太子家令，有"智囊"之称。屡上书言事。

景帝即位，迁官御史大夫。他坚决主张逐步削夺诸侯王国的封地，以巩固中央集权，得到景帝采纳。不久，吴、楚等七国以诛错为名，起兵造反。景帝惊恐，听信袁盎谗言，为了讨好王们，斩晁错于东市。晁错生于公元前二〇〇年，死于公元前一五四年。详《晁错列传》。"刑名"，战国时代法家的一派。以申不害为代表。强调循名责实，借以强化上下关系，巩固贵族统治。 [14]"数"，音 shuò，屡次，多次。"干"，冒犯。 [15]"藩辅"，藩是房舍外的篱笆，辅是车子两旁的木板。藩辅合为一词，意谓分封在外的诸侯国，乃是保卫朝廷的屏障，并非独立王国。 [16]"异政"，与朝廷相异的政令。[17]"六国畔逆"，畔通"叛"。指吴、楚、赵、胶西、胶东、齐、淄川七国之乱。《史记正义》说："齐孝王狐疑城守，三国兵围齐，齐使路中大夫告天子，故不言七国也。"

【译文】及至秦朝据有天下，详尽地收纳六国的礼仪，采用了其中较好的部分。虽然不完全合乎圣王的制度，不过，尊崇君主，抑制臣下，使朝廷威仪隆重，还是依循古昔以来的传统。及至汉高祖据有天下，叔孙通对前代礼制稍微有所增减，大都沿用秦朝旧制。上自天子称号，下至臣僚、宫室、官名，很少有所改变。文帝即位，有关官员建议制定礼仪，文帝喜好道家的学说，认为繁文缛节装饰外貌，无益于国家的治理，治国要看以身作则躬行教化如何，所以弃置不加采用。景帝时，御史大夫晁错通晓当代政务及刑名学说，屡次干犯劝谏景帝说："诸侯藩国，属于臣子之类，这是古今的定制。现今诸侯大国擅自颁行异政，不禀告京都，这种做法恐怕不可传留后世。"景帝采用他的计谋，从而招致六国叛乱，以斩除晁错为名。景帝诛杀了晁错，用以解除危难。此事记载在《袁盎晁错列传》之中。此后，做官的只想致力交际、保位安禄而已，没有敢再议论这事的了。

今上即位，[1]招致儒术之士，[2]令共定仪，十余年不就。或言古者太平，万民和喜，瑞应辨至，[3]乃采风俗，定制作。上闻之，制诏御史曰：[4]"盖受命而王，[5]各有所由兴，殊路而同归，谓因民而作，追俗为制也。[6]议者咸称太古，百姓何望？汉亦一家之事，典法不传，[7]谓子孙何？化隆者闳博，治浅者褊狭，可不勉与！"[8]乃以太初之元改正朔，[9]易服色，[10]封太山，[11]定宗庙

百官之仪,以为典常,〔12〕垂之于后云。〔13〕

【注释】〔1〕"今上",当今皇上。指汉武帝刘彻。〔2〕"儒术",儒家的理论、学术。〔3〕"瑞应",古人认为,天降的祥瑞是人君德行的感应,故名祥瑞为瑞应。"辨",通"遍"。〔4〕"制诏",命令。《秦始皇本纪》有"命为制,令为诏"之语。原是文告名称,此作动词用。〔5〕"盖",发语虚词,表示下面有所解释、阐明。"受命",古代帝王假托神权来进行"名正言顺"的统治,所以自称受命于天。〔6〕"追",追随。〔7〕"典法",常行不变之法。〔8〕"与",通"欤",感叹词。〔9〕"太初",汉武帝刘彻的年号之一,共用了四年,公元前一〇四年到前一〇一年。"正朔",一年的第一天。正是每年的第一个月,朔是每月的第一天。历代正朔多不相袭,如夏代以孟春即阴历正月为正,商代以季冬即阴历十二月为正,周代以仲冬即阴历十一月为正,秦朝与汉朝太初元年以前以孟冬即阴历十月为正。可知所谓改正朔,就是根据阴历确定本王朝的元旦日,实际上并未对历法进行根本性的改变。〔10〕"易服色",各王朝崇尚的车马、旗帜、服装的颜色也例不相袭,随朝代的改变而改变。〔11〕"封太山",帝王在泰山上筑坛祭天。〔12〕"典常",常法。〔13〕"云",语尾助词,无义。

【译文】当今皇上即位,招致通晓儒家学术的士人,命令他们制定礼仪,十几年也没完成。有人说,古代天下太平,万民和洽欣喜,祥瑞相应地普遍降临,国家就采集风俗,定立典章制度。皇上听到这个意见,就命令御史说:"承受天命而为帝王,各有缘由兴起,途径相异而有共同的目标,意思是说因顺民情而有所兴作,追随风俗而拟定礼制。议事者都称道上古,那百姓还有什么指望?汉朝亦如一家之事,没有常法传留,如何跟子孙交代?教化兴隆的,礼制一定宽弘博大;治道浅薄的,礼制必然片面狭隘。能不奋勉吗?"于是在太初元年更改历法,变换服装崇尚的颜色,在泰山上筑坛祭天,制定宗庙、百官的礼仪,以为典范性的常法,垂留后世。

礼由人起。〔1〕人生有欲,欲而不得则不能无忿,忿而无度量则争,争则乱。先王恶其乱,〔2〕故制礼义以养人之欲,给人之求,〔3〕使欲不穷于物,物不屈于欲,二者相待而长,是礼之所起也。故礼者养也。稻粱五味,所以养口也;椒兰芬茝,〔4〕所以养鼻

也;钟鼓管弦,所以养耳也;刻镂文章,〔5〕所以养目也;疏房床笫几席,〔6〕所以养体也:故礼者养也。

【注释】〔1〕"礼由人起",自此至"儒墨之分",凡三小段,均采自《荀子·礼论》。〔2〕"恶",音wù,厌恶。〔3〕"给",音jǐ,供给。〔4〕"茝",音chǎi,一种香草的名称。〔5〕"文章",色彩杂配的花纹。〔6〕"疏房",带窗的房间。"床笫",床铺。笫音zǐ,竹制床板。

【译文】礼是由人兴作的。人生都有欲望,欲望不能实现就不能不忿恨,忿恨没有节度就要争斗,争斗就要造成纷乱。古代帝王厌恶这种纷乱,所以就制定礼义来调理人们的欲望,供给人们的需求,使欲望对于物质不会穷求,使物质对于欲望不至枯竭,让欲和物二者相应地协调增长,这是礼的兴作缘由。所以礼是调养的意思。稻粱五味,是用来养口的;椒兰香草,是用来养鼻的;钟鼓管弦,是用来养耳的;雕刻花纹绘画色彩,是用来养目的;窗房床笫几席,是用来养身体的。所以说礼是调养的意思。

君子既得其养,又好其辨也。〔1〕所谓辨者,贵贱有等,长少有差,贫富轻重皆有称也。〔2〕故天子大路越席,所以养体也;侧载臭茝,〔3〕所以养鼻也;前有错衡,所以养目也;和鸾之声,〔4〕步中《武》《象》,〔5〕骤中《韶》《濩》,〔6〕所以养耳也;龙旂九斿,〔7〕所以养信也;寝兕持虎,〔8〕鲛韅弥龙,〔9〕所以养威也。故大路之马,必信至教顺,然后乘之,所以养安也。〔10〕孰知夫出死要节之所以养生也,〔11〕孰知夫轻费用之所以养财也,〔12〕孰知夫恭敬辞让之所以养安也,〔13〕孰知夫礼义文理之所以养情也。〔14〕

【注释】〔1〕"辨",差别。〔2〕"称",音chèn,这是"名实相称"的称,有符合、适合的意思。〔3〕"臭",音xiù,气味。此指香气。〔4〕"和鸾",马车上的铃铛。和铃在轼即车箱前横木上,鸾铃在衡即辕前端横木上。〔5〕"步",缓行。"中",音zhòng,应和。"《武》",舞乐名。此乐旨在歌颂周武王伐纣克殷的武功。"《象》",周代的一种舞乐名。〔6〕

"骤",马奔驰。《韶》,虞舜时的乐曲名。"《濩》",音 huò,商汤时的乐曲名。〔7〕"旂",上画龙形、竿头系铃的旗子。"斿",音 liú,旗帜下边悬垂的饰物。〔8〕"寝兕",伏卧的雌性犀牛。兕音 sì。"持虎",蹲坐的虎。持为跱的借字,音 zhì。寝兕跱虎都是车上的图画。〔9〕"鲛韅",鲨鱼皮做的马腹带。韅音 xiǎn。"弥龙",在车辕前端横木上镶着的金龙装饰。〔10〕"孰知",谁知晓。"夫",音 fú,语中助词。"出死",效死,献身。"要节",要求名节。要音 yāo。〔11〕"轻",动词,减轻。

【译文】君子既得到欲望的调养,又喜好调养的分别。所谓分别,就是说贵贱有等级,长幼有差异,贫富轻重都各称其身份。所以天子乘坐的大辂,铺着蒲席,是用来养身体的;边侧载着芳香的茝草,是用来养鼻的;前面辕端有涂饰彩色名叫衡的横木,是用来养目的;轼前悬挂和铃,衡下悬挂鸾铃,缓步而行铃声与《武》曲、《象》曲合拍,驰骤而行铃声合乎《韶》乐、《濩》乐的节奏,是用来养耳的;龙旗上九条飘带,是用来培养威信的;车箱上画着伏卧的犀牛和蹲踞的猛虎,鲨鱼皮制的马腹带,压在马颈上的车轭装饰着金龙,是用来培养威严的。所以大辂的驾马,一定训练得极为驯顺,然后驾车乘用,是用来养体安身的。谁懂得推诚效死邀立名节正是用以养生的道理呢?谁懂得节约消费正是用以养财的道理呢?谁懂得恭敬谦让正是用以养体安身的道理呢?谁懂得礼义文理正是用以涵养性情的道理呢?

人苟生之为见,〔1〕若者必死;〔2〕苟利之为见,若者必害;怠惰之为安,若者必危;情胜之为安,若者必灭。故圣人一之于礼义,〔3〕则两得之矣;一之于情性,则两失之矣。故儒者将使人两得之者也,〔4〕墨者将使人两失之者也。〔5〕是儒墨之分。〔6〕

【注释】〔1〕"苟",假若,如果。〔2〕"若",如此,这样。〔3〕"一之于礼义",以礼义统一之。"一"作动词用。〔4〕"儒者",信奉儒家学说的人。〔5〕"墨者",信奉墨家学说的人。〔6〕"分",分野。

【译文】人如果只看到生而苟且求生,这样他必然走向死路;人如果只看到利而见利忘义,那他必然身受其害;人如果只把懈怠懒惰当作安适,那

他必然陷入危难;人只把纵情任性逞强好胜当作安乐,那他必然自取灭亡。所以圣人把情欲统一到礼义的规范下,那么情欲和礼义就能两得了;如果把礼义统一在情欲的圈子里,那么情欲和礼义势必两失了。所以儒家就是使人们二者兼得的人,墨家就是使人们二者俱失的人。这是儒家、墨家的分野。

治辨之极也,〔1〕强固之本也,威行之道也,功名之总也。〔2〕王公由之,〔3〕所以一天下,臣诸侯也;〔4〕弗由之,所以捐社稷也。〔5〕故坚革利兵不足以为胜,〔6〕高城深池不足以为固,严令繁刑不足以为威。由其道则行,不由其道则废。楚人鲛革犀兕,〔7〕所以为甲,坚如金石;宛之钜铁施,〔8〕钻如蜂虿,〔9〕轻利剽遬,〔10〕卒如熛风。〔11〕然而兵殆于垂涉,〔12〕唐昧死焉;〔13〕庄蹻起,〔14〕楚分而为四参。〔15〕是岂无坚革利兵哉?其所以统之者非其道故也。汝颍以为险,〔16〕江汉以为池,〔17〕阻之以邓林,〔18〕缘之以方城。〔19〕然而秦师至鄢郢,〔20〕举若振槁。〔21〕是岂无固塞险阻哉?其所以统之者非其道故也。纣剖比干,〔22〕囚箕子,〔23〕为炮格,〔24〕刑杀无辜,时臣下懔然,〔25〕莫必其命。〔26〕然而周师至,而令不行乎下,不能用其民。是岂令不严、刑不陵哉?〔27〕其所以统之者非其道故也。

【注释】〔1〕"治辨之极也",自此至"刑措而不用",共两段,皆采自《荀子·议兵》。《议兵》此句上有"礼者"二字,是。"治辨",治国家,辨名分。"极",最高准则。〔2〕"总",纲要。〔3〕"由",遵循。〔4〕"臣",动词,使之臣服。〔5〕"捐",舍弃,丧失。"社稷",土神和谷神。建国必先建立社坛稷坛,因以社稷指代国家。〔6〕"坚革",坚韧的铠甲。"利兵",锋利的兵器。〔7〕"楚",国名。芈姓。芈音 mǐ。始祖鬻熊,西周时建国于荆山一带。熊渠在位时,疆土扩大到长江中游,建都郢(今湖北江陵西北纪南城)。春秋时,不断与晋国争霸,楚庄王曾为霸主。战国时,疆域又有扩大,是春秋、战国时代最大的国家。从楚怀王起,屡被秦国打败,公元前二二三年为秦国所灭。〔8〕"宛",音 yuān,楚邑名,地在今河南南阳。"钜铁施",刚铁矛。施,《议兵》作"鉇"。〔9〕"钻",刺。"虿",音 chài,蝎

子。〔10〕"勡遬",轻捷快速。"遬"通"速"。〔11〕"卒",音 cù,同"猝",突然。"勡",音 piāo,疾速。〔12〕"殆",受杀害。"垂涉",楚国地名,不详所在。《议兵》作"垂沙"。〔13〕"唐眛",楚将。《楚世家》载,怀王"二十八年,秦乃与齐、韩、魏共攻楚,杀楚将唐眛"。〔14〕"庄跻",楚将。楚威王时,命庄跻领兵西征,又进占滇池(今云南昆明西南)一带。旋被秦军截断归路,他就在滇称王。〔15〕"楚分而为四参",楚国屡次被敌国打败,被迫迁都。楚昭王时,吴军入郢,楚迁都于鄀(今湖北宜城);楚襄王时,秦军侵犯,徙都于陈(今河南淮阳);考烈王时,又为秦军所逼,徙都寿春(今安徽寿县)。"四参",犹言"三四",参同"三"。〔16〕"汝颍",汝水和颍水,均在河南南部,汝水在南,颍水在北,都是从西北向东南流,注入淮河。〔17〕"江汉",岷江和汉江。岷江从四川入楚境,汉江从汉中东南流入长江。"池",护城河。〔18〕"邓林",地名,地在今湖北襄阳之南。〔19〕"方城",春秋时楚国北部的长城。其城由今之河南方城北至邓县。而杨伯峻先生认为是山名,他在《春秋左传注》中说:"凡今之桐柏、大别诸山,楚统名之曰方城。"〔20〕"鄢郢",鄢,楚邑,在今湖北宜城西南。郢,楚都,在今湖北江陵西北。《秦本纪》云,秦昭襄王"二十八年,大良造白起攻楚,取鄢、邓,赦罪人迁之。二十九年,大良造白起攻楚,取郢为南郡,楚王走"。或云鄢郢即郢,楚之别都,在今湖北宜城西南。译文从后说。"举",攻占。〔21〕"振槁",振摇枯叶。〔22〕"纣",商代最后一代君主。残暴无道。周武王伐纣,纣战败自烧杀。"比干",纣的叔父。因直言进谏,被纣剖心。〔23〕"箕子",纣的叔父。因进谏而被囚禁,装疯免祸。〔24〕"炮格",酷刑名。用铜做格,下烧炭,令人光脚行格上,跌下烧死。〔25〕"懔然",恐惧的样子。懔音 lín。〔26〕"必",必保。〔27〕"陵",同"峻",严厉。

【译文】礼是治理国家、辨正名分的最高准则,是国家强盛巩固的根本,是推行权威的方式,是建立功名的总纲。帝王遵循礼义,所以能够统一天下,臣服诸侯;不遵循礼义,所以就丢掉了国家。因此,坚韧的铠甲,锋利的兵器,称不上是优胜;高城深沟,称不上是坚固;严厉的命令,繁多的刑罚,称不上是威严。遵循礼义之道,这些手段就能行之有效;不遵循礼义之道,这些手段就废而无功。楚国人用鲨鱼皮、犀牛皮来做铠甲,坚固得如同金属、石头,宛城的刚矛,尖利得像蜂尾蝎钩,轻捷快速,猝然如同疾风。然而兵败于垂涉,唐眛战死在那里;

自从楚将庄跻起兵征讨,此后楚国弄得四分五裂。这难道是没有坚甲利兵吗?这是他们用以统理的手段不得其道的缘故。楚国将汝水、颍水作为天险,有江水、汉水作为天堑,以邓林为险阻,将方城作边防。然而秦军一到,楚国首都鄢郢即被攻占,就像摇动树上枯叶一般。这难道是没有坚固的要塞险阻吗?是他们用以统理的手段不得其道的缘故。商王纣挖比干的心,囚禁箕子,创制炮格酷刑,虐杀无罪的人,当时臣下战战兢兢,没有人能自保性命。然而周军到来,纣王的命令属下不执行,不能役使他的民众。这难道是军令不严、刑罚不重吗?是他统理的手段不得其道的缘故。

古者之兵,戈矛弓矢而已,〔1〕然而敌国不待试而诎。〔2〕城郭不集,〔3〕沟池不掘,固塞不树,机变不张,〔4〕然而国晏然不畏外而固者,〔5〕无他故焉,明道而均分之,时使而诚爱之,则下应之如景响。〔6〕有不由命者,然后俟之以刑,〔7〕则民知罪矣。故刑一人而天下服。罪人不尤其上,〔8〕知罪之在己也。是故刑罚省而威行如流,无他故焉,由其道故也。故由其道则行,不由其道则废。古者帝尧之治天下也,盖杀一人刑二人而天下治。《传》曰:"威厉而不试,刑措而不用。"〔9〕

【注释】〔1〕"戈矛",都是古代的长柄兵器。戈前端略如镰刀,而上下皆刃,用以横击、钩杀。矛即长枪,用以刺杀。〔2〕"试",用。"诎",通"屈",屈服。〔3〕"城郭",内城外城。"集",积累,这里引申有增高的意思。〔4〕"机变",机巧多变的器械。〔5〕"晏然",安然。〔6〕"景",通"影"。"响",回声。〔7〕"俟",待。〔8〕"尤",怨恨。〔9〕"措",设置。

【译文】古代的兵器,只有戈矛弓箭而已,然而没等动用,敌国就屈服了。城墙不用增筑,壕沟不用深挖,要塞不用修建,器械不用张开,然而国家安然不怕外敌并且十分稳固,这不是其他原因,显明礼义而使各守本分,因时役使而真诚爱护,那么人民顺从命令就如同影子随形、回响应声。再有不遵守命令的,然后依法处刑,那民众就知罪了。所以处罚一人就能使天下心服,罪人不怨恨上级,知道咎由自取。因此刑罚减省而威权推行如同流水

那样顺畅。这没有其他原因，是由于遵循礼义的缘故。所以说，遵循礼义之道就能行之有效，不遵循礼义之道就废而无功。古代帝尧治理天下，只杀一人刑罚二人，就天下大治了。古书中说："威令虽然严厉但不试用，刑罚虽然设置但不动用。"

天地者，生之本也；〔1〕先祖者，类之本也；〔2〕君师者，治之本也。无天地恶生？〔3〕无先祖恶出？无君师恶治？三者偏亡，〔4〕则无安人。故礼，上事天，下事地，尊先祖而隆君师，〔5〕是礼之三本也。

【注释】〔1〕"天地者生之本也"，自此至"明者礼之尽也"，凡七段，均采自《荀子·礼论》。"生之本"，天地产生人类、生物，所以说天地是生命的本源。〔2〕"类之本"，族类的本源。〔3〕"恶"，音wū，疑问代词，怎么，如何。〔4〕"三者偏亡"，三者缺一。〔5〕"隆"，尊崇。

【译文】天地是生命的根本，祖先是族类的根本，君主和师傅是治理的根本。没有天地，怎能有生命？没有祖先，怎么能出生？没有君主和师傅，如何得到治理？这三项缺少一项，就没有安宁生活的人了。所以礼，上敬事天，下敬事地，尊崇祖先、君主和师傅，这是礼的三大根本。

故王者天太祖，〔1〕诸侯不敢怀，〔2〕大夫士有常宗，〔3〕所以辨贵贱。贵贱治，得之本也。〔4〕郊畴乎天子，〔5〕社至乎诸侯，〔6〕函及士大夫，〔7〕所以辨尊者事尊，卑者事卑，宜巨者巨，宜小者小。故有天下者事七世，有一国者事五世，有五乘之地者事三世，〔8〕有三乘之地者事二世，有特牲而食者不得立宗庙，〔9〕所以辨积厚者流泽广，〔10〕积薄者流泽狭也。

【注释】〔1〕"王者"，指天子帝王而言。"天太祖"，祭天时以太祖配享。天是动词。太祖指开国天子。〔2〕"诸侯不敢怀"，诸侯不能祭天，更不能以太祖配天，所以说不敢有这种想法。"怀"，《荀子·礼论》作"坏"，意谓诸侯永远保留太祖庙，虽百世亦不迁毁。当以《荀子》为正。〔3〕"常宗"，大宗。大夫士们都各有本族所尊奉的大宗。大宗系统永

不迁变，故曰常宗。〔4〕"得"，通"德"。〔5〕"郊"，周代天子于冬至在南郊祭天，称作郊。"畴"，本义是田的界限，此作动词用，限于。〔6〕"社"，祭土神的场所。〔7〕"函"，包含，包括。〔8〕"有五乘之地者"，有能出兵车五乘之领地的卿大夫。乘音shèng，量词，辆，指古代四匹马拉的兵车。古制，纵横一里为田九百亩，是为一井。纵横十里为百井，其中六十四井出兵车一乘（一车四马），是为一乘之地。有五乘之地即谓有五百井的领地。〔9〕"有特牲而食者不得立宗庙"，只有一头牲口，凭之耕种而食的平民，不得建立宗庙，岁时祭于寝。"特牲"，《荀子·礼论》作"持手"，谓依恃双手劳动而食者，亦指平民而言。〔10〕"积"，通"绩"，功绩。"流泽"，流传给后世的恩泽。

【译文】因此帝王祭天以太祖配享，诸侯不敢有以太祖配天的想法，大夫和士各有百世不迁的大宗，这是为了用以辨别贵贱。贵贱辨清，这是道德的根本。祭天属于天子祭祀的范畴，而祭社可以下及诸侯，包含士大夫，这是用来辨明祭祀等级，位尊的帝王才可以事奉尊贵的天神，位卑的诸侯、大夫、士，只能事奉较卑的社神，应该大的就大，应该小的就小。所以据有天下的帝王能建立七庙，祭祀七代祖先；据有一国的诸侯能建立五庙，祭祀五代祖先；拥有五乘封地的大夫能建立三庙，祭祀三代祖先；拥有三乘封地的命士能建立两庙，祭祀两代祖先；家有一牛用之耕地谋生的平民，不得建立宗庙：这是用以区别祭祀的等级，功业大的流布的恩泽就广大，功业小的流布的恩泽就狭小。

大飨上玄尊，〔1〕俎上腥鱼，〔2〕先大羹，贵食饮之本也。〔3〕大飨上玄尊而用薄酒，〔4〕食先黍稷而饭稻粱，〔5〕祭哜先大羹而饱庶羞，〔6〕贵本而亲用也。贵本之谓文，〔7〕亲用之谓理，〔8〕两者合而成文，〔9〕以归太一，〔10〕是谓大隆。〔11〕故尊之上玄尊也，俎之上腥鱼也，豆之先大羹，〔12〕一也。〔13〕利爵弗啐也，〔14〕成事俎弗尝也，〔15〕三侑之弗食也，〔16〕大昏之未废齐也，〔17〕大庙之未内尸也，〔18〕始绝之未小敛，〔19〕一也。大路之素帱也，〔20〕郊之麻绖也，〔21〕丧服之先散麻，〔22〕一也。三年哭之不反也，〔23〕《清庙》之歌一倡而三叹，〔24〕县一钟尚拊膈，〔25〕朱弦而通越，一也。

【注释】〔1〕"大飨",指祫祭而言,谓在太祖庙中合祭先王们。"上玄尊",玄尊是盛玄酒即清水的酒尊。为了不忘古始,祭礼中将玄尊与酒尊并设,且玄尊设位在酒尊之上。礼中唯用酒,不用玄酒。〔2〕"俎",盛鱼肉的木制有足的器皿。"腥鱼",生鱼。〔3〕"贵饭食之本也",设玄酒、生鱼、肉羹,都是为了尊重原始的饮食,表示不忘本。〔4〕"薄酒",《荀子·礼论》作"酒醴",义长。〔5〕"饭",动词,吃用。〔6〕"唷",音 jì,尝仅至齿为唷。〔7〕"文",美、善。谓美善品格。〔8〕"理",谓生活情理。〔9〕"成文",结合成为礼仪。〔10〕"太一",指太古时的情境。〔11〕"大隆",大盛,谓礼的最高境界。〔12〕"豆",食器。此豆为陶制。〔13〕"一",意义一致。〔14〕"利爵",祭祀将告成时,佐食者酌酒献尸,谓之利爵。尸是从本族与被祭祖先昭穆相当的晚辈中挑选的,用以充当祖先神灵并代之享祭的人。"啐",音 cuì,尝至口中为啐。〔15〕"成事",完成祭事。〔16〕"三侑之弗食也",第三次劝食,尸就不再吃了。《荀子·礼论》此句下有"一也"二字,此脱,译文据补。〔17〕"大昏",指天子、诸侯的大婚礼。"昏"通"婚"。"废"通"发"。"齐"通"斋"。大婚前必斋戒告庙。〔18〕"大",通"太"。"内",通"纳"。〔19〕"绝",断气。"小敛",用衣衾布带包裹扎束死者,谓之小敛。〔20〕"素帱",素色车帷。帱音 chóu。〔21〕"郊",南郊祭天。"麻谣",麻布制做的冠冕。谣同"冕"。〔22〕"散麻",父母之丧小敛后,孝子先束麻带,带端散垂。死后三日,孝子穿上正式丧服,麻带下垂部分才分两股纠结。〔23〕"三年哭",谓儿女哭始死之父母。父母死,孝子将为之服三年之丧。"不反",谓恸哭失声,其声若去而不返。反通"返"。〔24〕《清庙》,为《诗经·周颂》中的首篇,是祭祀周文王的祭歌。"一倡而三叹",一人领唱,三人咏叹应和,表明唱和人数少。〔25〕"县",音 xuán,"悬"的本字。"柎",音 fù,拍打。"膈",通"隔",悬钟的木架。

【译文】举行合祭先王的大飨礼,以盛放清水的樽为上,以盛放生鱼的木俎为上,以不放盐菜调料的肉羹为先,这是为了不忘本而尊崇最初的饮食。大飨礼中,盛着清水的樽与酒樽并设,设在上位,设而不用,盛着淡酒的酒樽设在下位,礼中唯饮酒不饮水;进食先进黍米饭、糜子米饭,而吃用白米饭、黄粱米饭;祭食时,先尝一小口没调味的肉汤,而馈食时饱享各种佳肴:这是尊重原始的饮食而亲用当今的美味。尊重本始说的是善良纯真,亲用时味说的是生活情理,两者结合而成为礼仪,用以回归太古的情境,这就叫作大隆——礼的最高境界。所以酒樽之崇尚盛放清水的玄樽,祭俎之崇尚供设腥鱼,瓦豆之先供设未加调料的肉汤,意思是一致的,都是为了追怀太始、不忘本初。庙中祭祀将告成时,佐食者酌酒献尸,尸只奠杯不饮了;祭事将完成时,俎中牲肉,尸就不再尝用了;到第三次劝食,尸就不再吃了:意思是一致的,都表明祭礼将要告终。大婚礼迎亲前尚未斋戒告庙之际,太庙祭祀尚未迎尸入庙之际,人刚咽气尚未进行小敛之际:意思是一致的,都表明礼仪的开始。天子乘用的大辂,用素色车帷;天子南郊祭天时,戴着麻布冠冕;父母之丧小敛后,孝子先腰束麻带,带端散垂:意思是一致的,体现了至敬无文、至哀无饰的精神。遭遇父母之丧,孝子纵情恸哭,哭声好像往而不回;天子宗庙祭祀,乐工升歌《清庙》,一人领唱,唯三人应和;悬挂一钟,而崇尚打击钟架;瑟上张着朱红丝弦,瑟底孔却上通瑟面:意思是一致的,都是在声音方面朴素无华,以质为贵。

凡礼始乎脱,[1]成乎文,[2]终乎税。[3]故至备,情文俱尽;其次,情文代胜;其下,[4]复情以归太一。天地以合,日月以明,四时以序,星辰以行,江河以流,万物以昌,好恶以节,喜怒以当。以为下则顺,[5]以为上则明。[6]

【注释】〔1〕"脱",简略。〔2〕"文",文饰,指由仪节器物所体现的形式。〔3〕"税",音 yuè,通"悦"。〔4〕"其下",此"下"字谓最后。〔5〕"下",在下者,指臣民。〔6〕"上",在上者,指君主。

【译文】大凡典礼,开始简略,完成当中就有文雅仪式,礼终时人情和悦。所以最完备的礼,感情和表达形式都尽美尽善;其次是感情胜过仪式,或者仪式胜过感情;最后将感情回到太古质朴无华的境界。达到这种境界,天地因之而融合,日月因之而明朗,四时因之而更迭有序,星辰因之而正常运行,江河因之而畅流,万物因之而昌盛,好恶因之而调节,喜怒因之而得当。礼达到这种境界,作为臣民就和顺,作为君上就英明。

太史公曰：至矣哉！[1]立隆以为极，[2]而天下莫之能益损也。本末相顺，终始相应，至文有以辨，[3]至察有以说。天下从之者治，不从者乱；从之者安，不从者危。小人不能则也。[4]

【注释】[1]"太史公曰至矣哉"，《荀子·礼论》作"礼岂不至矣哉"。自此至最后，共三段，均出自《荀子·礼论》。今传《礼书》改首句前三字为"太史公曰"，恐非司马迁《礼书》原貌。 [2]"立隆"，立隆盛之礼。"极"，最高准则。 [3]"至文有以辨"，"有以"《荀子·礼论》作"以有"。下同。 [4]"则"，取法。《荀子·礼论》作"测"。

【译文】太史公说：到了顶点啦！订立隆盛礼仪作为生活准则，天下没有人能加以增删。礼仪根本和末节互相顺应，开始与终结互相照应，极为周详的仪式可以辨别尊卑贵贱，极为明察的内容可以怡悦人心。天下遵从礼制的就能达到大治，不遵从礼制的就要造成大乱。遵从礼制的就安定，不遵从礼制的就危险。卑鄙小人是不能遵守礼规的。

礼之貌诚深矣，[1]坚白同异之察，[2]入焉而弱。[3]其貌诚大矣，擅作典制褊陋之说，入焉而望。[4]其貌诚高矣，暴慢恣睢，[5]轻俗以为高之属，入焉而队。[6]故绳诚陈，则不可欺以曲直；衡诚县，[7]则不可欺以轻重；规矩诚错，[8]则不可欺以方员；[9]君子审礼，则不可欺以诈伪。故绳者，直之至也；衡者，平之至也；规矩者，方员之至也；礼者，人道之极也。然而不法礼者不足礼，谓之无方之民；[10]法礼足礼，谓之有方之士。礼之中，能思索，谓之能虑；能虑勿易，谓之能固。能虑能固，加好之焉，圣矣。天者，高之极也；[11]地者，下之极也；日月者，明之极也；无穷者，广大之极也；圣人者，道之极也。

【注释】[1]"礼之貌"，《荀子·礼论》"貌"作"理"。下同。 [2]"坚白同异"，战国时，公孙龙创"离坚白"之说，认为石头的坚和白的属性是脱离石头而独立存在的实体。惠施创"合同异"之说，强调各种事物的同一性，否定差异的客观存在。两家的学说有明显的诡辩色彩。 [3]"弱"，《荀子·礼论》

作"溺"。 [4]"望"，怨恨。《荀子·礼论》作"丧"。 [5]"恣睢"，狂纵凶暴。睢音suī。 [6]"队"，通"坠"，堕落。 [7]"衡"，秤。 [8]"错"，通"措"，措置。 [9]"员"，通"圆"。 [10]"方"，道义。 [11]"极"，标准，准则。

【译文】礼的义理实在精深哪！那种"离坚白"、"合同异"的论辩，相当明察了，一纳入礼中衡量，就软弱不堪了。礼的义理实在博大呀！那些擅自制作典章制度、褊狭浅陋的学说，一纳入礼中比较，就自恨自责了。礼的义理实在高明啊！那些粗暴狂妄、轻视世俗自以为高的人们，一纳入礼中检验，就自惭堕落了。所以，只要把线绳陈设出来，就不能用曲直来欺人；只要把秤悬挂出来，就不能用轻重来欺人；只要把圆规、矩尺拿来一放，就不能用方圆来欺人；君子明察礼义，就不能用谎言、虚伪来相欺。所以，线绳是最直的标准，秤是最平的标准，规矩是最圆最方的标准，礼是人类道德的最高标准。那么，不遵守礼、不重视礼的人，叫作没有道义的人；遵守礼、重视礼的人，叫作有道义之士。在礼的范围之中能够思索礼仪的用意，这叫作能够思虑；能够思虑又能遵从不变，这叫作能够固守。能够思虑，能够固守，再加上由衷的喜好，那就是圣人了。天是高的准则，地是低的准则，日月是光明的准则，无穷的天宇是广大的准则，圣人是道德礼义的准则。

以财物为用，[1]以贵贱为文，[2]以多少为异，以隆杀为要。[3]文貌繁，情欲省，礼之隆也；文貌省，情欲繁，礼之杀也；文貌情欲相为内外表里，并行而杂，[4]礼之中流也。[5]君子上致其隆，下尽其杀，而中处其中。步骤驰骋广骛不外，[6]是以君子之性守宫庭也。[7]人域是域，[8]士君子也。外是，民也。于是中焉，[9]房皇周浃，[10]曲得其次序，[11]圣人也。故厚者，礼之积也；大者，礼之广也；高者，礼之隆也；明者，礼之尽也。

【注释】[1]"以财物为用"，用财物表达情意。《荀子·礼论》此句上尚有"礼者"二字，此缺。 [2]"以贵贱为文"，根据贵贱尊卑做出相宜的礼的形式。 [3]"隆"，隆盛。"杀"，音sài，降减。"要"，要领。 [4]"杂"，会合。 [5]"中流"，适中。

〔6〕"广骛",纵马急奔。 〔7〕"君子之性守宫庭",意谓君子守礼之心性如同常守宫廷一样。〔8〕"人域是域",人能置身于礼的这个领域。前"域"是动词。〔9〕"于是",在此。〔10〕"房皇",即"彷徨",徘徊。房音 páng。"周浃",犹周旋。〔11〕"曲",周遍。此曲与"曲尽其妙"的曲,用法相同。

【译文】礼以财物作为手段,以贵贱等级作为制度,以事物多少表示差异,以隆盛省约作为要领。仪节繁重,用情较省,仪节超过了情感,这是礼的隆盛形式。仪节省约,用情较多,情感超过了仪节,这是礼的省约形式。仪节与情感内外表里并行融合,这就是礼的适中的体现。君子对于礼,该隆重的就努力隆重,该减省的就尽量减省,该适中的就力求适中。无论平时的徐行漫步,还是战时的纵马奔驰,都不把礼排除身外,所以君子守礼的心性就如同常守宫廷一样。人能够置身于这个礼的领域之中,就是有志操的君子;置身于礼的范围之外,就是一般的庸人。在这个礼的领域中,从容徘徊,周旋自在,全面周详地掌握了礼的规矩顺序,那就是圣人了。因此,圣人之所以德厚,这是由于学礼的长期积累;圣人之所以伟大,这是由于学礼的范围宽广;圣人之所以高尚,这是由于他的礼的修养丰厚;圣人之所以英明,这是由于他对礼的尽心尽力。

史记卷二十四

乐书 第二

太史公曰:余每读《虞书》,[1]至于君臣相敕,维是幾安,[2]而股肱不良,[3]万事堕坏,未尝不流涕也。成王作颂,[4]推己惩艾,[5]悲彼家难,可不谓战战恐惧,善守善终哉?君子不为约则修德,满则弃礼,佚能思初,安能惟始,沐浴膏泽而歌咏勤苦,非大德谁能如斯!《传》曰"治定功成,礼乐乃兴"。海内人道益深,其德益至,所乐者益异。满而不损则溢,盈而不持则倾。凡作乐者,所以节乐。君子以谦退为礼,以损减为乐,乐其如此也。以为州异国殊,情习不同,故博采风俗,协比声律,以补短移化,助流政教。天子躬于明堂临观,[6]而万民咸荡涤邪秽,斟酌饱满,以饰厥性。故云《雅》、《颂》之音理而民正,[7]噪嗷之声兴而士奋,[8]郑卫之曲动而心淫。[9]及其调和谐合,鸟兽尽感,而况怀五常,[10]含好恶,自然之势也?

【注释】〔1〕"《虞书》",指《尚书·虞书》中的《皋陶谟》、《益稷》等篇。 〔2〕"幾",万幾。国家的各种机要事务。 〔3〕"股",大腿。"肱",手臂。"股肱",这里指辅佐帝王的大臣。〔4〕"颂",指《诗经·周颂·小毖篇》,古注认为是周成王鉴于管叔、蔡叔的叛乱而作。周武王灭商后,封其弟鲜于管,称管叔;度于蔡,称蔡叔。武王死后,成王年幼,周公旦摄政。管叔、蔡叔乘机与商纣王之子武庚等联合发动叛乱。后被周公平定。 〔5〕"推",度量,责备。"惩艾",因受惩创而知所戒惧。"艾",音yì。〔6〕"明堂",古代朝廷用以宣示政教之堂,并在此举行祀典。〔7〕"《雅》、《颂》之音理",典出《论语·子罕篇》。"子曰:'吾自卫返鲁,然后乐正,《雅》《颂》

各得其所。'"孔子曾整理过《诗经》,使《雅》和《颂》都恢复了各自的面貌。 〔8〕"噪嗷",呼叫的声音。音jiào jī。 〔9〕"郑卫之曲",古代儒家认为郑国和卫国的乐曲放荡。 〔10〕"五常",即五常之道。古代指仁、义、礼、智、信五德。

【译文】太史公说:我每次读《虞书》,看到关于君臣互相勖勉,一心期望国家大事都能得到妥善处理,而掌权大臣如果懈怠失职,则诸事废弛败坏的记载,我没有不感动得流泪的。周成王作《颂》,反躬自省,警戒于未来,哀叹家族中发生的患难,能不说他是个兢兢业业,善于守成,而又善于保持完美结局的帝王吗?君子不会在遇到困难时才修养德行,而到显达之后就抛弃了礼义。那种在逸乐时能想到帝业的创始,安居时能想到帝业的艰辛,处于富贵豪华的生活中而时时歌颂创业的勤苦,假如不具备特殊的品德,谁能做到这一步呢!古书上说:"政治安定,大功告成之日,制礼作乐的事业于是兴起。"这时四海之内,人们需要理解立身处世之道日益迫切,德性的修养日益完善,各人所引以为欢乐的兴趣也日益不同。水满而不损减就会泛溢,器满而不扶持就会倾覆。因此,作乐的目的乃是为了调节人们的欢乐。君子把谦退作为制礼的准则,把损抑作为作乐的准则,音乐就这样产生了。君子认为各州各国的环境不同,人们的感情习惯也不同,所以广泛地采集各地的乐歌,协调整理声律,用以弥补政治的不足,移风易俗,协助推行政治和教化。天子亲临明堂观赏,而万民通过音乐清除了心中的污秽,并从中斟酌吸取教益,使自己的精神饱满,提高德性的涵养。所以说,《雅》、《颂》能各得其所,民风就趋于纯正;呐喊的声音兴起,士卒就感到振奋;郑国、卫国的歌曲演唱起来,人们的心情就流于放荡。一旦音乐能达到调和谐合的地步,连鸟兽

都会受到感化,更何况心怀五常之德,含有喜好或嫌恶感情的人,这不是自然的趋势吗?

治道亏缺而郑音兴起,封君世辟,[1]名显邻州,争以相高。自仲尼不能与齐优遂容于鲁,[2]虽退正乐以诱世,作五章以刺时,[3]犹莫之化。陵迟以至六国,流沔沉佚,遂往不返,卒于丧身灭宗,并国于秦。

【注释】[1]"封君世辟",指诸侯国君。"辟",也是国君的意思。音 bì。诸侯都是周天子封的,国君世袭。 [2]"自仲尼不能与齐优遂容于鲁",事见《论语·微子篇》。《微子篇》云:"齐人归(馈赠)女乐,季桓子受之,三日不朝,孔子行。"季桓子是当时鲁国的执政上卿。 [3]"五章",《索隐》认为"五章"是指《孔子家语》所云"孔子嘻季桓子作歌引《诗》曰:'彼妇人之口,可以出走。彼妇人之谒,可以死败。优哉游哉,聊以卒岁。'"梁玉绳认为,此歌只是五章之一,不能包括五章。

【译文】治国之道被破坏废弃之后,郑国的音乐就泛滥起来了。那些诸侯国君,在邻国都是赫赫有名的,却都以郑声争相夸耀。孔子自从不能忍受和齐国优伶在鲁国共处的屈辱,便隐退下来,整理诗乐,以劝戒世人,作五章诗以讽刺当时的风气,但没有使那些人受到感化。世风从此衰落下去,至于战国时代,诸侯国君都沉溺于安逸颓废的生活之中,再也不能归于正道,结果是身败名裂,宗庙毁灭,国家都被秦国吞并了。

秦二世尤以为娱。丞相李斯进谏曰:"放弃《诗》、《书》,极意声色,祖伊所以惧也;[1]轻积细过,恣心长夜,[2]纣所以亡也。"赵高曰:"五帝、三王乐各殊名,[3]示不相袭。上自朝廷,下至人民,得以接欢喜,合殷勤,非此和说不通,解泽不流,亦各一世之化,度时之乐,何必华山之骡耳而后行远乎?"[4]二世然之。

【注释】[1]"祖伊",殷纣王时贤臣。曾规谏殷纣,纣不听。 [2]"长夜",通宵达旦。《史记·滑稽列传》云:"齐威王之时,好为淫乐长夜之饮。" [3]"五帝",指黄帝、颛顼、帝喾、唐尧、虞舜。"三王",指夏禹、商汤、周文王和周武王。 [4]"骡

耳",良马名。也写作"绿耳"。相传为周穆王八骏之一,以毛色为名号。

【译文】秦二世更是一个沉溺于安逸颓废生活中的人。丞相李斯进言规谏说:"放弃了《诗》、《书》的教导,一心沉溺于声色的逸乐,这是祖伊所担心的事情;不注意细小的过失,就会积成大恶,而纵情享乐,通宵达旦,这就是殷纣亡国的原因。"赵高说:"五帝、三王的音乐各有不同的名称,是为了表示不相沿袭的意思。上至朝廷,下至人民,因此都能在相处时欢乐喜悦,交往时情意殷勤;如果没有音乐,那么,和悦的感情就不能相通,推行的恩泽就不能布施,这也是一个时代有一个时代的教化,各有适应时代需要的音乐,何必一定是华山的骏马'骡耳'才能走得远呢?"秦二世赞许他的见解。

高祖过沛诗《三侯之章》,[1]令小儿歌之。高祖崩,令沛得以四时歌儛宗庙。孝惠、孝文、孝景无所增更,于乐府习常肆旧而已。

【注释】[1]"《三侯之章》",《索隐》认为即《大风歌》:"大风起兮云飞扬,威加海内兮归故乡,安得猛士兮守四方!"又认为"侯"是语词,即指"兮"字。此诗有三"兮"字,因而称"三侯之章"。《汉书·礼乐志》作《风起之诗》。

【译文】高祖经过沛邑时曾作诗《三侯之章》,使当地儿童歌唱。高祖驾崩之后,令沛邑按四季在他的宗庙里歌唱舞蹈。经过惠帝、景帝、武帝三朝,都没有增加什么,只是在乐府里经常练习旧乐章而已。

至今上即位,作十九章,[1]令侍中李延年次序其声,拜为协律都尉。[2]通一经之士不能独知其辞,皆集坐《五经》家,相与共讲习读之,乃能通知其意,多尔雅之文。

【注释】[1]"十九章",《汉书·礼乐志》著录《郊祀歌》十九章。 [2]"协律都尉",宫廷音乐机构乐府中主持工作的长官。

【译文】到当今皇帝(指汉武帝)即位以后,作《郊祀歌》十九章,令侍中李延年作成乐曲,从此,李

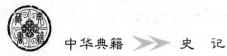

延年升任为协律都尉。只通晓一种经书的人，还不能单独了解这些歌辞的含义，必须把通晓五经的专家集中到一起，共同研究阅读，才能通晓歌辞的含义，因为其中使用了很多古雅的词语。

汉家常以正月上辛祠太一甘泉，[1]以昏时夜祠，到明而终。常有流星经于祠坛上。使僮男僮女七十人俱歌。春歌《青阳》，夏歌《朱明》，秋歌《西暤》，冬歌《玄冥》。世多有，故不论。

【注释】[1]"正月上辛"，正月上旬的辛日。古代用天干甲乙丙丁戊己庚辛壬癸纪日。"太一"，古代神名，或称"天帝"。《史记·封禅书》："天神贵者太一。""甘泉"，秦汉宫名。在今陕西淳化县甘泉山。

【译文】汉朝常常在正月上旬的辛日，在甘泉宫祭祀太一神，从黄昏时开始夜祭，到黎明时礼成。祭祀时常有流星经过祭坛的上方。令童男童女七十人一齐唱歌。春季唱《青阳歌》，夏季唱《朱明歌》，秋季唱《西暤歌》，冬季唱《玄冥歌》。这些歌诗，社会上多有流传，所以在这里就不再细说了。

又尝得神马渥洼水中，[1]复次以为《太一之歌》。歌曲曰："太一贡兮天马下，沾赤汗兮沫流赭。骋容与兮蹄万里，今安匹兮龙为友。"后伐大宛得千里马，[2]马名蒲梢，次作以为歌。歌诗曰："天马来兮从西极，经万里兮归有德。承灵威兮降外国，涉流沙兮四夷服。"中尉汲黯进曰："凡王者作乐，上以承祖宗，下以化兆民。今陛下得马，诗以为歌，协于宗庙，先帝百姓岂能知其音邪？"上默然不说。丞相公孙弘曰："黯诽谤圣制，当族。"

【注释】[1]"渥洼水"，水名。在今甘肃安西县。古史相传，汉武帝时有个名叫暴利长的人在渥洼池畔得天马，献给朝廷，并跪称马从水中跑出，他用勒绊擒获云云。[2]"大宛"，古西域国名。在前苏联中亚费尔干纳盆地。产良马。

【译文】此外，还从渥洼水中得到一匹神马，于是又作了《太一之歌》。歌辞说："太一的恩赐啊，

天马降临；身上冒出赤色的汗珠啊，口中流着赭色的唾津。从容驰骋啊，万里扬尘；有谁能相比啊，只有神龙和它并进齐奔。"后来讨伐大宛，得到千里马，马的名称叫"蒲梢"，为此又作了一首歌。歌诗说："天马到来啊，来自极西之地；途经万里啊，投向有德的皇帝；依赖上天的神威啊，镇慑异域，远及流沙大漠啊，四夷向归。"中尉汲黯进谏说："大凡帝王作乐，是为了对上继承祖宗的道德帝业，对下教化亿万人民。现在，陛下得到了天马，竟然为它作诗歌唱，而且在宗庙举行祀典，祖先和百姓难道能了解这种音乐吗？"皇上默然，表示很不高兴，丞相公孙弘说："汲黯诽谤皇上的意旨，应当全族诛戮。"

凡音之起，由人心生也。人心之动，物使之然也。感于物而动，故形于声；声相应，故生变；变成方，谓之音；比音而乐之，及干戚羽旄，[1]谓之乐也。乐者，音之所由生也，其本在人心感于物也。是故其哀心感者，其声噍以杀；其乐心感者，其声啴以缓；其喜心感者，其声发以散；其怒心感者，其声粗以厉；其敬心感者，其声直以廉；其爱心感者，其声和以柔。六者非性也，感于物而后动，是故先王慎所以感之。[2]故礼以导其志，乐以和其声，政以壹其行，刑以防其奸。礼乐刑政，其极一也，所以同民心而出治道也。

【注释】[1]"干"，盾牌。"戚"，大斧。"羽"，雉尾。"旄"，旄牛尾。干、戚，武舞所用。羽、旄，文舞所用。[2]"先王"，古代指夏、商、周三代开国帝王禹、汤、文王及武王等。

【译文】大凡"音"的出现，是由人心产生的。人心的变动，是由外界事物所引起的。人心感受到外界事物的影响而发生变动，因而形成"声"；"声"互相应和，因而发生变化；变化具有一定的规则，就称为"音"；把不同的"音"组织起来，并演奏出来，再配合上用干戚羽旄等表演的舞蹈，这就称为"乐"。"乐"是由"音"组合而成的，但其根源则是由于人感受到外界事物的影响而发生的变动。因此感受外物而产生的悲哀心情，它发出的"声"必定是急迫而短促的；感受外物而产生的快乐心情，它发出的"声"必定是舒畅而和缓的；感受外物而产生的喜悦心情，它发出的"声"必定是悠扬而清爽的；感受外

物而产生的愤怒心情,它发出的"声"必定是正直而庄严的;感受外物而产生的喜爱心情,它发出的"声"必定是亲切而柔和的。这六种心情并不是人的本性,而是由于感受外界不同事物的影响而产生的变动,所以先王十分注意能对人心产生影响的一切外界事物。用礼来引导人们的意志,用乐来调和人们的声音,用政来统一人们的行动,用刑来防止人们的奸私,礼、乐、刑、政的终极目标是一致的,就是使人同心同德,以建立太平盛世的秩序。

凡音者,生人心者也。情动于中,故形于声,声成文谓之音。是故治世之音安以乐,其正和;乱世之音怨以怒,其正乖;亡国之音哀以思,其民困。声音之道,与正通矣。宫为君,商为臣,角为民,徵为事,羽为物。五者不乱,则无怗懘之音矣。宫乱则荒,其君骄;商乱则搋,其臣坏;角乱则忧,其民怨;徵乱则哀,其事勤;羽乱则危,其财匮。五者皆乱,迭相陵,谓之慢。如此则国之灭亡无日矣。郑卫之音,乱世之音也,比于慢矣。桑间濮上之音,[1]亡国之音也,其政散,其民流,诬上行私而不可止。

【注释】[1]"桑间濮上",古史相传,濮水之上,地有桑间,晋国乐师师涓曾在此闻殷纣时的靡靡之音。

【译文】凡是"音",都是从人心产生的。情感在内心激动,从而形成"声";把不同的"声"组织起来,就称为"音"。因此,太平盛世的"音"安宁而欢乐,表示政治的和平;动乱时代的"音"怨恨而愤怒,表示政治的混乱。灭亡国家的"音"悲哀而忧虑,表示人民的困苦。可见声音的道理是和政治息息相通的。五声中,宫相当于君,商相当于臣,角相当于民,徵相当于事,羽相当于物。这五项不混乱,就不会产生不和谐的"音"了。如果宫声混乱,则表示悖谬,国君骄纵;商声混乱,则表示邪僻,臣属堕落;角声混乱,则表示忧郁,人民怨恨;徵声混乱,则表示悲哀,徭役烦苛;羽声混乱,则表示危急,财物匮乏。这五项都陷于混乱,互相侵凌,则是轻慢的表现。这样,国家的灭亡就为期不远了。郑声、卫声,是动乱时代的音乐,是属于轻慢一类的。桑间、濮上的音乐,是亡国的音乐,表示政治混乱,人民流离失所,臣属欺诬君主,已经到了无法挽救的地步了。

凡音者,生于人心者也;乐者,通于伦理者也。是故知声而不知音者,禽兽是也;知音而不知乐者,众庶是也。唯君子为能知乐。是故审声以知音,审音以知乐,审乐以知政,而治道备矣。是故不知声者不可与言音,不知音者不可与言乐。知乐则几于礼矣。礼乐皆得,谓之有德。德者,得也。是故乐之隆,非极音也;食飨之礼,非极味也。清庙之瑟,[1]朱弦而疏越,一倡而三叹,有遗音者矣。大飨之礼,尚玄酒而俎腥鱼,大羹不和,有遗味者矣。是故先王之制礼乐也,非以极口腹耳目之欲也,将以教民平好恶而反人道之正也。

【注释】[1]"清庙",清静的宗庙。古代天子诸侯祭祀祖先的处所。

【译文】大凡"音",都是从人心产生的,而"乐"则是和各类事物的道理息息相通的。所以只了解"声"而不了解"音"的,是禽兽;只了解"音"而不了解"乐"的,是普通人。唯有君子才能审察"声",进而了解"音",审察"音",进而了解"乐",审察"乐",进而了解政治,这样就可以完全了解治民之道了。所以对不了解"声"的人,不要和他谈论"音";对不了解"音"的人,不要和他谈论"乐"。了解了"乐",就差不多了解"礼"了。对礼乐的了解都有所得,这就可称为有道德的人了。道德的"德",就是得到的意思。因此,"乐"的隆盛,并不在于音响极其悦耳,祭享之"礼",也不在于调味极其美好。清庙中所鼓的瑟,朱红色的丝弦,瑟的底部有疏朗的孔眼,一段乐曲领起,紧跟着奏起反复的应和曲调,这样就能保留着古代的遗音。祭享大礼中,献玄酒(清水),用托盘摆出生鱼,羹汤里不加作料,这样才能保持着古代的遗味。所以先王制礼作乐,不是为了充分满足口腹耳目的欲望,而是为了教导人民正确地区别所爱好或所厌恶的事物,而回到纯正的人生道路上来。

人生而静,天之性也;感于物而动,性之颂也。[1]物至知知,然后好恶形焉。好恶无节于内,知诱于外,不能反己,天理灭矣。夫物之感人无穷,而人之好恶无节,则是物至而人化物也。人化物也者,灭天理而穷人欲

者也。于是有悖逆诈伪之心,有淫佚作乱之事。是故强者胁弱,众者暴寡,知者诈愚,勇者苦怯,疾病不养,老幼孤寡不得其所,此大乱之道也。是故先王制礼乐,人为之节:衰麻哭泣,所以节丧纪也;钟鼓干戚,所以和安乐也;婚姻冠笄,所以别男女也;射乡食飨,所以正交接也。礼节民心,乐和民声,政以行之,刑以防之。礼乐刑政四达而不悖,则王道备矣。

【注释】〔1〕"颂",同"容"。

【译文】人在初生的时候,原是安静的,这本来是自然形成的本性;但由于感到外界事物的影响而发生变动,这是本性的变形。一接触到外界事物,人们就用智慧了解它,然后就对它形成了喜好或厌恶的感觉。假如自己在内心里对喜好或厌恶的感觉不能节制,而在智慧上又继续感受到外界事物的影响,不能回到安静的本性上去,这样,作为本性的天理就灭绝了。外界事物对人的影响无穷,而人对自己的爱好或厌恶的感觉又不能节制,这样,一接触外界事物,人就被它所左右了。所谓人被外界事物所左右者,即灭绝作为本性的天理而尽量满足人的欲望的意思。因此,有悖谬、忤逆、欺诈作伪的念头,有淫荡放纵犯上作乱的行为。强者威胁弱者,众人压迫少数人,聪明人欺负老实人,勇敢的人折磨懦怯的人,患病的人得不到疗养,老人、幼童、孤儿、寡妇都没有安身之地,这就是天下大乱的形势啊。因此,先王制礼作乐,使人们有所节制。披麻戴孝,为死者哭泣,是为了节制人们的丧礼;鸣钟击鼓,执盾牌、大斧而舞,是为了调和人们的欢乐;举行婚姻、加冠和及笄的礼仪,是为了使男女有别;乡里射箭宴会,是为了使人们的交往纳入正轨。用礼节制人们的情绪,用乐调和人们的声音,用政推行治民之道,用刑防范犯法的行为。礼、乐、刑、政,行之四方而相辅相成,那么,先王治民之道就可以完满实现了。

乐者为同,礼者为异。同则相亲,异则相敬。乐胜则流,礼胜则离。合情饰貌者,礼乐之事也。礼义立,则贵贱等矣;乐文同,则上下和矣;好恶著,则贤不肖别矣;刑禁暴,爵举贤,则政均矣。仁以爱之,义以正之,如此则民治行矣。

【译文】"乐"是为了沟通感情,"礼"是为了区分差等。沟通感情就互相亲爱,区分差等就互相敬重。过分侧重"乐",就会失于散漫;过分侧重"礼",就会发生隔阂。感情既和谐,而行动又严肃,这就是"礼"、"乐"的效用。"礼"的内容确立了,贵贱就显出了差等;"乐"的形式能沟通感情,上下的关系就趋于和谐;所喜好和所厌恶的有了不同的标志,贤人和坏人就有了区别;用"刑"禁止暴行,用"爵"引进贤才,政治就会公正和平。然后用"仁"来爱护百姓,用"义"来指导百姓。这样,美好的社会秩序就可以实现了。

乐由中出,礼自外作。乐由中出,故静;礼自外作,故文。大乐必易,大礼必简。乐至则无怨,礼至则不争。揖让而治天下者,礼乐之谓也。暴民不作,诸侯宾服,兵革不试,五刑不用,百姓无患,天子不怒,如此则乐达矣。合父子之亲,明长幼之序,以敬四海之内。天子如此,则礼行矣。

大乐与天地同和,大礼与天地同节。和,故百物不失;节,故祀天祭地。明则有礼乐,幽则有鬼神,如此则四海之内合敬同爱矣。礼者,殊事合敬者也;乐者,异文合爱者也。礼乐之情同,故明王以相沿也。故事与时并,名与功偕。故钟鼓管磬羽籥干戚,〔1〕乐之器也;诎信俯仰缀兆舒疾,〔2〕乐之文也。簠簋俎豆制度文章,〔3〕礼之器也;升降上下周旋裼袭,〔4〕礼之文也。故知礼乐之情者能作,识礼乐之文者能术。〔5〕作者之谓圣,术者之谓明。明圣者,术作之谓也。

【注释】〔1〕"籥",排箫。 〔2〕"缀兆","缀"原作"级",据《礼记·乐记》改。《礼记·乐记》郑玄注:"缀,表也,所以表行列也;兆,域也,舞者进退所至也。"〔3〕"簠簋俎豆",都是盛供品的器皿。"簠",长方形,"簋",圆形,用以盛稻粱黍稷。"俎",用以盛全牲。"豆",高座圆盘。 〔4〕"裼",两袖微卷。音 xī。"袭",放下所卷之袖。〔5〕"术",通"述",是传授的意思。下同。

【译文】"乐"发自内心,"礼"表现于外貌。"乐"发自内心,所以是静止的;"礼"表现于外貌,所以是活动的。雅正的"乐"必定平易,庄严的"礼"必

定质朴。"乐"发挥了充分效用，人们就没有愤恨；"礼"发挥了充分的效用，人们就没有纷争。互相谦让而使天下成为太平盛世，这是指"礼"和"乐"的功用说的。残暴的人无所行动，诸侯都服从王室，战争停息，刑罚不用，百姓没有忧患，天子不再施展权威，这样，"乐"的效用就达到了。促进父子之亲，明定长幼之序，使四海之内互相尊敬。天子能做到这一步，"礼"的效用就推行开了。

雅正的"乐"和天地万物一样地和谐，庄严的"礼"和天地万物一样地有节制。和谐，万物就不失其本性；有所节制，人们就能按尊卑等级祭祀天地。人间有"礼"、"乐"指引，幽冥中又有鬼神佑助，这样，四海之内就能互相尊敬、互相亲爱了。"礼"，区分事物的差等而取得互相尊敬的效用，"乐"，表现不同的形式而取得互相亲爱的效用。"礼"、"乐"的效用相同，所以明王制礼作乐，总是先后沿袭。因此，他们的事业与时代相适应，名声与功绩相符合。钟、鼓、管、磬、羽、籥、干、戚，是表演"乐"的器物；屈伸、俯仰、缀兆、舒疾，是表演"乐"的形式。簠簋俎豆、制度文章，是行礼用的器物和规范；升降、上下、周旋、裼袭，是行礼的形式，所以能了解"礼"、"乐"意义的人，就能制作礼乐；能识别"礼"、"乐"形式的人，就能传授礼乐。制作者称为"圣"，传授者称为"明"。"明"和"圣"是传授和制作的意思。

乐者，天地之和也；礼者，天地之序也。和，故百物皆化；序，故群物皆别。乐由天作，礼以地制。过制则乱，过作则暴。明于天地，然后能兴礼乐也。论伦无患，[1]乐之情也；欣喜欢爱，乐之官也。中正无邪，礼之质也；庄敬恭顺，[2]礼之制也。若夫礼乐之施于金石，越于声音，用于宗庙社稷，事于山川鬼神，则此所以与民同也。

【注释】〔1〕"患"，郭沫若《公孙尼子与其音乐理论》解为"滥漫"，今译为"泛滥"。 〔2〕"顺"，《正义》解为"慎"。

【译文】"乐"，表示天地万物间的和谐；"礼"，表示天地万物间的秩序。"和谐"，所以一切事物都能互相融合而无冲突；"有序"，所以一切事物又都有区别而不混淆。"乐"是根据天生万物一视同仁的道理而作成的，"礼"是根据地有山川高卑的道理而制定的。制礼失序，会引起混乱；作乐失和，会引

起动荡。通晓天地的道理，才能制礼作乐。和谐而不泛滥，是"乐"的内容；使人欣喜欢乐，是"乐"的效用。中正而不偏颇，是"礼"的本质；使人仪态庄重、肃敬、谦恭、谨慎，是"礼"的规范。至于"礼"、"乐"由金石等乐器表现出来，由歌曲演唱出来，用于宗庙社稷及山川鬼神的祭祀，这是从天子到人民都相同的。

王者功成作乐，治定制礼。其功大者其乐备，其治辨者其礼具。干戚之舞，非备乐也；亨孰而祀，非达礼也。五帝殊时，[1]不相沿乐；三王异世，[2]不相袭礼。乐极则忧，礼粗则偏矣。及夫敦乐而无忧，礼备而不偏者，其唯大圣乎？天高地下，万物散殊，而礼制行也；流而不息，合同而化，而乐兴也。春作夏长，仁也；秋敛冬藏，义也。仁近于乐，义近于礼。乐者敦和，率神而从天；礼者辨宜，居鬼而从地。[3]故圣人作乐以应天，作礼以配地。礼乐明备，天地官矣。

【注释】〔1〕"五帝"，传说中的上古帝王。一般认为是指黄帝、颛顼、帝喾、帝尧、帝舜而言。〔2〕"三王"，传说中的远古帝王。一般认为是指燧人、伏羲、神农而言。 〔3〕"鬼"，古人认为人死为鬼。这里指先王。

【译文】帝王在功业有了成就之后才作"乐"，在国家安定之后才制"礼"。功业成就大的，所作的"乐"就完备；政教广被四方的，所制的"礼"就齐全。手执盾牌、大斧而舞，还不算完备的"乐"；用经过烹调的祭品举行祭祀，也不算明达的"礼"。五帝的时代不同，先后不沿袭"乐"；三王所处的社会不同，先后不沿袭"礼"。"乐"流于泛滥，即使人忧怨；"礼"流于粗疏，即失之偏颇。到了使"乐"达到促进和谐的地步而不使人忧虑，使"礼"达到完备的地步而不偏颇，那是只有大圣才能做到的吧？天在上，地在下，一切事物分散而各不相同，因此，"礼"的节制效用便推行开了；一切事物流动而不停息，融合而化为一体，因此，"乐"的和谐效用就发挥出来了。春天生芽，夏天成长，这就是天地间"仁"的表现；秋天收获，冬天储藏，这就是天地间"义"的表现。"仁"和"乐"的性质相近，"义"和"礼"的性质相近。"乐"促进和谐，遵从天神意志而顺应天时自然的变化；"礼"区分适宜，遵循先王遗法，而顺应地上山川高

卑的形势。所以圣人作乐以顺应天时,制礼以顺应地理。"礼"、"乐"彰明完备,天地万物都各得其所。

天尊地卑,君臣定矣。高卑已陈,贵贱位矣。动静有常,大小殊矣。方以类聚,物以群分,则性命不同矣。在天成象,在地成形,如此则礼者天地之别也。地气上隮,天气下降,阴阳相摩,天地相荡,鼓之以雷霆,奋之以风雨,动之以四时,煖之以日月,而百化兴焉,如此则乐者天地之和也。

化不时则不生,男女无别则乱登,此天地之情也。及夫礼乐之极乎天而蟠乎地,行乎阴阳而通乎鬼神,穷高极远而测深厚,乐著太始而礼居成物。著不息者天也,著不动者地也。一动一静者,天地之间也。故圣人曰"礼云乐云"。[1]

【注释】[1]"礼云乐云",《论语·阳货》云:"子曰:'礼云礼云,玉帛云乎哉? 乐云乐云,钟鼓云乎哉?'"孔子的原意在强调指出礼乐的内容是重要的,而形式是次要的。

【译文】天尊贵而地卑下,这就确定了君和臣的关系。高卑既然显示出来,贵贱的名位也就确定了。天地万物,或静或动,各有常态,而形体大小不同。万物中,同类的相聚合,不同类的相分离,它们的性质是不同的。在天上出现迹象,在地面出现形体,这样,"礼"就表示出天地万物的差别。地气上升,天气下降,阴阳二气互相切摩,天地互相激荡。由于雷霆的震动,风雨的浸润,四季寒暑的推移,日月光辉的照耀,具有生机的万物都滋长起来,这样,"乐"就表示出天地万物的和谐。

天时的变化失去常规,万物就不能生长蕃育;男女没有区别,在社会上就必然造成混乱的后果,这是天地间自然的情理。到了"礼"、"乐"的功效能完全表示天象的和谐及地面万物的区别,符合阴阳的变化,而又和先王及天神的意志息息相通,可以达到极高极远的上天和深厚莫测的山川,那么,"乐"显明地取法乎天,而"礼"则取法乎地上的万物。能显明地表现变化不息的是"天",能显明地表现不变化的是"地"。而有动有静、循环变化的则是天地间的万物。所以圣人说:"多么深奥的礼啊,多么深奥的乐啊!"

昔者舜作五弦之琴,以歌《南风》;夔始作乐,[1]以赏诸侯。故天子之为乐也,以赏诸侯之有德者也。德盛而教尊,五谷时孰,然后赏之以乐。故其治民劳者,其舞行缀远;其治民佚者,其舞行缀短。故观其舞而知其德,闻其谥而知其行。《大章》,章之也;[2]《咸池》,备也;[3]《韶》,继也;[4]《夏》,大也;[5]殷周之乐尽也。

【注释】[1]"夔",人名,舜臣。[2]《大章》,章之也》,《集解》引郑玄曰:"尧乐名。言尧德章明。"[3]"《咸池》,备也",郑玄曰:"黄帝所作乐名,尧增修而用之。咸,皆也;池之言施也。言德之无不施也。"[4]"《韶》,继也",郑玄曰:"舜乐名。言能继尧之德。"[5]"《夏》,大也",郑玄曰:"禹乐名,言禹能大尧、舜之德。"

【译文】从前,舜做了五弦琴,弹着琴吟唱《南风》诗;夔开始作乐,用来赏赐诸侯。所以天子作乐,是为了赏赐诸侯中有德行的人。德行盛美而教化严明,五谷年年丰收,然后天子赏赐给他"乐"。因此,凡是治理不善而人民生活劳苦的,他的舞蹈行列就远而长;凡是治理良好而人民生活安乐的,他的舞蹈行列就近而短。看到他的舞蹈,就了解他的德行;听到他的谥号,就知道他的作为。《大章》用以表彰德政,《咸池》用以表示德政广被,《韶》表示能继承德政,《夏》表示对德政能发扬光大。至于殷周两代的"乐",也都是为了表示帝王的德政的。

天地之道,寒暑不时则疾,风雨不节则饥。教者,民之寒暑也,教不时则伤世。事者,民之风雨也,事不节则无功。然则先王之为乐也,以法治也,善则行象德矣。夫豢豕为酒,非以为祸也;而狱讼益烦,则酒之流生祸也。是故先王因为酒礼,一献之礼,宾主百拜,终日饮酒而不得醉焉,此先王之所以备酒祸也。故酒食者,所以合欢也。

乐者,所以象德也;礼者,所以闭淫也。是故先王有大事,必有礼以哀之;有大福,必有礼以乐之:哀乐之分,皆以礼终。

乐也者,施也;礼也者,报也。乐,乐其所自生;而礼反其所自始。[1]乐章德,礼报情反始也。所谓大路者,天子之舆也;龙旗

九旒,天子之旌也;青黑缘者,天子之葆龟也;从之以牛羊之群,则所以赠诸侯也。

【注释】〔1〕"而礼反其所自始",今据本书"大乐必易,大礼必简"的语意加以推论解释,意谓"而礼则要求反映事物的本性"。

【译文】按天地间的自然之道,寒暑变化违反季节,人们就要生病;风雨不合时令,就要发生饥荒。乐教对人民来说和气候的寒暑一样,如果不合时令,就会对社会有害。礼制对人民来说,和风雨一样,如果没有节度,就不会有功效。所以先王作"乐",是为了推行治民之道,如果效果良好,人们的行为就符合德行的准则了。如以养猪酿酒为例,原来并不是为了惹祸,但争讼事件日益增多,却是由于饮酒所引起的。因此先王制定酒礼,每饮一杯酒,宾主要多次行礼,即使整天喝酒,也不会喝醉的。这就是先王所以防范饮酒惹祸的方法。饮酒宴会,只是为表示交接欢乐而已。

"乐"表现的是德行,"礼"防止的是邪恶。因此,先王有丧亡等大事,必定根据"礼"来表示悲哀;有喜庆等大福,必定根据"礼"来表示欢乐。表示悲哀欢乐的分寸,都以"礼"为准则。

"乐"是施予,"礼"是回报。"乐"发于自己内心的喜悦,而"礼"则要求反映事物的本性。"乐"表彰盛德,"礼"报答施予之情。所谓"大路"者,是天子的车;车上的龙旂,有下垂的旒穗九条,这是天子的旗帜;天子带着占卜用的宝龟,龟甲的边缘呈现出青绿色;还带着大群的牛羊,是为赏赐诸侯用的。

乐也者,情之不可变者也;礼也者,理之不可易者也。乐统同,礼别异,礼乐之说贯乎人情矣。穷本知变,乐之情也;著诚去伪,礼之经也。礼乐顺天地之诚,达神明之德,降兴上下之神,而凝是精粗之体,领父子君臣之节。

是故大人举礼乐,则天地将为昭焉。天地欣合,阴阳相得,煦妪覆育万物,然后草木茂,区萌达,羽翮奋,角觡生,蛰虫昭苏,羽者妪伏,毛者孕鬻,胎生者不殰而卵生者不殈,则乐之道归焉耳。

乐者,非谓黄钟大吕弦歌干扬也,乐之末节也,故童者舞之;布筵席,陈樽俎,列笾豆,以升降为礼者,礼之末节也,故有司掌之。乐师辩乎声诗,故北面而弦;宗祝辩乎宗庙之礼,故后尸;〔1〕商祝辩乎丧礼,故后主人。是故德成而上,艺成而下;行成而先,事成而后。是故先王有上有下,有先有后,然后可以有制于天下也。

【注释】〔1〕"尸",祭礼中由亲属代表受祭者,称为"尸"。

【译文】"乐"表现的是不可改变的共同感情,"礼"表现的是不可更动的不同事理。"乐"沟通相同之处,"礼"区分不同之处,"礼"、"乐"的道理中贯穿着人们的感情。探索人们的本性,并了解它的变化,这是"乐"的内容;显示人们的诚心而排除虚伪的表现,这是"礼"的常规。"礼"和"乐"都表现了天地的本性,显示了神灵的德行,因此能感动天地上下的神灵,而表现出礼乐外部形式和内在意蕴,反映出父子君臣的关系。

由于先王制礼作乐,人们可以从此认识到,天地万物将表明了各自的本性。天和地自然结合起来,阴阳融会调和,照耀孕育万物。因而草木茂盛,幼芽破土萌生,飞禽翱翔,走兽生角,冬蛰的昆虫苏醒,鸟类孵卵育雏,兽类怀胎产仔,胎生者不致成为死胎,卵生者不致卵壳过早破裂,这样,作乐的道理就显示出来了。

"乐"并非单指黄钟、大吕等音律,弹琴歌咏等声音,以及使用盾牌、大斧等表演而言,这是"乐"的末节,所以可以由儿童舞蹈演奏;铺设筵席,摆列酒樽案盘,讲求升堂降阶的仪式,这是"礼"的末节,所以由小吏掌管。乐师通晓声音和歌诗,所以朝北坐着奏乐;礼官宗祝通晓宗庙礼仪,所以跟随神主之后;商礼的礼官熟悉丧礼,所以跟随主祭人之后。由此看来,有道德成就的居上位,有技艺成就的居下位;品行高尚的居前,而只通晓事务的居后。所以先王能区别上下先后,然后才能为天下制"礼"作"乐"。

乐者,圣人之所乐也,而可以善民心。其感人深,其风移俗易,故先王著其教焉。

夫人有血气心知之性,而无哀乐喜怒之常,应感起物而动,然后心术形焉。是故志微焦衰之音作,而民思忧;啴缓慢易繁文简节之音作,而民康乐;粗厉猛起奋末广贲之音作,而民刚毅;廉直经正庄诚之音作,而民

肃敬;宽裕肉好顺成和动之音作,而民慈爱;流辟邪散狄成涤滥之音作,而民淫乱。

是故先王本之情性,稽之度数,[1]制之礼义,合生气之和,道五常之行,[2]使之阳而不散,阴而不密,刚气不怒,柔气不慑,四畅交于中而发作于外,皆安其位而不相夺也。然后立之学等,广其节奏,省其文采,以绳德厚也。类小大之称,[3]比终始之序,以象事行,使亲疏贵贱长幼男女之理皆形见于乐,故曰"乐观其深矣"。

【注释】〔1〕"度数",中国古代审定乐律,以竹管或丝弦的长短来计算并定出不同的音高。〔2〕"五常",五行。中国古代思想家用五种物质金、木、水、火、土来说明万物的起源和变化。古代以十二律配十二月,以五声宫、商、角、徵、羽配合五行金、木、水、火、土。五声"旋相为宫"。〔3〕"类",《礼记·乐记》作"律"。今采取此词义。

【译文】"乐"是圣人所推崇的,它可以促使人心向善。它能深刻地感化人们的心灵,能自然地移风易俗,因此,先王特别重视"乐"的教育功用。

凡是人都有情感和理智的本性,而哀乐喜怒却不是固定不变的,因受外界事物的影响而引起变动,然后就产生了不同的心情。所以琐细急促的声音兴起,人们就感到忧郁;舒缓自然、悠长而节奏从容的声音兴起,人们就感到平静快乐;粗犷、暴躁、勇猛、奋发、愤激的声音兴起,人们就有刚强果敢的表现;凌厉、正直、庄严、诚挚的声音兴起,人们就有严肃、恭敬的表现;舒展、温润、流畅、和谐的声音兴起,人们就有慈爱之心;邪恶、混乱、放荡、轻佻的声音兴起,人们就有淫乱之行。

所以先王要根据人们的感情,考察乐律的度数,依照礼仪的规定,来适应阴阳二气的融和状态,导引五行的运转,使具有阳刚气质者不放任,具有阴柔气质者不拘泥,具有阳刚气质者不粗暴,具有阴柔气质者不懦怯。阴阳刚柔四种气质通畅地交触于内心,而后表现于外形,这样就能使人们各安其位而不互相凌越。然后按每人的资质定出学习音乐的程序,熟习乐曲节奏,领会乐曲的组织结构,以便表达仁厚的道义。据以制造大小不同的乐器,安排声音高低循环的次序,来表现人间的伦理,使亲密、疏远、高贵、卑贱、长辈、幼年、男性、女性的区别,都从音乐表现出来;所以古语说:"从音乐可以观察到深刻的意义。"

土敝则草木不长,水烦则鱼鳖不大,气衰则生物不育,世乱则礼废而乐淫。是故其声哀而不庄,乐而不安,慢易以犯节,流湎以忘本。广则容奸,狭则思欲,感涤荡之气而灭平和之德,是以君子贱之也。

凡奸声感人而逆气应之,逆气成象而淫乐兴焉。正声感人而顺气应之,顺气成象而和乐兴焉。倡和有应,回邪曲直各归其分,而万物之理以类相动也。

是故君子反情以和其志,比类以成其行。奸声乱色不留聪明,淫乐废礼不接于心术,惰慢邪辟之气不设于身体,使耳目鼻口心知百体皆由顺正,以行其义。然后发以声音,文以琴瑟,动以干戚,饰以羽旄,从以箫管,[1]奋至德之光,动四气之和,以著万物之理。是故清明象天,广大象地,终始象四时,周旋象风雨;五色成文而不乱,八风从律而不奸,百度得数而有常;小大相成,终始相生,倡和清浊,代相为经。故乐行而伦清,耳目聪明,血气和平,移风易俗,天下皆宁。故曰"乐者,乐也"。君子乐得其道,小人乐得其欲。以道制欲,则乐而不乱;以欲忘道,则惑而不乐。是故君子反情以和其志,广乐以成其教,乐行而民乡方,可以观德矣。

【注释】〔1〕"从以箫管",当指舞蹈者所执乐器而言。

【译文】地力尽竭,草木就不能生长;水流湍急,鱼鳖就不能长大;气候反常,一切生物就不能繁殖;世道荒乱,礼义就废弃而音乐就放荡。因此,声音悲哀而不庄重,逸乐而不安宁,涣散轻浮而节奏混乱,迂曲拖沓而无所归宿,缓慢的声音包含邪恶,急促的声音引动人们的利欲,煽惑逆乱的心情而消除平和的仁德,所以君子对这种音乐是深恶痛绝的。

凡是用邪恶声音感动人的时候,逆乱气质就相应而生,逆乱气质形成常法,淫荡音乐就兴起了。凡是用严正声音感动人的时候,和顺气质就相应而生,和顺气质成为常法,和平音乐就兴起了。有唱必有和,前后呼应,不端正的、曲折的和平直的,各

呈现其原貌,一切事物的关系都是由于同类而互相引起变动的。

所以君子根据情感来调和意志,按照事物以类相引动的道理来促使行为完善。邪恶的声音和颜色不留在耳朵和眼睛里,淫荡的音乐和应废弃的礼仪不扰乱心境;怠慢乖戾的气质不沾染身体,使耳、目、鼻、口、心境以及全部器官,都在和顺严正的状态中发挥应有的作用。然后才以声音表达出来,操琴鼓瑟,挥动干戚,以羽旄为装饰,手执箫管吹奏,来发扬天道的光辉,促进四时的调和,显示万物以类相引动的道理。所以歌声清明象苍天,钟鼓宏亮象大地,乐调周而复始,象四时循环,舞容回旋,象风飘雨落。服饰具五色文彩而不杂乱,乐曲声调协八方之律而不互相干犯,一切度数都有规定,乐器大小,互相配合,乐曲首尾接连,循环相生,有唱有和,或清或浊,互相更迭而成常法。所以严正音乐推行之后,伦常就归于端正,耳目聪明,情感和平,改变风俗,天下都得到安宁。所以说"音乐是使人欢乐的"。君子感到欢乐的是得到了道义,小人感到欢乐的是得到了利欲。用道义克制利欲,人们都会感到欢乐而不迷乱,为了利欲而忘却道义,人们就会迷惑而不觉得欢乐了。所以君子根据情感来调和意志,推广音乐来达到教化的目的。音乐得到推广,人们都向往道义,这时就可以看出人们的德行了。

德者,性之端也;乐者,德之华也;金石丝竹,乐之器也。诗,言其志也;歌,咏其声也;舞,动其容也:三者本乎心,然后乐气从之。[1]是故情深而文明,气盛而化神,和顺积中而英华发外,唯乐不可以为伪。

【注释】〔1〕"乐气",清人孙希旦《礼记集解》引作"乐器",作"器"字较妥。

【译文】道德是情感的根本,音乐是道德的英华,用金、石、丝、竹制成的乐器是演奏音乐的工具。诗,表述音乐的意志;歌,咏唱音乐的声调;舞,表现音乐的形容。意志、声调、形容三者都发自内心,然后用乐器表现出来。所以性情深刻,音乐的文彩就清明,顺气充沛,音乐的作用就显著,和顺气质积蕴于内心,反映道德英华的乐章就从而出现了,只有音乐是不可作伪的。

乐者,心之动也;声者,乐之象也;文采节奏,声之饰也。君子动其本,乐其象,[1]然后治其饰。是故先鼓以警戒,[2]三步以见方,再始以著往,复乱以饬归,[3]奋疾而不拔,极幽而不隐。独乐其志,不厌其道,备举其道,不私其欲。是以情见而义立,乐终而德尊;君子以好善,小人以息过,故曰"生民之道,乐为大焉"。

【注释】〔1〕"乐其象",吉联抗《乐记》译注认为"乐"是动词。 〔2〕"先鼓以警戒",指西周歌颂武王伐纣故事的《大武》舞而言。 〔3〕"乱",乐舞的最后一段,即高潮部分。《大武》舞有"乱",见下文。

【译文】音乐是内心活动的表现,声音是音乐的现象,文彩节奏是声音的修饰。君子先有了性情的活动,才能形成音乐的现象,然后加以修饰。所以表演时,开始时先鸣鼓,以表示警戒众人,举足三顿,表示即将行动。第二次开始,则表示等待诸侯会师后,再次出征。最终的"乱"段表示振旅西归。动作迅速而整齐,歌曲深刻而清明。人要以坚持意志为欢乐,而不厌弃道义;完全遵守道义,而不图谋利欲。这样,音乐才能表现情感而树立道义,乐舞终了而道德从而尊显;君子从而更崇尚善行,小人从而改过自新。所以说"治理人民的事业中,音乐教育是最重要的"。

君子曰:礼乐不可以斯须去身。致乐以治心,则易直子谅之心油然生矣。易直子谅之心生则乐,乐则安,安则久,久则天,天则神。天则不言而信,神则不怒而威。致乐,以治心者也;致礼,以治躬者也。治躬则庄敬,庄敬则严威。心中斯须不和不乐,而鄙诈之心入之矣;外貌斯须不庄不敬,而慢易之心入之矣。故乐也者,动于内者也;礼也者,动于外者也。乐极和,礼极顺。内和而外顺,则民瞻其颜色而弗与争也,望其容貌而民不生易慢焉。德辉动乎内而民莫不承听,理发乎外而民莫不承顺,故曰"知礼乐之道,举而错之天下无难矣"。

【译文】君子说:"礼"和"乐"是不能片刻离开自己的。学习"乐",用以陶冶内心,那么,平易、正

直、慈爱、体谅的心情，就蓬蓬勃勃地产生了。平易、正直、慈爱、体谅的心情一产生，就会觉得欢乐，欢乐就平静，平静就能保持长久，保持长久就符合天理，符合天理就会受到像神一样的尊重。天不说话而有信守，神不发怒而有威严。学习"乐"，是为了陶冶内心；学习"礼"，是为了端正仪态。仪态端正就能表现庄重恭敬，庄重恭敬就能表现严肃而有威风。内心只要有片刻的不和顺、不欢乐的情绪，那么，卑鄙欺诈的念头就会乘机而入；仪态有片刻的不庄重、不恭敬的迹象，那么，傲慢轻浮的念头就乘机而入了。所以"乐"属于内心的活动，"礼"属于外表的活动。"乐"的目标是平和，"礼"的目标是恭顺。内心平和而外表恭顺，那么，人们看到他的颜色就不会和他相争，望见他的容貌就不会有轻浮急慢的表示了。道德光辉发自内心，人们没有对他不听从的，言谈举止表现于外貌，人们没有对他不服从的，所以说"了解'礼'、'乐'的意义，用以治理天下，那就没有困难了"。

乐也者，动于内者也；礼也者，动于外者也。故礼主其谦，[1]乐主其盈。礼谦而进，以进为文；乐盈而反，[2]以反为文。礼谦而不进，则销；乐盈而不反，则放。故礼有报而乐有反。礼得其报则乐，乐得其反则安。礼之报，乐之反，其义一也。

【注释】〔1〕"谦"，《礼记·乐记》作"减"。今取此词义。下文同。〔2〕"反"，同"返"。在此多次出现。旧注的说法不同。今采取王肃的解释："乐充气志而返本也。"返本，返始，即不离人的本性，也就是下文所说的"使其声足以乐而不流"。

【译文】"乐"是内心活动的表现，"礼"是外形活动的表现。"礼"以简约为主，"乐"以丰满为主。"礼"主简约，但人应奋勉，在奋勉行动中达到完美的境地；"乐"主丰满，但人应返本，在返本行动中达到完美的境地。"礼"主简约，如人不知奋勉，"礼"就会消亡；"乐"主丰满，如人不能返本，"乐"就会放纵。所以"礼"有回报，而"乐"有归宿。"礼"有回报，人们就欢乐；"乐"有归宿，人们就心安。"礼"的回报，"乐"的归宿，它们的意义是相同的。

夫乐者乐也，人情之所不能免也。乐必发诸声音，形于动静，人道也。声音动静，性

术之变，尽于此矣。故人不能无乐，乐不能无形。形而不为道，不能无乱。先王恶其乱，故制《雅》、《颂》之声以道之，使其声足以乐而不流，使其文足以纶而不息，使其曲直繁省廉肉节奏，足以感动人之善心而已矣，不使放心邪气得接焉，是先王立乐之方也。是故乐在宗庙之中，君臣上下同听之，则莫不和敬；在族长乡里之中，长幼同听之，则莫不和顺；在闺门之内，父子兄弟同听之，则莫不和亲。故乐者，审一以定和，比物以饰节，节奏合以成文，所以合和父子君臣，附亲万民也，是先王立乐之方也。故听其《雅》、《颂》之声，志意得广焉；执其干戚，习其俯仰诎信，容貌得庄焉；行其缀兆，要其节奏，行列得正焉，进退得齐焉。故乐者天地之齐，中和之纪，[1]人情之所不能免也。

【注释】〔1〕"中和"，《礼记·中庸》云："喜怒哀乐之未发谓之中，发而皆中节谓之和。"

【译文】"乐"是使人欢乐的，欢乐是人之恒情所不能避免的。欢乐必然由声音表现出来，由舞蹈形象表现出来，这就是人们所制作的"乐"。声音、形象以及所反映的性情的变化，都在这里表现出来了。所以人不能没有欢乐，欢乐就不能没有声音形象。有声音形象而不合礼义，就不能不发生混乱。先王担心这种混乱状况，所以制定了《雅》、《颂》之声作为引导，使声音足以使人欢乐而不放任，使文辞足以使人感到清晰而不至散失，使歌曲的曲折与平直、复杂与简练、质朴与完善，以及节奏的变化，足以感动人们的善心就是了，不使放纵的念头、邪恶的气质沾染自己的志意，这就是先王作乐的道理。因此，在宗庙里奏乐，君臣上下一起听，没有不融和恭敬的；在家族或乡里奏乐，长辈幼年一起听，没有不融和恭顺的；在家庭里奏乐，父子兄弟一起听，没有不融和亲爱的。所以作乐先要审察律数，定出谐和的声音，然后以乐器来表示节奏，节奏和合以组成乐曲，这是为了促进父子君臣的关系而使万民亲附的缘故。这就是先王作乐的道理。所以听到《雅》、《颂》的声音，人们就感到心胸宽广了；手持干戈，学习了俯仰屈伸的动作，人们就觉得容貌庄严了；了解了舞蹈的行列位置，熟悉了音乐的节奏，行列就整齐，进退就一致。所以音乐的道理和天地间的道理相同，是抒发情感的准则，人情所不

能避免的。

　　夫乐者，先王之所以饰喜也；军旅铁钺者，先王之所以饰怒也。故先王之喜怒皆得其齐矣。喜则天下和之，怒则暴乱者畏之。先王之道礼乐可谓盛矣。

　　魏文侯问于子夏曰：[1]"吾端冕而听古乐则唯恐卧，[2]听郑卫之音则不知倦。敢问古乐之如彼，何也？新乐之如此，何也？"

　　【注释】〔1〕"魏文侯"，战国时魏国国君。公元前四四五年至前三九六年在位。"子夏"，孔子弟子。姓卜，名商。〔2〕"端"，古代礼服名。"冕"，古代礼冠名。

　　【译文】"乐"是先王表示欢乐的标志，军容斧钺是先王表示愤怒的标志。所以先王的欢乐和愤怒，都有相应的表示。先王欢乐时，天下的人都随着欢乐；先王愤怒时，那些暴虐作乱的人都恐惧。先王治民的方法中，"礼"、"乐"发挥了重要的作用。
　　魏文侯问子夏："我穿上祭服，戴上礼帽，庄重严肃地听古乐，直怕睡着了，听郑国和卫国的乐曲，却一点不感到疲倦。请问古乐竟然会是那样，是什么原因？而新乐却是这样，又是什么原因呢？"

　　子夏答曰："今夫古乐，进旅而退旅，和正以广，弦匏笙簧合守拊鼓，[1]始奏以文，止乱以武，治乱以相，[2]讯疾以雅。[3]君子于是语，于是道古，修身及家，平均天下：此古乐之发也。今夫新乐，进俯退俯，奸声以淫，溺而不止，及优侏儒，獶杂子女，不知父子。乐终不可以语，不可以道古：此新乐之发也。今君之所问者乐也，所好者音也。夫乐之与音，相近而不同。"

　　【注释】〔1〕"拊"，古代打击乐器，也称"搏拊"。《周礼·春官·大师》郑玄注："拊形如鼓，以韦为之，著之以糠。"〔2〕"相"，古代打击乐器。春地以节乐。　〔3〕"雅"，也是一种打击乐器。《周礼·春官·笙师》郑玄注："雅，状如漆筒而弇口（口小中宽），以羊皮鞔（蒙覆）之。"

　　【译文】子夏回答说："现在看古乐，就舞蹈

说，齐进齐退，平和端正，气象广大；就乐器说，弦匏笙簧等乐器都要依照'拊'和鼓的声音，一起演奏起来。开始表演文舞，至结束舞蹈的'乱'段则表演武舞。用乐器'相'节制'乱'段的节奏，用乐器'雅'指挥迅速的动作。因此，君子于是讲论音乐的意义，于是追溯古代的道德，希望音乐达到涵养德行，治理家邑，平定天下的目的，这是古乐所发挥的作用。现在看新乐，就舞蹈说，前进弯腰，后退也弯腰；就音乐说，邪恶而放荡，使人陷溺而不能自拔，加上俳优侏儒，男女混杂，父子无别。因此，乐舞结束后，无从讲论音乐的意义，无从追溯古代的道德，这是新乐所发挥的作用。现在你问的是'乐'，而你所爱好的却只是'音'。'乐'和'音'有关系，但实际上不同。"

　　文侯曰："敢问如何？"
　　子夏答曰："夫古者天地顺而四时当，民有德而五谷昌，疾疢不作而无袄祥，此之谓大当。然后圣人作为父子君臣以为之纪纲，纪纲既正，天下大定，天下大定，然后正六律，和五声，[1]弦歌《诗·颂》，此之谓德音，德音之谓乐。《诗》曰：'莫其德音，[2]其德克明，克明克类，克长克君。王此大邦，克顺克俾。俾于文王，其德靡悔。既受帝祉，施于孙子。'此之谓也。今君之所好者，其溺音与？"

　　【注释】〔1〕"六律"、"五声"，见《律书》注。〔2〕"莫其德音"，此诗节录自《诗经·大雅·皇矣》。"莫"，通"漠"，清静。今据陈子展《诗经直解》译文而加以改动。

　　【译文】文侯说："请问这究竟应当如何对待？"
　　子夏同答说："古代天地间万物正常，四时风调雨顺，人民有道德修养而五谷茂盛，人民不生病疫，也没有妖孽，这就是大顺时代。然后圣人规定了父子君臣的关系，作为纲常伦理，纲常伦理一经确定，天下于是安宁，然后制定六律，调和五声，弹琴唱诵诗歌赞辞，这就是有德之音，有德之音才称为'乐'。《诗经》说：'人们默默铭记着他的德行，他的德行在于是非能明。是非能明，善恶就判然分清。能做长者，能为人君，统辖这个大国，慈爱为怀，上下相亲。到文王继位，更显出王季的德行无缺而永存。既受

到上帝的福祉，遗泽还要加于他的子孙。'就是讲的这个道理。现在你所爱好的，恐怕只是使人沉溺之音吧？"

文侯曰："敢问溺音者何从出也？"

子夏答曰："郑音好滥淫志，宋音燕女溺志，卫音趣数烦志，齐音骜辟骄志，四者皆淫于色而害于德，是以祭祀不用也。《诗》曰：'肃雍和鸣，先祖是听。'[1]夫肃肃，敬也；雍雍，和也。夫敬以和，何事不行？为人君者，谨其所好恶而已矣。君好之则臣为之，上行之则民从之。《诗》曰'诱民孔易'，[2]此之谓也。然后圣人作为鞉鼓椌楬埙箎，[3]此六者，德音之音也。然后钟磬竽瑟以和之，干戚旄狄以舞之。此所以祭先王之庙也，所以献酬酳酢也，所以官序贵贱各得其宜也，此所以示后世有尊卑长幼序也。钟声铿，铿以立号，号以立横，横以立武。君子听钟声则思武臣。石声砼，砼以立别，别以致死。君子听磬声则思死封疆之臣。丝声哀，哀以立廉，廉以立志。君子听琴瑟之声则思志义之臣。竹声滥，滥以立会，会以聚众。君子听竽笙箫管之声则思畜聚之臣。鼓鼙之声讙，讙以立动，动以进众。君子听鼓鼙之声则思将帅之臣。君子之听音，非听其铿鎗而已也，彼亦有所合之也。"

【注释】[1]"肃雍和鸣，先祖是听"，诗出《诗经·周颂·有瞽》。 [2]"诱民孔易"，诗出《诗经·大雅·板》。"诱"，原作"牗"，是启发的意思。 [3]"鞉"，小摇鼓。"椌"，也称"柷"，"楬"，也称"敔"，都是敲击乐器。"埙"，吹奏乐器。陶制。"箎"，管乐器。按《诗经·大雅·板》"天之牗民，如埙如箎"，大意是上天引导人民，好像埙和箎的声音互相应和。《乐书》当沿用此意。

【译文】文侯说："请问沉溺之音出于什么地方？"

子夏回答说："郑国之音浮滥，使人志意放荡。宋国之音轻靡，使人志意颓唐。卫国之音急促琐细，使人志意烦乱。齐国之音乖僻，使人志意傲慢。这四种音都放纵淫荡，损害德性，所以祭祀时不使用。《诗经》上说：'发出肃穆深沉的应和之声，祈求

先祖的神灵来听。'肃，是肃敬的意思；雍，是雍和的意思。能保持肃敬平和，还有什么事情做不成呢？为人君者，对于所爱好和所厌恶的事情，要谨慎处理就是了。人君爱好的事情，臣下就会去做；在上者做什么，人们就会跟着做什么。所以《诗经》上说：'引导人民为善，是非常容易的。'就是这个道理。然后圣人制作鞉、鼓、椌、楬、埙、箎等，这六种乐器发出的就是质朴而促进道德的声音。然后再用钟、磬、竽、瑟加以配合，用干、戚、旄、翟等表演舞蹈。这种乐舞是为祭祀先王宗庙时用的，为宾客宴饮时敬酒酬酢用的，也是为了区别官秩贵贱，以适应不同的身份。总而言之，这种乐舞的作用在于对后世表示尊贵、卑贱、长辈、幼年的秩序。钟声铿然洪亮，洪亮才能发号施令，能发号施令才能树立气势，有气势才能显示威武；因此，君子听到钟声，就会想到武功显赫之臣。磬声砼然清越，清越才能显示节义分明，节义分明才能杀身成仁；因此，君子听到磬声，就想到效死疆场之臣。丝弦的声音哀怨，哀怨使人廉洁正直，廉洁正直才能树立坚强的意志；因此，君子听到琴瑟之声，就想到大义凛然之臣。竹管的声音丰富，丰富表示会合，会合才能使万众归心；因此，君子听到竽、笙、箫、管之声，就想到善于慰劝人民之臣。大鼓小鼓的声音欢乐，欢乐能使人激动，激动才能使人踊跃前进；因此，君子听到大鼓小鼓之声，就想到带领千军万马的将帅之臣。君子听声音，不只是为了它铿锵悦耳而已，而是要从声音中引起自己不同的心情。"

宾牟贾侍坐于孔子，孔子与之言，及乐，曰："夫《武》之备戒之已久，何也？"

答曰："病不得其众也。"

"永叹之，淫液之，何也？"

答曰："恐不逮事也。"

"发扬蹈厉之已蚤，何也？"

答曰："及时事也。"

"《武》坐致右宪左，何也？"

答曰："非武坐也。"

"声淫及《商》，何也？"

答曰："非《武》音也。"

子曰："若非《武》音，则何音也？"

答曰："有司失其传也。如非有司失其传，则武王之志荒矣。"

子曰："唯丘之闻诸苌弘，[1]亦若吾子之言是也。"

【注释】〔1〕"苌弘",周大夫。传说孔子曾向他学乐。

【译文】宾牟贾坐在孔子身旁,孔子和他谈到音乐。孔子问:"《大武》舞开始前,击鼓警戒群众的时间很长,这是为什么?"

宾牟贾回答说:"是担心战争不得人心的缘故。"

"歌声舒缓而悠扬,这是为什么?"

回答说:"是担心准备还没有完成吧。"

"忽然又过早地开始举袖顿足,气势严厉,这是为什么?"

回答说:"到了行动的时候了。"

"《大武》舞进行中,跪下时右膝着地,左腿弯曲以支撑着身体,这是为什么?"

回答说:"这不是《大武》舞中跪的动作。"

"声音悠扬而又多商音,这是为什么?"

回答说:"这不是《大武》舞的声音。"

孔子说:"既然不是《大武》舞的声音,那又是什么声音呢?"

回答说:"这是因为典乐者没有传授下来;假如不是这种情况,那就是周武王因年老而处理失当。"

孔子说:"是啊!我听到苌弘谈论过,和你所说的差不多。"

宾牟贾起,免席而请曰:"夫《武》之备戒之已久,则既闻命矣。敢问迟之迟而又久,何也?"

子曰:"居,吾语汝。夫乐者,象成者也。总干而山立,武王之事也;发扬蹈厉,太公之志也;武乱皆坐,周召之治也。且夫《武》,始而北出,再成而灭商,三成而南,四成而南国是疆,五成而分陕,周公左,召公右,六成复缀,以崇天子,夹振之而四伐,盛威于中国也。分夹而进,事蚤济也。久立于缀,以待诸侯之至也。且夫女独未闻牧野之语乎?〔1〕武王克殷反商,未及下车,而封黄帝之后于蓟,封帝尧之后于祝,封帝舜之后于陈;下车而封夏后氏之后于杞,封殷之后于宋,封王子比干之墓,〔2〕释箕子之囚,〔3〕使之行商容而复其位。〔4〕庶民弛政,庶士倍禄。济河而西,马散华山之阳而弗复乘;牛散桃林之野而不复服;车甲衅而藏之府库而

弗复用;倒载干戈,苞之以虎皮;将率之士,使为诸侯,名之曰'建櫜':〔5〕然后天下知武王之不复用兵也。散军而郊射,左射《狸首》,右射《驺虞》,〔6〕而贯革之射息也;裨冕搢笏,而虎贲之士税剑也;祀乎明堂,而民知孝;朝觐,然后诸侯知所以臣;耕藉,然后诸侯知所以敬:五者天下之大教也。食三老五更于太学,天子袒而割牲,执酱而馈,执爵而酳,冕而总干,所以教诸侯之悌也。若此,则周道四达,礼乐交通,则夫《武》之迟久,不亦宜乎?"

【注释】〔1〕"牧野",在今河南淇县西南。周武王大败殷军于此。 〔2〕"比干",商纣的庶父。相传被商纣残害。 〔3〕"箕子",商纣的庶父。相传被商纣囚禁。 〔4〕"商容",商朝贵族。相传被商纣废黜。 〔5〕"建櫜",经学者考证,应作"鞬櫜"。鞬櫜原是盛弓箭的器具。 〔6〕《狸首》,逸《诗》。这里表示刀枪入库,偃武修文的意思。《驺虞》,《诗经·召南》篇名。

【译文】宾牟贾站起来,走下坐席,请教说:"关于《大武》舞开始前戒备的时间很长一事,我已经有所理解。请问舞蹈者站在原处迟迟不动,等待了很久,这是为什么呢?"

孔子说:"坐下,我告诉你。所谓'乐',原来是事业成功的象征。舞队都手持干盾,像山岳一样,挺立不动,这表示周武王正在等待诸侯集合;举袖顿足,气势严厉,这表示姜太公的奋勇志意;到《大武》的'乱'段,大家都跪下,这表示周公、召公的文治。《大武》这个舞蹈,一开始表示向北进军;第二段表示灭掉商朝;第三段表示向南挺进;第四段表示南方各国列入疆域;第五段表示以陕为界,把疆域划为左右两区,周公主持左方,召公主持右方;第六段,舞蹈者回归原位,表示对天子的崇敬。在舞蹈进行中,由两人摇铎,其它人则表演以四刺四击为一组的动作,这表示在中国耀武扬威。分队前进,表示大功迅速告成的希望。久久站在固定位置上,表示等待诸侯的到来。再进一步说,你难道没有听过关于牧野之战的传说吗?周武王攻灭殷朝,到达商都,还没有下车,就封黄帝后裔于蓟,封帝尧的后裔于祝国,封帝舜的后裔于陈国;下车之后,又封夏后氏的后裔于杞,封殷朝的后裔于宋,为王子比干的墓培土,把箕子从监狱里放出来,并让他寻

访商容，而恢复商容的官职。对庶人减免苛政，对庶士增加俸禄一倍。周武王渡过黄河，西归镐京，把战马散放到华山之南，不要它再驾战车，把牛散放到桃林的野外，不要它再为战事运输；把战车铠甲封套起来，收藏在府库里，不再使用；把干、戈倒置装车载运回来，用虎皮包好；封带兵作战的将帅为诸侯，把这种制度称为'建橐'；从此，天下都知道周武王不再用兵了。解散军队，在郊外学宫练习射箭，左方射箭时用《狸首》伴唱，右方射箭时用《驺虞》伴唱，废除了足以穿透铠甲的射箭方式；使军士穿起官服，戴上官冕，腰带间插上笏板，勇猛善战的将帅都解下佩剑。天子在太庙明堂祭祀祖先，然后人民就理解孝道；建立朝觐天子之礼，然后诸侯就理解怎样为人臣的道理；天子亲耕藉田，然后诸侯就理解怎样以严肃态度对待自己的职分：这五者是天下最重大的教育事项。在太学里举行宴请年高德劭的长者的礼仪，天子挽袖亲自割切生肉，端着酱请他们吃肉，拿着酒杯请他们喝酒，然后戴上礼帽，手持干盾，这些举动是为了教导诸侯怎样敬老尊贤。能做到这一步，周朝的教化就能普及四方，礼乐传播到各地，那么，《大武》舞如此迟缓而历时长久，不是很自然的吗？"

子贡见师乙而问焉，[1]曰："赐闻声歌各有宜也，如赐者宜何歌也？"

【注释】[1]"子贡"，孔子弟子。姓端木，名赐。"师乙"，乐师名。

【译文】子贡见到师乙便问道："我听说，唱歌因人而不同，各有所宜。像我宜于唱什么歌？"

师乙曰："乙，贱工也，何足以问所宜。请诵其所闻，而吾子自执焉。宽而静，柔而正者宜歌《颂》；广大而静，疏达而信者宜歌《大雅》；恭俭而好礼者宜歌《小雅》；正直清廉而谦者宜歌《风》；肆直而慈爱者宜歌《商》；温良而能断者宜歌《齐》。夫歌者，直己而陈德；动己而天地应焉，四时和焉，星辰理焉，万物育焉。故《商》者，五帝之遗声也，商人志之，故谓之《商》；《齐》者，三代之遗声也，齐人志之，故谓之《齐》。明乎《商》之诗者，临事而屡断；明乎《齐》之诗者，见利而让也。临事而屡断，勇也；见利而让，义也。有

勇有义，非歌孰能保此？故歌者，上如抗，下如队，曲如折，止如槁木，居中矩，[1]句中钩，累累乎殷如贯珠。故歌之为言也，长言之也。说之，故言之；言之不足，故长言之；长言之不足，故嗟叹之；嗟叹之不足，故不知手之舞之足之蹈之。"《子贡问乐》。

【注释】[1]"居"，《礼记·乐记》作"倨"。"倨"，微曲。

【译文】师乙说："我不过是个低贱的乐工，承询问你适宜唱什么歌，我怎么敢当。现在让我说说过去所听到的见解，由你自己决定吧。性情宽厚而平静、柔和而正直的人，宜于唱《颂》；性情开阔而平静、爽朗而诚实的人，宜于唱《大雅》；性情恭敬谨慎而注重礼节的人，宜于唱《小雅》；性情正直廉洁而谦逊的人，宜于唱《风》；性情直率而慈爱的人，宜于唱《商》；性情温良而果断的人，宜于唱《齐》。唱歌，本来就是按照自己的德性而选定歌曲的；只要内心有所激动，就会引起天地感应，四时调和，星辰运行如常，万物化育。所以《商》原是五帝遗留下来的乐歌，商朝人世世代代传授下来，所以称为《商》；至于《齐》，则是三代遗留下来的乐歌，齐国人世世代代传授下来，所以称为《齐》；了解《商》诗的，遇到什么事，往往能作出果断决定；了解《齐》诗的，遇到什么利益，就让给别人。遇到什么事，往往能作出判断，这是勇敢的表现；遇到什么利益，就让给别人，这是义气的表现。有勇气、有义气，如果不是乐歌，怎么能保存下来呢？关于唱歌，声调昂扬时有如抗升，声调低沉时有如坠落，声调曲折时有如断绝，声调停止时有如枯木。声调的微小转折合乎曲尺，较大的转折合乎半环状的钩形。声音接连，简直像一串珍珠。所以唱歌就是把言语的声音拖长了。有意思要表达，所以讲话；讲话不能充分表达，所以拖长了声音讲；拖长了声音讲不能充分表达，所以要加上感叹的声音；加上感叹的声音还不能充分表达，所以人们就不知不觉地挥动手臂、顿足跳跃。"以上为《子贡问乐》章。

凡音由于人心，天之与人有以相通，如景之象形，响之应声。故为善者天报之以福，为恶者天与之以殃，其自然者也。
故舜弹五弦之琴，歌《南风》之诗而天下治；纣为朝歌北鄙之音，身死国亡。舜之道

何弘也？纣之道何隘也？夫《南风》之诗者生长之音也，舜乐好之，乐与天地同意，得万国之欢心，故天下治也。夫朝歌者不时也，北者败也，鄙者陋也，纣乐好之，与万国殊心，诸侯不附，百姓不亲，天下畔之，故身死国亡。

而卫灵公之时，[1]将之晋，至于濮水之上舍。夜半时闻鼓琴声，问左右，皆对曰"不闻"。乃召师涓曰：[2]"吾闻鼓琴音，问左右，皆不闻。其状似鬼神，为我听而写之。"师涓曰："诺。"因端坐援琴，听而写之。明日，曰："臣得之矣，然未习也，请宿习之。"灵公曰："可。"因复宿。明日，报曰："习矣。"即去之晋，见晋平公。[3]平公置酒于施惠之台。酒酣，灵公曰："今者来，闻新声，请奏之。"平公曰："可。"即令师涓坐师旷旁，[4]援琴鼓之。未终，师旷抚而止之曰："此亡国之声也，不可遂。"平公曰："何道出？"师旷曰："师延所作也。[5]与纣为靡靡之乐，武王伐纣，师延东走，自投濮水之中，故闻此声必于濮水之上，先闻此声者国削。"平公曰："寡人所好者音也，愿遂闻之。"师涓鼓而终之。

【注释】〔1〕"卫灵公"，卫国国君。公元前五三四年至前四九三年在位。〔2〕"师涓"，卫国乐官。〔3〕"晋平公"，晋国国君。公元前五五七年至前五三二年在位。〔4〕"师旷"，晋国乐官。〔5〕"师延"，古代传说中的乐师。

【译文】凡是声音都是由于人心的激动而产生的，而天和人是可以通过声音沟通的，就如同影子像原物的形状，回响随原声而相应。所以行善的人，上天会赐给他福气，作恶的人，上天会加给他祸殃，这是自然的报应。

所以舜弹五弦琴，歌《南风》诗而天下成为治世；商纣听朝歌北面野外的音乐而身死国亡。舜的治民之道是何等宽广，而商纣的治民之道是何等狭隘？《南风》诗是生长的声音，舜爱好它，他的爱好和天地的意志相同，得到万国的欢心，所以天下成为治世。但"朝歌"意即早晨唱歌，时间不会很久，而"北"又是败北的意思，"鄙"是鄙陋的意思，商

纣却爱好那里的音乐，和万国人民的心情不同，诸侯不服，百姓离心离德，天下皆叛，所以他身死国亡。

卫灵公时，他去晋国，在濮水河畔驿舍留宿。半夜里他听到弹琴的声音，问左右侍从臣僚，都说"没有听到"。于是召师涓来，对他说："我听到弹琴的声音，问左右侍从臣僚，他们都没有听到。看情况像有鬼神，你为我听着，把乐曲记下来。"师涓说："是。"于是端正地坐下来，手按在琴上，听到鬼神弹琴声，就把乐曲记下来，次日，师涓说："我已经得到了，还没有练习，让我练习一晚上。"卫灵公说："可以。"师涓又留宿一夜。次日，上报称"已经练好了"。于是前往晋国，见到晋平公。晋平公在施惠之台设宴。饮酒酣畅时，卫灵公说："这次来晋国途中，听到新乐曲，请让乐师弹奏。"晋平公说："可以。"于是令师涓坐在师旷旁边，取琴弹奏。乐曲还没有结束，师旷就按琴制止弹奏，说："这是亡国之音，不要再听下去了。"晋平公问："乐曲出自什么地方。"师旷说："这是师延作的乐曲，曾献给商纣，作为靡靡之乐。周武王伐纣，师延往东方逃走，投濮水自尽。所以，能听到这支乐曲的地方，必定是在濮水河畔。先听到这支乐曲的，国家必定灭亡。"晋平公说："我所爱好的是声音，希望能听完。"师涓一直演奏到乐曲结束。

平公曰："音无此最悲乎？"师旷曰："有。"平公曰："可得闻乎？"师旷曰："君德义薄，不可以听之。"平公曰："寡人所好者音也，愿闻之。"师旷不得已，援琴而鼓之。一奏之，有玄鹤二八集乎廊门；[1]再奏之，延颈而鸣，舒翼而舞。

【注释】〔1〕"玄鹤"，黑鹤。"二八"，谓十六。

【译文】晋平公问道："还有比这支乐曲更悲伤的吗？"师旷说："有。"晋平公说："我可以听听吗？"师旷说："国君德义微薄，不要听这种乐曲。"晋平公说："我所爱好的是音乐，希望听。"师旷不得已，于是取琴弹奏。弹奏一段，有十六支黑鹤聚集在廊庙门前；再弹奏一段，黑鹤都伸长了颈项鸣叫，展开翅膀起舞。

平公大喜，起而为师旷寿。反坐，问曰："音无此最悲乎？"师旷曰："有。昔者黄帝以

大合鬼神,今君德义薄,不足以听之,听之将败。"平公曰:"寡人老矣,所好者音也,愿遂闻之。"师旷不得已,援琴而鼓之。一奏之,有白云从西北起;再奏之,大风至而雨随之,飞廊瓦,左右皆奔走。平公恐惧,伏于廊屋之间。晋国大旱,赤地三年。

听者或吉或凶。夫乐不可妄兴也。

太史公曰:夫上古明王举乐者,非以娱心自乐,快意恣欲,将欲为治也。正教者皆始于音,音正而行正。故音乐者,所以动荡血脉,通流精神而和正心也。故宫动脾而和正圣,商动肺而和正义,角动肝而和正仁,徵动心而和正礼,羽动肾而和正智。故乐所以内辅正心而外异贵贱也;上以事宗庙,下以变化黎庶也。琴长八尺一寸,正度也。弦大者为宫,而居中央,君也。商张右傍,其余大小相次,不失其次序,则君臣之位正矣。故闻宫音,使人温舒而广大;闻商音,使人方正而好义;闻角音,使人恻隐而爱人,闻徵音,使人乐善而好施;闻羽音,使人整齐而好礼。夫礼由外入,乐自内出。故君子不可须臾离礼,须臾离礼则暴慢之行穷外;不可须臾离乐,须臾离乐则奸邪之行穷内。故乐音者,君子之所养义也。夫古者,天子诸侯听钟磬未尝离于庭,卿大夫听琴瑟之音未尝离于前,所以养行义而防淫佚也。夫淫佚生于无礼,故圣王使人耳闻《雅》、《颂》之音,目视威仪之礼,足行恭敬之容,口言仁义之道。故君子终日言而邪辟无由入也。[1]

【注释】[1]《史记·乐书》和《礼记·乐记》内容基本相同,文字也大同小异。1958年,吉联抗同志即发表《乐记》译注本,提供了最早的《乐记》译文,开拓之功深受学术界赞扬。事隔三十年,现在有些同志又把《史记》的今注今译工作提上日程,让我译注其中《乐书》和《律书》两篇。我翻译《乐书》时,就由于联抗同志的《乐记》译文已导夫先路,我受到很大的启发教益,也采用了他的很多见解和译法;同时又参考了台湾出版的周何先生《乐书》译文,采用了他的一些译法。我深深地感到,自己对《乐书》的理解仅仅是初步的探索而已。谨在此向联抗同志致谢,并请联抗同志及读者指教。

【译文】晋平公非常高兴,站起来向师旷赐酒。他回到座位后,问道:"还有比这只乐曲更悲伤的吗?"师旷说:"有。从前黄帝举行合祭众鬼神的盛典时曾用这种乐曲,而今您德义微薄,不足以听这种乐曲,如果听了就会遭遇灾难。"晋平公说:"我已经老了,我所爱好的是音乐,希望能够听到。"师旷不得已,只好取琴弹奏。弹奏一段,有白云从西北方升起;再弹奏一段,大风忽然袭来,而暴雨随之降落,掀掉了廊庙顶上的瓦,左右侍从臣僚都奔逃躲避。晋平公极为恐惧,趴在廊庙的室内。从此,晋国大旱,三年间赤地千里。

听音乐的后果,或者吉利,或者凶恶。音乐是不能妄自演奏的。

太史公说:上古时代,明君圣上演奏音乐,并不是为了自己娱乐,使自己的情意畅快,欲念放纵,而是为了推行教化的目的。正常的教化都由正常的声音开始,声音正常而后行为才能正常。所以音乐可以振动血脉,焕发精神,还可以使心情平和端正。所以宫音振动脾脏,使"圣"(当指"信")德平和端正;商音振动肺脏,使"义"德平和端正;角音振动肝脏,使"仁"德平和端正;徵音振动心脏,使"礼"德平和端正;羽音振动肾脏,使"智"德平和端正。所以音乐在内可以辅助端正的心情,在外可以区分高贵和卑贱的差等,对上可以供奉宗庙,对下可以使庶民移风易俗。琴长八尺一寸,这是正规的度数。粗弦发宫音,张在琴的中央,它象征君。商弦张在宫弦右旁,其余按粗细排列,次序井然。这样,君臣的位置就摆正了。所以听到宫音,使人性情温和舒畅而胸怀开朗;听到商音,使人性情方正耿直而崇尚义气;听到角音,使人性情慈善而爱人;听到徵音,使人乐于行善,不吝施舍;听到羽音,使人性情严肃而注重礼节。"礼"由外部规定人们的举止,"乐"自内心抒发人们的意志。所以君子不可片刻离开"礼",只要片刻离开"礼",那粗暴傲慢的行为就充分表现于外部;不可片刻脱离"乐",只要片刻脱离"乐",那奸诈邪恶的欲念就充分纠结于内心。所以君子爱好音乐,为的是涵养道义。在古代,天子诸侯一定要听钟磬,这种乐器从来不撤离宫廷;卿、大夫一定要听琴瑟,这种乐器从来不撤离他们的席前。其目的在涵养道义,防止荒淫颓废的行为。荒淫的行为是由于不遵守"礼"而发生的,所以圣王总使人耳听《雅》、《颂》的乐歌,目视容仪威严的姿态,履行恭敬的礼仪,口称仁义的道理。因此,君子整天谈论仁义,则邪恶乖僻之欲念即不能渗入他们的内心。

史记卷二十五

律 书 第 三

王者制事立法，物度轨则，壹禀于六律，[1]六律为万事根本焉。

【注释】[1]"六律"，古代十二律分为"六律"和"六吕"。六律指黄钟、太簇、姑洗、蕤宾、夷则、无射；六吕指大吕、夹钟、中吕、林钟、南吕、应钟。合为十二律。从黄钟律起，按照"三分损益法"连续产生其他十一律。十二律中按音高排列，相邻两律都构成半音关系。这里所说的"六律"也包括"六吕"。无射的"射"，音 yì。

【译文】圣王衡量事物，建立法度，对事物的计算和定规程的法则，都依据六律为标准，六律实在是一切事物计数的基础。

其于兵械尤所重，[1]故云"望敌知吉凶，闻声效胜负"，百王不易之道也。

【注释】[1]"军械"，"械"当是误字。此处非指军械言。今暂译为"军事"。

【译文】而六律用在军事上，尤其受到重视，所以说："望见敌人阵地上的云气，就能知道战争是吉利还是凶咎；听到敌人的声音，就能判断战争是胜利还是失败了。"这是多少帝王一直坚信不变的道理。

武王伐纣，吹律听声，[1]推孟春以至于季冬，杀气相并，而音尚宫。[2]同声相从，物之自然，何足怪哉？

【注释】[1]"吹律听声"，古代阴阳学家将十二律、五声和四季、十二月相配合，用以附会说明一些社会现象。可参阅本卷注文末所附图。 [2]"音尚宫"，《周礼·春官·太师》郑玄注引兵书云："太师吹律合音：商则战胜，军士强，角则军扰多变，失士心；宫则军和，士卒同心；徵则将急数怒，军士劳；羽则兵弱少威。"

【译文】周武王讨伐商纣的时候，太师吹着律管，听不同的声音。从孟春之律一直吹到季冬之律，都有杀气，但合于宫声。相同的声音互相应和，这是一切事物间自然存在的道理，有什么值得惊怪的呢？

兵者，圣人所以讨强暴，平乱世，夷险阻，救危殆。自含齿戴角之兽见犯则校，而况于人怀好恶喜怒之气？喜则爱心生，怒则毒螫加，[1]情性之理也。

【注释】[1]"螫"，蜇。音 shì。

【译文】军队，圣人用来讨伐强暴势力，平定混乱局势，铲除艰险阻碍，挽救危急倾覆的事态。就连口内有牙、头上生角的野兽，受到侵犯时都会反扑；更何况是人，具有好尚、憎恶、喜爱、愤怒的气质？喜欢时就产生爱惜之情，愤怒时就以恶毒手段相加，这是人们性情变化的道理。

昔黄帝有涿鹿之战，[1]以定火灾；[2]颛顼有共工之陈，[3]以平水害；[4]成汤有南巢之伐，[5]以殄夏乱。递兴递废，胜者用事，

所受于天也。

【注释】〔1〕"黄帝",传说中中原各族的共同祖先。曾在阪泉击败炎帝。阪泉在今河北省涿鹿县西。 〔2〕"火灾",古代阴阳五行学说认为炎帝属火德。 〔3〕"颛顼",传说中古代部族首领。曾击败主水官共工。 〔4〕"水灾",古代阴阳五行学说认为共工属水德。 〔5〕"成汤",商朝的建立者。击败夏桀,夏桀逃至南巢而死。南巢在今安徽巢县西南。

【译文】当初,黄帝曾在涿鹿作战,从而平息了火德的灾害;颛顼曾和共工对垒,从而平息了水德的灾害;成汤曾攻打南巢,从而制止了夏朝的暴乱。交替兴起,而又交替灭亡,取得胜利者当政,这是由天命决定的。

自是之后,名士迭兴,晋用咎犯,〔1〕而齐用王子,〔2〕吴用孙武,〔3〕申明军约,赏罚必信,卒伯诸侯,兼列邦土,虽不及三代之诰誓,然身宠君尊,当世显扬,可不谓荣焉?岂与世儒暗于大较,不权轻重,猥云德化,不当用兵,大至君辱失守,小乃侵犯削弱,遂执不移等哉!故教笞不可废于家,刑罚不可捐于国,诛伐不可偃于天下,用之有巧拙,行之有逆顺耳。

【注释】〔1〕"咎犯",也称狐偃、舅犯。晋文公的舅父,辅佐晋文公的功臣。 〔2〕"王子",即王子城父。晋惠公时大夫。 〔3〕"孙武",吴王阖闾时被任为将,攻破楚国。

【译文】从那时以后,著名的志士相继兴起,晋国重用舅犯,而齐国重用王子,吴国重用孙武,他们明确地规定了军旅约法,或奖赏或惩罚,必定依法执行,因此,君主终于成为诸侯中的霸主,而自己也得到封赐的很多土地,虽然不能和三代的诰命盟誓相比,但自身受宠,君主尊严,因而显赫扬名于当世,难道不算光荣吗?怎么能和社会上那些不明了国家大事,不能衡量轻重缓急,随意谈论道德教化,反对用兵,其结果大至君主受辱,社稷失守,小至遭受侵犯,土地日削,国势衰败,而一直顽固不化的儒生同日而语呢!所以就家说,不可废除教训人的竹杖;就国说,不可废除刑罚;就天下说,不可停止讨伐的战争。只是运用起来有巧妙和笨拙的不同,实行起来有合理和不合理的区别而已。

夏桀、殷纣手搏豺狼,足追四马,勇非微也;百战克胜,诸侯慑服,权非轻也。秦二世宿军无用之地,〔1〕连兵于边陲,力非弱也;结怨匈奴,〔2〕绵祸於越,〔3〕势非寡也。及其威尽势极,间巷之人为敌国。〔4〕咎生穷武之不知足,甘得之心不息也。

【注释】〔1〕"宿军",驻扎重兵。"无用之地",指边陲地区。虽驻扎重兵,但防远而不能防近。 〔2〕"结怨匈奴",指秦始皇三十二年(公元前二一五年)派蒙恬击匈奴,并连接北方长城事。 〔3〕"於越",这里指岭南地区的南越而言。秦始皇统一岭南后,设置桂林、南海、象三郡。按上举历史事件都不在秦二世时期。 〔4〕"间巷之人",指陈胜、吴广等起义人民。

【译文】夏桀和商纣能徒手同豺狼搏斗,徒步追赶四匹马拉的车,勇气是不小的;在历次战争中都取得胜利,使诸侯惶恐顺服,权势是不轻的。秦二世拥重兵,置之于无所作为之地,遍布边境,力量是不弱的;对抗匈奴,不顾结下怨仇,征服於越,不顾招致祸患,权势是不单薄的。但到威力衰竭,权势降落时,里巷居民却构成了敌国。其过失就在于完全凭借武力而不知满足,以贪得为乐而不知停息的缘故。

高祖有天下,三边外畔;〔1〕大国之王虽称蕃辅,臣节未尽。〔2〕会高祖厌苦军事,亦有萧、张之谋,〔3〕故偃武一休息,羁縻不备。〔4〕

【注释】〔1〕"三边外畔",指北方的匈奴,岭南的南越和东南沿海的东越。"畔"通"叛"。 〔2〕"臣节未尽",指汉初分封的楚王韩信、淮南王英布、梁王彭越等,因先后叛变被杀。 〔3〕"萧、张",指萧何、张良。都是刘邦的重要谋士。 〔4〕"羁",马络头。"縻",牛驾具。这里组成的复音词,是笼络的意思。

【译文】汉高祖统一天下,边境上三面都有从外部反叛的势力,而大国的诸侯王虽然号称护卫辅

佐之臣，却没有尽到臣属的节义。这时高祖正对战争感到厌倦，并且引以为苦，而又有萧何、张良出谋献策，于是停止军事行动，和人民共同休息，对边境反叛势力只采取笼络策略，并没有部署防备力量。

历至孝文即位，将军陈武等议曰："南越、朝鲜自全秦时内属为臣子，[1]后且拥兵阻阸，选蠕观望。[2]高祖时天下新定，人民小安，未可复兴兵。今陛下仁惠抚百姓，恩泽加海内，宜及士民乐用，征讨逆党，以一封疆。"孝文曰："朕能任衣冠，念不到此。会吕氏之乱，功臣宗室共不羞耻，误居正位，常战战栗栗，恐事之不终。且兵凶器，虽克所愿，动亦耗病，谓百姓远方何？又先帝知劳民不可烦，故不以为意。朕岂自谓能？今匈奴内侵，军吏无功，边民父子荷兵日久，朕常为动心伤痛，无日忘之。今未能销距，愿且坚边设候，结和通使，休宁北陲，为功多矣。且无议军。"故百姓无内外之繇，得息肩于田亩，天下殷富，粟至十余钱，鸣鸡吠狗，烟火万里，可谓和乐者乎！

【注释】[1]"南越"，秦时已在此地区置郡县。秦末农民起义后，继而发生楚汉战争，原南海郡龙川县令赵佗乘机自立为南越王。汉朝建立后，南越政权时服时叛，至武帝元鼎元年（公元前一一六年），此地区归汉朝直接统治。"朝鲜"，秦末，燕人卫满率领一批人进入辽河流域部分地区及古朝鲜地区，建立政权。至汉武帝元封三年（公元前一〇八年），汉朝在卫氏政权辖区内设置真番、临屯、乐浪、玄菟四郡。 [2]"选蠕"，蠕动，虫行貌。《集解》："谓动身欲有前进之状也。""选"同"巽"，柔弱。

【译文】历经两朝，至孝文帝即位后，将军陈武等上奏议说："南越、朝鲜，自从秦朝全盛时就内附为臣子，后来陈兵边境，阻塞道路，迟疑观望，伺机而动。高祖时，天下刚刚平定，人民才过上稍微安定的生活，不宜于再进行战争。现在陛下以仁爱恩惠抚养百姓，德泽广被于四海之内，应当趁着官民都乐意听命效力的时候，征讨叛逆势力，统一天下。"孝文帝说："我只能任用文臣治理天下，没有考虑过用兵的事情。从前遇到吕氏作乱，朝廷的功臣宗室都不以拥为羞耻，使我居于本不应属于我的帝位，我经常战战兢兢，惟恐王业中途发生变故。

况且战争是凶恶的事件，虽然能实现宿愿，但战事一起，就必然劳民伤财，何况还要使百姓远征，这怎么说呢？而且过世的皇帝都知道役使人民不宜过于频繁，所以不曾考虑过用兵的事。我怎么敢自己逞能？现在匈奴入侵，军队和官吏抗击无功，边疆人民中父子长期手执兵器作战，因此，我常常感到不安，悲伤哀痛，没有一天会忘怀的。目下既然不能抗拒匈奴，解除边患，但愿严阵以待，部署侦察的斥候，朝廷与匈奴结好议和，互通使节，能使北部边境人民安居休养，这就是很大的功绩了。暂时先不要议论战争的事情。"从此，百姓在境内外都免除了徭役，得到自己的村落中休养生息，天下富足，谷米只十几个钱一斛，鸡犬之声相闻，炊烟连绵万里，可以说已经达到和平快乐的境地了！

太史公曰：文帝时，会天下新去汤火，人民乐业，因其欲然，能不扰乱，故百姓遂安。自年六七十翁亦未尝至市井，游敖嬉戏如小儿状。孔子所称有德君子者邪！

《书》曰"七正"，[1]二十八舍。[2]律历，天所以通五行八正之气，[3]天所以成孰万物也。舍者，日月所舍。舍者，舒气也。

【注释】[1]"七正"，《尚书·舜典》原作"七政"。孔安国注："七政，日月五星各异政。舜察天文，齐七政，以审己当天心与否。"观察日月及金木水火土诸星现象的变化，以辨别各项政治措施的得失。 [2]"二十八舍"，本志太史公论赞引作"二十八宿"。《索隐》认为"二十八舍是二十八宿之所舍也"。舍是停留的意思。古人把天空中可见的星分成二十八组，东南西北四方各七宿。《淮南子·天文训》："五星八风二十八宿。"高诱注："二十八宿，东方（苍龙七宿）角、亢、氐、房、心、尾、箕，北方（玄武七宿）斗、牛、女、虚、危、室、壁，西方（白虎七宿）奎、娄、胃、昴、毕、觜、参，南方（朱鸟七宿）井、鬼、柳、星、张、翼、轸也。"名称与本志稍异。 [3]"五行"，指金、木、水、火、土五种物质。古人常用这五种物质附会说明万物的起源和变化。

【译文】太史公说：文帝时，正当天下刚刚摆脱了战争的灾难，人人安居乐业，官府听任他们按照自己的愿望行动，尽量不扰乱他们，所以百姓都感到顺心安宁。从六七十岁的老翁就没有到过集市，而游玩戏乐，就像小儿一样。他们就是孔子所称赞的道德高尚的君子吧！

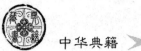

《尚书》上说到"七正"、"二十八宿"。乐律历法是上天所以运行"五行"、"八正"之气,使万物滋生成熟的根源。舍就是日月留住的地方。舍是舒缓气力的意思。

不周风居西北,主杀生。东壁居不周风东,主辟生气而东之。[1]至于营室。营室者,主营胎阳气而产之。东至于危。危,垝也。言阳气之垝,故曰危。十月也,律中应钟。[2]应钟者,阳气之应,不用事也。其于十二子为亥。[3]亥者,该也。言阳气藏于下,故该也。[4]

【注释】[1]"主辟生气而东之",按本篇文例,应在"气"字下断句,"而"、"之"疑都是衍文,"东"下连"至于营室"。译文即按此义理解。[2]"律中应钟",古代相传,以十二律配合十二月,而以葭灰填充律管一端。不同的节气至,则葭灰自相应的律管中飞出。译文即按此义理解。下同。"应钟",《淮南子·天文训》高诱注(以下简称《天文训》高注):"阴应于阳,转成其功,应时聚藏,故曰应钟。"按《天文训》及高注对十二律及二十八宿名称的解释与本志大同小异,今摘引以备参考。[3]"十二子",即"十二支"。地支:子、丑、寅、卯、辰、巳、午、未、申、酉、戌、亥。[4]"该",通"阂"。《正义》引孟康曰:"阂,藏塞也。"

【译文】"不周风"起于西北方,掌管毁灭生息。"东壁"宿处于不周风的东面,掌管辅助生息。往东到达"营室"宿。营室掌管孕育并生产阳气。往东到达"危"宿。危是垝坏的意思,表明阳气的毁坏,所以称之为危。它合于十月,在十二律中与应钟相感应。应钟和阳气相应,这时阳气还不能发挥效用。它在十二支中属于亥。亥同该,是隔碍的意思。表明阳气仍然潜藏在地下,所以称之为该。

广莫风居北方。[1]广莫者,言阳气在下,阴莫阳广大也,[2]故曰广莫。东至于虚。虚者,能实能虚。言阳气冬则宛藏于虚,[3]日冬至则一阴下藏,[4]一阳上舒,故曰虚。东至于须女。言万物变动其所,阴阳气未相离,尚相胥如也,[5]故曰须女。十一月也,律中黄钟。[6]黄钟者,阳气踵黄泉而出也。其于十二子为子。子者,滋也;滋者,言万物滋于下也。其于十母为壬癸。[7]壬之为言任也,[8]言阳气任养万物于下也。癸之为言揆也,言万物可揆度,故曰癸。东至牵牛。牵牛者,言阳气牵引万物出之也。牛者,冒也,言地虽冻,能冒而生也。牛者,耕植种万物也。东至于建星。建星者,建诸生也。十二月也,律中大吕。[9]大吕者,其于十二子为丑。

【注释】[1]"广漠",广大。[2]"阴莫阳广大",句中可能有讹误。译文按上下文义理解。[3]"宛",《正义》:"音蕴。"[4]"冬至",每年二十四节气之一。[5]"胥",须要;如,随从。附会"须女"读音。[6]"黄钟",《天文训》高注:"钟者,聚也。阳气聚于黄泉之下也。"[7]"十母",即"十干"。天干:甲、乙、丙、丁、戊、己、庚、辛、壬、癸。[8]"任",通"妊",孕育。[9]"大吕",《天文训》高注:"吕,侣也。万物萌动于下,未能达见,故曰大吕。"

【译文】"广莫风"起于北方。广莫表明阳气潜藏于地下,阴气仍然比阳气盛大,所以称之为广莫。往东到达"虚"宿。虚就是能实能虚的意思,表明阳气蕴藏在虚宿,等到冬至节,一片阴气往下潜藏,一半阳气往上舒展,所以称之为虚。往东到达"须女"宿。须女,表明万物各自于所生之处变化,阴阳二气还没有分离,还互相需要,所以称之为须女。它合于十一月,在十二律中与黄钟相感应。黄钟是阳气先聚于黄泉之下而又冒出地面的意思。它在十二支中属于子。子,是滋生的意思;滋生,表明万物正滋生于地下。它在十干中属壬癸。壬的意思即任,表明阳气孕育万物于地下。癸的意思即揆,表明万物的滋生已可揆度预期,所以称之为癸。往东到达"牵牛"宿。牵牛,表明阳气牵引万物生出地面。牛,是冒出的意思,表明土地虽然冰冻,但万物却能冒出地面而生长。牛能耕田,万物得以种植。往东到达"建星"宿。建星是培养各种生物的意思。它合于十二月,在十二律中与大吕相感应。大吕在十二支中属于丑。

条风居东北,主出万物。条之言条治万物而出之,故曰条风。南至于箕。箕者,言万物根棋,[1]故曰箕。正月也,律中泰蔟。[2]泰蔟者,言万物蔟生也,故曰泰蔟。

其于十二子为寅。寅言万物始生蟥然也，[3]故曰寅。南至于尾，言万物始生如尾也。南至于心，言万物始生有华心也。[4]南至于房。房者，言万物门户也，至于门则出矣。

【注释】[1]"棋"，日本学者猪饲彦博认为"棋"通"基"（见《史记会注考证》）。 [2]"泰蔟"，《天文训》高注："蔟，蔟也。阴衰阳发，万物蔟地而生，故曰泰蔟。" [3]"蟥然"，《天文训》："指寅则万物蟥蟥也。"高注："动生貌。" [4]"华心"，疑指种子。"华"同"花"。译文据此义理解。

【译文】"条风"起于东北，掌管生育万物。条的意思即调理万物，使之顺利出生，所以称之为条风。往南到达"箕"宿。箕，表明是万物的根基，所以称之为箕。它合于正月，在十二律中和泰蔟相感应。泰蔟，表明万物丛聚而生，所以称之为泰蔟。它在十二支中属于寅。寅，表明万物刚出生时生机勃勃的样子，所以称之为寅。往南到达"尾"宿。尾，表明万物刚出生时像个尾巴一样。往南到达"心"宿。心，表明万物刚出生时嫩芽上顶着种子的皮壳。往南到达"房"宿。房，表明是万物的门户，出了门口就冒出地面了。

明庶风居东方。明庶者，明众物尽出也。二月也，律中夹钟。[1]夹钟者，言阴阳相夹厕也。其于十二子为卯。卯之为言茂也，言万物茂也。其于十母为甲乙。甲者，言万物剖符甲而出也；[2]乙者，言万物生轧轧也。[3]南至于氏。氏者，言万物皆至也。南至于亢。亢者，言万物亢见也。南至于角。角者，言万物皆有枝格如角也。三月也，律中姑洗。[4]姑洗者，言万物洗生。其于十二子为辰。辰者，言万物之娠也。

【注释】[1]"夹钟"，《天文训》高注："夹，夹也。万物去阴，夹阳地而生，故曰夹钟。" [2]"符甲"，即孚甲。《礼记·月令》："其日甲乙。"郑玄注："万物皆解孚甲，自抽轧而出。"孚通稃，谷皮。这里当泛指一切种子的皮壳。 [3]"生轧轧"，应解作"自抽轧而出"为妥。轧，车辕。抽轧比喻万物抽芽时如由孚甲裂缝中挤出。 [4]"姑洗"，《天文训》

高注："姑，故也；洗，新也。阳气养生，去故就新，故曰姑洗也。"

【译文】"明庶风"起于东方。明庶，表明万物都冒出地面了。它合于二月，在十二律中和夹钟相感应。夹钟，表明阴气和阳气互相夹杂糅合。它在十二支中属于卯。卯的意思和茂相同，表明万物长势茂盛。它在十干中属甲乙。甲，表明万物初生时冲破种子的皮壳而长出幼芽；乙，表明万物初生时须经冲挤的曲折历程。往南到达"氏"宿。氏，表明万物都已来到。往南到达"亢"宿。亢，表明万物都已茂盛地出现了。往南到达"角"宿。角，表明万物都长出枝条，好像走兽长出的角。它合于三月，在十二律中和姑洗相感应。姑洗，表明万物生长旺盛，焕然一新。它在十二支中属于辰。辰，表明万物的振兴。

清明风居东南维，[1]主风吹万物而西之。[2]至于轸。轸者，言万物益大而轸轸然。西至于翼。翼者，言万物皆有羽翼也。四月也，律中中吕。[3]中吕者，言万物尽旅而西行也。其于十二子为巳。巳者，言阳气之已尽也。[4]西至于七星。七星者，阳数成于七，故曰七星。西至于张。张者，言万物皆张也。西至于注。注者，言万物之始衰，阳气下注，故曰注。五月也，律中蕤宾。[5]蕤宾者，言阴气幼少，故曰蕤；痿阳不用事，故曰宾。

【注释】[1]"维"，《天文训》高注："四角为维。"按四角指东南、西南、东北、西北。 [2]"主风吹万物而西之"，按文例，应在"物"字下断句，"而"、"之"疑都是衍文，"西"下连"至于轸"。译文即按此义理解。 [3]"中吕"，《天文训》高注："阳在外，阴在中，所以吕中于阳，助成功也，故曰中吕也。" [4]"言阳气之已尽也"，《天文训》作"巳则生巳(已)定也"。 [5]"蕤宾"，《天文训》高注："阴气萎蕤在下，似主人；阳气在上，似宾客，故曰蕤宾也。"

【译文】"清明风"起于东南角，掌管以风吹动万物。往西到达"轸"宿。轸，表明万物日益壮大兴旺。往西到达"翼"宿。翼，表明万物都有羽毛翅膀。它合于四月，在十二律中和中吕相感应。中吕，表明万物都向西移动。它在十二支中属于巳。

已，表明阳气已经竭尽。往西到达"七星"宿。七星的意思是说阳气的数已经达到七，所以称之为七星。往西到达"张"宿。张，表明万物都已张开。往西到达"注"宿。注，表明万物开始衰败，阳气向下倾注，所以称之为注。它合于五月，在十二律中和蕤宾相感应。蕤宾，表明阳气弱小，所以称之为蕤；阳气痿缩不能发挥效用，所以称之为宾。

景风居南方。景者，言阳气道竟，故曰景风。其于十二子为午。午者，阴阳交。故曰午。[1]其于十母为丙丁。丙者，言阳道著明，故曰丙；丁者，言万物之丁壮也，故曰丁。西至于弧。弧者，言万物之吴落且就死也。西至于狼。狼者，言万物可度量，断万物，故曰狼。

【注释】〔1〕"午"，《天文训》："午者，忤也。"〔2〕"吴落"，《史记会注考证》引杨慎云："'吴'音弧。'弧落'，彫落也。"

【译文】"景风"起于南方。景，表明阳气运行已经到了尽头，所以称之为景风。它在十二支中属于午。午是阴气阳气交错的意思，所以称之为午。它在十干中属丙丁。丙，表明阳气彰明较著，所以称之为丙；丁，表明万物正在苗壮之时，所以称之为丁。往西到达"弧"宿。弧，表明万物凋落，即将枯死。往西到达"狼"宿。狼，表明万物是可以度量的，能衡量万物，所以称之为狼。

凉风居西南维，主地。地者，沉夺万物气也。六月也，律中林钟。[1]林钟者，言万物就死气林林然。其于十二子为未。未者，言万物皆成，有滋味也。北至于罚。罚者，言万物气夺可伐也。北至于参。参言万物可参也，故曰参。七月也，律中夷则。[2]夷则，言阴气之贼万物也。其于十二子为申。申者，言阴用事，申贼万物，故曰申。北至于浊。浊者，触也，言万物皆触死也，故曰浊。北至于留。留者，言阳气之稽留也，故曰留。八月也，律中南吕。[3]南吕者，言阳气之旅入藏也。其于十二子为酉。酉者，万物之老也，故曰酉。

【注释】〔1〕"林钟"，《天文训》高注："林，众；钟，聚也。阳极阴生，万物众聚而盛，故曰林钟。"〔2〕"夷则"，《天文训》高注："夷，伤；则，法也。阳衰阴发，万物凋伤，应法成性，故曰夷则也。"〔3〕"南吕"，《天文训》高注："南，任也，言阳气内藏，阴侣于阳，任成其功，故曰南吕也。"

【译文】"凉风"起于西南角，掌管土地。土地可以清除断绝万物赖以生存之气。它合于六月，在十二律中和林钟相感应。林钟，表明万物将趋向死气，但已达到丰富成熟的地步。它在十二支中属于未。未，表明万物都已成熟，有滋味。往北到达"罚"宿。罚，表明万物生气断绝，可以砍伐了。往北到达"参"宿。参，表明万物可以搀杂混合，所以称之为参。它合于七月，在十二律中和夷则相感应。夷则，表明阴气残害万物。它在十二支中属于申。申，表明阴气伸展，正发挥效用，侵害万物，所以称之为申。往北到达"浊"宿。浊，是触犯的意思，表明万物都受到触犯而死亡，所以称之为浊。往北到达"留"宿。留，表明阳气仍然存留，所以称之为留。它合于八月，在十二律中和南吕相感应。南吕，表明阳气移入而深藏。它在十二支中属于酉。酉，表明万物衰老，所以称之为酉。

阊阖风居西方。阊者，倡也；阖者，藏也。言阳气道万物，阖黄泉也。其于十母为庚辛。[1]庚者，言阴气庚万物，故曰庚；辛者，言万物之辛生，故曰辛。北至于胃。[2]胃者，言阳气就藏，皆胃胃也。北至于娄。[3]娄者，呼万物且内之也。北至于奎。[4]奎者，主毒螫杀万物也，奎而藏之。九月也，律中无射。[5]无射者，阴气盛用事，阳气无余也，故曰无射。其于十二子为戌。戌者，言万物尽灭，故曰戌。[6]

【注释】〔1〕"庚"，《礼记·月令》郑玄注："庚之言更也，万物皆肃然更改。""辛"，新。〔2〕"胃"，《史记·天官书》："胃为天仓。"《说文解字》肉部："胃，谷府也。"〔3〕"娄"，《史记·天官书》："娄为聚众。"《说文》女部："娄，空也。"〔4〕"奎"，《后汉书·苏竟传》："奎为毒螫，主库兵。"《史记·天官书》《正义》："奎，天之府库。"〔5〕"无射"，《天文训》高注："阴气上升，阳气下降，万物随阳而藏，无有射出见也，故曰无射。"〔6〕"戌"，《说文解字》戌部："戌，

灭也。九月阳气微，万物毕成，阳下入地也。"

【译文】"阊阖风"起于西方。阊是倡导的意思，阖是闭藏的意思。它表明阳气引导万物出生，而阳气本身却隐藏在黄泉之下。它在十干中属庚辛。庚，表明阴气使万物变更；辛，表明万物得到新生，所以称之为辛。往北到达"胃"宿。胃，表明阳气隐藏，就像进入仓府中一样。往北到达"娄"宿。娄，招致万物并加以容纳。往北到达"奎"宿。奎，掌管残害万物，并像府库一样以收藏。它合于九月，在十二律中和无射相应。无射，表明阴气旺盛地发挥效用，阳气在地上已经不存在了，所以称之为无射。它在十二支中属于戌。戌，表明万物完全毁灭，所以称之为戌。

律数：[1]
九九八十一以为宫。[2]三分去一，五十四以为徵。三分益一，七十二以为商。三分去一，四十八以为羽。三分益一，六十四以为角。

黄钟长八寸十分一，宫。[3]大吕长七寸五分三分二。[4]太蔟长七寸十分二，角。[5]夹钟长六寸十分三分一。[6]姑洗长六寸十分四，羽。[7]仲吕长五寸九分三分二，徵。[8]蕤宾长五寸六分三分二。[9]林钟长五寸十分四，角。[10]夷则长五寸三分二，商。[11]南吕长四寸十分八，徵。[12]无射长四寸四分三分二。[13]应钟长四寸二分三分二，羽。[14]

【注释】[1]"律数"，沈括《梦溪笔谈》卷八：律数"有实积之数，有长短之数，有周径之数"。此处可能指实积之数。 [2]"九九八十一，以为宫"，沈括认为"其八十一、五十四、七十二、四十八、六十四，止是实积数耳"。所谓"实积"即指律管容积而言。《汉书·律历志》颜师古注引孟康曰："黄钟律长九寸，围九分，以围乘长，得积八十一寸也。"当时还不知道容积的算法，所以认为"以围乘长"，即可求得容积之数。吴承洛于《中国度量衡史》第二章中，已指出"八十一寸"即"八百一十立方分"。今按历代度量不同，但大都认为黄钟长九寸。以此律管容积为基础，按"三分损益法"，求得其他各律容积。这几项数字下都没有计量单位，但现在理解为立方寸。又按一般情况，黄钟为宫，林钟为徵，太蔟为商，姑洗为角，南吕为羽。"十二律"为绝对音高，

"五声"或"七声"为比较音高。

黄钟	81		宫
林钟	$81 \times \frac{2}{3} = 54$		徵
太蔟	$54 \times \frac{4}{3} = 72$		商
南吕	$72 \times \frac{2}{3} = 48$		羽
姑洗	$48 \times \frac{4}{3} = 64$		角

[3]"黄钟长八寸十分一，宫"，沈括认为此处以及以下的数字尤误。"此亦实积耳，非律之长也。盖其间文字又有误者，疑后人传写之失也。"罗宗涛、李时铭认为，此处以及下文的"宫"、"角"、"羽"等字都是衍文。据此，"黄钟长八寸十分一，宫"，疑应作"黄钟长八十一寸"。此处的"长"字也应理解为容积的长度。 [4]"大吕长七寸五分三分二"，疑应作"七十五寸三分二"。 [5]"太蔟长七寸十分二，角"，疑应作"七十二寸"。 [6]"夹钟长六寸七分三分一"，疑应作"夹钟长六十七寸三分一"。 [7]"姑洗长六寸十分四，羽"，疑应作"姑洗长六十四寸"。 [8]"仲吕长五寸九分三分二，徵"，疑应作"仲吕长五十九寸三分二"。 [9]"蕤宾长五寸六分三分二"，疑应作"蕤宾长五十六寸三分二"。 [10]"林钟长五寸十分四，角"，疑应作"林钟长五十四寸"。 [11]"夷则长五寸三分二，商"，疑应作"夷则长五十三寸三分二"。 [12]"南吕长四寸十分八，徵"，疑应作"南吕长四十八寸"。 [13]"无射长四寸四分三分二"，疑应作"无射长四十四寸三分二"。 [14]"应钟长四寸二分三分二，羽"，疑应作"应钟长四十二寸三分二"。

【译文】律数：

九乘以九，是八十一，为宫声律数。宫声律数减去三分之一，是五十四，为徵声律数。徵声律数加上三分之一，是七十二，为商声律数。商声律数减去三分之一，是四十八，为羽声律数。羽声律数加上三分之一，是六十四，为角声律数。

黄钟长八十一寸，大吕长七十五寸又三分之二，太蔟长七十二寸，夹钟长六十七寸又三分之一，姑洗长六十四寸，仲吕长五十九寸又三分之二，蕤宾长五十六寸又三分之二，林钟长五十四寸，夷则长五十寸又三分之二，南吕长四十八寸，无射长四十四寸又三分之二，应钟长四十二寸又三分之二。

生钟分：[1]

【注释】〔1〕《索隐》："此算术生钟律之法也。"

【译文】钟律产生的方法：

子一分。[1]丑三分二。寅九分八。卯二十七分十六。辰八十一分六十四。巳二百四十三分一百二十八。午七百二十九分五百一十二。未二千一百八十七分一千二十四。申六千五百六十一分四千九十六。酉一万九千六百八十三分八千一百九十二。戌五万九千四十九分三万二千七百六十八。亥十七万七千一百四十七分六万五千五百三十六。

【注释】〔1〕"子一分"，这一段说明各律产生的次序及律管长度的比例。"子"代表黄钟，"丑"代表太蔟，余类推。王光祈在《中国音乐史》中指出"子一分"是假设之数，此说甚是。以此数为起点，按"三分损益法"求其他各律长度相比之数。

（子）黄钟 = 1

（下生）（丑）林钟 = $1 \times \dfrac{2}{3} = \dfrac{2}{3}$

（上生）（寅）太蔟 = $\dfrac{2}{3} \times \dfrac{4}{3} = \dfrac{8}{9}$

（下生）（卯）南吕 = $\dfrac{8}{9} \times \dfrac{2}{3} = \dfrac{16}{27}$

（上生）（辰）姑洗 = $\dfrac{16}{27} \times \dfrac{4}{3} = \dfrac{64}{81}$

（下生）（巳）应钟 = $\dfrac{64}{81} \times \dfrac{2}{3} = \dfrac{128}{243}$

（上生）（午）蕤宾 = $\dfrac{128}{243} \times \dfrac{4}{3} = \dfrac{512}{729}$

（下生）（未）大吕 = $\dfrac{512}{729} \times \dfrac{2}{3} = \dfrac{1024}{2187}$

（上生）（申）夷则 = $\dfrac{1024}{2187} \times \dfrac{4}{3} = \dfrac{4096}{6561}$

（下生）（酉）夹钟 = $\dfrac{4096}{6561} \times \dfrac{2}{3} = \dfrac{8192}{19683}$

（上生）（戌）无射 = $\dfrac{8192}{19683} \times \dfrac{4}{3} = \dfrac{32768}{59049}$

（下生）（亥）中吕 = $\dfrac{32768}{59049} \times \dfrac{2}{3} = \dfrac{65536}{177147}$

另一种算法即大吕长度也是由蕤宾上生而求得的，这样，大吕及以下各律的"实"数即和此表不同。见王光祈《中国音乐史》上册。

【译文】子律长定为一分，丑律长就是三分之二，寅律长是九分之八，卯律长是二十七分之十六，辰律长是八十一分之六十四，巳律长是二百四十三分之一百二十八，午律长是七百二十九分之五百一十六，未律长是二千一百八十七分之一千二十四，申律长六千五百六十一分之四千九十六，酉律长一万九千六百八十三分之八千一百九十二，戌律长五万九千四十九分之三万二千七百六十八，亥律长十七万七千一百四十七分之六万五千五百三十六。

生黄钟术曰：[1]以下生者，[2]倍其实，[3]三其法。[4]以上生者，[5]四其实，[6]三其法。上九，商八，羽七，角六，宫五，徵九。[7]置一而九三之以为法。[8]实如法，得长一寸。[9]凡得九寸，[10]命曰"黄钟之宫"。故曰音始于宫，穷于角；[11]数始于一，终于十，成于三；气始于冬至，周而复生。

【注释】〔1〕"生黄钟术曰"，研究者多认为"黄"字衍。 〔2〕"下生"，即"三分损一"，减去原律长度的三分之一，保留三分之二。 〔3〕"倍其实"，"实"指原律长度，加大二倍。 〔4〕"三其法"，取其三分之一，以为法。 〔5〕"上生"，即"三分益一"，增加原律长度的三分之一。 〔6〕"四其实"，加大原律长度四倍。 〔7〕"上九"至"徵九"，不详。 〔8〕"置一而九三之以为法"，据《汉书·律历志》此句下应补"十一三之以为实"七字。"九三之"，即以"三"乘"一"九次，得19683。这是夹钟的法数。"十一三之"，即以"三"乘"一"十一次，得177147。这是中吕的法数。如以177147定为黄钟律数，则其他各律数皆成为整数（见王光祈《中国音乐史》及泷川资言《史记会注考证》）。 〔9〕"实如法，得长一寸"，不详。《考证》解释为 $\dfrac{19683}{19683} = 1$。 〔10〕"凡得九寸"，不详。《考证》解释为 $\dfrac{177147}{19683} = 9$。 〔11〕"始于宫，穷于角"，见上文律数注。

【译文】钟律产生的方法如下：向下生的，实数加二倍，法数加三倍；向上生的，实数加四倍，法数加三倍。上九，商八，羽七，角六，宫五，徵九。以"一"为基数，以"三"乘"一"九次，求得法数。实如法，得长一寸。凡得九寸，命曰"黄钟之宫"。所以说五音以宫声为开端，以角声为终结；数以一为开端，以十为终结，而以三为关键；阳气的升起开始于冬至，经历一年后而重新升起。

神生于无,[1]形成于有,形然后数,形而成声,故曰神使气,气就形。形理如类有可类。或未形而未类,或同形而同类,类而可班,[2]类而可识。圣人知天地识之别,故从有以至未有,以得细若气,微若声。然圣人因神而存之,虽妙必效情,核其华道者明矣。非有圣心以乘聪明,孰能存天地之神而成形之情哉?神者,物受之而不能知其去来,故圣人畏而欲存之。唯欲存之,神之亦存。其欲存之者,故莫贵焉。

【注释】[1]"神生于无","神"相当于老子所说的"道","无"指"虚无"的境界。《老子》:"天下万物生于有,有生于无。"[2]"班",《考证》引惠栋曰:"班,别也,义与辨同。"

【译文】"神"本来生存于虚无之中,而"形"则出现于有了天地万物之后。有形体然后有律数,有形体然后有五声。所以说神产生气,气化而成形体。形体的情理各有类别,可以分类。有的没有定形,不能归类,有的同形而归于同类,类属是可以分辨的,可以识别的。圣人知道天地万物的分别,能从各种形体以至虚无之时,了解到其隐约如气、其深微如声等事物。但圣人是借助神来了解万物的,人虽然巧妙,自己却应发挥情理,研核万物的神奇道理,自然就聪明起来。假如没有圣人的心灵和聪明,还有谁能了解天地间由神而产生形体的情况呢?神存在于万物之中,但万物不知其行踪,所以圣人怕它离去,总想把它保存下来。正是由于想保存它,神就留下来。凡是想保存它的人,能重视它就是最好的办法了。

太史公曰:在旋玑玉衡以齐七政,[1]即天地二十八宿。十母,十二子,钟律调自上古。建律运历造日度,可据而度也。合符节,通道德,即从斯之谓也。[2]

【注释】[1]"旋玑",古代观测天文的仪器。"玉衡",古代天文仪器浑天仪的一个部件。"旋"或作"璇"。《尚书·舜典》:"在璇玑玉衡,以齐七政。"孔安国传:"在,察也。"[2]《史记·律书》一篇,前人多疑其非司马迁所著。本篇可以分为两部分,前一部分摭拾兵家言而成,后一部分摭拾阴阳五行家言而成。沈括《梦溪笔谈》卷八说:"《史记·律书》所论二十八舍、十二律,多皆臆配,殊无义理;至于言数,亦多差舛。""其间字又有误者,疑后人传写之失耳。"这后一部分虽然不能说完全"殊无义理",但立说多牵强附会,而文字脱误也很多。今试加译注,供读者参考。译注时,我参考了台湾出版的罗宗涛、李时铭的《史记·律书》译文,采用了他们的一些见解和译法。

【译文】太史公说:观察旋玑、玉衡,以了解日月五星所表现的七种政事的变化,这就是指二十八宿说的。十干、十二支和钟律从上古就定下来。建立乐律之后,推算历法,制定各种法度,就都有据可依了。以符节相合表示信任,共同遵守道德,就是从这里开始的。

史记卷二十六

历 书 第 四

昔自在古,[1]历建正作于孟春。[2]于时冰泮发蛰,[3]百草奋兴,秭鴂先滜。[4]物乃岁具,[5]生于东,次顺四时,卒于冬分。[6]时鸡三号,卒明。[7]抚十二月节,卒于丑。[8]日月成,故明也。[9]明者孟也,幽者幼也,幽明者雌雄也。雌雄代兴,而顺至正之统也。[10]日归于西,起明于东;月归于东,起明于西。[11]正不率天,[12]又不由人,则凡事易坏而难成矣。

【注释】[1]"昔自在古",自此至"难成矣"这段文字与《大戴礼记·诰志》类似,字句略有不同。"古",《大戴礼记》作"虞夏"。 [2]"历建正作于孟春",古历一年分为四季,一季分为孟仲季三个月。孟春指春季的第一个月。上古时以黄昏时北斗斗柄的指向来定季节。指北为子月,指北偏东为丑月,东偏北为寅月,正东为卯月,依次类推。称为一年十二月建。以傍晚时斗柄指子之月为正月的历法,又简称为子正,顺次有丑正、寅正等。"建正作于孟春",即是指以寅月为正月。 [3]"泮",融解。"发",奋起。 [4]"秭鴂",音 zǐ guī,子规鸟,即杜鹃。"滜",有二解:一音 háo,义与"嗥"同。文意为子规先鸣;一音 zé,义同"泽",《索隐》释作"子规鸟春气发动,则先出野泽而鸣",即以此为解。 [5]"具",具备。言一岁万物循环一次。 [6]"卒",尽。"冬分",即冬至。 [7]"卒",同前释作尽,不必引申作其它解释。言古历以鸡三号毕,天明时,为一日之始。 [8]"抚",循。"抚十二月节,卒于丑",言一年十二月终于丑月。《正义》释作一天中的丑时,不确。 [9]"日月成,故明也",此六字义不明,或是"日月成行,故有明幽"之义。《诰志》作"日月成岁,历再闰以顺天道,此谓岁"。 [10]"雌

雄代兴,而顺至正之统",昼曰"雄",夜曰"雌";春夏曰"雄",秋冬曰"雌"。"雌雄"即阴阳。言阴阳循环,形成正常的秩序。 [11]"日归于西,起明于东;月归于东,起明于西",言每日太阳从东方升起,落于西方;每月月初时月亮初见于西方,月末时消失于东方。 [12]"正不率天,又不由人",《诰志》作"政不率天,下不由人"。古时"政"、"正"二字通用。此下三句言如果上不顺天道,下不顺民情,则一切政治措施都易坏难成。

【译文】在远古的时候,历法的正月设在孟春。这个时候,冰融解了,蛰居的动物也开始活动,各种植物都竞相生长,子规鸟也先叫了起来。万物的生长一岁循环一次,从春天开始,顺着四季生长,尽于冬季。以鸡叫三遍天明时,作为一天的开始;一年从孟春正月起,经过十二个月的节气,终于丑月。日月交替的运动,形成明暗的变化。明相当于孟,就是长的意思;幽相当于幼,就是小的意思。幽明就相当于雌雄,代表月与日。雌雄的交替变化,便成年月的更迭。每天太阳隐没在西方,第二天又出现于西方;每个月底时,月亮隐没于东方,第二个月开始时,又出现于西方。如果上不合天时,下不顺民情,那么任何政治措施都容易败坏而难以成功。

王者易姓受命,必慎始初,改正朔,[1]易服色,推本天元,[2]顺承厥意。[3]

【注释】[1]"正朔",即正月朔日,"改正朔"包括改定岁首和初一。 [2]"推本天元",即推算天运的初始状态,也就是推算上元。后世关于不设上元不能成为官方历法而只能称作民间小历的思想,

皆出于此。〔3〕"厥",其。王者受天命,则"厥意"
即指天意。

【译文】随着时代的改变,王天下的人改换了
姓名,接受天命而治理百姓,初始时必须要慎重,接
位后要改正朔,易服色,推定正确的天运的初始时
刻,以顺承上天的意志。

太史公曰:神农以前尚矣。〔1〕建立五行,〔2〕起消息,〔3〕正闰余,〔4〕盖黄帝考定
星历,于是有天地神祇物类之官,是谓五官。各司
其序,不相乱也。民是以能有信,神是以能
有明德。民神异业,敬而不渎,故神降之嘉
生,民以物享,〔5〕灾祸不生,所求不匮。

【注释】〔1〕"考定星历",即考星定历。月序
和节气以星出没的方位来确定。〔2〕"五行",也
称五气或五节,春木、夏火、季夏土、秋金、冬水。每
行七十二日,也以星的出没方位考定。〔3〕"消
息",《正义》引皇侃云:"乾为阳,生为息;坤为阴,死
为消。""消息"即阴阳,春夏为阳为息,秋冬为阴为
消。〔4〕"正闰余",《集解》引《汉书音义》曰:"以
岁之余为闰,故曰闰余。"农历和阳历都有闰余,农
历以一年十二月之余日为闰余,阳历以日余为闰
余。"正闰余"为以闰余调整季节。〔5〕"嘉",指
嘉谷。"物",指牺牲。"神降之嘉生,民以物享",言
神降嘉谷以利民生,人献牺牲以给神享。

【译文】太史公评论说:神农以前已经太久远
了,从黄帝开始,考察星象,制定历法,建立起五行
的运行,阴阳消长的变化,设立闰余以调整季节,于
是有天地神和物类的官,称为五官。五官各自职掌
自己的秩序,所以不相混乱。以致于人民能够诚实
地事奉神明,神明也有恩赐于人民。人和神所从事
的事业不同,敬而不渎。那么神就会赐给人嘉谷,
人也以牺牲献给神享用。这样灾祸就不会产生,所
求的东西也不至于匮乏。

少皞氏之衰也,九黎乱德,〔1〕民神杂
扰,不可放物,〔2〕祸灾荐至,莫尽其气。〔3〕颛
顼受之,乃命南正重司天以属神,〔4〕命火正
黎司地以属民,〔5〕使复旧常,无相侵渎。

【注释】〔1〕"九黎乱德",即诸侯作乱。九黎

为远古时位于中国南方的少数民族。此句谓九黎
不服从少皞氏的统治。〔2〕"放物",即方物。
《易》云:"方以类聚,物以群分。"今民神杂扰,群类
混淆,故说"不可方物"。〔3〕"气",可理解为时
节。"莫尽其气",谓人们无法享尽天年。〔4〕"南
正",观测昴星以定春夏的历官。〔5〕"火正",观
测大火星以定秋冬的历官。天为阳,地为阴;春夏
为阳,秋冬为阴;神为阳,民为阴。故有"命南正重
司天以属神,命火正黎司地以属民"之说。

【译文】到了少皞氏衰微的时候,九黎作乱,
破坏了原有的法则,扰乱了人与神之间的关系,以
至于二者无法区分,各种灾祸也就接踵而来,人也
就无法享尽天年。颛顼受命治理天下的时候,就命
令南正重主管有关天的事务,负责祀神;命令火正
黎主管有关地的事务,负责理民。使恢复已往正常
的秩序,不致互相侵扰。

其后三苗服九黎之德,〔1〕故二官咸废
所职,而闰余乖次,〔2〕孟陬殄灭,〔3〕摄提无
纪,历数失序。〔4〕尧复遂重黎之后,不忘旧
者,使复典之,而立羲和之官。明时正度,则
阴阳调,风雨节,茂气至,民无夭疫。年耆禅
舜,申戒文祖,〔5〕云"天之历数在尔躬"。〔6〕
舜亦以命禹。由是观之,王者所重也。

【注释】〔1〕"服",从。言三苗也学九黎的样
子作乱。〔2〕"乖",违背、错乱。"次",十二次。
言斗建与月序错乱。〔3〕"孟陬",正月。"陬",音
zōu。"殄",音tiǎn。"殄灭",即消灭。言由于闰余
错乱,使正月消失,也就不得其正了。〔4〕"摄提
无纪,历数失序",古时以斗柄所指定十二月建,摄
提星在斗柄延长线上,所以也可以摄提星定月序。
由于闰余乖次,孟陬殄灭,也就无法用摄提星来纪
月了,所以历数失序,即月的次序混乱。〔5〕"申
戒文祖",言于文祖庙申戒舜。〔6〕"天之历数在
尔躬",言观象授时的职责由你承担。

【译文】后来三苗又学着九黎的样子起来作
乱,以至于天地二官也荒废了他们的职事。使闰余
安排发生错乱。到帝尧的时候,又找到重黎后代中
不忘旧业的人,让他们继续执掌此事,重新设立羲
和的官职。这样,时节明白了,历度也正了,于是阴
阳调和,风雨也按时到来,兴旺景象降临到人间,社

会上也无夭疫发生。帝尧年老时让位给舜,在神庙告戒他说:"观象授时的责任在你的身上了啊!"舜年老时也以次告戒禹。从这点看起来,历法一向是王者所重视的工作。

夏正以正月,殷正以十二月,周正以十一月。盖三王之正若循环,[1]穷则反本。天下有道,则不失纪序;无道,则正朔不行于诸侯。

【注释】[1]"三王之正若循环",此为三正循环的理论,子丑寅三正作循环交替。夏用寅正,殷用丑正,周用子正,秦汉又用寅正。

【译文】夏朝以寅正的正月为正月,殷朝以寅正的十二月为正月,周朝以寅正的十一月为正月。三代的正月就是这样依次循环的,一周循环完毕,再从头开始。国王的政策贤明,天下太平,则纪年和月序都有条不紊;如果无道,则诸侯各自为政,以皇权象征的国王所制订的正朔,就无法在诸侯间通行。

幽厉之后,周室微,陪臣执政,史不记时,君不告朔,[1]故畴人子弟分散,[2]或在诸夏,或在夷狄,是以其禨祥废而不统。[3]周襄王二十六年闰三月,而《春秋》非之。[4]先王之正时也,履端于始,[5]举正于中,[6]归邪于终。[7]履端于始,[8]序则不愆;举正于中,民则不惑;归邪于终,事则不悖。

【注释】[1]"告朔",周朝君主和诸侯都有每月于庙告朔的祭礼。[2]"畴人",一说谓家业世世相传之人,一说谓知星人,系指懂天文知历算的人。[3]"禨祥",《集解》引如淳曰:"今之巫祝祷祠淫祀之比也。"[4]《春秋》非之,指周襄王二十六年(鲁文公元年),鲁历于三月置闰,由于当时习惯于岁终置闰,故《左传》文公元年批评说闰三月"非礼也"。语出《春秋左氏传》,而非《春秋经》。[5]"履端于始",指制时历将各种天文数据的起始点排齐,选择一共同的起点,如十一月、朔旦、冬至、夜半,也即首先确定一个历元。[6]"举正于中",将每年中间各个月都放正。[7]"邪",音 yú,同"余"。言将余分放在岁末,即岁终置闰。[8]"履端于始",此下诸句言履端于始,历法推算起来就会

井井有条;举正于中,就会便利人民的应用,不会弄错;归邪于终,月序和季节就不会错乱。

【译文】自从幽王、厉王以后,周王室衰微,原本辅佐的卿大夫执掌国政,史官不能精确地记载四时,国君也废弃了每月初一告朔于庙的礼。于是原本为王家服务的懂得天文历算的人及其后代就四处流散,有的在若干夏朝后裔的国家中任职,有的则到远处边陲的夷狄去为他们服务。这样一来,他们察知吉凶之兆的方法就被废弃而得不到行用。周襄王二十六年,也即鲁文公元年,鲁历将闰月置于三月,而《左传》以为不符合礼制。因为古代帝王定历,首先要选定冬至朔旦夜半齐同作为历元,使各种天文数据都排齐于历元这个起始点,然后将年中的月份放在正常的位置,把闰余积累起来,满一个月时就设置一个闰月,放在岁终。把选定各种天文数据齐同的这个时刻作为历元,则年月日等的次序就不会失误;将年中月序按正常法则排列,则人民使用起来就不会感到迷惑;将闰余置于年终,节气和月序就不会发生错乱。

其后战国并争,在于强国禽敌,[1]救急解纷而已,岂遑念斯哉!是时独有邹衍,明于五德之传,[2]而散消息之分,[3]以显诸侯。而亦因秦灭六国,兵戎极烦,又升至尊之日浅,未暇遑也。而亦颇推五胜,[4]而自以为获水德之瑞,[5]更名河曰"德水",而正以十月,[6]色上黑。然历度闰余,未能睹其真也。

【注释】[1]"禽",通"擒"。[2]"明于五德之传",邹衍《主运》说:"终始五德,从所不胜,木德继之,金德次之,火德次之,水德次之。"即木胜土,金胜木,火胜金,水胜火,土胜水。邹衍认为,政权的更迭是按五行相胜的顺序进行的。[3]"消息",即阴阳。所以司马迁说邹衍"深观阴阳消息,而作怪迂之变"。[4]"颇推五胜",《邹子》说:"五德从所不胜,虞土,夏木,殷金,周火。"[5]"自以为获水德之瑞",秦也相信五胜之说,周火德衰,水胜火,故秦得水德。[6]"正以十月",指以十月为年始。秦用颛顼历,行夏正,以十月为年始,闰在后九月,沿用闰在年终的习惯。

【译文】后来到了战国,各国互相争战,君臣

上下所关注的只在于使国家富强起来,战败敌国,或者挽救危急,排解争纷而已,哪有余力去考虑到这些事情呢!那个时候,只有邹衍,懂得五行循环和阴阳消长的道理,以此显扬于诸侯。也因为秦灭六国,战争频繁,加上秦始皇当上皇帝的时间还不久,所以没有顾及。虽然如此,他也相信五行相胜的道理,自以为获得水德的瑞祥,所以将黄河的名字改名为德水,以十月为岁首,崇尚黑色。至于日月五星的行度和历法中的闰余是否准确,也就未加仔细考虑。

汉兴,高祖曰"北畤待我而起",[1]亦自以为获水德之瑞。虽明习历及张苍等,咸以为然。是时天下初定,方纲纪大基,高后女主,皆未遑,故袭秦正朔服色。

【注释】[1]"北畤",刘邦也以为汉获水德,水位在北方,故汉代祭祀天地的地方叫北畤。"畤",音zhì。

【译文】当汉朝兴起的时候,高祖曾说:"五帝中的四帝都兴盛过了,只有黑帝等待我来建立。"这是他自以为得到水德的瑞应,即使懂得历法的官员及张苍等人,也都以为如此。这个时候天下初步平定,各种规章制度才刚刚建立,不久高祖就去世了,其后高后女主也来未得及考虑,所以仍然袭用秦朝的正朔服色。

至孝文时,鲁人公孙臣以终始五德上书,言:"汉得土德,[1]宜更元,改正朔,易服色。当有瑞,瑞黄龙见。"[2]事下丞相张苍,张苍亦学律历,以为非是,罢之。其后黄龙见成纪,张苍自黜,所欲论著不成。而新垣平以望气见,颇言正历服色事,贵幸,后作乱,故孝文帝废不复问。

【注释】[1]"汉得土德",依邹衍五行相胜说,周火,秦水,汉土。 [2]"瑞黄龙见",五行与五色相应:木青,火赤,土黄,金白,水黑。汉土德为黄色,故说有黄龙之瑞。

【译文】到了孝文帝的时候,鲁人公孙臣以五德终始的学说向皇帝上书,称:"汉朝得到土德,应该变更历元,修改正朔,变换服色。汉得土德将会

有瑞祥出现的,这个瑞祥就是黄龙。"这件事交给丞相张苍处理,张苍也学过律历,他认为这种说法不正确,就不予理睬。后来黄龙真的在成纪这个地方出现,于是张苍就自请罢黜,想要论述汉得水德的论著也就没有完成。这时候,另有一个善于观天望气以预言政治的名叫新垣平的人谒见天子,也很谈论了一些改革历法和服色的事,很得文帝的宠幸。后来他闹事作乱,所以文帝也就不再过问这件事了。

至今上即位,招致方士唐都,分其天部;[1]而巴落下闳运算转历,然后日辰之度与夏正同。乃改元,更官号,封泰山。因诏御史曰:"乃者,[2]有司言星度之未定也,广延宣问,以理星度,未能詹也。[3]盖闻昔者黄帝合而不死,[4]名察度验,[5]定清浊,[6]起五部,[7]建气物分数。[8]然盖尚矣。书缺乐弛,朕甚闵焉,[9]朕唯未能循明也。[10]绌绩日分,[11]率应水德之胜。[12]今日顺夏至,[13]黄钟为宫,林钟为徵,太蔟为商,南宫为羽,姑洗为角。自是以后,气复正变,羽声复清,名复正。以至子日当冬至,[14]则阴阳离合之道行焉。十一月甲子朔旦冬至已詹,其更以七年为太初元年,[15]年名'焉逢摄提格',[16]月名'毕聚',[17]日得甲子,夜半朔旦冬至。"[18]

【注释】[1]"分其天部",即将赤道分判为二十八个不等的部分。太初历二十八宿的分度与颛顼历不同,是唐都重新分判的。 [2]"乃者",以往。 [3]"詹",同"瞻",引申为省视。言以往有司言二十八宿星度未定,广泛征求意见,也未能弄清。 [4]"合而不死",指建立符合天象的历法,循环无穷。 [5]"名察度验",即察名验度,意谓能明察天象的名称,测定其行度。 [6]"定清浊",定律吕的清浊。 [7]"起五部",即立五行。 [8]"建气物分数",建立起节气物候相距的日数。 [9]"闵",同"悯",忧伤。 [10]"循明",执行明政。《史记正讹》认为"循"为"修"字之误。 [11]"绌绩",纺织。意谓现今将时间像纺织一样按年月日组织起来。 [12]"应水德之胜",意谓应胜水德的土德。五行土胜水。 [13]"夏至",《索隐》云:"谓夏至、冬至。" [14]"子日当冬至",谓正逢子日为冬至。 [15]"以七年为太初元年",以元封七年为太初元年。

〔16〕“焉逢”为甲，“摄提格”为寅。则此历太初元年为甲寅年。这是司马迁新历改定的年名。太初二年端蒙单阏为乙卯，以下顺此类推。它与干支纪年和汉初的太岁纪年都不衔接。〔17〕“毕聚”，正月的异名。“聚”，同“陬”。新历以冬至所在月为正月。〔18〕“夜半朔旦冬至”，此历以太初元年冬至朔旦夜半为历元。

【译文】到当今天子接位，招来方士唐都，重新将周天的行度分为二十八个部分，而巴郡落下闳则依照天体运动的规律，推算历日，为此得到的日月运行和交会的行度和夏正一样。于是就改定历元，更换官号，封泰山。并诏告御史说：“过去主管星历的官员曾说二十八宿的距度未经确定，便广泛地征求意见，以确定二十八宿的距度。但还是未能弄清。曾经听说黄帝作历，由于符合天象的运行，所以能持续地使用下去，这种历法能够分清各种天体的名称，测定它们的行度，审定律吕的清浊，建立起五气的运行，节气间相距的日数，和天上各星体相互间的距离。然而，那已经是很久以前的事了，现在有关天文历数的典籍缺佚，乐理也废弛了，这是我未能执行明政的过失，我觉得很难过。如今将时间按年月日像织绸一样地计算清楚了，全都应在胜过水德的土德。现在太阳循着经过夏至、冬至的黄道运行。以黄钟为宫声，林钟为徵声，太簇为商声，南吕为羽声，姑洗为角声。从此以后，节气又定正确了，作为定调的最高羽声又清了。各种名称也都得到了匡正。以子日逢冬至开始起算，则阴阳离合的规律就通行了。现在，十一月甲子朔旦冬至已经相遇，于是便改元封七年为太初元年。定年名为焉逢摄提格（甲寅），月名毕聚（正月），以甲子夜半朔旦冬至为历元。

历术甲子篇〔1〕

【注释】〔1〕“历术甲子篇”，此为司马迁新历以甲子日为历元的历名。

【译文】历术甲子篇

太初元年，岁名“焉逢摄提格”，月名“毕聚”，日得甲子，夜半朔旦冬至。〔1〕

【注释】〔1〕“夜半朔旦冬至”，以上讲历元所在。

【译文】历元为太初元年，岁名焉逢摄提格，月名毕聚，甲子夜半冬至。

正北；〔1〕

【注释】〔1〕“正北”，此指太初元年冬至时太阳在正北方向。四分历以一回归年为三百六十五又四分之一日，一昼夜太阳自东向西运行十二个方位，一个方位为一个时辰。第一年冬至在夜半，故日在正北。第二年冬至有日余四分之一日，即在卯时正东，第三年在午时正南，第四年在酉时正西，第五年到正北，下文始元元年“正西”，地节三年“正南”，初元元年“正东”，分别为以后的第十九、三十八、五十七年，冬至分别有闰余四分之三、四分之二和四分之一日，故日在正西、正南、正东。

【译文】第一章第一年正月冬至时，太阳位于正北向，即夜半子时；

十二；〔1〕

【注释】〔1〕“十二”，为太初元年月数，以下有闰之年为“十三”。

【译文】平年十二月；

无大余，无小余；〔1〕

【注释】〔1〕“无大余，无小余”，此指太初元年正月的合朔时刻，大余指干支序数，以甲子为零起数，小余为日余，以九百四十为朔日法（小余的分母）。历元时合朔在甲子夜半，故大余甲子日干支序数为零，小余也为零。

【译文】合朔时干支无大余（即朔日的干支序数为零，为甲子日），无小余（即合朔时刻为九百四十分之零日，为子时夜半）；

无大余，无小余；〔1〕

【注释】〔1〕“无大余，无小余”，此指太初元年

冬至日的干支和时刻,由于历元冬至日为甲子夜半,故大余干支序数为零,小余也为零。

【译文】冬至时无大余(即冬至干支日序为零,为甲子日),无小余(即冬至时刻为三十二分之零日,为子时夜半);

焉逢摄提格太初元年。[1]

【注释】[1]“太初元年”,自“正北”起至“太初元年”止,载此年冬至时的太阳方位,一年的日数,岁首的合朔时刻和冬至时刻,最后载年名。以下同此。

【译文】焉逢摄提格太初元年(甲寅)。

十二;
大余五十四,小余三百四十八;[1]

【注释】[1]“大余五十四,小余三百四十八”,自历元时起,一年十二个月后,每个朔望月为二十九又九百四十分之四百九十九日,积日数为三百五十四又九百四十分之三百四十八,日数以六十余弃之,得余数五十四,这就是大余五十四、小余三百四十八的来历。

【译文】平年十二月;
大余五十四,小余三百四十八;

大余五,小余八;[1]

【注释】[1]“大余五,小余八”,一回归年为三百六十五又四分之一日,日数以六十除弃之,得五又四分之一日。取气日法(节气日余的分母)为三十二,四分之一日余为八分,故有大余五,小余八。以下仿此。

【译文】大余五,小余八;

端蒙单阏二年。[1]

【注释】[1]“端蒙单阏二年”,乙卯岁。“端蒙”为乙,《尔雅》作“旃蒙”。

【译文】端蒙单阏二年(乙卯)。

闰十三;[1]

【注释】[1]“闰十三”,一平年十二个月积三百五十四又九百四十分之三百四十八日,一回归年经十二月后,尚余十日又九百四十分之八百二十七日,经三个平年之后,岁余达三十二日有余,积满一月,故于此年置闰。四分历以十九年为一章,在十九年中共积满七个闰月。

【译文】闰年十三月;

大余四十八,小余六百九十六;
大余十,小余十六;
游兆执徐三年。[1]

【注释】[1]“游兆执徐三年”,丙辰岁。“游兆”为丙,《尔雅》作“柔兆”。

【译文】大余四十八,小余六百九十六;
大余十,小余十六;
游兆执徐三年(丙辰)。

十二;
大余十二,小余六百三;
大余十五,小余二十四;
强梧大荒落四年。[1]

【注释】[1]“强梧大荒落四年”,丁巳岁。“强梧”为丁,《尔雅》作“强圉”。

【译文】平年十二月;
大余十二,小余六百零三;
大余十五,小余二十四;
强梧大荒落四年(丁巳)。

十二;
大余七,小余十一;
大余二十一,无小余;
徒维敦牂天汉元年。[1]

【注释】[1]“徒维敦牂天汉元年”,戊午岁。

"徒维"为戌,《尔雅》作"著雍"。

【译文】平年十二月;
大余七,小余十一;
大余二十一,无小余;
徒维敦祥天汉三年(戊午)。

闰十三;
大余一,小余三百五十九;
大余二十六,小余八;
祝犁协洽二年。[1]

【注释】[1]"祝犁协洽二年",己未岁。"祝犁"为己,《尔雅》作"屠维"。

【译文】闰年十三月;
大余一,小余三百五十九;
大余二十六,小余八;
祝犁协洽二年(己未)。

十二;
大余二十五,小余二百六十六;
大余三十一,小余十六;
商横涒滩三年。[1]

【注释】[1]"商横涒滩三年",庚申岁。"商横"为庚,《尔雅》作"上章"。

【译文】平年十二月;
大余二十五,小余二百六十六;
大余三十一,小余十六;
商横涒滩三年(庚申)。

十二;
大余十九,小余六百一十四;
大余三十六,小余二十四;
昭阳作鄂四年。[1]

【注释】[1]"昭阳作鄂四年",辛酉岁。"昭阳"为辛,《尔雅》作"重光"。

【译文】平年十二月;
大余十九,小余六百一十四;
大余三十六,小余二十四;

昭阳作鄂四年(辛酉)。

闰十三;
大余十四,小余二十二;
大余四十二,无小余;
横艾淹茂太始元年。[1]

【注释】[1]"横艾淹茂太始元年",壬戌岁。"横艾"为壬,《尔雅》作"玄黓"。据《索隐》所说,自太始、征和以下至篇末,其年次皆褚先生所续。

【译文】闰年十三月;
大余十四,小余二十二;
大余四十二,无小余;
横艾淹茂太始元年(壬戌)。

十二;
大余三十七,小余八百六十九;
大余四十七,小余八;
尚章大渊献二年。[1]

【注释】[1]"尚章大渊献二年",癸亥岁。"尚章"为癸,《尔雅》作"昭阳"。

【译文】平年十二月;
大余三十七,小余八百六十九;
大余四十七,小余八;
尚章大渊献二年(癸亥)。

闰十三;
大余三十二,小余二百七十七;
大余五十二,小余一十六;
焉逢困敦三年。[1]

【注释】[1]"焉逢困敦三年",甲子岁。

【译文】闰年十三月;
大余三十二,小余二百七十七;
大余五十二,小余一十六;
焉蓬困敦三年(甲子)。

十二;
大余五十六,小余一百八十四;

大余五十七,小余二十四;
端蒙赤奋若四年。[1]

【注释】[1]"端蒙赤奋若四年",乙丑岁。

【译文】平年十二月;
大余五十六,小余一百八十四;
大余五十七,小余二十四;
端蒙赤奋若四年(乙丑)。

十二;
大余五十,小余五百三十二;
大余三,无小余;
游兆摄提格征和元年。
闰十三;
大余四十四,小余八百八十;
大余八,小余八;
强梧单阏二年。
十二;
大余八,小余七百八十七;
大余十三,小余十六;
徒维执徐三年。
十二;
大余三,小余一百九十五;
大余十八,小余二十四;
祝犁大荒落四年。
闰十三;
大余五十七,小余五百四十三;
大余二十四,无小余;
商横敦牂后元元年。
十二;
大余二十一,小余四百五十;
大余二十九,小余八;
昭阳汁洽二年。
闰十三;
大余十五,小余七百九十八;
大余三十四,小余十六;
横艾涒滩始元元年。
正西;
十二;
大余三十九,小余七百五;
大余三十九,小余二十四;

尚章作噩二年。
十二;
大余三十四,小余一百一十三;
大余四十五,无小余;
焉逢淹茂三年。
闰十三;
大余二十八,小余四百六十一;
大余五十,小余八;,
端蒙大渊献四年。
十二;
大余五十二,小余三百六十八;
大余五十五,小余十六;
游兆困敦五年。
十二;
大余四十六,小余七百一十六;
无大余,小余二十四;
强梧赤奋若六年。
闰十三。
大余四十一,小余一百二十四;
大余六,无小余;
徒维摄提格元凤元年。
十二;
大余五,小余三十一;
大余十一,小余八;
祝犁单阏二年。
十二;
大余五十九,小余三百七十九;
大余十六,小余十六;
商横执徐三年。
闰十三;
大余五十三,小余七百二十七;
大余二十一,小余二十四;
昭阳大荒落四年。
十二;
大余十七,小余六百三十四;
大余二十七,无小余;
横艾敦牂五年。
闰十三;
大余十二,小余四十二;
大余三十二,小余八;
尚章汁洽六年。

十二；
大余三十五，小余八百八十九；
大余三十七，小余十六；
焉逢涒滩元平元年。
十二；
大余三十，小余二百九十七；
大余四十二，小余二十四；
端蒙作噩本始元年。
闰十三；
大余二十四，小余六百四十五；
大余四十八，无小余；
游兆阉茂二年。
十二；
大余四十八，小余五百五十二；
大余五十三，小余八；
强梧大渊献三年。
十二；
大余四十二，小余九百；
大余五十八，小余十六；
徒维困敦四年。
闰十三；
大余三十七，小余三百八；
大余三，小余二十四；
祝犁赤奋若地节元年。
十二；
大余一，小余二百一十五；
大余九，无小余；
商横摄提格二年。
闰十三；
大余五十五，小余五百六十三；
大余十四，小余八；
昭阳单阏三年。
正南；
十二；
大余十九，小余四百七十；
大余十九，小余十六；
横艾执徐四年。
十二；
大余十三，小余八百一十八；
大余二十四，小余二十四；
尚章大荒落元康元年。

闰十三；
大余八，小余二百二十六；
大余三十，无小余；
焉逢敦牂二年。
十二；
大余三十二，小余一百三十三；
大余三十五，小余八；
端蒙协洽三年。
十二；
大余二十六，小余四百八十一；
大余四十，小余十六；
游兆涒滩四年。
闰十三；
大余二十，小余八百二十九；
大余四十五，小余二十四；
强梧作噩神雀元年。
十二；
大余四十四，小余七百三十六；
大余五十一，无小余；
徒维淹茂二年。
十二；
大余三十九，小余一百四十四；
大余五十六，小余八；
祝犁大渊献三年。
闰十三；
大余三十三，小余四百九十二；
大余一，小余十六；
商横困敦四年。
十二；
大余五十七，小余三百九十九；
大余六，小余二十四；
昭阳赤奋若五凤元年。
闰十三；
大余五十一，小余七百四十七；
大余十二，无小余；
横艾摄提格二年。
十二；
大余十五，小余六百五十四；
大余十七，小余八；
尚章单阏三年。
十二；

大余十,小余六十二;

大余二十二,小余十六;

焉逢执徐四年。

闰十三;

大余四,小余四百一十;

大余二十七,小余二十四;

端蒙大荒落甘露元年。

十二;

大余二十八,小余三百一十七;

大余三十三,无小余;

游兆敦牂二年。

十二;

大余二十二,小余六百六十五;

大余三十八,小余八;

强梧协洽三年。

闰十三;

大余十七,小余七十三;

大余四十三,小余十六;

徒维涒滩四年。

十二;

大余四十,小余九百二十;

大余四十八,小余二十四;

祝犁作噩黄龙元年。

闰十三;

大余三十五,小余三百二十八;

大余五十四,无小余;

商横淹茂初元元年。

正东;

十二;

大余五十九,小余二百三十五;

大余五十九,小余八;

昭阳大渊献二年。

十二;

大余五十三,小余五百八十三;

大余四,小余十六;

横艾困敦三年。

闰十三;

大余四十七,小余九百三十一;

大余九,小余二十四;

尚章赤奋若四年。

十二;

大余十一,小余八百三十八;

大余十五,无小余;

焉逢摄提格五年。

十二;

大余六,小余二百四十六;

大余二十,小余八;

端蒙单阏永光元年。

闰十三;

无大余,小余五百九十四;

大余二十五,小余十六;

游兆执徐二年。

十二;

大余二十四,小余五百一;

大余三十,小余二十四;

强梧大荒落三年。

十二;

大余十八,小余八百四十九;

大余三十六,无小余;

徒维敦牂四年。

闰十三;

大余十三,小余二百五十七;

大余四十一,小余八;

祝犁协洽五年。

十二;

大余三十七,小余一百六十四;

大余四十六,小余十六;

商横涒滩建昭元年。

闰十三;

大余三十一,小余五百一十二;

大余五十一,小余二十四;

昭阳作噩二年。

十二;

大余五十五,小余四百一十九;

大余五十七,无小余;

横艾阉茂三年。

十二;

大余四十九,小余七百六十七;

大余二,小余八;

尚章大渊献四年。

闰十三;

大余四十四,小余一百七十五;

大余七,小余十六;
焉逢困敦五年。
十二;
大余八,小余八十二;
大余十二,小余二十四;
端蒙赤奋若竟宁元年。
十二;
大余二,小余四百三十;
大余十八,无小余;
游兆摄提格建始元年。
闰十三;
大余五十六,小余七百七十八;
大余二十三,小余八;
强梧单阏二年。
十二;
大余二十,小余六百八十五;
大余二十八,小余十六;
徒维执徐三年。
闰十三;
大余十五,小余九十三;
大余三十三,小余二十四;
祝犁大荒落四年。[1]

【注释】[1]"祝犁大荒落四年",四分历以十九年为一章,四章为一蔀。这个历表共七十六年,恰为一蔀之数。经一蔀,季节合朔时刻都回到原处,即回到冬至朔旦夜半。

【译文】平年十二月;
大余五十,小余五百三十二;
大余二,无小余;
游兆摄提格征和元年(丙寅)。
闰年十三月;
大余四十四,小余八百八十;
大余八,小余八;
强梧单阏二年(丁卯)。
平年十二月;
大余八,小余七百八十七;
大余十三,小余十六;
徒维执徐三年(戊辰)。
平年十二月;
大余三,小余一百九十五;
大余十八,小余二十四;

祝犁大荒落四年(己巳)。
闰年十三月;
大余五十七,小余五百四十三;
大余二十四,无小余;
商横敦牂后元元年(庚午)。
平年十二月;
大余二十一,小余四百五十;
大余二十九,小余八;
昭阳协洽二年(辛未)。
闰年十三月;
大余十五,小余七百九十八;
大余三十四,小余十六;
横艾涒滩始元元年(壬申)。
第二章第一年正月冬至时,太阳位于正西方,即日落酉时;
平年十二月;
大余三十九,小余七百五;
大余三十九,小余二十四;
尚章作噩二年(癸酉)。
平年十二月;
大余三十四,小余一百一十三;
大余四十五,无小余;
焉蓬淹茂三年(甲戌)。
闰年十三月;
大余二十八,小余四百六十一;
大余五十,小余八;
端蒙大渊献四年(乙亥)。
平年十二月;
大余五十二,小余三百六十八;
大余五十五,小余十六;
游兆困敦五年(丙子)。
平年十二月;
大余四十六,小余七百一十六;
无大余,小余二十四;
强梧赤奋若六年(丁丑)。
闰年十三月;
大余四十一,小余一百二十四;
大余六,无小余;
徒维摄提格元凤元年(戊寅)。
平年十二月;
大余五,小余三十一;
大余十一,小余八;
祝犁单阏二年(己卯)。
平年十二月;
大余五十九,小余三百七十九;
大余十六,小余十六;

商横执徐三年(庚辰)。

闰年十三月；

大余五十三,小余七百二十七；

大余二十一,小余二十四；

昭阳大荒落四年(辛巳)。

平年十二月；

大余十七,小余六百三十四；

大余二十七,无小余；

横艾敦牂五年(壬午)。

闰年十三月；

大余十二,小余四十二；

大余三十二,小余八；

尚章汁洽六年(癸未)。

平年十二月；

大余三十五,小余八百八十九；

大余三十七,小余十六；

焉蓬涒滩元平元年(甲申)。

平年十二月；

大余三十,小余二百九十七；

大余四十二,小余二十四；

端蒙作噩本始元年(乙酉)。

闰年十三月；

大余二十四,小余六百四十五；

大余四十八,无小余；

游兆阉茂二年(丙戌)。

平年十二月；

大余四十八,小余五百五十二；

大余五十三,小余八；

强梧大渊献三年(丁亥)。

平年十二月；

大余四十二,小余九百；

大余五十八,小余十六；

徒维困敦四年(戊子)。

闰年十三月；

大余三十七,小余三百八；

大余三,小余二十四；

祝犁赤奋若地节元年(己丑)。

平年十二月；

大余一,小余二百一十五；

大余九,无小余；

商横摄提格二年(庚寅)。

闰年十三月；

大余五十五,小余五百六十三；

大余十四,小余八；

昭阳单阏三年(辛卯)。

第三章第一年正月冬至时,太阳位于正南方,

即日中午时；

平年十二月；

大余十九,小余四百七十；

大余十九,小余十六；

横艾执徐四年(壬辰)。

平年十二月；

大余十三,小余八百一十八；

大余二十四,小余二十四；

尚章大荒落元康元年(癸巳)。

闰年十三月；

大余八,小余二百二十六；

大余三十,无小余；

焉逢敦牂二年(甲午)。

平年十二月；

大余三十二,小余一百三十三；

大余三十五,小余八；

端蒙协洽三年(乙未)。

平年十二月；

大余二十六,小余四百八十一；

大余四十,小余十六；

游兆涒滩四年(丙申)。

闰年十三月；

大余三十,小余八百二十九；

大余四十五,小余二十四；

强梧作噩神雀元年(丁酉)。

平年十二月；

大余四十四,小余七百三十六；

大余五十一,无小余；

徒维淹茂二年(戊戌)。

平年十二月；

大余三十九,小余一百四十四；

大余五十六,小余八；

祝犁大渊献三年(己亥)。

闰年十三月；

大余三十三,小余四百九十二；

大余一,小余十六；

商横困敦四年(庚子)。

平年十二月；

大余五十七,小余三百九十九；

大余六,小余二十四；

昭阳赤奋若五凤元年(辛丑)。

闰年十三月；

大余五十一,小余七百四十七；

大余十二,无小余；

横艾摄提格二年(壬寅)。

平年十二月；

大余十五,小余六百五十四;

大余十七,小余八;

尚章单阏三年(癸卯)。

平年十二月;

大余十,小余六十二;

大余二十二,小余十六;

焉蓬执徐四年(甲辰)。

闰年十三月;

大余四,小余四百一十;

大余二十七,小余二十四;

端蒙大荒落甘露元年(乙巳)。

平年十二月;

大余二十八,小余三百一十七;

大余三十三,无小余。

游兆敦牂二年(丙午)。

平年十二月;

大余二十二,小余六百六十五;

大余三十八,小余八;

强梧协洽三年(丁未)。

闰年十三月;

大余十七,小余七十三;

大余四十三,小余十六;

徒维涒滩四年(戊申)。

平年十二月;

大余四十,小余九百二十;

大余四十八,小余二十四;

祝犁作噩黄龙元年(己酉)。

闰年十三月;

大余三十五,小余三百二十八;

大余五十四,无小余;

商横淹茂初元元年(庚戌)。

第四章第一年正月冬至时,太阳位于正东方,即日出卯时;

平年十二月;

大余五十九,小余二百三十五;

大余五十九,小余八;

昭阳大渊献二年(辛亥)。

平年十二月;

大余五十三,小余五百八十三;

大余四,小余十六;

横艾困敦三年(壬子)。

闰年十三月;

大余四十七,小余九百三十一;

大余九,小余二十四;

尚章赤奋若四年(癸丑)。

平年十二月;

大余十一,小余八百三十八;

大余十五,无小余;

焉蓬摄提格五年(甲寅)。

平年十二月;

大余六,小余二百四十六;

大余二十,小余八;

端蒙单阏永光元年(乙卯)。

闰年十三月;

无大余,小余五百九十四;

大余二十五,小余十六;

游兆执徐二年(丙辰)。

平年十二月;

大余二十四,小余五百一;

大余三十,小余二十四;

强梧大荒落三年(丁巳)。

平年十二月;

大余十八,小余八百四十九;

大余三十六,无小余;

徒维敦牂四年(戊午)。

闰年十三月;

大余十三,小余二百五十七;

大余四十一,小余八;

祝犁协洽五年(己未)。

平年十二月;

大余三十七,小余一百六十四;

大余四十六,小余十六;

商横涒滩建昭元年(庚申)。

闰年十三月;

大余三十一,小余五百一十二;

大余五十一,小余二十四;

昭阳作噩二年(辛酉)。

平年十二月;

大余五十五,小余四百一十九;

大余五十七,无小余;

横艾阉茂三年(壬戌)。

平年十二月;

大余四十九,小余七百六十七;

大余二,小余八;

尚章大渊献四年(癸亥)。

闰年十三月;

大余四十四,小余一百七十五;

大余七,小余十六;

焉蓬困敦五年(甲子)。

平年十二月;

大余八,小余八十二;

大余十二,小余二十四;

端蒙赤奋若竟宁元年(乙丑)。

平年十二月；

大余二,小余四百三十；

大余十八,无小余；

游兆摄提格建始元年(丙寅)。

闰年十三月；

大余五十六,小余七百七十八；

大余二十三,小余八；

强梧单阏二年。

平年十二月；

大余二十,小余六百八十五；

大余二十八,小余十六；

徒维执徐三年(戊辰)。

闰年十三月；

大余十五,小余九十三；

大余三十三,小余二十四；

祝犁大荒落四年(己巳)。

右历书:大余者,日也。小余者,月也。[1] 端蒙者,年名也。支:丑名赤奋若,寅名摄提格。干:丙名游兆。正北,冬至加子时;正西,加酉时;正南,加午时;正东,加卯时。

【注释】[1]"小余者,月也",当是"小余者,日之余分也"之误。

【译文】以上历书所说:大余是正月朔日和冬至的干支;小余是合朔日的余分和冬至日的余分;端蒙是年的名字,其中地支丑名赤奋若,寅名摄提格,天干丙名游兆;正北表示冬至加子时,正西表示冬至加酉时,正南表示冬至加午时,正东表示冬至加卯时。

史记卷二十七

天 官 书 第 五[1]

中宫。[2]天极星，其一明者，太一常居也。[3]旁三星三公，或曰子属。[4]后句四星,[5]末大星正妃，余三星后宫之属也。环之匡卫十二星,[6]藩臣。皆曰紫宫。

【注释】〔1〕张衡《灵宪》说："众星列布，各有所属，在野象物，在朝象官，在人象事。"故中国星名大多以器物、官名、人事名之。尤以官名最为普遍，故称《天官书》。本篇包括全天各星座的分布、五星及其运动、日月运动及其交蚀、异星、云气、候岁和总论七个部分。 〔2〕"中宫"，中国先秦曾将黄道分为东南西北中五个部分，分别称之为东方苍龙，北方玄武，西方白虎，中方黄龙，南方朱雀。黄龙介于朱雀和白虎之间的黄道上，即轩辕座、五帝座一带。黄道五方星又与五方神相对应，《天官书正义》说："黄帝座一星，在太微宫中，含枢纽之神。四星夹黄帝座：苍帝东方灵威仰之神；赤帝南方赤熛怒之神；白帝西方白昭矩之神；黑帝北方叶光纪之神。"又称青黑白黄赤五帝。后来黄道五方星才演变成四方星，并将中方移至北极附近，即紫微垣。《史记考异》说："此中宫及东宫、南宫、西宫、北宫五宫字皆当作官。"此论不妥，帝和官不同，宫和座也不相当。每宫各包括若干星官。 〔3〕"太一"，肉眼所见不随天球旋转而转动的那颗星称为天极星，由于它处于全天星座中的特殊地位，古人都把它比喻为八卦中的太极，或曰太一。由于岁差的关系，北极的位置将在星座间移动，不同历史时期有不同的极星，以至于哪颗星是太一也有不同的说法。《天官书》所说的太一，实是通常所说的帝星。〔4〕"或曰子属"，帝星旁的三星也非三公，应是太子、庶子、后宫三星，所以说"或曰子属"。通常所说的三公，在宫垣外，远离极星，不属"旁三星"。

〔5〕"句"，同"勾"。"后句四星"，实即指句陈中的四颗亮星。 〔6〕"十二星"，一说十五星，即指紫宫垣十五星。

【译文】天上的星座可以分为五大区域，称为五宫。在中宫正中央的一颗星称为天极星。它比附近的星都较明亮，常居于固定的位置不动，故称其为太一。旁边三颗星为三公，也有人把它们称为天帝的子属。在后面成钩形的四颗星中，最末一颗较亮，为正妃，其余三颗星为后宫的嫔妃之类，像匡卫一样环绕着天极星的十二颗星为藩臣，它们合起来称为紫宫。

前列直斗口三星,[1]随北端兑,[2]若见若不，曰阴德，或曰天一。[3]紫宫左三星曰天枪，右五星曰天棓,[4]后六星绝汉抵营室,[5]曰阁道。[6]

【注释】〔1〕"直"，当也。"斗口"，即北斗星之口。 〔2〕"随"，通"隋"，音 tuǒ，下垂之义。"兑"，通"锐"。意谓三星向北垂下，呈端点尖锐的三角形。《索隐》作"隋斗端兑"。 〔3〕"曰阴德，或曰天一"，《星经》所载阴德为二星，当斗口在宫垣内。由于此三星若隐若现，第三颗暗星难以判定。天一在宫垣外，近右枢，只一颗星，近斗杓。故此三星非指天一。 〔4〕"棓"，通"棒"。"天棓"，与上"天枪"均为守卫宫门的两件兵器。 〔5〕"后六星"，指宫垣后门外的六颗星。"绝"，度，过。"汉"，即银河。"抵"，至。"营室"，天子的离宫。 〔6〕"阁道"，天子从紫宫到营室所经过的一条路。

【译文】正对北斗斗口的三颗星，向北面下

垂,而呈端点尖锐的三角形,若隐若现,称作阴德,或叫做天一。紫宫左面的三颗星叫天枪;右面的五颗星叫天棓;后面的六颗星通过银河直达营室的星座,称为阁道。

北斗七星,所谓"旋、玑、玉衡,[1]以齐七政"。[2]杓携龙角,[3]衡殷南斗,[4]魁枕参首。[5]用昏建者杓,[6]杓,自华以西南,[7]夜半建者衡,[8]衡,殷中州河、济之间,[9]平旦建者魁,[10]魁,海岱以东北也。[11]斗为帝车,运于中央,临制四乡。分阴阳,[12]建四时,均五行,[13]移节度,[14]定诸纪,[15]皆系于斗。

【注释】[1]"旋、玑、玉衡",从斗口开始,第一天枢,第二旋,第三玑,第四权,第五衡,第六开阳,第七摇光。一至四合称魁,五至七合称杓,总称为斗。马融把璇玑比喻为浑仪中可以转动的圆环,玉衡比喻为望筒。[2]"齐",齐全。"七政",《尚书大传》释为七项政事;《尚书》马融注以为是指日月五星的运行。[3]"杓",指斗杓。"携",连。"龙角",指苍龙的角,即角宿。据朱文鑫《史记天官书恒星图考》的解释,角宿主星、开阳和帝星在一直线上,故曰"杓携龙角"。[4]"殷",当也。"南斗",即斗宿。衡星与斗宿中的二星正好在一直线上,故曰"衡殷南斗"。[5]"魁枕参首",魁四星位于参宿两肩之上。参宿的左右肩两星分别与魁四星中的左右两星两两相连,成两条并行的直线。故曰"魁枕参首"。[6]"用昏建者杓",用初昏时斗杓的指向来建立月序。[7]"杓,自华以西南",此是天文上的分野之说。华山的西南方属杓。[8]"夜半建者衡",以夜半时衡星与南斗二星连线的指向来确定月建。[9]"河",黄河。"济",济水。"河、济之间",指开封、商丘、定陶一带地区。[10]"平旦建者魁",言黎明前以魁星与参肩连线所指定月建。《索隐》引孟康说:"假令杓昏建寅,衡夜半亦建寅也。"但魁平旦不指寅而指子。[11]"海岱",指代郡。[12]"阴阳",指一年中上半年和下半年的阴阳两部分。[13]"五行",指一年中的五节,并非指哲学上的阴阳五行的概念。[14]"节度",即节气和太阳的行度。[15]"纪",历法中的周期。"诸纪",主要是指纪年、纪月、纪日的周期。

【译文】北斗七星,这就是《尚书》所说的考察旋、玑、玉衡的运动来确定七项政事的星座。斗杓连着东方苍龙的角,斗衡正当着南斗的中央,斗魁则正好枕在参宿的头。因此,十二个月的月建可以用以下三种不同的方法来确定:初昏时用斗杓的指向定月建,杓在地理上的分野相当于华山的西南部;夜半时以斗衡所对定月建,衡相当于中州的河济之间的区域;平旦时以斗魁所指定月建,斗魁相当于代郡东北的区域。北斗为天帝的车子,它在中央运转,代表着天帝循行并节制四方。阴阳和四时的建立,五行的分配,节气和日月行度的确定,各种历纪的配合,都决定于北斗的运动。

斗魁戴匡六星,[1]曰文昌宫:一曰上将,二曰次将,三曰贵相,四曰司命,五曰司中,六曰司禄。在斗魁中,贵人之牢。[2]魁下六星,两两相比者,名曰三能。[3]三能色齐,君臣和;不齐,为乖戾。辅星明近,[4]辅臣亲强;[5]斥小,疏弱。[6]

【注释】[1]"戴匡",旧释为戴在魁头上的饭器或箩筐。此解似属附会。饭器或箩筐不能当帽子戴,文昌六星也不成筐形。同时,文昌六星都是天帝的文臣武将,是重要的辅臣,不可能合在一起即成饭器。今依《尔雅·释地》,"戴"解作值;"匡"解作辅助。全句可解释为"与斗魁相值的匡扶天帝的六星"。[2]"在斗魁中,贵人之牢",《集解》引孟康曰:《传》曰天理四星在斗魁中,贵人牢名曰天理。"牢",即牢狱。[3]"能",音 tái。"三能",即三台。[4]"辅星",在开阳旁的小星。"明进",离开阳近而且明亮。[5]"亲强",亲近强盛。[6]"斥小",离开阳远而且暗。"疏弱",君臣关系疏远,国政衰弱。

【译文】与斗魁相对的匡扶天帝的六颗星,称为文昌宫。其中第一颗叫上将,第二颗叫次将,第三颗叫贵相,第四颗叫司命,第五颗叫司中,第六颗叫司禄。在斗魁里面,是贵人的牢狱。在斗魁下方的六颗星,每两颗两颗相近,叫做三能。三能的颜色相同,表示君臣协和;如果颜色不同,表示君臣互相违逆。在北斗第六颗星旁的是辅星,辅星如果明亮而且接近,则辅臣亲睦,国家强盛;如果远离而且暗淡,则辅臣疏远,国家衰弱。

杓端有两星:[1]一内为矛,招摇;[2]一

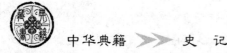

外为盾,天锋。[3]有句圜十五星,[4]属杓,曰贱人之牢。其牢中星实则囚多,虚则开出。

【注释】[1]"杓端",斗柄的延长线上。内为近杓,外为远杓。 [2]"招摇",为矛,又名更河。 [3]"天锋",为盾,一名玄戈。 [4]"句圜",音 gōu yuán。星形如钩似环。即贯索星。

【译文】斗杓的末端有两颗星,较近的一颗是矛,称为招摇;较远的一颗是盾,称为天锋。有如钩似环的十五颗星,附属于斗杓,称为贱人之牢。如果牢中星多,则表示狱里囚犯多;如果星少,则犯人得到开脱。

天一、枪、棓、矛、盾动摇,角大,兵起。[1]

【注释】[1]"兵起",当天一诸星颤动,芒角大时,则发生战乱。

【译文】如果天一、枪、棓、矛、盾五颗星颤动,芒角增大,将有战争发生。

东宫苍龙。房、心。[1]心为明堂,[2]大星天王,前后星子属。[3]不欲直,直则天王失计。[4]房为府,曰天驷。[5]其阴,[6]右骖。[7]旁有两星曰衿;[8]北一星曰辖。[9]东北曲十二星曰旗。[10]旗中四星曰天市;[11]中六星曰市楼。市中星众者实;[12]其虚则耗。[13]房南众星曰骑官。

【注释】[1]"房、心",《尔雅·释天》曰:"大辰,房心尾也。"李巡曰:"大辰,苍龙宿,体最明也。"《石氏星经》曰:"东方苍龙七宿,房为腹。"所以心为龙心,尾为龙尾,房为龙腹。房、心为龙体的主要部分。 [2]"心为明堂",心宿又称为明堂,明堂是天王布政的地方。 [3]"大星",即心宿二,也即大火星。前星为太子,后星为庶子,故称"子属"。 [4]"失计",政令疏失。 [5]"房为府,曰天驷",房宿也称天府,又曰天驷。天驷即天马。晋郭璞《尔雅注》说:"龙为天马,故房四星谓之天驷。"天马由龙引申而来。 [6]"阴",北也。 [7]"右骖",王元启《史记正讹》说:"右上当有左字,房星之北,左右

各有四星,今名东咸西咸。" [8]"衿",即钩钤。[9]"辖",同"辖"。车两头的金属键,辖星即键闭星。 [10]"东北曲十二星曰旗",《史记正讹》说:"曰十二者,上脱二字也。"朱文鑫认为:"谓十二星者,指其大者言也。" [11]"旗中四星曰天市",《史记正讹》说:"统言之,天旗即天市;析言之,则天旗南北门左右各两星为天市,余但谓之天旗也。"《正义》以为左右旗在河鼓附近,误。 [12]"实",岁实。 [13]"耗",岁虚。

【译文】东宫之神为苍龙。其代表星座为房、心二宿。心宿为天王颁布政令的明堂,其中大星为天王,前后两颗小星为王子。这三颗星不希望它们在一直线上,在一直线上则天王施政有了疏失。房宿为天府,又称为天驷。天驷的北面一星即是右边的骖马。旁边有两颗星称为衿,即车的钩钤。北边的一颗星为辖,即车辖。东北弯曲环绕的十二颗星称为旗,旗中有四颗星称为天市,又有六颗星称为市楼。天市里如果星多,表示国库充足;如果星少,表示国库空虚。房宿南方的一群星称为骑官。

左角,李;右角,将。[1]大角者,天王帝廷。其两旁各有三星,鼎足句之,曰摄提。[2]摄提者,直斗杓所指,以建时节,故曰"摄提格"。亢为疏庙,[3]主疾。其南北两大星,曰南门。[4]氐为天根,[5]主疫。

【注释】[1]"左角,李;右角,将",角宿有二星,左为李星,右为将星。"李",理也,法官。 [2]"摄提",提携。言斗携角,以建时节。 [3]"亢为疏庙",《说文解字》曰:"亢,人颈也。"此处原义为龙颈。"疏",外。"庙",朝。"疏庙",可释为行宫。 [4]"其南北两大星,曰南门",依邹伯奇的考证,此处南门星在库楼南。"南北两大星"中衍入一"北"字。 [5]"氐为天根",《索隐》引孙炎曰:"角、亢下系于氐,若木之有根也。"《石氏星经》曰:"氐,胸也,位于苍龙之胸。"角、亢为龙角龙颈,下系之物应是龙胸。

【译文】角宿左边的星为理,主刑法;右边的星为将,主军事。角宿旁边的大角星,是天王的朝廷。大角星的两边各有三颗星,成钩状,分立如鼎的三只足,称为摄提。摄提星,它正对着斗杓所指的方向,可以更准确地用以指示时节,所以摄提格的名称由此而来。摄提格,就是摄提星至的意思。

亢宿为外庙,它主管疾病。它的南北两颗大星,称为南门。氐宿为天的根,主管疫疠。

尾为九子,曰君臣。[1]斥绝,不和。箕为敖客,[2]曰口舌。

【注释】[1]"尾为九子",《索隐》《正义》都认为尾、箕为后宫之场。故《史记志疑》引王孝廉曰:"疑君臣乃群姬之讹。尾星斥绝,则群姬不和矣。《汉志》敖客下有后妃之府四字。"[2]"敖客",调弄是非之客。又箕主八风,月宿其野,为风起。

【译文】尾宿有九颗星,代表着君臣,如果互相排斥离绝,则君臣不和。箕宿代表着调弄是非的客卿,它主管着口舌之象。

火,犯、守角,[1]则有战;房、心,王者恶之也。[2]

【注释】[1]"火",荧惑。"角",角宿。"犯、守",凌、犯、守均为星占名词,表示二天体接近的程度。[2]"房、心","王者恶也之",言荧惑犯房心,王者遇恶运。

【译文】火星如果侵犯和守候在角宿,将有战事发生。火星侵犯房宿、心宿,也是王者忌讳的事情。

南宫朱鸟。权、衡。[1]衡,太微,三光之廷。[2]匡卫十二星,藩臣:西将、东相、南四星,执法。[3]中,端门;门左右,掖门;[4]门内六星,诸侯;[5]其内五星,五帝坐;[6]后聚一十五星,蔚然,曰郎位;[7]傍一大星,将位也。[8]月、五星顺入,轨道,[9]司其出,[10]所守,天子所诛也。[11]其逆入,若不轨道,[12]以所犯命之;中坐,[13]成形,[14]皆群下从谋也。[15]金、火尤甚。[16]廷藩西有隋星五,[17]曰少微,士大夫。[18]权,轩辕。轩辕,黄龙体。[19]前大星,女主象;旁小星,御者后宫属。月、五星守犯者,如衡占。

【注释】[1]"权、衡",此处轩辕为权,太微为衡,与北斗中的天权、天衡不同。[2]"三光",日、

月、五星。黄道经过太微垣的南部,为三光必经之路,故曰"三光之廷"。[3]"藩臣:西将、东相、南四星,执法",西上相次相次将上将,东上将次将次相上相,共八星,左南执法各二星,共十二星为藩臣。[4]"端门"、"掖门",左右执法之间为端门,之外为左右掖门,不在十二藩臣之列。[5]"诸侯",《晋书·天文志》等称为诸侯,为五星,在左上将和九卿西,在太微垣内。[6]"五帝座",一大星四小星,居太微垣正中。[7]"蔚然,曰郎位",郎位十五星聚在一团,均属五、六等小星,众星蔚茂,故曰"蔚然"。[8]"将位",也称郎将。[9]"月、五星顺入",自西向东运行曰"顺",自东向西曰"逆"。进入太微垣曰"入",离开曰"出"。"轨道",指月、五星运行的路径。《晋书·天文志》"轨道"下有一"吉"字,应是顺行,吉。当发生守、逆行天象时,谋为不规。[10]"司",观察。[11]"守",停留。"天子所诛",月、五星在所守的那个星官停留十日以上,说明要谋为不规,是天子诛罚的对象。[12]"若",如也。此下二句谓如果逆行,如同不顺轨道运行,以所接近的星官来判定。[13]"中坐",即帝坐。曰犯中坐。[14]"成形",形迹已显。[15]"皆群下从谋",皆群臣相从谋为不规的迹象。[16]"尤甚",更严重。由于金火的逆行最明显,故说"尤甚"。[17]"隋",音tuǒ,垂下也。"隋星五",《汉书·天文志》曰"隋星四",少微为四星,此处"五"疑为"四"之误。[18]"曰少微,士大夫",此四少微为处士、议士、博士、大夫。[19]"轩辕,黄龙体",轩辕蜿蜒如腾龙形,原为中宫,中宫属土,色黄,故曰"黄龙体"。

【译文】南宫之神为朱鸟。它的代表星座为权、衡。衡为太微,是日月五星的宫廷。环绕护卫着它的十二颗星,称为蕃臣:西面为将星;东面为相星;南面四星为执法;中间为端门;端门的左右为掖门。门内的六颗星为诸侯,里面的五颗星称为五帝座。后面聚集着的十五颗星,众星光芒蔚茂,称为郎位。旁边有一颗亮星,称为将位。月亮和五星循着正常的轨道顺行进入太微,则观察它们的出行和在其内守候的情况,如有违犯,由天子派使臣进行诛罚;如果月亮和五星是逆入的,就如不按轨道运行一样,以所侵犯之位,责罚相应的官员。如果侵犯的是帝座,则群臣相从谋为不轨的行迹已经显露;如果是金星、火星侵犯,则情况尤其严重。在太微的西边有五颗成椭形的星座叫作少微,为士大夫。权为轩辕,轩辕为黄龙座的主体。其前面的一颗大星为女主的象征,旁边的小星则是侍御的嫔

妃和后宫之属。月亮和五星对于权星的守犯情况，其占卜的原则与衡星一样。

东井为水事。[1]其西曲星曰钺。钺北，北河；南，南河；两河，天阙；[2]间为关梁。[3]舆鬼，鬼祠事；中白者为质。[4]火守南北河，兵起，谷不登。故德成衡，[5]观成潢，[6]伤成钺，[7]祸成井，[8]诛成质。[9]

【注释】[1]"东井为水事"，因东井如井字，故以其义推为水事。 [2]"阙"，皇宫前面两边的楼台，中间有道路。 [3]"间为关梁"，言南河北河为宫阙两边楼台，其间为关梁，即两边楼台间的道路。此天阙并非阙丘星。 [4]"舆鬼"，即鬼宿，四星。中间一星曰积尸，一名质。《观象玩占》说："如云非云，如星非星，见气而已。"是肉眼所见著名之星团。 [5]"衡"，即太微，为帝宫，有德者为帝，故曰"德成衡"。 [6]"潢"，帝车舍。帝出游需车，故曰"观成潢"。 [7]"钺"，主伺奢淫之星，故伤败成形于钺。 [8]"祸成井"，天子以火星入居井一星旁为败，故曰"祸成井"。 [9]"诛成质"，舆鬼为天目，主视明察奸谋，火星入舆鬼和质，主大臣有诛，故曰"诛成质"。

【译文】东井是主管水事的星宿。它的西面成曲形的星座名叫钺。钺的北面是北河，南面是南河。两星分立南北，犹如天阙。日月五星通过其间，就像天津一样。舆鬼宿，主管祠鬼的事，它的中间，有白色的积气，称为质星，也叫做积尸。火星如果守候在南、北河，则战争将起，五谷不登。因此，有德的人先成形于衡宿；帝王将游观，先成形于天潢（五帝车舍）；有伤败的事，先成形于钺宿；有祸害之事，先成形于井宿；有诛杀的事，先成形于质宿。

柳为鸟注，[1]主木草。七星，颈，[2]为员官，[3]主急事。张，素，[4]为厨，主觞客。[5]翼为羽翮，[6]主远客。

【注释】[1]"注"，《汉书·天文志》作"喙"，鸟之口。 [2]"七星，颈"，七星为鸟颈。"颈"，鸟颈。 [3]"员官"，喉咙。 [4]"素"，嗉也，受食之处，即鸟胃。 [5]"觞客"，设酒宴待客。 [6]"羽翮"，鸟翅。以上是说，鬼为鸟目，柳为鸟口，七星为鸟颈，张为鸟嗉，翼为鸟翅。南方七宿中有五宿都为

鸟体。

【译文】柳宿为朱鸟的喙，主管草木之事。七星宿为脖颈，为朱鸟的喉，所以柳宿主管急事。张宿为鸟的嗉囊，所以是厨子，主管饮宴客人。翼宿是鸟的羽翼，主管远客到来之事。

轸为车，主风。[1]其旁有一小星，曰长沙，星星不欲明；明与四星等。若五星入轸中，兵大起。轸南众星曰天库、楼；[2]库有五车。[3]车星角若益众，[4]及不具，[5]无处车马。[6]

【注释】[1]"轸为车，主风"，轸宿四星，宋均曰："轸四星居中，又有二星为左右辖，车之象也。轸与巽同位，为风，车动行疾似之也。"轸为黄道南方星座，轸为朱鸟之最后一宿，位在东南，故曰与巽同位。 [2]"天库、楼"，《晋书·天文志》曰："库楼十星，其大星为库，南四星为楼。"所以天库楼又分称天库、天楼。 [3]"库有五车"，指五柱星，非指五帝车舍之五车。 [4]"角"，芒角也。言星芒角起，星益众也。 [5]"不具"，不成行列也。 [6]"无处车马"，言五车星不具也。

【译文】轸宿为车子，主管风。它旁边有一颗小星，名叫长沙，这颗星一般比较暗，但有时能达到与轸宿四星相同的亮度。如果五星进入轸宿，那么战争就即将发生了。轸宿南面的一群星星，称为天库楼。天库中有五车，即五柱星。五柱星中如果星数众多，且芒角闪动，不成行列，则主车马骚动。

西宫。[1]咸池，曰天五潢。五潢，五帝车舍。[2]火入，旱；金，兵；水，水。[3]中有三柱；柱不具，兵起。

【注释】[1]"西宫"，下漏"白虎"二字。下句"咸池"仅为一星座名，与房、心、权、卫等同，不得作为宫名与苍龙、朱鸟、玄武并列。旧解均不足取。 [2]"五帝车舍"，《天官书》以五帝车舍为天潢，也即为咸池。而《晋书·天文志》以五车"中五星为天潢，天潢南三星曰咸池"。两说不同。 [3]"火入，旱；金，兵；水，水"，火、金、水三星入五帝车舍各成旱、兵、水灾。

【译文】西宫之神为白虎，其代表星为咸池。咸池星为天五潢，即五帝的车驾和馆舍。火星入五潢，主旱；金星入五潢，有兵；水星入五潢，为大水。五潢中有三柱，每柱各三颗星。如果三柱不成行列，就会有战争。

奎曰封豕，[1]为沟渎。[2]娄为聚众。[3]胃为天仓。其南众星曰廥积。[4]

【注释】[1]"封豕"，大猪。 [2]"沟渎"，沟渠。 [3]"聚众"，聚集兵众。 [4]"廥积"，堆积牲畜干草的地方。

【译文】奎宿又叫封豕，即大猪，主管开沟渠之事；娄宿主管众兵聚集；胃宿为天的谷仓；胃宿南面诸星称为廥积，为堆积牲饲的地方。

昴曰髦头，[1]胡星也，为白衣会。[2]毕曰罕车，[3]为边兵，主弋猎。其大星旁小星为附耳。[4]附耳摇动，有谗乱臣在侧。昴、毕间为天街。[5]其阴，阴国；阳，阳国。[6]

【注释】[1]"髦头"，毛发。指虎头前的长毛和虎须。 [2]"白衣会"，主丧狱事。 [3]"罕车"，树着旌旗的车子。《观象玩占》曰："毕八星，一曰天耳，一曰天口，一曰虎口。"故毕宿为虎口或虎耳。 [4]"大星"为天高星，其东南小星为"附耳"。 [5]"天街"，天街两星在毕昴间，正是黄道所经之处，故"天街"。 [6]"阴国"、"阳国"，在天街两星中，北星为"阴国"，南星为"阳国"。

【译文】昴宿为髦头星，即代表白虎头上的长毛。它是主管胡人的星宿，又主白衣会，主管丧事和狱事。毕宿叫做罕车，像插着旌旗的车子，它代表边境的军队，主管狩猎。毕宿大星旁边的一颗小星叫作附耳，附耳如果摇动，表示有谗贼乱臣在人君之侧。昴宿和毕宿之间为天街，是日月五星的通道。天街的北面为阴国，南面为阳国。

参为白虎，[1]三星直者，[2]是为衡石。[3]下有三星，兑，[4]曰罚，[5]为斩艾事。其外四星，左右肩股也。小三星隅置，曰觜觿，为虎首，主葆旅事。[6]其南有四星，曰天厕。厕下一星，曰天矢。[7]矢黄则吉；青、白、黑，凶。其西有句曲九星，三处罗：[8]一曰天旗，二曰天苑，[9]三曰九游。其东有大星曰狼。狼角变色，多盗贼。下有四星曰弧，[10]直狼。[11]狼比地有大星，[12]曰南极老人。老人见，[13]治安；不见，兵起。常以秋分时候之于南郊。

【注释】[1]"参为白虎"，参星为西宫白虎的主体。参四星为左右肩股，可见参为虎身。觜觿为虎头，罚为虎尾。其口为毕宿，虎须为昴宿。钱大昕《三史拾遗》以为虎在参，不当西方正位，只有咸池为正位，所以咸池与苍龙、朱鸟、玄武并称，为西宫之名称。此论失当。实际自昴毕至参罚，均属虎的一部分。 [2]"直"，三星成一直线，与赤道平行。 [3]"为衡石"，如称衡一样平。 [4]"兑"，锐。上小下大。 [5]"罚"，一作"伐"。以字义引申为主斩艾事。 [6]"葆旅"，或谓守军，或谓野菜。由于虎为凶猛的象征，主战杀，虎头更应与此相应，不能想象虎头去找野菜吃，当释为守军，主斩艾除凶。 [7]"天矢"，一作"天屎"。与天厕相应。 [8]"罗"，罗列。《汉书·天文志》"罗"下有"列"字。三处罗列，每处都为九星。 [9]"天苑"，天帝养禽兽之处。《晋书·天文志》载天苑十六星。各代所定星数不同。 [10]"弧"，天弓。 [11]"直狼"，与狼相直。 [12]"比地"，近地平。 [13]"老人"，与狼均为全天最亮之恒星，因老人星近南极，在北纬三十六度观看，仅在地平上一度多，由于地平常有云彩蔽盖，故不多见。只有在秋分前后，当其位于正南方时，才能偶见。

【译文】参宿为白虎的主体。中间成一直线横着的三颗星，就是衡石；其下三颗向下垂的星称为罚，主斩伐芟刈之事；外围的四颗大星，就是白虎的左右肩和两股。另有三颗小星在参宿之北，称为觜觿，为白虎的头，主管守军之事。在参宿之南有四颗星为天厕，天厕下有一颗星为天矢。天矢呈黄色，则吉利；呈青色、白色或黑色，则凶。在参宿西面分三处罗列着的呈弯曲形的九颗星，其一名天旗，二名天苑，三名九游。在参宿的东面有一颗大星叫作狼。狼如果生出芒角或改变颜色，则盗贼就多了。下面有四颗星叫作弧，与狼相对。狼星与地平之间有一颗大星，叫做南极老人星。如果老人星出现，则社会安定；如果不见，将有战乱。老人星常于秋分前后见于南郊。

附耳入毕中,兵起。

北宫玄武。[1]虚、危。危为盖屋;[2]虚为哭泣之事。[3]

【注释】[1]"玄武",灵龟,或云龟蛇。"玄",黑色,又训北方,又训幽远。"武",勇猛。武士都披铠戴甲,故玄武可直译作北方披着鳞甲的神。在五行中北方属水,故北宫星象多与水生动物有关,如南斗又称玄龟之首,斗箕二宿南有天鳖、天龟二星,壁宿又称天池。又据玄幽之意,派生出虚、玄宫(室宿)等星。[2]"危为盖屋",《索隐》引宋说均说:"危上一星高,傍两星隋下,似乎盖屋也。"依《天官书》危宿即盖屋星。后世另有盖屋星,是依据《天官书》衍出。[3]"虚为哭泣之事",即虚宿主死丧哭泣之事。又为祭祀祷祝之事。因为虚危为北宫的代表,故人们常把幽冥称为阴间。

【译文】附耳星如果进入毕宿之中,那就有战争发生了。

北宫之神为玄武。其代表星为虚宿和危宿。危宿的形状像屋盖;虚宿主管哭泣之事。

其南有众星,曰羽林天军。[1]军西为垒,[2]或曰钺。旁有一大星为北落。[3]北落若微亡,军星动角益希。[4]及五星犯北落,[5]入军,军起。火、金、水尤甚:火,军忧;水,[水]患;木、土,军吉。危东六星,[6]两两相比,曰司空。

【注释】[1]"羽林天军",即羽林军。[2]"垒",即垒壁阵。[3]"北落",即北落师门。[4]羽林军近北落师门,稍北。当北落近地平或云气浓厚而星光暗弱时,羽林军也弱,所以说"动角益希"。[5]"五星犯北落",此下三句言当五星犯北落师门和羽林军时,则有军兵动。[6]"危东六星",危西确有六星,两两相比。此六星在《晋书·天文志》中称为司命、司禄、司危。此处恐"东"为"西"之误,或"危"为"虚"之误。至于下文"司空"星名,可能是后人误置。

【译文】在虚宿、危宿之南聚集着许多星,叫做羽林天军。在羽林军的西面为垒星,或叫做钺星。在羽林军的旁边有一颗大星为北落星。如果北落微弱或者不见,羽林军颤动并且星数稀少,这

时如果五星侵犯北落或进入羽林军,则有兵灾。如果是火、金、水三星犯入,情况就更为严重;火星主军忧;水星主水患;木、土星主军队吉利。危宿之东有六颗星,两两排列,叫作司空。

营室为清庙,[1]曰离宫、[2]阁道。[3]汉中四星,曰天驷。旁一星,曰王良。[4]王良策马,车骑满野。[5]旁有八星,绝汉,曰天潢。天潢旁,[6]江星。江星动,人涉水。[7]

【注释】[1]"营室",室宿二星与壁宿二星,成一大正四方形。古称为定星。《诗》曰:"定之方中,作于楚宫。"言当黄昏时定星位于南中时,正是建筑宫室的时候。[2]"离宫",营室为清庙,又称为离宫。可见《天官书》营室、离宫合为一个星座。由于《天官书》中二十八宿仅缺壁宿,《史记正讹》便在阁道下补入"东壁二星主文章,天下图书之秘府也"十五字,此实画蛇添足。壁宿又称东壁,是从营室中分出来的。《元命苞》云:"营室十星。"后世室宿为二星,壁宿为二星,离宫也独立为六星。三座星数相加正为十星。可见《天官书》之营室包括室宿、壁宿、离宫在内。[3]"阁道",营室北的另一星座。[4]"王良",后世又将天驷、王良合称王良五星。《晋书·天文志》说:王良五星,"其四星曰天驷,傍一星曰王良,亦曰天马"。[5]"车骑满野",《晋书·天文志》对此句有两解,一曰王良"其星动,为策马,车骑满野"。策为马鞭,策马为赶马前进。意思是说当王良星颤动时,策马前进,这时周围都是车骑。另一解是王良前有一星曰策马,若策马星移动,则车骑满野。王良星周围小星密布,故有车骑满野之说。[6]"天潢",此天潢八星,非五车中之天五潢。它在王良附近,与江星合为九星,后世改名为天津九星。[7]"江星动,人涉水",本是占语,言观察到江星颤动时,就要下大雨了。后世由此衍生出人星。

【译文】营室为天上的清庙,又是天帝的离宫。有阁道与之相通。银河中有四颗星,叫做天驷。旁边一颗星为王良,王良如果闪动,就是策马的象征,则人间就将到处有车骑奔驰了。其旁边有八颗星,横渡银河,称为天潢。天潢旁边是江星。江星一动,人就要涉水了。

杵、臼四星,在危南。[1]匏瓜,[2]有青黑星守之,鱼盐贵。

【注释】〔1〕"在危南",杵、臼星在危北,此处误为南。 〔2〕"匏",音 páo,葫芦。

【译文】杵、臼四颗星,在危宿的北面。它旁边的匏瓜星,如果有青黑星守着,那么鱼、盐就要贵了。

南斗为庙,[1]其北建星。[2]建星者,旗也。牵牛为牺牲,[3]其北河鼓。[4]河鼓大星,上将;左右,左右将。婺女,[5]其北织女。织女,[6]天女孙也。

【注释】〔1〕"南斗",即斗宿,也成斗形,六星,与北斗星相对应。 〔2〕"建星",南斗近北处为建星六星。 〔3〕"牺牲",祭祀用的牲畜。此指用于郊祭的牺牛。此处的牵牛即指牛宿。 〔4〕"河鼓",《尔雅》曰:"河鼓谓之牵牛。"与《天官书》牛宿为牵牛有异。此即牛郎织女七月七日相会之星。它与织女星在银河两岸遥遥相对。 〔5〕"婺女",又作须女,贱妾之称。 〔6〕"织女",此星主果蓏丝帛珍宝,旧时妇女七月七日晚向之乞巧。

【译文】南斗六星为天帝的庙,在它的北面为建星。建星的形状弯曲如旗。牵牛星(牛宿)主管牺牲之事,在它的北面为河鼓。河鼓中的大星为上将,两旁的小星为左右将。牛宿的东边为婺女宿。在婺女宿的北面为织女星,织女为天帝之孙女。

察日、月之行,[1]以揆岁星顺逆。[2]曰东方木,主春,日甲、乙;[3]义失者,[4]罚出岁星。[5]岁星赢缩,[6]以其舍命国。[7]所在国不可伐,可以罚人。[8]其趋舍而前曰赢,退舍曰缩。[9]赢,其国有兵不复;[10]缩,其国有忧,将亡,国倾败。其所在,五星皆从而聚于一舍,[11]其下之国可以义致天下。[12]

【注释】〔1〕"察日、月之行",以下讲五星的运动及其星占。 〔2〕"揆",测度。太阳一月行三十度,一年行一周。月亮一月行一周外加三十度。日月的行度都是固定的,只要考察日月的行度,就可以推知岁星运行的顺逆。"岁星",中国古代以十二生肖或十二地支纪年,十二年为一周。木星十二年运行一周天,每年运行一个星次,故以十二星次

与十二地支相对应,以木星每年行经星次来纪年,由此便称之为岁星。岁星在天上所在的星宿,与地上国家的命运相对应,故曰应星;岁星与金、火二星不同,可以远离太阳,经天而行,故曰经星,可以用岁星来纪年,故又可称为纪星。 〔3〕"曰东方木,主春,曰甲、乙",此为五行的季节分配方法,以下火、土、金、水同此。从冬至开始,以木火土金水次序,每行七十二日,一年为三百六十日。五行以五色相配,分别为木,青色;火,朱色;土,黄色;金,白色;水,黑色。五星也有不同的颜色,例如太白星发出白色的光,岁星的光为青蓝色,地候星发出土黄色的光,荧惑星发出火红色的光,等等。于是便依据五行与五星的颜色相配,岁星属木,主春,春天的星宿为东方苍龙;荧惑星属火,主夏,夏天的星宿为南方朱雀;地候星属土,主季夏,季夏的星宿属中方黄龙;太白星属金,主秋,秋季的星宿为西方白虎;辰星属水,主冬,冬季的星宿为北方玄武。木行从冬至日开始,以甲子、乙丑等纪日,故曰"日甲、乙";火行从冬至后第七十三日开始,干支依次为丙子、丁丑,故曰"日丙、丁",以下土戊己;金庚辛;水壬癸,以此类推。 〔4〕"义失者",失去义的国家。 〔5〕"出",显示。某国家失义了,征罚就显示于岁星。 〔6〕"赢缩",天体运行快为赢,慢为缩。 〔7〕"舍",岁星所处的星宿。"命国",该星宿所对应的国家。 〔8〕"所在国不可伐,可以罚人",言不可对岁星所舍星宿的国家进行讨伐,伐之则不利。而这个国家讨伐别的国家则吉。 〔9〕"趋",促;"退",迟。 〔10〕"兵不复",遭兵灾后国家不会覆灭。 〔11〕"五星皆从而聚于一舍",五星聚集于一宿,这是难得的吉兆。 〔12〕"义致天下",以义统一天下。汉高祖元年,五星聚于东井,是汉要统一的吉兆。

【译文】太阳一个月运行一个星次,月亮一个月运行一周天而超过一个星次,因此观察日月的行度,可以揆度岁星运动的顺逆。岁星在五行中属东方木,主春,其判定季节的干支为甲、乙。有失义和国家,其征罚就显示在岁星上面。相对于正常运行,岁星有盈有缩,以它所在的星宿占卜相对应国家的命运。岁星所在星宿相对应的国家不可以去讨伐,这个国家可以征伐其它国家。岁星运行超过它所应在的星宿,便称为赢,未到达应在的星宿,则称为缩。岁星超舍,其相应的国家将有兵灾,但国家不会覆灭;岁星缩舍,所当的国家有忧患,将有战将死亡,国家倾败。如果岁星所在的地方,其它行星也都相从而聚于一宿,则其相应的国家可以义

统率天下。

以摄提格岁：[1]岁阴左行在寅，岁星右转居丑。[2]正月，与斗、牵牛晨出东方，[3]名曰监德。[4]色苍苍有光。其失次，有应见柳。[5]岁早，水；晚，旱。[6]

【注释】[1]"摄提格岁"，即寅年。以下单阏、执徐、大荒骆、敦牂、叶洽、涒滩、作鄂、阉茂、大渊献、困敦、赤奋若岁，分别为卯、辰、巳、午、未、申、酉、戌、亥、子、丑岁。摄提，指摄提星，它与北斗相配，用以定月建。李巡曰："格，起也。"以摄提星建时节从正月起。摄提格岁，为以摄提星首起建时节之岁，即初昏时摄提星指寅之月，岁星晨出东方之岁。[2]"岁星右转居丑"，岁星自西向东顺行曰右行；斗杓、摄提按月序自东向西月移一辰成月建，为左行，故曰岁星右转，岁阴左行。古代历法家规定，北方玄武正中虚宿为正北，正北方为子位；西方白虎正中昴宿为正西，正西方为酉位；南方朱雀正中七星宿为正南，正南方为午位；东方苍龙正中房宿为正东，正东方为昴位。故当岁星在斗、牛时居丑，在女虚危时居子，在室壁时居亥，依次类推。又依斗建，初昏摄提指寅为正月，指昴为二月，指辰为三月，依次类推。这就是岁阴左行在寅，岁星右转居丑等的原意。由于岁星正月与斗牛出东方，正月摄提指寅，就将该年叫做寅年，依次类推。此月建定义适于夏正，《天官书》用周正，此纪年是由夏正移植的。[3]"晨出东方"，《索隐》曰："太岁在寅岁星正月出东方。"[4]"监德"，岁星在十二年一周中，每年都有不同的名称，如寅年监德，昴年降入，辰年青章等。不同星名其光亮各不相同。[5]"有应见柳"，斗、牵牛与柳宿之间相距十二宿，约为一百五十余度。当岁星晨见东方时，一般地说，柳宿已隐没于西方。但当岁星缩行或逆行时，其间相距就不足十二宿，岁星和柳宿便能分别见于东西方，故曰"有应见柳"。以下同此。[6]"岁早，水；晚，旱"，其岁，早期有大水，晚期旱。执徐年早期旱，晚期水。此是言十二年中每年的水旱状况，非指赢缩引起的水旱。

【译文】在摄提格这一岁（寅年），岁阴向左（顺时针）指向寅位，岁星则右行（逆时针）居于丑位。在正月时，岁星与斗、牵牛在清晨时同出现于东方。这时岁星名叫监德，其颜色青苍而有光。如果岁星运行失了星次，这时在西方应能见到柳宿。

其岁早期有大水，晚期干旱。

岁星出，[1]东行十二度。[2]百日而止，[3]反逆行；逆行八度，百日，复东行。岁行三十度十六分度之七，率日行十二分度之一，十二岁而周天。出常东方，以晨；入于西方，用昏。

【注释】[1]"岁星出"，岁星在晨初见于东方。自此句至"用昏"止，似应接"义致天下"，文义较通顺。[2]"东行"，言在恒星背景上东行。[3]"止"，在恒星间停留。

【译文】岁星晨见东方以后，顺行十二度，用时一百日而停止，再逆行八度，用时一百日；然后再顺行。岁星一年行三十度又十六分度之七，平均每天行十二分度之一，计十二年而运行一周天。在每一个会合周期中，开始于晨出东方，结束于黄昏时隐没于西方。

单阏岁：[1]岁阴在卯，星居子。以二月与婺女、虚、危晨出，曰降入。大有光。其失次，有应见张。其岁大水。

【注释】[1]"单阏"，岁星晨出所在月的物候。以下同此。《索隐》引李巡曰："阳气推万物而起，故曰单阏。单，尽也。阏，此也。"

【译文】在单阏这一岁（卯年），岁阴在卯位，岁星居子位，二月时与婺女、虚、危三宿在清晨时同现于东方。这时岁星名叫降入，其颜色大而有光。当岁星失次时，在西方应能见到张宿。这一年有大水。

执徐岁：[1]岁阴在辰，星居亥。以三月与营室、东壁晨出，曰青章。青青甚章。其失次，有应见轸。岁早，旱；晚，水。

【注释】[1]《索隐》引李巡曰："伏蛰之物皆敦舒而出，故曰执徐。执，蛰；徐，舒也。"

【译文】执徐岁（辰年），岁阴在辰位，岁星居亥位。岁星在三月时与营室、东壁晨出东方。这时

岁星名叫青章,其颜色青青而章明。如果岁星失次,其时在西方应能见到轸宿。此年早期有旱灾,晚期有水灾。

大荒骆岁:[1]岁阴在巳,星居戌。以四月与奎、娄晨出,曰跰踵。[2]熊熊赤色,有光。其失次,有应见亢。

【注释】[1]《索隐》引姚氏云:"言万物皆炽盛而大出,霍然落落,故曰荒骆也。"[2]"跰踵",音 pián zhǒng。

【译文】大荒骆岁(巳年),岁阴在巳位,岁星居戌位。岁星在四月与奎宿、娄宿晨出东方。这时岁星名叫跰踵,其颜色像熊熊燃烧的火焰,赤色而且有光。如果岁星失次,这时在西方应能见到亢宿。

敦牂岁:[1]岁阴在午,星居酉。以五月与胃、昴、毕晨出,曰开明。炎炎有光。偃兵;唯利公王,不利治兵。其失次,有应见房。岁早,旱;晚,水。

【注释】[1]"敦牂",音 tún zāng。《索隐》引孙炎云:"敦,盛;牂,壮也。言万物盛壮。"

【译文】敦牂岁(午年),岁阴在午位,岁星居酉位。岁星以五月与胃宿、昴宿、毕宿辰出东方。这时岁星名叫开明,其颜色炎炎有光。这年应该息武事,不利于治军,只对公王有利。岁星如果失次,这时在西方应能见到房宿。此年早期旱,晚期大水。

叶洽岁:[1]岁阴在未,星居申。以六月与觜觿、参晨出,曰长列。昭昭有光。利行兵。其失次,有应见箕。

【注释】[1]《索隐》引李巡曰:"阳气欲化万物,故曰协洽。协,和;洽,合也。"

【译文】叶洽岁(未年),岁阴在未位,岁星居申位。岁星以六月与觜宿、参宿晨出东方。这时岁星名叫长列,其颜色明亮而有光,这时利于用兵。

岁星如果失次,在西方应能见到箕宿。

涒滩岁:[1]岁阴在申,星居未。以七月与东井、舆鬼晨出,曰大音。[2]昭昭白。[3]其失次,有应见牵牛。

【注释】[1]《索隐》引李巡曰:"涒滩,物吐秀倾垂之貌也。"[2]"大音",《汉志》作"天晋"。[3]《史记志疑》认为"白"下当有"色"字。

【译文】涒滩岁(申年),岁阴在申位,岁星居未位。岁星以七月与东井、舆鬼晨出东方。这时岁星名叫大音,其颜色为明亮的白光。如果岁星失次,在西方应能见到牛宿。

作鄂岁:[1]岁阴在酉,星居午。以八月与柳、七星、张晨出,曰长王。作作有芒。国其昌,熟谷。其失次,有应见危。有旱而昌,有女丧,民疾。

【注释】[1]《索隐》引李巡曰:"作咢,皆物芒枝起之貌。"

【译文】作鄂岁(酉年),岁阴在酉位,岁星居午位。岁星以八月与柳宿、七星、张宿晨出东方。这时岁星名叫长王,其颜色灼灼有光芒。此年国家昌盛,五谷丰收。岁星如果失次,在西方应能见到危宿。虽有旱情,但仍昌盛,有女丧,人民有疾苦。

阉茂岁:[1]岁阴在戌,星居巳。以九月与翼、轸晨出,曰天睢。[2]白色大明。其失次,有应见东壁。岁水,女丧。

【注释】[1]《索隐》引孙炎云:"万物皆蔽冒,故曰阉茂。阉,蔽;茂,冒也。"[2]"睢",音 suī。

【译文】阉茂岁(戌年),岁阴在戌位,岁星居巳位。岁星以九月与翼宿、轸宿晨出东方。这时岁星名叫天睢,其色白而光辉盛大。岁星如果失次,在西方应能见到东壁。此年有大水和女丧。

大渊献岁:[1]岁阴在亥,星居辰。以十月与角、亢晨出,曰大章。[2]苍苍然,星若跃

而阴出旦,是谓"正平"。起师旅,其率必武;其国有德,将有四海。其失次,有应见娄。

【注释】〔1〕《索隐》引孙炎云:"渊,深也。大献万物于深,谓盖藏之于外耳。"〔2〕"大章",《汉志》作"天皇"。疑"大章"误。

【译文】大渊献岁(亥年),岁阴在亥位,岁星居辰位。岁星以十月与角宿、亢宿晨出东方。这时岁星名叫大章,呈苍青色。它好像是早晨突然从阴地里跳出来似的,这就叫做正平。与岁星所在星次相对应的国家如果用兵,其将师必定勇武;如果国家有德,将能使四海臣服。岁星如果失次,在西方应能见到娄宿。

困敦岁:〔1〕岁阴在子,星居卯。以十一月与氐、房、心晨出,曰天泉。〔2〕玄色甚明。江池其昌,不利起兵。其失次,有应见昴。

【注释】〔1〕《索隐》引孙炎云:"困敦,混沌也。言万物初萌,混沌于黄泉之下也。"〔2〕"泉",《汉志》作"宗"。

【译文】困敦岁(子年),岁阴在子位,岁星居卯位。岁星以十一月与氐宿、房宿、心宿晨出东方。这时岁星名叫天泉,呈玄黑色,但很明亮,此年江池水产昌盛,但不利于用兵。岁星如果失次,在西方应能见到昴宿。

赤奋若岁:〔1〕岁阴在丑,星居寅。以十二月与尾、箕晨出,曰天皓。黫然黑色甚明。〔2〕其失次,有应见参。

【注释】〔1〕《索隐》引李巡曰:"言阳气奋迅。若,顺也。"〔2〕"黫",音 yān。

【译文】赤奋若岁(丑年),岁阴在丑位,岁星居寅位。岁星以十二月与尾宿、箕宿晨出东方。这时岁星名叫天皓,呈烟黑色,但很清楚。岁星如果失次,在西方应能见到参宿。

当居不居,居之又左右摇,未当去去之,与他星会,其国凶。所居久,国有德厚。其

角动,乍小乍大,若色数变,人主有忧。

其失次舍以下,〔1〕进而东北,三月生天棓,〔2〕长四丈,末兑。进而东南,三月生彗星,长二丈,类彗。退而西北,三月生天欃,长四丈,末兑。退而西南,三月生天枪,长数丈,两头兑。谨视其所见之国,不可举事用兵。其出如浮如沉,其国有土功;如沉如浮,〔3〕其野亡。〔4〕色赤而有角,其所居国昌。迎角而战者,〔5〕不胜。星色赤黄而沉,所居野大穰。〔6〕色青白而赤灰,所居野有忧。岁星入月,其野有逐相;与太白斗,〔7〕其野有破军。

【注释】〔1〕"舍",宿也。失次在一宿以下。有人改为"一舍以上"。〔2〕"天棓",与下文"天欃"、"天枪"都是彗星,只是生在东北曰天棓,生在西北曰天欃,生在西南曰天枪。彗星则是泛指。〔3〕"有土功",国土有所收获。〔4〕"野亡",失地。〔5〕"迎角",逢岁星有芒角。〔6〕"穰",丰收。〔7〕"斗",相遇。

【译文】岁星有一定的行度,如果当居某宿而不居,或者虽然居其位但左右摇动,不该去而又提早离去,与其它星会合,那么所当的国家有凶。岁星在其宿久居不行,则所当之国有厚德。如果其有芒角且颤动,其光芒时大时小,颜色数变,则人主有忧。

岁星失次超过一宿以上,盈入东北,则三个月生天棓,长四丈,末端锐;盈入东南,三个月生彗星,长二丈,形状像扫帚;退缩入西北,三个月生天欃,长四丈,末端锐;退缩入西南,三个月生天枪,长数丈,两头尖锐。应该谨慎地观察岁星的赢缩状况,其对应的国家不可举事用兵。岁星出现时像要往上浮却下沉,其对应的国家对土地有所收获;岁星如果像要往下沉却又上浮,则所当的国家将要丧失土地。岁星的颜色赤而有芒角,其所居的国家昌盛。如果赶在岁星生芒角时去打仗,将不能取得胜利。星色赤黄而且下沉,则所当的国家将获得大丰收。岁星的颜色青白而赤灰,而所对应的国家将有忧患。月食岁星,则所对应的国家有逐相之事。岁星与太白相遇,所当的国家就要有失败的军队了。

岁星一曰摄提,曰重华,曰应星,曰纪星。营室为清庙,岁星庙也。

察刚气以处荧惑。[1]日南方火，主夏，日丙、丁。礼失，[2]罚出荧惑，[3]荧惑失行是也。出则有兵，[4]入则兵散。[5]以其舍命国。荧惑为勃乱，残贼、疾、丧、饥、兵。反道二舍以上，居之，[6]三月有殃，五月受兵，七月半亡地，九月太半亡地。[7]因与俱出入，[8]国绝祀。[9]居之，殃还至，[10]虽大当小；[11]久而至，[12]当小反大。其南为丈夫丧，北为女子丧。[13]若角动绕环之，及乍前乍后，左右，殃益大。与他星斗，[14]光相逮，[15]为害；不相逮，不害。五星皆从而聚于一舍，其下国可以礼致天下。

【注释】〔1〕"刚"，一作"罚"，以"罚"为是。言赤帝之神伺察惩罚之气，以决定荧惑的迟速运动。〔2〕"礼失"，地上失礼的国家。〔3〕"罚出荧惑"，以荧惑显现出对其征罚。惩罚即显现在失行上。〔4〕"出"，荧惑出现于该国所相应的星座。〔5〕"入"，隐没。〔6〕"居"，停留。〔7〕"五月"、"七月"、"九月"，《汉书·律历志》说：火星留十日，逆行十七度，六十二日，复留十日。合计不出九十日，不足二宿。此处所言"五月"、"七月"、"九月"，实为夸张之辞。〔8〕"因与俱出入"，言火星停留，九月以后仍在该舍。〔9〕"国绝祀"，亡国而不再有祭祀的人，即没有继位的国君。〔10〕《索隐》云：还音旋。旋，速也。""殃还至"，言祸殃来得早。〔11〕"虽大当小"，虽然显现的天象灾祸大，但由于现形快而实际灾祸小。〔12〕"久而至"，隔了很久才来。〔13〕"南为丈夫丧，北为女子丧"，言荧惑守舆鬼南，男人受害；守舆鬼北，女人受害。〔14〕"斗"，光芒相及。《宋史·天文志》曰："两体俱动而直触，离复合，合复难，曰斗。"〔15〕"光相逮"，光相接触。

【译文】岁星一名摄提，一名重华，一名应星，一名纪星。营室为天上的清庙，也就是岁星的庙。

观察惩罚之气，以判定荧惑的方位。荧惑在五行中属火，主夏，其判定季节的干支为丙、丁。如果有失礼的国家，其惩罚就显示在荧惑上，这就是荧惑失行。荧惑出现则有兵，消失则兵散，以它所在星宿的分野判断凶吉，荧惑代表了勃乱、伤残、贼害、疾病、死丧、饥馑和兵灾。荧惑逆行二宿以上，然后停留在那里，则三个月有殃；五个月受到敌军的攻击；七个月失去一半土地；九个月失去大半土

地；如果从晨出东方到夕入西方这个过程中，一直与该星宿同出入，则相应的国家就要灭亡了。荧惑所停留的国家，如果灾祸很快地到来，则本来应该严重的灾祸反而变小了。如果荧惑守候在舆鬼南面，则男子受害；守在北面，则女子受害。如果荧惑芒角闪动，并且绕圈打转，或者忽前忽后，忽左忽右，则灾害更为严重。与其他行星相遇，如果光芒相及，则有灾；不相及，则无灾。如果行星都跟随荧惑聚于一宿，则其下之国就能以礼统率天下。

法，出东行十六舍而止，[1]逆行二舍，六旬；[2]复东行，自所止数十舍，[3]十月而入西方；[4]伏行五月，[5]出东方。其出西方曰"反明"，[6]主命者恶之。东行急，一日行一度半。[7]

【注释】〔1〕"出"，日出前火星晨初出现于东方。"东行十六舍而止"，据《汉志》出东二百七十六日，历百五十九度。以平均每舍十三度计，十六舍当二百八度，误差较大。王元启以为此处每舍合十度。〔2〕"逆行二舍，六旬"，《汉志》为逆行六十二日，十七度。〔3〕"数十舍"，可能是"十数舍"之误。〔4〕"十月而入西方"，《汉志》云"复顺行二百七十六日"，此处十月计二百九十五日，误差也较大。〔5〕"伏行五月"，《汉志》伏行百四十六日，与此五月近。〔6〕"其出西方"，火星伏而昏复出西方是不可能的，此是假想的占语。〔7〕"一日行一度半"，《汉志》顺行平均为九十二分度之五十三。

【译文】推算荧惑行度的方法是，晨出东方，顺行十六宿而留；逆行二宿，计六十天；再顺行十数宿，计十个月，然后夕隐没于西方；伏行五个月，再次晨出东方，完成一个周期。荧惑夕出西方叫做反明，这是所当之国忌讳的。荧惑向东顺行快，一天行一度半。

其行东、西、南、北疾也，兵各聚其下，[1]用战，顺之胜，逆之败。荧惑从太白，军忧；离之，军却；出太白阴，[2]有分军；行其阳，[3]有偏将战。当其行，太白逮之，破军杀将。其入守犯太微、轩辕、营室，主命恶之。心为明堂，荧惑庙也。谨候此。

【注释】〔1〕"兵各聚其下"，《汉书·天文志》

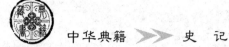

说:"东行疾则兵聚于东方,西行疾则兵聚于西方。"此处文意当与《汉志》同。 〔2〕"出太白阴",言荧惑在太白北面。 〔3〕"行其阳",行至太白南面。

【译文】当荧惑向东、西、南、北方向疾行时,双方之兵都聚集在它的下面,当顺着其运行方向用战时,便获得胜利;逆着方向时,则失败。荧惑如果跟随着太白,则军队有忧;离开太白时军队将退却;荧惑出现在太白北边,将有分军攻击;出现在太白南边,将有副将出战;荧惑在运行过程中如果被太白赶上了,将有破军杀将之事发生。荧惑进入并守、犯太微、轩辕、营室时,这是所当者忌讳的事情。心宿为天上的明堂,也就是荧惑的庙,对此要谨慎地占候。

历斗之会以定填星之位。〔1〕日中央土,主季夏,日戊、己,黄帝,主德,女主象也。岁填一宿,其所居国吉。未当居而居,若已去而复还,还居之,其国得土,不乃得女。若当居而不居,既已居之,又西东去,其国失土,不乃失女,不可举事用兵。其居久,其国福厚;易,福薄。

【注释】〔1〕"历斗之会以定填星之位",言以历元时与斗宿相会,来推定填星的方位。《索隐》引晋灼曰:"常以甲辰之元始建斗,岁镇一宿,二十八岁而周天。"即以历元从斗宿开始,每年行一宿推定。甲辰当是甲寅之误。"填星",又名镇星,属中央土。

【译文】斗宿是各种天体运行的起算点,计算与斗宿相会的状况,可以确定填星的位置。以五行来推算,填星属中央土,主季夏,其判定季节的干支为戊、己。土为黄帝主德,女主的象征。填星一岁顺行一宿,其所居之宿相应的国家吉利。不当居而居,或是已经离开而又返回,回来后还停留着,则所当的国家将得到土地,否则将得到女子。如果当居而不居,或者已经停留下来又向东或向西离去,则所当的国家将丧失土地,不然将丧失女子,该国不可举事用兵。它停留得越久,其相应国家的福分就越厚重;停留得短,则福薄。

其一名曰地侯,主岁。岁行十三度百十二分度之五,日行二十八分度之一,二十八

岁周天。其所居,五星皆从而聚于一舍,其下之国,可以重致天下。〔1〕礼、德、义、杀、刑尽失,而填星乃为之动摇。

【注释】〔1〕"可以重致天下",木星以义致天下,火星以礼致天下,土星以重致天下。各以其德取得天下的信任。"重",倚重,看重。

【译文】填星另一个名字叫地侯。主年岁的丰歉。它每岁行十三度又一百十二分之五度,日行二十八分之一度,计二十八岁行一周天。在其所居的地方,如果五星都相从而聚于一宿,则其相应的国家可以得到人们的依重而统率天下。如果礼、德、义、杀、刑这些维持天下的理法都丧灭了,那么填星也就会因此而动摇。

赢,为王不宁;其缩,有军不复。填星,其色黄,九芒,音曰黄钟宫。其失次上二三宿曰赢,有主命不成,〔1〕不乃大水。失次下二三宿曰缩,有后戚,〔2〕其岁不复,〔3〕不乃天裂若地动。

【注释】〔1〕"主命不成",国君将亡。 〔2〕"后戚",王后有悲戚事。 〔3〕"其岁不复",这年将亡而不得复生。

【译文】填星运行如果赢,做王的不安宁;如果缩行,则出战的军队不得复返。填星,它的颜色是黄的,有九道芒角,音中黄钟之宫。填星失次超过二三宿称为赢,所当国家的国君将要死亡,否则将有大水暴发;失次迟于二三宿称为缩,所当之国王后将有悲戚事,该年将亡而不得复生,不然将天裂地动。

斗为文太室,填星庙,天子之星也。
木星与土合,〔1〕为内乱,饥,主勿用战,败;水则变谋而更事;〔2〕火为旱;金为白衣会若水。〔3〕金在南曰牝牡,〔4〕年谷熟;金在北,岁偏无。〔5〕火与水合为焠,〔6〕与金合为铄,〔7〕为丧,皆不可举事,用兵大败;土为忧,主孽卿;〔8〕大饥,〔9〕战败,为北军,军困,举事大败。〔9〕土与水合,穰而拥阏,〔10〕有覆军,其国不可举事,出,亡地,入,得地;金为

疾,为内兵,[11]亡地。三星若合,[12]其宿地国外内有兵与丧,改立公王。四星合,兵丧并起,君子忧,小人流。[13]五星合,是为易行,[14]有德,受庆,改立大人,掩有四方,子孙蕃昌;无德,受殃若亡。五星皆大,其事亦大;皆小,事亦小。

【注释】[1]讲完木火土三个外行星之后,以下对它们与其它行星会合所引起的社会治乱再作一综合性的介绍。先说木星与其它行星会合的影响,次说火星、土星,再说三星、四星、五星相遇,条理分明。 [2]"水",与水合。"变谋",改变政策。"更事",变更所做的大事。 [3]"火为旱;金为白衣会若水",言木与火合为旱;木与金合有丧亡疾病,并且有水灾。 [4]"金在南曰牝牡",言当木与金合时,金在木南面曰牝牡。木阳,金阴,故称雄雌。 [5]"岁偏无",岁无收成。 [6]"焠",火入水中为"焠"。火星、水星相遇,也将发生焠的现象。 [7]"铄",熔化。金星与火星合,象征着金属遇到了火,要发生熔化。 [8]"主孽卿",产生作孽的公卿。 [9]"大饥",陈仁锡指出饥前之"大"为"木"字之误,王元启贬为瞀说。今从陈说。言火与木相遇为饥,"战败,为北军,军困,举事大败"。"北军",败军也。 [10]"穰",音 ráng,稻麦丰收。"阏",音 è,堵塞。水遇到土,水流为土坝所阻。 [11]"内兵",叛军。 [12]"三星",指前已述及的木、火、土三星。 [13]"小人流",指因兵荒引起的人民流亡。 [14]"易行",改换行动。

【译文】斗宿为天上的太室,填星之庙,是属于天子之星。

木星与土星相合,将有内乱和饥荒发生,这时不能用兵,战之则败;木星与水星相合,则应更改策略和行事;木星与火星相合主干旱;木星与金星相合为白衣会,主丧亡疾病,也主水灾。金星在木星南称为牝牡,主当年谷熟;金星在木星北,则当年毫无收成。火星与水星相合为焠,与金星相合为铄,主丧,不可以兴事,用兵将大败;火星与土星相合有忧,主有作孽的公卿,国大饥,战则败,有败军,军受困,办事将一败涂地。土星与火星相合,谷物丰收,但国家将受到困阻,有覆灭的军队,所当之国不可以兴办事业,与二星所出相对应的国家将失地,与所入相对应的国家将得地;土星与金星相合,则主疾病,内有叛军,将失地。木火土三星相合,与所在星宿相当的国家内外均有兵与丧亡,将改立王公;

如四星相合,则兵、丧二灾将同时发生,君子有忧患,下民将流亡;如果五星相合,那就要改弦更张了,有德者,受到人民的拥戴,改立为王者,统率着四方,子孙也蕃茂昌盛,无德者,则遭受祸殃,以至于灭亡。如果五星皆大,则影响的事也大,如果五星皆小,则事也小。

蚤出者为赢,赢者为客。晚出者为缩,缩者为主人。必有天应见于杓星。同舍为合。[1]相陵为斗,[2]七寸以内必之矣。[3]

【注释】[1]"同舍为合",两行星处于同一宿为合。 [2]"陵",《集解》引孟康曰:"陵,相冒占过也。"又引韦昭曰:"突掩为陵。"均非是。"陵"与"凌"相通,作两星凌犯解。 [3]"必之矣",《索隐》引韦昭云:"必有祸也。"也非是。"必之"意为必定发生。言两星在七寸以内相遇,必定发生凌斗的现象。七寸大约相当于一度,已光芒相及。《正义》曰:"斗谓光芒相及。"孟康曰:"犯,七寸已内光芒相及也。"可见七寸内谓之凌犯,也称为斗。

【译文】行星提早出现为赢,赢者为客,晚出现为缩,缩者为主人。二者均为失次,必有应验于斗杓。三行星同处于一舍为合,互相侵凌为斗,二星相距在七寸以内,就必定发生斗的现象。

五星色白圜,[1]为丧旱;赤圜,则中不平,为兵;青圜,为忧水;黑圜,为疾,多死;黄圜,则吉。赤角犯我城,[2]黄角地之争,白角哭泣之声,青角有兵忧,黑角则水。意行穷兵之所终。[3]五星同色,天下偃兵,百姓宁昌,春风秋雨,冬寒夏暑,[4]动摇常以此。[5]

【注释】[1]"白圜",由于地球大气的变化而在五星周围形成的白色光圈。 [2]"赤角",星四周产生的赤色芒角。 [3]"意",《集解》引徐广曰一作"志"。"志行穷兵之所终",言五种芒角所产生的现象,皆是穷兵所产生的结果。王元启认为此句为衍文,其言不确。 [4]"春风秋雨,冬寒夏暑",为风调雨顺之象。此与五星同色相合。 [5]"动摇常以此",是指由于五星生圜和芒角而起的社会动摇。王元启将此句移置于言土星中之"填星乃为之动摇"后,不当。

【译文】五星有白环,主丧和干旱;有赤环,则内有不平事,主兵;有青环,主水患;有黑环,主疾疫,多死丧;有黄环,则吉利。星赤色而有芒角,则有敌人来犯我城池;星呈黄色而有芒角,则有土地的争执;星呈白色而有芒角,将有哭泣之声;星呈青色而有芒角,则有兵患;星呈黑色而有芒角,则有水灾。如果五星颜色相同,则天下息兵,百姓昌宁,春风秋雨,冬寒夏暑,风调雨顺,没有灾异。

填星出百二十日,而逆西行,西行百二十日,[1]反东行。[2]见三百三十日而入,入三十日复出东方。[3]太岁在甲寅,镇星在东壁,故在营室。[4]

【注释】〔1〕"百二十日",据《汉书·律历志》,晨始见,顺行八十七日,留三十四日,计一百二十一日,与《天官书》出百二十日相当。《汉志》曰:逆行百一日,留三十三日,计一百三十四日,与《天官书》百二十日差十四日,故王元启以为此处为百三十日之误。〔2〕"反东行",下缺载日数。据下文"见三百三十日"来看,当缺"九十日"三字。〔3〕土星一个会合周期为三百七十日,行十二度。此处"见三百三十日",伏三十日,为一年大概日数的说法。〔4〕"故在营室",《天官书》以甲寅年为历元,历元正月时日月五星具在营室。此处甲寅年镇星在营室,下文太白"以摄提格之岁,与营室晨出东方"均为明证,此采自颛顼历。唯《天官书》岁星纪年采自他说,岁星甲寅年与斗、牵牛晨出,与此不合。

【译文】填星晨出东方后,顺行经一百二十日,转而向西逆行,逆行一百二十日以后,再次向东顺行,共见三百三十日,而夕入西方,入伏三十日而复晨出于东方,完成一个运动周期。上元太岁在甲寅之年,镇星在东壁,东壁是从营室分出的,故也就是在营室。

察日行以处位太白。[1]曰西方,秋,日庚、辛,主杀。杀失者,罚出太白。太白失行,以其舍命国。其出,行十八舍二百四十日而入;入东方,伏行十一舍百三十日;[2]其入西方,[3]伏行三舍十六日而出。[4]当出不出,当入不入,是谓失舍,不有破军,必有国君之篡。

【注释】〔1〕"察日行以处位太白",太白与日相距最大角距不到五十度,故可以通过考察太阳的行度来判断太白的方位。〔2〕"伏行十一舍百三十日",据《汉志》:金星晨始见,凡二百四十四日,行星二百四十四度;伏八十三日,行星百十三度。十八宿二百三十五度,与《汉志》差九度;日数则差四天。十一舍合一百四十三度,与《汉志》差三十度;日数则差四十七天。〔3〕"其入西方",此句前当缺夕出西方的天数和行度。〔4〕"伏行三舍十六日而出",《汉志》曰:夕始见,凡见二百四十一日,行星二百四十一度;伏十六日,逆行十四度。十六日太阳顺行十六度,加星逆行十四度,计三十度,与三舍三十九度差九度,逆行日数则相同。

【译文】观察太阳的运行可以判断太白的方位。太白在五行中属西方,主秋,其判定季节干支为庚、辛。太白主杀,如果刑罚有疏失,其惩罚将示在太白上:太白运行失常,其吉凶将呈现在所对应的国家。太白晨出东方,运行十八宿,用时二百四十;然后再隐没于东方,伏行十一宿,用时一百三十;夕入西方以后,伏行三宿,用时十六日而再次晨出东方。如果太白当出不出,或者当入不入,这是失舍,便应在军队破败,或者发生君位被篡之事,二者必居其一。

其纪上元,[1]以摄提格之岁,与营室晨出东方,至角而入,与营室夕出西方,至角而入;[2]与角晨出,入毕,与角夕出,入毕;与毕晨出,入箕,与毕夕出,入箕;与箕晨出,入柳,与箕夕出,入柳;与柳晨出,入营室,与柳夕出,入营室。凡出入东西各五,为八岁,二百二十日,[3]复与营室晨出东方。其大率,岁一周天。其始出东方,行迟,率日半度,一百二十日,必逆行一二舍;上极而反,东行,行日一度半,一百二十日入。[4]其庳,[5]近日,曰明星,柔;高,远日,曰大嚣,刚。其始出西方,行疾,率日一度半,百二十日;上极而行迟,日半度,百二十日,且入,[6]必逆行一二舍而入。其庳,近日,曰大白,柔;高,远日,曰大相,刚。出以辰、戌,入以丑、未。[7]

【注释】〔1〕"其纪上元",其历纪的上元。指日月五星同聚于营室的那一年(甲寅年正月),作为历法的起算点。〔2〕"至角而入",言在金星与太

阳的会合运动中,第一次与营室晨出东方,第二次与角,第三次与毕,第四次与箕,第五次与柳晨出,第六次又回到与营室晨出。五个会合周期正好八年。每个会合周期合五百八十四日,行五百八十四度。自营室顺行一周再行至角,为二十八宿加十六宿,合四十四宿,自角宿顺行一周再行至毕宿为四十六宿,平均为四十五宿,每宿以十三度计,为五百八十五度。这就是第一次营室晨出、第二次角宿晨出、第三次毕宿晨出等的意义。〔3〕"二百二十日",应为"二千九百二十日"之误,此为三百六十五日之八倍。〔4〕"一百二十日入",《天官书》之金星行度不计逆行,晨出顺行(行迟)一百二十日,每日行半度,合六十度。上极而反以后,每日行一度半,一百二十日行一百八十度,合计为二百四十度,与《汉志》正合。此处云"必逆行一二舍而入"是不可能的,必为衍文。或应云"必迟行五舍而入",下文"逆行"句也同此例。〔5〕"库",同"卑",低也。〔6〕"且入","且入"之误。〔7〕"出以辰、戌,入以丑、未",言晨出辰位,夕出戌位;晨入丑位,夕入未位。

【译文】以历纪的上元摄提格之岁(寅年),太白与营室晨出东方开始起算,自营室起,行十六宿,至角宿而隐没于东方;伏行十二宿,至营室而夕出西方;又行十六宿,至角宿而夕入西方;伏行后再次与角宿晨出东方,完成一个会合周期,共行星四十四宿左右。第二周与角宿晨出,入于毕宿。伏行后与角宿夕出,入于毕宿,伏行后与毕宿晨出东方。第三周与毕宿晨出,入于箕宿,与毕宿昏出,入于箕宿。第四周与箕宿晨出,入于柳宿,与箕宿昏出,入于柳宿。第五周与柳宿晨出,入于营室,与柳宿夕出,入于营室。第六周又与营室晨出,完成了一个大的会合周期,凡出入东各五次,需时八年,即二千九百二十日,再次与营室晨出东方。平均的结果是,大约一岁一周天。当金星刚开始晨出东方时,其运行缓慢,平均一天行半度,一百二十日,必行一、二宿;达到极点后,日行一度半,一百二十日而入于东力。当它行低而近日时,叫做明星,性柔和;当它行高而远日时,叫做嚣,性刚强。它刚从西方出现时,行度较速,平均每天行一度半,共行一百二十日;达到极点后,就开始行迟,每天行半度,计一百二十日,必行一、二宿,然后夕入西方。当它行低而近日时,叫做太白,性柔和;当它行高而远日时,叫做大相,性刚强。它以辰、戌方位出,以丑、未方位入。

当出不出,未当入而入,天下偃兵,兵在外,入。未当出而出,当入而不入,天下起兵,有破国。其当期出也,其国昌。其出东为东,入东为北方;出西为西,入西为南方。〔1〕所居久,其乡利;易,其乡凶。

【注释】〔1〕"入西为南方",以上数句言金星出没的方位,及其占卜与所主方位的国家的关系。

【译文】如果太白当出现而不出现,不当入而入,则天下将息兵,在外的兵也将返回。未当出而出,当入而不入,则天下将有兵灾,所当之国破败。如果按时出入,则所当之国昌盛:其出于东方,主东方之国;入于东方,主北方之国;出于西方,主西方之国;入于西方,主南方之国。如果停留的时间长久,则所主的那一方有利;停留短,则所主的那一方有凶。

出西至东,正西国吉。出东至西,正东国吉。其出不经天;〔1〕经天,天下革政。

【注释】〔1〕"其出不经天",金星为内行星,只能在日旁运动,故晚上不能见到其运行经过中天,故有此占。一说昼见为中天。

【译文】其夕出西方,向东运行,则正西方的国家吉利;其晨出东方,向西运行,则正东方的国家吉利。金星的运行一般不能经天,一旦经天运行,则天下就将发生大的变革了。

小以角动,兵起。始出大,后小,兵弱;出小,后大,兵强。出高,用兵深吉,浅凶;库,浅吉,深凶。日方南金居其南,〔1〕日方北金居其北,曰赢,侯王不宁,用兵进吉退凶。日方南金居其北,曰方北金居其南,曰缩,侯王有忧,用兵退吉进凶。用兵象太白:太白行疾,疾行;迟,迟行。角,敢战。动摇躁,躁。圜以静,静。顺角所指,吉;反之,皆凶。出则出兵,入则入兵。赤角,有战;白角,有丧;黑圜角,忧,有水事;青圜小角,忧,有木事;黄圜和角,〔2〕有土事,有年。〔3〕其已出三日而复有微入,入三日乃复盛出,是谓奭,〔4〕其下国有军败将北。其已入三日又

复微出，出三日而复盛入，其下国有忧；师有粮食兵革，遗人用之；卒虽众，将为人虏。其出西失行，外国败；其出东失行，中国败。其色大圜黄㳄，[5]可为好事；其圜大赤，兵盛不战。

【注释】〔1〕"日方南"，太阳位于赤道南。〔2〕"圜和角"，王元启曰"圜"、"角"不并存，以上"圜"、"圜小"、"圜和"皆为衍字。〔3〕"有年"，丰熟的年成。〔4〕"㳄"，音ruǎn，软弱。〔5〕"㳄"，同"泽"。

【译文】太白星小而有芒角闪动，主有兵起。开始出现时大，后来变小，则兵弱；开始出现时小，后来变大，则兵强。太白出行距地高，则用兵深入吉利，不敢深入则凶；太白出行距地低，则用兵不深入吉利，深入则凶。太阳偏南方时(在赤道南)金星在日南，太阳偏北方时(在赤道北)金星在日北，则金星的运动叫做嬴，主侯、王不宁，用兵时进则吉，退则凶；日在南方金星在日北，日在北方金星在日南，这时金星运动叫做缩，主侯、王有忧，用兵时退兵吉利，进兵则凶。用兵应该像太白那样，太白行疾，兵易疾行；太白行迟，则兵易迟行。太白有芒角，则士兵敢战；太白动摇轻躁，则军队也轻躁；太白圆且稳静，则军队也稳定。顺着太白星芒角所指的方向出击则吉利，反之则凶。太白出则出兵，太白入则收兵。太白呈赤色且有芒角，则有战争发生；呈白色且有芒角，则有死丧之事。呈黑环且有芒角，主有忧，有与水有关的事情发生；呈青环且有小芒角，也有忧，有与木有关的事情发生；呈黄环且有平和的芒角，则有与土有关的事情发生，将会获得好收成。如果已出三日而又微微隐没，或者已入三日后又长时间地复出，这就称为㳄，所当的国家将有军队溃散和将帅的败北；如果已入三日又再次微微出现，或出三日而又长期没入，则与其相应的国家有忧患，军队的粮食和军需品将白白送给别人使用，兵卒虽多，也将变成敌人的俘虏。太白如果夕出而失行，则外国败；晨出东方而失行，则中国败，如果其环大且呈黄色而润泽，则可看作好事；如果其环大而且呈赤色，则有盛兵而不战。

太白白，比狼；赤，比心；黄，比参左肩；苍，比参右肩；黑，比奎大星。五星皆从太白而聚乎一舍，其下之国可以兵从天下。居实，[1]有得也；居虚，[2]无得也。行胜色，色胜位，[3]有位胜无位，有色胜无色，行得尽胜之。出而留桑榆间，[4]疾其下国。上而疾，未尽其日，[5]过参天，[6]疾其对国。上复下，下复上，有反将。其入月，[7]将僇。[8]金、木星合，光，[9]其下战不合，兵虽起而不斗；合相毁，野有破军。出西方，昏而出阴，阴兵强；暮食出，小弱；夜半出，中弱；鸡鸣出，大弱：是谓阴陷于阳。其在东方，乘明而出阳，阳兵之强；鸡鸣出，小弱；夜半出，中弱；昏出，大弱：是谓阳陷于阴。太白伏也，以出兵，兵有殃。其出卯南，南胜北方；出卯北，北胜南方；正在卯，东国利。出酉北，北胜南方；出酉南，南胜北方；正在西，西国胜。

【注释】〔1〕"居实"，星居于合居之宿。〔2〕"居虚"，居于嬴缩后所达之宿。〔3〕"行胜色，色胜位"，金星行度嬴缩变化所引起的影响，又要大于金星所处方位的影响。〔4〕"留桑榆间"，从桑、榆树阴的缝隙间看金星，不见位置的变化。〔5〕"未尽其日"，没有达到那些天数。〔6〕"过参天"，三分天过其一。天从东到西为六辰，三分之一为二辰。旧解似是而非。〔7〕"入月"，月掩星。〔8〕"僇"，通"戮"。"将僇"，将有刑戮。〔9〕"光"，两星相合而光不及也。王元启以为此处"金木"为"金水"之误。

【译文】太白的颜色是多变的，其白色可与天狼星相比，赤色可与心宿大星相比，黄色可与参宿左肩之星(参宿四)相比，苍色可与参宿右肩之星(参宿五)相比，黑色可与奎宿大星(奎宿九)相比。如果五星都跟随太白聚于一宿，则相应的国家可以兵威统率天下。太白如果实居其位，则相应的国家有所收获；如果是由于盈缩之故而居之，则就没有收获。利用太白，可以作出多种占卜，但主次各有不同。判断的根据是，其运行的盈缩胜于颜色，颜色的变化又胜过所处的方位，所出现的方位又胜于不出现太白的地方(失次)，总起来说，盈缩所引起的影响，超过了其它的一切影响。如果太白出而停留在桑榆间不动，将有害于所当的国家；如果很快地上升，没有到应该到的日子，便上升到超过全天三分之一的宿度，将有害于所对的国家；如果金星运行上而复下，又下而复上，则主有反叛的将军。如果金星入月，主有将军受刑戮。金木二星合而光

不相及,其下所当的国家不会遭遇交战,虽然起兵,也不会发生战斗;如果二星合而光芒相及,则郊野里就会有破败的军队了。太白在西方出现,如果在黄昏时从暗处出,阴兵强;在暮食时出,是稍弱;夜半出,中弱;在鸡鸣时出,则大弱,这时称为阴陷于阳。如果黎明时在东方出现,阳兵强;鸡鸣时出现,小弱;夜半时出现,中弱;黄昏时出现,则大弱,这时称为阳陷于阴。如果在太白伏行时出兵,则兵有祸殃。如果太白在卯南(东南)出现,则南军胜北军;出现在卯北(东北),则北军胜南军;在正卯(正东)出现,东方的国家有利;在西北(西北)出现,北军胜南军;在酉南(西南)出现,南军胜北军;在正酉(正西)出现,则西方的国家胜。

其与列星相犯,小战;五星,大战。其相犯,太白出其南,南国败;出其北,北国败。行疾,武;[1]不行,文。[2]色白五芒,出蚤为月蚀,晚为天夭及彗星,[3]将发其国。[4]出东为德,举事左之迎之,[5]吉;出西为刑,举事右之背之,[6]吉。反之皆凶。太白光见景,[7]战胜。昼见而经天,是谓争明,强国弱,小国强,女主昌。

【注释】[1]"行疾,武",太白行疾,有武事。[2]"文",文事。 [3]"天夭",即天妖,有妖星出现。 [4]"将发其国",灾异将发生在与其相应的国家。 [5]"左之迎之",从左面迎着它。 [6]"右之背之",从右面背着它。 [7]"景",通"影"。

【译文】太白与列星相犯,有小的战争;五星相犯,则有大战。相犯时,如果太白在列星南出现,南国败;在列星北出现,则北国败。太白行得快,表示有武事,停留不动,有文事。太白星色白而有五道光芒,则早出有月食,晚出有妖星和彗星,将影响到地上相应的国家。太白出现于东边为德,从左边迎着太白的方向办事则吉利;太白出现于西边为刑,从右边背着太白的方向办事则吉利,与之相反则都凶。如果太白的光亮能够照物见影,打仗则能取胜。如果白天见太白经天而行,称为太白争明,主强国弱,小国强,女主昌盛。

亢为疏庙,太白庙也。太白,大臣也,其号上公。其他名殷星、太正、营星、观星、宫星、明星、大衰、大泽、终星、大相、天浩、序

星、月纬。大司马位谨候此。[1]

【注释】[1]"大司马",《晋志》曰:"太白主大臣,其号上公也,大司马位谨候此。"则大司马为太白大臣之官名。

【译文】亢宿为疏庙,是太白星的庙。太白是大臣,号为上公。太白的其它名字还有:殷星、太正、营星、观星、宫星、明星、大衰、大泽、终星、大相、天浩、序星、月纬。关于大司马位,应谨慎地用以上方法进行占卜。

察日辰之会,以治辰星之位。[1]日北方水,太阴之精,主冬,日壬、癸。刑失者,罚出辰星,以其宿命国。

【注释】[1]"辰星",水星与太阳相距最大的角距不超过一辰,故曰"辰星"。此上二句言观察太阳、水星的交会,可以推知水星的方位。

【译文】观察太阳与辰星的交会情况,可以推知辰星的方位。辰星在五行中属北方水,为太阴的精气,主冬。其判定季节干支为壬、癸。如果刑罚有疏失,其征罚就应验在与辰星所在星宿相应的国家。

是正四时:仲春春分,夕出郊奎、娄、胃东五舍,[1]为齐;仲夏夏至,夕出郊东井、舆鬼、柳东七舍,为楚;仲秋秋分,夕出郊角、亢、氐、房东四舍,为汉;仲冬冬至,晨出郊东方,与尾、箕、斗、牵牛俱西,[2]为中国。其出入常以辰、戌、丑、未。

【注释】[1]"郊",通"效",见也。"东五舍",太阳东面的五宿。 [2]"俱西",俱在太阳以西。

【译文】用辰星可以校正四时:如果辰星与奎、娄、胃宿夕出,则这些星宿为在太阳以东的五宿,在分野上属齐,应是仲春春分;如果辰星与东井、舆鬼、柳夕出,为太阳以东的七宿,在分野上属楚,应是仲夏夏至;如果辰星与角、亢、氐夕出,为太阳以东四宿,分野上属汉中,应是仲秋秋分;如果辰星与尾、箕、斗、牵牛晨出东方,则这些星宿俱在太

阳以西,分野上属中国,为仲冬冬至。辰星的出入,常在辰、戌、丑、未方位。

其蚤,为月蚀;晚,为彗星及天夭。其时宜效不效为失,追兵在外不战。一时不出,其时不和;四时不出,天下大饥。其当效而出也,色白为旱,黄为五谷熟,赤为兵,黑为水。出东方,大而白,有兵于外,解。常在东方,其赤,中国胜;其西而赤,外国利。无兵于外而赤,兵起。其与太白俱出东方,皆赤而角,外国大败,中国胜;其与太白俱出西方,皆赤而角,外国利。五星分天之中,积于东方,中国利;积于西方,外国用兵者利。五星皆从辰星而聚于一舍,其所舍之国可以法致天下。[1]辰星不出,太白为客;其出,太白为主。出而与太白不想从,野虽有军,不战。出东方,[2]太白出西方;若出西方,太白出东方,为格,野虽有兵不战。失其时而出,为当寒反温,当温反寒。当出不出,是谓击卒,兵大起。其入太白中而上出,破军杀将,客军胜;下出,客亡地。辰星来抵太白,太白不去,将死。正旗上出,[3]破军杀将,客胜;下出,客亡地。视旗所指,以命破军。其绕环太白,若与斗,大战,客胜。兔过太白,[4]间可椷剑,[5]小战,客胜。兔居太白前,军罢;出太白左,小战;摩太白,有数万人战,主人吏死;出太白右,去三尺,军急约战。青角,兵忧;黑角,水。赤行穷兵之所终。

【注释】〔1〕木星主义,火星主礼,土星主德,金星主杀,水星主刑,故言水星"所舍之国可以法致天下"。 〔2〕"出东方",此下六句言水出东方,则金出西方;水出西方,则金出东方,为格。"格",为不和同。水出于金,母子关系,故虽不和同,而有兵不战。 〔3〕"旗",此字与下文另一"旗"字,《正义》释为旗星。不过《天官书》五星占几乎没有言及行星与具体恒星相犯的占事,独此处上下两次言及,似不可能。《汉志》两"旗"字均作"其",此处上下两"旗"字应为"其"字之误。 〔4〕"兔",《广雅》云:"辰星谓之兔星。"则兔为辰星之别名,也即天欃星。〔5〕"椷",音hán,通"函"。"间可椷剑",中间可容一剑。

【译文】辰星过早出现,将有月食发生,过迟出现,将有彗星和妖星。辰星应见不见为失行,主追兵在外而不战;如果一个季节不出现,则该季节天下不和;如果四季不出,则天下将发生大的饥荒。如果在该出的时候出现,色白为旱;色黄为五谷丰收;色赤有兵灾;色黑有大水。辰星出东方,如果形大而色白,虽有敌兵在外,也能化解。如果辰星在东方,为赤色,则中国胜利;如在西方,为赤色,则外国有利。如果辰星为赤色,虽无敌兵在外,也将发生战乱。当辰星与太白同出东方并皆为赤色时,则外国大败,中国胜利;同出西方并皆赤色而有芒角时,则外国有利。如果五星分布于天空的一半,都聚于东方,则中国利;聚于西方,则外国用兵者利。如果五星都跟随辰星而聚于一宿,则所对应的国家可以凭借法令统率天下。如果辰星不出,则太白为客;辰星出,则太白为主人。辰星出但不跟随着太白运动,则野外虽有军队,却不会发生战斗。如果辰星出东方,太白出西方;或者辰星出西方,太白出东方,称为格(不和同),野外虽有军队,但不会交战。如果不在应出之时而出,则当寒反暖,或当热反寒。如果当出不出,称为击卒,主天下兵革大起。如果辰星入太白中,后又从上面出现,主军队破败,将领被杀,客军胜;如果从下面出现,则主客亡地。辰星芒角所指的方向,主有破败的军队。辰星一名兔星,它环绕太白运动,如果相斗,则将发生大的战争,主客胜;如果辰星通过太白,中间容下一剑之地,则会发生小的战争,也主客胜;辰星居太白前,两军罢战;辰星出现在太白左面,则有小的战斗,如果辰星与太白相摩擦而过,则主有数万人的大战,有将吏死亡;如果辰星出现在太白的右方,相距三尺,主两军紧急约战。辰星有青色芒角,主兵忧;有黑色芒角,主水灾;有赤色芒角,主走投无路的败兵的末日到了。

兔七命,[1]曰小正、辰星、天欃、安周星、细爽、能星、钩星。其色黄而小,出而易处,[2]天下之文变而不善矣。兔五色,青圜忧,白圜丧,赤圜中不平,黑圜吉。赤角犯我城,黄角地之争,白角号泣之声。

【注释】〔1〕"命",即名。 〔2〕"其色黄而小,出而易处",这是辰星的特征。王元启以为此句当移至下文"黑圜吉"句之末,为五色中的一色。其实不妥。兔五色是带圜的,此处并无圜。此段先言七命,次言总的特征,再言五色圜,后言五色芒角,若

说五色圜色不全,则五色芒角也不全。其实不必全载。

【译文】兔星有七个名字,那就是小正、辰星、天槐、安周星、细爽、能星、钩星。它的颜色黄而且光亮较小,出行之后运行得快,所以天下的制度常有变革而不完善。兔有五种颜色,呈青环时则有忧,呈白环时有丧,呈赤环时中有不平,呈黑环时吉利。有赤色芒角时主敌兵犯我城,有黄色芒角时主争地,有白色芒角时将听到号泣之声。

其出东方,行四舍四十八日,其数二十日,[1]而反入于东方;其出西方,行四舍四十八日,其数二十日,而反入于西方。其一候之营室、角、毕、箕、柳。[2]出房、心间,地动。

【注释】[1]"四十八日",应是"四十八度"之误。出东方至入东方,两个基本数据一是度数,一是日数,此处开头载舍数,后面载日数,有了日数以后,中间就不可能再载日数,必是将舍数折合成度数。如取一舍为十二度,四十八正是四舍之度数。下文"四十八日"同样是"四十八度"之误。据《汉志》水星出东方凡见二十八日,行星二十八度。出西方,凡见二十六日,行星二十六度。《天官书》所载误差较大。 [2]与室、角、毕、箕、柳的会合周期,只适合于太白,置于此有误。

【译文】辰星晨出东方,行四舍,计四十八度,二十日后,又隐没于东方;辰星夕出西方,行四舍,计四十八度,二十日后,又隐没于西方。另外一种情况,在室宿、角宿、毕宿、箕宿、柳宿观察它。如果辰星从房心二宿间出现,将有地震发生。

辰星之色:春,青黄;夏,赤白;秋,青白,而岁熟;冬,黄而不明。即变其色,其时不昌。春不见,大风,秋则不实;夏不见,有六十之旱,月蚀;秋不见,有兵,春则不生;冬不见,阴雨六十,有流邑,[1]夏则不长。

【注释】[1]"邑",村镇或家室。"流邑",即因灾祸造成的流民。

【译文】辰星有颜色的变化,如果春季呈青黄色,夏季呈赤色,秋季呈青白色,则为丰收年景。冬季辰星如果黄而不明,即使后来改变颜色,这个时期也不会昌盛。春季如果不见辰星,则主大风,秋季没有收成;夏季不见辰星,则主有六十日之干旱,同时有月食发生;秋季不见辰星,有兵灾,春天草木不生;冬季不见辰星,有六十天的阴雨,有流民,夏季草木不生。

角、亢、氐,兖州。房、心,豫州。尾、箕,幽州。斗,江、湖。[1]牵牛、婺女,扬州。虚、危,青州。营室至东壁,并州。奎、娄、胃,徐州。昂、毕,冀州。觜觿、参,益州。东井、舆鬼,雍州。柳、七星、张,三河。[2]翼、轸,荆州。

【注释】[1]"江、湖",指江、浙、赣沿江一带。[2]"三河",指河南、河东、河内三郡。

【译文】二十八宿在地理上的分野是:角、亢、氐三宿为兖州。房、心二宿为豫州。尾箕二宿为幽州。斗宿为江、湖之地。牵牛、婺女二宿为扬州。虚、危二宿为青州。营室、东壁二宿为并州。奎、娄、胃三宿为徐州。昂、毕二宿为冀州。觜、参二宿为益州。东井、舆鬼二宿为雍州。柳、七星、张三宿为三河地区。翼、轸二宿为荆州。

七星为员官,辰星庙,蛮夷星也。

两军相当,日晕;晕等,力钧;厚长大,有胜;薄短小,无胜。重抱,大破;无抱,为和;背,不和,为分离相去。直为自立,立侯王;破军杀将。负且戴,[1]有喜。围在中,中胜;在外,外胜。青外赤中,以和相去;赤外青中,以恶相去。气晕先至而后去,居军胜。先至先去,前利后病;后至后去,前病后利;后至先去,前后皆病,居军不胜。见而去;其发疾,虽胜无功。见半日以上,功大。白虹屈短,上下兑,有者下大流血。日晕制胜,近期三十日,远期六十日。

【注释】[1]"负且戴",陈仁锡曰:"日旁如半环向日曰'抱';青赤气如月初生背日曰'背';青赤气长而立旁曰'直'。青赤气如小半晕状在日上曰'负';形如直状其上微气在日上曰'戴'。"

【译文】七星宿为员官,辰星的庙,是主管蛮夷的星。

两军对阵,则有日晕。日晕均匀,则两军势均力敌;日晕厚而且长大,则互有胜负;日晕薄而且短小,则没有胜负。日晕重重相抱,则军将大破;无抱,则两军修和;日晕相背,则不和,两军分离而去。日晕直立,主自立,有王侯立,有破军杀将。既负又载(日上日下均有光气),主有喜事。日晕如被围在日中央,则主被围者胜,如日晕在外,主围者胜。日晕如果外青而中赤,则双方媾和而去;外赤而中青,则交恶而去。如果气晕先到而后去,则守军胜;如果先到者先去,则守军前利后害;如果后到者后去,则守军前害而后利;如果后到先去,则前后都受害,守军不胜。日晕出现后离去,如果出现的时间很短暂,则虽然战胜却无所收获;出现半日以上,则能获大功。如果有短而直、上下都尖锐的白虹出现,则相应的一方将有大的丧亡。以日晕占卜胜负,近者三十日,远者六十日应验。

其食,食所不利;[1]复生,生所利;[2]而食益尽,为主位。[3]以其直及日所宿,加以日时,用命其国也。[4]

【注释】[1]"食所不利",此占卜指日食而言。谓发生日食时太阳所处星宿对应的国家不利。[2]"生所利",复生后所在星宿对应的国家有利。[3]"食益尽,为主位",谓食尽,咎在主位。[4]"以其直",以其所对的方位。"日所宿",太阳所处的星宿。"日时",发生日食的日期及时刻。此以方位、星宿、日期、时刻综合起来考虑,用以判断所当国家的命运。日食日期及时刻的占文见下文。

【译文】日食的占卜是,日食时,与太阳所处星宿相应的国家不利;生光时,与生光相应的国家有利。如果日食食尽,则咎在主位。以当时太阳所处的方位和所在星宿,再配合以日期和时刻,用以占卜相应国家的吉凶。

月行中道,[1]安宁和平。阴间,多水,阴事。外北三尺,阴星。[2]北三尺,太阴,[3]大水,兵。阳间,骄恣。阳星,多暴狱。太阳,[4]大旱、丧也。角,天门,[5]十月为四月,十一月为五月,十二月为六月,水发,近三尺,远五尺。[6]犯四辅,[7]辅臣诛。行南

北河,[8]以阴阳言,旱水兵丧。

【注释】[1]"中道",月行有三道:中道、阳道、阴道。太阳的行道有黄道、光道、中道三种名称。此处中道即黄道。[2]"阴星",陈仁锡据《汉志》在此句下补"多乱"二字。言之有理。[3]"太阴",即月行太阴道。《索隐》曰:"太阴、太阳,皆道也。"中道与太阴道之间为阴间,中道与太阳道之间为阳间。中道北三尺处有阴星,中道以北三尺为阴道。七寸为一度,三尺为四度余,为黄道与白道间的夹角。此"三尺"为约数。[4]"太阳",太阳道。此太阳道是指月亮南行的阳道,非太阳运行的黄道。[5]"角,天门",角为天门,并非两个星座。[6]"水发,近三尺,远五尺",言凡月经过天门,六个月以后水发;水深近则三尺,远则五尺。[7]《索隐》曰:"'四辅',房四星也。房以辅心,故曰'四辅'。"[8]"南北河",指南河、北河各三星。[9]"以阴阳言,旱水兵丧",月行北河为阴,有水和兵;月行南河为阳,有旱和丧。

【译文】月亮在中间轨道运行时,则天下安宁和平。在阴间(中道以北)运行时多水,多恶事;中道以北三尺的地方有阴星;距离中道以北三尺处为太阴道,月行太阴道,则有大水和兵灾,当月亮在阳间(中道以南)运行时,则有骄恣的事情发生;在中道南三尺处是阳星,月亮行于阳星,则多大的刑讼;中道南三尺处为太阳道,月行于太阳道,则主大旱和丧事。角宿为天门,月亮如十月过天门,则四月水发,如十一月过天门,则五月水发,如十二月过天门,则六月水发,水深近则三尺,远则五尺。月亮若犯四辅(房宿),则有辅臣受诛。月亮如果运行至南、北河,则以阴阳判断旱、水、兵丧。

月蚀岁星,其宿地,饥若亡;荧惑也,乱;填星也,下犯上;太白也,强国以战败;辰星也,女乱;蚀大角,主命者恶之;心,则为内贼乱也;列星,其宿地忧。

月食始日,五月者六,六月者五,五月复六,六月者一,而五月者五,凡百一十三月而复始。[1]故月蚀,常也;日蚀,为不臧也。甲、乙,四海之外,日月不占。丙、丁,江、淮、海、岱也。戊、己,中州河、济也。庚、辛,华山以西。壬、癸,恒山以北。[2]日蚀,国君;月蚀,将相当之。

【注释】〔1〕此《天官书》所载交食周期，为中国最早之纪录，但有缺误。按所载月数统计，实为一百二十一月，非一百十三月。而此两个月数均不等于交食年的倍数，故必有误。《索隐》据《三统历》得：六月者七，五月者一，又六月者一，五月者一，凡一百三十五月而复始。有人以为此处即一百三十五月之交食周期，只是文字有缺误而已。 〔2〕以上为日月食以十干表示的日期和时刻的占文。甲乙主海外，所以说"不占"。《汉志》日期占下还载有十二时辰的占文，现附载于此："子周，丑翟，寅赵，卯郑，辰邯郸，巳卫，午秦，未中山，申齐，酉鲁，戌吴越，亥燕代。"

【译文】如果月食岁星，则与所在星宿相应的地方将发生饥荒或败亡；月食荧惑主有乱；月食填星主下犯上；月食太白主强国战败；月食辰星主有女乱，月食大角星则人君有忌讳；月食大火星，主有内乱的贼人；月食列宿，则该宿所相应的地方有忧患。

推算月食的周期，从历元开始之月的第一次月食起算，以后每隔五个月可能有一次月食发生，接连六次；然后又每隔六个月可能有一次月食发生，接连五次；然后又每隔五个月可能发生一次月食，接连六次；以后隔六个月可能有一次；又隔五个月可能有一次，接连五次，共计一百十三个月而完成一个月食周期（前后总月数不合，当有误），又回到初始状态。所以月食是经常发生的事，而日食就不常见了，见之必有灾应，故《诗经》说"于何不臧"。以日时干支占卜月食吉凶的方法如下：甲乙主四海之外，所以海内之日月食不必占卜；丙丁主江、淮、海、岱，戊己主中州的河、济，庚辛主华山以西；壬癸主恒山以北。日食应在国君，月食应在将相。

国皇星，〔1〕大而赤，状类南极。〔2〕所出，其下起兵，兵强；其冲不利。

【注释】〔1〕"国皇星"，《正义》说其特征为"去地三丈，如炬火"。《集解》引孟康曰"岁星之精散所为"。 〔2〕"类南极"，即类南极老人星。

【译文】国皇星，形大而赤，样子很像南极老人星。与所出现的宿位相应的地方有战争发生，并且兵力强盛，而与其对冲的国家则不利。

昭明星，〔1〕大而白，无角，乍上乍下。

所出国，起兵，多变。

【注释】〔1〕"昭明星"，《释名》曰："气有一枝，末锐似笔。亦曰笔星也。"《集解》引孟康曰"荧惑之精"。

【译文】昭明星，形大而色白，没有芒角，忽上忽下移动。所当的国家将有战争，而且多变乱。

五残星，〔1〕出正东东方之野。其星状类辰星，去地可六丈。

【注释】〔1〕"五残星"，《索隐》引孟康曰："星表有青气如晕，有毛，填星之精也。"

【译文】五残星，出现于正东方的地平之上，其形状像辰星，离地可达六丈。

大贼星，〔1〕出正南南方之野。星去地可六丈，大而赤，数动，有光。

【注释】〔1〕"大贼星"，《集解》引孟康曰："形如彗，九尺，大白之精。"

【译文】大贼星，出现于正南方地平之上，星离地可达六丈，形大而且呈赤色，常常闪动而有光辉。

司危星，〔1〕出正西西方之野。星去地可六丈，大而白，类太白。

【注释】〔1〕"司危星"，《集解》引孟康曰："星大而有尾，两角，荧惑之精也。"

【译文】司危星，出现在正西方地平线以上，离地可达六丈，形状大而呈白色，像太白星。

狱汉星，〔1〕出正北北方之野。星去地可六丈，大而赤，数动，察之中青。此四野星所出，〔2〕出非其方，其下有兵，冲不利。

【注释】〔1〕"狱汉星"，《集解》引孟康曰："亦填星之精。" 〔2〕"四野星"，五残、大贼、司危、狱汉

合为"四野星"。

【译文】獄汉星,出现在正北方地平以上,离地可达六丈,形大而呈赤色,常常闪动,仔细观察,中间是青色的。这四方所出现的异星,如果在不应出的方位出现,则所当的国家有兵灾,与其对冲的国家也不吉利。

四填星,所出四隅,去地可四丈。
地维咸光,亦出四隅,去地可三丈,若月始出。所见,下有乱;乱者亡,有德者昌。
烛星,[1]状如太白,其出也不行。见则灭。所烛者,城邑乱。

【注释】〔1〕"烛星",《集解》引孟康曰:"亦填星之精。"

【译文】四填星,出现在四角,离地可达四丈。
地维、咸光星,也出现在四角,离地可达三丈,其光像月亮始出时的样子。其出分野所当的国家有乱事,作乱者亡,有德者昌盛。
烛星,形状像太白,它出现时并不移动,一现即灭。出现时相应国家的城邑有乱事。

如星非星,如云非云,命曰归邪。[1]归邪出,必有归国者。

【注释】〔1〕"归邪",《集解》引孟康曰:"星有两赤彗上向,上有盖,状如气,下连星。"

【译文】有一种如星非星、如云非云的天体,叫做归邪。当归邪出现时,就必定有归国者回国。

星者,金之散气,其本曰火。[1]星众,国吉;少则凶。

【注释】〔1〕"其本曰火",《汉志》作"其本曰人"。王元启以为"火"为"人"之误,恐非是。此句与下文"其本曰水"相应。
【译文】星是金属散发出来的气体而形成的,它的本质为火。星多则国家吉利,星少则国家凶。

汉者,亦金之散气,其本曰水。汉,星

多,多水;少则旱,其大经也。[1]

【注释】〔1〕"大经",大概的规律。

【译文】银河也是金属散发出来的气体形成的,它的本质为水。银河中星多,则地上多水,星少则旱。这是大概的原则。

天鼓,有音如雷非雷,音在地而下及地。其所往者,兵发其下。
天狗,状如大奔星,[1]有声,其下止地,类狗。所堕及,[2]望之如火光炎炎冲天。其下圜如数顷田处,[3]上兑者则有黄色,千里破军杀将。[4]

【注释】〔1〕"大奔星",大的火流星的形象名称。 〔2〕"所堕及",能够堕至地面的。此是指陨石,在大气中来不及燃烧完而落至地面。 〔3〕"圜如数顷田",非指陨石有数顷田大,而是指陨坑。〔4〕"破军杀将",由于这种大的陨石很少见,故用于"破军杀将"之占。

【译文】天鼓,它发出的声音似雷非雷,音在地表而传到地下。其所出现的地方,将有兵事。天狗,其形状像大的奔星,出现时有声响,它落到地上,形状像狗。在坠落的过程中,其炎炎的火光冲天,落到地下之后,下面的圆坑有数顷田大。上面尖锐的,则呈黄颜色。主在千里之外破军杀将。

格泽星者,如炎火之状。黄白,起地而上。下大,上兑。[1]其见也,不种而获;不有土功,必有大害。[2]

【注释】〔1〕"上兑",以上描述的格泽星状态,类似北极光。 〔2〕"大害",《星经》和《汉志》、《晋志》均作"大客"。

【译文】格泽星,像火焰的样子,呈黄白色,从地上升起而上行。下面大,上面锐。凡是格泽星出现的地方,不须耕种就能得到收获;但如果没有土地方面的收获,则就必然有大的祸害发生。

蚩尤之旗,类彗而后曲,象旗。见则王

者征伐四方。

旬始,出于北斗旁,状如雄鸡。其怒,青黑,象伏鳖。

枉矢,类大流星,蛇行而仓黑,望之如有毛羽然。

长庚,如一匹布著天。此星见,兵起。

星坠至地,则石也。河、济之间,时有坠星。

天精而见景星。[1]景星者,德星也。其状无常,常出于有道之国。

【注释】[1]"天精而见景星",《集解》引孟康曰:"精,明也。"《索隐》引韦昭云:"精谓清朗也。"

【译文】蚩尤旗,其形状像彗星,但尾弯曲像旗子,它的出现,主王者征伐四方。

旬始,常出现于北斗星旁边,其形状如雄鸡。当其发怒时,呈青黑色,像匍匐着的鳖。

枉矢,状如大流星,像蛇行似地行动,呈苍黑色,看上去好像长了羽毛似的。

长庚,如一匹布似地分布在天上。此星如果出现,将有兵灾。

星落到地上,便是石头。在河、济之间的地方,常有坠星发现。

天气晴朗,就可能看到景星出现。景星是德星。其形状不定。常出现于有道德的国家。

凡望云气,仰而望之,三四百里;平望,在桑榆上,千余二千里;登高而望之,下属地者三千里。[1]云气有兽居上者,胜。[2]

【注释】[1]"属",连续。"下属地",下连地。[2]"胜",作战胜利。《晋志》:"军上气,高胜下,厚胜薄,实胜虚,长胜短,泽胜枯。"

【译文】大凡观察云气,从较低的地方仰着头向上观察时,能看到三四百里;如果在桑榆之上向远处平望,可以看到一二千里远;如果爬到高山上俯视远处,可以看到三千里远。云气有各种形状,以有兽居上者为胜。

自华以南,[1]气下黑上赤。嵩高、三河之郊,气正赤。恒山之北,气下黑上青。勃、

碣、海、岱之间,气皆黑。江、淮之间,气皆白。

【注释】[1]"华",华山。

【译文】各地云气的颜色不同,自华山以南,云气下黑上赤;嵩高、三河的郊外,云气为正赤色;恒山的北方,云气下黑上青;勃、碣、海、岱之间,云气都是黑色的;江淮之间,云气都是白色的。

徒气白。[1]土功气黄。车气乍高乍下,往往而聚。骑气卑而布。[2]卒气抟。[3]前卑而后高者,疾;前方而后高者,兑;后兑而卑者,却。其气平者其行徐。前高而后卑者,不止而反。气相遇者,卑胜高,兑胜方。气来卑而循车通者,[4]不过三四日,[5]去之五六里见;气来高七八尺者,不过五六日,去之十余里见;[6]气来高丈余二丈者,不过三四十日,去之五六十里见。

【注释】[1]"徒气",徒众之气。徒气白,预示得徒众的云气为白色。下同。 [2]"布",广布。[3]"抟",音 tuán,义为盘旋。有的版本作"搏",王元启认为,依《庄子》"抟扶摇而上",与"骑气卑而布"正好相对。 [4]"车通",即车辙。为避武帝讳而改作"通"。 [5]"不过三四日",言不过三四日,军情即现。军情即指前面所说的疾、却、行徐、反。[6]"去之十余里见",指离开十余里尚能见到。看到的远近与云气的高低有关。下同。

【译文】认识了这些带有地方特征的云气之后,便能识别和判断带有各种事物特征的云气。象征得到徒众的云气是白色的;得土功的云气是黄色的;车队的云气忽高忽下,往往聚在一起;骑队的云气则低而宽广;得上卒的云气则抟转扭曲。前低后高的云气主军行疾;前方而后高的云气主士气锐;后锐而低的云气主军退行;平平的云气主军行舒缓;前高而后低的云气主不停而返回。两气相遇,则低胜高,锐胜方。低低地沿着车辙而来的云气,不过三四日军情即能表现出来,离开五六里远可以看到;离地七八尺高而来的云气,不过五六日即能显现,离开十余里远可以看到;离地一二丈而来的云气,不过三四十日即能显现,离开五六十里远能看见。

稍云精白者,〔1〕其将悍,其士怯。其大根而前绝远者,〔2〕当战。青白,其前低者,战胜;其前赤而仰者,战不胜。阵云如立垣。杼云类杼。〔3〕轴云抟两端兑。〔4〕杓云如绳者,〔5〕居前亘天,其半半天。其蜺者类阙旗故。〔6〕钩云句曲。诸此云见,以五色合占。而泽抟密,其见动人,〔7〕乃有占;兵必起,合斗其直。〔8〕

【注释】〔1〕"稍云",《汉志》作"捎云",当从《汉志》,摇捎之义。 〔2〕"大根",大的根基。"前绝远",前端延伸到很远的地方。 〔3〕"杼",音zhù,指织布机上的梭。 〔4〕"轴云抟两端兑",轴云成螺旋状,两端尖。《史记志疑》认为"云抟"当为"抟云"二字倒置,应读作"杼云类杼轴,抟云两端兑"。王元启认为"云抟"为衍文,当读作"杼云类杼轴,两端兑"。 〔5〕"杓云如绳状",形如绳状的条状云。 〔6〕"蜺",音niè,通"霓",状如虹之云。此句《汉志》作"霓云者,类斗旗故"。 〔7〕"动人",引人注目。这是由于具有润泽、盘旋、密集的云气不多见,故以为占。 〔8〕"合斗其直",占卜打仗胜败,视其云所直宿也。

【译文】摇捎之云,其中颜色洁白的,主将领悍勇而士卒怯懦,基部大而前端延长到很远处的云,主战争;颜色青白、前端低下的云气,主战胜;前面赤色而向上仰的云气,主战不胜。阵云像直立的墙垣;杼云形状像杼,轴云如螺旋,两端尖锐;杓云牵着云像绳子,在前面横亘全天,它的一半也有半天宽;那种霓虹,类似阙旗,所以尖锐;钩云弯曲。以上各种形状的云气,还须以五种颜色配合占卜。润泽而抟密在一起,出现时形象异常动人的云气,方才有征兆可占。战争将要发生,则云气必合斗于所当之地。

王朔所候,〔1〕决于日旁。日旁云气,人主象。皆如其形以占。

【注释】〔1〕"王朔",汉人,善望气。

【译文】王朔所占候的内容,都取决于太阳旁边。日旁的云气,是人主的象征,都依它们的形状来占卜。

故北夷之气如群畜穹闾,〔1〕南夷之气类舟船幡旗。大水处,败军场,破国之虚,下有积钱,金宝之上,皆有气,不可不察。海旁蜄气象楼台;广野气成宫阙然。〔2〕云气各象其山川人民所聚积。

【注释】〔1〕"群畜穹闾",为北夷人的生活风俗特征,犹如南人尚舟船幡旗。"穹闾",《索隐》引作"弓闾",即弓形的居室,以毡为之,俗称蒙古包。 〔2〕"广野气成宫阙然",此即海市蜃楼景象。

【译文】因此,象征北方夷狄的云气,就像群畜和穹庐的形状。南方蛮夷的云气,象征着舟船和旗帜的形状。行将发生大水的地方,军队溃败的战场,国家破灭的废墟,地下藏有金钱和财宝等处的上方,都有云气呈现出来,不可不仔细观察。海边的蜃气像真正的楼台,广野的云气像宫阙的样子。各地的云气,各与其山川人民所积聚而生的云气相当。

故候息秏者,入国邑,视封疆田畴之正治,〔1〕城郭室屋门户之润泽,次至车服畜产精华。实息者,吉;虚秏者,凶。

【注释】〔1〕"封疆田畴",疆界内的田地。"正治",整治。

【译文】因此,占候各地繁荣衰落的人,每到一个都邑,就必须考察疆界田地的治理和城廓房舍门户的润泽状况,然后再考察车驾服饰畜产等重要物资,凡是充实者则吉利,虚耗者凶。

若烟非烟,若云非云,郁郁纷纷,萧索轮囷,〔1〕是谓卿云。卿云,喜气也。若雾非雾,衣冠而不濡,见则其域被甲而趋。〔2〕

【注释】〔1〕"轮囷",圆形的谷仓。 〔2〕"被甲而趋",即披甲奔走,前去打仗。

【译文】如烟非烟、如云非云、繁茂杂乱、内中萧疏地散布着形如圆形囷仓的云气,称为卿云。卿云主喜气。另一种如雾非雾,但并不沾湿衣冠的云气,如果出现了,则其地将发生战争,人人都将披甲

参战了。

夫雷电、虾虹、[1]辟历、[2]夜明者,[3]阳气之动者也,春夏则发,秋冬则藏,故候者无不司之。

【注释】〔1〕《史记志疑》引孙侍御云:"虾,《汉志》作椴,皆霞字之异体。"此说有理。王元启将"虾"释作赤色,似不合文义。 〔2〕"辟历",疾雷。〔3〕"夜明",如天开眼。

【译文】雷电、霞虹、霹雳、夜明这些现象,都是由于阳气动而产生的。春夏则出现,秋冬则掩藏,所以占候的人无不等待观察。

天开县物,[1]地动坼绝。[2]山崩及徙,川塞溪坍。[3]水澹地长,泽竭见象。城郭门闾,闰臬槁枯:[4]宫庙邸第,人民所次。谣俗车服,观民饮食。五谷草木,观其所属。仓府厩库,四通之路。六畜禽兽,所产去就;鱼鳖鸟鼠,观其所处。鬼哭若呼,其人逢俉。[5]化言诚然。[6]

【注释】〔1〕"天开县物",《集解》引孟康曰:"谓天裂而见物象,天开示县象。""县",通"悬"。〔2〕"坼绝",断裂。"坼",音chè。 〔3〕"坍",土填塞。"溪坍",山谷崩塌填塞。 〔4〕"闰臬槁枯",《汉志》作"润息槁枯",当从《汉志》。"润息槁枯",义为繁荣或衰落。 〔5〕"逢俉",相逢而惊。 〔6〕"化",音é,通"讹"。"化言",妖言。《史记志疑》说:"四字二韵,化即讹省。"

【译文】在自然变化上,要观察天开裂见物悬示的现象;还要观察山崩陵徙,河川壅阻,溪谷堵塞,水流回旋起伏,地面隆起,水泽枯竭,显示迹象。在人事上,要观察城廓里弄的繁荣和衰落;从宫庙邸第,可以了解到人民居处的状况;从童谣习俗车辆服饰,去了解人民的饮食;从五谷草木,去观察它们生长的地方;留意府舍厩库、四通之路的状况;从六畜禽兽,去了解它们生长繁衍的环境;从鱼鳖鸟鼠,观察它们藏匿的地方;留意鬼哭呼号,使人相遇而惊的现象。虽然可能是传讹之言,但仍然有可信的地方。

凡候岁美恶,[1]谨候岁始。[2]岁始或冬至日,产气始萌;[3]腊明日,[4]人众卒岁,一会饮食,发阳气,故曰初岁;正月旦,王者岁首;[5]立春日,四时之始也。[6]四始者,候之日。[7]

【注释】〔1〕"岁美恶",每岁年成之好坏。〔2〕"岁始",一岁的开始。古时有以冬至或腊为岁始,也有以夏历的十一月朔日、十二月朔日或正月朔日为岁首。 〔3〕冬至阴气达到极盛,同时阳气开始萌动。"产气"即阳气。 〔4〕"腊明日",即腊日之后的一天为岁首。晋博士张亮议曰:"腊者,接也,祭宜在新故交接也,俗谓腊之明日为初岁,秦汉以来有贺此者,古之遗俗也。"王元启认为"腊明日"即立春日。此说不妥。《说文解字》曰:"冬至后三戌腊祭百神。"即冬至后三十六天以内为腊日,故腊非立春也。据前注所引,腊即先秦新年之遗俗。好比今用阳历而民间过春节也。 〔5〕正朔由王者颁布,岁首由王者选定,故曰"正月旦,王者岁首",而与"腊明日,人众卒岁"相区别。 〔6〕"立春日,四时之始也",夏历四季之区分,始自立春,终于大寒,故以立春为四时之终始点。 〔7〕"四始",年月日时之始合称为"四始",但不可能每年立春和正月朔都在同一天。

【译文】凡是占候年成的好坏,一定要谨慎地观察一岁的开始。一岁的开始有四种:一曰冬至日,是万物刚刚开始萌发;二是腊明日,这是群众卒岁、围聚饮宴、引发阳气的日子,故称为初岁;三是正月初一,王者的岁首;四是立春日,为四季之开始。此四种岁始,是占候之人观察的日子。

而汉魏鲜集腊明正月旦决八风。[1]风从南方来,大旱;西南,小旱;西方,有兵;西北,戎菽为小雨,[2]趣兵;[3]北方,为中岁;东北,为上岁;[4]东方,大水;东南,民有疾疫,岁恶。故八风各与其冲对,课多者为胜。多胜少,久胜亟;[5]疾胜徐。旦至食,[6]为麦;食至日昳,为稷;昳至铺,为黍;铺至下铺,为菽;下铺至日入,为麻。欲终日有云,[7]有风,有日。日当其时者,深而多实;[8]无云,有风日,当其时,浅而多实;有云风,无日,当其时,深而少实;有日,无云,不风,当其时者稼有败。如食顷,小败;熟五

斗米顷,大败。则风复起,有云,其稼复起。各以其时用云色占种所宜。其雨雪若寒,岁恶。

【注释】〔1〕"魏鲜",汉代占候者。"集腊明正月旦决八风",言于腊明日和正月旦两种岁首以八风为占卜。"集",归纳。〔2〕"菽",豆也。"戎菽",戎豆或胡豆,即大豆也。"为",成也。〔3〕"趣",同"促"。"趣兵",即戎菽成,配以小雨,促成兵起也。〔4〕"中岁",中等年成。"上岁",丰收年。〔5〕"亟",此处作"短"解。〔6〕"旦",旦时。"食",食时。均西汉以前的习称。一天共分夜半、夜大半、鸡鸣、晨时、平旦、日出、早食、食时、东中、日中、日昳(西中)、晡时、下晡、日入、昏时、夜食、人定、夜少半十六个时段,与东汉以后一日十二时段分法不同。〔7〕"欲终日",此下依《汉志》删去"有雨"二字。"欲",希望。"终日",整日。〔8〕"深而多实",收获期间长而且结实多。"深"与下文"浅",指收获时期的长短。

【译文】汉朝人魏鲜曾经收集过腊明日和正月朔旦时决定八风的方法。风从南方来,则大旱;风从西南,小旱;从西方,有兵;从西北,大豆丰收,有小雨,促成起兵;从北方,为中等年成;从东北,为上等年成;从东方,有大水;从东南,人民有疾疫,收成差。而八风应与其对冲相遇的风相比较,以判断多者为胜:多胜少,久胜短,速胜慢。风对五谷的占兆是:旦至食时,主麦;食时至日昳时,主稷;昳至晡时,主黍;晡时至下晡,主豆;下晡至日入,主麻。要求腊明日和正月朔旦日这一天整天有云有风有太阳。逢着这样一天则该年收获时间长而且结实多;遇到无云而有风有太阳,则该年收获时间短而结实多;遇到有云有风无太阳,则该年收获时间长但结实少;遇到有太阳无云无风,则该年庄稼将受到损害:如果一顿饭的时间无云无风,则收成小损;如果煮熟五斗米的时间无云无风,则收成大损;如果后来风复起而且有云,则受损失的庄稼还能复苏过来。所以,应该考虑不同时刻的云色,选择种植适宜的作物。如果该日有雨雪而且寒冷,则该岁年成不好。

是日光明,听都邑人民之声。声宫,则岁善,吉;商,则有兵;徵,旱;羽,水;角,岁恶。

或从正月旦比数雨。〔1〕率日食一升,〔2〕至七升而极;〔3〕过之,不占。数至十二日,日直其月,〔4〕占水旱。为其环域千里内占,则为天下候,竟正月。〔5〕月所离列宿,〔6〕日、风、云,占其国。然必察太岁所在。在金,穰;水,毁;木,饥;火,旱。〔7〕此其大经也。

【注释】〔1〕"比数雨",排着日子计算下雨的日期。〔2〕"日食一升",即一日下雨,民食一升;二日十雨,民食二升。下同。〔3〕"而极",而止。〔4〕"日直其月",即以初一至十二日对应于一月至十二月,占水旱。〔5〕"竟正月",以整个的正月各日为占。〔6〕"月所离列宿",言要对广大的地域进行占卜,则需考察正月中各日的雨情,以月亮所在的星宿,再配以日、风、云,来考察对应地域的水旱及丰歉。〔7〕"在金,穰;木,饥;火,旱",此是以太岁(而非岁星)所处的方位来占丰歉,在金,即西方申酉戌三个方位穰;在水,即北方亥子丑三个方位毁;在木,即东方寅卯辰三个方位饥;在火,即南方巳午未三个方位旱。

【译文】在岁始那一天,如果是晴朗的天气,就听城里人民的声音,如果是中宫声,该岁善吉;如果是中商声,该岁有兵灾;如果是中徵声,该岁天旱;如果是中羽声,该岁有水患;如果是中角声,则收成不好。

另一种占卜丰歉的方法:这就是从正月朔旦开始,卜人民吃粮的多少,看哪一天下雨,每推迟一天下雨增食粮一升,直至初七日为止,超过初七下雨就不占了。还有一种占卜的方法是:从正月初一数至十二日,日数和月数相对应,看这十二天的雨情,用以占一年十二个月的水旱。如果为超过千里范围的大国占卜,则就像为天下占卜一样,需要以整个正月来占了。该月中以各日月亮所在的星宿、各日的太阳、风、云的状况,综合起来占卜各地的年成好坏。但是,总起来说,还必须观察太岁的所在来确定:太岁在金位(西方申酉戌),丰收;在水位(北方亥子丑),庄稼毁坏;在木位(东方寅卯辰),有饥荒;在火位(南方巳午未),干旱。这就是占卜一岁美恶的大概情形。

正月上甲,风从东方,宜蚕;风从西方,若旦黄云,恶。

冬至短极,县土炭,〔1〕炭动,〔2〕鹿解角,兰根出,泉水跃,略以知日至。〔3〕要决晷

景。〔4〕岁星所在，五谷逢昌。其对为冲，岁乃有殃。〔5〕

【注释】〔1〕"冬至短极，县土炭"，"土炭"，即燃烧后的木炭。"县土炭"，将土炭放于称衡上，使其平衡，然后观察称衡的变化。《集解》引孟康曰："先冬至三日，县土炭于衡两端，轻重适均，冬至日阳气至则炭重，夏至日阴气至则土重。"又引晋灼曰："蔡邕《律历记》：'候钟律权土炭，冬至阳气应黄钟通，土炭轻而衡仰，夏至阴气应蕤宾通，土炭重而衡低。进退先后，五日之中。'"所谓阳气、阴气，系指干燥之气和潮湿之气。〔2〕"炭动"，言称衡的高低有了变化。此实际是记载了古人发明的测量空气湿度以报雨情的一种方法。空气湿度大，土炭从空气中吸入的水分多，则土炭加重而下沉，使称衡失去平衡。〔3〕"略以知日至"，言以炭动、鹿角、兰根等动植物候，能大致判断冬至的先后。〔4〕"要决暑景"，主要以暑影的长短来决定冬至的日期。

【译文】正月的第一个甲日为上甲日，该日如果风从东方来，则该年适宜于养蚕；如果风从西方来，而且日出时有黄云，则该年岁恶。

冬至白天最短。这个时候如果将土炭放于称衡之上，综合观察土炭上称衡移动、鹿角解蜕、兰根发芽、泉水跃出的日子，这些物候是阳气开始萌动的象征，由此可以概略地得知冬至的日期。确切的冬至日期，则主要决定于暑影长短的变化。一般地说，与岁星所在星宿相应的国家将五谷丰收，社会昌盛，与此星宿相对冲的国家则有祸殃。

太史公曰：自初生民以来，世主曷尝不历日月星辰？〔1〕及至五家、三代，〔2〕绍而明之，〔3〕内冠带，外夷狄，分中国为十有二州，仰则观象于天，俯则法类于地。天则有日月，地则有阴阳；天有五星，地有五行；天则有列宿，地则有州域。三光者，阴阳之精，气本在地，而圣人统理之。

【注释】〔1〕"世主"，君主。"历日月星辰"，推算日月星辰，制定历法。〔2〕"五家、三代"，即五帝三王。〔3〕"绍"，绍继，继承。"明之"，发扬之。〔4〕"圣人统理之"，圣人根据这些天象物候进行综合研究分析，而制定历法。

【译文】太史公评论说：自从开始有人类以来，君主哪有不推算日月星辰的运行以定历法呢？待到三皇五帝时，他们承继前人的知识，并且进一步发扬光大。他们尽力发展中原的文化，对外治理夷狄，分中国为十二州。抬头则观察天象的运行法则，低头则取法于地上万物的变化规律：天有日、月之分，地有阴消阳化之别；天有五星的运行，地有五行的交替变化；天有列宿的分布，地有州域的临接。日月星三光，是地上阴阳的精气上升后形成的，这精气的根源则在地上，所以圣人能够认识和掌握它。

幽厉以往，尚矣。所见天变，皆国殊窟穴，家占物怪，以合时应，其文图籍机祥不法。〔1〕是以孔子论六经，纪异而说不书。〔2〕至天道命，〔3〕不传；传其人，不待告；告非其人，虽言不著。〔4〕

【注释】〔1〕"机祥"，《正义》引顾野王云："机祥，吉凶之先见也。"即凶吉出现前所见的先兆。〔2〕"纪异而说不书"，即只纪异象而不书应验之事。〔3〕"天道命"，言天道性命，实指有关天文学的学问。〔4〕"虽言不著"，言天文学的学问不轻易外传，即使传授，也不必一一深告，其大指微妙，全在天性自悟。如果传的并不是能做这种工作的人，即使一一告知，也不能领会。"不著"，不明白。

【译文】幽王、厉王以前的事，那已经是很久远了。所见到的天变，都是各国特殊的现象，并没有代表性，各家以不同的物异变怪来占卜，用以牵合当时的应验，因此，古代流传下来的图籍中所记载的吉凶征兆，并不全都可以作为法则。所以孔子在论六经时，只记载奇异天象，而不论及应验的状况。以至于天道性命的理论并不轻易外传；即使传授，也不必详细解说，只能自己去领略其中的奥妙；如果传授的并非是合适的人，即使给他详细解说了，也不能理解。

昔之传天数者：高辛之前，重、黎；〔1〕于唐、虞，羲、和；〔2〕有夏，昆吾；〔3〕殷商，巫咸；〔4〕周室，史佚、苌弘；〔5〕于宋，子韦；郑则裨灶；〔6〕在齐，甘公；〔7〕楚，唐眜；赵，尹皋；魏，石申夫。〔8〕

【注释】〔1〕"重、黎",《左传》载蔡墨曰:"少昊氏之子曰黎,为火正,号祝融。"黎即火正之官,知天数。《尚书》孔《传》曰:"重,直龙反,少昊之后。黎,高阳之后。"重为少昊氏玄嚣的后代句芒,黎为帝颛顼高阳氏孙子祝融。此是第一代重、黎,其子孙各继其位为重、黎,至高辛氏时仍有此官,帝挚时衰废。〔2〕"羲、和",羲、和之官可推至黄帝时代,《史记·历书》《索隐》引《系本》说:"黄帝使羲和占日,常仪占月。"《尚书·尧典》说:"乃命羲、和,钦若昊天,历象日月星辰,敬授人时。"后舜禹和夏代均有羲、和之官。〔3〕"昆吾",《正义》引虞翻云:"昆吾名樊,为己姓,封昆吾。"〔4〕"巫咸",《正义》曰:"巫咸,殷贤臣也,本吴人,家在苏州常熟海隅山上。"《史记志疑》疑为"巫觋"之误。〔5〕"史佚,苌弘",《正义》曰:"史佚,周武王时太史尹佚也。苌弘,周灵王时大夫也。"〔6〕"裨灶",《正义》曰:"裨灶,郑大夫也。"〔7〕"甘公",《集解》引徐广曰:"或曰甘公名德也,本是鲁人。"《正义》引《七录》云:"楚人,战国时作《天文星占》八卷。"《隋书》还载甘德著《甘氏四七法》一卷。〔8〕"石申夫",《正义》引《七录》云:"石申,魏人,战国时作《天文》八卷。"石氏姓名,《汉书·艺文志》和《续汉书·天文志》都写作"石申夫"。

【译文】以往传授天数的人,在高辛氏以前有重、黎;在唐、尧、虞、舜时有羲氏、和氏;夏代有昆吾;殷商有巫咸;周王室有史佚、苌弘;在宋国有子韦;郑国有裨灶;齐国有甘公;楚国有唐眛;赵国有尹皋;魏国有石申夫。

天运,三十岁一小变,百年中变,五百载大变;三大变一纪,三纪而大备:此其大数也。为国者必贵三五。〔1〕上下各千岁,然后天人之际续备。〔2〕

【注释】〔1〕"贵",注重。"三五",《索隐》以为指三十岁小变和五百岁大变。王元启认为非是,应是五百岁一大变,三五即三大变,故下有"上下各千岁"之文。由于是"为国者",而非传天数者,应注重三十岁小变和五百岁大变。今从前说。〔2〕"续备",继续沟通。传天数者是沟通天和人之间联系的使者,由于天变,对于天运规律的认识也应随之进行续补。

【译文】天运是三十年一小变,一百年一中

变,五百年一大变,三大变为一纪,三纪而齐全,完成了一个循环。所以当政的人必须要密切关注三十年一小变,五百年一大变的规律,并细察前后各千年的情况,然后天人之间的关系才能保持完备。

太史公推古天变,未有可考于今者。盖略以春秋二百四十二年之间,〔1〕日蚀三十六,〔2〕彗星三见,〔3〕宋襄公时星陨如雨。〔4〕天子微,诸侯力政,五伯代兴,〔5〕更为主命。〔6〕自是之后,众暴寡,大并小。秦、楚、吴、越,夷狄也,为强伯。〔7〕田氏篡齐,〔8〕三家分晋,〔9〕并为战国。争于攻取,兵革更起,城邑数屠,因以饥馑疾疫焦苦,臣主共忧患,其察祥候星气尤急。近世十二诸侯七国相王,〔10〕言从衡者继踵,而皋、唐、甘、石因时务论其书传,故其占验凌杂米盐。〔11〕

【注释】〔1〕"二百四十二年之间",孔子据鲁史资料,以编年体形式,编成《春秋》一书,起自鲁隐公元年(公元前七二二年),终于哀公十四年(公元前四八一年),计二百四十二年。〔2〕"日食三十六",《春秋》载三十六次日食如下:隐公三年二月乙巳,桓公三年七月壬辰朔,十七年十月朔;庄公十八年三月朔,二十五年六月辛未朔,二十六年十二月癸亥朔,三十年九月庚午朔,僖公五年九月戊申朔,十二年三月庚午朔,十五年五月朔;文公元年二月癸亥朔,十五年六月辛卯朔;宣公八年七月庚子朔,十年四月丙辰朔,十七年六月癸卯朔;成公十六年六月丙辰朔,十七年七月丁巳朔;襄公十四年二月乙未朔,十五年八月丁巳朔,二十年十月丙辰朔,二十一年九月庚戌朔,十月庚辰朔,二十三年一月癸酉朔,二十四年七月甲子朔,八月癸巳朔,二十七年十二月乙亥朔;昭公四年七月甲辰朔,十五年六月丁巳朔,十七年六月甲戌朔,二十一年七月壬午朔,二十二年十二月癸酉朔,二十四年五月乙未朔,三十年十二月辛亥朔;定公五年三月辛亥朔,十二年十一月丙寅朔,十五年八月庚辰朔。后世称《春秋》三十七次日食,还包括获麟以后哀公十四年五月庚申朔的一次日食。〔3〕"彗星三见",《春秋》三次彗星纪录为:文公十四年七月有星孛于北斗,昭公十七年冬有星孛于大辰,哀公十三年有星孛于东方。〔4〕"宋襄公时星陨如雨",此引星陨如雨的年代有误,实为鲁庄公七年而非宋襄公时。宋襄公时有陨石记载。〔5〕"五伯",齐桓公、晋文公、秦

穆公、宋襄公、楚庄王。〔6〕"更为主命"，以次行使盟主的命令。〔7〕"为强伯"，秦祖初封于西戎，楚祖初封于荆蛮，吴祖、越祖初封于东越，地位低微，皆戎夷之地，故言"夷狄"。后秦穆、楚庄、吴阖间、越句践时皆国势强大，得以封伯。〔8〕"田氏篡齐"，齐为姜姓国，周安王二十三年齐康公卒，田和立为齐侯，篡夺齐国政权。〔9〕"三家分晋"，周安王二十六年，魏武侯、韩文侯、赵敬侯灭晋，共分其地。〔10〕"十二诸侯"，指春秋十二诸侯，它们是鲁、齐、晋、秦、楚、宋、卫、陈、蔡、曹、郑、燕。"七国"，指战国七雄秦、楚、齐、燕、韩、赵、魏。〔11〕"凌杂"，凌乱庞杂。"米盐"，指细小琐事。

【译文】太史公研究古代的天变，却没有一件是现在可能详考的。大概在春秋二百四十二年之间，日食纪录三十六次，彗星三见，宋襄公时星的陨落像下雨似的频繁。那时天子微弱，诸侯以武力决定政事，五伯一个接一个地兴起，相继做盟主。从此以后，强众的欺凌弱寡，大国并吞小国。秦、楚、吴、越等国，本来均是夷狄之邦，后来相继成为强伯。田氏篡夺了齐国，韩、赵、魏三家分晋，开始了战国时代。各国争相攻城略地，战争一个接着一个，城市和都邑数次遭到屠杀和破坏，人民饥馑、疾疫，焦虑痛苦万分，各国君臣都感到忧虑患难，因此伺察吉凶的预兆，占候星象云气的工作，就显得更为重要了。近代十二诸侯征战，七国相继称王，献合纵连横之计的前仆后继。尹皋、唐眛、甘公、石申夫等依据当时的时势，在著述中各自写下了他们依灾异占时势的思想，因此他们的占验凌乱庞杂，如米盐般地琐碎。

二十八舍主十二州，〔1〕斗秉兼之，〔2〕所从来久矣。秦之疆也，候在太白，占于狼、弧。〔3〕吴、楚之疆，候在荧惑，占于鸟衡。燕、齐之疆，候在辰星，占于虚、危。宋、郑之疆，候在岁星，占于房、心。晋之疆，亦候在辰星，占于参罚。

【注释】〔1〕"二十八舍主十二州"，《星经》二十八舍主十二州的分法如下："角亢，郑之分野，兖州；氐房心，宋之分野，豫州；尾箕，燕之分野，幽州；南斗牵牛，吴越之分野，杨州；须女虚，齐之分野，青州；危室壁，卫之分野，并州；奎娄，鲁之分野，徐州；胃昴，赵之分野，冀州；毕觜参，魏之分野，益州；东井舆鬼，秦之分野，雍州；柳星张，周之分野，三河；

翼轸，楚之分野，荆州也。"〔2〕"斗秉兼之"，言斗柄所主之地域，也大致与二十八宿主十二州相仿。斗柄通过十二辰指向，主不同地域之占候。〔3〕"秦之疆也，候在太白"，古人以中原为天下之中央，秦在西，故以金星为"候"，以西方星宿为"占"。"狼、弧"是另一套二十八宿系统之宿名。下可推知，不再加注。

【译文】以二十八宿的分野主占十二州的吉凶，同时以北斗斗柄所指十二方位配合进行占卜，这种方法由来已久。秦国的疆域在西方，所以候在太白，占于狼星、弧星。吴、楚的疆域在南方，所以候在荧惑，占于鸟星、衡星。齐、燕的疆域在北方，所以候在辰星，占于虚宿、危宿。宋、郑的疆域在东方，所以候在岁星，占于房宿、心宿。晋国的疆域在北方，所以也候在辰星，占于参罚。

及秦并吞三晋、燕、代，自河山以南者中国。〔1〕中国于四海内则在东南，为阳；〔2〕阳则日、岁星、荧惑、填星；〔3〕占于街南，毕主之。其西北则胡、貉、月氏诸衣旃裘引弓之民，为阴；阴则月、太白、辰星；占于街北，昴主之。〔4〕故中国山川东北流，其维，首在陇、蜀，尾没于勃、碣。是以秦、晋好用兵，复占太白，太白主中国；〔5〕而胡、貉数侵掠，独占辰星，辰星出入躁疾，常主夷狄：其大经也。此更为客主人。〔6〕荧惑为孛，〔7〕外则理兵，内则理政。故曰"虽有明天子，必视荧惑所在"。诸侯更强，时灾异记，无可录者。

【注释】〔1〕"河山"，黄河、华山。〔2〕"四海内"，《正义》引《尔雅》云："九夷、八狄、七戎、六蛮，谓之四海之内。"南为阳，北为阴。故东南为阳，西北为阴。〔3〕"阳则日、岁星、荧惑、填星"，太阳为阳，月亮为阴，外行星为阳，内行星为阴，即木火土为阳，金水为阴。《正义》云："日，阳也。岁星属东方，荧惑属南方，填星属中央，皆在南及东，为阳也。"〔4〕"于街南，毕主之"、"于街北，昴主之"，昴毕间有天街二星，为黄道所经，所以主国界。街南为华夏之国，街北为夷狄之国。街南近毕，街北近昴，故曰"于街南，毕主之"、"于街北，昴主之"。〔5〕"太白主中国"，秦、晋属西北，为阴，占辰星太白。然秦、晋好用兵，必与中国发生关系，故太白也主中国。〔6〕"更为客主人"，《正义》引《星经》云：

"辰星不出,太白为客;辰星出,太白为主人。"〔7〕"孛",悖乱。荧惑主悖乱,所以下文说,唯有贤明的君主,一定要观察荧惑之所在。

【译文】秦国并吞三晋、燕、代以后,自黄河、华山以南为中国。中国对于海内来说,在东南部,所以为阳;阳则主于太阳、岁星、荧惑、填星;阳占于街南,以毕宿为主。西北则是胡、貉、月氏等穿皮衣拉弓的民族,为阴;阴则主月、太白、辰星;阴占于街北,以昴星为主。中国的山川为东北走向,其维系之处,首在陇、蜀,尾没于勃、碣。所以秦晋好用兵,还得占太白,则太白也主中国;而胡、貉屡次侵略,独占于辰星,辰星出入总是匆忙急躁,所以主夷狄。以上是大概的占法。这是太白更换着做客、主人的状况。荧惑为悖乱,对外则主兵,对内则主政。所以说"虽有圣明的天子,还必须要考虑荧惑的所在"。至于诸侯更迭强霸,不同时期对灾异应验的说法不同,所以也就难以记录了。

秦始皇之时,十五年彗星四见,久者八十日,长或竟天。其后秦遂以兵灭六王,〔1〕并中国,外攘四夷,死人如乱麻,因以张楚并起,三十年之间兵相骀藉,〔2〕不可胜数。自蚩尤以来,未尝若斯也。

【注释】〔1〕"六王",韩王安、赵王迁、魏王假、楚王负刍、燕王喜、齐王建。 〔2〕"骀",音 tái。"骀藉",践踏。

【译文】秦始皇的时候,在十五年中彗星四见,停留时间长久的达八十天,长度有的甚至横亘整个天空。其后秦国终于以兵力灭了六国,统一中国,向外攘除四夷,以至于死人如麻。后来张楚群雄并起,在前后三十年间兵革一次又一次,不可胜数,这是自蚩尤以来,还没有像这样的。

项羽救巨鹿,枉矢西流,山东遂合从诸侯,西坑秦人,诛屠咸阳。

汉之兴,五星聚于东井。〔1〕平城之围,月晕参、毕七重。〔2〕诸吕作乱,日蚀,昼晦。吴楚七国叛逆,彗星数丈,天狗过梁野;〔3〕及兵起,遂伏尸流血其下。元光、元狩,蚩尤之旗再见,〔4〕长则半天。其后京师师四出,〔5〕诛夷狄者数十,而伐胡尤甚。越之

亡,荧惑守斗;朝鲜之拔,星茀于河戍;〔6〕兵征大宛,星茀招摇:此其荦荦大者。〔7〕若至委曲小变,不可胜道。由是观之,未有不先形见而应随之者也。

【注释】〔1〕"东井",秦之分野。汉王入秦,五星从岁星聚于东井,是高祖受命的符应。 〔2〕"参、毕",晋之分野。高祖出击匈奴,至平城被冒顿围困七日,故有"月晕参、毕七重"之应。 〔3〕"天狗",大的火流星。"天狗过梁野",言天狗流过梁地的田野而坠于地。 〔4〕"蚩尤之旗",彗尾弯曲的彗星。 〔5〕"京师师四出",指元光元年卫青伐匈奴,元狩二年霍去病击胡,元鼎五年路博德破南越等。 〔6〕"茀",音 bó,即孛星。"河戍",即河南、河北。 〔7〕"荦",音 luò。"荦荦",分明的样子。

【译文】项羽救巨鹿时,显现出枉矢(大流星)向西奔流的异常天象。他与太行山以东的诸侯联合起来,西进坑埋秦国士兵,屠毁咸阳。

汉朝兴起时,有五星聚于东井的瑞象。高祖与匈奴作战,被围平城,月亮正行于参、毕二宿之间,有月晕七重的异常天象。参主赵地,毕主边兵,七重正应着被围七日。诸吕作乱,有日食之应验,白天突然昏暗了下来。吴楚七国反叛时,有彗星出现,长数丈;天狗星陨落梁地;等到战乱发生时,果然伏尸流血于梁地。元光、元狩年间,有蚩尤旗(彗星)再次出现,长达半个天空。后来京师军队四出,与夷狄战争数十年,讨伐胡人尤其激烈。越国灭亡的时候,正好显出荧惑守南斗的天象;朝鲜被攻取的时候,孛星正出现在河戍(南河、北河);兵征大宛的时候,孛星正守在招摇。这些都是明显的应验。至于那些曲折细小的天变,也就无法一一详说了。由此可以看出,没有不先见天变而随之应验的。

夫自汉之为天数者,星则唐都,气则王朔,占岁则魏鲜。故甘、石历五星法,唯独荧惑有反逆行;逆行所守,及他星逆行,日月薄蚀,〔1〕皆以为占。

【注释】〔1〕"薄蚀",《集解》引韦昭曰:"气往迫之为薄,亏毁为食。"

【译文】自汉朝以来推算天数的人中,观测星象的有唐都;候气的有王朔,占岁的有魏鲜。从前

甘公、石申夫的五星步法中，只有荧惑有反向的逆行。所以荧惑逆行所守，及其它行星的逆行，日、月食和薄食，都用来占卜。

余观史记，考行事，百年之中，五星无出而不反逆行，反逆行，尝盛大而变色；日月薄蚀，行南北有时：此其大度也。故紫宫、房心、权衡、咸池、虚危[1]列宿部星，[2]此天之五官坐位也，为经，不移徙，大小有差，阔狭有常。水、火、金、木、填星，此五星者，天之五佐，为纬，见伏有时，所过行赢缩有度。

【注释】[1]"房心、权衡、咸池、虚危"，二十八宿四象中的主体星宿。[2]"列宿部星"，列宿各部之星。

【译文】我阅读旧史的记载，考察五星运行的事，在百年之中，五星中没有出而不反向逆行的。行星在逆行时，曾经变得更大，颜色也有变化。日月相薄、相食，是由于月亮行南、行北有差别的原因，这是大致的法则。所以，紫宫、房心、权衡、咸池、虚危等各列宿分部的星，是天的五官坐位，是经，相互之间的位置并不移动，其间的距离虽然大小有差别，但其阔狭是一定的。水火金木土这五颗星，是天的五个辅佐，为纬，它们的见伏，都有一定的时间，运行所到达的星宿和赢缩所引起的变化，都有一定的度数。

日变修德，月变省刑，[1]星变结和。凡天变，过度乃占。国君，强大有德者昌；弱小饰诈者亡。太上修德，其次修政，其次修救，其次修禳，正下无之。夫常星之变希见，而三光之占亟用。日月晕适，[2]云风，此天之客气，其发见亦有大运。然其与政事俯仰，最近天人之符。此五者，天之感动。为天数者，必通三五。[3]终始古今，深观时变，察其精粗，则天官备矣。

【注释】[1]"省刑"，减少刑罚。[2]"适"，至也。"日月晕适"，义为日月晕的发生。[3]"三五"，《索隐》认为是指日月星三辰和五大行星；王元启以为是指上文所言五百岁三大变。

【译文】当政的人看到日变时应该修德，看到月变时应该减少刑罚，看到星变时应该团结和睦。凡是天变，都是超过通常的状况才去占候。国君强大有德时则昌盛；弱小虚饰伪诈时则消亡。最好的方法是修德，其次是修政，其次是修救，再次是修禳，最次的方法是没有的。恒星的变化很少见到，而日月五星的占卜则经常用到。日晕、月晕、交食、云和风，这些是天上的客气，是不常见到的。当它出现的时候，伴随着也有其它大的变动，但还是这些与政事的关系最密切，最接近天人之间的交通关系。日晕、月晕、交食、云和风此五种现象，是天用以感动人心的，所以研究天数的人，必须精通三光五星的变化，推本古今天象与人事之间的相应关系，那么天官这门学问也就算齐备了。

苍帝行德，天门为之开。[1]赤帝行德，天牢为之空。[2]黄帝行德，天夭为之起。[3]风从西北来，必以庚、辛。一秋中，[4]五至，大赦；三至，小赦。白帝行德，以正月二十日、二十一日，月晕围，常大赦，载谓有太阳也。[5]一曰：白帝行德，毕、昴为之围；围三暮，德乃成；不三暮，及围不合，德不成。二曰：以辰围，不出其旬。黑帝行德，天关为之动。[6]天行德，天子更立年；[7]不德，风雨破石。三能、三衡者，天廷也。[8]客星出天廷，有奇令。

【注释】[1]王元启认为自"苍帝行德"至篇末当移入上段"最近天人之府"之后。"天门"，指角宿。春天，万物萌发，苍帝行德，故天门开。[2]"天牢"，在斗魁下。夏阳主舒，万物竞长，赤帝行德，故赦宥罪犯，故天牢空。[3]"天夭为之起"，少长曰"夭"。"天夭为之起"，即少长之物开始形成。[4]"一秋中"，以下五句言在秋季西北风若五至，则土大赦，若三至，则土小赦。[5]"载谓有太阳也"，意义不明。王元启以为是前候岁之注文衍入。[6]"天关"，此星在五车南。天关动，言黑帝行德，天关行动也。[7]"天子更立年"，旧注释作天子更改年号。根据文义，在四季终了之后，便进入下一年，似为改年之义。[8]"三能、三衡"，《正义》曰："言三台三衡(三衡者，北斗为衡，太微为衡，参四星为衡)者，皆天帝之庭，号令舒散平理也，故言三台三衡。言若有客星出三台三衡之廷，必有奇异教令也。"王元启说："《正义》以枸、三星为天廷，其

说无稽。又《索隐》、《正义》皆蒙上三台为解,故辞费而义晦。"故认为"三能三"以下有缺文。

【译文】当苍帝行德的时候(春),天门为此而打开。赤帝行德的时候(夏),天牢因此而空虚。黄帝当政的时候(季夏),天矛由此而出现。金风从西北来,必定在庚辛这两日。在整个秋季中,如果西北风来五次,主大赦;来三次,主小赦。白帝行德的时候(秋),如果正月二十日、二十一日月晕成围,则有大赦。有一种说法是,白帝行德时,在毕昴间月为晕所围,如围三个晚上,则德便成,如围不到三个晚上,或围得合不拢,则德不成。另一种说法是,以辰星所围是否超过十日为占。黑帝行德时(冬),天关星为此而动。五帝各行德完毕,则天子要改岁了。如果不顺着五帝行德,将有奇风、怪雨、破石惊天的灾殃。三能、三衡是天廷。如果有客星出现在天廷,这是天帝发出异常号令的征兆。

史记卷二十八

封 禅 书 第 六

自古受命帝王，[1]曷尝不封禅?[2]盖有无其应而用事者矣，未有睹符瑞见而不臻乎泰山者也。[3]虽受命而功不至，至梁父矣而德不洽，[4]洽矣而日有不暇给，[5]是以即事用希。[6]《传》曰："三年不为礼，礼必废;三年不为乐，乐必坏。"[7]每世之隆，则封禅答焉，[8]及衰而息。厥旷远者千有余载，[9]近者数百载，故其仪阙然埋灭，[10]其详不可得而记闻云。

【注释】〔1〕"受命"，接受了天命。〔2〕"曷"，音 hé，疑问代词，何。"封禅"，古代帝王最隆重的祭祀仪式。在泰山上修筑土坛来祭天，回报上天的恩德，叫作封。在泰山下面的小山上清理出一块地面祭地，回报地神的功德，叫做禅。《白虎通》中则说:封是把告天的册文用银绳拴住，打结处封上金泥，盖上印玺。〔3〕"符瑞"，表现出祥瑞的自然征兆，古人认为这是君王从上天处获得的符命。"见"，音 xiàn，与"现"通。"臻"，音 zhēn，到来。〔4〕"梁父"，又写作"梁甫"，泰山的支脉，在今山东省泰安市东南。此句中"梁父"二字，前人考证为衍文，应与前句相贯连，作"至矣而德不洽"。"洽"，和谐。〔5〕"日有不暇给"，事务繁多，没有足够的时间。"暇"，空闲。〔6〕"是以"，因此。"即事用希"，这件事，(指封禅)能实行的不多。〔7〕《传》，泛指古代典籍，此处引语见于《论语·阳货》。"礼"，指古代封建宗法社会中的一切礼仪规章法度及社会习俗、道德等。"乐"，指音乐，此处特指与礼仪配合的乐舞。〔8〕"答"，回报。〔9〕"厥旷远者千有余载"，封禅荒废间隔的时间，远的有一千多年。"厥"，代词，指封禅。"旷"，荒废、间隔。〔10〕"阙然"，空缺。

【译文】自古以来承受天命的帝王，何尝不曾举行过封禅典礼。大概只有未见到祥瑞征兆就去兴办封禅的帝王，而没有眼见到吉兆、瑞象而不到泰山去的帝王。有的帝王虽然承受了天命但功业没有成就，有的帝王已经到了梁父但自身的道德还不能与封禅盛典相协调，有的帝王功德相符了却没有空暇去封禅，所以封禅这件事能够实行的不多。古书上说:"三年不行礼，礼制必定会荒废;三年不演奏乐曲，音乐必定会被毁坏。"每到兴旺的太平盛世，就要举办封禅来报答神祇，到了国运衰败的时代封禅礼就停止了。这些停息的时间长的有一千多年，短的也有几百年。所以封禅的仪式残缺不全，甚至埋没不存，它的详细情形不可能被记录下来让人们知道了。

《尚书》曰:舜在璇玑玉衡，[1]以齐七政。[2]遂类于上帝，[3]禋于六宗，[4]望山川，[5]遍群神，[6]辑五瑞，[7]择吉月日，见四岳诸牧，[8]还瑞。[9]岁二月，东巡狩，[10]至于岱宗。岱宗，泰山也。柴，[11]望秩于山川。[12]遂觐东后。[13]东后者，诸侯也。合时月正日，[14]同律度量衡，[15]修五礼，[16]五玉三帛二生一死贽。[17]五月，巡狩至南岳。南岳，衡山也。八月，巡狩至西岳。西岳，华山也。十一月，巡狩至北岳。北岳，恒山也。皆如岱宗之礼。中岳，嵩高也。五载一巡狩。

【注释】〔1〕"舜"，古代传说中的部落联盟首领，继承尧位，建都蒲阪，即今山西省永济县内说都平阳，或说都潘，均在山西境内。"璇玑玉衡，

古代测量天文的仪器。"璇",音 xuán,美玉。"玑",音 jī,可以运转的天文仪器。"玉衡",用于观测天象的玉管,长八尺,孔径一寸。璇玑与玉衡配合用于观测并表现天象,汉代以来称之为浑天仪。这是东汉学者的认识。也有人认为璇玑玉衡是指北斗七星。因《史记·天官书》中说:"北斗七星,所谓'旋、玑、玉衡以齐七政。'"北斗七星名称依次为:天枢、旋、玑、权、衡、开阳、摇光。所以用璇玑玉衡代称北斗。 〔2〕"以齐七政",《尚书大传》说:七政指春、夏、秋、冬、天文、地理、人道。这七政的情况由日、月、五星表现出来。马融注《尚书》说:北斗七星各有所主,可以代替日、月、荧惑、填星、辰星、岁星、太白这日月五星表现事物的吉凶。齐是指日月五星按照各自的轨道和运行规律正常运转。 〔3〕"类",在郊外举行的祭祀。《史记正义》引《五经异义》称"非时祭天谓之类",是指不按时节临时举行的祭天仪式。 〔4〕"禋",音 yīn,一种祭名,是点起浓烟,让烟气上达神灵的祭祀方法。"六宗",指六种神灵,说法不一,孔安国认为是四时、寒暑、日、月、星、水旱。郑玄认为是星、辰、司中、司命、风师、雨师。也有人说是水、火、风、雷、山、泽等。 〔5〕"望",古代祭名,用于祭祀高山大川。 〔6〕"遍",普遍祭祀。 〔7〕"辑",汇集,收敛。"五瑞",古代五等诸侯(公、侯、伯、子、男)用作身分标识的五种瑞玉,行礼时执于手中,分别叫作:桓圭、信圭、躬圭、谷璧、蒲璧。 〔8〕"四岳诸牧",古代分管四方的各地长官。 〔9〕"还瑞",把收敛上来的瑞玉再还给诸侯们。这是舜继位后,将尧授给诸侯的玉圭收上来查验,再还给他们,表示这些诸侯成为舜的臣子。 〔10〕"巡狩",又作巡守。指古代天子巡视各地,检查诸侯的政务。 〔11〕"柴",古代祭名,是架起木柴,把祭祀的供品放在柴上焚烧的一种祭祀方式。 〔12〕"望秩于山川",按照山川的尊卑大小依次祭祀。"秩",次序、等级。 〔13〕"觐",音 jìn,朝见或接受朝见。东后,东方的国君。 〔14〕"合时月正日",调整历法,使四时季节与月分相合,每日的干支次序不混乱。 〔15〕"同律度量衡",统一音律、尺度、重量衡度等。 〔16〕"修五礼",整治、完善吉、凶、宾、军、嘉五种礼仪。吉礼指祭天地等各种祭祀。凶礼指丧葬礼仪。宾礼是接待诸侯宾客、朝见等场合的礼仪。军礼指阅兵、受降、田猎、献俘等。嘉礼指婚礼、冠礼、敬老、宴会等。 〔17〕"五玉",与五瑞相同。"三帛",三种颜色的丝帛,是诸侯朝见时所持的。东汉郑玄认为:"高阳氏后用赤缯,高辛氏后用黑缯,其余诸侯皆用白缯。"西汉孔安国认为:"诸侯世子执纁(红帛),公之孤执玄

(黑帛),附庸之君执黄也。"其说不一。"二生",指活的动物礼品,郑玄认为是羊羔与雁。"一死",指死雉。韦昭称:"卿执羔,大夫执雁,士执雉。""贽",音 zhì,古人会见时所持的礼品。

【译文】《尚书》说:舜用美玉制的天文仪器观测天象,了解并调整日、月、五星反映出的四季及天文、地理、人道等情况。接着就祭祀上帝,点火升起烟来祭祀六种神灵,遥望着名山大川祭祀,普遍地祭祀各种神祇。舜收敛五等诸侯的瑞玉,选择吉祥的月、日,会见四方的诸侯牧守,将瑞玉还给他们。这一年的二月,舜到东方巡视,到了岱宗。岱宗就是泰山。点起柴火来祭祀,按照山川的大小尊卑依次祭祀它们。接着便会见东后,东后是东方的诸侯。调整历法,使四季与月分相符合,统一音律、尺度、重量衡度等。完善吉、凶、宾、军、嘉五种礼仪,各个等级分别献上五种瑞玉、三种绢帛、两种活牲、一只死雉等礼品。五月,巡视到南岳。南岳就是衡山。八月,巡视到西岳。西岳就是华山。十一月,巡视到北岳。北岳就是恒山。祭祀它们的礼仪都与祭岱宗的礼仪相同。中岳就是嵩高山。舜每五年巡视一次。

禹遵之,〔1〕后十四世,至帝孔甲,〔2〕淫德好神,〔3〕神渎,〔4〕二龙去之。〔5〕其后三世,汤伐桀,〔6〕欲迁夏社,〔7〕不可,作《夏社》。后八世,至帝太戊,〔8〕有桑穀生于廷,〔9〕一暮大拱,〔10〕惧。伊陟曰:〔11〕"妖不胜德。"太戊修德,桑穀死。伊陟赞巫咸,〔12〕巫咸之兴自此始。后十四世,帝武丁得傅说为相,〔13〕殷复兴焉,称高宗。有雉登鼎耳雊,〔14〕武丁惧。祖己曰:〔15〕"修德。"武丁从之,位以永宁。后五世,帝武乙慢神而震死。〔16〕后三世,帝纣淫乱,〔17〕武王伐之。〔18〕由此观之,始未尝不肃祇,〔19〕后稍怠慢也。

【注释】〔1〕"禹",古代传说中的部落联盟首领,姒姓,原为夏后氏族首领,后继舜位。详见本书《夏本纪》。"遵",继承,沿循。 〔2〕"孔甲",夏朝的第十四代国君。 〔3〕"淫德",不修德行,放纵自己。 〔4〕"渎",音 dú,亵渎怠慢。 〔5〕"二龙去之",两条龙离开了他。传说上天曾赐给孔甲二龙,因孔甲对神不敬,二龙飞去。 〔6〕"汤",商朝的开国君主,子姓。详见《殷本纪》。"桀",夏朝最末一

位国君,名癸。因为他暴虐无道,百姓不堪忍受。汤兴兵讨伐,推翻了夏朝,将桀流放到南巢(今安徽省巢县内)。〔7〕"夏社",夏朝祭祀土神的地点。下文中《夏社》为《尚书》中的一篇文章,现已不存。〔8〕"太戊",商代第十代国君。 〔9〕"桑穀",桑树楮树,穀音 gǔ,楮树,又名构树,桑科乔木。 〔10〕"一暮",一个晚上。"大拱",有两手合围那么粗,"拱",两手合抱。这件传说记载各异,或作武丁时事。《尚书大传》、《汉书·五行志》、《说苑》、《论衡》等均作"七日大拱"。 〔11〕"伊陟",太戊的大臣,"陟",音 zhì。〔12〕"赞",告诉。"巫咸",商代大臣,主管求神占卜等。 〔13〕"武丁",即殷高宗,使商代中兴的国君。"傅说",武丁时期的贤相,原为从事版筑劳役的刑徒。详见本书《殷本纪》。说音 yuè。〔14〕"雊",音 gòu,雄鸣叫。〔15〕"祖己",商代的贤臣。〔16〕"武乙",商王,昏庸无道,曾将装满血的皮袋吊起来作靶子射,自称是在射天,后在田猎时被雷击死。〔17〕"纣",商朝末代国君,名辛。纣是人们因其暴虐无道而给他的称呼。〔18〕"武王",周武王,姬姓,名发,是打败殷纣王,建立周朝的君主。详见本书《周本纪》。〔19〕"肃祗",严肃恭敬,谨慎小心。

【译文】禹沿承了这种巡察制度。传了十四代后,到了帝孔甲。他不修德行,喜好祭神,亵渎了神灵,上天赐给他的两条龙便飞走了。他以后三代,汤讨伐夏桀。汤想把夏朝祭土神的社坛移走,没有移成,作了名为《夏社》的文章。以后八代到了帝太戊,有桑树和楮树一同从朝廷院中长出来,一个晚上就长到一围粗细。太戊很害怕。伊陟说:"妖异不能胜过德行。"太戊便修养自己的德操。桑树和楮树就枯死了。伊陟把这件事讲给巫咸。巫咸的兴盛气象从此开始了。这以后过了十四代,商王武丁得到傅说任相国,殷商从此复兴。武丁被称作高宗。有一只野鸡跳上鼎耳鸣叫。武丁害怕了。祖己说:"修养德行。"武丁照祖己的话去做,王位因此得到长久的安定。以后五代,帝武乙怠慢神灵,被雷震死。以后三代,帝纣淫乱,周武王讨伐他。由此看来,开国创业时的君主没有不严肃恭敬、谨慎小心的。以后就逐渐怠慢起来了。

《周官》曰:〔1〕冬日至,〔2〕祀天于南郊,迎长日之至;夏日至,〔3〕祭地祇。〔4〕皆用乐舞,〔5〕而神乃可得而礼也。天子祭天下名山大川,五岳视三公,〔6〕四渎视诸侯,诸侯

祭其疆内名山大川。四渎者,江、河、淮、济也。天子曰明堂、辟雍,〔7〕诸侯曰泮宫。〔8〕

【注释】〔1〕"《周官》",《尚书》有《周官》篇,但以下引文不见于此书。此《周官》可能指《周礼》。《周礼》是儒家重要经典之一,汇集了周代及战国时代的官制和礼仪制度。《周礼·春官·宗伯·大司乐》一节中有与下文意思相同的内容。 〔2〕"冬日至",即冬至,中国二十四节气之一,是一年中白昼最短的一天。下文"夏日至"即夏至,是白昼最长的一天。 〔3〕"长日之至",白昼逐渐加长的日子到来。 〔4〕"地祇",祇音 qí,地神。 〔5〕"乐舞",音乐舞蹈。《周礼·春官·宗伯·大司乐》记载:冬至在地上的圆丘奏"孤竹之管,云和之琴瑟,云门之舞"。夏至在大泽中的方丘上奏"孙竹之管,空桑之琴瑟,咸池之舞"。 〔6〕"视",参照。"五岳视三公",即参照给三公的礼遇规格祭祀五岳。下文"四渎视诸侯",即参照对诸侯的礼遇规格祭祀四渎。 〔7〕"明堂",古代帝王实行政事,宣扬教化的宫殿。"辟雍",周代以来国家大学的名称,同时也是重要的祭祀场所。因为它的建筑是方形,四周有圆形的水渠环绕,形似璧环而得名。 〔8〕"泮宫",周代诸侯办的大学。泮,音 pàn,又作頖。因为它只在建筑物的南面一半环绕水渠,故而得名。

【译文】《周官》上讲:冬至那一天在南郊祭天,迎接白昼变长的日子来临。夏至那一天祭祀地神。祭时全要用乐舞,这样才能够让神感到你的礼敬。天子祭祀天下的名山大川,以对待三公的礼节祭祀五岳,以对待诸侯的礼节祭祀四渎。而诸侯们要祭祀自己国境内的名山大川。四渎就是长江、黄河、淮河和济水。天子祭祀的地点叫作明堂、辟雍,诸侯祭祀的地点叫作泮宫。

周公既相成王,〔1〕郊祀后稷以配天,〔2〕宗祀文王于明堂以配上帝。〔3〕自禹兴而修社祀,〔4〕后稷稼穑,故有稷祠,郊社所从来尚矣。〔5〕

【注释】〔1〕"周公",周成王的叔父,姓姬,名旦。曾在周成王时摄政,制订礼乐制度,巩固了西周的统治。"相",辅佐。"成王",周武王的儿子,姓姬名诵。〔2〕"后稷",传说中周民族的始祖,名弃。曾在尧、舜时代任农师。"配天",即配祭天神,

在祭祀天神时,主位供奉天,后稷的神位供于旁边陪同受祭。〔3〕"宗礼",祭祀祖宗,这是在宗庙明堂中进行的祭祀。"文王",商代末年周国的君主,姓姬名昌。他是使周国兴盛,取得各部族拥护的国王,为武王灭商奠定了基础,所以被敬为周朝开国之主。〔4〕"社祀",祭祀社神。社即后土,见《春秋左氏传·昭公二十九年》"共工氏有子曰句龙,为后土……后土为社"。近人丁山《中国古代宗教与神话考》中认为句龙即禹。所以从大禹以后有了社祀。〔5〕"郊社",在野外祭祀天、地,叫作郊祀、社祀。泛指祭祀天地。"尚",年代久远。

【译文】周公做了周成王的相国以后,在郊外祭天时,用后稷作为陪同受祭的神灵,在明堂中祭祀上帝时同时祭祀祖先周文王,使文王配享上帝。自从大禹兴起后就开始设立社神祭祀后土。后稷教人民种植庄稼,所以有后稷的神庙。郊祭和社祭的由来已经很久远了。

自周克殷后十四世,世益衰,礼乐废,诸侯恣行,〔1〕而幽王为犬戎所败,〔2〕周东徙雒邑。〔3〕秦襄公攻戎救周,〔4〕始列为诸侯。秦襄公既侯,居西垂,〔5〕自以为主少昊之神,〔6〕作西畤,〔7〕祠白帝,〔8〕其牲用骝驹黄牛羝羊各一云。〔9〕其后十六年,秦文公东猎汧渭之间,〔10〕卜居之而吉。文公梦黄蛇自天下属地,〔11〕其口止于鄜衍。〔12〕文王问史敦,〔13〕敦曰:"此上帝之征,君其祠之。"于是作鄜畤,用三牲郊祭白帝焉。

【注释】〔1〕"恣行",任意胡作非为。〔2〕"周幽王",西周末代国君,叫作姬宫涅,涅,音shēng。因昏庸无道,西方的戎族一支部落——犬戎侵入,被杀死在骊山下。〔3〕"雒邑",雒音luò,西周城邑名,位于今河南省洛阳市西。〔4〕"秦襄公",春秋初年秦国君主,因护送周平王东迁有功,被封为诸侯,占有岐(今陕西省岐山县)以西的土地。详见本书《秦本纪》。〔5〕"西垂",垂与陲同,边境地区。〔6〕"少昊之神",昊音hào,亦写作"少昊",是古代传说中的东夷民族首领,名挚,国号金天氏。据《礼记·月令》记载:有五位古代著名国君与五行相配,分别为五方之神。少昊为西方金德之神。〔7〕"西畤",西方的祭祀坛址名称。畤音zhì,祭天、地及五帝的祭坛。〔8〕"祠白帝",祭祀

白帝,白帝是古代传说中的西方天神,有人认为即少昊氏。〔9〕"骝驹",骝音liú,黑鬣的红色马驹。"羝羊",羝音dī,公羊。 〔10〕此句上"十六年",当依《汉书·郊祀志》作"十四年"。"秦文公",秦国国君。"汧",音qiān,水名,发源于陕西省陇县,东流汇入渭河。〔11〕"属地",属音zhǔ,附着在地上。〔12〕"鄜衍",鄜音fū,古代地名,在今陕西省富县。"衍",低缓平坦的山地。〔13〕"史敦",秦国的太史。

【译文】自从周朝战胜殷朝后经过十四代,世道越来越衰败,礼乐都荒废了,诸侯们任意横行,而周幽王又被犬戎打败,周朝王室向东迁到雒邑。秦襄公攻打犬戎,救援周王室,从此开始列入诸侯。秦襄公成为诸侯以后,居住在西方边疆地区,自以为应该主祭少昊神,修建了西畤,祭祀白帝,供奉的牺牲用黑鬣的红马驹、黄牛、公羊各一头。这以后十六年,秦文公东至汧水与渭水之间的地带打猎,占卜在这里定居,得到吉兆。秦文公梦见一条黄蛇从天上垂下来,蛇身附着地面,蛇口停在鄜地的缓坡上。秦文公询问史敦。史敦说:"这是上帝发出的征兆,您应该祭祀它。"于是修建了鄜畤,在那里用牛、羊、猪三牲作祭品祭祀白帝。

自未作鄜畤也,而雍旁故有吴阳武畤,〔1〕雍东有好畤,〔2〕皆废无祠。或曰:"自古以雍州积高,神明之隩,〔3〕故立畤郊上帝,诸神祠皆聚云。盖黄帝时尝用事,〔4〕虽晚周亦郊焉。"此语不经见,缙绅者不道。〔5〕

【注释】〔1〕"雍",音yōng,古代城邑名,在今陕西省凤翔县南。曾为秦国都邑。下文中的雍州是古代中国的九州之一,大约包括今陕西省北部、甘肃省西北部及青海省东北部。"吴阳",古地名,在雍城附近。"武畤",祭坛名称。〔2〕"好畤",祭坛名称。〔3〕"神明之隩",神明居住的地点。隩音yù,又音ào,可以居住的地方。〔4〕"黄帝",传说中的中原各族部落联盟首领,号轩辕氏。详见本书《五帝本纪》。〔5〕"缙绅",缙音jìn,与搢相同。搢,插上。绅是宽长的带子。缙绅意为将笏插在腰间,这是官吏的装束,后世便以缙绅代称官员们。

【译文】在还没有建鄜畤的时候,雍城的旁边原有吴阳的武畤,雍城东面有好畤,全都荒废,不再进行祭祀。有人说:"自古以来就因为雍州地势高,

是神明居住的地方,所以建立时 来郊祀上帝,各种神灵的祠庙也都聚集在这里。大约在黄帝时就曾经举行祭祀,即使到了周代晚期也还有郊祀活动。"这些话不常听见,士大夫们也不谈起。

作鄜畤后九年,文公获若石云,[1]于陈仓北阪城祠之。[2]其神或岁不至,或岁数来,来也常以夜,光辉若流星,从东南来集于祠城,则若雄鸡,其声殷云,[3]野鸡夜雊。以一牢祠,[4]命曰陈宝。[5]

【注释】〔1〕"若石云",据说好像玉石那样的物质。 〔2〕"陈仓",山名,在今陕西省宝鸡市以东。阪音 bān,山坡。"城祠之",建起城来祭祀它。〔3〕"殷云",殷殷的声音。 〔4〕"一牢",一套祭祀的供品,指牛或羊或猪一头。 〔5〕"命",命名。

【译文】修建鄜畤九年以后,秦文公得到了一块像玉石的宝物,在陈仓的北山坡上修筑城池立祠祭祀它。这位神有时一年也不来一次,有时一年来几次,来的时候经常是在夜里,光辉照耀,像流星一样,从东南方飞来聚集在立祠的城中,像雄鸡一样,发出殷、殷的声音。野鸡也在夜里鸣叫。用一头牲畜祭祀它,命名为陈宝。

作鄜畤后七十八年,[1]秦德公既立,[2]卜居雍,"后子孙饮马于河"。遂都雍。雍之诸祠自此兴。用三百牢于鄜畤。[3]作伏祠。[4]磔狗邑四门,[5]以御蛊灾。[6]

【注释】〔1〕"七十八年",《史记志疑》称:"《纪》(指《秦本纪》)《表》(指《十二诸侯年表》)自秦文公十年作鄜畤至德公元年凡八十年,此误。《汉志》(指《汉书·郊祀志》)自作陈宝后数之,谓七十一年,是也。" 〔2〕"秦德公",春秋时秦国国君。〔3〕"三百牢",《史记索隐》案:"百"当为"白"。指三头白色的牲畜。也有人认为"百"字不误。 〔4〕"伏祠",伏日祭祀的神庙。《史记索隐》根据《汉旧仪》说:伏日是万鬼出行的日子。《史记正义》注《秦本纪》中"初伏"一词称:"六月三伏之节,秦德公为之……伏者,隐伏避盛暑也。"颜师古注:"立秋之后,以金代火,金畏于火,故至庚日必伏。"后代历法中以夏至以后的第一个庚日为初伏,第四个庚日为二伏,立秋后的第一个庚日为三伏。《史记会注考

证》引柯维琪说:伏,禳邪气使退伏。《史记志疑》说:"祠"下脱"社"字。 〔5〕"磔狗邑四门",一种驱鬼避邪、禳除灾害的仪式,把狗的肢体分割开,挂在城市的四门上。磔音 zhé,分裂。 〔6〕"蛊灾",蛊音 gǔ,特别凶恶的毒虫。据《本草纲目》记载,将百种毒虫放在一个瓮中,一年后所有虫子都被一种毒虫吃尽,这种毒虫就是蛊,毒性极强。古代又把受了枭首、磔刑的鬼魂叫蛊,是伤人的厉鬼。这些虫、鬼为害叫蛊灾。

【译文】修建鄜畤以后七十八年,秦德公被立为国君后,占卜在雍城定居,得到"以后子孙可以到黄河去饮马"的卜辞,就在雍城建都。雍城的各种祠庙从此兴建起来。用三百头牲畜(或解释为"三头白色的牲畜")在鄜畤祭祀。修建了伏日祭祀的神庙。把狗的肢体分割,挂在城市的四面城门上,来抵御蛊灾。

德公立二年卒。其后四年,秦宣公作密畤于渭南,祭青帝。[1]

【注释】〔1〕"六年",应为"四年",春秋时秦国君主,"青帝",古代神话中五方天神内主东方木德的天神,一说即太昊。

【译文】秦德公作了二年国君后死去。又过了四年,秦宣公在渭水以南修建密畤,祭祀青帝。

其后十四年,秦缪公立,[1]病卧五日不寤;[2]寤,乃言梦见上帝,上帝命缪公平晋乱。[3]史书而记藏之府。[4]而后世皆曰秦缪公上天。

【注释】〔1〕"秦缪公",春秋时秦国君主,姓嬴,名任好,为春秋五霸之一。 〔2〕"寤",音 wù,醒过来。 〔3〕"晋乱",晋献公宠幸骊姬,杀了太子申生。献公死后,群公子争立,相互残杀引起的内乱。详见《晋世家》。 〔4〕"史",指史官。"府",指国家藏放典章文书的地点。

秦缪公即位九年,齐桓公既霸,[1]会诸侯于葵丘,[2]而欲封禅。管仲曰:[3]"古者封泰山禅梁父者七十二家,而夷吾所记者十有二焉。昔无怀氏封泰山,[4]禅云云;虑羲

封泰山，〔5〕禅云云；神农封泰山，〔6〕禅云云；炎帝封泰山，〔7〕禅云云；黄帝封泰山，禅亭亭；〔8〕颛顼封泰山，〔9〕禅云云；帝告封泰山，〔10〕禅云云；尧封泰山，禅云云；舜封泰山，禅云云；禹封泰山，禅会稽；〔11〕汤封泰山，禅云云；周成王封泰山，禅社首；〔12〕皆受命然后得封禅。"桓公曰："寡人北伐山戎，〔13〕过孤竹，〔14〕西伐大夏，〔15〕涉流沙，〔16〕束马悬车，上卑耳之山；〔17〕南伐至召陵，〔18〕登熊耳山以望江、汉。〔19〕兵车之会三，〔20〕而乘车之会六，〔21〕九合诸侯，〔22〕一匡天下，〔23〕诸侯莫违我。昔三代受命，〔24〕亦何以异乎？"于是管仲睹桓公不可穷以辞，因设之以事，曰："古之封禅，鄗上之黍，〔25〕北里之禾，〔26〕所以为盛；〔27〕江、淮之间，一茅三脊，〔28〕所以为藉也。〔29〕东海致比目之鱼，〔30〕西海致比翼之鸟，〔31〕然后物有不召而自至者十有五焉。今凤皇麒麟不来，〔32〕嘉谷不生，而蓬蒿藜莠茂，〔33〕鸱枭数至，〔34〕而欲封禅，毋乃不可乎？"〔35〕于是桓公乃止。是岁，秦缪公内晋君夷吾。〔36〕其后三置晋国之君，〔37〕平其乱。缪公立三十九年而卒。

【注释】〔1〕"齐桓公"，春秋时齐国君主，名小白，曾以"尊王攘夷"为号召，平定了东周内乱，打败夷狄部落，号令各国，成为诸侯的首领，是春秋时代诸侯中的第一位霸主。〔2〕"葵丘"，古代城邑，在今河南省兰考县东北。齐桓公于公元前六五一年在此与鲁、宋、卫、郑等各国诸侯会盟。见《春秋左氏传·僖公九年》。〔3〕"管仲"，名夷吾，是齐国著名的贤相，使齐国富强，建立霸业。传有《管子》一书。这段关于封禅的话不见于今本《管子》。〔4〕"无怀氏"，传说中的古代首领。《汉书·古今人表》中将无怀氏排在伏羲氏后。〔5〕"虙羲"，即伏羲。古代神话中人类始祖。与女娲氏相配，养育万民。传说里还将结网、渔猎畜牧、八卦等都说成是他的发明。〔6〕"神农"，古代传说中的炎帝，据说他生于姜水，以姜为姓，又号烈山氏，以火德为王。神农是古代农业和医药的发明者。他的出现代表古代人类由畜牧渔猎生产转向农业生产。〔7〕"炎帝"，此指传说中的炎帝神农氏后代帝王。〔8〕"亭亭"，泰山支脉的小山。据说在今山东省泰安县内。上文"云云"也是泰山支脉的小山，也在泰安

县内，或说在山东省蒙阴县。〔9〕"颛顼"，音zhuān xù，古代传说中的部落首领，号高阳氏。据说原居住在帝丘，即今河南省濮阳县西南。〔10〕"帝告"，告音 kù，即帝喾。古代传说中的部落首领，号高辛氏。〔11〕"会稽"，音 guì jī，山名，在今浙江省绍兴市南。《史记志疑》案，认为会稽远离泰山，与制度不相符，可能是"云云"之误。〔12〕"社首"，山名，在今山东省泰安县西南，或说在今山东省宁阳县内。〔13〕"山戎"，古代活动在今河北北部至辽宁一带的戎人部族。〔14〕"孤竹"，古代北方小国名，大约在今河北省卢龙县内。〔15〕"大夏"，古代西域国名，在今阿富汗北部。所以《史记会注考证》认为本文中"大夏，过流沙"五字为衍文。《史记正义》注《齐太公世家》称：大夏在古并州晋阳，即今山西省太原市西南。〔16〕"流沙"，一说在今山西省平陆县东。〔17〕"卑耳"，即辟耳山，在今山西省平陆县西北。〔18〕"召陵"，召音 shào，古地名，在今河南省郾城县东。〔19〕"熊耳山"，秦岭的东部余脉，在今河南省卢氏县南。〔20〕"兵车之会三"，指三次诸侯军队的会同作战，即鲁庄公十三年（公元前六八一年），齐桓公与鲁、陈、宋、蔡等国在北杏（今山东省东阿县北）会师平定宋乱；鲁僖公四年（公元前六五六年）齐桓公率诸侯攻入蔡国，接着征伐楚国；鲁僖公六年（公元前六五四年）齐桓公会同宋、陈、卫、曹等国讨伐郑国。〔21〕"乘车之会六"，指六次诸侯间的会盟，即：鲁庄公十四年（公元前六八〇年），齐桓公与鲁、宋、卫、郑等国君在鄄（今山东省鄄城县北）会盟；鲁庄公十五年（公元前六七九年）又在鄄会盟；鲁庄公十六年（公元前六七八年）在幽（今河北省北部）与各国诸侯会盟；鲁僖公五年（公元前六五五年）在首止（今河南省睢县东）会盟；鲁僖公八年（公元前六五二年）在洮（今山东省鄄城县西）会盟；鲁僖公元年（公元前六五一年）在葵丘会盟。〔22〕"九合诸侯"，即指上文"兵车之会三，乘车之会六"。〔23〕"匡"，匡正，扶助。〔24〕"三代"，指夏、商、周。〔25〕"鄗上"，鄗音 hào，山名，汉代改高邑为鄗县，在今河北省高邑县东。〔26〕"北里"，地名。有人认为鄗上、北里均为虚拟的地名。〔27〕"盛"，音 chéng，粢盛，放在容器中用以祭祀的米粮，如黍、稷等。〔28〕"三脊"，有三条棱的茅草叶子。古人把这种特殊的茅草叫灵茅，用于祭祀。〔29〕"藉"，祭神时用的草垫子。〔30〕"比目之鱼"，一种深海鲽形目鱼类，双目生于身体的一侧。这里指的是两条鱼，各有一目，相并而行。〔31〕"比翼之鸟"，传说中的一种鸟，只有一翼一目。《史记索隐》引《山

海经》:"崇吾之山有鸟,状如凫,一翼一目,相得乃飞,名云蛮。"郭璞注《尔雅》作"鹣鹣"。〔32〕"凤凰、麒麟",神话中的瑞鸟、瑞兽。《尔雅·释鸟》说:"雄者为凤,雌者为凰。"据郭璞注:凤凰是"鸡头蛇颈,燕颔龟背,鱼尾五彩色,高六尺许"。《尔雅·释兽》说:"麐(即麟),麕(音 jūn,即獐)身、牛尾、一角。"邢昺注引京房《易》说:麒麟"麕身、牛尾、狼额、马蹄、有五彩、腹下黄、高丈二"。〔33〕"嘉谷",特异的稼禾,古代人们认为它是祥瑞。如一茎数穗、二茎或数茎合穗,隔垄合穗等,都可称为嘉谷,或称嘉禾。"藜",音 lí,一年生草本植物。"莠",音 yǒu,杂草,一年生草本植物。〔34〕"鸱枭",音 chī xiāo,猫头鹰一类的恶鸟。〔35〕"毋乃",即无乃,难道不是。〔36〕"夷吾",春秋时晋献公之子,后为晋惠公。〔37〕"三置晋国之君",指秦缪公曾相继安置晋惠公、怀公、文公三人为晋国国君。

【译文】这以后十四年,秦缪公作了国君,卧病在床,五天没有醒来,醒来后,就说自己梦见了上帝,上帝命令秦缪公平定晋国的内乱。史官把这件事记下来收藏在内府中。而后代的人都说秦缪公上天了。

秦缪公即位九年,齐桓公作了诸侯的霸主,在葵丘召集诸侯会盟,而想要封禅。管仲说:"古代封泰山禅梁父的有七十二家,而我记得的有十二家。过去无怀氏封泰山,禅云云山;伏羲封泰山,禅云云山;神农封泰山,禅云云山;炎帝封泰山,禅云云山;黄帝封泰山,禅亭亭山;颛顼封泰山,禅云云山;帝漃封泰山,禅云云山;尧封泰山,禅云云山;舜封泰山,禅云云山;禹封泰山,禅会稽山;汤封泰山,禅云云山;周成王封泰山,禅社首山。他们全都是承受天命以后才能封禅。"齐桓公说:"寡人到北方征伐山戎,经过孤竹;向西去征伐大夏,穿过流沙,勒紧马匹,悬挂着车辆,登上卑耳山;向西征伐到了召陵,登上熊耳山瞭望江汉平原。召集诸侯军队会同作战三次,与诸侯们乘车来会盟六次,九次集合诸侯,匡正天下。诸侯中没有违抗我的。过去夏、商、周三代帝王承受天命,与我又有什么不同呢?"于是管仲看出齐桓公不能被言辞驳倒,就设法用具体事物说服他。说:"古代的封禅,用鄗上的黍米,北里的禾谷来做祭祀的食品;江淮之间生产的灵茅,有三条棱脊,用它做祭神时用的草垫子。东海送来比目鱼,西海送上比翼鸟,然后还有不召自来的物品十五种降临。现在凤凰、麒麟没有来,嘉谷不出现,而蓬蒿杂草却长得很茂盛,猫头鹰等恶鸟多次飞来。这时却想要封禅,难道不是太不合适了吗?"于

是齐桓公就停止了封禅的打算。这一年,秦缪公把晋国国君夷吾送回晋国即位。以后三次为晋国立了国君,平定了晋国的动乱。秦缪公在位三十九年而去世。

其后百有余年,而孔子论述六艺,〔1〕传略言易姓而王,封泰山禅乎梁父者七十余王矣,其俎豆之礼不章,〔2〕盖难言之。或问禘之说,〔3〕孔子曰:"不知。知禘之说,其于天下也视其掌。"诗云纣在位,〔4〕文王受命,政不及泰山。武王克殷二年,天下未宁而崩。爰周德之洽维成王,〔5〕成王之封禅则近之矣。及后陪臣执政,〔6〕季氏旅于泰山,〔7〕仲尼讥之。

【注释】〔1〕"孔子",名丘,字仲尼,春秋末期著名思想家、教育家,儒家始祖。详见本书《孔子世家》。"六艺",即《诗》、《书》、《礼》、《乐》、《易》、《春秋》六种儒家经典。〔2〕"俎豆之礼",祭祀的礼仪。俎音 zǔ,放祭品的案子。"豆",容器,盛放祭品用。"章",与彰相同,明显。〔3〕"禘",音 dì,古代祭名。〔4〕"诗云"二字,有人认为是衍文,不确。〔5〕"爰",因此。"维",是。〔6〕"陪臣",诸侯国中的大夫对天子自称陪臣,大夫的家臣也称作陪臣。此处指诸侯国中的大臣。〔7〕"旅",古代祭名。祭祀山神称旅。"季氏",春秋时鲁国季孙氏是鲁庄公弟弟季友的后代,世代为大夫,执掌国政。这里的季氏指季桓子。

【译文】这以后过了一百多年,孔子论述《诗》、《书》、《礼》、《乐》、《易》、《春秋》等六种经典,传文中大致提及历代改朝换姓的帝王去封秦山、禅梁父的有七十多位,他们祭祀时用的祭品、祭器制度写得都不明确,是因为难以说清楚的关系。有人询问禘祭的礼仪制度。孔子说:"不知道。知道了禘祭的礼仪,那么处理天下大事就像看自己手掌一样明了易行了。"诗里讲纣王在位时,周文王承受了天命,但他的政令还达不到泰山一带。武王攻克殷商二年后,天下还没有安定就去世了。所以周朝德政的普及要从周成王说起。成王的封禅仪式就近于合乎情理了。以后诸侯国中大臣执政,季孙氏也到泰山祭祀,孔子就讥讽他。

是时苌弘以方事周灵王,〔1〕诸侯莫朝

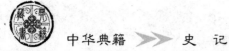

周,周力少,苌弘乃明鬼神事,设射狸首。[2]狸首者,诸侯之不来者。依物怪欲以致诸侯。[3]诸侯不从,而晋人执杀苌弘。[4]周人之言方怪者自苌弘。

【注释】〔1〕"苌弘",东周大夫,有方术。"方",即方术,指卜筮、星占、术数等。 〔2〕"设射狸首",古代的一种射礼。射箭时唱《狸首》这首歌。歌词中有射不来朝见的诸侯等句子。箭靶也称作狸首。《史记会注考证》日人泷川资言案云:"狸读为埋,不来反。"是说狸是"不来"二字的合音。 〔3〕"物怪",怪异的事物。"致诸侯",让诸侯来。 〔4〕"晋人执杀苌弘",晋国大夫范吉射、中行寅作乱,与苌弘有关。晋人因此向周王室问罪。周人杀了苌弘。并非晋人杀苌弘。

【译文】当时苌弘用方术为周灵王效力。诸侯们不去朝见周天子。周天子力量薄弱。苌弘就宣扬鬼神的事例,设置了箭射狸首的仪式。狸首就代表着那些不来朝见的诸侯。想依靠鬼神怪异的力量把诸侯们招来朝见。诸侯们不服从。而晋国人抓住苌弘杀死了他。周代人们谈论方术怪异的风气是由苌弘开始的。

其后百余年,秦灵公作吴阳上畤,祭黄帝;作下畤,祭炎帝。

后四十八年,周太史儋见秦献公曰:[1]"秦始与周合,[2]合而离,[3]五百岁当复合,[4]合十七年而霸王出焉。"[5]栎阳雨金,[6]秦献公自以为得金瑞,故作畤時栎阳而祀白帝。

【注释】〔1〕"儋",音dān,人名。"秦献公",战国时期秦国君主。 〔2〕"秦始与周合",指周族姬姓与秦族嬴姓均为黄帝后裔,合为一体。 〔3〕"合而离",指秦先祖非子被周别封于秦后与周分开。 〔4〕"五百岁当复合",指非子别封五百年后,至秦孝公二年周显王送胙肉(祭祀时的供品)给秦孝公,表示再次归为一家。 〔5〕"合十七年",根据本书《周本纪》及《汉书·郊祀志》,应作七十年。 〔6〕"栎阳",古地名,在今陕西省临潼县东北,秦献公曾在此建都。"雨金",下金雨。

【译文】这以后过了一百多年,秦灵公修建了

吴阳上畤,祭祀黄帝;修建了下畤,祭祀炎帝。

以后四十八年,周朝的太史儋去见秦献公,说:"秦国最初和周朝合在一起,合而分离,五百年后应当再次合在一起,合了十七年后就会在那里出现霸王。"栎阳下了一场金雨。秦献公自己认为得到五行中金的祥瑞,因此在栎阳建了畤時来祭祀白帝。

其后百二十岁而秦灭周,周之九鼎入于秦。[1]或曰宋太丘社亡,[2]而鼎没于泗水彭城下。[3]

【注释】〔1〕"九鼎",传说夏禹曾铸造九只大鼎,象征天下九州,夏、商、周历代都把它当作国家权力的象征。据说秦灭周后,运走九鼎,一只沉入泗水,其余下落不明。 〔2〕"太丘",古地名,在今河南省永城县西北。 〔3〕"泗水",在今山东省中部的一条河流。"彭城",古代县名,在今江苏省徐州市。《史记志疑》认为:鼎没泗水当与太丘社亡同在周显王三十三年(公元前三三六年)。

【译文】这以后一百二十年,秦国灭亡了周朝,周朝的九座鼎归了秦国。有的人说宋国的太丘社坛被摧毁后,鼎沉没在彭城以下的泗水中了。

其后百一十五年而秦并天下。

秦始皇既并天下而帝,或曰:"黄帝得土德,黄龙地螾见。[1]夏得木德,青龙止于郊,[2]草木畅茂。殷得金德,银自山溢。周得火德,有赤乌之符。[3]今秦变周,水德之时。昔秦文公出猎,获黑龙,此其水德之瑞。"于是秦更命河曰"德水",以冬十月为年首,色上黑,[4]度以六为名,[5]音上大吕,[6]事统上法。[7]

【注释】〔1〕"螾",音yǐn,即蚯蚓。《史记集解》引应劭注称:"蚓大五六围,长十余丈。" 〔2〕"止于郊",栖息在郊外。 〔3〕"赤乌之符",《史记索隐》引《吕氏春秋》等书说:有火从天上降到国王的房上,变成红色的乌鸦。这被认为是祥瑞的符兆。 〔4〕"上",与"尚"同,崇尚,推崇。 〔5〕"度以六为名",度量都以六个作为基本单位。如六尺为一步,一乘六马等。秦自认为得水德。五行中的水与数字中的一、六配合,所以用六计量。 〔6〕"大吕",古代音乐的十二律名之一,其音调大约与今日C#

调相当。 〔7〕"上法",提倡法治。

【译文】以后过了一百一十五年,秦统一了天下。

秦始皇统一天下称帝以后,有的人说:"黄帝得到五行中的土德,有黄龙和巨大的蚯蚓出现。夏代得到木德,有青龙停留在城郊,草木生长得茂盛苗壮。殷商得到金德,白银从山中流出。周朝得到火德,就有红色乌鸦的祥符。现在秦朝取代了周朝,是水德的时代。过去秦文公出外打猎,获得过黑龙,这就是水德的瑞象。"于是秦朝把黄河改名为"德水",用冬季十月作为每年的开端,颜色中崇尚黑色,度量以六作为一个单位,音乐中推尚大吕律,政务法令中崇尚法律刑名。

即帝位三年,东巡郡县,祠驺峄山,〔1〕颂秦功业。于是征从齐、鲁之儒生博士七十人,至乎泰山下。诸儒生或议曰:"古者封禅为蒲车,〔2〕恶伤山之土石草木;埽地而祭,席用菹秸,〔3〕言其易遵也。"始皇闻此议各乖异,〔4〕难施用,由此绌儒生。〔5〕而遂除车道,〔6〕上自泰山阳至巅,〔7〕立石颂秦始皇帝德,明其得封也。从阴道下,〔8〕禅于梁父。其礼颇采太祝之祀雍上帝所用,〔9〕而封藏皆秘之,世不得而记也。

【注释】〔1〕"驺峄山",邹县的峄山。驺与邹同。在今山东省邹县内。 〔2〕"蒲车",用蒲草缠裹起车轮的车子,古代曾用来迎接老年的贤人,因为它能减少颠簸。 〔3〕"菹秸",音 zū jiē,草与禾秆。 〔4〕"乖异",互相背离而且不合情理。〔5〕"绌",音 chù,与"黜"相同,贬斥。 〔6〕"除",修建。〔7〕"自泰山阳至巅",从泰山南面上到山顶。阳,山的南面。 〔8〕"阴道",山北面的道路。 〔9〕"太祝",古代主管祭祀时祈祷等礼仪的官员。

【译文】秦始皇即皇帝位三年,向东方去巡视郡县,祭祠了驺峄山,赞颂秦的功业。于是征召了齐、鲁地区的儒生博士七十人随行,到了泰山脚下。儒生们中有人议论说:"古代的封禅时要驾蒲草缠裹起车轮的车子,是恐怕伤害山上的土石草木;祭祀时把地面扫干净,用草和禾秸编席铺在地上。说明祭祀是很容易照着办的。"秦始皇听到这些议论各不相同,十分古怪,很难施行,因此就斥退了儒

生,而马上修整了车道,从泰山的南面上到山顶端,树立刻石,颂扬秦始皇帝的功德,表明他有资格封泰山。从泰山北面的道路下山,在梁父实行"禅"的礼仪。这些礼仪中采取了很多太祝在雍地祭祀上帝时使用的仪式,但有关记录都封藏得很秘密,世人们不得而知,无法记载。

始皇之上泰山,中阪遇暴风雨,〔1〕休于大树下。诸儒生既绌,不得与用于封事之礼,〔2〕闻始皇遇风雨,则讥之。

【注释】〔1〕"中阪",山半腰的坡地。 〔2〕"封事之礼",封禅的仪式。

【译文】秦始皇上泰山时,在山半腰遇到了暴风雨,在大树下停留避雨。儒生们被斥退后,不能参加封禅的礼仪活动,听说秦始皇遇上了风雨,就都讥笑他。

于是始皇遂东游海上,行礼祠名山大川及八神,求仙人羡门之属。〔1〕八神将自古而有之,〔2〕或曰太公以来作之。〔3〕齐所以为齐,以天齐也。〔4〕其祀绝,莫知起时。八神:一曰天主,祠天齐。天齐渊水,居临菑南郊山下者。〔5〕二曰地主,祠泰山梁父。盖天好阴,祠之必于高山之下,小山之上,命曰"畤";地贵阳,祭之必于泽中圜丘云。三曰兵主,祠蚩尤。〔6〕蚩尤在东平陆监乡,〔7〕齐之西境也。四曰阴主,祠三山。〔8〕五曰阳主,祠之罘。〔9〕六曰月主,祠之莱山。〔10〕皆在齐北,并勃海。七曰日主,祠成山。成山斗入海,〔11〕最居齐东北隅,以迎日出云。八曰四时主,祠琅邪。〔12〕琅邪在齐东方,盖岁之所始。皆各用一牢具祠,而巫祝所损益,〔13〕珪币杂异焉。〔14〕

【注释】〔1〕"羡门",古代仙人,名子高。〔2〕"将",语助词。 〔3〕"太公",即姜太公,名尚,辅佐周文王、周武王灭商,被封在齐国。详见本书《齐太公世家》。 〔4〕"天齐",天的腹脐。古人认为齐地所处于天的中央之下。位于临淄城南的天齐泉,五泉并出,被认为是天腹脐的象征。所以齐地祭祀天齐,代表祭天。这种风俗一直延续到汉唐

时期。〔5〕"临菑",齐国国都,常写作临淄,在今山东省淄博市东北。〔6〕"蚩尤",古代传说中的部族首领,传说该族曾与黄帝交战多年,后被黄帝所杀。此处指蚩尤冢所在地名。蚩音 chī。〔7〕"东平陆",古代县名,在今山东省东平县以东。〔8〕"三山",一说即参山,在汉东莱郡曲成县,即今山东省掖县以北。〔9〕"之罘",也作芝罘,山名。在今山东省烟台市北。罘,音 fú。〔10〕"莱山",山名,在今山东省黄县东南。〔11〕"成山",山名,在今山东省荣成县东北。"斗",曲折陡峭。〔12〕"琅邪",山名,在今山东省胶南县西南。"琅邪",音 láng yá。〔13〕"巫祝",巫师,主管祭祀的人。"损益",增减。〔14〕"珪币",祭祀的供献,玉器、丝帛等。

【译文】于是秦始皇就向东到海边去游览,举行典礼祭祀名山大川和八神,寻求羡门子高一类的仙人。八神可能是自古以来就有的,也有人说是从姜太公以来才产生的。齐国之所以称作"齐",是由于它正在天的腹脐。那些祭祀已经断绝,不知什么时候兴起的。八神:第一位叫天主,在天齐祭祀。天齐渊水位于临淄城南郊的山下。第二位叫地主,在泰山、梁父祭祀。因为天神喜好阴,祭祀它必须在高山的下面,小山的山上,起名叫"畤"。地神喜好阳,祭祀它必须在水泽中的圜丘上。第三位叫兵主,在蚩尤祭祀。蚩尤这个地方在东平陆的监乡,是齐国的西部疆界。第四位叫阴主,在三山祭祀。第五位叫阳主,在之罘山祭祀。第六位叫月主,在莱山祭祀它。这些地点全都在齐国北部,挨近渤海。第七位叫日主,在成山祭祀。成山曲折陡峭地伸入海中,在齐国东北方的最顶端,用来迎接日出。第八位叫四时主,在琅邪山祭祀。琅邪在齐国的东方,所以每年都从那里最先开始。对这些神灵都各用一头牲畜和配套器皿祭祀,而巫师们对祭品有所增减,玉圭丝帛等不尽相同。

自齐威、宣之时,〔1〕驺子之徒论著终始五德之运。〔2〕及秦帝而齐人奏之,故始皇采用之。用宋毋忌、正伯侨、充尚、羡门高最后,〔3〕皆燕人,为方仙道,〔4〕形解销化,〔5〕依于鬼神之事。驺衍以阴阳主运显于诸侯,〔6〕而燕齐海上之方士传其术不能通,然则怪迂阿谀苟合之徒自此兴,〔7〕不可胜数也。

【注释】〔1〕"威、宣",齐威王、齐宣王,都是战国时期齐国的国君。〔2〕"驺子",即战国时的阴阳五行学家驺衍。"终始五德",五行学派的重要学说,有书名《五德终始》。它根据金、木、水、火、土五行相生相克的转变规律解释历代政权变更。如夏代为木德,商代为金德,周代为火德,秦代为水德,金克木,火克金,水克火。所以历代更替,终而复始,循环变化。后代统治者都利用这一学说为自己的政权服务。〔3〕"宋毋忌、正伯侨、充尚、羡门高",均为传说中的仙人方士名字。"最后",此二字不通。王念孙认为:"最后"二字可能是"聚(古代又写作骤)谷"的讹误。聚谷是《高唐赋》中的一个方士名字。《史记索隐》认为"最后犹言甚后也"。近人有将"最后"释为"以后"的,可供参考。〔4〕"方",与"仿"相同,仿效。〔5〕"形解销化",道家术语,称人去世为"形解",或"尸解"。即修炼成仙后,抛弃外壳的肉体,神灵飞升,化为仙人。〔6〕"阴阳主运",用阴阳五行循环交替的思想解释一个王朝的命运。驺衍的著作中有《终始》、《主运》等篇,叙述阴阳主宰命运的理论。〔7〕"怪迂",怪异超出常理。"阿谀",拍马奉承。"苟合",毫无原则地附和。

【译文】自从齐威王、齐宣王时起,驺衍一类的人就著书论述五行德性终始变化的规律,到了秦国称帝时,齐国人把这些理论上奏,所以秦始皇采用了它。而宋毋忌、正伯侨、充尚、羡门高等人,都是燕国人,仿效仙人的道术,作那些肉体消亡后使神魄飞升,依附于鬼神的事。驺衍靠用阴阳循环主宰命运的学说在诸侯中得到显迹。而燕齐两地沿海一带的方士们继承了驺衍的学说却不能融会贯通,于是就从此兴起一批靠奇谈怪论,阿谀奉迎去苟合君主的人,多得数不过来。

自威、宣、燕昭使人入海求蓬莱、方丈、瀛洲。〔1〕此三神山者,其傅在勃海中,〔2〕去人不远,患且至,则船风引而去。盖尝有至者,诸仙人及不死之药皆在焉。其物禽兽尽白,而黄金银为宫阙。未至,望之如云;及到,三神山反居水下。临之,风辄引去,终莫能至云。世主莫不甘心焉。〔3〕及至秦始皇并天下,至海上,则方士言之不可胜数。始皇自以为至海上而恐不及矣,使人乃赍童男女入海求之。〔4〕船交海中,皆以风为解,〔5〕

曰未能至,望见之焉。其明年,始皇复游海上,至琅邪,过恒山,从上党归。[6]后三年,游碣石,[7]考入海方士,从上郡归。[8]后五年,始皇南至湘山,[9]遂登会稽,并海上,冀遇海中三神山之奇药。[10]不得,还至沙丘崩。[11]

【注释】〔1〕"燕昭",即燕昭王,战国时燕国君主。"蓬莱、方丈、瀛洲",古代神话中东海上的三座仙山。《列子·汤问》中说它们被巨鳌驮着,在海中飘浮。山上住满了神仙。〔2〕"傅",《汉书·郊祀志》作传。当以传为正字,傅与传形体相近而讹。传,传说。〔3〕"甘心",心中企羡。〔4〕"赍",音jī,带着。〔5〕"以风为解",以遇上风作为解脱的借口。〔6〕"上党",古郡名。在今山西省东南部,郡治壶关,即今长治市以北。〔7〕"碣石",山石名,前人认为在今河北省昌黎县北。近年来考古学者考证,认为在河北省山海关以北海中屹立的一座巨石是秦代的碣石。〔8〕"上郡",古代郡名,在今陕西省北部及内蒙古中南部一带。郡治在肤施,即今陕西省榆林县南。〔9〕"湘山",即君山,在洞庭湖中。〔10〕"冀",希望。"奇药",奇妙的仙药。〔11〕"沙丘",古地名。在今河北省广宗县西北。

【译文】自从齐威王、齐宣王、燕昭王时就派人到大海里去寻找蓬莱、方丈、瀛洲。这三座神山,传说在渤海中,离有人的地方不远;难办的是快要接近它了,就有大风把船吹走。据说有人曾经到过神山,各种仙人和不死药全在上面。那里的万物禽兽全都是白色的,而用黄金白银建成宫殿城阙。还没有到神山时,远望去像一片云彩;等到了跟前,三座神山反而在海水下面。临近神山时,动不动就被风吹走了,始终不能到神山上去。世间的君王没有一个不倾心向往神山的。等到秦始皇统一了天下,到了海边,方士们说到神山的数都数不过来。秦始皇自己觉得到了海上恐怕不会遇到神山,就派人带着童男童女到海上去寻找神山。船到了海里,回来全都用有风作为解脱自己的理由,说不能到神山上,只能远远望见它。第二年,秦始皇又到海边游览,到了琅邪,经过恒山,从上党返回。这以后三年,游览了碣石,考察了到海上去的方士,从上郡返回来。以后五年,秦始皇南下到了湘山,就登上会稽山,沿着海边巡游,希望能遇上海中三座神山上的奇药。没有得到,回到沙丘时去世了。

二世元年,[1]东巡碣石,并海南,[2]历泰山,至会稽,皆礼祠之,而刻勒始皇所立石书旁,以章始皇之功德。[3]其秋,诸侯畔秦。[4]三年而二世弑死。[5]

【注释】〔1〕"二世",即秦二世胡亥。〔2〕"并",沿着。〔3〕"章",与"彰"同,显明。〔4〕"畔",与"叛"同。〔5〕"弑",古代称子杀父、臣杀君为弑。

【译文】秦二世元年,秦二世到东方巡视碣石,沿着海边南下,游历了泰山,到达会稽,在这些地方都举行典礼祭祀。而在秦始皇所树立的石刻铭文旁边刻写文辞,用来显扬秦始皇的功德。那一年秋天,诸侯们反叛秦朝。三年后秦二世被臣下杀死。

始皇封禅之后十二岁,秦亡。诸儒生疾秦焚《诗》、《书》,[1]诛僇文学,[2]百姓怨其法,天下畔之,皆讹曰:"始皇上泰山,为暴风雨所击,不得封禅。"此岂所谓无其德而用事者邪?

【注释】〔1〕"疾",痛恨。〔2〕"僇",音lù,与"戮"相通,杀戮。

【译文】秦始皇封禅以后十二年,秦朝灭亡。儒生们痛恨秦朝焚毁《诗》、《书》,屠杀并侮辱文人,百姓们怨恨秦朝的酷法,天下都反叛秦朝,就全都谣传说:"秦始皇上了泰山,被暴风雨所袭击,没有能封禅。"这难道不就是所谓没有具备德行而去举行封禅仪式的人吗?

昔三代之居皆在河、洛之间,[1]故嵩高为中岳,而四岳各如其方,四渎咸在山东。至秦称帝,都咸阳,[2]则五岳、四渎皆并在东方。自五帝以至秦,轶兴轶衰,[3]名山大川或在诸侯,或在天子,其礼损益世殊,不可胜记。及秦并天下,令祠官所常奉天地名山大川鬼神可得而序也。[4]

【注释】〔1〕"河、洛",即黄河与洛水。《史记正义》引《世本》与《帝王世纪》说:夏代建都在阳城、

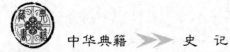

平阳、安邑、晋阳等地。商代建都亳、偃师等地。周代建都郢、鄗，东周迁至洛邑。都是在河、洛之间。〔2〕"咸阳"，秦国都城，在今陕西省咸阳市东北。〔3〕"轶"，音 dié，与"迭"相通。更迭、轮换。〔4〕"可得而序"，可以排出个次序来。

【译文】过去三代的君王全居住在河水与洛水之间，所以把嵩高山定为中岳。而四岳各自按它所在的方位定名。四渎都在崤函山东。到了秦国称帝号，在咸阳建都，五岳、四渎就全都位于东方了。从五帝一直到秦，一代代更迭兴衰，名山大川有时在诸侯国内，有时归属于天子，祭祀它的礼仪增减，各个时代都不一样，不能一一记录下来。到秦朝统一了天下，命令祭祀官员经常祭祀的天、地、名山大川各位鬼神，可以按次序逐一记录下来了。

于是自殽以东，〔1〕名山五，大川祠二。曰太室。太室，嵩高也。恒山，泰山，会稽，湘山。水曰济，曰淮。春以脯酒为岁祠，〔2〕因泮冻，〔3〕秋涸冻，〔4〕冬塞祷祠。〔5〕其牲用牛犊各一，牢具珪币各异。〔6〕

【注释】〔1〕"殽"，音 yáo，或作崤山，在河南省西部，邻接陕西省。〔2〕"脯酒"，即干肉和酒。"岁祠"，祷祝一年农事丰收的祭祀。〔3〕"泮冻"，解冻。泮音 pàn。〔4〕"涸冻"，结冻。涸音 hé，水干枯、凝结。〔5〕"塞"，音 sài，与"赛"同。古代感谢神灵赐福，回报神灵的祭祀。〔6〕"牢具"，祭祀时供奉的牲畜与配套器皿。"珪"，玉器与布帛财物。

【译文】于是从崤山向东，有名山五座，大河二条受到祭祀，它们是太室山，太室就是嵩高山；和恒山，泰山，会稽山，湘山。大河是济水，淮水。春天时用干肉和酒祭祀，祈求丰收，因为河水解冻，秋天水枯冻封冻，以及冬季赛祭回报神灵等也举行祭祀祈祷。所用的牺牲祭品是每处各一头牛犊，祭器和玉圭、布帛等各处不相同。

自华以西，名山七，名川四。曰华山，薄山。薄山者，衰山也。〔1〕岳山，〔2〕岐山，〔3〕吴岳，〔4〕鸿冢，〔5〕渎山。〔6〕渎山，蜀之汶山。水曰河，祠临晋；〔7〕沔，祠汉中；湫渊，祠朝那；〔8〕江水，祠蜀。亦春秋泮涸祷塞，如东

方名山川；而牲牛犊牢具珪币各异。而四大冢鸿、岐、吴、岳，〔9〕皆有尝禾。〔10〕

【注释】〔1〕"衰山"，《史记》《集解》、《索隐》、《正义》均以衰为误字。当为襄山，为今中条山异名。在今山西省永济县。襄山不在华山以西。〔2〕"岳山"，《史记志疑》据《汉书·地理志》徐广注中作"垂山"，认定"岳"为"垂"字之误，以形近致讹。垂山即终南山的北峰，在今陕西省武功县内。〔3〕"岐山"，在今陕西省岐山县东北。〔4〕"吴岳"，《史记正义》考证吴岳又作吴山、岳山、岍山，汧水发源于此。在今陕西省陇县。〔5〕"鸿冢"，山名，在今陕西省凤翔县东，因黄帝臣子大鸿葬于此而得名。〔6〕"渎山"，即今四川省西北部的岷山。下文中的"汶"，为"岷"的假借字。〔7〕"祠临晋"，在临晋建祠祭祀。临晋为古县名，在今陕西省大荔县东。〔8〕"湫渊"，湖泊名，湫音 jiǎo，在今宁夏回族自治区固原县内。朝那古地名。朝音 zhū。在今宁夏回族自治区固原县内。〔9〕"冢"，山顶。〔10〕"尝禾"，用新收的谷米祭祀神灵。"尝"，古代祭名。

【译文】从华山以西，有名山七座，著名的河流四条。叫作：华山，薄山，薄山就是衰山。还有岳山，岐山，吴岳，鸿冢，渎山，渎山是蜀郡的汶山。河流有黄河，在临晋祭祀它；沔水，在汉中祭祀它；湫渊，在朝那祭祀它；江水，在蜀中祭祀它。也是在春秋季，解冻和封冻，以及冬季赛祭等时候祈祷祭祀，和东方的名山大川祭祀方法一样；而使用的牺牲、牛犊、祭器、玉圭、布帛等各不相同。四座坟冢一样的大山：鸿冢、岐山、吴山、岳山，也都有用新谷去祭祀的仪式。

陈宝节来祠。其河加有尝醪。〔1〕此皆在雍州之域，近天子之都，故加车一乘，駵驹四。

【注释】〔1〕"尝醪"，用米酒祭祀。醪音 láo，酒酿，酒汁与米滓混合一起的酒，也用来称未过滤的浊酒。

【译文】陈宝神在节日来享受祭祀。对河水增加用新酒酿祭祀的仪式。这些地方全都是在雍州的范围内，靠近天子的都城，所以增加一辆车和

四匹黑鬃的红马驹作祭品。

霸、产、长水、沣、涝、泾、渭皆非大川，[1]以近咸阳，尽得比山川祠，而无诸加。

【注释】[1]"霸"，古名滋水。在陕西省秦岭发源，在西安以东流入渭河。"产"，浐水。源起陕西省蓝田县，汇入霸水。"长水"，也是在蓝田县内发源，流入浐水。"沣"，即沣水，发源于陕西省户县内，在咸阳东汇入渭河。"涝"，涝水，今名涝峪河，在沣水以西，也汇入渭河。"泾"，泾河，发源于宁夏回族自治区固原县内六盘山区，向东南流入渭河。"渭"，渭河，是横贯关中地区的主要河流，发源于甘肃省渭源县，在潼关汇入黄河。

【译文】霸水、产水、长水、沣水、涝水、泾水、渭水都不是大河，因为它们邻近咸阳，全以依照名山大川的规格祭祀，但没有增加的各种祭物。

汧、洛二渊，[1]鸣泽、蒲山、岳𤾌山之属，[2]为小山川，亦皆岁祷塞泮涸祠，礼不必同。

【注释】[1]"汧"，汧水，发源于甘肃省庄浪县南，在陕西省宝鸡市以东流入渭河。今名千河。"洛"，洛水。此处指陕西省的洛河，发源于定边县内，向南流入渭河。[2]"鸣泽"，古代湖泊名，前人多注在"涿郡逎县"，即今河北省涞水县北。根据此段叙述均为关中地区山川来看，可能不是河北的鸣泽，而是关中地区与之同名的一处湖泊。"蒲山"，不详所在。"岳𤾌山"，在华山以西，𤾌音 xū。

【译文】汧水和洛水两条河流，鸣泽、蒲山、岳𤾌山一类的山，都是小山川，也都在每年举行岁祭、赛祭、解冻和枯水封冻的祭祀，礼仪不一定相同。

而雍有日、月、参、辰、南北斗、荧惑、太白、岁星、填星、辰星、二十八宿、风伯、雨师、四海、九臣、十四臣、诸布、诸严、诸述之属，[1]百有余庙。西亦有数十庙。[2]于湖有周天子祠。[3]于下邽有天神。[4]沣、滈有昭明、天子辟池。[5]于杜、亳有三社主之祠、寿星祠；[6]而雍菅庙亦有杜主。[7]杜主，故周

之右将军，其在秦中，最小鬼之神者。各以岁时奉祠。

【注释】[1]"参"，音 shēn，星座名，是中国古代天象图中的二十八宿之一。"辰"，星座名，据《春秋公羊传》昭公十七年讲："大火为大辰，伐为大辰，北辰亦为大辰。"大火指心宿中央的红色大星。伐为参宿下的三颗小星。北辰即北极星。有时还把日月交会的地点称作辰。但一般用辰指代心宿，为二十八宿之一。"南北斗"，南斗与北斗。南斗为斗宿，二十八宿之一。北斗即今日所说大熊星座中的北斗七星。"荧惑"，即火星。"太白"，即金星。"岁星"，即木星。"填星"，即土星，填音 zhèn。"辰星"，即水星。"二十八宿"，是古代天文学者将天穹上沿赤道一周的星辰分成的二十八个区域。每宿中包括若干恒星。每七宿位于一方。东方有：角、亢、氐、房、心、尾、箕。北方有：斗、牛、女、虚、危、室、壁。西方有：奎、娄、胃、昴、毕、觜、参。南方有：井、鬼、柳、星、张、翼、轸。因为古人把参、辰、南斗看得特别重要，专门设有祭祀，所以在二十八宿以外又单独列出这些星座。"风伯"，古代神话中的风神，下文雨师是雨神。"四海"，指海神。"九臣、十四臣"，前人未加注释，不知所出。《史记会注考证》引皮锡瑞：九臣、十四臣疑是九臣六十四臣之误。九皇六十四民是古代帝王，汉代曾有祭祀。九臣当是九皇之臣，六十四臣当是六十四民之臣，汉代也列入祀典。"诸布"，《史记索隐》引《尔雅》称：祭星曰布。或者说诸布是祭星之处。一说布为给人造成灾害的鬼神。"诸严"，叶德辉说：应作诸庄，避汉明帝讳而改字。庄是四通八达的道路。"诸述"，一本作述，《汉书·郊祀志》作遂。应以遂为正字。述、遂均为误字。叶德辉说：遂是田间小沟。"诸庄"、"诸遂"都是祭祀各种路神。近人刘洪涛认为：布指瀑布，严指山岩，遂指隧洞。也可以讲通。[2]"西"，即西县，在今甘肃省天水县西南。[3]"湖"，湖县，在今河南省灵宝县内。[4]"下邽"，古县名，在今陕西省渭南县东北。邽音 guī。[5]"昭明"，荧惑（火星）散为昭明。"辟池"，一说为璧池，即滈池，据说周天子在此建有辟雍。或直指辟雍。[6]"杜"，杜县，在今陕西省西安市东南。亳亭，古地名，在杜县内。亳音 bó。"社主"，应为杜主。即杜伯之神。杜伯是周宣王的大臣，无辜被杀，后人奉为神。"寿星"，《史记索隐》注为南极老人星。《史记正义》认为"角、亢在辰为寿星"。普遍采取前一说。[7]"雍菅庙"，雍地的草屋祠庙。

菅音 jiān，茅草。

【译文】而雍州有日、月、参、辰、南斗、北斗、荧惑、太白、岁星、填星、辰星、二十八宿、风伯、雨师、四海、九臣、十四臣、诸布、诸严、诸逑一类的神灵，一百多座神庙。在西县也有几十座祠庙。在湖县有周天子的祠庙。在下邽有天神庙。在沣、滈有昭明庙与天子辟池。在杜县的亳亭有三杜主祠和寿星祠，而且在雍县的草屋祠庙中也祭祀杜主。杜主是以前周朝的右将军，他在秦中地区是小鬼神中最有灵验的。对这些神都每年按时各自祭祀。

唯雍四時上帝为尊，[1]其光景动人民唯陈宝。故雍四時，春以为岁祷，因泮冻，秋涸冻，冬塞祠，五月尝驹，[2]及四仲之月月祠，[3]若陈宝节来一祠。春夏用骍，[4]秋冬用駵。時驹四匹，木禺龙栾车一驷，[5]木禺车马一驷，各如其帝色。黄犊羔各四，珪币各有数，皆生瘗埋，[6]无俎豆之具。[7]三年一郊。秦以冬十月为岁首，故常以十月上宿郊见，通权火，[8]拜于咸阳之旁，而衣上白，其用如经祠云。[9]西時、畦時，祠如其故，上不亲往。

【注释】[1]"雍四時"，指雍州地内的鄜時，密時，吴阳上、下時。这都是秦国传统的時址。分别祭祀白帝、青帝、黄帝和炎帝。 [2]"尝驹"，用马驹作为祭品的祭祀。 [3]"四仲之月"，仲春、仲夏、仲秋、仲冬，即每季的第二个月。 [4]"骍"，音 xīn，红色的马。 [5]"木禺龙"，禺与偶同，用木头雕刻的龙。"栾车"，即鸾车，缀有铃铛的车子。"鸾"，车马上悬挂的铃。 [6]"生瘗埋"，活埋。瘗音 yì，埋葬。 [7]"豆"，盛放祭品的器物，高柄圈足。《史记正义》注：豆是用木做成的，可以装四升，高一尺二寸，有漆画。这是汉代漆豆的形制。先秦还有陶豆、铜豆等，大小不一。 [8]"权火"，即烽火，架起柴堆点燃。天子致祭，从宫殿到祭坛的路边，每五里点一堆烽火。权，朱骏声考证为"爟"（音 guàn）之误。 [9]"经祠"，经常举行的祭祀。

【译文】神灵中只有雍州四時祭祀的上帝最尊贵，祭祀时景象最激动人心的只有陈宝神。所以雍州四時，春季为祈求丰收祭祀，因为河水解冻，秋季枯水封冻祭祀，冬季赛祭，五月里用马驹祭祀，以

及仲春、仲夏、仲秋、仲冬四个月的月祭，像陈宝神是在节日时有一次祭祀。祭祀在春夏时节用红色马，秋冬时节用黑色鬃毛的红马。每時用四匹马驹，四条木雕的龙驾驶的有铃大车一套，木雕的车和四匹马一套，这些车马的颜色和所祭的上帝颜色相同。还有黄牛犊和羊羔各四头，玉圭、布帛各自有一定数量。全部活着埋在地里，没有祭祀用的器皿。每三年郊祀一次。秦朝把冬季十月定为每年的开始，所以皇帝经常在十月里斋戒，举行郊祀，将烽火从咸阳一直排列到四時祭坛，皇帝在咸阳城外行礼，祭祀时崇尚白色的衣裳，祭祀的用品和日常祭祀时一样。西時和畦時的祭祀像过去一样，皇帝不亲自前往。

诸此祠皆太祝常主，以岁时奉祠之。至如他名山川诸鬼及八神之属，上过则祠，去则已。郡县远方神祠者，民各自奉祠，不领于天子之祝官。[1]祝官有秘祝，[2]即有灾祥，辄祝祠移过于下。[3]

【注释】[1]"祝官"，主管祭祀的官员。 [2]"秘祝"，祭祀官员名称。 [3]"辄"，就。"祝祠移过于下"，在祭祀中祷祝，把过错与灾祸转移到臣子与百姓身上。

【译文】这些祭祀日常全由太祝主管，每年按时供献祭祀。至于像其他的名山大川、各种鬼物和八神一类，皇帝经过时就去祭祀，离开后就停止了。远方各郡县的神庙，由民众各自供奉祭祀，不归天子的祭祀官员们管理。祭祀的官员中有一类秘祝，如果有了灾异就祈祷祭祀，请求把过失与灾祸移到臣民们身上。

汉兴，高祖之微时，[1]尝杀大蛇。有物曰："蛇，白帝子也，而杀者赤帝子。"高祖初起，祷丰枌榆社。[2]徇沛，[3]为沛公，则祠蚩尤，衅鼓旗。[4]遂以十月至灞上，[5]与诸侯平咸阳，立为汉王。因以十月为年首，而色上赤。

【注释】[1]"微"，贫贱低微。 [2]"丰枌榆社"，沛县丰邑枌榆的社神。 [3]"徇"，音 xún，巡行。"沛"，音 pèi，即今江苏省沛县。 [4]"衅"，音 xìn。古代制作器物时，杀牲畜祭祀，用牲畜的血涂

抹在器物缝隙上,叫作衅。 〔5〕"灞上",古地名。在今陕西省西安市东南。

【译文】汉朝兴起,汉高祖身分卑微的时候,曾经杀死一条大蛇。有神怪说:"蛇是白帝的儿子。而杀它的人是赤帝的儿子。"汉高祖刚起兵时,在丰邑的枌榆社祈祷神灵。占领了沛县后,他作了沛公,就祭祀蚩尤,用牲畜血涂在军旗和战鼓上。便在十月到达了灞上,与诸侯们一起平定了咸阳,被立为汉王。因此把十月定成每年的开始,而且崇尚红色。

二年,〔1〕东击项籍而还入关,〔2〕问:"故秦时上帝祠何帝也?"对曰:"四帝,有白、青、黄、赤帝之祠。"高祖曰:"吾闻天有五帝,而有四,何也?"莫知其说。于是高祖曰:"吾知之矣,乃待我而具五也。"乃立黑帝祠,命曰北畤。有司进祠,上不亲往。悉召故秦祝官,复置太祝、太宰,〔3〕如其故仪礼。因令县为公社。〔4〕下诏曰:"吾甚重祠而敬祭。今上帝之祭及山川诸神当祠者,各以其时礼祠之如故。"

【注释】〔1〕"二年",指汉王二年,公元前二〇五年。 〔2〕"项籍",即项羽,秦末起义军领袖,见本书《项羽本纪》。 〔3〕"太宰",掌管祭祀贡品的官员名称。 〔4〕"公社",官府祭祀用的社坛。

【译文】汉高祖二年,向东方攻打项籍,回来后进入关中,问道:"过去秦朝时候祭的上帝是什么天帝呢?"回答说:"四个天帝,有白帝、青帝、黄帝、赤帝的祠庙。"汉高祖说:"我听说天上有五帝,而现在只有四帝,这是为什么呢?"没有人能知道这个原因。于是汉高祖说:"我知道了,就是等待我来把五帝凑完备呢。"就设立了黑帝祠,命名为北畤。由主管官员去祭祀,皇帝不亲自前往。高祖把过去秦朝的祭祀官员全都召来,重新设置了太祝、太宰,礼仪和过去的形式一样。接着命令各县建立公社。下诏书说:"我很尊重神庙,敬重祭祀。现在对上帝的祭祀和应当进行的对山川神祇们的祭祀,都像过去一样按时行礼祭祀。"

后四岁,天下已定,诏御史,令丰谨治枌榆社,常以四时春以羊彘祠之。〔1〕令祝官立

蚩尤之祠于长安。长安置祠祝官、女巫。其梁巫,〔2〕祠天、地、天社、天水、房中、堂上之属;〔3〕晋巫,〔4〕祠五帝、东君、云中君、司命、巫社、巫祠、族人、先炊之属;〔5〕秦巫,〔6〕祠社主、巫保、族累之属;〔7〕荆巫,〔8〕祠堂下、巫先、司命、施糜之属;〔9〕九天巫,〔10〕祠九天,皆以岁时祠宫中。其河巫祠河于临晋,〔11〕而南山巫祠南山秦中。〔12〕秦中者,二世皇帝。各有时日。

【注释】〔1〕"彘",音zhì,猪。 〔2〕"梁巫",梁地的巫师。梁,指战国时魏国所在的今河南及安徽北部地区。 〔3〕"天社、天水、房中、堂上",均为神名。 〔4〕"晋巫",晋地的巫师。晋指今山西省及河北西部,春秋时为晋国所在。 〔5〕"东君",太阳神;"云中君",云神;"司命",执掌生死之神,三者均见于《楚辞·九歌》。"巫社、巫祠、族人、先炊",均为神名。族人可能是《礼记》记载的"群姓七祀"中主堂室居住平安的雷神。先炊是古炊母神,与后代主饮食之事的灶神相同。 〔6〕"秦巫",秦地的巫师。秦,指原秦国所在的今陕西、甘肃、宁夏等地。 〔7〕"社主",应该是"杜主",即上文所说的杜伯之神。"巫保、族累",均为神名。 〔8〕"荆巫",荆楚地区的巫师。荆,指今四川东部、湖北等地。 〔9〕"堂下、巫先、司命、施糜",均为神名。巫先,《史记索隐》称"古巫之先有灵者",如史书中记载的巫咸等人。施糜,郑玄注为"主施糜粥之神"。 〔10〕"九天巫",祭祀九天的巫师。九天的说法不一。《史记索隐》引《淮南子》说:"中央曰钧天,东方曰苍天,东北旻天,北方玄天,西北幽天,西方晧天,西南朱天,南方炎天,东南阳天。"《史记正义》引《太玄经》说:"一中天,二羡天,三徒天,四罚更天,五晬天,六郭天,七咸天,八沉天,九成天。" 〔11〕"河巫",祭祀黄河的巫师。 〔12〕"南山",即终南山,在今陕西省南部。"秦中",指秦二世皇帝,因为他被赵高弑杀,古人认为他魂魄变成了厉鬼,所以祭祀他。

【译文】这以后过了四年,天下已经平定,汉高祖下令给御史,命令丰县认真整修枌榆社坛,按四季时节祭祀,春天用羊和猪祭祀它。命令祭祀官员在长安建立了蚩尤庙。在长安设置了祠庙的祝官和女巫。其中的梁巫祭祀天、地、天社、天水、房中、堂上一类神灵;晋巫祭祀五帝、东君、云中君、司

命、巫社、巫祠、族人、先炊一类神灵；秦巫祭祀杜主、巫保、族累一类神灵；荆巫祭祀堂下、巫先、司命、施糜一类神灵；九天巫祭祀九天。这些全都每年按时节在宫中祭祀。河巫在临晋祭祀黄河，南山巫祭祀南山与秦中。秦中就是秦二世皇帝。各自都有规定的时日。

其后二岁，或曰周兴而邑郘，[1]立后稷之祠，至今血食天下。[2]于是高祖制诏御史："其令郡国县立灵星祠，[3]常以岁时祠以牛。"

【注释】[1]"邑郘"，在郘兴建城邑。郘音 tái，古地名，在今陕西省武功县。　[2]"血食"，用杀死的牲畜生祭，是古代原始社会茹毛饮血的遗风。[3]"郡国县"，汉代的三种行政区划。中央下属郡；国为王国，是分封帝室子孙的封国；郡、国下属县。"灵星祠"，祭祀农神后稷的祠庙。《史记正义》引《汉旧仪》说："五年，修复周家旧祠，祀后稷于东南。"《风俗通·祀典篇》中就直接指出："高祖五年，初置灵星，祀后稷也。"据考证，五年应作八年。

【译文】这以后二年，有人说周朝兴起时就建立了郘邑，设立了后稷的祠庙，至今仍享受天下人的牲祭。于是汉高祖给御史下诏书说："命令各个郡、王国、县都设立灵星祠，平常在每年按时用牛祭祀。"

高祖十年春，有司请令县常以春二月及腊祠社稷以羊豕，[1]民里社各自财以祠。[2]制曰："可。"

【注释】[1]"有司"：有关的主管官员。"腊"，即腊祭，因为它在夏历十二月举行，也指十二月。[2]"里社"，里中设立的社神祭坛。里是古代地方最基本的行政单位，大小不一，周代以二十五户为一里，后代有以一百户为一里者。

【译文】汉高祖十年春天，主管官员请求命令各县日常用羊和猪在春季二月和腊月祭祀社稷神。民间乡里的社神让百姓自己出钱去祭祀。汉高祖批示说："可。"

其后十八年，孝文帝即位。[1]即位十三年，下诏曰："今秘祝移过于下，朕甚不取。[2]自今除之。"

【注释】[1]"孝文帝"，汉高祖的儿子刘恒。吕氏作乱被平定后，大臣们将刘恒立为皇帝，详见本书《孝文本纪》。　[2]"朕"，音 zhèn，古代人称自己时的代词。秦始皇统一后，规定为皇帝一个人专有的代称。

【译文】这以后十八年，汉孝文帝即位。即位十三年时，下诏书说："现在秘祝们把过失灾祸转移给臣民，我很不赞成这种作法。从今天起废除它。"

始名山大川在诸侯，诸侯祝各自奉祠，天子官不领。[1]及齐、淮南国废，[2]令太祝尽以岁时致礼如故。

【注释】[1]"领"，掌管。　[2]"齐、淮南国废"，文帝十五年，齐文王卒，因无子继位，齐国废除。文帝六年，淮南王因谋反被废黜身死，淮南国废除。

【译文】起先名山大川位于诸侯国内，诸侯国的祭祀官员们各自祭祀，天子的官府不管理它。到了齐国和淮南国被废除后，汉文帝命令太祝像过去一样全部按时举行祭祀。

是岁，[1]制曰："朕即位十三年于今，赖宗庙之灵，社稷之福，方内艾安，[2]民人靡疾。[3]间者比年登，[4]朕之不德，何以飨此？[5]皆上帝诸神之赐也。盖闻古者飨其德必报其功，欲有增诸神祠。有司议增雍五畤路车各一乘，[6]驾被具；[7]西畤畦畤禺车各一乘，禺马四匹，驾被具；其河、湫、汉水加玉各二；及诸祠，各增广坛场，珪币俎豆以差加之。[8]而祝釐者归福于朕，[9]百姓不与焉。自今祝致敬，毋有所祈。"

【注释】[1]"是岁"，这一年。《史记志疑》《史记会注考证》等考证应是文帝十四年事，"是岁"《汉书·郊祀志》作"明年"，是正确的。　[2]"艾"，音 yì，与"铡"同，治理，安定。　[3]"靡疾"，没有疾苦。　[4]"间者"，近来。"比年"，连年。"登"，农

业丰收,庄稼成熟。〔5〕"飨",音 xiǎng,与"享"相通。〔6〕"路车",大车,又写作"辂车"。是帝王乘坐的车子。〔7〕"驾被具",驾车用具与车马披盖的用具。〔8〕"以差加之",按照不同等级增加。差音 cī,等级。〔9〕"祝釐",祝福。釐音 xī,与"禧"相通,幸福。

【译文】这一年,颁布命令说:"我即位十三年到今天,依赖祖先宗庙的神灵,社稷国家的福荫,境内安定,人民没有疾苦。近来连年获得丰收,我没有什么德行,凭什么享受到这些呢? 这全是上帝和神灵们所赐予的。听说古代的人享受了神灵的恩德,就必定报答它们的功劳,我想要增加祭祀神灵们的祭物。有关官员建议给雍州的五畤增加一辆四匹马拉的大车和全套的车马用具;给西畤、畦畤各增加一辆木雕的大车和四匹木马,以及全套车马用具。给黄河、湫渊、汉水各增加二枚玉璧。而且让各个祠庙都增建拓宽坛址,祭祀的用具器皿和玉圭、布帛按照等级予以增加。祝祷求福的人把福惠都归结于我,百姓们不在其中。从现在起祝官向神行礼时,不要为我有所祈祷。"

鲁人公孙臣上书曰:"始秦得水德,今汉受之,推终始传,则汉当土德,土德之应黄龙见。宜改正朔,〔1〕易服色,色上黄。"是时丞相张苍好律历,〔2〕以为汉乃水德之始,〔3〕故河决金堤,〔4〕其符也。〔5〕年始冬十月,色外黑内赤,与德相应。如公孙臣言,非也。罢之。后三岁,黄龙见成纪。〔6〕文帝乃召公孙臣,拜为博士,与诸生草改历服色事。〔7〕其夏,下诏曰:"异物之神见于成纪,无害于民,岁以有年。朕祈郊上帝诸神,礼官议,无讳以劳朕。"〔8〕有司皆曰"古者天子夏亲郊,祀上帝于郊,故曰郊"。于是夏四月,文帝始郊见雍五畤祠,衣皆上赤。

【注释】〔1〕"改正朔",改换历法。正音 zhēng,指每年的第一月,朔,指每月的第一天。〔2〕"张苍",汉御史大夫、丞相,被封为北平侯。"律历",指音律与历法。〔3〕"水德之始",《史记志疑》认为:"始"是"时"的误字。〔4〕"金堤",坚固的河堤。此处指东郡(今山东省西部)境内黄河两岸的堤坝。〔5〕"符",符兆。〔6〕"成纪",古县名,在今甘肃省秦安县以北。〔7〕"草",草拟,起草。〔8〕"无讳以劳朕",不要因为会劳累我就隐瞒避讳。

【译文】鲁地的人公孙臣上书说:"当初秦朝获得水德,现在汉朝接受了秦的天下,推算五德终始相传的原理,汉朝应当有土德,土德的瑞兆是黄龙出现。应该改换历法,更换服装的颜色,崇尚黄颜色。"这时丞相张苍喜好乐律历法的学问,认为汉朝就是水德的开始,所以黄河决口冲毁金堤,这就是水德的符兆。每年在冬季十月开始,当时自然界的颜色是外表黑,里面红,与水德相应。像公孙臣说的那些是不对的。便否定了公孙臣的建议。以后三年,黄龙在成纪出现。汉文帝就召来公孙臣,任命他作博士,和各位儒生起草改换历法与服装颜色的计划。当年夏天,下诏书说:"成纪出现了异类的神物,对人民没有危害,今年因此获得丰收。我要在郊外祭祀上帝和各位神灵,礼仪官员们议论一下方案,不要因为会劳累我就隐瞒避讳。"有关官员们全都说:"古代的天子在夏季亲自举行郊祀。在郊外祭祀上帝,所以叫作郊祀。"在这一年的夏季四月,汉文帝开始到雍州的五畤举行郊祀,衣服都采用所崇尚的红色。

其明年,赵人新垣平以望气见上,〔1〕言"长安东北有神气,成五采,若人冠絻焉。〔2〕或曰东北神明之舍,〔3〕西方神明之墓也。天瑞下,宜立祠上帝,以合符应"。于是作渭阳五帝庙,〔4〕同宇,〔5〕帝一殿,面各五门,各如其帝色。〔6〕祠所用及仪亦如雍五畤。

【注释】〔1〕"望气",古代的一种占卜术。它以为万物均由阴阳变化而成,阴阳上聚为云,所以根据云气的形状颜色可以预知吉凶。〔2〕"冠絻",帝王官员戴的礼仪用头衣。絻音 miǎn,与"冕"相同。〔3〕"神明之舍",神明居住的地方。神明,《史记集解》引张晏说:"日也。"古代有日出阳谷,入于濛谷的说法。所以把东方的阳谷称作日之舍,西方的濛谷称为日之墓。〔4〕"渭阳五帝庙",渭阳指渭水北岸,五帝庙旧址在今咸阳市东北。〔5〕"同宇",同一个屋顶。指同一个建筑中分成五个殿堂。〔6〕"各如其帝色",各自和所祭祀的天帝一个颜色。五帝分白、青、赤、黄、黑五色。五个殿的门各为一色。

【译文】第二年,赵人新垣平以擅长观望云气

被汉文帝召见,他说:"长安城的东北方有神异的云气,色呈五彩,像人的冠冕一样。有人说东北方是神明居住的地方,西方是神明的坟墓。上天的瑞象降下,应该设立祠庙祭祀上帝,以此来应合祥瑞的符兆。"于是就修建了渭阳的五帝庙,五帝在同一个屋顶下面,每帝设一座殿堂,每一面各有五座大门,每座门的颜色都和殿堂中这方天帝的颜色相同。祭祀所用的祭品和礼仪也像雍州五畤一样。

夏四月,文帝亲拜霸、渭之会,[1]以郊见渭阳五帝。五帝庙南临渭,北穿蒲池沟水,[2]权火举以祠,若光辉然属天焉。[3]于是贵平上大夫,赐累千金。而使博士诸生刺《六经》中作《王制》,[4]谋议巡狩封禅事。

【注释】[1]"霸、渭之会",霸水与渭水的汇合处。 [2]"蒲池",颜师古称"为池而种蒲也"。《史记正义》认为:"蒲"字是"兰"字之误。兰池是秦始皇开挖的人工湖泊,在今咸阳市东北,与霸水、渭水汇合处相近。 [3]"若",《汉书·郊祀志》作"有"。王叔岷《史记斠证》认为:"若"在古代与"有"同义。"属天",与天相连。 [4]"刺",采取,摘取。

【译文】夏季四月,汉文帝亲自到霸水、渭水交会的地点拜神。在渭阳郊祀五帝。五帝庙南临渭水,北面挖沟把渭水引入兰池,点燃烽火来祭祀,就像有火光闪闪一直连到天上。于是使新垣平显贵,封他为上大夫,赏赐累积千金。而且让博士和儒生们采取《六经》中的文字撰写了《王制》,商议巡视四方和封禅的事。

文帝出长门,[1]若见五人于道北,遂因其直北立五帝坛,[2]祠以五牢具。[3]

【注释】[1]"长门",古代亭名。地在今陕西省临潼县内。后汉武帝在此建长门宫。 [2]"直",与"值"相同,在那个地方。 [3]"五牢具",五头牲畜作牺牲与相配的五套用具。

【译文】汉文帝出游到长门亭,好像见到五个人在道路北边,就在他们站立的地点北面设立了五帝坛,用五头牲畜和祭器祭祀。

其明年,新垣平使人持玉杯,上书阙下献之。平言上曰:"阙下有宝玉气来者。"已视之,果有献玉杯者,刻曰"人主延寿"。平又言:"臣候日再中。"[1]居顷之,日却复中。[2]于是始更以十七年为元年,令天下大酺。[3]

【注释】[1]"日再中",太阳在一天中两次运行到中天。 [2]"却",退回来。 [3]"大酺",盛大的宴饮。酺音 pú。

【译文】第二年,新垣平派人拿着玉杯,到宫门前上书进献玉杯。新垣平对文帝说:"宫门前有宝玉来了。"过后去看宫门,果然有来献玉杯的人,上面刻着:"人主延寿。"新垣平又说:"我预测到太阳会再次回到中天。"过了一会儿,太阳退回来再次到了中天。于是开始把十七年更改为元年,命令天下百姓举行盛大的饮宴。

平言曰:"周鼎亡在泗水中,今河溢通泗,[1]臣望东北汾阴直有金宝气,意周鼎其出乎?兆见不迎则不至。"[2]于是上使使治庙汾阴南,[3]临河,欲祠出周鼎。

【注释】[1]"河溢通泗",黄河水溢满,流出来流入泗水。 [2]"兆见",征兆出现了。见音 xiàn,与"现"同。 [3]"汾阴",古县名,在今山西省万荣县西南。

【译文】新垣平进言说:"周朝的宝鼎失落在泗水中。现在黄河水溢出来,流入了泗水。我看到东北方汾阴地区的上空有金宝气,想来周朝宝鼎会要出现了吧?征兆出现了不去迎接它,它就不来了。"于是汉文帝派使者在汾阴南修建了祠庙,临近黄河,想要通过祭祀使周朝宝鼎出现。

人有上书告新垣平所言气神事皆诈也。[1]下平吏治,诛夷新垣平。[2]自是之后,文帝怠于改正朔服色神明之事,而渭阳、长门五帝使祠官领,以时致礼,不往焉。

【注释】[1]"皆诈",全都是欺骗。 [2]"诛夷",杀死本人及其宗族家属。

【译文】有人上书告发新垣平所说的云气神灵等事情全是诈骗。就把新垣平交给法官审理，杀死了新垣平，灭绝了他的家族。从此以后，汉文帝对改正历法与服装颜色，求神灵等事情不再感兴趣了，而渭阳、长门的五帝庙坛只让祭祀官员去管理，按时举行仪式，文帝自己不去了。

明年，匈奴数入边，兴兵守御。后岁少不登。〔1〕

【注释】〔1〕"少"，稍微。

【译文】第二年，匈奴多次侵入边境，汉朝发兵守卫。以后的年成也有些歉收。

数年而孝景即位。十六年。〔1〕祠官各以岁时祠如故，无有所兴，至今天子。

【注释】〔1〕"十六年"，指景帝在位十六年，包括中元六年，后元三年。

【译文】几年后孝景帝即位。在位十六年间，祭祀官员们各自每年按时祭祀，和过去一样，没有什么新的兴建，直到当今的天子。

今天子初即位，尤敬鬼神之祀。

元年，汉兴已六十余岁矣，天下艾安，蛟绅之属皆望天子封禅改正度也，〔1〕而上乡儒术，〔2〕招贤良，〔3〕赵绾、王臧等以文学为公卿，〔4〕欲议古立明堂城南，以朝诸侯。草巡狩、封禅、改历服色事未就。会窦太后治黄老言，〔5〕不好儒术，使人微伺得赵绾等奸利事，召案绾、臧，〔6〕绾、臧自杀，诸所兴为皆废。

【注释】〔1〕"改正度"，改换正朔与服色制度。〔2〕"乡"，与"向"相通。向往。〔3〕"贤良"，汉代从民间选拔官员的一种科目，汉文帝时选"贤良方正"，汉武帝时选"贤良文学"，均可简称为"贤良"。〔4〕"赵绾"，当时任御史大夫。绾音 wǎn。"王臧"，当时任郎中令。〔5〕"会"，正遇上。"黄老言"，指黄老学派的学说。黄是传说中的黄帝，老即老子，均被道家尊为先祖。〔6〕"案"，与"按"同，审查、

讯问。

【译文】当今天子刚即位时，特别敬重鬼神的祭祀。

武帝元年时，汉朝兴起已经有六十多年了，天下平安，官员士人们都希望天子封禅，改换历法等。而皇帝向往儒术，招纳贤良文学之士。赵绾、王臧等人凭借文学才能成为公卿，想要商议按古代制度在长安城南建立明堂，用来接受诸侯朝见。草拟巡视天下、封禅、改换历法服色等方案的事还没有办成，正赶上窦太后研究黄老学说，不喜好儒术，派人暗中侦察，发现赵绾等人作奸谋利的事实，召赵绾、王臧来受审查。赵绾、王臧自杀了。他们兴办的各项事因此全部废除了。

后六年，窦太后崩。其明年，征文学之士公孙弘等。〔1〕

【注释】〔1〕"公孙弘"，曾任丞相，封平津侯。详见本书《平津侯主父列传》。

【译文】六年后，窦太后去世。第二年，征召来文学之士公孙弘等人。

明年，今上初至雍，郊见五畤。后常三岁一郊。〔1〕是时上求神君，舍之上林中蹄氏观。〔2〕神君者，长陵女子，〔3〕以子死，〔4〕见神于先后宛若。〔5〕宛若祠之其室，民多往祠。平原君往祠，〔6〕其后子孙以尊显。及今上即位，则厚礼置祠之内。中闻其言，不见其人云。

【注释】〔1〕"三岁一郊"，据《史记索隐》引《汉旧仪》：三岁一郊为第一年祭天，第二年祭地，第三年祭五畤，每三年一轮回。〔2〕"上林"，秦汉的皇家园林，名上林苑，周围二百多里。在今陕西省周至县、户县境内。"蹄氏观"，上林苑内的宫殿名称。〔3〕"长陵"，汉高祖陵墓所在地。在今西安城以北。〔4〕"以子死"，"子"通"字"，生育孩子，因为生育难产而死。〔5〕"见神于先后宛若"，神灵显现给她的姒娌宛若。汉代关中称姒娌为"先后"。〔6〕"平原君"，汉武帝的外祖母。

【译文】第二年，当今皇帝第一次到雍城，在

五畤举行郊祀。以后经常三年一次去郊祀。这时皇帝求神君，让她住在上林宫中的蹄氏观。神君是长陵地方的一个女子，因为生孩子时难产死了，把神灵显现给她的姐娌宛若，宛若在她的屋子里祭祀她，百姓们很多人都去祭祀。平原君去祭祀过，以后她的子孙都因此尊贵显荣。到了当今皇帝即位，就用丰厚的祭礼祭祀她，把她请到宫中。能听到她说话，但看不见人。

是时，李少君亦以祠灶、谷道、却老方见上，[1]上尊之。少君者，故深泽侯舍人，[2]主方。匿其年及其生长，[3]常自谓七十，能使物，[4]却老。其游以方遍诸侯。无妻子。人闻其能使物及不死，更馈遗之，[5]常余金钱衣食。人皆以为不治生业而饶给，又不知其何所人，愈信，争事之。少君资好方，[6]善为巧发奇中。尝从武安侯饮，[7]坐中有九十余老人，[8]少君乃言与其大父游射处，[9]老人为儿时从其大父，识其处，一坐尽惊。少君见上，上有故铜器，问少君。少君曰："此器齐桓公十年陈于柏寝。"[10]已而案其刻，果齐桓公器。一宫尽骇，以为少君神，数百岁人也。

【注释】[1]"祠灶"，祭祀灶神。古代灶神有几种说法。《周礼》等文献中以祝融为灶神。"谷道"，一般指古代方士的辟谷术，即通过导引、练功逐渐达到不吃食物。"却老"，指防止衰老的方术。[2]"深泽侯"，汉代功臣赵将夜（《汉书》作赵将夕）。这里指其后代赵胡，赵胡在汉景帝中元五年继承侯位。"舍人"，王公贵族的家臣。[3]"其生长"，《汉书·郊祀志》作"所生长"。指出生的郡县及居住过的地方。也可以指生平履历。[4]"使物"，驱使鬼神。有人说指使用药物，似欠通。[5]"更馈遗之"，接连不断地赠送给他物品。遗音 wèi，赠送。[6]"资"，本性，资质。或者释为凭借。[7]"武安侯"，田蚡（音 fén），曾为丞相。[8]"九十余老人"，据《孝武本纪》等，上脱一"年"字。[9]"大父"，祖父。[10]"柏寝"，春秋时齐国高台建筑名。《晏子春秋》记载为齐景公时所建。故址大约在今山东省广饶县。

【译文】当时李少君也由于祭祀灶神、辟谷术和长生不老术被皇帝召见。皇帝很尊敬他。李少君这个人是原来深泽侯的舍人，主管方术药物。他隐瞒了他的年龄和生平履历，自己常说有七十岁了，能够驱使鬼神，长生不老。他靠方术游历，历经各诸侯国。他没有妻子儿女。人们听说他能够驱使鬼神和长生不死，不断地送给他东西，他的金钱衣服食物经常有富余。人们全都认为他能不从事生产而富有财物，又不知道他是什么人，就更加相信他，争着来供奉他。李少君禀质喜好方术，善于巧妙地说话而且奇妙地说中。他曾经随武安侯去饮宴，在座的有一个九十多岁的老人，李少君就说起和这个老人的祖父游玩射猎的地点。这个老人年幼时跟着他的祖父，记得这些地方，所有在座的人都十分惊讶。李少君见皇帝时，皇帝有古代的铜器，问李少君。李少君说："这个铜器在齐桓公十年陈列在柏寝台。"然后查看上面的铭文，果然是齐桓公时的器物。整个皇宫的人全都惊骇不止，认为李少君是神仙，是几百岁的人了。

少君言上曰："祠灶则致物，[1]致物而丹沙可化为黄金，[2]黄金成以为饮食器则益寿，益寿而海中蓬莱仙者乃可见，见之以封禅则不死，黄帝是也。臣尝游海上，见安期生，安期生食巨枣，[3]大如瓜。安期生仙者，通蓬莱中，合则见人，不合则隐。"于是天子始亲祠灶，遣方士入海求蓬莱安期生之属，而事化丹沙诸药齐为黄金矣。[4]

【注释】[1]"致物"，招来鬼神。[2]"丹沙"，即硫化汞。硫化汞加热后可以还原出汞。汞与黄金或铜可以生成汞齐，外观与黄金近似。所以方士认为丹沙可以炼金，或炼成不死仙丹。[3]"食巨枣"，《孝武本纪》与《汉书·郊祀志》均作"食臣枣"，即给我吃枣。应从。此处"巨"字误。[4]"齐"，与"剂"同。

【译文】李少君对皇帝说："祭祀灶神就可以召来神鬼，召来神鬼之物，丹砂可以化为黄金，用黄金制成饮食用具就能延年益寿，延年益寿就可以见到海里边蓬莱岛上的仙人，见到仙人，去举行封禅礼仪就能永生不死，黄帝就是这样。我曾经漫游海上，见到过安期生，安期生给我吃的大枣像瓜一样大。安期生是仙人，和蓬莱岛上有交往，与你合得来就见你，合不来就隐身不见。"于是天子开始亲自去祭祀灶神，派方士入海去寻找蓬莱的安期生一类

仙人,并且从事炼丹砂等药物制黄金的活动。

居久之,李少君病死。天子以为化去不死,而使黄锤史宽舒受其方。[1]求蓬莱安期生莫能得,而海上燕、齐怪迁之方士多更来言神事矣。

【注释】[1]"黄锤史",黄锤县的小吏。黄县,在今山东省黄县东。锤县,在今山东省福山县。郭嵩焘《史记札记》引《秦始皇本纪》"过黄锤"一句,认为原为黄锤县,后分为二县。《史记正义》将"史"解释为人姓氏,误。

【译文】过了很久,李少君病死了。天子认为他没有死,是化成仙人了,就让黄锤县的小吏宽舒承受他的方术。寻找蓬莱的安期生,没有能找到的,而海边上燕、齐一带怪诞离奇的方士们大多轮流不断地来讲述神仙方术了。

亳人谬忌奏祠太一方,[1]曰:"天神贵者太一,太一佐曰五帝。[2]古者天子以春秋祭太一东南郊,用太牢,[3]七日,为坛开八通之鬼道。"[4]于是天子令太祝立其祠长安东南郊,常奉祠如忌方。其后人有上书,言:"古者天子三年壹用太牢祠神三一:天一、地一、太一。"[5]天子许之,令太祝领祠之于忌太一坛上,如其方。后人复有上书,言:"古者天子常以春解祠,[6]祠黄帝用一枭破镜;[7]冥羊用羊祠;[8]马行用一青牡马;[9]太一、泽山君地长用牛;[10]武夷君用干鱼;[11]阴阳使者以一牛。"[12]令祠官领之如其方,而祠于忌太一坛旁。

【注释】[1]"太一",又写作"泰一",古代最高贵的天神。古天文学者将北极星座中的第二颗星,即最亮的一颗称为太一星,本书《天官书》中认为:太一星是太一神的住所。[2]"佐",辅助。"五帝",即前文所说的青、赤、白、黄、黑五天帝。[3]"太牢",最高级的祭品,为牛、羊、猪各一头。也有时将牛称太牢,羊称少牢。[4]"八通之鬼道",祭坛的八面都有鬼神的通道。[5]"神三一:天一、地一、太一",《史记斠证》认为《史记志疑》根据《史诠》读作"神三:一天、一地、一太一"是正确的读法。

[6]"解祠",通过祭祀解除灾祸,祈求福祥。[7]"枭",音 xiāo,一种猛禽。传说它吃自己的母亲。"破镜",即獍,音 jìng,一种恶兽,形似虎豹但稍小。传说它吃自己的父亲。所以黄帝命令用它祭祀,想灭绝它们。[8]"冥羊",神名。[9]"马行",神名。[10]"太一、泽山君地长",《孝武本纪》作"太一、泽山山君、地长"。长音 zhǎng。三者均为神名。[11]"武夷君",山神名。[12]"阴阳使者",执掌阴阳的神。

【译文】亳县人谬忌上奏,讲祭祀太一神的方法,说:"天神中最尊贵的是太一,太一的助手是五帝。古代的天子在春、秋两季到东南郊去祭祀太一,祭物使用太牢,祭七天,筑的祭坛要在八面修出鬼神的通道。"于是天子命令太祝在长安城的东南郊建立祭太一的祠庙,按照谬忌说的方法经常祭祀。这以后有人上书,说:"古代的天子每三年一次用太牢祭祀三位神:天、地、太一。"天子答应了。命令太祝带领人在谬忌奏请建立的太一神坛上祭祀这三位神,像人们上书讲的那样。后来又有人再上书,说:"古代的天子经常在春天祭祀来解除灾祸,祭祀黄帝用一只枭、一只獍。祭冥羊用羊,祭马行用一匹青色的公马。祭太一、泽山君、地长用牛。祭武夷君用干鱼。祭阴阳使者用一头牛。"命令祭祀官员按照他的方法管理祭祀,在谬忌奏请建立的太一神坛旁边祭祀。

其后,天子苑有白鹿,以其皮为币,[1]以发瑞应,造白金焉。[2]

【注释】[1]"币",货币,《汉书·食货志》载:用一平方尺的白鹿皮缀上丝边缘,价值黄金一斤。也用来作为供品祭献。[2]"白金",银。这里指汉武帝铸造的银锡合金货币。共有三种:一种是八两重的圆币,龙纹,值三千。一种是轻一些的方币,马纹,值五百。一种是再小一些的椭圆币,龟纹,值三百。见本书《平准书》。

【译文】这以后,天子的园林中有了白鹿,用它的皮作为货币,以引发祥瑞的回应,制造了白色银锡货币。

其明年,郊雍,获一角兽,若麃然。[1]有司曰:"陛下肃祗郊祀,上帝报享,锡一角

兽,〔2〕盖麟云。"于是以荐五畤,畤加一牛以燎。〔3〕锡诸侯白金,风符应合于天也。〔4〕

【注释】〔1〕"麏",音 páo,形状像獐鹿的动物,一只角,牛尾。 〔2〕"锡",赐。 〔3〕"燎",古代祭名,架起柴,把祭品放在上面烧。 〔4〕"风",音 fěng,暗示。

【译文】第二年,在雍城举行郊祀,捕获了一头一只角的野兽,好像獐鹿一类的动物。有关官员说:"陛下虔诚恭敬地来郊祀,上帝回报得到的供享,赐给您一角兽,它大概就是麒麟吧。"于是用它进献给五畤,每个畤增加一头牛,用柴焚烧献给神灵。还赐给了诸侯们白色的银锡货币,暗示他们符兆瑞象是与天意相合的。

于是济北王以为天子且封禅,〔1〕乃上书献太山及其旁邑,天子以他县偿之。常山王有罪,〔2〕迁,天子封其弟于真定,〔3〕以续先王祀,而以常山为郡,然后五岳皆在天子之郡。

【注释】〔1〕"济北王",汉高祖曾孙刘胡。"且",将要。 〔2〕"常山王",汉景帝孙刘勃。常山王获罪之事见本书《五宗世家》。 〔3〕"真定",县名,西汉有真定国。在今河北省正定县。

【译文】在当时济北王以为天子就要去封禅,就上书献出泰山和山旁边的地区,天子用其他的县补偿了他。常山王有罪,被流放到别处,天子把常山王的弟弟封在真定,用来继承先前常山王的祭祀,而把常山改为郡,这以后五岳就全在天子的直辖郡中了。

其明年,齐人少翁以鬼神方见上。上有所幸王夫人,〔1〕夫人卒,少翁以方盖夜致王夫人及灶鬼之貌云,天子自帷中望见焉。于是乃拜少翁为文成将军,赏赐甚多,以客礼礼之。文成言曰:"上即欲与神通,〔2〕宫室被服非象神,神物不至。"乃作画云气车,及各以胜日驾车辟恶鬼。〔3〕又作甘泉宫,〔4〕中为台室,画天、地、太一诸鬼神,而置祭具以致天神。居岁余,其方益衰,神不至。乃为

帛书以饭牛,〔5〕详不知,〔6〕言曰此牛腹中有奇。杀视得书,书言甚怪。天子识其手书,问其人,果是伪书,于是诛文成将军,隐之。

【注释】〔1〕"王夫人",《孝武本纪正义》根据《汉书》《郊祀志》、《外戚传》说应为"李夫人"。《史记志疑》考证李夫人死时李少翁已卒,应以"王夫人"为正。 〔2〕"即",假如。 〔3〕"胜日",古代以干支相配纪日。五行学说将十个天干分属于五行,如甲、乙属东方、木,用青色。丙、丁属南方、火,用红色。戊、己属中央、土,黄色。庚、辛属西方、金,用白色。壬、癸属北方、水,用黑色。五行相克相胜,如火胜金,金胜木,木胜土……在某日使用可以胜此日干支的另一类车马,如甲、乙为首的干支日中乘坐白色车子,就叫以胜日驾车。以胜日驾车可以驱辟恶鬼。这是阴阳五行学派的说法。 〔4〕"甘泉宫",秦、汉宫苑,旧址在今陕西省淳化县甘泉山上。 〔5〕"帛书",在丝帛上写的文书。"饭牛",给牛吃。 〔6〕"详",与"佯"相通。

【译文】第二年,齐地人少翁靠鬼神方术被汉武帝召见。皇帝有一个宠幸的王夫人,她去世了。据说少翁用方术在夜里使王夫人和灶鬼的形貌出现,天子从帷幕中看见了她们。于是就任命少翁为文成将军,给他的赏赐非常多,用对待宾客的礼节接待他。文成将军说:"皇上如果想要和神仙交往,宫殿房屋被褥服装不像神仙用的,神鬼不会来。"就制作了画上云气的车子,而且分别在干支相胜的日子里驾着车驱除恶鬼。又修建了甘泉宫,中间建了台室,画上天、地、太一等各种鬼神,而且置备了祭器来招致天神。过了一年多,文成将军的方术越来越不灵,神仙也没有来。他就把文书写在绢帛上给牛吃下,假装不知道,说这条牛的肚子里有奇异的东西。杀了牛来看,找到文书,书中写的话十分怪异。天子认识那个帛书的笔迹,问那个人,果然是伪造的文书。于是杀死了文成将军,把这件事也隐瞒起来了。

其后则又作柏梁、铜柱、承露仙人掌之属矣。〔1〕

【注释】〔1〕"柏梁",又作"栢梁",汉武帝所建高台。据说高二十丈,用香柏为梁。一说为梁百根。"承露仙人掌",汉武帝在建章宫树立了铜柱,高二十丈,顶端有仙人掌托盘,用来承接甘露。传

说用这种甘露和玉屑饮下，可以长生不老。

【译文】以后就又制造了柏梁殿、铜柱、承露仙人掌之类的器物。

文成死明年，天子病鼎湖甚，[1]巫医无所不致，不愈。游水发根言上郡有巫，[2]病而鬼神下之。上召置祠之甘泉。及病，使人问神君。神君言曰："天子无忧病。病少愈，强与我会甘泉。"[3]于是病愈，遂起，幸甘泉，病良已。大赦，置寿宫神君。寿宫神君最贵者太一，其佐曰大禁、司命之属，皆从之。非可得见，闻其言，言与人音等。时去时来，来则风肃然。居室帷中。时昼言，然常以夜。天子被，[4]然后入。因巫为主人，关饮食。所以言，行下。[5]又置寿宫、北宫，张羽旗，设供具，以礼神君。神君所言，上使人受书其言，命之曰"画法"。其所语，世俗之所知也，无绝殊者，[6]而天子心独喜。其事秘，世莫知也。

【注释】[1]"鼎湖"，汉代宫室，旧址在今陕西省蓝田县西。 [2]"游水发根"，姓游水，名发根。一说游水为县名。 [3]"强"，勉强支持。 [4]"被"，音 fú。驱除灾祸、祈求福惠的宗教仪式。 [5]"关饮食。所以言，行下"，关为领取的意思。《孝武本纪》中此句作："关饮食。所欲者言行下。"《史记斠证》认为：此句应读作"关饮食所以，言，行下"。意思是巫神饮食所用，只要说的，武帝就命令下人准备。可备一说。 [6]"无绝殊者"，没有什么特殊的地方。

【译文】文成将军被处死的第二年，天子在鼎湖病得很厉害，巫医们无所不致，但仍治不好。游水发根说上郡有巫师，病的时候就有鬼神下界附在他身上。皇帝把他召来，在甘泉宫给他所附身的鬼神设了祭祀。到有病时，派人去问这位神君，神君对他说："天子不要为病担忧。病情稍有好转，就勉强支撑着来甘泉与我会面。"于是天子的病好了，就起身到甘泉宫来，病果然全好了。便大赦天下，设置了寿宫神君。寿宫神君中最尊贵的是太一神，他的助手叫作大禁、司命一类，全跟随着他。但不能看见，只能听到他们说话，说的话和人的声音一样。

神君有时去有时来，来时就有小风飒飒。他们住在屋子里的帷幕中。有时白天讲话，但通常是在夜里。天子要举行消灾除邪的仪式后，才能进屋。屋中以巫师作为主人，领取饮料食物，神君说的话也由巫师传达下来。又建造了寿宫、北宫，竖起饰有羽毛的旗子，设置了放供品用的器具，以表示礼敬神君。神君所说的话，皇帝派人听取记录下来，称它为"画法"。他们所说的话，都是世俗人士所懂得的，没有什么特殊的地方，而只有天子自己心中喜好。这些事都很秘密，世上的人们都不知道。

其后三年，有司言元宜以天瑞命，[1]不宜以一、二数。一元曰"建"，二元以长星曰"光"，[2]三元以郊得一角兽曰"狩"云。[3]

【注释】[1]"元"，指纪元，用年号纪年。"天瑞"，上天降下的祥瑞。 [2]"长星"，即彗星。 [3]"三元"，武帝第一个年号为建元，第二个年号为元光，第三个年号为元朔，第四个年号才是元狩。"三元"有误。

【译文】这以后三年，有关官员说纪元应该以上天的瑞象命名，不应该以一、二来计数。第一个年号叫"建"，第二个年号根据长星出现叫"光"，第三个年号由于郊祀时获得一角兽叫"狩"等。

其明年冬，天子郊雍，议曰："今上帝朕亲郊，而后土无祀，则礼不答也。"有司与太史公、祠官宽舒议：[1]"天地牲角茧栗。[2]今陛下亲祠后土，后土宜于泽中圜丘为五坛，坛一黄犊太牢具，已祠尽瘗，而从祠衣上黄。"于是天子遂东，始立后土祠汾阴脽丘，[3]如宽舒等议。上亲望拜，如上帝礼。礼毕，天子遂至荥阳而还。[4]过雒阳，下诏曰："二代邈绝，[5]远矣难存。其以三十里地封周后为周子南君，以奉其先祀焉。"是岁，天子始巡郡县，侵寻于泰山矣。[6]

【注释】[1]"太史公"，指司马迁的父亲太史司马谈。 [2]"牲角茧栗"，牺牲的角像蚕茧或栗子般大小。指祭祀用的牛幼小，牛角初生。 [3]"汾阴脽丘"，汾阴县，在今山西省石荣县西南。脽丘是岸边突起的土丘，高十余丈，长四五里，宽二里

多。汾阴县城建于丘山。睢音 shuí。〔4〕荥阳：古县名，在今河南省荥阳县东北。〔5〕"邈"，音 miǎo，遥远。〔6〕"侵寻"，逐渐接近。

【译文】第二年的冬天，天子在雍城郊祀，议论道："现在我亲自来郊祭上帝了，而没有祭祀后土，这就与礼法不符了。"有关官员与太史公、祠官宽舒商议："祭祀天地用的牲畜，角只有蚕茧或栗子那么大小。如今陛下亲自来祭祀后土，祭后土应该在水泽中的圜丘上建五个祭坛，每个坛用一头黄牛犊的太牢和祭器，祭祀过后把它们全埋在地下，而陪同祭祀的人采用黄色服装。"于是天子就到东方去，开始在汾阴的岸边高丘上建立后土祠庙，像宽舒等人商议的一样。皇帝亲自向那里遥拜行礼，像祭祀上帝的礼仪一样。仪礼完成后，天子就到了荥阳，然后回去。经过洛阳时，下诏书说："夏、商、周三代十分遥远了，年代远了就难以留存。用三十里地的区域封周代的后人为周子南君，以供奉他们先人的祭祀。"这一年，天子开始巡视郡县，逐渐接近泰山了。

其春，乐成侯上书言栾大。栾大，胶东宫人，〔1〕故尝与文成将军同师，已而为胶东王尚方。而乐成侯姊为康王后，无子。康王死，他姬子立为王。而康后有淫行，与王不相中，相危以法。〔2〕康后闻文成已死，而欲自媚于上，乃遣栾大因乐成侯求见言方。天子既诛文成，后悔其蚤死，惜其方不尽，及见栾大，大说。〔3〕大为人长美，言多方略，而敢为大言，处之不疑。〔4〕大言曰："臣常往来海中，见安期、羡门之属。顾以臣为贱，不信臣。又以为康王诸侯耳，不足与方。臣数言康王，康王又不用臣。臣之师曰：'黄金可成，而河决可塞，不死之药可得，仙人可致也。'然臣恐效文成，则方士皆奄口，〔5〕恶敢言方哉！"上曰："文成食马肝死耳。〔6〕子诚能修其方，我何爱乎！"〔7〕大曰："臣师非有求人，人者求之。陛下必欲致之，则贵其使者，令有亲属，以客礼待之，勿卑，使各佩其信印，乃可使通言于神人。神人尚肯邪不邪。〔8〕致尊其使，〔9〕然后可致也。"于是上使验小方，斗棋，棋自相触击。〔10〕

【注释】〔1〕"胶东宫人"，胶东王宫中的服侍人员。下文中"胶东王尚方"则为王府中主管器物制造的官员。〔2〕"不相中"，不合。"相危以法"，用法律威胁。〔3〕"大说"，非常高兴。"说"与"悦"同。〔4〕"处之不疑"，在说大话、谎话时毫不犹豫。〔5〕"奄"，与"掩"同。〔6〕"食马肝死"，古人认为马肝气热有毒，吃了奔跑后的马的肝会死。〔7〕"爱"，吝惜。〔8〕"尚肯邪不邪"，还不知道肯不肯。"不"与"否"同。〔9〕"致尊其使"，使求神的使者非常尊贵。〔10〕"斗棋，棋自相触击"，《史记索隐》引《淮南子·万毕术》说：用鸡血杂磨铁杵，用磁石作棋子，铁杵挥动就使棋子自相撞击。这是利用了磨擦生磁电和磁力相斥的原理。另一种说法引《汉武故事》说栾大是让旗帜互相撞击。

【译文】那年春天，乐成侯上书介绍栾大。栾大是胶东王宫中的侍者，过去曾经和文成将军共同拜一个老师，以后作了胶东王的尚方官员。而乐成侯的姐姐是胶东康王的王后，没有生儿子。康王死后，其他王姬的儿子被立为王。并且康王后有淫乱的行为，与新王不合，就用法律来互相威胁。康王后听说文成将军已经死了，又想要自己向皇帝献媚，就派栾大通过乐成侯求见皇帝谈论方术。天子诛杀文成将军后，后悔过早地杀死了他，可惜他的方术没有传尽。等到见了栾大，十分高兴。栾大长得高大漂亮，言谈中很有谋略，又敢说大话，吹牛时毫不犹豫。他对皇帝说："我经常来往于大海中，见到过安期生、羡门子高一类仙人。只是他们因为我身分低贱，不相信我。又认为康王只是个诸侯罢了，不值得给他方术。我几次对康王说起，康王又不重用我。我的老师说：'黄金可以炼成，黄河的决口可以堵塞，不死药可以获得，仙人也可以招来。'但是我害怕会和文成将军一样，这样方士们全都掩口不敢说话，怎么敢谈方术呢！"皇帝说："文成将军是吃马肝死的。你真能够修炼方术的话，我有什么可吝惜的呢！"栾大说："我的老师没有什么要求人的，是人们求他。陛下一定要把他招来，就要让他的使者尊贵，让他的使者有亲属关照，用对宾客的礼仪接待他。不要轻贱他们，使他们各自佩带上印信，才可以让他们向神仙转达言语。还不知神仙肯是不肯。使求神的使者非常尊贵，然后才可以招来神仙。"当时，皇帝让栾大演示小方术来验证一下他的本领。栾大就斗棋，棋子能自己互相撞击。

是时上方忧河决,而黄金不就,乃拜大为五利将军。居月余,得四印,佩天士将军、地士将军、大通将军印。制诏御史:"昔禹疏九江,[1]决四渎。间者河溢皋陆,[2]堤繇不息。[3]朕临天下二十有八年,天若遗朕士而大通焉。《乾》称'蜚龙',[4]'鸿渐于般',[5]朕意庶几与焉。[6]其以二千户封地士将军大为乐通侯。"赐列侯甲第,[7]僮千人。乘舆斥车马帷幄器物以充其家。[8]又以卫长公主妻之,赍金万斤,[9]更命其邑曰当利公主。天子亲如五利之第。使者存问供给,相属于道。自大主将相以下,[10]皆置酒其家,献遗之。于是天子又刻玉印曰"天道将军",使使衣羽衣,夜立白茅上,五利将军亦衣羽衣,夜立白茅上受印,以示不臣也。而佩"天道"者,且为天子道天神也。[11]于是五利常夜祠其家,欲以下神。神未至而百鬼集矣,然颇能使之。其后装治行,[12]东入海,求其师云。大见数月,佩六印,贵震天下,而海上燕、齐之间,莫不搤捥而自言有禁方,[13]能神仙矣。

【注释】〔1〕"九江",指长江中下流的九条水道。《汉书·郊祀志》作"九河",指黄河在下游的九条支流。〔2〕"皋陆",岸边的高地。〔3〕"堤繇",修堤的劳役。"繇"与"徭"同,劳役。〔4〕"《乾》称'蜚龙'",《周易·乾卦》说"飞龙在天"。"蜚"与"飞"通。〔5〕"鸿渐于般",见《周易·渐卦》,意思是大雁进到岸上。般音 pān,水边的高岸。〔6〕"庶几",差不多,可能。用来表示希望。〔7〕"列侯",秦、汉二十等爵位的最高一级。原名彻侯,因避汉武帝讳改称通侯,或列侯。"甲第",上等的宅第。〔8〕"乘舆",皇帝使用的车马服装器物。"斥",指,指给。〔9〕"赍",音 jī,送给。〔10〕"大主",指汉武帝的姑母大长公主。〔11〕"道",与"导"相同,引导。〔12〕"装治行",整理行装待发。〔13〕"搤捥",音 è wàn,即"扼腕",握住手腕,表明心情激动。"禁方",指秘方,仙方。

【译文】当时汉武帝正为黄河决口担忧,而且黄金也没有炼成,就任命栾大为五利将军。过了一个多月,栾大便得到四颗官印,又佩带了天士将军、地士将军、大通将军印。皇帝给御史下诏书说:"过

去大禹疏浚九江,开通四渎。近年来黄河泛滥,淹没了两岸高地,修筑河堤的劳役没有休止。我统治天下有二十八年了,上天如果派遣方士来,就该是大通将军了。《乾卦》中说'飞龙',又说'鸿雁逐渐靠近河岸',我想大概有些近似这种情况。现在用二千户封邑封地士将军栾大为乐通侯。"赐给栾大列侯的上等宅第和一千名僮仆。从皇帝的御用器物中指出车马、帐幕、器物等装满栾大的家。又把卫长公主嫁给栾大作妻子,送给她上万斤黄金,把她的食邑封号改为当利公主。天子亲自到五利将军家中。派去栾大家探问送东西的使者在路上接连不断。从大长公主和将军丞相以下的官员都到栾大家中摆设酒宴,进献给他。当时天子又刻了一枚玉印是"天道将军",派使者身穿羽衣,在夜间站在白茅上授印,五利将军也身穿羽衣,在夜间站在白茅上接受玉印,以此表示不把他当臣下看待。而佩印称作"天道"的原因,是将要替天子引导天神来临的意思。于是五利将军经常于夜间在他家中祭祀,想把天神求下来。天神没有来到却把各种鬼都聚集来了,但栾大很能驱使它们。这以后栾大又整治行装出发,到东方乘船入海,据说去寻找他的师傅。栾大被召见几个月,就佩带六颗官印,尊贵的身分震动天下,而海边上燕、齐之间的人,没有一个不激动地握住手腕,自称有仙方,能够修炼成神仙了。

其夏六月中,汾阴巫锦为民祠魏脽后土营旁,[1]见地如钩状,捊视得鼎。[2]鼎大异于众鼎,文镂无款识,怪之,言吏。吏告河东太守胜,胜以闻。天子使使验问巫得鼎无奸诈,乃以礼祠,迎鼎至甘泉,从行,上荐之。至中山,[3]曣氲,[4]有黄云盖焉。有麃过,上自射之,因以祭云。至长安,公卿大夫皆议请尊宝鼎。天子曰:"间者河溢,岁数不登,故巡祭后土,祈为百姓育谷。今岁丰庑未报,[5]鼎曷为出哉?"有司皆曰:"闻昔泰帝兴神鼎一,[6]一者壹统,天地万物所系终也。黄帝作宝鼎三,象天地人。禹收九牧之金,铸九鼎。皆尝亨鬺上帝鬼神。[7]遭圣则兴,鼎迁于夏商。周德衰,宋之社亡,鼎乃沦没,伏而不见。《颂》云:'自堂徂基,自羊徂牛;鼏鼎及鼒,[8]不吴不骜,[9]胡考之休。'[10]今鼎至甘泉,光润龙变,[11]承休无疆。合兹中山,有黄白云降盖,若兽为

符,〔12〕路弓乘矢,〔13〕集获坛下,报祠大享。唯受命而帝者心知其意而合德焉。〔14〕鼎宜见于祖祢,〔15〕藏于帝廷,以合明应。"制曰:"可。"

【注释】〔1〕"锦",巫师名。"魏脽",即上文提到的汾阴脽丘。因为此地战国时属于魏国,故称魏脽。"营",祠坛所在的基址范围。〔2〕"掊",音póu,用手扒开土。〔3〕"中山",在今陕西省淳化县东南。〔4〕"曣㬈",音yàn wēn,《孝武本纪》作"晏温",《史记索隐》引如淳注为:天气晴朗无云,气候温暖。段玉裁注《说文解字》时指出:"晏温"与"氤氲"相同。氤氲是形容云气缭绕的样子,与下文"有黄云盖焉"正相符。解释成晴朗无云是错误的。〔5〕"丰庑",庄稼丰收。庑音wú,《史记会注考证》说:庑也是丰收的意思。一说"庑"与"芜"通,指歉收。丰庑是收成好不好的意思。〔6〕"泰帝",古代传说中的太昊,即伏牺氏。〔7〕"亨卲",音pēng shāng,烹煮牲畜供祭祀用。〔8〕"鼐",音nǎi,大鼎,"鼒",音zī,小口的鼎。〔9〕"吴",与"娱"相通,引申为"喧闹"的意思。"螯",音ào,傲慢。〔10〕"胡考",寿命绵长。"休",美好,福祥。〔11〕"龙变",像龙那样变幻莫测。〔12〕"若兽",这样的野兽,指上文汉武帝射的麃。"符",符兆。〔13〕"路弓",大弓。"乘",四支,古人以四匹马为一乘,所以也用乘代称"四"。〔14〕"合德",上天与下界帝王的德行互相感应契合。〔15〕"祖祢",祖先,祢音nǐ,父亲死后为他设立的宗庙称祢。

【译文】那一年夏季六月中旬,汾阴地区的巫师锦在魏脽的后土祠旁为百姓祭祀,看到地面像钩子一样隆起,扒开一看,找到一只鼎。这只鼎很大,与其他的鼎不一样,雕刻有纹饰,但没有文字题记,人们很奇怪,就报告了官吏。官吏报告了河东太守胜,胜把这件事上奏朝廷。天子派使者去查验,问明巫师得到鼎的情况中没有奸诈作伪,就按礼法去祭祀,把鼎迎接到甘泉,百官随行,皇帝亲自献祭。到了中山时,天空中云气缭绕,有一片黄云覆盖在头上。有一只麃跑过去,皇帝亲自射中它,就用它来祭天。到了长安后,公卿大夫们全都议论请求尊奉宝鼎。天子说:"近年来黄河泛滥,几年收成都不好,所以巡视各地,祭祀后土,祈求神为百姓养育庄稼。今年的收成好不好还没有消息,鼎为什么会出现呢?"有关官员都说:"听说过去泰帝兴造了一只神鼎,一就是一统的意思,是天地万物统一归系的

象征。黄帝做了三个宝鼎,象征天、地、人。大禹收集了九州牧守的金属,铸成九个鼎。这九个鼎都曾经用来煮牲畜供上帝鬼神享用。它们遭遇到圣明的君主就会出现,夏、商一代代相传演变。周朝的德行衰薄,宋国的社坛毁坏,鼎就沉没水中,隐藏起来看不到了。《诗经》的《颂》中说:"从堂上到门前,从羊看到牛;大鼎小鼎各种鼎,不杂乱不狂傲,恭慎肃穆,福寿绵长,吉祥美好。"如今宝鼎到了甘泉,色泽光润,变化神奇,承受着无穷无尽的祥福。与到中山时有黄白色的云彩降下笼罩天空的情况相符。上天用这只野兽作符兆,皇帝用大弓和四支箭,都射到它身上,把它捕获送到祭坛下,用来祭祀,回报上帝的恩赐。只有承受了天命成为皇帝的人才能真心了解上帝的意愿,与上帝的德行相契合。这个鼎应该进献到祖先宗庙中,珍藏在皇帝的宫廷中,来符合上天降下的明确的征兆。"皇帝下令说:"可以。"

入海求蓬莱者,言蓬莱不远,而不能至者,殆不见其气。〔1〕上乃遣望气佐候其气云。〔2〕

【注释】〔1〕"殆",音dài,差不多,几乎。〔2〕"望气佐",观望云气的官吏。"候",等待观测。

【译文】到海上寻找蓬莱岛的人,都说蓬莱岛并不远,但不能到达岛上的原因,大概是看不见它的瑞气。汉武帝就派了望气的官佐去观察仙山的云气。

其秋,上幸雍,且郊。或曰"五帝,太一之佐也,宜立太一而上亲郊之"。上疑未定。齐人公孙卿曰:"今年得宝鼎,其冬辛巳朔旦冬至,〔1〕与黄帝时等。"卿有札书曰:"黄帝得宝鼎宛朐,〔2〕问于鬼臾区。〔3〕鬼臾区对曰:'帝得宝鼎神策,〔4〕是岁己酉朔旦冬至,得天之纪,〔5〕终而复始。'于是黄帝迎日推策,〔6〕后率二十岁复朔旦冬至,〔7〕凡二十推,〔8〕三百八十年,黄帝仙登于天。"卿因所忠欲奏之。所忠视其书不经,疑其妄书,谢曰:"宝鼎事已决矣,尚何以为!"卿因嬖人奏之。〔9〕上大说,乃召问卿。对曰:"受此书申公,申公已死。"上曰:"申公何人也?"卿曰:

"申公，齐人。与安期生通，受黄帝言，无书，独有此鼎书。曰'汉兴复当黄帝之时'。曰'汉之圣者在高祖之孙且曾孙也。宝鼎出而与神通，封禅。封禅七十二王，唯黄帝得上泰山封'。申公曰：'汉主亦当上封，上封则能仙登天矣。黄帝时万诸侯，而神灵之封居七千。天下名山八，而三在蛮夷，五在中国。〔10〕中国华山、首山、太室、泰山、东莱，〔11〕此五山黄帝之所常游，与神会。黄帝且战且学仙。患百姓非其道者，乃断斩非鬼神者。〔12〕百余岁然后得与神通。黄帝郊雍上帝，宿三月。鬼臾区号大鸿，死葬雍，故鸿冢是也。其后黄帝接万灵明廷。〔13〕明廷者，甘泉也。所谓寒门者，谷口也。〔14〕黄帝采首山铜，铸鼎于荆山下。〔15〕鼎既成，有龙垂胡髯下迎黄帝。〔16〕黄帝上骑，群臣后宫从上者七十余人，龙乃上去。余小臣不得上，乃悉持龙髯，〔17〕龙髯拔，堕，堕黄帝之弓。百姓仰望黄帝既上天，乃抱其弓与胡髯号，故后世因名其处曰鼎湖，其弓曰乌号。'"于是天子曰："嗟乎！吾诚得如黄帝，吾视去妻子如脱屣耳。"〔18〕乃拜卿为郎，东使候神于太室。

【注释】〔1〕"其冬辛巳朔旦冬至"，冬天卒巳日为初一，早晨交冬至节气。根据《汉书·武帝纪》：元鼎五年十一月辛巳日初一，早晨冬至。〔2〕"宛朐"，音 yuān qú，古县名，在今山东省菏泽县。〔3〕"鬼臾区"，传说中黄帝的大臣。〔4〕"神策"，神奇的筹策(古代计算用的竹棍)。一说即神蓍，占卜用的草棍，蓍音 shī。〔5〕"得天之纪"，得到了天的纲纪，即天象的运行规律。〔6〕"迎日推策"，顺着推算历日，推算未来的年、月、日。〔7〕"后率二十岁复朔旦冬至"，这一说法与古代历法不合。现据古代文献记载：古代历法有一年 360 日、366 日、365 $\frac{1}{4}$ 日三种计算方法。按任何一种计算都不可能经过二十年后再次出现朔旦冬至。〔8〕"凡二十推"，一共推算二十次，即有二十个二十年。最后一次因黄帝成仙不计在内，所以下文说"三百八十年"。〔9〕"璧人"，受到宠爱的宫人。〔10〕"中国"，古代指华夏民族居住的中原地区。〔11〕"首山"，《读史方舆纪要》卷四七考证在今河南省襄城县南。"太室"，即嵩山，在今河南省登封县北。"东

莱"，在今山东黄县。〔12〕"断斩"，判决杀死。〔13〕"明廷"，即明堂。〔14〕"寒门"，一作塞门，不详确指何地。"谷口"，古地名，在今陕西省礼泉县东北。〔15〕"荆山"，一名覆釜山，在今河南省灵宝县南。〔16〕"胡髯"，下垂的须髯。胡为牛颈下垂着的皮肉，此处用来形容龙髯下垂的样子。髯音 rán。〔17〕"悉"，全部。〔18〕"脱屣"，脱掉鞋子。屣音 xǐ，又写作"屣"，鞋。

【译文】那一年秋天，汉武帝来到雍城，将要举行郊祀。有的人说："五帝是太一的助手，应该树立太一的神坛，皇帝去亲自郊祀。"皇帝迟疑不决。齐人公孙卿说："今年获得了宝鼎，冬季的辛巳日是初一，早晨节气交冬至，与黄帝时的历象一样。"公孙卿有一件木版，上面写道："黄帝在宛朐获得宝鼎，向鬼臾区询问原因。鬼臾区回答说：'您得到了宝鼎和神策，这一年的己酉日是初一，早晨交冬至，得到了天的纲纪，终结后又重新开始。'于是黄帝用筹策推算未来的日月，以后大概每二十年再轮到初一的早晨交冬至，一共推算二十次，合三百八十年，黄帝就成了神仙升上天。"公孙卿想要通过所忠奏明汉武帝。所忠看他的文书荒诞无理，怀疑是他胡写的狂言，推辞说："宝鼎的事情已经决定了，还能再作什么呢！"公孙卿又通过皇帝宠爱的人上奏了。皇帝十分高兴，就召来公孙卿，问他这件事。公孙卿回答说："我从申公那里接受这个文书的。申公已经死了。"皇帝问："申公是什么人呢？"公孙卿说："申公是齐地的人。他和安期生有往来，接受了黄帝的言论，没有著作，只有这件关于鼎的书札。书上说：'汉代的兴盛应当在黄帝的时令再次出现的时候。'还说：'汉代的圣人出现在汉高祖的孙子到曾孙中。宝鼎出现就会与神明相通，去封禅。有七十二个王封禅，但只有黄帝能够上泰山封禅。'申公说：'汉朝的君主也应该上泰山封禅，上泰山封禅就能成仙升天了。黄帝时有上万的诸侯国，而其中有神灵被祭祀的占了七千个。天下有八座名山，而三座在蛮夷地区，五座在中原地区。中原的华山、首山、太室山、泰山、东莱山，这五座山是黄帝经常游历的，和神灵在那里相会。黄帝一面作战，一面学习仙术。他担心百姓中非议他学仙术，就把非议鬼神的人断然处死。一百多年后，黄帝才能与神相往来。黄帝在雍城郊祀上帝，住了三个月。鬼臾区别号为大鸿，死了后葬在雍地，过去说的鸿冢就是他的墓。那以后黄帝在明廷迎接了万种神灵，明廷就是甘泉。所叫作寒门的地方就是谷口。黄帝开采首山的铜矿，在荆山下面铸鼎。宝鼎铸成后，有条

龙垂着长须,从天而降来迎接黄帝。黄帝骑上龙,大臣们和后宫嫔妃跟着骑上龙的有七十多人,龙就飞上天了。剩下的小官员们不能骑上龙,就都抓住龙的胡须。龙的胡须被揪掉了,落了下来,黄帝的弓也落了下来。百姓们仰望着黄帝飞上天去了,就抱着他的弓和龙的胡须号哭。所以后代人们把这个地方叫作鼎湖,把那个弓叫作乌号。'"于是天子说:"哎呀!如果我真能像黄帝那样,我会把丢弃妻子儿女看得像脱掉鞋子一般。"就任命公孙卿为郎,派他东去太室山迎候神仙。

上遂郊雍,至陇西,〔1〕西登崆峒,〔2〕幸甘泉。令祠官宽舒等具太一祠坛,祠坛放薄忌太一坛,〔3〕坛三垓。〔4〕五帝坛环居其下,各如其方,黄帝西南,除八通鬼道。太一,其所用如雍一时物,而加醴枣脯之属,〔5〕杀一狸牛以为俎豆牢具。〔6〕而五帝独有俎豆醴进。其下四方地,为醊食群神从者及北斗云。〔7〕已祠,胙余皆燎之。〔8〕其牛色白,鹿居其中,豕在鹿中,水而洎之。〔9〕祭日以牛,祭月以羊彘特。〔10〕太一祝宰则衣紫及绣。五帝各如其色,日赤,月白。

【注释】〔1〕"陇西",汉代郡名,治所狄道,即今甘肃省临洮县。〔2〕"崆峒",音 kōng tóng,山名,位于今甘肃省平凉市以西。〔3〕"放",与"仿"相通,仿照。〔4〕"三垓",三层,垓音 gāi。〔5〕"醴",音 lǐ,甜酒。〔6〕"狸牛",《汉书·郊祀志》作"犛牛",即牦牛。"犛",音 máo。而《史记·孝武本纪》作"氂牛",氂音 lí,也是牦牛。有人认为"氂牛"可假借为"犁牛",为杂色的耕牛。也可以讲通。《论语·雍也》中有"犁牛之子骍且角"的话,说犁牛被轻视,不是正式祭祀的祭品。这里杀狸牛作祭器中盛放的配祭食物,不是主要的祭品。〔7〕"醊",音 zhuì,接连祭祀。〔8〕"胙余",剩余的祭肉。胙音 zuò,祭肉。〔9〕"洎",音 jì,浸润,注水。一说为肉汁。〔10〕"彘",音 zhì,猪。"特",雄畜。一说为一头牲畜,或羊或猪只用一头。

【译文】皇帝就到雍城举行郊祀,到达陇西,向西登上崆峒山,驾临甘泉。命令祠官宽舒等人设置太一的祭坛,祭坛仿照亳人谬忌建的太一坛修造,有三层。五帝的祭坛环绕在太一坛下面,各自按照他们的所在方位排布。黄帝的祭坛设在西南

方。祭坛八面都修了相通的鬼道。祭太一用的祭品和雍地每个时的祭品一样,又增加了一些甜酒、枣子、肉干等食物,杀一条杂色牛,用它的肉装在祭器中。而五帝祭坛只进献甜酒和祭器中的食物。祭坛下面的四方场地是供连续祭祀各位神灵的随从和北斗的。祭祀完毕后,剩余的祭肉都要用柴火烧掉来供神享用。祭祀用的牛是白色的,鹿放到牛的腹腔中,猪再放入鹿的腹腔中,用水浸润。祭太阳用牛,祭月亮就用公羊或公猪。祭太一的官员穿紫色绣花的礼服。祭五帝的官员礼服分别与所祭的天帝颜色相同,祭太阳的官员穿红色衣服,祭月亮的穿白色。

十一月辛巳朔旦冬至,昧爽,〔1〕天子始郊拜太一。朝朝日,〔2〕夕夕月,〔3〕则揖;而见太一如雍郊礼。其赞飨曰:"天始以宝鼎神策授皇帝,朔而又朔,终而复始,皇帝敬拜见焉。"而衣上黄。其祠列火满坛,〔4〕坛旁亨炊具。〔5〕有司云"祠上有光焉"。公卿言"皇帝始郊见太一云阳,有司奉瑄玉嘉牲荐飨。〔6〕是夜有美光,及昼,黄气上属天"。太史公、祠官宽舒等曰:"神灵之休,祐福兆祥,宜因此地光域立太畤坛以明应。〔7〕令太祝领,秋及腊间祠。三岁天子一郊见。"

【注释】〔1〕"昧爽",即清晨拂晓时分。〔2〕"朝朝日",音 zhāo cháo rì。早晨朝拜太阳。〔3〕"夕夕月",晚上祭祀月亮。第二个夕作动词,指祭祀月亮。〔4〕"列火",排列火炬。〔5〕"亨",与"烹"相通,烹煮。〔6〕"瑄玉",祭祀用的大玉璧,直径六寸。瑄音 xuān。"嘉牲",壮美的牲畜。《汉旧仪》记载:祭天用的牛五岁大,重二千斤。"荐飨",献上供享用。〔7〕"此地",一说"地"应作"夜"。"光域",指有光亮出现的地方。"明应",明确地回答或应合。

【译文】十一月辛巳日初一的早晨交冬至节气,天刚拂晓,天子就开始在郊外祭拜太一。早晨祭祀太阳,晚上祭祀月亮,就行作揖礼。而拜见太一神时就在雍城郊祀的礼节一样。赞礼的人说:"当初上天把宝鼎和神策授给皇帝,过了朔日就又到朔日,终而复始,皇帝来恭敬地拜见您。"而祭祀的衣裳选用黄色。祭祀时祭坛上排布满了烽火、火把,祭坛旁边摆开烹煮的炊具。主管官员说:"祠庙

上空有光亮。"公卿大臣们说:"皇帝开始在云阳郊祀太一,主管官员奉上大玉璧和壮美的牲畜献给神灵享用。当天夜晚有美丽的光辉出现,到了白天,有黄色的云气上升连到天顶。"太史公和祠官宽舒等人说:"神灵的美意,保佑着幸福,预兆了吉祥,应该就在这个地方出现光彩的范围内建起太畤坛以明确地回答上天。命令太祝管理这里,秋天和腊月中祭祀。每三年天子来郊祀一次。"

其秋,为伐南越,[1]告祷太一。以牡荆画幡日月北斗登龙,[2]以象太一三星,为太一锋,[3]命曰"灵旗"。为兵祷,则太史奉以指所伐国。[4]而五利将军使不敢入海,之泰山祠。上使人随验,实毋所见。五利妄言见其师,其方尽,多不雠。[5]上乃诛五利。

【注释】〔1〕"南越",汉南越国,在今两广地区。当时南越相国吕嘉杀南越王、王太后及汉朝廷使者终军等,起兵造反。 〔2〕"牡荆",不结子的荆条。"画幡",画有图案的长条形垂下的旗子。"登龙",即升龙,头向上飞舞的龙纹。 〔3〕"太一三星",应作"天一三星"。梁玉绳等人已证其误。"锋",最前边的旗子。 〔4〕"奉",与"捧"相通。 〔5〕"雠",音 chóu,应验。

【译文】当年秋天,为了征伐南越而祈祷太一神。用牡荆做旗杆,幡旗上画了日月北斗和飞升的龙,来象征天一三星,作为太一神前面的旗帜,叫它"灵旗"。举行为用兵的祈祷时,就让太史捧着灵旗指向要去讨伐的国家。而五利将军出使时不敢到海里去,到泰山去祭祀。皇帝派人去跟着他查验,实际上什么也没有看见。五利将军还谎称见到了他的师傅,五利将军的方术已经用尽了,说过的话大多没有应验。皇帝就杀死了五利将军。

其冬,公孙卿候神河南,言见仙人迹缑氏城上,[1]有物如雉,往来城上。天子亲幸缑氏城视迹。问卿:"得毋效文成、五利乎?"卿曰:"仙者非有求人主,人主者求之。其道非少宽假,[2]神不来。言神事,事如迂诞,[3]积以岁乃可致也。"于是郡国各除道,缮治宫观名山神祠所,以望幸矣。

【注释】〔1〕"缑氏",县名,在今河南省偃师县

东南,缑音 gōu。 〔2〕"少宽假",稍加宽容,多给些时间,"假"与"暇"通。 〔3〕"迂诞",迂阔不可信。

【译文】当年冬天,公孙卿在河南迎候神仙,说他在缑氏县城上见到了仙人的足迹,有个东西像野鸡一样,在城上来来往往。天子亲自来到缑氏城上看仙人足迹。问公孙卿:"你不是想要仿效文成将军和五利将军吧?"公孙卿说:"不是仙人有求于人主,是人主寻求仙人。求仙的事不稍微宽限些时间,神仙是不会来的。谈论神仙的事,好像又遥远又荒诞,但成年累月地寻求就可以招来神仙。"于是各郡、各王国都修治道路,整修宫殿楼台和名山上的祠庙,希望天子驾临。

其春,既灭南越,上有嬖臣李延年以好音见。上善之,下公卿议,曰:"民间祠尚有鼓舞乐,今郊祀而无乐,岂称乎?"[1]公卿曰:"古者祠天地皆有乐,而神祇可得而礼。"或曰:"太帝使素女鼓五十弦瑟,[2]悲,帝禁不止,故破其瑟为二十五弦。"于是塞南越,[3]祷祠太一、后土,始用乐舞,益召歌儿,[4]作二十五弦及空侯琴瑟自此起。[5]

【注释】〔1〕"称",相称,适合。 〔2〕"太帝",一说为太昊氏。"素女",古代神话中的仙女。"瑟",音 sè。古代弹拨乐器,比琴宽,近年湖南等地战国、汉墓中有出土实物。 〔3〕"塞",与"赛"相同,祭神。 〔4〕"歌儿",歌手。 〔5〕"空侯",即箜篌。古代乐器,比瑟略小,据说是汉武帝时乐人侯调所作。

【译文】这年春天,灭亡了南越国后,有一个受天子宠爱的侍臣李延年靠喜好音乐得到召见。皇帝很喜欢他,下旨让公卿大臣议论,说:"民间祭祀时还有音乐鼓舞,现在郊祀时没有音乐,这难道相称吗?"公卿们说:"古代祭祀天地时全有音乐,神祇可以由此受到礼敬。"有人说:"太帝让素女弹奏五十弦的瑟,很悲凉,太帝都经受不住,所以把那种瑟破开作成二十五根弦。"于是祭神回报征伐南越的胜利,祈祷太一、后土,祭祀他们。并开始使用乐舞,加上召来歌手。并由此开始制作二十五弦的瑟和箜篌、琴瑟等。

其来年冬,上议曰:"古者先振兵泽

旅，〔1〕然后封禅。"乃遂北巡朔方，勒兵十余万，〔2〕还祭黄帝冢桥山，〔3〕释兵须如。〔4〕上曰："吾闻黄帝不死，今有冢，何也?"或对曰："黄帝已仙上天，群臣葬其衣冠。"既至甘泉，为且用事泰山，〔5〕先类祠太一。〔6〕

【注释】〔1〕"振兵"，整顿武力，"泽旅"，即释旅，遣散军队。〔2〕"勒兵"，约束、统领军队。〔3〕"桥山"，在今陕西省黄陵县北，山上有黄帝陵。〔4〕"须如"，一作"凉如"，古地名，在今陕西省陇县。〔5〕"用事"，办大事，指祭祀天地等。〔6〕"类"，古代一种祭祀方法，用来祭天，又写作禷。

【译文】第二年的冬天，皇帝商议说："古代皇帝先整顿武备，遣散军队，然后才去封禅。"就北上去巡视朔方，统领十几万军队，回来后在桥山黄帝陵墓祭祀，在须如遣散军队。皇帝说："我听说黄帝没有死，现在却有陵墓，这是为什么?"有人回答说："黄帝已经成仙上了天，他的大臣们埋葬的是他的衣冠。"到达甘泉后，由于将要在泰山举行封禅，先祭祀了太一。

自得宝鼎，上与公卿诸生议封禅。封禅用希旷绝，〔1〕莫知其仪礼，而群儒采封禅《尚书》、《周官》、《王制》之望祀射牛事。〔2〕齐人丁公年九十余，曰："封禅者，合不死之名也。秦皇帝不得上封。陛下必欲上，稍上既无风雨，遂上封矣。"上于是乃令诸儒习射牛，草封禅仪。数年，至且行。天子既闻公孙卿及方士之言，黄帝以上封禅，皆致怪物与神通，欲放黄帝以上接神仙人蓬莱士，高世比德于九皇，〔3〕而颇采儒术以文之。群儒既已不能辨明封禅事，又牵拘于《诗》《书》古文而不能骋。〔4〕上为封禅祠器示群儒，群儒或曰"不与古同"，徐偃又曰"太常诸生行礼不如鲁善"，周霸属图封禅事，〔5〕于是上绌偃、霸，〔6〕而尽罢诸儒不用。

【注释】〔1〕"希"，与"稀"相通，稀少。"旷绝"，时代久远，绝灭无存。〔2〕"《王制》"，是《礼记》一书中的一篇。"射牛"，古代帝王祭祀时要亲自射死牛来进献。〔3〕"高世"，高出世俗。"九皇"，传说中的上古九位君王。〔4〕"骋"，奔驰，

这里指思路充分放开。〔5〕"属图"，聚集人谋划。〔6〕"绌"，与"黜"相同，贬斥。

【译文】自从得到宝鼎后，皇帝与公卿大臣及儒生们商议封禅的事。封禅的大礼很少举行，时代久远，礼仪方式灭绝无存，没有人知道它的礼仪，而儒生们采用《尚书》、《周官》和《礼记·王制》中记录的望祭与射牛的仪式来封禅。齐地的人丁公年龄有九十多了，他说："封禅，是合于长生不死的别称。秦始皇就不能上山封祭。陛下一定想要上山，稍微向山上走走，如果没有风雨，就可以上去封祭了。"皇帝于是就命令儒生们练习射牛，草拟封禅的礼仪。这样几年，到了将要出行封禅的时候。天子听了公孙卿和方士的话，说黄帝以前的封禅，全都招来了怪异之物与神灵相通，就想要模仿黄帝以前的帝王接来神仙人物、蓬莱岛的人士，想超越世人，德行与九皇相比，而且大量采纳儒术粉饰自己。儒生们已经不能讲明白封禅的事宜，又拘泥于《诗》、《书》等古代文献中不能充分发挥想象。皇帝做了封禅祭祀的祭器给儒生们看，他们有的就说："和古代的不一样。"徐偃又说："太常的属员们行礼不如鲁国人好。"周霸聚集儒生谋划封禅的事。于是皇帝免去了徐偃、周霸的职务，把儒生们全罢黜了，不予使用。

三月，遂东幸缑氏，礼登中岳太室。从官在山下闻若有言"万岁"云。问上，上不言;问下，下不言。于是以三百户封太室奉祠，命曰崇高邑。东上泰山，泰山之草木叶未生，乃令人上石立之泰山巅。

上遂东巡海上，行礼祠八神。齐人之上疏言神怪奇方者以万数，然无验者。乃益发船，令言海中神山者数千人求蓬莱神人。公孙卿持节常先行候名山，至东莱，言夜见大人，长数丈，就之则不见，见其迹甚大，类禽兽云。群臣有言见一老父牵狗，言"吾欲见巨公"，已忽不见。上即见大迹，未信，及群臣有言老父，则大以为仙人也。宿留海上，〔1〕予方士传车及间使求仙人以千数。〔2〕

【注释】〔1〕"宿留"，住下来停留不前。或读作 xiǔ liú，迟滞等待之意。均通。〔2〕"传车"，官府驿站间供人乘坐的车辆。传音 zhuàn。

【译文】三月，就向东去到缑氏，登上中岳太室山行礼。随行的官员在山下听到好像有人喊"万岁"。问山上的人，山上的人没有喊，问山下的人，山下的人也没有喊。于是把三百户封给太室山，供给祭祀，命名为崇高邑。东行，登上泰山，泰山的草木还没有长出新叶来，就命令人运上石碑，竖立在泰山顶上。

皇帝接着到海边东巡，举行祭礼，祭祀八神。齐地人上奏章讲神仙鬼怪和仙药奇方的数以万计，但是没有一个应验的。皇帝就增派船只，命令几千名讲述海中神山的人去寻求蓬莱神人。公孙卿持有符节，经常走到前面，去查看名山，他到了东莱，说在夜里见到了一个巨人，有几丈高，走近去就不见了，只看到巨人的脚印很大，好像禽兽的足迹，群臣中有人说见到一个老头子牵着狗，说："我想要见巨公。"一转眼就不见了。皇帝刚见到大脚印时，没有相信，到群臣中有人说起老头子这件事，就十分相信那是仙人了。在海边上停留下来，让方士们使用官府驿车，不断地派使者去寻求仙人，使者数以千计。

四月，还至奉高。〔1〕上念诸儒及方士言封禅人人殊，不经，难施行。天子至梁父，礼祠地主。乙卯，令侍中儒者皮弁荐绅，〔2〕射牛行事。封泰山下东方，如郊祠太一之礼。封广丈二尺，高九尺，其下则有玉牒书，〔3〕书秘。礼毕，天子独与侍中奉车子侯上泰山，〔4〕亦有封。其事皆禁。明日，下阴道。丙辰，禅泰山下址东北肃然山，〔5〕如祭后土礼。天子皆亲拜见，衣上黄而尽用乐焉。江淮间一茅三脊为神藉。五色土益杂封。〔6〕纵远方奇兽蜚禽及白雉诸物，〔7〕颇以加礼。兕牛犀象之属不用。〔8〕皆至泰山祭后土。封禅祠；其夜若有光，昼有白云起封中。

【注释】〔1〕"奉高"，古县名，在今山东省泰安市东。　〔2〕"皮弁荐绅"，带着皮帽子，在腰带中插上笏版。这是汉代的一种礼服。弁音 biàn，尖顶的圆皮帽。"荐"与"搢"通，插上。　〔3〕"玉牒书"，帝王封禅时祈神的文书，用玉版刻写。一说用竹简书写，缀加玉石。　〔4〕"奉车子侯"，奉车都尉霍子侯。奉车都尉是掌管皇帝车马的官员，霍子侯，韦昭注称："霍去病之子。"〔5〕"下址"，山脚下。"肃然山"，在泰山东麓的小山。　〔6〕"五色土"，红、

黄、青、白、黑五种颜色的土，象征天下四方。"益"，增加。　〔7〕"蜚禽"，即飞禽。蜚音 fēi，与"飞"通假。　〔8〕"兕牛犀象之属不用"，本书《孝武本纪》下文作"皆至泰山然后去"。《史记斠证》认为"祭后土"为"然后去"三字之误。承上文"纵远方奇兽蜚禽及白雉诸物"一句，可知这是在说将兕牛犀象之类奇兽带到泰山祭天，但没有使用，又带走了。兕音 sì，形状似牛。一说即雌犀牛。

【译文】四月，回到奉高。皇帝考虑到儒生和方士们讲封禅的方法各持己见，都不一样，不合常理，难以施行。天子到了梁父，行礼祭祀地主。乙卯日，命令侍中儒生带着皮帽子，把笏版插入腰带中，举行射牛的礼仪。在泰山下面的东方设封，礼仪和郊祀太一时一样。封坛宽一丈二尺，高九尺，封坛下埋有祭天的玉牒书，文书内容秘不示人。祭祀礼完毕后，天子一个人和侍中奉车都尉霍子侯登上泰山，也建了封坛。这些事全都禁止外人知道。第二天，从山北面的道路下山。丙辰日，在泰山脚下东北方的肃然山举行禅礼，和祭后土的礼一样。天子全亲自去行礼拜神，服装采用黄色，而且全部有音乐伴奏。用江淮间出产的有三根叶脊的灵茅做祭神的草垫。杂土筑成的祭坛上加盖有红、黄、青、白、黑五种颜色的土壤。把远方带来的珍奇走兽飞禽和白野鸡等放了，极大地增加了礼仪的隆重程度。犀牛大象一类的动物没有用来祭祀，全都带来泰山，又带回去了。祭祀了后土。举行封禅的日子里，夜晚好像有光亮，白天有白云在祭坛上升起。

天子从禅还，坐明堂，群臣更上寿。于是制诏御史："朕以眇眇之身承至尊，〔1〕兢兢焉惧不任。〔2〕维德菲薄，不明于礼乐。修祠太一，若有象景光，〔3〕屑如有望，〔4〕震于怪物，〔5〕欲止不敢，遂登封太山，至于梁父，而后禅肃然。自新，嘉与士大夫更始，赐民百户牛一酒十石，加年八十孤寡布帛二匹。复博、奉高、蛇丘、历城，〔6〕无出今年租税。其大赦天下，如乙卯赦令。行所过毋有复作。〔7〕事在二年前，皆勿听治。"〔8〕又下诏曰："古者天子五载一巡狩，用事泰山，诸侯有朝宿地。其令诸侯各治邸泰山下。"

【注释】〔1〕"眇眇"，微小。眇音 miǎo。　〔2〕

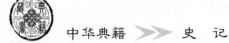

"兢兢焉",小心谨慎的样子。兢音 jīng。"不任",不能胜任。 〔3〕"景光",彩色霞光,古人认为是美好吉祥的象征。 〔4〕"邈如有望",《史记斠证》认为:"望"应作"闻",指在太室山听到有人喊万岁的事。邈如是形容声音的轻忽飘渺。 〔5〕"震于怪物",被神怪所震慑。 〔6〕"复",免除徭役或赋税。"博",县名,在今山东省泰安市南。"蛇丘",县名,在今山东省宁阳县北。历城,县名,在今山东省济南市。 〔7〕"复作",犯罪服刑被赦免的人再次犯罪,不是在原来的罪行上叠加刑罚,而是与平民首次犯罪一样就所犯事论罪,轻罪只罚为官府服役,称复作。另一种解释为女子犯轻罪被判在官府服役,也叫复作。 〔8〕"事",指所犯罪行,"听治",审判处理。

【译文】天子从举行禅礼的地方回来,坐在明堂上,大臣们轮流来祝福天子长寿。天子于是给御史下旨说:"我以微小的个人继承了至高无上的帝位,小心谨慎,害怕不能胜任。只是由于德行菲薄,对礼乐制度不够明白。在祭祀太一时,仿佛有吉祥的彩色霞光,飘飘渺渺,好像能看到。被这些怪异所震慑,想停止祭祀又不敢做,就登上泰山封禅,一直到梁父,然后又到肃然山举行禅礼。由此自新,和士大夫们共同有好的新开端,赐给平民们每一百户一头牛、十石酒,年龄八十以上的孤寡老人加赐二匹布帛。免除博、奉高、蛇丘、历城的徭役,也不交今年的租税。大赦天下,和乙卯年的赦令内容相同。我所经过的地方不再加重判处前科犯刑罚。在二年以前犯的罪行都不再追究审理。"又下诏书说:"古代的天子每五年一次巡视各地,在泰山举行祭祀,诸侯们都有朝见时的住所。现命令诸侯们各自在泰山下面修建宅邸。"

天子既已封泰山,无风雨灾,而方士更言蓬莱诸神若将可得,于是上欣然庶几遇之,乃复东至海上望,冀遇蓬莱焉。〔1〕奉车子侯暴病,一日死。上乃遂去,并海上,北至碣石,巡自辽西,〔2〕历北边至九原。〔3〕五月,反至甘泉。有司言宝鼎出为元鼎,以今年为元封元年。

【注释】〔1〕"冀",希望。 〔2〕"辽西",汉郡名。辖有今河北省东北及辽宁省西部。郡治在今辽宁省义县以西。 〔3〕"九原",县名,在今内蒙古自治区包头市西。

【译文】天子已经封泰山,没有遇到风雨灾害。方士们就纷纷来说蓬莱的各位神仙可能将要求到。于是皇帝很高兴,希望能遇上神仙,就又东行到海边观望,希望能遇到蓬莱仙人。奉车都尉霍子侯得了暴病,一天就死了,皇帝这才离开,沿海边巡行,北行到了碣石,从辽西郡巡视,经过北部边疆到了九原。五月,回到甘泉。主管官员说宝鼎出现的那年年号改为元鼎,今年应该叫元封元年。

其秋,有星茀于东井。〔1〕后十余日,有星茀于三能。〔2〕望气王朔言:"候独见填星出如瓜,〔3〕食顷复入焉。"〔4〕有司皆曰:"陛下建汉家封禅,天其报德星云。"〔5〕

【注释】〔1〕"茀",音 bèi,与"孛"相通。指彗星。"东井",即二十八宿中的井宿。属双子座。 〔2〕"三能",能音 tái,又作"天台"。星座名,在当代天文学划分的大熊座中,共六颗星,分为上台、中台、下台。 〔3〕"填星",即土星。《史记索隐》认为应作"旗星"。《符瑞图》说:"旗星之极、芒艳如旗。"旗星就是下文说的"德星"。实际就是上文记录的彗星。古代一直把彗星看作灾祸的象征。而方士们却把它说成德星,官员们也阿谀附和。文句中现出司马迁对汉武帝好方士的尖锐讽刺。"瓜",《孝武本纪》作瓠。瓠音 hú。 〔4〕"食顷",吃一顿饭的时间。 〔5〕"德星",显示祥瑞的星。指上文"填星"。《史记索隐》认为是岁星,不妥。

【译文】当年秋天,有彗星在东井星座出现。过后十几天,又有彗星出现在三台星座。望气方士王朔说:"我在观测时一个人看到填星出现,像瓜那么大,过了大约一顿饭的工夫就又隐没了。"主管官员全都说:"陛下创建了汉朝封禅的制度,大概天用显示祥瑞的德星来回报您吧。"

其来年冬,郊雍五帝。还,拜祝祠太一。赞飨曰:"德星昭衍,〔1〕厥维休祥。〔2〕寿星仍出,〔3〕渊耀光明。〔4〕信星昭见,〔5〕皇帝敬拜太祝之享。"

【注释】〔1〕"昭衍",光明广布四方。 〔2〕"厥",其,指"德星"出现那件事。"维",就是。"休祥",吉祥。 〔3〕"寿星",南极老人星,秋分前后黄

昏时出现在南方天穹中。《史记索隐》说:见南极老人星就能天下平安。〔4〕"渊",深。〔5〕"信星",即上文所说的"填星",因为按时出现,称为有信。

【译文】第二年的冬天,皇帝去雍城郊祀五帝。回来后,行礼祭祀太一,并且祈祷。赞礼官员的祝词说:"德星光明广布四方,那就是幸福吉祥。南极老人星又出现,光明永远辉耀。这些星宿有规律地出现,为此皇帝恭敬地拜见太祝祭祀进享的各位神灵。"

其春,公孙卿言见神人东莱山,若云"欲见天子"。天子于是幸缑氏城,拜卿为中大夫。〔1〕遂至东莱,宿留之数日,无所见,见大人迹云。复遣方士求神怪采芝药以千数。是岁旱。于是天子既出无名,乃祷万里沙,〔2〕过祠泰山。还至瓠子,〔3〕自临塞决河,留二日,沉祠而去。〔4〕使二卿将卒塞决河,徙二渠,〔5〕复禹之故迹焉。

【注释】〔1〕"中大夫",汉代官名,掌议论,供皇帝垂询,可随从在皇帝身边,地位贵重。〔2〕"万里沙",神祠,在今山东省掖县东北。《史记集解》引孟康注称:沙径三百余里。认为是一大片沙地。〔3〕"瓠子",古地名,在今河南省濮阳县西南。汉武帝元光三年(公元前一三二年)黄河在此决口。〔4〕"沉祠",祭祀河神,将祭品沉入河中。〔5〕"徙二渠",开两条支流使黄河改道。二渠指大河(在今河南省滑县)及漯水(在今河南省南乐县)。

【译文】那年春天,公孙卿说在东莱山见到了神人,好像听见他说:"想见天子。"天子于是来到缑氏城,任命公孙卿为中大夫。就到了东莱山,在这里停留了几天,什么也没见到,只看到了巨人的足迹。又派方士几千人去寻求神怪,采摘灵芝仙药。这一年天旱。这次天子已经出行,但没有正当名义,就去万里沙求雨,经过泰山进行祭祀。回来时到了瓠子,天子亲自到黄河决口处堵塞决口,停留了两天,祭祀河神,沉下祭物后离开。派二位大臣率领士兵堵黄河决口,改建了两条河渠,恢复了大禹原来的河道。

是时既灭两越,〔1〕越人勇之乃言:"越人俗鬼,〔2〕而其祠皆见鬼,数有效。昔东瓯王敬鬼,寿百六十岁。后世怠慢,故衰耗。"〔3〕乃令越巫立越祝祠,安台无坛,亦祠天神上帝百鬼,而以鸡卜。〔4〕上信之,越祠鸡卜始用。

【注释】〔1〕"两越",指东越及南越国。〔2〕"俗鬼",民俗崇尚鬼。〔3〕"衰耗",衰败。"耗"与"耗"同。〔4〕"鸡卜",用鸡骨占卜。《汉书补注》中曾据《资治通鉴》胡三省注引范成大《桂海虞衡志》详细记录了鸡卜的方法,大抵是根据鸡大腿骨两侧的细窍分布分析吉凶,可参见。《史记正义》则称:取鸡双眼,骨上孔裂似人物形则吉。南方少数民族,如彝族,至近代仍有鸡卜。

【译文】当时已经灭了南越、东越。越人名叫勇之的就说:"越人风俗崇信鬼,而他们祭祀时全能见到鬼,多次有效。过去东越王敬重鬼,活到一百六十岁。后代人怠慢鬼神,所以很快就衰败了。"皇帝就命令越地巫师建立越人的祠庙,安置了祭台,没有祭坛,也祭祀天神、上帝和各种鬼,而采用鸡骨占卜。皇帝相信它,越人的祭祀方法和鸡骨占卜就开始使用了。

公孙卿曰:"仙人可见,而上往常遽,〔1〕以故不见。今陛下可为观。〔2〕如缑城,置脯枣,神人宜可致也。且仙人好楼居。"于是上令长安则作蜚廉桂观,〔3〕甘泉则作益延寿观,〔4〕使卿持节设具而候神人。乃作通天茎台,〔5〕置祠具其下,将招来仙神人之属。于是甘泉更置前殿,始广诸宫室。夏,有芝生殿房内中。天子为塞河,兴通天台,若见有光云,〔6〕乃下诏:"甘泉房中生芝九茎,赦天下,毋有复作。"

【注释】〔1〕"遽",音 jù,迅速,匆匆忙忙。〔2〕"观",音 guàn。与"馆"相通,楼台宫院。〔3〕"蜚廉",古代神话中的神禽,可以带来风雨。《史记集解》引晋灼注云:"身如鹿,头如雀,有角而蛇尾,文如豹文。"近来文物专家在汉代及南北朝的铜器、石刻等上面发现了蜚廉图案。〔4〕"益延寿观",《史记志疑》认为"益"为衍字。应为延寿观。〔5〕"通天茎台",本书《孝武本纪》及《汉书·郊祀志》等

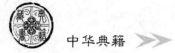

均作"通天台"。"茎"字疑为衍文。 〔6〕"若见有光云",《孝武本纪》《汉书·郊祀志》均无"见"字。

【译文】公孙卿说:"仙人是可以见到的,但皇上来往经常过于匆忙,为此才见不到。现在陛下可以建造宫殿,像缑氏城的那样,里面设置干肉和枣子,神仙应该能被招来。而且仙人也爱住在楼上。"于是皇帝命令长安城中建造飞廉观和桂观,在甘泉宫中建造益延寿观。派公孙卿持有符节,设置祭器去迎候神仙。又造了通天茎台,在台下设置了祭庙和祭器,将要招来仙人、神人们。当时甘泉宫又再建了前殿,开始扩建各座宫室。夏季,在宫殿的房屋中长出了灵芝。天子为堵塞黄河决口,兴建通天台,好像看到有光辉出现。就下诏说:"甘泉宫的屋里长出了九茎灵芝,因此大赦天下,不再加重对前科犯的刑罚。"

其明年,伐朝鲜。夏,旱。公孙卿曰:"黄帝时封则天旱,干封三年。"〔1〕上乃下诏曰:"天旱,意干封乎? 其令天下尊祠灵星焉。"〔2〕

【注释】〔1〕"干封",晒干"封"时筑祭坛的土。〔2〕"灵星",《史记正义》说:"灵星即龙星也。"龙星的左角叫天田星,主宰农事。所以灵星又是后稷的代表。

【译文】第二年,征伐朝鲜。夏天干旱。公孙卿说:"黄帝时候举行了封礼就天旱,是要用三年晒干封坛。"皇帝就下诏书说:"天旱,想来是要晒干封坛吧? 命令天下尊崇灵星,祭祀它。"

其明年,上郊雍,通回中道,〔1〕巡之。春,至鸣泽,〔2〕从西河归。〔3〕

【注释】〔1〕"回中道",从汧水河谷经过回中的道路,回中在今陕西省陇县西北。 〔2〕"鸣泽",湖泽名,在今河北省涞水县。此处所说鸣泽可能是另一处,在今陕西。 〔3〕"西河",汉郡名。辖有今陕西北部、山西西北部及内蒙古准格尔旗、伊金霍洛旗等部分地区。

【译文】第二年,皇帝到雍城郊祀,修通了经过回中的道路,去那里巡视。春天,到了鸣泽,从西河郡回京。

其明年冬,上巡南郡,至江陵而东。〔1〕登礼灊之天柱山,〔2〕号曰南岳。浮江,自寻阳出枞阳,〔3〕过彭蠡,〔4〕礼其名山川。北至琅邪,并海上。四月中,至奉高修封焉。

【注释】〔1〕"南郡",汉郡名。辖有今湖北省中西部地区,郡治在江陵,即今湖北省荆州市。〔2〕"灊",汉县名,在今安徽省霍山县东北。"天柱山",在今安徽省霍山县南。 〔3〕"寻阳",县名,在今湖北省黄梅县西南。"枞阳",县名,在今安徽省枞阳县。 〔4〕"彭蠡",湖泊名,即今江西省内的鄱阳湖。蠡音 lí。

【译文】第二年冬天,皇帝巡视南郡,到了江陵后折向东行。登上灊县的天柱山行礼祭祀,把天柱山叫作南岳。乘船沿江而行,从寻阳穿过枞阳,经过彭蠡湖,对沿路的名山大川行了祭礼。北行到了琅邪,沿海边北上。四月中旬到了奉高修整封坛。

初,天子封泰山,泰山东北址古时有明堂处,处险不敞。〔1〕上欲治明堂奉高旁,未晓其制度。济南人公王带上黄帝时明堂图。〔2〕明堂图中有一殿,四面无壁,以茅盖,通水,圜宫垣为复道,〔3〕上有楼,从西南入,命曰昆仑,天子从之入,以拜祠上帝焉。于是上令奉高作明堂汶上,〔4〕如带图。及五年修封,则祠太一、五帝于明堂上坐,令高皇帝祠坐对之。〔5〕祠后土于下房,以二十太牢。天子从昆仑道入,始拜明堂如郊礼。礼毕,燎堂下。而上又上泰山,自有秘祠其巅。〔6〕而泰山下祠五帝,各如其方,黄帝并赤帝,而有司侍祠焉。山上举火,下悉应之。

【注释】〔1〕"处险不敞",位于险峻地方又不宽敞。 〔2〕"公王带",人名。姓公王,王音 xù,作单姓时音 sù。 〔3〕"圜",环绕,与"环"相通。"复道",有顶盖的长廊通道。 〔4〕"汶上",汶水边。汶水流经奉高,在今山东省莱芜县至梁山县一带。汶音 wèn。 〔5〕"高皇帝祠坐",汉高祖的神主牌位。 〔6〕"自有",而且又有。

【译文】当初，天子在泰山行封礼的时候，泰山的东北脚下有古代的明堂旧址，地势险峻又不宽敞。皇帝想要在奉高县附近修建明堂，但不清楚明堂的设计式样。济南人公玊带送上一张黄帝时的明堂图。明堂图上画了一座宫殿，四面没有墙壁，屋顶用茅草覆盖，与水相通，环绕宫墙修筑了有顶盖的通道，上面有楼，从西南角进入宫中，叫作昆仑道，天子从这里进去，用它来祭祀拜见上帝。于是皇帝命令奉高县在汶水边上修建了明堂，和公玊带献上的图一样。到五年后修整封坛时，就把太一和五帝的神位摆在明堂上位祭祀，让高祖皇帝的神位放在太一和五帝的对面。在下房里祭祀后土，用了二十头牛作祭品。天子从昆仑道走进去，开始按照郊祀的礼仪祭祀明堂。行礼完毕，在堂下架火燎祭。而皇帝又登上了泰山，在山顶上自有一番秘密的祭祀。在泰山脚下祭祀五帝，各自在各自的方位，黄帝和赤帝在同一个位置，而由主管官员陪同祭祀。山上升起火来，山下就全都举火应和。

其后二岁，十一月甲子朔旦冬至，推历者以本统。[1]天子亲至泰山，以十一月甲子朔旦冬至日祠上帝明堂，毋修封禅。其赞飨曰："天增授皇帝太元神策，[2]周而复始。皇帝敬拜太一。"东至海上，考入海及方士求神者，莫验，然益遣，冀遇之。

【注释】〔1〕"其后二岁"，即太初元年（公元前一〇四年）。这一年五月，汉武帝下令改历法，采用夏历，以正月为岁首，又废闰在岁末，并用邓平术八十一分起历，即三统历。这种历法与实际天象比较接近。从元鼎五年十一月辛巳朔冬至推至太初元年前一年十一月，正是甲子朔冬至。所以推算历法的人以此为"本统"，本统就是历法推算周期的起点。但据《汉书·律历志》记载，这次推算还是先借了半日才能由旧历法的四分朔余改为八十一分法的。因而并不绝对符合本统。〔2〕"太元"，即天。一说指太初历。

【译文】这以后过了二年，十一月的初一甲子日早晨是冬至，推算历法的人用它作新历的起点。天子亲自到泰山去，在十一月甲子日初一早晨交冬至的那天在明堂祭祀上帝，不去举行封禅。赞礼的祝词是："天加授给皇帝神灵的策数和太初历法，周而复始。皇帝恭敬地拜谢太一。"皇帝东行到了海边，考查到海里去的人和求神的方士，没有应验的，

但是他还增加了派出的人，希望能遇上神仙。

十一月乙酉，柏梁灾。[1]十二月甲午朔，上亲禅高里，[2]祠后土。临勃海，将以望祀蓬莱之属，冀至殊廷焉。[3]

【注释】〔1〕"柏梁灾"，柏梁殿发生火灾。〔2〕"高里"，山名。在今山东省泰安市西南。为泰山余脉。〔3〕"殊廷"，异域。指蓬莱岛仙人居住的仙界。

【译文】十一月乙酉日，柏梁殿发生火灾。十二月甲午日初一，皇帝亲自去高里行禅礼，祭祀后土。又到渤海边上，准备用望祀的礼仪祭蓬莱的仙人们，希望能到神人的仙界去。

上还，以柏梁灾故，朝受计甘泉。[1]公孙卿曰："黄帝就青灵台，十二日烧，[2]黄帝乃治明廷。明廷，甘泉也。"方士多言古帝王有都甘泉者。其后天子又朝诸侯甘泉，甘泉作诸侯邸。勇之乃曰："越俗有火灾，复起屋必以大，用胜服之。"[3]于是作建章宫，度为千门万户。[4]前殿度高未央。[5]其东则凤阙，[6]高二十余丈。其西则唐中，[7]数十里虎圈。其北治大池，渐台高二十余丈，[8]命曰太液池，中有蓬莱、方丈、瀛洲、壶梁，[9]象海中神山龟鱼之属。其南有玉堂、璧门、大鸟之属。乃立神明台、井幹楼，[10]度五十丈，辇道相属焉。[11]

【注释】〔1〕"受计"，接受郡国主管财政的官员呈上的户口租赋等统计帐簿。秦汉时每年底各地官员都要来京城呈上一年的帐簿，叫上计。〔2〕"十二日"，或作十二月。〔3〕"用胜服之"，采取厌胜的方法，用超过原物的东西去镇服它。〔4〕"度"，安排规划。下文"度高未央"的"度"指尺度、规模。〔5〕"未央"，汉代宫殿名，在长安城西南。是皇帝的行政中心。〔6〕"凤阙"，顶上有铜凤凰的门阙。古代在宫门、城门、宅门外两旁建有高台建筑，称作阙。起望楼和威仪建筑的作用。又叫作"相魏"等。〔7〕"唐中"，《史记索隐》引郑玄注《诗经》说："唐，堂庭也。"〔8〕"渐台"，高台名，渐为浸意。因为台在太液池中，被水所浸，所以叫

渐台。 〔9〕"蓬莱、方丈、瀛州、壶梁",都是海中仙山的名字。这里用来给太液池中的小岛命名。〔10〕"井幹楼",用大树干迭架而成的楼阁,像古代用木棍架成的井幹一样,现代考古学中称为干栏式建筑。云南等地的竹楼犹存其遗风。 〔11〕"辇道",供皇帝车乘通行的道路和天桥。辇音 niǎn,秦汉以后专指皇帝的车驾。

【译文】皇帝回到京城,由于柏梁殿遭受火灾的缘故,在甘泉接受朝见和上计。公孙卿说:"黄帝建成青灵台,十二天就烧了,黄帝就修了明廷。明廷就是甘泉这个地方。"方士们很多人都说古代帝王中有在甘泉建都的。以后天子又在甘泉宫接见诸侯,在甘泉修造诸侯的官邸。勇之就说:"越地风俗是有了火灾后,再盖房屋一定要更大,用厌胜的方法镇服灾祸。"于是造了建章宫,规划为有成千上万道门户。前殿的规模比未央宫高大。它的东面是凤阙,高二十多丈。它的西面是唐中,有几十里的虎圈。它的北面挖了大湖,有高二十几丈的渐台,命名为太液池。池中有蓬莱、方丈、瀛洲、壶梁等小岛,模拟海里面的神山、海龟、大鱼一类事物。它的南面建有玉堂、璧门和大鸟等。又建造了神明台、井幹楼,长达五十丈,用可以行车驾的道路互相连接起来。

夏,汉改历,以正月为岁首,而色上黄,官名更印章以五字,[1]为太初元年。是岁,西伐大宛。[2]蝗大起。丁夫人、雒阳虞初等以方祠诅匈奴、大宛焉。

【注释】〔1〕"更印章为五字",把官印上的文字改成五个字。汉代官印为方形,原多为四字,如"上郡太守"、"雒阳令印"等。由于汉朝是土德,数字中与五相配,现在改为五字,不足五字者加"之"等字补足。 〔2〕"大宛",西域古国名。在今塔吉克斯坦境内。

【译文】夏天,汉朝改换历法,以正月作为每年的开始,崇尚黄颜色,把官员的印章改成五个字,年号改为太初元年。这一年,西去征伐大宛。蝗灾大起。丁夫人和洛阳虞初等人用方术祭祀诅咒匈奴和大宛。

其明年,有司上言雍五畤无牢熟具,芬

芳不备。乃令祠官进畤犊牢具,色食所胜,[1]而以木禺马代驹焉。独五月尝驹,行亲郊用驹。及诸名山川用驹者,悉以木禺马代。行过,乃用驹。他礼如故。

【注释】〔1〕"色食所胜",牺畜毛色按厌胜的方法确定。如火胜金,祭祀赤帝便用白色牺畜。

【译文】第二年,主管官员报告说雍城的五畤没有煮熟的牺牲祭品,芬芳的香味不完备。就命令祠官进献各畤牛犊牺牲等祭品,毛色按照五行厌胜的方法确定,而用木刻的马代替了马驹。只有在五月时尝祭用马驹,皇帝亲自郊祀时用马驹。至于各个名山大川用马驹祭祀的,全部改用木刻的马代替。天子出巡经过时祭祀才用马驹。其他的礼仪和以前一样。

其明年,东巡海上,考神仙之属,未有验者。方士有言"黄帝时为五城十二楼,以候神人于执期,[1]命曰迎年"。上许作之如方,命曰明年。上亲礼祠上帝焉。

【注释】〔1〕"执期",传说中的古地名。

【译文】第二年,东巡到海边,查考神仙一类的事,没有应验的。有的方士说:"黄帝时造了五城十二楼,在执期迎候神仙,命名为迎年。"皇帝允许按照他说的方法造楼台,命名为明年。皇帝亲自去那里行礼祭祀上帝。

公玉带曰:"黄帝时虽封泰山,然风后、封巨、岐伯令黄帝封东泰山,[1]禅凡山,[2]合符,[3]然后不死焉。"天子既令设祠具,至东泰山,东泰山卑小,不称其声,乃令祠官礼之,而不封禅焉。其后令带奉祠候神物。夏,遂还泰山,修五年之礼如前,而加以禅祠石闾。[4]石闾者,在泰山下址南方,方士多言此仙人之闾也,故上亲禅焉。

【注释】〔1〕"风后、封巨、岐伯",均为传说中的黄帝臣子。封巨为黄帝师,岐伯为太医。 〔2〕"凡山",山名,《汉书补注》引钱大昕说认为是"丸山"之误。在今山东省临朐县东北。与东泰山邻

近。〔3〕"合符"，与上天降的符兆相合。〔4〕"石闾"，山名，在山东省泰安市以南。闾，里巷的门，也指里巷。

【译文】公玉带说："黄帝时虽然在泰山举行封禅，但是风后、封巨、岐伯还叫黄帝到东泰山举行封礼，到凡山举行禅礼，与上天的符兆相合，然后才长生不死。"天子就命令准备祭祀用品，到了东泰山，东泰山低矮又狭小，与名声不相称，就命令祠官去行祭礼，而不亲自封禅了。这以后命令公玉带在这里供奉祭祀，等候神仙。夏天，就回到泰山，像以前一样举行五年一次的祭祀，而且增加了禅石闾的祭祀。石闾这个地方在泰山脚下南面，方士们大多说这里是仙人居住的里巷，所以皇帝来亲自行禅祀。

其后五年，复至泰山修封，〔1〕还过祭恒山。

【注释】〔1〕"修封"，修整祭天的封坛。

【译文】这以后五年，皇帝再次到泰山修整封坛。回来时顺路祭祀了恒山。

今天子所兴祠，太一、后土，三年亲郊祠，建汉家封禅，五年一修封。薄忌太一及三一、冥羊、马行、赤星，〔1〕五，〔2〕宽舒之祠官以岁时致礼。凡六祠，〔3〕皆太祝领之。至如八神诸神，明年、凡山他名祠，行过则祠，行去则已。方士所兴祠，各自主，其人终则已，祠官不主。他祠皆如其故。今上封禅，其后十二岁而还，遍于五岳、四渎矣。〔4〕而方士之候祠神人，入海求蓬莱，终无有验。而公孙卿之候神者，犹以大人之迹为解，无有效。天子益怠厌方士之怪迂语矣，然羁縻不绝，〔5〕冀遇其真。自此之后，方士言神祠者弥众，〔6〕然其效可睹矣。

【注释】〔1〕"薄忌太一及三一、冥羊、马行、赤星"，五种神名。前文有注。薄忌太一，即前文所说的亳人谬忌所建的太一坛。赤星，一说即灵星。〔2〕"五"，《史记志疑》根据《汉书·郊祀志》说"五"下脱一"床"字。五床山有祠庙，地在今陕西省礼泉县

东北。这样才与下文"凡六祠"相符。《史记会注考证》将下文中"宽舒之祠官"认作一祠，有些牵强不通。〔3〕"凡六祠"，《史记索隐》认为：上文薄忌太一、三一、冥羊、马行、赤星再加上后土祠，共六祠。《史记志疑》等已辨其误。〔4〕"遍于五岳、四渎矣"，汉武帝除祭祀泰山诸山外，元封元年至华山、中岳，五年至南岳天柱山，天汉三年过祭恒山，所以说是遍于五岳、四渎。《史记志疑》认为：此一句与上文"其后五年，复至泰山修封，还过祭常山"一句是后人补入。非《史记》原文。〔5〕"羁縻"，音 jī mí。笼络，拉拢。〔6〕"弥众"，更多。

【译文】当今天子所兴建的祭祀，有太一和后土，是每三年亲自去郊祀一次；创建了汉朝的封禅制度，每五年一次去修整封坛。薄忌太一和三一、冥羊、马行、赤星，五（床）等神灵，由宽舒属下的祠官每年按照时节祭祀行礼。一共六个祠庙，全由太祝管理。至于像八神的各个神庙，明年、凡山等著名的祠庙，天子路过时就祭祀，离开后就停止祭祀了。方士们所兴建的祠庙，由他们各自主持，那个人死了就结束了，祠官不去管理。其他的祭祀全和以往一样。当今皇上封禅后，十二年以来，五岳、四渎都被祭遍了。而方士们迎候、祭祀神仙，入海去寻求蓬莱岛，始终没有一点应验。但像公孙卿这样的迎候神仙的人，还用巨人的脚印作解脱的借口，也没有效果。天子越来越厌倦方士们的奇谈怪论了，然而还笼络他们，不肯断绝往来，希望能遇到真的仙人。从此以后，方士们讲神仙祭祀的更多了，然而它的效果是有目共睹的。

太史公曰：余从巡祭天地诸神、名山川而封禅焉。入寿宫侍祠神语，究观方士祠官之意，〔1〕于是退而论次自古以来用事于鬼神者，〔2〕具见其表里。〔3〕后有君子，得以览焉。若至俎豆珪币之详，〔4〕献酬之礼，〔5〕则有司存。

【注释】〔1〕"究观"，认真深入地观察。〔2〕"论次"，按次序排比分析论述。〔3〕"表里"，内外。指祭祀鬼神的里外经过。〔4〕"俎豆珪币之详"，详细具体的祭祀礼仪制度。〔5〕"献酬"，进献祭物酬报神灵。

【译文】太史公说：我跟随皇帝出巡，祭祀天

地各种神灵和名山大川,参与了封禅。进入寿宫陪祭,听到神君的话,认真深入地观察了方士和祠官们的意向,于是退下来依照次序分析论述自古以来祭祀鬼神的情况,把它们的表里经过全都呈现在这

里。后世有君子的话,可以在这里浏览一遍。至于说祭祀时祭器和圭玉布帛等的详情,进献祭品和酬报神灵的礼仪,就由有关主管官员保存着了。

史记卷二十九

河 渠 书 第 七

《夏书》曰：[1]禹抑洪水十三年，[2]过家不入门。陆行载车，[3]水行载舟，泥行蹈毳，[4]山行即桥。[5]以别九州，[6]随山浚川，任土作贡。[7]通九道，[8]陂九泽，[9]度九山。[10]然河灾衍溢，[11]害中国也尤甚。[12]唯是为务。故道河自积石历龙门，[13]南到华阴，[14]东下砥柱，[15]及孟津，[16]雒汭，至于大邳。[17]于是禹以为河所从来者高，水湍悍，[18]难以行平地，数为败，乃厮二渠以引其河。[19]北载之高地，过降水，[20]至于大陆，[21]播为九河，[22]同为逆河，[23]入于勃海。[24]九州既疏，[25]九流既洒，[26]诸夏艾安，[27]功施于三代。[28]

【注释】〔1〕“《夏书》”，《尚书》组成部分之一。相传为记载夏代的史书。今本凡《禹贡》、《甘誓》、《五子之歌》、《胤正》四篇，后二篇为伪《古文尚书》。《禹贡》一篇记载治水事，据近人考证为战国时人所作。 〔2〕“抑”，障遏、堵塞。《汉书·沟洫志》作“堙”，与“抑”同意。 〔3〕“载”，乘。 〔4〕“毳”，音cuì，通“橇”。适用于泥泞道路中滑行的一种木制交通工具，形状似船或簸箕。 〔5〕“桥”，即“轿”，音qiáo。本书《夏本纪》作“檋”，《汉书·沟洫志》作“梮”，皆音jú。登山所用交通工具，犹如后世所称“肩舆”，竹或木制，以人力扛抬而行。一说为附于鞋底下面的“ 车”，下有铁钉，防止上、下山滑跌。 〔6〕“九州”，古人一般以“九”泛指多数。“州”通“洲”，水中陆地。此处“九州”则指相传为禹所分的地理区划，据《禹贡》记载为冀州，相当今河北、山西、辽宁三省和河南北部一带；兖州，相当今山东西部一带；青州，相当今山东东部一带；徐州，相当今

江苏北部一带；扬州，相当今江西、浙江、福建三省及江苏、安徽二省淮河以南地区；荆州，相当今湖南、湖北二省及河南西南部地区；豫州，相当今河南中部和东南部一带；梁州，相当今四川和陕西南部、甘肃东南部一带；雍州，相当今陕西、甘肃二省秦岭以北和宁夏回族自治区南部一带。《周礼·职方》载九州另包括幽州、并州，而无徐州、梁州。《吕氏春秋·有始览》载九州又包括幽州，而无梁州。幽州相当今辽宁省和河北北部一带，并州相当今山西省。又《尔雅·释地》载九州又包括幽州、营州，营州相当今辽宁省。然汉班固以为《周礼·职方》所载为周制，三国魏孙炎以为《尔雅·释地》所载为商制。 〔7〕“贡”，相传夏代实行的租赋制度。 〔8〕“九道”，泛指九州的道路。 〔9〕“陂”，障遏。“九泽”，泛指九州的湖泊。一说即“九薮”，然其名未有定说：一说为具区、云梦、圃田、望诸、大野、弦蒲、貕养、杨纡、昭余祁；一说为具区、云梦、阳华、大陆、圃田、孟诸、海隅、巨鹿、大昭；一说为具区、云梦、阳纡、大陆、圃田、孟诸、海隅、巨鹿、昭余等。 〔10〕“度”，音duó，估量，推测。“九山”，泛指九州的名山。 〔11〕“河”，古代对黄河的专称。 〔12〕“中国”，与“中原”、“中夏”、“中州”、“中土”、“诸夏”同义，泛指华夏族所居黄河中下游一带。 〔13〕“道”，通“导”。“积石”，即积石山，在今青海东南部，延伸至甘肃省界，黄河绕流东南侧。“龙门”，即龙门山，在今山西河津县西北和陕西韩城县东北，黄河至此，两岸峭壁，形如门阙，故名。 〔14〕“华”，即华山，在今陕西华阴县南。“阴”，与“阳”相对，古人以山南为阳，山北为阴。“华阴”即华山北麓。一说华阴，县名，故城在今陕西华阴县东南。然其县本战国魏阴晋邑，秦惠文王更名宁秦，汉高帝始改名华阴，与传说禹治水事不合。 〔15〕“砥柱”，即砥柱山，一作底柱山，又名三门山，在今河南

三门峡市东黄河中流，今已炸毁。 〔16〕"孟津"，一作"盟津"，渡口名，在今河南孟津县东北、孟县西南黄河上。"雒"，一作"洛"，即今河南黄河支流洛河。"汭"，音ruì，一作"内"，河口。"雒汭"，指雒水流入黄河处，在今河南巩县东北。 〔17〕"大邳"，即大邳山，一作大伾山，在今河南浚县东，一说在今河南荥阳县汜水镇西北黄河南岸。 〔18〕"湍"，音tuān，急流。"悍"，凶猛，强悍。 〔19〕"厮"，音sī，通"斯"，《汉书·沟洫志》作"釃"，音shī，皆意为分、疏导。"二渠"，据孟康及《汉书音义》，其一指西汉黄河干流，故道自今河南浚县西南，东北流经滑县南、濮阳县西、河北大名县东、山东高唐县南，折东北经德州市东、河北南皮县西，又东北至沧县东北入海；其一指漯川，故道自今河南浚县西南分黄河东北流，经濮阳、范县及山东莘县、聊城、临邑、济阳、高清、滨县等县境入海。 〔20〕"降水"，上源即今绛水，下游指古漳水。绛水源出今山西屯留县西南盘秀山，东流至潞城界县入漳水，漳水复东流经今襄垣、黎城及河北省涉县、临漳、成安、肥乡、曲周等县入古黄河。一说专指今绛水，不包括漳水；一说即绛水（枯泽），故道自今河北广宗系经南宫、冀县、衡水等县，至武邑县界入漳水；一说即淇水，源出今山西陵县，本东南流至河南汲县东北淇门镇入古黄河。然凡此诸说，皆不足取。 〔21〕"大陆"，即大陆泽，一名巨鹿泽、广阿泽，在今河北隆尧、巨鹿、任三县之间，今已淤为平陆。 〔22〕"九河"，指黄河至大陆泽后所分的众多岔流。一说即徒骇、太史、马颊、覆釜、胡苏、简、絜、钩盘、鬲津九条河道，然其中徒骇、胡苏、鬲津、马颊等河故道皆在今山东北部和河北东南部，而居大陆泽之东，其间相距较远，此说似不可信。 〔23〕"逆"，迎受，《汉书·汉洫志》作"迎"。"逆河"，以众水汇而为一，相向迎受，故名。 〔24〕"勃海"，即今渤海。然《尚书·禹贡》作"夹右碣石入于海"，无"勃"字。疑此"勃"字当衍。 〔25〕"九川，"泛指九州的大川。一说即指弱、黑、河、漾、江、沇、淮、渭、洛等九条河道。 〔26〕"洒"，音sǎ，分散，疏导。《汉书·沟洫志》作"陂"，障遏。 〔27〕"诸夏"，义同"中国"，详上。"艾安"，安定，太平无事。"艾"，音yì，一作"乂"。 〔28〕"三代"，指夏、商、周三代。

【译文】《尚书·夏书》说：禹障遏洪水历时凡十三年，经过自己家门口却不进去。陆地行走乘车，水上行走乘船，泥泞行走踩木橇，山地行走则坐轿。区分天下为九州，顺着山势疏浚河川，依据土地的肥瘠制定贡赋等级。开通九州的道路，障堵九

州的湖泽，估量九州山地的物产。但黄河泛溢成灾，损害中原最厉害。于是禹专力从事治河。疏导黄河自积石山经过龙门口，南到华阴，由此折而东下，后经砥柱山以及孟津、雒汭，到大邳山。到了这里，禹以为黄河上游地势高亢，水流湍急凶猛，难于在平地上安流，多次发生泛滥，于是分开二渠，引黄河东流直接入海，其正流仍北上行经高地，穿过降水，到大陆泽，又北流分为众多岔道，然后汇成为逆河，流入大海。九州的河川既已疏通，九州的湖泽既分泄，中国因而安宁，禹的治水功效一直裨益于夏、商、周三代。

自是之后，荥阳下引河东南为鸿沟，〔1〕以通宋、郑、陈、蔡、曹、卫，〔2〕与济、汝、淮、泗会。〔3〕于楚，〔4〕西方则通渠汉水、云梦之野，〔5〕东方则通沟江淮之间。〔6〕于吴，〔7〕则通渠三江、五湖。〔8〕于齐，〔9〕则通淄济之间。〔10〕于蜀，〔11〕蜀守冰凿离碓，〔12〕辟沫水之害，〔13〕穿二江成都之中。〔14〕此渠皆可行舟，有余则用溉浸，百姓飨其利。〔15〕至于所过，往往引其水益用溉田畴之渠，〔16〕以万亿计，然莫足数也。

【注释】〔1〕"荥阳"，秦县，故城在今河南荥阳县东北。"鸿沟"，一作"大沟"，战国魏惠王时开凿的运河，故道自今河南荥阳县北引黄河水，东流经中牟县北，至开封市东南折而南流，经通许县东、太康县西，至淮阳县东南入颍水。 〔2〕"宋"，西周封国，都商丘（今河南商丘县南），领有今河南东部及其相近的山东、江苏、安徽部分地区，公元前二八六年为齐所灭。"郑"，西周封国，自郑武公后迁都新郑（今河南新郑县），领有今河南中部郑州市及新郑、荥阳、尉氏、扶沟等县地，公元前三七五年为韩所灭。"陈"，西周封国，都宛丘（今河南淮阳县），领有今河南东南部及其相近的安徽部分地区，公元前四七八年为楚所灭。"蔡"，西周封国，都上蔡（今河南上蔡县西南），春秋蔡平侯迁都新蔡（今河南新蔡县），昭侯又迁都州来（今安徽凤台县），称下蔡，公元前四四七年为楚所灭。"曹"，西周封国，都定陶（今山东定陶县西南），领有今山东西南部一带，公元前四八七年为宋所灭。"卫"，西周封国，都朝歌（今河南淇县），春秋先后迁都曹（今河南滑县东）、楚丘（今河南浚县东南）、帝丘（今河南濮阳县西南），战国时又迁都野王（今河南沁阳县），领有今河

南黄河以北一带，公元前二〇九年为秦所灭。〔3〕"济"，一作"沇"，即济水，分上、下两段：上段源出今河南济源县西王屋山，故道东南流至武陟县南入黄河；下段故道自荥阳县北分黄河东出，至山东巨野县西南注入巨野泽，复自泽北出至东阿县西南旧东阿城西，由此折而东北，略循今黄河及小清河入海。"汝"，即汝水，上游即今河南汝河；自郾城县以下，故道南流至西平县东循今洪河、沙河、南汝河、洪河至淮泽滨县东南入于淮河。"淮"，即淮水，源出今河南桐柏县西南桐柏山，下游今江苏盱眙县以下，故道东北穿过洪泽湖，循淤黄河经清江市北、涟水县南，而东入于海。"泗"，即泗水，源出今山东泗水县东蒙山，西南流至济宁市东南鲁桥镇，此下故道循今大运河至南阳镇，穿南阳湖而南，至江苏徐州市东北循淤黄河东南流，至清江市西南入淮河。〔4〕"楚"，西周方国，都丹阳（今湖北秭归县东南），春秋时迁都郢（今湖北江陵县北纪南城），战国时又迁都陈（今河南淮阳县）、巨阳（今安徽太和县东南）、寿春（今安徽寿县），领地由原来的今湖北西部扩大到长江中下游以及淮河流域，公元前二二三年为秦所灭。〔5〕"汉水"，又名沔水，即今汉江，源出今陕西宁强县，东南流经陕西南部、湖北北部与中部，于武汉市入长江。"云梦"，即云梦泽，故址在今湖北潜山县以南长江、汉江之间一带；一说包括今湖南境洞庭湖，恐不足信。〔6〕"通沟江淮"，原作"通鸿沟江淮"，《汉书·沟洫志》无"鸿"字，则此字衍，应删。"沟"，当指邗沟，故道自今江苏扬州市南引江水北过高邮县西，折东北入射阳湖，又西北至淮安县北入淮水，春秋时吴王夫差开凿，战国时其地属楚。"江"，古代对长江的专称。〔7〕"吴"，又称句吴、攻吴，西周方国，相传为吴太伯及其弟仲雍建，都蕃离（今江苏无锡市东南梅里），春秋时徙都吴（今江苏苏州市），领地由原来的太湖流域扩大到长江下游及钱塘江、淮河流域一带，公元前四七三年为越所灭。〔8〕"三江"，泛指太湖平原众多的水道，或如顾夷《吴地纪》所释即太湖尾闾的松江、东江和娄江。此外说法甚多，但所指非限吴地，与此文义不合。"五湖"，后世解释不一：一说即太湖的别名，一说太湖及其附近四湖，一说泛指太湖流域众多的湖泊。〔9〕"齐"，西周封国，都营丘（后称临淄，今山东淄博市东北），初领有今山东东北地区，春秋时扩展到山东东部，公元前二二一年为秦所灭。〔10〕"淄"，即今山东淄河，源出淄博市西南，东北流至广饶县东北入时水（今名小清河）后入于海。〔11〕"蜀"，商、周时方国，自蜀王开明氏以后都成都（今四川成都市），领有今四川邛

崃山以东成都平原一带，公元前三一六年为秦所灭，改置蜀郡。〔12〕"守"，春秋末年诸国于边地设郡，作为地方政权组织，后逐渐推行于内地；"守"为郡级政权最高长官，初系武职，后变成掌地方行政，汉景帝时改称太守。"冰"，即李冰，战国水利专家，秦昭襄王时出任蜀郡守。"离碓"，一作"离堆"，又称"湔崖"，本指孤立于河谷中的小丘，今四川境以离碓为名的小丘凡五处，此所指在乐山县境；"碓"、"堆"，俱音 duī，古"堆"字。〔13〕"沫水"，一名渽水，即今四川西部岷江支流大渡河。〔14〕"二江"，即郫江，又名北江；检江，又名流江、南江：自今四川灌县西北都工堰分岷江东南流，分别至成都市，大体北江相当今市北油子河，检江相当今市南走马河。"成都"，即今四川成都市。〔15〕"飨"，音 xiǎng，通"享"，享受。〔16〕"畴"，音 chóu。

【译文】从此以后，（各地水利大兴：）荥阳附近引黄河水东南流，名为鸿沟，通达宋、郑、陈、蔡、曹、卫等地，与济、汝、淮、泗诸水相会。在楚地，西方则有渠道通达汉水、云梦之野，东方则有邗沟通达江、淮。在吴地，则有渠道连通三、五湖。在齐地，则有渠道连通淄水、济水。在蜀地，蜀郡守李冰穿凿离碓，以避免沫水暴溢为害；又开凿郫、检二江直达成都。这些渠道都可以通航，多余的水则用来灌溉农田，百姓享受了渠道所带来的利益。至于河川所经过的地方，被引来用于灌溉田亩的渠道，为数更以万亿计，然而这就无法数清了。

西门豹引漳水溉邺，〔1〕以富魏之河内。〔2〕

【注释】〔1〕"西门豹"，战国魏文侯时出任邺县令。"漳水"，即今漳河，源出山西境内，东流入河北境，自临漳县西南邺镇以下故道久堙，改由今道。"邺"，战国魏县，故城即今河北临漳县西南邺镇。〔2〕"魏"，即魏国，战国七雄之一，都安邑（今山西夏县西北），后迁都大梁（今河南开封市），领有今山西西南部、河南北部和河北西南部地区，公元前二二五年为秦所灭。"河内"，指今河南黄河以北、山西太行山以南及河北西南部一带。

【译文】西门豹引漳水灌溉邺县农田，魏国的河内地区因而得以富饶。

而韩闻秦之好兴事，〔1〕欲罢之，〔2〕毋令

东伐，乃使水工郑国间说秦，[3]令凿泾水自中山西邸瓠口为渠，[4]并北山东注洛三百余里，[5]欲以溉田。中作而觉，秦欲杀郑国。郑国曰："始臣为间，然渠成亦秦之利也。"秦以为然，卒使就渠。[6]渠就，用注填阏之水，[7]溉泽卤之地四万余顷，[8]收皆亩一钟。[9]于是关中为沃野，无[10]凶年，秦以富强，卒并诸侯，因命曰郑国渠。[11]

【注释】[1]"韩"，即韩国，战国七雄之一，都阳翟（今河南禹县），后灭郑国，迁都新郑（今河南新郑县），领地扩大，据有今山西东南部和河南中部一带，公元前二三〇年为秦所灭。"秦"，西周方国，都秦亭（今甘肃张家川县东北），春秋时迁都雍（今陕西凤翔县东南），战国时迁都栎阳（今陕西临潼县东北）、咸阳（今陕西咸阳市东北），领地由原来的甘肃东部逐渐扩大到今陕西和四川北部、中部一带，公元前二二一年统一中国，建立秦朝。这里指战国秦国。[2]"罢"，通"疲"，疲劳。[3]"郑国"，战国韩水利专家。"间"，间谍。[4]"泾水"，即今泾河，源出宁夏回族自治区南部六盘山，东南流经甘肃东部入陕西境，于高陵县南入渭河。"中山"，一作"仲山"，在今陕西泾阳县西北泾河畔。"邸"，通"抵"。"瓠口"，一作"谷口"，在今陕西礼县东北泾河畔。[5]"并"，通"傍"，依靠。"北山"，指今陕西关中平原北面泾、洛二河之间诸山。"洛"，即洛水，今又称北洛河，在陕西西北部，源出定边县南梁山，东南流至大荔县南入渭河。[6]"卒"，终于。[7]"阏"，通"淤"。"填阏"，壅泥，泥沙。[8]"泽卤"，一作"舄卤"，盐碱地。[9]"钟"，古计量单位，一钟约今二百五十斤左右。[10]"关中"，即今陕西关中平原。[11]"郑国渠"，故道自今陕西泾阳县北仲山引泾河东流，经三原县北、富平县南，至蒲城县东南入洛河。

【译文】韩国听说秦国喜好兴建工程，打算消耗其国财力人力不使向东侵犯，于是派遣水利专家郑国做间谍，劝说秦国下令凿渠引泾水自中山至瓠口，傍依北山东流注入洛水，长三百多里，计划灌溉农田。在施工当中，秦国发觉了郑国的意图，打算杀掉郑国。郑国说："当初我来秦国确实被派做间谍，但此渠开凿成功也是对秦国有利的。"秦国以为此话有理，终于使郑国主持把渠开成。渠开成后，用所引含有淤泥的渠水，灌溉盐碱地四万多顷，每亩收成都合一钟。于是关中地区变成沃野，没有荒

年，秦国因而富强终于并吞了诸国，所以命名此渠为郑国渠。

汉兴三十九年，[1]孝文时河决酸枣，[2]东溃金堤，[3]于是东郡大兴卒塞之。[4]

【注释】[1]"汉兴三十九年"，即汉文帝十二年（公元前一六八年）。[2]"孝文"，即刘恒，孝文为其庙号。"酸枣"，秦县，故城在今河南延津县西南。[3]"金堤"，一名千里堤，即黄河下游两岸石堤。此处所指金堤在今河南滑县、延津县境。[4]"东郡"，战国秦王政五年（公元前二四二年）置，治濮阳（今河南濮阳县西南），辖有今河南东北部和山东西北部一带。

【译文】汉朝建国三十九年，孝文帝时黄河在酸枣县决口，东岸的金堤崩溃，于是东郡发动大量士卒把决口堵塞了。

其后四十有余年，[1]今天子元光之中，[2]而河决于瓠子，[3]东南注巨野，[4]通于淮、泗。于是天子使汲黯、郑当时兴人徒塞之，[5]辄复坏。[6]是时武安侯田蚡为丞相，[7]其奉邑食鄃。[8]鄃居河北，河决而南则鄃无水灾，邑收多。蚡言于上曰[9]："江河之决皆天事，未易以人力为强塞，塞之未必应天。"而望气用数者亦以为然。[10]于是天子久之不事复塞也。

【注释】[1]"四"，当作"三"。此句《汉书·沟洫志》作"其后三十六岁"，汉文帝十二年河决东郡，至元光三年河决瓠子，正为三十六。[2]"天子"，古代封建帝王自以为受命于天而统有天下，因称天子。此处指汉武帝刘彻。"元光"，即汉武帝年号，凡五年，此处指元光三年。[3]"瓠子"，故址在今河南濮阳县西南。[4]"巨野"，即巨野泽，又称大野泽，在今山东巨野县北，今已堙为平陆。[5]"汲黯"，字长孺，濮阳（今河南濮阳县西南）人。好黄老之术。武帝时任东海太守，继为主爵都尉，常直言切谏，并反对武帝对匈奴贵族的战争。后出为淮阳太守，在位十年死。"郑当时"，字庄，陈县（今河南淮阳县）人。好黄老之术。景帝时为太子舍人。武帝时先后任鲁中尉、济南太守、江都相、内史及大司农等。出为汝南太守，未几死。[6]

"轵"，音 zhé，"即"。〔7〕"武安"，秦县，故城在今河北武安县西南。"侯"，即列侯。汉承秦制，行二十等爵以封臣僚，其第二十等名彻侯，武帝改为列侯或通侯。"田蚡"，长陵（今陕西咸阳市东北）人，景帝王皇后同母弟。崇尚儒术。武帝初封为武安侯，为太尉，后任丞相。骄横专断。〔8〕"奉邑"，封建皇帝封赐官吏作为世禄的采邑。"奉"，通"俸"，指俸禄。"鄃"，音 shū，汉侯国，故城在今山东平原县西南。〔9〕"上"，封建皇帝的专称。这里指汉武帝。〔10〕"数"，气运，命运。

【译文】其后过了四十多年，当今皇上元光年间，黄河又在瓠子决口，东南流注巨野泽，与淮、泗二水相通。于是皇帝派汲黯、郑当时发动民众进行堵塞，刚堵好就被水冲毁了。这时武安侯田蚡任丞相，他的奉邑是鄃国。鄃国位于黄河以北，黄河决口南流则鄃国所在没有水灾，奉邑收入多。田蚡对皇帝说："江、河的决口都是老天爷决定了的，不能轻易地用人力强行堵塞，堵塞了未必合于天意。"而一些以观察天象、采用术数推测命运的方士也认为田蚡说得对。于是皇帝很长时间不再从事堵塞。

是时郑当时为大农，〔1〕言曰："异时关东漕粟从渭中上，〔2〕度六月而罢，而漕水道九百余里，时有难处。引渭穿渠起长安，〔3〕并南山下，〔4〕至河三百余里，径，易漕，度可令三月罢；而渠下民田万余顷，又可得以溉田：此损漕省卒，而益肥关中之地，得谷。"天子以为然，令齐人水工徐伯表，〔5〕悉发卒数万人穿漕渠，〔6〕三岁而通。通，以漕，大便利。其后漕稍多，而渠下之民颇得以溉田矣。

【注释】〔1〕"大农"，官名，即大司农的简称，掌租税钱谷盐铁和国家的财政收支。〔2〕"异时"，已往，从前。"关东"，泛指今河南灵宝县东北故函谷关以东黄河中下游、淮河流域及长江下游地区。"漕"，指水道粮运。"渭"，即今渭河，源出甘肃渭源县鸟鼠山，东流经陕西关中平原，至潼关县北入黄河。〔3〕"长安"，汉高帝五年（公元前二〇二年）置县，七年定都于此，故城在今陕西西安市西北。〔4〕"南山"，即今陕西南部秦岭。〔5〕"表"，标记，指徐伯经过巡察于所选线设立竖标。旧说"徐伯表"三字为水工姓名，非。〔6〕"悉"，音

xì，尽，全部。"悉发卒"，《集解》引徐广曰："一云'悉众'。"

【译文】当时郑当时任大司农，说："已往关东地区运粮经由渭水西上，大约用六个月才能结束，水路有九百多里，粮船时常遇到难走的地方。如果开凿渠道自长安引渭水东流，傍依南山脚下，至黄河才三百多里，路直，容易运输，估计只需三个月就可结束，而渠道附近农田一万多顷，又可以得到灌溉：这样减少运输时间，节省士卒，而使关中地区更加肥沃，收成更好。"皇帝认为有理，派齐人水工徐伯进行勘察，沿线树立标记，发动士卒数万人开凿漕渠，用了三年时间，渠道被开通了。渠道通后，用来运粮，非常便利。此后运粮逐渐增加，沿渠人民多利用此渠灌溉农田。

其后河东守番系言：〔1〕"漕从山东西，〔2〕岁百余万石，更砥柱之限，败亡甚多，而亦烦费。穿渠引汾溉皮氏、汾阴下，〔3〕引河溉汾阴、蒲坂下，〔4〕度可得五千顷。五千顷故尽河壖弃地，〔5〕民茭牧其中耳，今溉田之，度可得谷二百万石以上。谷从渭上，与关中无异，而砥柱之东可无复漕。"天子以为然，发卒数万人作渠田。数岁，河移徙，渠不利，则田者不能偿种。久之，河东渠田废，予越人，〔6〕令少府以为稍入。〔7〕

【注释】〔1〕"河东"，秦郡，治安邑（今山西夏县西北），辖有今山西西南部地区。"守"，即太守的简称。〔2〕"山东"，泛指今河南崤山以东黄河中下游、淮河流域及长江下游地区。〔3〕"汾"，即今山西汾河，源山宁武县管涔山，经太原市南流，至新绛县折而西南，于河津县西入黄河。"皮氏"，秦县，故城在今山西河津县西。"汾阴"，汉县，故城在今山西万荣县西宝鼎镇。〔4〕"蒲坂"，一作"蒲反"，秦县，故城即今山西永济县西蒲州镇。〔5〕"壖"，音 ruán，一作"堧"，缘河边地。〔6〕"越"，部族名，秦汉以前广泛分布于长江中下游以南，从事渔猎、农耕。其后渐与汉族融合，部分与今壮黎傣族有渊源关系。〔7〕"少府"，官名，掌山泽收入和皇室手工业制造，为皇帝的私府。

【译文】此后河东郡太守番系说："从山东用船运粮西入关中，每年有一百多万石，经过黄河砥

柱山险,粮船沉没很多,耗费较大。如果开挖渠道引汾水灌溉皮氏、汾阴县的土地,引黄河灌溉汾阴、蒲坂县的土地,估计可以得到五千顷。这五千顷原是河边没有耕种的土地,平时人民在其中收割茭草和放牧,现在灌溉成田,估计可以收到粮食二百万石以上。粮食经由渭水西运,和关中相同,而砥柱以东可以不必再运粮西入关中。"皇帝以为有理,发动士卒数万人作渠田。几年以后,黄河主流变迁,渠口引水不利,田的收成还不够所费种粮。日子一久,河东郡渠田荒废,交给越人耕种,只收少量租税,入于少府。

其后人有上书欲通褒斜道及漕事,[1]下御史大夫张汤。[2]汤问其事,因言:"抵蜀从故道,故道多阪,[3]回远。今穿褒斜道,少阪,[4]近四百里;而褒水通沔,[5]斜水通渭,[6]皆可以行之船漕。漕从南阳上沔入褒,[7]褒之绝水至斜,间百余里,以车转,从斜下下渭。如此,汉中之谷可致,[8]山东从沔无限,便于砥柱之漕。且褒斜材木竹箭之饶,拟于巴蜀。"[9]天子以为然,拜汤子卬为汉中守,[10]发数万人作褒斜道五百余里。道果便近,而水湍石,[11]不可漕。

【注释】〔1〕"褒斜道",道路名,为关中通往汉中交通要道之一。自今陕西眉县西南行沿斜水及褒水河谷至汉中市。 〔2〕"御史大夫",官名,掌监察、执法,兼掌重要文书图籍。"张汤",杜陵(今陕西西安市东南)人。武帝时历任廷尉、御史大夫等职,用法严峻,曾与赵禹合编律令,撰有《越宫律》二十七篇。 〔3〕"故道",道路名,一名陈仓道,为关中通往汉中重要交通要道之一。自今陕西宝鸡市西南行出散关,沿嘉陵江上源河谷至凤县,折东南入褒谷至汉中市。秦置故道县于今宝鸡市西南,正在此道之上。 〔4〕"阪",山坡。 〔5〕"褒水",即今陕西褒河,源出秦岭太白山,南流至汉中市西北入汉江。"沔",即沔水,今长江支流汉江。 〔6〕"斜水",即今陕西石头河,源出秦岭太白山,东北流至眉县东入渭河。 〔7〕"南阳",指今河南南阳盆地与湖北襄樊市以北地区。战国秦昭王五年(公元前二七二年)于此置南阳郡,治宛县(今河南南阳市)。 〔8〕"汉中",指今陕西汉中盆地一带,战国秦惠王时于此置汉中郡,治南郑(今汉中市),汉移治西城(今陕西安康县西北)。 〔9〕"巴",泛指今

四川东北部地区,本巴国地,战国秦于此置巴郡,治江州(今重庆市)。 〔10〕"拜",除授。 〔11〕"湍",沙石上急流。《集解》引徐广曰:"一本作'溲'。"

【译文】此后有人上书皇帝打算开通褒斜道并谈及于此运粮事,交由御史大夫张汤处理。张汤过问这事,因而说:"自关中到蜀地要走故道,故道多斜坡,曲折而遥远。今开凿褒斜道,少斜坡,比故道近四百里;而褒水南与沔水相通,斜水北与渭水相通,都可以通行粮船。粮船自南阳逆沔水西上进入褒水,从褒水发源处北至斜水发源处,其间百余里则用车转运,复由斜水船下渭水。这样,汉中的粮食可以运到,山东地区的粮食经由沔水运输不会遇到阻隔,比经过黄河砥柱方便。而且褒斜道附近一带盛产材木竹箭,可以和巴蜀地区比美。"皇帝以为有理,任命张汤的儿子卬为汉中郡太守,发动几万人修褒斜道,长五百多里。道路修成后,果然比故道近便。但褒、斜二水流急多石,粮船不可通行。

其后庄熊罴言:[1]"临晋民愿穿洛以溉重泉以东万余顷故卤地。[2]诚得水,可令亩十石。"于是为发卒万余人穿渠,自征引洛水至商颜山下。[3]岸善崩,乃凿井,深者四十余丈。往往为井,井下相通行水。水颓以绝商颜,[4]东至山岭十余里间。井渠之生自此始。穿渠得龙骨,[5]故名曰龙首渠。[6]作之十余岁,渠颇通,犹未得其饶。

【注释】〔1〕"庄熊罴",《汉书·沟洫志》作"严熊",因避汉明帝刘庄讳,改"庄"为"严",又省"罴"字。 〔2〕"临晋",秦县,故城在今陕西大荔县东朝邑镇东南。"重泉",秦县,故城即今陕西蒲城县东南重泉村。 〔3〕"征",汉县,故城在今陕西澄城县西南。"商颜山",即今陕西大荔县西北铁镰山。 〔4〕"颓",音 tuí,水向下流。 〔5〕"龙骨",恐龙化石。 〔6〕"龙首渠",故道自今陕西澄县西南引洛河东南流,经铁镰山西侧,至大荔县仍入洛河。

【译文】此后庄熊罴说:"临晋县人民希望穿凿洛水以灌溉重泉县以东一万多顷盐碱地。如果这些盐碱地得到水的灌溉,每亩粮食产量可收十石。"于是为了满足他们的要求,发动士卒一万多人

挖渠，自徵县引洛水到商颜山脚下。由于两岸土质疏松容易崩塌，于是凿井，深的有四十余丈。连续挖很多井，井下相通流水。水往下流穿过商颜山，东到山岭十多里路。井渠的产生由此开始。穿渠时挖到龙骨，因而命名为龙首渠。开凿了十多年，渠水还通畅，但灌溉效益不大。

自河决瓠子后二十余岁，岁因以数不登，[1]而梁楚之地尤甚。[2]天子既封禅巡祭山川，[3]其明年，[4]旱，干封少雨。天子乃使汲仁、郭昌发卒数万人塞瓠子决。于是天子已用事万里沙，[5]则还自临决河，沉白马玉璧于河，[6]令群臣从官自将军已下皆负薪寘决河。[7]是时东郡烧草，以故薪柴少，而下淇园之竹以为楗。[8]

【注释】〔1〕"登"，成熟。〔2〕"梁"，即魏，战国魏惠王迁都大梁，故从此魏又称梁；"梁楚之地"，相当今河南东部、山东西部以及江苏、安徽淮河以北地区。〔3〕"封禅"，封建皇帝至泰山祭祀，于泰山筑坛祭天曰封，于山南梁文山上辟基祭地曰禅。〔4〕"明年"，即元封二年。〔5〕"万里沙"，在今山东掖县东北；一说在今陕西华县东北，误。〔6〕"沉"，《汉书·沟洫志》作"湛"。〔7〕"寘"，通"填"，填塞。〔8〕"淇园"，故址在今河南淇县西北。"楗"，通"揵"，音 jiàn，堵塞河堤决口所用的竹排，直竖水中，中间用土石填塞。

【译文】自从黄河在瓠子决口以后二十多年，因此多年收成不好，而梁、楚地区特别厉害。皇帝既已封禅巡祭山川，第二年，天旱，据说是干旱封禅，雨灾会少。皇帝于是派遣汲仁、郭昌发动士卒几万人堵塞瓠子决口。皇帝在万里沙祭祀过后，回来时亲自来到黄河决口处，把白马玉璧沉入河中（祭祀河伯），命令随从大臣及将军以下都背负薪柴填堵决口。当时东郡境内人民烧草，因此薪柴缺乏，于是把淇园的竹子砍来做堵塞决口所用的楗。

天子既临河决，悼功之不成，[1]乃作歌曰："瓠子决兮将奈何？晧晧旰旰兮闾殚为河！[2]殚为河兮地不得宁，功无已时兮吾山平。[3]吾山平兮巨野溢，鱼沸郁兮柏冬日。[4]延道弛兮离常流，[5]蛟龙骋兮方远游。[6]归旧川兮神哉沛，[7]不封禅兮安知外！[8]为我谓河伯兮何不仁，[9]泛滥不止兮愁吾人？啮桑浮兮淮、泗满，[10]久不反兮水维缓。"[11]一曰："河汤汤兮激潺湲，[12]北渡污兮浚流难。[13]搴长茭兮沈美玉，[14]河伯许兮薪不属。[15]薪不属兮卫人罪，烧萧条兮噫乎何以御水！颓林竹兮楗石菑，[16]宣房塞兮万福来。"[17]于是卒塞瓠子，筑宫其上，名曰宣房宫。[17]而道河北行二渠，复禹旧迹，而梁、楚之地复宁，无水灾。

【注释】〔1〕"悼"，怜惜。〔2〕"浩浩旰旰"，《汉书·沟洫志》作"晧晧洋洋"，其义同，指水流盛大之状；"旰"，音 hàn。"闾"，州闾、闾里。《汉书·沟洫志》作"虑"，以音同"闾"，假借。一说"虑"意犹"恐"，或作"大抵"解，未确。"殚"，尽。〔3〕"吾山"，在今山东东阿县西南。一说"吾山"非专名，"吾"即"我"，非是。〔4〕"沸郁"，"沸"通"弗"，《汉书·沟洫志》作"弗郁"，其义同，犹"纷纭"，指鱼众多之状。一说"沸郁"义为"忧不乐"，未确。"柏"，通"迫"，逼近。〔5〕"延道"，《汉书·沟洫志》、《水经注》皆作"正道"，此"延"为"正"字之误，说详《史记考异》。一说"延"作"延长"解，非是。〔6〕"蛟龙"，古代传说中的神异动物，蛟能发洪水，龙能兴云作雨。〔7〕"沛"，滂沛，盛大。〔8〕"外"，指关外，与关内相对，相当今河南灵宝县东北故函谷关以东黄河中下游、淮河流域及长江下游地区。〔9〕"河伯"，《汉书·沟洫志》、《水经注》作"河公"，古代神话中的河神。〔10〕"啮桑"，邑名，故址在今江苏沛县西南；"啮"，音 niè。〔11〕"水维"，水的网维。〔12〕"汤汤"，大水急流之状。"潺湲"，缓流。"潺"，音 chán。"湲"，音 yuán。〔13〕"污"，音 yū，通"纡"，纡回，返归，《汉书·沟洫志》作"回"。"浚"，应从《汉书·沟洫志》作"迅"。"迅"，急速。〔14〕"搴"，音 qiān，取。"茭"，应作"筊"，竹索。一说指茭草，非。"沉"，《汉书·沟洫志》作"湛"。〔15〕"属"，连接。〔16〕"颓"，毁坏。"菑"，音 zī，通"傳"，插入，树立。"楗石菑"，以竹楗插入石笋中。〔17〕"宣房"，即宣房宫，故址在今河南濮阳县西南。

【译文】皇帝来到黄河决口，怜惜堵塞工程长久未见功效，于是作歌，其词说："黄河在瓠子决口了，将要怎么办？水势汪洋浩大，闾里都成了河！都成了河，大地不得安宁，人们无休止地开凿吾山的土来堵塞决口。可是眼看吾山快要被夷成平地

了,(决口仍然没有堵上,)流入巨野泽的水继续泛溢不止。水中鱼儿盛多,无奈冬日迫近,(人们衣食无着,必将受冻挨饿以致死亡!)黄河正道废弛,致使洪水横溢,蛟龙因而得意,尽情慢游远方。但愿神灵光大,使黄河回归旧道。我如不到泰山封禅,怎能知道关外有这样大的水灾?替我告诉河伯:为什么这样狠心?长久的泛滥使我们发愁?像啮桑这类城邑很多被水漂浮了,淮、泗二河的水都满了,黄河长久不回故道,水的网维也涣散了。"又说:"河水流急,激起滚滚波涛。急流使黄河回复北流故道带来了困难。人们用竹索来堵塞决口,又把美玉沉入河中来祭祀河伯。可是河伯应允了而薪柴却接济不上,(决口依然没有堵上。)薪柴接济不上,这全是卫地人的过错,因为他们平日把草木都烧光了,田野呈现一片凄凉,如何去御防洪水?只好把淇园的竹林砍掉做成楗插入石笋一起放入水中,宣房宫的决口才被堵住,这样众福都来了。"最后终于堵塞了瓠子黄河决口,在上面建筑一座宫,名叫宣房宫。把河水导向北行,分流入于二渠,恢复了禹时黄河故道,梁、楚地区因而重获安宁,没有水灾。

　　自是之后,用事者争言水利。朔方、西河、河西、酒泉皆引河及川谷以溉田;[1]而关中辅渠、灵轵引堵水;[2]汝南、九江引淮;[3]东海引巨定;[4]泰山下引汶水;[5]皆穿渠为溉田,各万余顷。佗小渠披山通道者,不可胜言。然其著者在宣房。

　　【注释】[1]"朔方",本指北方,汉元狩二年(公元前一二七年)置朔方郡,治朔方(今内蒙古杭锦饰北),领有今内蒙古河套西北部及后套地区。此所指为朔方郡。"西河",即西河郡,汉元朔四年(公元前一二五年)置,治平定(今内蒙古东胜县境),领有今内蒙古伊克昭盟东部,山西吕梁山和芦芽山以西,石楼县以北,以及陕西宜川县以北黄河沿岸地区。"河西",泛指今甘肃、青海二省黄河以西河西走廊与湟水流域一带。"酒泉",即酒泉郡,汉元狩二年(公元前一二一年)置,治禄福(今甘肃酒泉县),领有今甘肃疏勒河以东,高台县以西地区。[2]"辅渠",汉元鼎六年(公元前一一一年)开凿,渠分六支,又称六辅渠,故道在今陕西泾阳县西北郑国渠北,引自冶峪等河。一说在泾阳县西北,引为郑国渠南岸支渠。"灵轵",汉武帝时凿,故道在今陕西周至县东灵轵原下,东北流入渭河;一说在今陕西兴平县境渭河北岸。"堵",即"诸"字之

误。"水",一作"川"。[3]"汝南",即汝南郡,汉高帝四年(公无前二〇三年)置,治上蔡(今河南上蔡县西南),领有今河南颍、淮二河之间及安徽颍河下游沿岸地区。"九江",即九江郡,秦置,治寿春(今安徽寿县),汉元狩以后领有今安徽淮河以南、寿巢湖以北和瓦埠湖流域以东地区。[4]"巨定",湖名,一作"巨定",即今山东广饶县东北清水泊的前身。其湖西汉时属齐郡而东南与北海郡接境,与东海郡相距殊远,此"东海"当为"北海"之误;北海郡,汉景帝中二年(公元前一四八年)分齐郡置,治营陵(今山东昌乐县东南),领有今山东潍坊市及安丘、昌乐、寿光、昌邑等县。[5]"泰山",即今山东中部泰山。"汶水",即今山东大汶河,源出莱芜县北,西南流至东平县戴村坝。此下故道西经东平县南,至梁山县东南入济水,今已堙塞,改道入东平湖。

　　【译文】从此以后,掌权的人争相谈论水利的事。朔方、西河、河西、酒泉等地都引黄河和川谷的水以灌溉田地;关中地区的辅渠、灵轵渠则引诸水;汝南、九江二郡引淮水,北海郡引巨定泽,泰山下引汶水:都开凿渠道以灌溉田地,各有一万多顷。其他小渠以及开山导水的为数繁多,不可尽言。但最著名的是宣房宫所在地的黄河堵口工程。

　　太史公曰:余南登庐山,[1]观禹疏九江,[2]遂至于会稽太湟,[3]上姑苏,[4]望五湖;东窥洛汭、大邳,迎河,行淮、泗、济、漯洛渠;西瞻蜀之岷山及离碓;[5]北自龙门至于朔方。曰:甚哉,水之为利害也! 余从负薪塞宣房,悲《瓠子》之诗而作《河渠书》。

　　【注释】[1]"庐山",即江西北部庐山。[2]"九江",水名,故道在今湖北广济、黄梅县一带,为长江分流或分别源自山溪。一说即注入今江西鄱阳湖的赣江及其八条支流,一说即注入今湖南洞庭湖的沅、湘诸水,皆不足据。[3]"会稽",秦始皇二十五年(公元前二二二年)置会稽郡,治吴县(今江苏苏州市),以境内今浙江绍兴市南会稽山为名,西汉时领有今江苏长江以南、茅山以东,浙江大部和福建全省。"太湟",一作"太湿"。"湟",低洼积水之处。或以"太湟"为地名,惟今址待考。[4]"姑苏",山名,或作"姑余"、"姑胥",在今江苏苏州市西南。[5]"岷山",即今四川北部岷山。

【译文】太史公说：我南游曾登庐山，看到禹疏导的九江，又到会稽太湟，上姑苏山，看到五湖；东游察看了洛汭、大邳、迎河，行经淮、泗、济、漯、洛诸水；西游看到蜀地的岷山和离碓；北游自龙门到了朔方郡。因而想到：水的利害太大了！我随从皇帝背负薪柴填塞宣房宫所在的黄河决口，感伤皇帝所作的《瓠子》诗而写成《河渠书》。

史记卷三十

平 准 书 第 八

汉兴,接秦之弊,[1]丈夫从军旅,老弱转粮饷,作业剧而财匮,自天子不能具钧驷,[2]而将相或乘牛车,齐民无藏盖。[3]于是为秦钱重难用,[4]更令民铸钱,[5]一黄金一斤,[6]约法省禁。而不轨逐利之民,蓄积余业以稽市物,[7]物踊腾粜,[8]米至石万钱,马一匹则百金。

【注释】[1]“弊”,衰败,疲困。[2]“钧驷”,毛色纯一的驷马。[3]“藏盖”,积蓄,储藏。[4]“秦钱”,秦用半两钱,重十二铢。[5]“更令民铸钱”,令民改铸榆荚钱。[6]“一黄金一斤”,一说秦代复用周制,黄金以斤两计算重量。又一说认为秦以一溢为一金,汉以一斤为一金。(一溢为二十四两。)[7]“稽”,贮滞,囤积。[8]“踊”,跳。“腾”,上。“踊腾”,说谓乍贱乍贵,或谓物贵价起,如物腾跃而起。

【译文】汉朝建立之初,接手的是秦末战乱造成的凋敝局面,青壮男子从军转战,老弱运输粮饷,战事和兴建繁多,但物资匮乏,连皇帝都不能具备四匹同颜色的马驾车,有的将相只能乘坐牛拉的车,百姓更是毫无积蓄。这时,因为秦朝铸的半两钱分量重(十二铢),不便流通,遂下令改铸钱币(重三铢),并许私人铸钱。黄金以十六两一斤相当于一万钱(过去二十四两值万钱),在市上流通。废除或简省秦时的一些苛法禁令。然而,不守法令、投机牟利之徒,却筹集余资,经营商业,囤积居奇,造成物价飞涨,米一石卖到一万钱,马一匹价值黄金一百斤。

天下已平,高祖乃令贾人不得衣丝乘车,重租税以困辱之。[1]孝惠、高后时,为天下初定,复弛商贾之律,然市井之子孙亦不得仕宦为吏。[2]量吏禄,度官用,以赋于民。而山川园池市井租税之入,自天子以至于封君汤沐邑,[3]皆各为私奉养焉,不领于天下之经费。漕转山东粟,[4]以给中都官,[5]岁不过数十万石。[6]

【注释】[1]“重租税”,汉律,商人倍算(二百四十钱)。[2]“市井”,古时称买卖场所,亦指商贾。一说古人未有市,朝聚井汲水,便将货物于井边货卖,谓因井为市交易,故曰市井。尹知章认为:“立市必四方,若选井之制。”[3]“汤沐邑”,皇帝、贵族等收取赋税的私邑。[4]“山东”,地名。秦、汉时通称崤山或华山以东,与当时“关东”含义相同,一般专指黄河流域。[5]“中都官”,一说指京师各官府,一说指天子之仓府。[6]“石”,容量单位。汉有大石、小石。一大石合1.66小石,约合今0.33市石,一小石合今0.2市石。

【译文】天下平定之后,高祖刘邦下令商人不得穿丝绸乘马车,并对他们加重征收赋税,以此来抑制、困辱他们。孝惠帝、高后当政时期,因天下开始安定,于是放松了限制商贾的法律,但商人的子孙依然不得供职于官府充任吏员,更谈不上做官。国家计算官吏的俸禄和官府的各项费用开支,据以向人民征收租赋。从国家所有和王侯封域内的山林河流湖泊苑囿及商业征收来的租税,则作为皇帝以至王侯各自的日常生活经费,不再列入国家财政税收的收支项内。由山东地区运到长安供应京师官府的粮食,每年不过几十万石。

至孝文时，荚钱益多，[1]轻，乃更铸四铢钱，其文为"半两"，令民纵得自铸钱。故吴，[2]诸侯也，以即山铸钱，富埒天子，其后卒以叛逆。邓通，[3]大夫也，以铸钱财过王者。故吴、邓氏钱布天下，而铸钱之禁生焉。

【注释】〔1〕"荚钱"，一种形如榆荚的小钱，重三铢。〔2〕"吴"，即吴王刘濞，西汉诸侯王。沛县（今江苏沛县）人，刘邦之侄。在封国内铸钱、煮盐，招揽亡人，扩充势力。景帝削藩时，他以"清君侧"为名，联合楚、赵等六国发动叛乱。不久兵败，为东越人所杀。事详《史记》、《汉书》本传。〔3〕"邓通"，西汉文帝时官上大夫，蜀郡南安（今四川乐山）人。初为黄头郎，后为文帝幸臣，受赐蜀郡严道铜山，许其即山铸钱。邓氏钱遍天下。景帝时免官，后穷困而死。事详《史记》、《汉书》《佞幸传》。

【译文】至孝文帝时，因为私人铸造的榆荚钱越来越多，分量轻（只重一铢），于是改铸四铢钱，钱上铭文为"半两"，但同时又下令百姓仍可以随意自由铸钱。所以，吴王不过是诸侯，因在封国内有铜山可就近开采铸钱，从而富拟天子，结果起来谋叛造反。邓通不过是大夫，也因为铸钱而财产超过诸侯王。由于吴、邓铸造的钱遍布天下，才产生了有关铸钱的禁令。

匈奴数侵盗北边，[1]屯戍者多，边粟不足给食当食者。于是募民能输及转粟于边者拜爵，爵得至大庶长。[2]

【注释】〔1〕"匈奴"，古代北方少数民族，胡族的一支。商、周时称为严允、荤粥（音 hūn yù）、战国时始称匈奴。以游牧为业。秦曾派蒙恬修长城以拒之。西汉武帝以前，经常侵扰西北、北方边郡。事详《史记》、《汉书》《匈奴传》。〔2〕"大庶长"，爵名，二十等爵制中的一个等级。商鞅变法时制订，汉代继承下来。二十等为：第一级公士、第二级上造、第三级簪袅（又称谋人）、第四级不更、第五级大夫、第六级官大夫、第七级公大夫、第八级公乘、第九级五大夫、第十级左庶长、第十一级右庶长、第十二级左更、第十三级中更、第十四级右更、第十五级少上造、第十六级大上造、第十七级驷车庶长、第十八级大庶长、第十九级关内侯、第二十级彻侯（通侯）。

【译文】匈奴屡次扰掠北方边郡，驻守这一地区的军队数量很多，边区的粮食不足以供应应当供应的人员。于是，政府招募百姓，凡能够捐献或转运粮食到边郡的，赐给爵位，最高可至大庶长。

孝景时，上郡以西旱，[1]亦复修卖爵令，[2]而贱其价以招民；及徒复作，[3]得输粟县官以除罪。益造苑马以广用，[4]而宫室列观舆马益增修矣。[5]

【注释】〔1〕"上郡"，汉郡名，辖境约相当今陕西北部及内蒙古乌审旗等地。〔2〕"卖爵令"，文帝时，晁错上书，建议实行"入粟拜爵，除罪"的办法。文帝前元十二年（公元前一六八年），下卖爵令。上造价六百石，递增至五大夫价四千石，大庶长价一万二千石。五大夫以上，免除家中一人徭役。〔3〕"徒复作"，徒是被判处徒刑、从事劳役的罪犯，刑期长短不等。复作亦称罚作，乃指轻罪罚作苦工一年者。或谓复作是在官府服役的女徒。也有人释复作为弛刑徒，即犯人免带刑具、不着囚服而服劳役者。〔4〕"苑马"，汉代在西北地区设牧师苑，养马以备军用。〔5〕"舆"，音 yú，车子。

【译文】孝景帝时，上郡以西地区发生旱灾，政府又重新修订卖爵令，并且降低纳粟标准，用以招徕人民；犯罪的刑徒和罚作也可以向政府交纳粮食赎罪。又增设苑囿养马，以扩充军用，而皇帝的宫室乘马车辆也日益增多了。

至今上即位数岁，[1]汉兴七十余年之间，国家无事，非遇水旱之灾，民则人给家足，都鄙廪庾皆满，[2]而府库余货财。京师之钱累巨万，贯朽而不可校。太仓之粟陈陈相因，[3]充溢露积于外，至腐败不可食。众庶街巷有马，阡陌之间成群，而乘字牝者傧而不得聚会。[4]守闾阎者食粱肉，为吏者长子孙，居官者以为姓号。故人人自爱而重犯法，先行义而后绌耻辱焉。当此之时，网疏而民富，役财骄溢，或至兼并豪党之徒，以武断于乡曲。宗室有土公卿大夫以下，[5]争于奢侈，室庐舆服僭于上，[6]无限度。物盛而衰，固其变也。

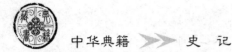

【注释】〔1〕"今上"，即汉武帝。 〔2〕"廪庾"，音 lǐn yǔ，廪为米仓，庾为露天积谷处。 〔3〕"太仓"，京城中谷仓。大司农属官有太仓令，主藏积谷。 〔4〕"字"，亦作"牸"，孳生。"字牝"，怀孕的母马。汉人骑乘重公马，轻贱母马。 〔5〕"有土"，指享有封地。 〔6〕"僭"，音 jiàn，旧称超越封建等级名分的行为。

【译文】到了当今皇上即位几年之际，汉朝建立七十多年之间，国家没有战事，除非遇到水旱灾害，百姓则家家衣食丰足。城市和乡村的仓库都堆满了粮食，国库里财货充裕。京城里储藏的铜钱累积上亿，串钱的绳子朽断，确数已点不清。太仓里陈粮上又堆积着陈粮，仓内塞满了只好露天堆放，甚至腐败了不能食用。大街小巷都有马，田野之上马匹成群，(大家爱骑公马，)乘母马的人被排斥不得参加人们的聚会。看守里门的人可以饭粱食肉，做官的人安守其位，在其任职期间儿孙都长大成人，有的官吏因为久居其职，就以官名为自己的姓或号。所以，人们都爱惜自己而惧怕犯法，崇尚礼义而鄙视和排斥耻辱的行为。在这个时候，法网疏漏而百姓富足，恃财骄纵，役使别人，大肆兼并土地的豪强地主，以威势横行乡里，欺压百姓。从有封地的宗室、政府高级官僚到下面的人，都竞相追求奢侈的生活，住宅房屋车马服饰逾越应有的等级规定，没有一个限度。事物兴盛之后转向衰败，这是固有的变化规律啊！

自是之后，严助、〔1〕朱买臣等〔2〕招来东瓯，〔3〕事两越，〔4〕江淮之间萧然烦费矣。唐蒙、〔5〕司马相如〔6〕开路西南夷，〔7〕凿山通道千余里，以广巴蜀，〔8〕巴蜀之民罢焉。彭吴贾灭朝鲜，置沧海之郡，〔9〕则燕齐之间靡然发动。〔10〕及王恢设谋马邑，〔11〕匈奴绝和亲，侵扰北边，兵连而不解，天下苦其劳，而干戈日滋。行者赍，〔12〕居者送，中外骚扰而相奉，百姓抏弊以巧法，〔13〕财赂衰耗而不赡。〔14〕入物者补官，出货者除罪，选举陵迟，〔15〕廉耻相冒，〔16〕武力进用，法严令具。兴利之臣自此始也。

【注释】〔1〕"严助"，本姓庄，后人避东汉明帝刘庄讳改。西汉会稽吴(今江苏苏州市)人。武帝时为中大夫，建元三年(公元前一三八年)，闽越攻

东瓯时，曾率兵救东瓯，又出使南越。后迁会稽太守。因与淮南王谋反事有牵连被杀。事详《汉书》本传。 〔2〕"朱买臣"，西汉会稽吴人。武帝时初为中大夫，迁会稽太守。曾与韩说等击破东越的叛乱，官至丞相长史，后被杀。事详《汉书》本传。 〔3〕"东瓯"，古代民族名。古越族的一支，亦称瓯越。秦汉时分布在今浙江南部瓯江、灵江流域。武帝初因遭闽越攻击，迁居今江、淮一带。事详《史记·东越传》、《汉书·两粤传》。 〔4〕"两越"，古代民族名，指南越和闽越。南越是古代南方越族的一支，也作南粤，大体分布在今广西、广东的南部和贵州的东南部。秦时在这里设置了象、桂林、南海三郡，秦末赵佗建立了南越国。武帝元鼎六年(公元前一一一年)灭南越国，置南海、苍梧、郁林、合浦、交趾、九真、日南、儋耳、珠崖等九郡。闽越是古越族的一支，分布在今福建和浙江南部。秦时属闽中郡，汉初封无诸为闽越王。武帝元鼎六年秋，无诸弟东越王余善反，被部将所杀。汉遣军吏将其民迁置江、淮间。事详《史记》《南越传》、《东越传》、《汉书·两粤传》。 〔5〕"唐蒙"，西汉人，武帝时番阳(今江西波阳东北)令。上书力主开通夜郎道，被任为中郎将。后开路二千余里，招夜郎侯归汉。汉于夜郎地设犍为郡。 〔6〕"司马相如"，西汉蜀郡成都(今四川成都)人。景帝时为武骑常侍，因病免。曾作《子虚赋》，为武帝赏识，又作《上林赋》，任为郎。后奉使西南夷，拜为中郎将。事详《史记》、《汉书》本传。 〔7〕"西南夷"，古代少数民族名，西夷和南夷的合称。汉时主要分布在今贵州的西部，云南的东部、中部、西部，四川的西部和西北部及西藏的东部。这些民族分为若干族属，语言、风俗不同，有的从事农业生产，有的过着游牧生活。详见《史记》、《汉书》本传。 〔8〕"巴蜀"，古地区名，大约相当于今四川大部。 〔9〕"沧海之郡"，武帝元朔元年(公元前一二八年)东夷秽君南闾等内附，汉于其地置沧海郡，辖境约当今朝鲜半岛北部。元朔三年罢废。 〔10〕"燕齐"，古地区名，指六国时燕、齐旧地，大致相当今辽宁中部、东部及泰山以北黄河流域及胶东半岛地区。 〔11〕"王恢"，西汉燕地人。数为边吏，熟知匈奴事。武帝时为大行(主管接待宾客办理外交的官员)，建元六年(公元前一三五年)曾率兵击东越。元光元年(公元前一三四年)上书言击匈奴，以马邑人聂翁壹诱匈奴入塞，汉兵三十余万伏于马邑旁山谷中。后单于发觉回兵，恢以故下狱，自杀。 〔12〕"赍"，音 jī，谓行人自带衣粮。〔13〕"抏弊"，音 wán bì，"抏"，同"玩"。玩弄作弊，为巧诈以避法令。 〔14〕"耗"，即"耗"字。〔15〕

"陵迟",原意为斜平,迤逦渐平状,引申为衰颓。
〔16〕"冒",欺骗。一说"冒"即"媢"字,妒忌。

【译文】 在此以后,严助、朱买臣等人招徕东瓯族内迁,江淮地区遭到骚扰,百姓烦劳,耗费巨大。唐蒙、司马相如开发西南夷地区,凿山开路一千多里,扩大了巴蜀地区的辖境,巴蜀的人民因此疲惫不堪。彭吴想通过开辟商路灭掉朝鲜,在沧海地区设了郡,致使燕齐地区普遍骚动。及至王恢设马邑之谋,匈奴断绝和亲,侵扰北边地区,兵连祸结而局势不可缓解,天下苦于徭役征发,干戈大动,战事越来越多了。出征士卒要自带衣粮,后方的劳力要转运粮饷,远近地区为支持战争都遭到骚扰。百姓只得玩弄手段以规避法令,财物因大量消耗而衣食越加不足了。向政府交纳物资的人可以做官,献出钱物的人可以除罪,选拔官吏的原则被败坏,廉洁和耻辱的观念被蒙混,单有武艺勇力的人就被任用,法令严格具体,专以谋利为务的官吏从此被重用了。

其后汉将岁以数万骑出击胡,〔1〕及车骑将军卫青〔2〕取匈奴河南地,〔3〕筑朔方。〔4〕当是时,汉通西南夷道,作者数万人,千里负担馈粮,率十余钟致一石,〔5〕散币于邛〔6〕僰〔7〕以集之。数岁道不通,蛮夷因以数攻,吏发兵诛之。悉巴蜀租赋不足以更之,乃募豪民田南夷,入粟县官,而内受钱于都内。〔8〕东至沧海之郡,人徒之费拟于南夷。又兴十万余人筑卫朔方,转漕甚辽远,自山东咸被其劳,费数十百巨万,府库益虚。乃募民能入奴婢得以终身复,为郎增秩,及入羊为郎,始于此。

【注释】 〔1〕"胡",泛指古代北方少数民族,这里指匈奴。〔2〕"卫青",西汉河东平阳(今山西临汾西南)人。武帝皇后卫子夫弟,为大将军,封长平侯。元朔二年(公元前一二七年)率兵出云中以西,击匈奴楼烦、白羊王,取河南地,汉设朔方郡。元狩四年(公元前一一九年),将五万骑出定襄,追至真颜山(今蒙古人民共和国境内杭爱山南面的一脉)赵信城而还。是后匈奴远遁,幕南无王庭。卫青一生七次大出击匈奴,为解除匈奴对边郡的威胁作出了贡献。事详《史记》、《汉书》本传。〔3〕"河南地",古地区名,今内蒙古黄河以南之地。〔4〕"朔方",西汉郡名,元朔二年(公元前一二七年)置,辖境相当于今内蒙古河套地区西北部及宁夏一部分地区。〔5〕"钟",古容量单位,一钟初为六石四斗,汉时一钟为十石(小石)。〔6〕"邛",古地名,西汉为临邛县,在今四川邛崃县。〔7〕"僰",音bó,古地名,西汉为犍为郡僰道县,治所在今四川宜宾市西南安边镇。〔8〕"都内",大司农属官有都内令,主管国库。

【译文】 此后,汉朝将领每年率领数万名骑兵出击胡人,到车骑将军卫青时,收复了被匈奴占据的河南地,修筑了朔方城。在这个时候,西汉用于开凿通西南夷道路的人有几万,为此,要从千里之内征集运输粮食,大约十钟粮食运到时只剩下一石。无奈,只好发散钱币在邛僰一带购集。几年之后道路还没有开通,少数民族因此屡次进攻,官府派兵镇压反叛,把巴蜀地区全部的租赋拿出来也不够偿付军费开支。不得不再招募豪强在南夷地区开垦土地,交纳粮食给政府,从都内领取钱币。为在东部沧海地区设郡,人力费用与开通南夷地区大抵相当。又征发十几万人修筑、守卫朔方城,从遥远的地方转运粮食,山东直至关中都为此付出艰巨的劳作,花费了数十以至数百亿的钱财,国库日益空虚。于是又向民间募集:能献出奴婢的人可以终身免除徭役,已经是郎官的增加秩等。献羊的可以为郎的规定,也是从这时开始的。

其后四年,而汉遣大将将六将军,军十余万,击右贤王,〔1〕获首虏万五千级。明年,大将军将六将军仍再出击胡,得首虏万九千级。捕斩首虏之士受赐黄金二十余万斤,虏数万人皆得厚赏,衣食仰给县官;而汉军之士马死者十余万,兵甲之财转漕之费不与焉。于是大农陈藏钱经耗,赋税既竭,犹不足以奉战士。有司言:"天子曰:'朕闻五帝之教不相复而治,禹汤之法不同道而王,所由殊路,而建德一也。北边未安,朕甚悼之。日者,大将军攻匈奴,斩首虏万九千级,留蹛无所食。〔2〕议令民得买爵及赎禁锢免减罪。'请置赏官,命曰武功爵。〔3〕级十七万,凡直三十余万金。诸买武功爵官首者试补吏,先除;千夫如五大夫;其有罪又减二等;爵得至乐卿;以显军功。"军功多用越等,大者封侯卿大夫,小者郎吏。吏道杂而多

端,则官职耗废。

【注释】〔1〕"右贤王",匈奴族官名。单于之下设左贤王、右贤王,各有辖区及官属,右贤王地位略高于左贤王。　〔2〕"驷",音 dài,通"滞",停滞。〔3〕"武功爵",武帝元朔五年(公元前一二四年)置,分为十七级。第一级造士,第二级闲舆卫,第三级良士,第四级元戎士,第五级官首,第六级秉铎,第七级千夫,第八级乐卿,第九级执戎,第十级左庶长(一说为政戾庶长),第十一级军卫,余不可考。第八级以下可以买卖,九级以上专以奖军功。与旧二十等爵并行,不久废。

【译文】在这以后第四年(元朔五年),汉朝派大将军卫青带领六将军和十几万士兵,出击匈奴右贤王,杀死敌人一万五千人。第二年,大将军卫青率领六将军再出击匈奴,歼灭敌人一万九千人。朝廷赐给抓获和消灭敌人的士兵黄金二十多万斤,投降的几万名匈奴人都得到优厚的赏赐,这些人的日常生活都由政府供应,而汉军损失十几万士兵战马,武器装备和供应粮食的费用尚未计在内。大农府库中旧藏的钱支出告罄,全部赋税用于军事开支,还不足以供应士兵。有关部门宣布:"天子说:'我听说五帝的作法不一,都能治理好国家,禹汤的法令不同,都能称王于天下,所经历的不是同一途径,但建立的功德是一样的。北方边地至今没有安定,朕非常关切。前此,大将军进攻匈奴,消灭敌人一万九千名,部队屯守在边地,却没有粮食充饥。请主管部门讨论决定,民众得以买爵位和出钱赎免禁锢及减轻处罚。'我们商议的结果是:请设置赏官,名叫'武功爵',分十一级,第一级起点为十七万钱,以上每一级递加三万钱,共值三十七万钱。那些买武功爵第五级'官首'的人可以试用,充任吏职,官职有空缺时先加任命;第七级'千夫'相当于二十级爵制的'五大夫',可以免徭役,补吏不必先经试用,有罪可以减二等。平民百姓最高可以买到第八级爵'乐卿',用爵位来褒奖军功。"军功多的越等授爵,大的封侯或授职卿大夫,小的为郎或为吏。这样一来,任用官吏的途径杂而且滥,官职冗乱,形同虚设了。

自公孙弘以《春秋》之义绳臣下取汉相,〔1〕张汤用峻文决理为廷尉,〔2〕于是见知之法生,〔3〕而废格〔4〕沮诽〔5〕穷治之狱用矣。其明年,淮南、〔6〕衡山、〔7〕江都王谋反迹

见,〔8〕而公卿寻端治之,竟其党与,而坐死者数万人,长吏益惨急而法令明察。

【注释】〔1〕"公孙弘",西汉齐淄川国(大致相当于今山东淄博市及寿光、益都等县部分地区)薛县人。武帝元光五年(公元前一二八年)拜为博士,出使西南夷。元朔三年(公元前一二六年)为御史大夫,后迁为丞相,封平津侯。事详《史记》、《汉书》本传。　〔2〕"张汤",西汉杜陵(今陕西西安市东南)人。武帝时任廷尉、御史大夫等职,谙熟律令,执法严酷。曾建议铸白金及五铢钱,并制订"告缗令",后因统治集团内部倾轧自杀。事详《史记·酷吏传》、《汉书》本传。　〔3〕"见知",汉律罪名一种,谓官吏知他人有罪不举劾,应按"故纵"论处。〔4〕"废格",汉律罪名一种,谓搁置皇帝诏令不执行。　〔5〕"沮诽",汉律罪名。诽为诽谤罪。沮为阻止、败坏罪。司马迁以欲阻(注曰败坏)贰师下狱,是有"沮"之罪。义纵捕杨可使者,以"废格沮事,罪弃市",是"沮事"为阻止之意。　〔6〕"淮南",即西汉皇族刘安,系刘邦孙,孝文帝十六年封淮南王。武帝元狩元年(公元前一二二年)因谋反自杀国除。　〔7〕"衡山",即西汉皇族刘赐,系刘邦孙,刘安兄弟。武帝元狩元年冬,因谋反自杀。〔8〕"江都王",即西汉皇族刘建,景帝孙。元狩二年(公元前一二一年)以谋反事自杀。

【译文】自从公孙弘宣扬《春秋》的义理,作为臣下行为准则而被任命为丞相,张汤以严刑酷法任职廷尉以后,于是有"见知"的法令产生,而以"废格"、"沮事"、"诽谤"等罪名兴起大狱,广为株连。第二年(元狩元年),淮南王刘安、衡山王刘赐、江都王刘建谋反事败露,执法官员寻找种种事端来审理与此案有关的人,将其党羽搜罗殆尽,牵连被杀的达几万人,官吏执法更加惨酷促迫,而法令更加明细严密。

当是之时,招尊方正、贤良、文学之士,〔1〕或至公卿大夫。公孙弘以汉相,布被,食不重味,为天下先。然无益于俗,稍骛于功利矣。〔2〕

【注释】〔1〕"方正、贤良、文学",汉代选拔官吏的科目。文帝时曾诏"举贤良方正能直言极谏者"。武帝时始由丞相、列侯、刺史、守相等推举,经

过考核后任以官职。 〔2〕"骛",音 wù,追求。

【译文】在这个时候,政府大力延揽方正、贤良、文学之士,有的被任为公卿大夫。公孙弘身为汉朝丞相,床上用的是麻布缝制的被子,每餐只有一个菜,生活俭朴是全国最突出的。但并不能改变世俗奢靡的风气。倒是从另外方面逐渐发生了影响:更使人们争取用种种方法去追求功利了。

其明年,骠骑仍再出击胡,〔1〕获首四万。其秋,浑邪王率数万之众来降,〔2〕于是汉发车二万乘迎之。既至,受赏,赐及有功之士。是岁费凡百余巨万。

【注释】〔1〕"骠骑",即骠骑将军霍去病,西汉河东平阳人。武帝元狩二年(公元前一二一年),将万骑出陇西击匈奴,杀匈奴折兰王、卢胡王,收休屠王祭天金人,汉收取河南地。元狩四年(公元前一一九年),将五万骑出代,封狼居胥山(在今内蒙古克什克腾旗西北至阿巴嘎旗一带),禅于姑衍,登临翰海而还。是后匈奴远遁,不复大举入塞。霍去病一生六次大出击匈奴,为解除匈奴对汉的威胁作出了贡献。 〔2〕"浑邪王",匈奴族首领。武帝元狩元年(公元前一二一年)秋,杀匈奴休屠王降汉。汉置其众于边境五郡故塞外,因其故俗为五属国。

【译文】第二年(元狩二年),骠骑将军霍去病再次出击匈奴,杀敌四万。当年秋天,匈奴浑邪王率几万名部众归附汉朝,于是汉发动二万辆车去迎接。这些人到达之后,遍受赏赐,连同有功人士也受到厚赏。当年支出达到一百多亿钱。

初,先是往十余岁河决观,〔1〕梁楚之地固已数困,〔2〕而缘河之郡堤塞河,辄决坏,费不可胜计。其后番系欲省底柱之漕,〔3〕穿汾、河渠以为溉田,作者数万人;郑当时为渭漕渠回远,〔4〕凿直渠自长安至华阴,作者数万人;朔方亦穿渠,作者数万人;各历二三期,〔5〕功未就,费亦各巨万十数。

【注释】〔1〕"观",古地名,大约相当于今河南清丰县附近。 〔2〕"梁楚",古地名,相当于今河南东部和安徽北部。 〔3〕"底柱之漕",底柱即砥柱山,故址在今河南三门峡市东黄河中,今已不存。

番系为武帝时河东太守,曾上书建议开渠引汾水、河水灌溉今山西临汾、运城地区,并以该地产粮经渭河运到长安,以省却由山东经黄河运粮到关中。事详《史记·河渠书》。 〔4〕"郑当时",西汉陈(今河南淮阳)人。景帝时为太子舍人,好黄老之学。武帝时为大农令。元光中河决瓠子,塞治无效,上书建议引渭水自长安至河修渠,以省漕运之时。水工徐伯负责此项工程,自长安傍秦岭而下,历三年竣工。渠成后,便利漕运,广溉民田。事详《史记》、《汉书》本传。 〔5〕"期",音 jī,一周年为一期。

【译文】原先,黄河在以往十几年中在观县决口,梁楚地方已经数次受灾,而沿河各郡筑堤堵塞决口,总是辄塞辄毁,花费钱财之多无法计算。此后,番系计划省却漕运路线中经过三门峡砥柱山的那段,开凿了渠道,引汾河、黄河水灌溉土地,从事这项工程的劳动力有几万人。郑当时也认为经由渭水运粮,路途迂回遥远,开凿了从长安到华阴的直渠,投入几万名民工。朔方郡也普遍开挖沟渠,有数万人劳作。这些工程经过两三年尚未竣工,工程开支各项都达到十几亿。

天子为伐胡,盛养马,马之来食长安者数万匹,卒牵掌者关中不足,〔1〕乃调旁近郡。而胡降者皆衣食县官,〔2〕县官不给,天子乃损膳,解乘舆驷,出御府禁藏以赡之。〔3〕

【注释】〔1〕"关中",古地区名。秦汉时称函谷关以西为关中。 〔2〕"县官",这里指封建政府。 〔3〕"御府禁藏",天子之所用所为称御,所居称禁,这里指皇帝的储蓄。

【译文】皇上为了讨伐匈奴,大力提倡养马,在长安饲养的马达几万匹,管理马匹的士卒从关中地区抽调尚嫌不足,更征调到附近郡县。归降的匈奴人都由政府负责供应衣食,政府无力负担,天子只好节省自己的膳食,缩减御用的车马,拿出内库的私蓄来供养他们。

其明年,山东被水灾,民多饥乏,于是天子遣使者虚郡国仓廥以振贫民。〔1〕犹不足,又募豪富人相贷假。尚不能相救,乃徙贫民于关以西,〔2〕及充朔方以南新秦中,〔3〕七十

余万口,衣食皆仰给县官。数岁,假予产业,使者分部护之,冠盖相望。其费以亿计,不可胜数。

【注释】〔1〕"廥",音 kuài,堆放柴草的房舍,这里借指储藏。〔2〕"关",指函谷关,战国秦置,故址在今河南灵宝县东北。西汉武帝元鼎三年(公元前一一四年),徙关于今河南新安县东。〔3〕"新秦中",古地区名,即河南地,在今内蒙古河套一带。

【译文】第二年(元狩三年),山东地区遭受特大水灾,百姓多数饥寒交迫,于是皇上派遣使者将郡国的粮食储备全部用于赈济贫民,尚不够,又从豪富人家借粮给贫民。这样还不够救济全部饥民,政府只得将贫民迁徙到关西地区,并将其中七十多万人充实朔方郡以南新秦中地区,衣食之需都仰赖政府。数年之间,国家借贷给土地、农具、种子等生产资料,并派使者分区保护,使者们冠盖相望,往来不绝。为此耗费了以亿计的资财,全部费用不可胜数。

于是县官大空,而富商大贾或驱财役贫,转毂百数,〔1〕废居居邑,〔2〕封君皆低首仰给。冶铸煮盐,财或累万金,而不佐国家之急,黎民重困。于是天子与公卿议,更钱造币以赡用,而摧浮淫并兼之徒。是时禁苑〔3〕有白鹿而少府多银锡。〔4〕自孝文更造四铢钱,至是岁四十余年,从建元以来,〔5〕用少,县官往往即多铜山而铸钱,民亦间盗铸钱,不可胜数。钱益多而轻,物益少而贵。有司言曰:"古者皮币,诸侯以聘享。金有三等,黄金为上,白金为中,〔6〕赤金为下。〔7〕今半两钱法重四铢,〔8〕而奸或盗摩钱里取鋊,〔9〕钱益轻薄而物贵,则远方用币烦费不省。"乃以白鹿皮方尺,缘以藻绩,〔10〕为皮币,直四十万。王侯宗室朝觐聘享,〔11〕必以皮币荐璧,然后得行。

【注释】〔1〕"毂",音 gǔ,车轮中心的圆木,也代称车轮。"转毂",指车辆。〔2〕"废居居邑",旧无确解,有几种说法:一、废指贱物,居为贮藏,谓居贱物于邑中,待其价贵出售。二、废同发,为出售,居为停积,谓随价起落或卖或贮。三、居邑为居谷

于邑。〔3〕"禁苑",本泛指天子苑囿,这里指上林苑。〔4〕"少府",古官署名,秦汉时为九卿之一,掌山海池泽收入和皇室手工业制造。〔5〕"建元",汉武帝年号,建元元年为公元前一四〇年。〔6〕"白金",即银。〔7〕"赤金",即铜。〔8〕"铢",古重量单位名称,二十四铢为一两,汉时一铢约合今 0.65 克。〔9〕"盗摩钱里取鋊","鋊",音 róng,铜屑。磨铜钱背面以盗取得铜屑,更铸私钱。〔10〕"绩",通"绘",绘画。〔11〕"朝觐聘享",诸侯于正月和秋季面见皇帝称为朝觐,向天子、宗庙贡献称为聘享。

【译文】国库空虚,财政匮乏,已到了最严重的程度,但大商富贾有的却乘机垄断财货役使穷人,用于经商运输货物的车子有几百辆之多,买贱卖贵,囤积居奇,投机倒把,放债收息,甚至连封君也都俯首帖耳,仰仗他们的资助。商人们冶铁铸钱煮盐,有的财产累计达万金,但不愿帮助国家解决财政危机,百姓生活更加困苦。有鉴于此,天子与公卿商议,决定变更币制,制造新币以补充国用,并借此打击从事商业活动来兼并土地的人。当时上林苑里有白鹿,少府有很多银锡。自孝文帝改行四铢钱,到这一年已经四十多年。从武帝建元以来,因为财用不敷,政府往往在产铜多的矿山开采铸钱,百姓也有人暗地里私自铸钱的,这些货币多得无法计算。铸钱越多分量却越轻,物资越少而价格就越贵。主管部门于是宣布:"古代的皮币,诸侯用来行聘享之礼。金有三个等级,黄金是上等,白金是中等,赤金(铜)是下等。现在半两钱法令规定每枚重四铢,而奸猾之徒暗地盗磨钱背面无文处的铜屑以铸币,钱币分量越来越轻,而且变薄,物价很贵,到较远的地方去采购物资,使用货币就十分麻烦,很不经济。"现在用边长一尺的正方形白鹿皮,四周画上彩色花纹,制成皮币,价值四十万,王侯和宗室成员行朝觐聘享之礼时,必须以皮币衬在贡献的玉璧下面,才能通行。

又造银锡为白金。以为天用莫如龙,地用莫如马,人用莫如龟,故白金三品:其一曰重八两,圜之,其文龙,名曰"白选",直三千;二曰以重差小,方之,其文马,直五百;三曰复小,撱之,〔1〕其文龟,直三百。令县官销半两钱,更铸三铢钱,文如其重。〔2〕盗铸诸金钱罪皆死,而吏民之盗铸白金者不可胜数。

【注释】〔1〕"撬之",铸成长方形,去掉四角。一说铸成椭圆形。 〔2〕"文如其重",钱上铸的字和重量(三铢)一致。

【译文】又将银锡合在一起,铸造成"白金"。当时认为天用龙纹最适当,地用马纹最适当,人用龟纹最适当,所以制造了三等白金币:第一等重八两,为圆形,花纹为龙形,叫作"白选",价值三千钱。第二等分量稍轻,方形,花纹为马形,价值五百钱。第三等分量又轻一些,为椭圆形,花纹为龟形,价值三百钱。下令官府销毁半两钱,重铸三铢钱,钱上的铭文与重量一致。偷铸诸种金钱都要被判死罪,但实际上官吏百姓偷铸白金的人依然很多。

于是以东郭咸阳、孔仅为大农丞,〔1〕领盐铁事;桑弘羊以计算用事,〔2〕侍中。咸阳,齐之大煮盐,孔仅,南阳大冶,皆致生累千金,故郑当时进言之。弘羊,雒阳贾人子,以心计,年十三侍中。故三人言利事析秋豪矣。

【注释】〔1〕"大农丞",古职官名,为大农令副职,掌国家租税钱谷盐铁及财政收支等事。 〔2〕"桑弘羊",西汉洛阳(今河南洛阳市东)人。出身商人家庭,年十三侍中。武帝时任治粟都尉,领大司农。制订并实行盐铁酒专卖政策,推行平准、均输等经济措施。主张积极抵抗匈奴的侵扰,组织屯垦边郡。昭帝始元六年(公元前八一年),于讨论国是的盐铁会议上坚持盐铁官营政策,次年被控参与谋反遇害。

【译文】于是任命东郭咸阳、孔仅为大农丞,管理盐铁官营的事务。桑弘羊因为善于计算,以皇帝身旁的侍中的身份而备受重用。咸阳是齐地的大盐商,孔仅是南阳地方的大冶铁商,都经营致富家财千金,所以郑当时向皇帝推荐他们。弘羊是雒阳商人的儿子,因心算迅捷,十三岁就作了侍中。因此这三个人讨论谋利的事情无微不至,真达到能把一根毫芒分剖到两半的地步。

法既益严,吏多废免。兵革数动,民多买复及五大夫,征发之士益鲜。于是除千夫五大夫为吏,不欲者出马;故吏皆适令伐棘上林,〔1〕作昆明池。〔2〕

【注释】〔1〕"上林",古苑名,秦时始建,汉初废弃,武帝时重修。方圆二百余里,苑内放养禽兽,并建有离宫别馆数十处。故址在今陕西西安市西及周至、户县界。 〔2〕"昆明池",汉元狩三年(公元前一二〇年)开凿,"周四十里"。故址在今陕西西安市西南斗门镇东南。

【译文】法令日趋严密,官吏多因此被废职罢免。战争屡次发生,百姓为了逃避徭役征发,纷纷买爵至五大夫,能够征发的士兵越来越少。于是政府征召有"千夫"、"五大夫"爵位的人为吏,不愿任职的出马匹,被免职的以前的官吏都谪发在上林苑除草,或开挖昆明池。

其明年,大将军、骠骑大出击胡,得首虏八九万级,赏赐五十万金,汉军马死者十余万匹,转漕车甲之费不与焉。是时财匮,战士颇不得禄矣。

有司言三铢钱轻,易奸诈,乃更请诸郡国铸五铢钱,周郭其下,令不可磨取鋊焉。

大农上盐铁丞孔仅、咸阳言:"山海,天地之藏也,皆宜属少府,陛下不私,以属大农佐赋。愿募民自给费,因官器作煮盐,官与牢盆。〔1〕浮食奇民欲擅管山海之货,以致富羡,役利细民。其沮事之议,不可胜听。敢私铸铁器煮盐者,釱左趾,〔2〕没入其器物。郡不出铁者,置小铁官,便属在所县。"使孔仅、东郭咸阳乘传举行天下盐铁,作官府,除故盐铁家富者为吏。吏道益杂,不选,而多贾人矣。

【注释】〔1〕"牢盆",盆谓煮盐用的大铁盆。牢谓所给雇值。牢盆即官府提供煮盐器,并付给煮盐工价之意。 〔2〕"釱",音 dì,古代刑具,以铁为之,类似后世脚镣。

【译文】第二年(元狩四年),大将军卫青、骠骑将军霍去病率大队人马出击匈奴,杀敌八九万人,国家赏赐五十万金,汉军损失马匹十九万,运粮和军事装备费用尚不计在内。当时,因为财政困难,战士经常领不到俸禄。

主管部门认为三铢钱分量轻,容易被伪造,就请求下令诸郡国改铸五铢钱,在钱两面都铸有凸起

的一圈钱唇,以防被磨取铜屑。

大农奏上盐铁丞孔仅、东郭咸阳的建议说:"山林海泽,是天地的宝藏,都应该属少府所管,供皇室支用。只是因为陛下无私,才归属大农以补充赋税收入。希望能招募百姓,自筹资金,用政府的器具煮盐,由政府提供铁锅和支付工值。而一些不劳而食的贵族豪民,想垄断山海资源,因以致富,并驱使利用小民,他们一定会有阻止官营的议论,切不能听从。请以法令规定:有敢于私自铸造铁器煮盐的人,处以'釱左趾'之刑,没收其生产工具。不出铁的郡,设置小铁官,属所在县管辖。"朝廷即派孔仅、东郭咸阳乘着驿车巡行天下,视察各盐铁产地,设置官府,任用过去的盐铁富商为吏。选官的途径因此更杂乱,不再经过选拔,商人做官的更多了。

商贾以币之变,多积货逐利。于是公卿言:"郡国颇被灾害,贫民无产业者,募徙广饶之地。陛下损膳省用,出禁钱以振元元,[1]宽贷赋,而民不齐出于南亩,商贾滋众。贫者畜积无有,皆仰县官。异时算轺车贾人缗钱皆有差,[2]请算如故。诸贾人末作贳贷卖买,居邑稽诸物,及商以取利者,虽无市籍,[3]各以其物自占,率缗钱二千而一算。诸作有租及铸,率缗钱四千一算。非吏比者三老、北边骑士,轺车以一算;商贾人轺车二算;船五丈以上一算。匿不自占,占不悉,戍边一岁,没入缗钱。有能告者,以其半畀之。[4]贾人有市籍者,及其家属,皆无得籍名田,以便农。敢犯令,没入田僮。"

【注释】[1]"元元",谓民众,庶民。 [2]"算轺车贾人缗钱",武帝元狩四年(公元前一一九年),下令增算缗钱。凡商人、高利贷者都必须向政府申报财产,每二千钱纳税一算(百二十钱;以前每千钱出二十钱),经营手工业者,每四千钱纳一算。轺车(一种一匹马拉的轻便车)一辆纳一算,商人的轺车一辆纳两算。船长五丈(约合今11.55米。以一尺等于23.1厘米计)以上一算。 [3]"市籍",经官府准许在特定的市区内置店铺营业的商人的名籍。汉时实行里(住宅区)市(商业区)分设的制度,市区限定设在规定的地方,商人在此营业必须向官府注册登记,即入市籍,交纳一定数量的租金,即市籍租。 [4]"畀",音 bì,给与。

【译文】商人乘币制变更之际,多囤积货物以牟厚利。于是公卿们进言:"有很多郡国受灾,贫民因此失去产业,应招募他们迁到土地广阔肥沃的地区。陛下减少伙食,节省费用,拿出禁中的钱赈济灾民。放宽借贷的利息期限,减免赋税,但农民并未全都下田生产,经商的人越来越多。贫民没有积蓄,全靠政府救济。早些时候政府下令按比例征收轺车和商人的财产税,请继续征收,而提高其税率:凡是市内的坐贾、往来贩运的行商和高利贷者、囤积货物以赢利者,即使不在市籍之内,也须各自以所有的财物向官府申报,按二千钱一算的比例交税。经营手工业和铸造业的,按四千钱一算的比例征收。不享受官吏待遇的三老、北方边区骑士,轺车一辆纳一算,商人则每辆纳二算,船长五丈以上纳一算。匿财不报、自报不实者,罚戍边一岁,没收所有钱财。有能告发的,以其告发者财产之半奖励。商人有市籍的及其家属,都不许占有田地,以便利农民,有敢于犯令的,政府没收他们的耕地和僮奴。"

天子乃思卜式之言,召拜式为中郎,[1]爵左庶长,[2]赐田十顷,布告天下,使明知之。

【注释】[1]"中郎",古职官名,属郎中令,充皇帝近侍。 [2]"左庶长",爵名,为二十等爵的第十等。

【译文】于是,天子想起以前卜式的话,就召卜式来朝,任为中郎,赐爵左庶长、田十顷。并向天下宣布,让百姓都知道有卜式这样的人。

初,卜式者,河南人也,以田畜为事。亲死,式有少弟,弟壮,式脱身出分,独取畜羊百余,田宅财物尽予弟。式入山牧十余岁,羊致千余头,买田宅。而其弟尽破其业,式辄复分予弟者数矣。是时汉方数使将击匈奴,卜式上书,愿输家之半县官助边。天子使使问式:"欲官乎?"式曰:"臣少牧,不习仕宦,不愿也。"使问曰:"家岂有冤,欲言事乎?"式曰:"臣生与人无分争。式邑人贫者贷之,不善者教顺之,所居人皆从式,式何故见冤于人!无所欲言也。"使者曰:"苟如此,子何欲而然?"式曰:"天子诛匈奴,愚以为贤

者宜死节于边,有财者宜输委,如此而匈奴可灭也。"使者具其言入以闻。天子以语丞相弘。弘曰:"此非人情。不轨之臣,不可以为化而乱法,愿陛下勿许。"于是上久不报式,数岁,乃罢式。式归,复田牧。岁余,会军数出,浑邪王等降,县官费众,仓府空。其明年,贫民大徙,皆仰给县官,无以尽赡。卜式持钱二十万予河南守,以给徙民。河南上富人助贫人者籍,天子见卜式名,识之,曰:"是固前而欲输其家半助边。"乃赐式外繇四百人。[1]式又尽复予县官。是时富豪皆争匿财,唯式尤欲输之助费。天子于是以式终长者,故尊显以风百姓。

【注释】[1]"外繇",人民应繇役戍边为外繇。按规定每人每年戍边三日,但实际上不可能每人每年都远道去边三天即还,去的人至少留住一年。不去者则每年出钱三百作为戍边者开支的来源之一。这三百钱谓之过更或更赋。四百人外繇合钱十二万。

【译文】卜式是河南地方人,原以耕田放牧为业。父母死后,他有年幼的兄弟。等到兄弟长大成人之后,卜式分家不计自己的份额,只留下一百多只羊,余下的田地房屋财物都给了兄弟。卜式到山里放了十几年羊,羊群繁殖到一千多头,又买了田地房屋。但兄弟家业全都破产了,卜式又把田产分给他,如此有多次。正当朝廷几次派将率军兵出击匈奴之时,卜式给皇帝上书,愿献出一半家产给政府以助边事之用。天子派使者问卜式:"你想当官吗?"卜式回答说:"我从小放羊,不熟悉做官,不愿意。"使者又问:"你家里有冤枉要诉说吗?"他回答道:"我平生与别人没有发生过纠纷。同乡的穷人我借钱物给他们,有恶习的教育他们学好,邻居们都听从我,我为什么会被人冤枉?没有什么要诉说的。"使者问:"果真是这样,您希望作什么呢?"卜式说:"天子打击匈奴,我以为贤良的人应该战死疆场,有钱的人应该贡献财物,只有这样,匈奴才可能被消灭。"使者把他的话详细上报给皇帝。天子将此事告诉了丞相公孙弘。公孙弘说:"这不是人之常情,恐怕是另有图谋不守法度之人,不能以他作榜样教化民众,而致乱了法令,请您不要准许。"这样搁置下来,很久没有回答卜式。过了几年,卜式上书的事遂作罢。卜式回到乡里,依旧耕田放牧。

过了一年多,正赶上军队数次出动,匈奴浑邪王投降,国家花费巨大,仓库储蓄用尽。第二年(元狩三年),大批贫民迁徙,生活全靠政府,政府不能全部供给。卜式拿出二十万钱交给河南郡守,用于迁徙的贫民。河南郡向中央上报富人帮助穷人的名单,天子见到了卜式的名字,记起了他。说:"这个人以前曾坚决要求贡献半数家产补助军费。"决定给予嘉许。于是赐卜式外繇四百人的代更钱(即十二万钱)。卜式又将钱全部献给国家。当时,有钱的人都争相隐瞒自己的财产,只有卜式积极贡献钱财。天子这才认为卜式真正是品德高尚的人,所以大加尊敬和表扬,借以教育百姓。

初,式不愿为郎。上曰:"吾有羊上林中,欲令子牧之。"式乃拜为郎,布衣蹻而牧羊。[1]岁余,羊肥息。上过见其羊,善之。式曰:"非独羊也,治民亦犹是也。以时起居;恶者辄斥去,毋令败群。"上以式为奇,拜为缑氏令试之,[2]缑氏便之。迁为成皋令,[3]将漕最。上以为式朴忠,拜为齐王太傅。[4]

【注释】[1]"蹻",音 jué,草鞋。〔2〕"缑氏",县名,治所在今河南偃师东南。"令",古职官名,即县令。〔3〕"成皋",县名,治所在今河南荥阳汜水镇。〔4〕"齐王",武帝子刘闳。"太傅",古职官名,负责辅导诸侯王。

【译文】最初,卜式不愿为郎。皇帝说:"我在上林苑养了羊,想让您去放牧。"卜式才接受了官职,穿着麻布衣草鞋去放羊。经过一年多,羊都长得很肥壮而且数量增多。皇帝从这里经过见到羊群,认为卜式干得很不错。卜式说:"不单是放羊,治理民众也是这样,按时起居,不好的立即清除,不要让它带坏一群。"皇帝认为卜式的话很新奇,就让他做缑氏县令以试其材,由于苛扰较少,果然缑氏县的人民都很感便利。又转任成皋县令,管理水路运输名列第一。皇帝认为卜式是朴实忠厚的人,就让他作了齐王太傅。

而孔仅之使天下铸作器,三年中拜为大农,列于九卿。[1]而桑弘羊为大农丞,管诸会计事,稍稍置均输以通货物矣。

【注释】〔1〕"九卿",古代九种中央官职的总称。秦汉时九卿为:奉常(景帝时改太常,掌宗庙礼仪)、郎中令(武帝时改光禄勋,掌宫殿门户)、卫尉(掌门卫)、太仆(掌舆马)、廷尉(掌刑辟)、典客(后改大鸿胪,掌外事)、宗正(掌皇族名籍)、治粟内史(大司农,掌国家财政)、少府(掌皇室收支)。

【译文】孔仅在全国推行铁器官营,三年中升任大农,位列九卿之一。桑弘羊正式出任大农丞,管理各项会计核算的事宜,在小范围内试办均输以流通货物。

始令吏得入谷补官,郎至六百石。

自造白金五铢钱后五岁,赦吏民之坐盗铸金钱死者数十万人。其不发觉相杀者,不可胜计。赦自出者百余万人。然不能半自出,天下大抵无虑皆铸金钱矣。犯者众,吏不能尽诛取,于是遣博士褚大、徐偃等分曹循行郡国,举兼并之徒守相为利者。而御史大夫张汤方隆贵用事,减宣、〔1〕杜周等为中丞,〔2〕义纵、〔3〕尹齐、〔4〕王温舒等用惨急刻深为九卿,〔5〕而直指夏兰之属始出矣。〔6〕

【注释】〔1〕"减宣",西汉杨(今山西洪洞)人。武帝时任御史中丞近二十年,执法严酷,后以罪自杀。事详《史记》、《汉书》《酷吏传》。〔2〕"杜周",西汉南阳杜衍(今河南南阳市西南)人。武帝时任御史中丞,秉承皇帝旨意断狱,牵连甚广,后迁御史大夫。事详《史记》、《汉书》《酷吏传》。〔3〕"义纵",西汉河东(今山西西南)人。武帝时为长陵及长安令,执法不避贵戚。后迁定襄太守,所在打击豪强,地方称治。后以抵制告缗被杀,事详《史记》、《汉书》《酷吏传》。〔4〕"尹齐",西汉东郡茌平(今山东茌平南)人。武帝时为中尉,敢于惩处不法权贵。事详《史记》、《汉书》《酷吏传》。〔5〕"王温舒",西汉阳陵(今陕西高陵西南)人。武帝时为河内太守,任内大力削弱地方豪强势力。迁中尉,后以罪自杀。〔6〕"直指",古职官名,即直指绣衣使者,又称绣衣使者。武帝末年为镇压各地农民起义而置,由侍御史充任,衣绣衣,持节,有权诛杀镇压不力者,不常置。

【译文】开始下令已试为吏者可以献粟实授官职,范围是从郎官到六百石的官员。

自从铸造白金币和五铢钱以来的五年中,因偷铸金钱而犯罪的官吏和百姓适逢大赦而免死的有几十万人。未被官府发觉的盗铸者互相火并斗杀的不计其数。赦免自首的有一百多万人,然而自首的不能至半数,不敢自首的比自首的人还多。天下人差不多都在铸金钱了。犯法的人众多,官吏不能全部捕杀,于是派博士褚大、徐偃等分批巡行地方郡国,检举那些兼并土地、营私牟利的郡守、王国相等地方官。这时御史大夫张汤正受宠信掌权,减宣、杜周等任职中丞,义纵、王温舒等因为执法严酷而位列九卿,监察地方司法的"直指"官夏兰之流也就出现了。

而大农颜异诛。初,异为济南亭长,以廉直稍迁至九卿。上与张汤既造白鹿皮币,问异。异曰:"今王侯朝贺以苍璧,直数千,而其皮荐反四十万,本末不相称。"天子不说。张汤又与异有卻,及有人告异以它议,事下张汤治异。异与客语,客语初令下有不便者,异不应,微反唇。汤奏当异九卿见令不便,不入言而腹诽,论死。自是之后,有腹诽之法比,〔1〕而公卿大夫多诡谀取容矣。

【注释】〔1〕"比",即决事比,一种具有法律效力的判例。

【译文】大农颜异在此期间被诛。当初,颜异是济南亭长,因为廉洁正直升任九卿。皇帝与张汤决定制作白鹿皮币,询问他的意见。他说:"现在王侯到京城朝见拜贺用的是苍色的玉璧,价值不过数千,但皮衬反而价值四十万,是本末不相当。"皇帝听了之后不高兴。张汤和颜异平素有隙,等到有人告发颜异别的事情,正好由张汤审理此案。以前,颜异曾和客人谈话,客人议论新颁布的诏令有不合适的地方,颜异没有回答,只是微露反唇相讥之意。张汤上奏颜异身为九卿,见法令不宜不提出自己的意见而在腹中诽谤,罪当处死。自此,有了"腹诽"这一死罪决事比,而公卿大夫多半诡媚奉迎以保自身了。

天子既下缗钱令而尊卜式,百姓终莫分财佐县官,于是告缗钱纵矣。

郡国多奸铸钱,钱多轻,而公卿请令京师铸钟官赤侧,一当五,赋官用非赤侧不得

行。白金稍贱,民不宝用,县官以令禁之,无益。岁余,白金终废不行。

是岁也,张汤死而民不思。

其后二岁,赤侧钱贱,民巧法用之,不便,又废。于是悉禁郡国无铸钱,专令上林三官铸。[1]钱既多,而令天下非三官钱不得行,诸郡国所前铸钱皆废销之,输其铜三官。而民之铸钱益少,计其费不能相当,唯真工大奸乃盗为之。

【注释】[1]"上林三官",古代职官名,武帝时设置,为水衡都尉属官,有钟官、技巧、辨铜令。旧注指三官为均输、钟官、辨铜令。

【译文】天子已经下达了征收财产税的"缗钱令",并尊崇卜式这个样板,百姓却始终不肯拿出自己的财产帮助国家,于是杨可"告缗"检举商人匿财的行动就普遍开展了。

很多郡国在铸钱时掺假,使货币不足法定的分量,公卿请下令由京师的钟官铸造,以红铜精工制造磨郭错边的赤侧钱,一枚赤侧钱抵旧有钱币五枚,交纳赋税非赤侧钱不能行用。白金钱稍贬值,民众仍并不重视,不愿使用,政府下令禁止亦不见效,一年多以后,白金终于废止不再通行。

这一年(元鼎二年)冬,张汤死,民众并不思念他。

此后两年(元鼎四年),赤侧钱贱,民众规避法令,贬值换算使用,仍不便流通,又被废止。于是下令所有郡国都不得再铸钱,专令上林三官统一铸造。上林三官钱多了以后,又下令全国除三官钱外其余货币不准使用,各郡国以前所铸的钱全部废止熔销,将熔成的铜块送到三官。这样,民众铸钱的就很少了,因为计算工本费不能牟利,只有十分熟悉铸钱技术而又有大量资金的人才能偷偷地铸些钱。

卜式相齐,而杨可告缗遍天下,[1]中家以上大抵皆遇告。杜周治之,狱少反者。乃分遣御史、廷尉正监分曹往,[2]即治郡国缗钱,得民财物以亿计,奴婢以千万数,田大县数百顷,小县百余顷,宅亦如之。于是商贾中家以上大率破,民偷甘食好衣,不事畜藏之产业,而县官有盐铁缗钱之故,用益饶矣。

【注释】[1]"杨可告缗",武帝元狩四年(公元前一一九年)发布"缗钱令",富商大贾多匿财不报。元狩六年(公元前一一七年)又发布"告缗令",元鼎三年(公元前一一四年)再申此令。告缗法规定:隐匿不报或报而不实者,没收财产,罚戍边一年;对告发者以所没收财产的一半奖励。派杨可主持告缗事,史称"杨可告缗"。[2]"御史、廷尉正监",古代职官名。御史即侍御史,为御史大夫属官。廷尉正、廷尉监为廷尉属官,执掌司法。

【译文】卜式作齐王太傅之后,杨可主持的告缗活动遍布各地,中等资财以上的人家差不多都遭告发。杜周审理这些案件,很少有能翻案的。于是朝廷派遣御史、廷尉正、廷尉监等分批下到地方,专门办理各地交纳缗钱的事务,得到从民间没收的财物以亿计,奴婢数以千计万计,大的县没收的田地有几百顷,小县达一百多顷,住宅也如此。因此中等以上的商人大都破产,百姓只顾鲜衣美食追求享乐,不再积蓄经营产业,而政府因为有盐铁官营和算缗钱的收入,国用越来越宽裕了。

益广关,置左右辅。[1]

【注释】[1]"左右辅",古政区名,左辅即左冯翊,太初元年(公元前一〇四年)置,治所在长安(今陕西西安市西北),辖境约当今陕西渭河以北、泾河以东洛河中、下游地区。右辅即右扶风,与左辅同年置,治长安,辖境相当今陕西秦岭以北,户县、咸阳、旬邑以西地区。

【译文】(元鼎三年)将函谷关迁到新安县界,扩大关中的范围,并在京师之外设置左辅和右辅。

初,大农管盐铁官布多,置水衡,[1]欲以主盐铁;及杨可告缗钱,上林财物众,乃令水衡主上林。上林既充满,益广。是时越欲与汉用船战逐,乃大修昆明池,列观环之。治楼船,高十余丈,旗帜加其上,甚壮。于是天子感之,乃作柏梁台,高数十丈。宫室之修,由此日丽。

【注释】[1]"水衡",古职官名,即水衡都尉,武帝元鼎二年(公元前一一五年)置,掌上林苑、甘泉宫等诸池苑宫馆事。

【译文】本来，因为大农令下管盐铁的官署收入的钱很多，想设置水衡都尉，以其主管盐铁。到杨可主持告缗事，上林苑财物太多，就命水衡都尉主管上林苑。上林苑既已堆满财物，又扩大上林苑的面积。这时南越国想用战船与汉军交锋，为此汉大修昆明池，周围沿池建了许多宫观。又制作楼船，高达十几丈，上面树立旗帜，更加壮观。天子动了心，乃修建了柏梁台，高几十丈。宫室的修建从此日益华丽。

乃分缗钱诸官，而水衡、少府、大农、太仆各置农官，往往即郡县比没入田田之。其没入奴婢，分诸苑养狗马禽兽，及与诸官。诸官益杂置多，徒奴婢众，而下河漕度四百万石，及官自籴乃足。〔1〕

【注释】〔1〕“籴”，音 dí，买粮。

【译文】政府乃将征来的缗钱分给各官府，而水衡都尉、少府、大农令、太仆等各府都设置农官，往往就各地近时没收的田地去组织耕种。没收来的奴婢，分在各苑里饲养狗马及禽兽，还有的分给各官府。各级官府机构日益混乱增多，下属的刑徒奴婢众多，每年要经由黄河运输四百万石粮食到京师，加上各官府自行籴买粮食才能满足需要。

所忠言：“世家子弟富人或斗鸡走狗马，弋猎博戏，乱齐民。”乃征诸犯令，相引数千人，命曰“株送徒”。入财者得补郎，郎选衰矣。

是时山东被河灾，及岁不登数年，人或相食，方一二千里。天子怜之，诏曰：“江南火耕水耨，〔1〕令饥民得流就食江淮间，欲留，留处。”遣使冠盖相属于道，护之，下巴蜀粟以振之。

【注释】〔1〕“火耕水耨”，古代一种耕作方式。据应劭说，系播种前以火烧草，然后灌水种稻。待草与稻俱生七八寸时，全部割去，复下水灌田，草死稻长。

【译文】一个叫所忠的人说：“有些官僚子弟和富人，以斗鸡、赛狗赛马、打猎赌博为乐，扰乱百姓。”于是官府按法令审查他们，这些人互相检举了几千人，叫作“株送徒”。他们本应受徒刑，但献出财产的却可以补充为郎，于是为郎的人选就衰败了。

这时山东受黄河水患，(元鼎二年以来)几年没有收成，饥荒使有的地方发生人吃人的现象，受灾面积方圆达一二千里。天子怜惜灾民，下诏说：“江南是火耕水耨的地方，耕作较易，准许饥民到江淮间取食谋生，想留下的人可以留居当地。”并派遣使者往来护送迁徙的饥民，运来巴蜀的粮食赈济他们。

其明年，天子始巡郡国。东度河，河东守不意行至，〔1〕不辨，自杀。行西逾陇，〔2〕陇西守以行往卒，〔3〕天子从官不得食，陇西守自杀。于是上北出萧关，〔4〕从数万骑，猎新秦中，以勒边兵而归。新秦中或千里无亭徼，〔5〕于是诛北地太守以下，〔6〕而令民得畜牧边县，官假马母，三岁而归，及息什一，以除告缗，用充牣新秦中。〔7〕

【注释】〔1〕“河东”，古行政区名，即河东郡，治安邑，在今山西夏县西北。辖境相当今山西沁水以西、霍山以南地区。 〔2〕“陇”，即陇山，在今陕西陇县西北，为六盘山南段别称。 〔3〕“陇西”，古行政区名，西汉时为陇西郡，治所在今甘肃临洮南，辖境相当今甘肃东乡以南的洮河中游、武山以西的渭河上游、礼县以北的西汉水上游及天水市东部地区。 〔4〕“萧关”，古关名，故址在今宁夏固原东南，为关中通向塞北的交通要冲。 〔5〕“亭徼”，亭有两义，一谓乡以下的一级机构(一乡有十亭)，有亭长，下设求盗及若干兵卒维持地方治安。一谓古代在边境上修筑的防御工事，有堡垒、烽火台等。〔6〕“北地”，古行政区名，即北地郡，西汉时治所在马岭，在今甘肃广阳西北。辖境相当今宁夏贺兰山、青铜峡、山水河以东及甘肃环江、马莲河流域。〔7〕“牣”，音 rèn，通“牣”，充满。

【译文】第二年，天子开始巡视地方。东渡黄河，河东郡守没有料到皇帝车驾突然到来，来不及办理供应，遂自杀。天子一行西过陇山，陇西守因为仓促之间来不及供应天子下属的伙食，亦自杀。之后，皇帝北行出萧关，随从的几万骑士在新秦中射猎，部勒边地的军队，之后回到长安。新秦中的

一些地段千里之间不设防御工事,因此处决了北地太守以下的官吏。下令百姓可以在边地养马,政府供给母马,三年后归还,十匹母马收取一匹马驹为利息。因为有了这笔收入补助边地开支,新秦中财物已充,就(在元鼎五年)废除了告缗令。

既得宝鼎,立后土、太一祠,公卿议封禅事,〔1〕而天下郡国皆豫治道桥,缮故宫,及当驰道县,县治官储,设供具,而望以待幸。

【注释】〔1〕"封禅",古代帝王祭祀天地的仪式。登泰山筑坛祭天称"封",在梁父山上辟基祭地为"禅"。

【译文】天子得到宝鼎之后,设立了后土、太一祠,公卿议论封禅的事情,而全国各地都预先建桥铺路,修缮原有的宫室,那些在驰道边上的县,都筹集物资,设置用具,期待天子能在该地停留。

其明年,南越反,西羌〔1〕侵边为桀。〔2〕于是天子为山东不赡,赦天下囚,因南方楼船卒二十余万人击南越,〔3〕数万人发三河以西骑击西羌,〔4〕又数万人度河筑令居。〔5〕初置张掖、〔6〕酒泉郡,〔7〕而上郡、朔方、西河、河西开田官,斥塞卒六十万人戍田之。中国缮道馈粮,〔8〕远者三千,近者千余里,皆仰给大农。边兵不足,乃发武库工官兵器以赡之。〔9〕车骑马乏绝,县官钱少,买马难得,乃著令,令封君以下至三百石以上吏,以差出牝马天下亭,亭有畜牸马,岁课息。

【注释】〔1〕"西羌",古代少数民族名称,分布在今甘肃、青海两省的东部,四川的西北部。秦汉时以农业和畜牧业为主。西汉曾在湟中(今湟水两岸)设置护羌校尉,后又设西海郡。〔2〕"桀",音jié,凶暴。〔3〕"楼船卒",亦称楼船士,西汉时江、淮一带人民应役为楼船士,习水战。〔4〕"三河",古地区名,汉以河东、河内、河南三郡为三河,大致相当于今山西临汾、运城地区和河南安阳、新乡、开封地区西部。〔5〕"令居",古县名,西汉武帝时置,治所在今甘肃永登西北。〔6〕"张掖",古郡名,西汉武帝元鼎六年(公元前一一一年)置,治所在鹯得,即今甘肃张掖西北,辖境相当今甘肃永昌

以西、高台以东地区。〔7〕"酒泉",古郡名,武帝元狩二年(公元前一二一年)置,治所在禄福,即今甘肃酒泉,辖境相当今甘肃疏勒河以东,高台县以西地区。〔8〕"馈",音kuì,送粮食。〔9〕"武库工官",古职官名。武库丞为执金吾属官,主保管兵器,内设工官,主铸造兵器。

【译文】第二年(元鼎五年),南越谋反,西羌侵扰边境地区为虐。皇帝因为山东地区遭灾无粮,遂赦免天下囚犯,以二十多万南方楼船卒进攻南越,又征发三河地区几万骑兵反击西羌,并派数万人渡过黄河修筑令居城。设置张掖、酒泉郡。(元鼎六年)在上郡、朔方、西河、河西地区设置田官,六十万士卒在那里且戍且田。中原地区修路运输粮饷,远的地方有三千里,近的也有一千多里,费用都从大农开支。边境地区武器装备缺乏,又调拨武库工官制造的武器补充。驾车和骑乘用的马缺乏,政府钱少,买马困难,乃发布命令,自封侯到官秩三百石以上的吏,按等级拿出不同数量的母马送到各地的亭去饲养,政府每年(检查繁殖情况)征收子马为息。

齐相卜式上书曰:"臣闻主忧臣辱。南越反,臣愿父子与齐习船者往死之。"天子下诏曰:"卜式虽躬耕牧,不以为利,有余辄助县官之用。今天下不幸有急,而式奋愿父子死之,虽未战,可谓义形于内。赐爵关内侯,金六十斤,田十顷。"布告天下,天下莫应。列侯以百数,皆莫求从军击羌、越。至酎,〔1〕少府省金,而列侯坐酎金失侯者百余人。乃拜式为御史大夫。

【注释】〔1〕"酎",音zhòu,指经过两次以至多次复酿的醇酒。汉律,每年八月皇帝用三酿的醇酒祭祀宗庙时,诸侯按封地人口献金助祭,称为"酎金"。元鼎五年(公元前一一二年),少府检查诸侯所献黄金,以分量不足或成色不够为词而被废除侯爵的达一百零六人。

【译文】齐王相卜式给皇帝上奏说:"我听到皇上忧虑,这是为臣的耻辱。现在南越国谋反,我愿父子和齐地会驾船的人去那里为国捐躯。"天子下诏书说:"卜式虽然是一个从事农牧的人,不用此牟利,有余财就献出帮助国家。今天下不幸有了危

难,卜式自告奋勇愿父子报国,虽然没有参加战斗,可以说是满怀忠义。赐卜式爵关内侯,黄金六十斤,田十顷。"此事通告全国,但无人响应。数百名列侯无一请求从军去打击羌人和南越的反叛。到朝廷祭祀祖庙时,少府检查列侯们贡献的酎金,以不合规定的重量成色标准为词,免掉爵位的有一百多人。朝廷于是任命卜式为御史大夫。

式既在位,见郡国多不便县官作盐铁,铁器苦恶,贾贵,或强令民卖买之。而船有算,商者少,物贵,乃因孔仅言船算事。上由是不悦卜式。

汉连兵三岁,诛羌,灭南越,番禺[1]以西至蜀南者置初郡十七,[2]且以其故俗治,毋赋税。南阳、[3]汉中以往郡,[4]各以地比给初郡吏卒奉食币物,传车马被具。而初郡时时小反,杀吏,汉发南方吏卒往诛之,间岁万余人,费皆仰给大农。大农以均输调盐铁助赋,故能赡之。然兵所过县,为以訾给毋乏而已,[5]不敢言擅赋法矣。

【注释】〔1〕"番禺",古地名,即今广东广州市。〔2〕"初郡十七",谓新设置的十七个郡,据晋灼云为:南海、苍梧、郁林、合浦、交趾、九真、日南、珠崖、儋耳、武都、牂柯、越嶲、沈犂、汶山、犍为、零陵、益州。〔3〕"南阳",古郡名,治所在宛县,即今河南南阳市,汉时辖境相当今河南熊耳山以南叶县、内乡间和湖北大洪山以北应山、郧县间地。〔4〕"汉中",古郡名,西汉时治所在西城,今陕西安康西北,辖境大致在陕西秦岭以南,留坝、勉县以东,乾祐河流域以西和湖北郧县、保康以西,粉青河、珍珠岭以北地区。〔5〕"訾",音 zī,同"赀",财物。

【译文】卜式在职期间,见到郡国多不赞成国家经营盐铁,铁器质次价高,有的甚至强令百姓购买或代卖,而征收船税使经商的人减少,物价昂贵,就请孔仅代为向皇帝说征收船税的事,皇帝因此不喜欢卜式了。

汉朝连续三年发兵,镇压了羌人,灭掉南越国,在番禺以西到蜀地南边地区设置了十七个新郡,暂且依当地旧有的习俗管理,不收赋税。南阳、汉中以南的各郡,各自供应临近新郡官府吏卒的俸禄和食物,以及驿传车马用具。但是新郡经常有小规模的反抗发生,杀害汉朝派去的官吏。汉廷派南方的

官吏士兵去镇压,一两年间动用了一万多人,费用都由大农支出。大农因为有均输和盐铁官营的收入补充赋税收入,所以能负担得起。但士兵经过的县,也只是做到按标准供给不乏而已,而不敢在常法以外随意增加税收。

其明年,元封元年,卜式贬秩为太子太傅。而桑弘羊为治粟都尉,领大农,尽代仅管天下盐铁。弘羊以诸官各自市,相与争,物故腾跃,而天下赋输或不偿其僦费,[1]乃请置大农部丞数十人,分部主郡国,各往往县置均输盐铁官,令远方各以其物贵时商贾所转贩者为赋,而相灌输。置平准于京师,都受天下委输。召工官治车诸器,皆仰给大农。大农之诸官尽笼天下之货物,贵即卖之,贱则买之。如此,富商大贾无所牟大利,则反本,而万物不得腾踊。故抑天下物,名曰"平准"。天子以为然,许之。于是天子北至朔方,东到太山,巡海上,并北边以归。所过赏赐,用帛百余万匹,钱金以巨万计,皆取足大农。

【注释】〔1〕"僦",音 jiù,雇车船运输,其开支称僦费。

【译文】第二年,是元封元年,卜式被降职为太子太傅,而桑弘羊擢升为治粟都尉,主管大农,全权替代孔仅管理全国盐铁事。桑弘羊认为:许多官署各自去做生意,相互竞争(抢购囤积),所以物价升高。而全国某些地方向中央缴纳的实物甚至不够支付运输费。于是他请下令设置大农部丞几十人,分片管辖郡国。各郡国在县一级往往都设有均输盐铁官。命令远方各地将所要征收的贡赋,折收当地出产丰饶的土特产品,像商贾那样按贵时的价格,运往需要这些物品的地区,去转手获利。在京师设平准官,接受各地聚积运来京师的货物。召令工官制作车辆和运输工具、各种器具,费用都由大农支付。大农所属的各官府完全掌握了天下的主要物资,贵时抛出,贱时买进,(以调节供求,平衡物价。)如此行事,富商就不能获取暴利,很多人就会回到农业生产上去,而各种货物也不会涨价。因为平抑天下货物,所以叫"平准"。天子以为此议很对,遂准许推行。于是天子北至朔方东到泰山,巡视海上和北方边地而还。所经过的地区赏赐用帛

达一百多万匹,钱币和黄金以亿计,都由大农充分供应。

弘羊又请令吏得入粟补官,及罪人赎罪。令民能入粟甘泉各有差,[1]以复终身,不告缗。他郡各输急处,而诸农各致粟,山东漕益岁六百万石。一岁之中,太仓、甘泉仓满。边余谷诸物均输帛五百万匹。民不益赋而天下用饶。于是弘羊赐爵左庶长,黄金再百斤焉。

【注释】〔1〕"甘泉",古宫名,故址在今陕西淳化西北甘泉山,宫内有甘泉仓。

【译文】桑弘羊又请下令试用为吏的可以献出粮食而补授实官,罪人可以出粮赎罪。又令百姓可以将粮食交到甘泉宫,按数量差别免除徭役,以至终身免役。不再征收财产税,不搞告缗运动。他郡可以输出粮食的,各输往急需的地方去,而诸农官也纷纷(经营公田)获致粮食。从山东到京师的粮食漕运增加,每年到六百万石。一年之中,太仓和甘泉宫都堆满了粮食,边郡地区也有余粮储藏。(各地实物实行均输)大农存有均输帛五百万匹。百姓没有增加赋税而国家财用充裕。于是赐桑弘羊左庶长的爵位,再赐黄金百斤。

是岁小旱,上令官求雨。卜式言曰:"县官当食租衣税而已,今弘羊令吏坐市列肆,贩物求利。亨弘羊,天乃雨。"[1]

【注释】〔1〕"亨",通"烹"。

【译文】这一年天气小旱,皇上下令官员求雨。卜式说:"官府应当衣税食租,维持开销就是了。而现在桑弘羊却让官吏在市场上做生意,贩卖货物牟利,(不成体统。)只要把桑弘羊烹杀了,老天就会下雨。"

太史公曰:农工商交易之路通,而龟贝金钱刀布之币兴焉。所从来久远,自高辛氏之前尚矣,[1]靡得而记云。故《书》道唐虞之际,《诗》述殷周之世,安宁则长庠序,[2]先本绌末,以礼义防于利;事变多故而亦反

是。是以物盛则衰,时极而转,一质一文,终始之变也。《禹贡》九州,各因其土地所宜,人民所多少而纳职焉。汤武承弊易变,使民不倦,各竞竞所以为治,而稍陵迟衰微。齐桓公[3]用管仲之谋,[4]通轻重之权,徼山海之业,以朝诸侯,用区区之齐显成霸名。魏用李克,[5]尽地力,为强君。自是之后,天下争于战国,贵诈力而贱仁义,先富有而后推让。故庶人之富者或累巨万,而贫者或不厌糟糠;有国强者或并群小以臣诸侯,而弱国或绝祀而灭世。[6]以至于秦,卒并海内。虞夏之币,金为三品,或黄,或白,或赤;或钱,[7]或布,[8]或刀,[9]或龟贝。及至秦,中一国之币为二等,黄金以溢名,为上币;铜钱识曰半两,重如其文,为下币。而珠玉、龟贝、银锡之属为器饰宝藏,不为币。然各随时而轻重无常。于是外攘夷狄,[10]内兴功业,海内之士力耕不足粮饷,女子纺绩不足衣服。古者尝竭天下之资财以奉其上,犹自以为不足也。无异故云,事势之流,相激使然,曷足怪焉。[11]

【注释】〔1〕"高辛氏",传说中古代部落首领,即帝喾(音 kù)。〔2〕"庠序",古代学校名。殷曰"庠",周曰"序"。〔3〕"齐桓公",春秋时齐国君,姜姓,名小白。在位期间任用管仲进行改革,使国富兵强。曾存邢救卫,抵抗戎狄对中原的进攻,安定东周王室内乱,多次大会诸侯会盟,为春秋五霸之一。〔4〕"管仲",春秋时颍上(今安徽颍上县)人。齐桓公任为卿,进行改革。推行相地衰征、官山海(盐铁专卖)、四民分业、"作内政而寄军令"等政策。〔5〕"李克",即李悝,战国时魏文侯相,主持变法。削弱世卿世禄制,选贤任能;推行"尽地力之教",实行"平籴"政策,以调节粮食的供求和价格。所行改革使魏国强盛。著有《法经》。〔6〕"绝祀",古代国君定期祭祀祖先,国灭不祀,称为绝祀,是亡国的代称。〔7〕"钱",秦统一前,秦和周使用圆形钱,中间有圆或方孔,钱上有铭文。〔8〕"布",战国时,韩、赵、魏三国货币,形状为铲形,称平首布,布上有铭文。〔9〕"刀",战国时齐、燕两国的主要货币。齐刀币较大,铸有"齐之法化"等铭文。燕刀币较小,铸有"明"字。赵国也有刀币,铸有"甘单"(邯郸)等铭文。〔10〕"攘",音 rǎng,排

除,排斥。 〔11〕"曷",音 hé,何,什么。

【译文】太史公说:农工商各业交换产品的途径开辟之后,龟甲、贝壳、黄金、钱币、刀布币等各种货币就兴起了。这种现象历史久远,从高辛氏之前因为太古老而没有记载罢了。所以《尚书》称道唐尧虞舜的时代,《诗经》叙述殷周时期,社会安宁就重视学校,推崇农本,抑制末业,用礼仪防止人们一心逐利。但如果天下多变,不得安宁,那就要反其道而行之。事物发展到极盛就会向衰败转化,衰落到最低限度又会转变,一个时期风气质朴,一个时期习俗奢华,二者互为终始地变化着。《禹贡》中记载九州,各按其土地适宜的作物和人民收获的多少来确定赋税。商汤和周武王承接了末世凋敝的局面而改易政治,不知疲倦地管理人民,各自兢兢业业,致力于使国家得治之道,但已经稍显出走下坡路的局势。齐桓公采用管仲的谋略,由国家平抑物价,实行盐铁专卖等管山海的政策,(因此国势富强,)几次诸侯来朝,使小小的齐国获得了霸主之名。魏国用李悝,实行"尽地力"之教,(魏文侯)成为强有力的国君。从此以后,天下进入纷争的战国时期,崇尚阴谋武力而轻视道德仁义,认为必先富有而后才能够讲谦让。所以有的平民富有者资财达到万亿,而贫穷的人连糟糠都吃不饱。大国强国兼并小国使原来的诸侯成为臣属,弱国或遭到灭世绝祀的下场。到了秦始皇时,终于统一了全国。虞舜和夏朝以来的货币,金分为三品,有黄金、白金、赤金,还有钱、布、刀、龟贝。到了秦朝,统一规定全国货币为二等:黄金以溢为单位,称作"上币";铜钱上标明"半两",重量与铭文相同,称作"下币"。而珠宝玉石、龟甲贝壳、银锡之类只作为装饰品和器物及珍贵收藏品,不再充当货币,这些东西各自随着市场行情而价格起伏不定。那时对外驱赶入侵的各族,国内兴建各项工程,全国的男子尽力生产犹嫌食物不足,女子尽力纺织还觉衣服不够。古时曾竭尽天下的物资财富供奉统治者,但他还自以为不够挥霍。没有别的缘故,事物和形势的变化,互相作用,导致这样的结果,又有什么值得奇怪的呢?

史记卷三十一

吴太伯世家第一

吴太伯，[1]太伯弟仲雍，[2]皆周太王之子，而王季历之兄也。[3]季历贤，而有圣子昌，太王欲立季历以及昌，于是太伯、仲雍二人乃奔荆蛮，[4]文身断发，[5]示不可用，以避季历。季历果立，是为王季，而昌为文王。太伯之奔荆蛮，自号句吴。[6]荆蛮义之，[7]从而归之千余家，立为吴太伯。

【注释】[1]"吴太伯"，又作"吴泰伯"，武王所封吴国周章之先祖，姬姓。古时兄弟以伯、仲、叔、季相次，吴太伯为周太王之长子，故称"太伯"。[2]"仲雍"，雍为周太王之次子，故称"仲雍"。[3]"王季历"，历为周太王之末子，故称"季历"。又因其孙武王发灭殷称王，故追称"王季历"。[4]"奔"，同"奔"。"荆蛮"，我国古代中原地区对南方人民的称呼。"荆"，楚之别称。"蛮"，一说指闽越。太伯所奔之处在荆蛮之间，故称"荆蛮"。[5]"文身断发"，古代吴越地区的风俗，截短头发，身绘花纹，以避水中蛟龙之害。"文"，通"纹"。[6]"句吴"，又作"勾吴"。一九六四年九月在山西原平峙峪出土的吴王光剑，自铭"攻𬯀(敔)"(见《文物》一九七二年第二期图版二)。著录于《两周金文辞大系》的吴王夫差鉴，自铭"攻吴"；者减钟，自铭"工𤔲"。古"句"、"勾"、"攻"、"𢀜"音迪，"吴"、"敔"、"𤔲"音通，故常相互借用。"句"，音 gōu，发声词头，无义。太伯奔居之处在梅里，即今江苏无锡东南三十里之梅李乡，旧称泰伯城。[7]"义"，道德、行为合宜。"之"，他，此指太伯。此句言荆蛮之民认为太伯的行为、道德均甚合宜。

【译文】吴太伯、太伯的弟弟仲雍，都是周太王的儿子，王季历的哥哥。季历贤达，且有一个有圣人之相的儿子姬昌，太王意欲立季历，并传位给姬昌，于是太伯、仲雍二人便逃奔到南方部族荆蛮人居住的地方，遵随当地习俗，在身上刺画花纹，剪短头发，表示不可再当国君，以此来让避季历。季历果然登位，这就是王季，而姬昌就是文王。太伯逃奔到荆蛮，自称句吴。荆蛮人钦佩他的品德高尚，追随并且归附他的有上千家，被拥立为吴太伯。

太伯卒，[1]无子，弟仲雍立，是为吴仲雍。仲雍卒，[2]子季简立。季简卒，子叔达立。叔达卒，子周章立。是时周武王克殷，求太伯、仲雍之后，得周章。周章已君吴，因而封之。乃封周章弟虞仲于周之北故夏虚，[3]是为虞仲，[4]列为诸侯。

【注释】[1]"太伯卒"，相传太伯冢(墓)在吴县北之梅里聚。[2]"仲雍卒"，相传仲雍冢在吴郡常孰(今江苏常熟)西之海虞山上。[3]"周"，此指"成周"，西周之东都，为周公所营建，在今河南洛阳。"夏虚"，夏旧居之地。夏曾都安邑(今山西夏县)，虞仲所封在今山西平陆，正在夏的王畿之内、成周之北。"虚"，又作"墟"，旧居之地。[4]"虞仲"，武王所封仲雍之后、虞国之始封君，姬姓。因是周章之弟，故称"仲"，因封于虞(今山西平陆境)，故称"虞仲"。

【译文】太伯去世，没有儿子，弟弟仲雍继位。仲雍去世，儿子季简继位。季简去世，儿子叔达继位。叔达去世，儿子周章继位。此时周武王灭亡了殷王朝，寻求太伯、仲雍的后代，找到了周章。周章已经做了吴地君主，便把吴地封给了他。并封周章的弟弟虞仲在成周之北的旧时夏都之地，这就是虞

仲,列为诸侯之一。

周章卒,子熊遂立。熊遂卒,子柯相立。[1]柯相卒,子彊鸠夷立。彊鸠夷卒,子余桥疑吾立。[2]余桥疑吾卒,子柯卢立。柯卢卒,子周繇立。[3]周繇卒,子屈羽立。[4]屈羽卒,子夷吾立。夷吾卒,子禽处立。禽处卒,子转立。[5]转卒,子颇高立。[6]颇高卒,子句卑立。[7]是时晋献公灭周北虞公,[8]以开晋伐虢也。[9]句卑卒,子去齐立。去齐卒,子寿梦立。[10]寿梦立而吴始益大,称王。[11]

【注释】[1]"柯相",音 gē xiàng。 [2]"桥",音 jiāo。 [3]"繇",音 yáo。 [4]"屈",音 jué。 [5]"转",《古史考》作"柯转"。 [6]"颇高",《古史考》作"颇梦"。 [7]"句卑",《古史考》作"毕轸"。 [8]"是时晋献公灭周北虞公",公元前六五八年(鲁僖公二年)晋献公向虞国借道伐虢(虞在晋南、虢北,为伐虢必经之地)。前六五五年,晋再次向虞国借道伐虢,并在灭虢之后,乘回师之便灭了虞国。"虞公",即周章弟封于夏虚之虞国之君。 [9]"虢",音 guó,周文王弟虢仲所封国,原在今陕西宝鸡,周平王东迁时,亦随迁至今河南陕县。一九五六年、一九五七年,在陕县东不到五公里的上村岭发现了大批虢国墓葬群,由其所出青铜器铭文知东迁之虢国即在这一带(参见李学勤《东周与秦代文明》第五章《晋附近列国》,文物出版社一九八四年出版)。 [10]"寿梦",《春秋》襄公十二年称其为"吴子乘",本篇《索隐》引《世本》又称其为"孰姑",又谓世称其为"祝梦乘诸"。或谓"乘"名,"寿梦"字。或谓"寿梦"急读即为"乘"。 [11]"寿梦立而吴始益大,称王",公元前六〇一年(鲁宣公八年),楚灭舒蓼(偃姓,在今安徽舒城一带)后,开始和吴、越直接交往。十余年后,楚灭申公巫臣之族,巫臣入晋,力促晋联吴制楚,并亲自赴吴联络,教吴人使用兵车作战。吴在寿梦即位前后曾伐楚、伐巢(古巢国在今安徽巢县)、伐徐(古徐国在今江苏泗洪),"蛮夷属于楚者,吴尽取之,是以始大"。"称王",春秋之世,边远诸国每自称王,吴、楚皆然。

【译文】周章去世,儿子熊遂继位。熊遂去世,儿子柯相继位。柯相去世,儿子彊鸠夷继位。彊鸠夷去世,儿子余桥疑吾继位。余桥疑吾去世,

儿子柯卢继位。柯卢去世,儿子周繇继位。周繇去世,儿子屈羽继位。屈羽去世,儿子夷吾继位。夷吾去世,儿子禽处继位。禽处去世,儿子转继位。转去世,儿子颇高继位。颇高去世,儿子句卑继位。此时晋献公灭亡了成周北面的虞公,以打开征伐虢国的路途。句卑去世,儿子去齐继位。去齐去世,儿子寿梦继位。寿梦继位后吴国开始强盛起来,自称为王。

自太伯作吴,五世而武王克殷,封其后为二:其一虞,在中国;[1]其一吴,在夷蛮。[2]十二世而晋灭中国之虞。中国之虞灭二世,而夷蛮之吴兴。大凡从太伯至寿梦十九世。

【注释】[1]"中国",古时黄河中游一带部族,以己为天下之中,故自称"中国",把周围其他地区称为"四方"。 [2]"夷蛮",古中原地区称南方部族为"夷蛮"。

【译文】自从太伯建立吴国以来,经过五代吴君便到武王战败殷王朝,封太伯吴国之后代于两处:其中之一的虞国,在中原地区,其中之一的吴国,在南方夷蛮地区。经过十二代,晋国灭亡了中原的虞国,中原的虞国被灭亡之后,又经过两代,在夷蛮地区的吴国兴盛起来。从太伯传至寿梦大致为十九代君主。

王寿梦二年,[1]楚之亡大夫申公巫臣怨楚将子反而不晋,[2]自晋使吴,[3]教吴用兵乘车,令其子为吴行人,[4]吴于是始通于中国。吴伐楚。十六年,楚共王伐吴,至衡山。[5]

【注释】[1]"寿梦二年",吴国至寿梦始有记年传世,寿梦元年为公元前五八五年(鲁成公六年)。 [2]"亡",出亡,逃亡。"申公巫臣",楚臣,大夫屈荡子,字子灵,因为申县之尹,故称"申公"。氏屈,又称"屈申"、"屈巫"。巫臣曾谏止楚庄王和子反娶夏姬,而自己却盗娶夏姬,遭子反灭其族,故怨恨子反而奔晋。巫臣在晋被封为邢大夫。 [3]"自晋使吴",巫臣为报楚灭族之仇,由晋出使吴国,为的是使吴、晋联合起来抗楚。 [4]"令其子为吴行人",巫臣子狐庸被任命为吴行人之官。"行人",

掌管出使的官。 〔5〕"十六年,楚共王伐吴,至衡山",《春秋》襄公三年(公元前五七〇年),"楚公子婴齐(子重)帅师伐吴",《左传》称"克鸠兹(今安徽芜湖东南二十五里),至于衡山"。"衡山",清高士奇《春秋地名考略》谓即当涂(安徽)东北之"横山"。

【译文】吴王寿梦二年,逃亡在外的楚国大夫申公巫臣因怨恨楚将子反而投奔晋国,从晋国出使吴国,教授吴国的士兵使用战车作战,让他的儿子担任吴国掌管外交的官员。吴国从此开始同中原国家进行交往,吴国攻打楚国。十六年,楚共王出兵攻打吴国,楚国的军队进到衡山。

二十五年,王寿梦卒。[1]寿梦有子四人,长曰诸樊,[2]次曰余祭,[3]次曰余眛,[4]次曰季札。[5]季札贤,而寿梦欲立之,季札让不可,于是乃立长子诸樊,摄行事当国。

【注释】〔1〕"二十五年,王寿梦卒",《春秋》襄公十二年记"吴子乘卒",这是《春秋》首次记载吴君卒,盖吴国自寿梦始与中原诸国相交往、通报。《世本》称"吴孰姑徙句吴",宋忠曰"孰姑,寿梦也"。〔2〕"诸樊",《春秋》作"吴子遏",《公羊传》作"谒","遏"、"谒"古音同,互借。《左传》称"诸樊"。遏是其名,诸樊是其号。 〔3〕"余祭",又曰"句余"、"戴吴"。"祭",音zhài。 〔4〕"余眛",又作"夷末"、"夷昧",音通互借。 〔5〕"季札",又曰"吴季子"、"吴公子札"。封于延陵,故曰"延陵季子"。又封州来,故曰"延州来季子"。

【译文】在位二十五年,吴王寿梦去世。寿梦有四个儿子,老大叫诸樊,老二叫余祭,老三叫余眛,老四叫季札。季札贤达,寿梦打算让他继位,季札谦让认为不合宜,于是就扶立老大诸樊,让他代理政务掌管国家大事。

王诸樊元年,诸樊已除丧,[1]让位季札。季札谢曰:"曹宣公之卒也,[2]诸侯与曹人不义曹君,[3]将立子臧,[4]子臧去之,以成曹君,君子曰'能守节矣'。[5]君义嗣,[6]谁敢干![7]有国,非吾节也。札虽不材,愿附于子臧之义。"吴人固立季札,[8]季札弃其室而耕,乃舍之。[9]秋,吴伐楚,楚败我师。[10]四年,晋平公初立。[11]

【注释】〔1〕"除丧",除去丧礼之服。 〔2〕"曹宣公",曹伯卢,于鲁成公十三年(公元前五七八年)会晋侯伐秦,卒于军中。 〔3〕"曹君",公子负刍,曹宣公庶子。负刍在国中听说宣公卒,遂杀太子而自立,故曹人以之为"不义"。负刍于鲁成公十四年即位,曰"曹伯负刍",卒谥"成公"。 〔4〕"子臧",公子欣时,《公羊传》作"喜时",曹宣公庶子、负刍庶兄。曹人以负刍杀太子而自立为不义,欲立子臧为曹君,子臧曰:"圣达节,次守节,下失节,为君,非吾节也。虽不能圣,敢失守乎?"遂逃奔宋。 〔5〕"君子",西周时对统治者和贵族男子的尊称,春秋时常指有德有识的人。 〔6〕"义",宜。"嗣",继承。"君义嗣",指季札认为诸樊是嫡子,理应承继君位。 〔7〕"干",干犯。 〔8〕"固",坚持。 〔9〕"舍",音shě。 〔10〕"秋,吴伐楚,楚败我师",诸樊元年(公元前五六〇年),吴乘楚共王之丧伐楚,战于庸浦(楚地,今安徽无为南长江北岸),吴师大败,公子党被擒。 〔11〕"四年,晋平公初立",公元前五五七年(鲁襄公十六年)晋平公彪即位。

【译文】吴王诸樊元年,在办完丧事以后,诸樊把君位要让给季札。季札辞谢说:"曹公死的时候,诸侯与曹国人认为准备继位的曹君不合礼法,打算拥立子臧为君,子臧离开国都,以成全曹君。君子称颂说:'确能保持节操啊!'谁敢冒犯君主呢?享有国家,不是我的志向。我虽无能,愿效法子臧的操行。"吴国人坚持要立季札为君,季札抛弃了家室去种田,只好舍弃这一主张。秋天,吴国出兵攻打楚国,楚国击败了吴国的军队。四年,晋平公新继位。

十三年,王诸樊卒。[1]有命授弟余祭,欲传以次,必致国于季札而止,以称先王寿梦之意,且嘉季札之义,兄弟皆欲致国,令以渐至焉。季札封于延陵,[2]故号曰延陵季子。

【注释】〔1〕"十三年,王诸樊卒",据《左传》襄公二十年,吴子诸樊伐楚,在攻打巢城门时,遭暗箭而身亡。 〔2〕"延陵",今江苏常州。

【译文】在位十三年,吴王诸樊去世。诸樊曾有遗言传位给弟弟余祭,计划按兄弟的次序传位,一定要把君位传给季札才停止,以偿还先王寿梦的

遗愿,并且褒扬季札的崇高品德,兄弟们都想传位给季札,按照诸樊的遗愿要依次实现。季札受封在延陵,故号称延陵季子。

王余祭三年,[1]齐相庆封有罪,[2]自齐来干吴。吴予庆封朱方之县,[3]以为奉邑,以女妻之,富于在齐。

【注释】[1]"王余祭三年",余祭于公元前五四七年即位。 [2]"庆封",齐大夫,字子家,又字季。崔杼杀齐庄公,拥立景公,杼和他分任右相、左相。景公二年(公元前五四六年)灭崔氏当国。次年,鲍氏、高氏、栾氏合谋攻庆氏,他由齐逃奔吴。[3]"朱方",今江苏丹徒东南。

【译文】吴王余祭三年,齐国国相庆封获罪,从齐国来投奔吴国。吴王把朱方县封赐给庆封,作为俸地,又把女儿嫁给他,使他比在齐国时还富裕。

四年,吴使季札聘于鲁,[1]请观周乐。[2]为歌《周南》、《召南》。[3]曰:"美哉,始基之矣,[4]犹未也。[5]然勤而不怨。"[6]歌《邶》、《鄘》、《卫》。[7]曰:"美哉,渊乎,[8]忧而不困者也。[9]吾闻卫康叔、武公之德如是,[10]是其《卫风》乎?"[11]歌《王》。[12]曰:"美哉,思而不惧,[13]其周之东乎?"[14]歌《郑》。[15]曰:"其细已甚,[16]民不堪也,是其先亡乎?"[17]歌《齐》。[18]曰:"美哉,泱泱乎大风也哉,[19]表东海者,其太公乎?[20]国未可量也。"歌《豳》。[21]曰:"美哉,荡荡乎,[22]乐而不淫,[23]其周公之东乎?"[24]歌《秦》。[25]曰:"此之谓夏声。[26]夫能夏则大,[27]大之至也,其周之旧乎?"[28]歌《魏》。[29]曰:"美哉,沨沨乎,[30]大而宽,[31]俭而易,行以德辅,此则盟主也。"[32]歌《唐》。[33]曰:"思深哉,其有陶唐氏之遗风乎?[34]不然,何忧之远也?非令德之后,[35]谁能若是!"歌《陈》。[36]曰:"国无主,其能久乎?"[37]自《郐》以下,[38]无讥焉。歌《小雅》。[39]曰:"美哉,思而不贰,[40]怨而不言,其周德之衰乎?[41]犹有先王之遗民也。"歌《大雅》。[42]曰:"广哉,熙熙乎,[43]曲而有直体,[44]其文王之德乎?"歌《颂》。[45]曰:"至矣哉,直而不倨,[46]曲而不屈,[47]近而不偪,[48]远而不携,[49]迁而不淫,[50]复而不厌,哀而不愁,乐而不荒,用而不匮,广而不宣,施而不费,取而不贪,处而不底,[51]行而不流。[52]五声和,[53]八风平,[54]节有度,守有序,[55]盛德之所同也。"[56]见舞《象箾》、《南籥》者,[57]曰:"美哉,犹有感。"[58]见舞《大武》,[59]曰:"美哉,周之盛也其若此乎?"见舞《韶护》者,[60]曰:"圣人之弘也,犹有惭德,[61]圣人之难也!"见舞《大夏》,[62]曰:"美哉,勤而不德![63]非禹其谁能及之?"见舞《招箾》,[64]曰:"德至矣哉,大矣,如天之无不焘也,[65]如地之无不载也,虽甚盛德,无以加矣。观止矣,若有他乐,吾不敢观。"[66]

【注释】[1]"吴使季札聘于鲁",吴王余祭初即位,为抗衡楚国,广泛与中原诸国建立友好关系,派遣季札先后出使鲁、齐、郑、卫、晋等国。"聘",访问,古代诸侯之间或诸侯与天子之间派使节问候。[2]"周乐",周王室的乐舞。鲁是周公之后,周公世代为王室重臣,故保留有周天子之礼乐。 [3]"《周南》、《召南》",《诗经·国风》的篇章,是周公、召公的采邑周、召地区的乐歌。相传周公、召公分陕(今陕西岐山南)而治,周公主东,召公主西。周公因食邑于周,故号"周公";召公因食邑于召,故号"召公"。武王灭殷后,周公封国于鲁,召公封国于燕,周公、召公均留王室辅佐朝政,而分别遣其长子就国,周、召两地仍为周公、召公在王畿内的采邑。"召",音shào。 [4]"始基之矣",周人自古公亶父由豳(今陕西彬县)迁周原(今陕西岐山南)后,始强盛起来,并由此东进推翻了殷王朝。周人的王业实奠基于周原,而周、召两地正在周原,故言"始基之矣"。 [5]"犹未也",指殷纣尚未灭亡。 [6]"勤",劳。 [7]"《邶》、《鄘》、《卫》",《诗经·国风》的篇章,是邶、鄘、卫三国的乐歌。周时,各国诸侯经常派人到民间采集百姓歌谣,并呈献给周天子,天子则将各国的民谣交付乐官,编列成篇,以此考察各地的风俗、民情、政绩。《诗经》共十五国风,一百六十篇。邶,音bèi,在今河南汤阴东南。鄘,在今河南新乡西南。卫,都今河南淇县,即故朝歌。此三地本是殷纣王畿,武王灭殷后,在此设三监以监殷遗民,后三监叛周,被周公平定后,皆并入卫,

故季札论三国之诗，只言卫。〔8〕"渊"，深。〔9〕"忧"，卫康叔时，管叔、蔡叔挟殷遗民叛周；卫武公（康叔九世孙）时，遭幽王褒姒之难，皆国之忧患。"不困"，据《卫康叔世家》，周公平定三监之乱后，以殷遗民封康叔为卫君，居河、淇间，故商墟，并告康叔曰"必求殷之贤人君子长者，问其先殷所以兴，所以亡，而务爱民"，康叔就国后能善抚其民，稳固了周的统治；褒姒之难，武公曾率兵助周平戎，因此，季札在听到《卫》歌时，赞美说"忧而不困者也"，即不为灾难所困。〔10〕"卫康叔"，周公弟，封卫之前，食邑于康，故称"康叔"。康，在河南禹县西北。封卫以后，又称"卫康叔"。〔11〕"《卫风》"，《卫》是《诗经·国风》的一章，故称"《卫风》"。〔12〕"《王》"，《诗经·国风》的一章，是东周雒邑王城的乐歌。〔13〕"思而不惧"，西周遭犬戎之乱而东迁，故忧思。犹有重建王业之雄风，故不惧。〔14〕"其周之东乎"，指周王室东迁，《王风》皆东迁以后之乐歌。〔15〕"《郑》"，《诗经·国风》的一章，郑国的乐歌。郑国，周宣王弟郑桓公友所封国（今陕西华县东），郑武公时徙都新郑（今河南新郑），公元前三七五年被韩国所灭。〔16〕"其细已甚"，这是季札对《郑》诗的评论，认为其诗内容太琐细纤弱，有关政治的太少，说明国风不强。〔17〕"民不堪也，是其先亡乎"，郑国地处中原晋、楚诸强之间，屡遭侵伐，政局又不稳定，民不堪其苦，季札因此而预测其将先亡。〔18〕"《齐》"，《诗经·国风》的一章，齐国的乐歌。齐国，姜姓吕尚所封国，都营丘（今山东淄博）。〔19〕"泱泱"，宏大的样子。〔20〕"太公"，姜太公吕尚，齐国始封君，曾协助武王灭殷。〔21〕"《豳》"，《诗经·国风》的一章。豳是周先祖公刘立国之地，周公摄政时曾以周先祖后稷、公刘艰苦创业的事迹教导成王，《豳》即陈述周先祖艰苦创业的诗，后人又将赞美周公东征的诗共附其中，成为"《豳风》"章。豳，音 bīn，今陕西彬县东北。〔22〕"荡荡"，博大的样子。〔23〕"淫"，无节制。〔24〕"周公之东"，《豳》诗《东山》、《破斧》等篇述及周公东征之事，故有此言。武王死后，成王尚幼，周公曾率师东征，平定管叔、蔡叔、武庚之叛乱及征服沿海东夷之人。〔25〕"《秦》"，《诗经·国风》的一章，秦地的乐歌。秦，古部族名，嬴姓，相传是伯益后代，周孝王时封其首领非子于秦（今甘肃张家川东），秦襄公时因助平王东迁有功，受封为诸侯，春秋时都于雍（今陕西凤翔东南），居今陕西中部及甘肃东南部。〔26〕"夏"，古指西方为"夏"。〔27〕"夏"，《方言》："夏，大也。自关而西，凡物之壮大者而爱伟之，谓之夏。"〔28〕"其周之旧乎"，秦居周

之旧地，故谓"其周之旧乎！"周王朝在关中时正当鼎盛时期。此语双关。〔29〕"《魏》"，《诗经·国风》的一章，魏国的乐歌。魏，姬姓，在今山西芮城北，公元前六六一年（鲁闵公元年）被晋献公所灭。〔30〕"沨沨"，音 féng féng，形容乐声抑扬宛转。〔31〕"大而宽"，《左传》襄公二十九年作"大而婉"。《魏风》多刺诗，《葛屦》明言"是以为刺"，但其言辞则较婉和。〔32〕"盟主"，《左传》襄公二十九年作"明主"，古"盟"、"明"音通相借。〔33〕"《唐》"，《诗经·国风》的一章，唐地的乐歌。唐，成王弟晋始祖叔虞所封地，在今山西翼城西。〔34〕"陶唐氏"，古部族名，所谓帝尧即其首领，原居陶，后适唐，故名。〔35〕"令德"，美德。〔36〕"《陈》"，《诗经·国风》的一章，陈国的乐歌。陈，武王灭殷后封舜的后代胡公满于陈，都宛丘（今河南淮阳）。〔37〕"其能久乎"，公元前四七九年（鲁哀公十七年）楚公孙朝帅师灭陈，距此年不过六十五年。〔38〕"《郐》"，又作"桧"，《诗经·国风》的一章，郐国的乐歌。郐，周初封祝融的后代于郐，在今河南密县东北。《诗经·国风》在《郐风》之后尚有《曹风》，不曾为季札所论及。〔39〕"《小雅》"，《诗经》的组成部分之一，共七十四篇，大部分是西周后期及东周初期贵族宴会的乐歌，小部分是批评当时朝政过失或抒发怨愤的民间歌谣。〔40〕"不贰"，没有贰心，即没有反叛之心。此句言，虽然考虑到朝政过失，却丝毫没有反叛之心。〔41〕"其周德之衰乎"，西周末年，王室腐败，朝政废弛，季札认为这是由于周先王（文王、武王、成王、康王等）建功立业的德风衰微所致。〔42〕"《大雅》"，《诗经》的组成部分之一，共三十一篇，多是西周王室贵族的作品，主要歌颂了从后稷以至武王、宣王等的功绩，有些篇则反映了厉王、幽王时的政治混乱和统治危机。〔43〕"熙熙乎"，和乐的样子。〔44〕"曲而有直体"，言外柔顺而内刚直。〔45〕"《颂》"，《诗经》的组成部分之一，包括《周颂》三十一篇、《鲁颂》四篇、《商颂》五篇，为周王室宗庙（平王东迁以前）、鲁国宗庙（春秋中期）、宋国宗庙（宋本商人后裔）祭祀乐舞之歌。〔46〕"直"，正直。"倨"，音 jù，倨傲，傲慢不恭。〔47〕"曲"，委曲。"瞗"，通"屈"，屈折。〔48〕"近"，亲近。"偪"，同"逼"，逼迫。此谓虽与君亲近而不相侵犯。〔49〕"携"，离。〔50〕"淫"，乱，邪。〔51〕"处"，静止。"厎"，停滞。〔52〕"流"，流荡，无所依托。〔53〕"五声"，古乐五声音阶的五个阶名：宫、商、角、徵、羽。〔54〕"八风"，见于《吕氏春秋·有始篇》、《淮南子·堕形训》及《说文解字》，名虽有不同，但都是指东、西、南、北、东

北、东南、西北、西南八方之风。《左传》隐公五年云
"舞所以节八音而行八风",则"八风"与乐舞相关。
〔55〕"节有度,守有序",指乐曲的节拍合乎法度,音
调调和得体。〔56〕"盛德之所同也",《颂》有《周
颂》、《鲁颂》、《商颂》。《周颂》为周初作品,赞颂文、
武、成诸王;《鲁颂》颂僖公;《商颂》颂宋襄公,皆宗
庙之乐歌颂盛德之词。 〔57〕《象箾》,《周颂·维
清》序云"奏象舞也",是舞有象舞。"箾",同"箫"。
盖吹箫而为象舞。《南籥》,奏南乐以配籥舞。
《诗经·邶风·简兮》云"左手执籥,右手秉翟",是
"籥"为舞时所执物,翟(野鸡毛)亦舞时所执物。
"籥",音 yuè,形似笛之乐器,《孟子·梁惠王下》"管
籥之音"可证。 〔58〕"憾",通"憾",恨也。此句言
文王恨不及已致太平。 〔59〕《大武》,武王乐
舞。 〔60〕《韶护》,《周礼·春官·大司乐》谓之
《大濩》,汤乐舞。 〔61〕"惭",惭愧。此句谓季
札以商汤伐纣为下犯上,故云"犹有惭德"。 〔62〕
《大夏》,禹乐舞。 〔63〕"勤而不德",《淮南子·
缪称训》云"禹无废功,无废财,自视犹䫁(不满)如
也"与此意同。"不德",不自以为德。 〔64〕《招
箾》,《左传》襄公二十九年作《韶箾》,《尚书·益
稷》作《箫韶》,相传为虞舜乐舞。 〔65〕"焘",音
dào,同"帱",覆盖。 〔66〕"若有他乐,吾不敢观",
周用六代之乐,除上述《大武》(周代)、《韶护》(商
代)、《大夏》(夏代)、《招箾》(虞舜)外,"他乐"指尧
之《咸池》、黄帝之《云门》。鲁受四代,下周二等,故
不舞其二。季札知礼,故曰"若有他乐,吾不敢观"。

【译文】四年,吴王派遣季札出使鲁国访问,
请求观赏周王室的乐舞。鲁国乐师为季札演唱《周
南》、《召南》。季札称赞说:"真美啊! 开始建立基
业,尚不完美,然而却唱出了人们勤恳而无怨恨的
心声。"演唱了《邶风》、《鄘风》、《卫风》。又称赞说:
"真美啊! 音调深沉,情感忧戚而不困惑。我听说
卫康叔、武公的操行就是这样,这就是《卫风》蕴含
所在吧!"又歌唱了《王风》。又称赞说:"真美啊!
忧思而无恐惧,这大概是抒发王室东迁的心境吧!"
又歌唱了《郑风》。又评论说:"歌曲软绵绵得太过
分了,它表明民众已无法承受了,郑国恐怕要最先
亡国吧!"又歌唱了《齐风》。又称赞说:"真美啊!
浩渺深远,不愧大国风采。雄踞东海之滨,这就是
太公的封国吧! 它的发展是不可限量的啊!"又歌
唱《豳风》。又称赞说:"真美啊! 气势宏伟,尽情欢
乐,毫不过分。这大概是显示周公东征的气概吧!"
又歌唱《秦风》。又评说道:"这就是夏民的遗音。
若能保持夏代的遗风便能强大,强大到一定程度,

就能达到周王朝鼎盛时的气派了吧!"又歌唱《魏
风》。又称赞说:"真美啊! 它的曲调抑扬宛转,粗
犷中有柔美,淳朴而流畅,以德辅行,显露出开明君
主的风度。"又歌唱《唐风》。又评说道:"情思深长,
这大概就是陶唐氏的遗风吧! 不然,为什么忧思如
此深远呢? 不是情操高尚人的后代,谁能像这样
呢?"又歌唱《陈风》。又评论说:"国家没有像样的
君主,难道能长久吗?"从《郐风》往下,就不再评论
了。又歌唱《小雅》。又赞美说:"真美啊! 深思而
不惑乱,有怨恨而又不胡说,虽然处于周王朝衰败
的时候,仍能看到先王臣民的影子。"又歌唱《大
雅》。赞美说:"宽广啊! 和谐而优美,柔韧而刚强,
大概这就是文王的美德吧!"又歌唱《颂》。赞美说:
"美妙到了极点! 正直而不倨傲,不卑又不亢,亲近
而不强迫,疏远而不相离,遭到贬谪也不胡作非为,
官复原职也不贪得无厌,心有哀伤也不愁怨,高兴
的时候也不忘乎所以,有财富时绝不挥霍殆尽,富
足时绝不眩耀,施舍时绝不浪费,能够获取时一定
要有节制,宁静而不呆滞,奋发而不失分寸,五音和
谐,八风协调,节奏适度,曲律恰到好处,圣贤们大
体上都是相同的。"观看了《象箾》、《南籥》的舞蹈,
赞美说:"真美啊! 还有些遗憾。"观看了《大武》的
舞蹈,赞美说:"真美啊! 周代鼎盛时期大概就像这
样的吧!"观看了《韶护》的舞蹈,评说道:"圣人已经
很伟大了,仍然感到德行有不够完美的地方,做圣
人也很不容易啊!"观看《大夏》的舞蹈,赞美说:"真
美啊! 做了那么多好事而不自以为有恩惠,不是大
禹谁能做到这一点?"观看《招箾》的舞蹈,赞美说:
"品德高尚达到了顶点,真伟大啊! 像昊天那样无
所不覆,像大地那样无所不载,德行达到了顶点,再
也无法增高了。所有美妙的歌舞尽在这里了,其他
的歌舞,用不着再看了。"

去鲁,遂使齐。〔1〕说晏平仲曰:〔2〕"子速
纳邑与政。〔3〕无邑无政,乃免于难。〔4〕齐国
之政将有所归;〔5〕未得所归,难未息也。"故
晏子因陈桓子以纳政与邑,〔6〕是以免于栾、
高之难。〔7〕

【注释】〔1〕"使",出使。 〔2〕"说",音 shuì,
劝说。"晏平仲",即晏子,名婴,字平仲,春秋时齐
国大夫,夷维(今山东高密)人。齐灵公二十六年
(公元前五五六年),其父晏弱死后,继任齐卿,历仕
灵公、庄公、景公三世,为春秋名相。传世《晏子春
秋》,是战国时人搜集有关他的言行编辑而成。

〔3〕"纳",交纳。此言将"邑与政"纳还给齐国国君。"邑",封邑、采邑。"政",政务、政职。 〔4〕"难",音 nàn,灾难。 〔5〕"归",归属。 〔6〕"陈桓子",名无宇,敬仲玄孙、文子子,事齐庄公,甚有宠。〔7〕"栾、高之难",公元前五三四年(鲁昭公八年),栾施、高彊二氏作难;前五三二年,陈桓子、鲍文子二氏合力伐败栾、高二氏。

【译文】季札离开了鲁国,又出使到齐国。他规劝晏平仲说:"您赶快把自己的封地和官职交出去,只有没有封地和官职的人,才能幸免于难。齐国的政权将另有所归,在没有适当归属前,灾难是不会平息的呀!"所以晏子通过陈桓子交出了官职和封地,因此得以避免了栾氏、高氏制造的灾难。

去齐,使于郑。见子产,〔1〕如旧交。谓子产曰:"郑之执政侈,〔2〕难将至矣,政必及子。子为政,慎以礼。〔3〕不然,郑国将败。"去郑,适卫。〔4〕说蘧瑗、史狗、史鳅、公子荆、公叔发、公子朝曰:〔5〕"卫多君子,〔6〕未有患也。"

【注释】〔1〕"子产",即公孙侨、公孙成子,名侨,字子产,郑贵族子国之子。郑简公十二年(公元前五五四年)为卿,二十三年(公元前五四三年)执政,因实行改革,使郑国出现了新气象,为春秋著名政治家。 〔2〕"执政",指伯有。伯有执政时,与贵族驷带发生争执,被杀。 〔3〕"礼",奴隶社会贵族等级制的社会规范和道德规范。 〔4〕"适",往,去到。 〔5〕"蘧瑗",音 qú yuàn,字伯玉,谥曰成子,蘧庄子无咎之子,卫臣。"史狗",字文子,史朝之子,卫臣。"史鳅",即史鱼,卫大夫,以正直敢谏著名。"鳅",音 qiū。"公子荆",字南楚,卫献公子,孔子谓其"善居室"(见《论语·子路》)。"公叔发",又作"公叔拔"(古音发、拔通互借),卫献公之孙,谥"文",故又称公叔文子。《论语·宪问》称其"时然后言,人不厌其言;乐然后笑,人不厌其笑;义然后取,人不厌其取"。"公子朝",卫公子。 〔6〕"君子",西周、春秋时对贵族的通称,后来又用作对品德高尚有卓越识人的称谓。

【译文】季札离开了齐国,又出使到郑国。看见子产,如同见到多年的老朋友一样。他对子产说:"郑国的当权者腐败,灾难就要来到,政权必将

落到您的身上。您当政以后,一定要谨慎地按照礼法行事,否则,郑国仍将败亡。"离开郑国,季札又来到卫国。劝慰蘧瑗、史狗、史鳅、公子荆、公叔发、公子朝说:"卫国贤能的人很多,不会有祸患的。"

自卫如晋,将舍于宿,〔1〕闻钟声,曰:"异哉! 吾闻之,辩而不德,〔2〕必加于戮。〔3〕夫子获罪于君以在此,〔4〕惧犹不足,而又可以畔乎?〔5〕夫子之在此,犹燕之巢于幕也。〔6〕君在殡而可以乐乎?"〔7〕遂去之。文子闻之,〔8〕终身不听琴瑟。

【注释】〔1〕"将舍于宿",《左传》襄公二十九年作"将宿于戚",清钱大昕曰"古音'戚'如'蹙','蹙'与'缩'通,'宿'本有'蹙'音",此"宿"即"戚"。"戚",卫国邑,孙文子旧所食地,在今河南省濮阳县北稍东。季札盖由吴(今江苏苏州)先至鲁(今山东曲阜),再至齐(今山东临淄)。由齐至郑(今河南新郑),北行至卫都帝丘(今河南濮阳西南),然后北行经戚,再西行适晋。 〔2〕"辩",思辩,才辩。 〔3〕"戮",音 lù,杀戮。 〔4〕"夫子",此指孙文子。〔5〕"畔",清洪颐煊曰:"古'畔'、'般'通,《尔雅·释诂》'般,乐也'。"本句"而又可以畔乎",《左传》襄公二十九年作"而又何乐"。 〔6〕"幕",帐幕。帐幕随时可撤,燕筑巢其上,至为危险。 〔7〕"君在殡",此时献公卒而未葬。"殡",音 bìn,殓而未葬。〔8〕"文子",即孙林父,卫国执政大臣孙良夫之子,因为卫定公所恶而奔晋。

【译文】从卫国前往晋国,准备在宿地住宿,听到钟声,说:"真怪啊! 我听说,空有才辩而无道德的,必定遭受杀身之祸。先生得了国君仍然停留在此,恐惧都来不及,还能寻欢作乐吗? 先生在此停留,犹如燕子在帷幕做巢。国君尚未安葬,可以作乐吗?"说完便离开了。孙文子听说了这些话,到死不再听奏乐。

适晋,说赵文子、〔1〕韩宣子、〔2〕魏献子曰:〔3〕"晋国其萃于三家乎!"〔4〕将去,谓叔向曰〔5〕:"吾子勉之!〔6〕君侈而多良,大夫皆富,政将在三家。吾子直,必思自免于难。"

【注释】〔1〕"赵文子",名武,亦称赵孟、赵朔子,曾任晋新军、上军之将,后为正卿执晋国政。

〔2〕"韩宣子"，名起，献子子，无忌弟，居州（今河南沁阳东南五十里），晋六卿之一。　〔3〕"魏献子"，名舒，亦作荼（古荼、舒音通互借），本书《魏世家》谓"魏绛卒，谥为昭子，生魏嬴，嬴生魏献子"，司马贞引《世本》"献子名荼，庄子之子"，谓"无魏嬴"。杜预注《左传》、韦昭注《国语》皆谓献子为魏绛子。魏献子亦晋六卿之一。　〔4〕"晋国其萃于三家乎"，春秋中叶以后，晋公室逐渐衰微，卿大夫渐强且相互倾轧吞并，周景王六年（公元前五三九年），叔向曾感叹说"栾、郤、胥、原、狐、续、庆、伯，降在皂隶，政在家门"，许多旧贵族被降为奴隶，国政被少数几个卿大夫所把持。至春秋末，晋国军政大权为知氏、范氏、中行氏和韩、赵、魏六家所把持。本句言晋国之政最终将为三家所取代，三家即指韩、赵、魏。"萃"，聚集。　〔5〕"叔向"，羊舌氏，名肸（音xī），食邑在杨（今山西洪洞），又称杨肸，晋大夫。　〔6〕"吾子"，对谈话对方的尊称，犹如今言"您"。

【译文】季札来到晋国，对赵文子、韩宣子、魏献子说："晋国的大权将集中在你们三家了！"在临别时，他对叔向说："您努力吧！国君腐败而良臣又多，大夫都很富有，国家大权将落入三家手中，您非常正直，一定要考虑怎样使自己躲避灾难。"

季札之初使，北过徐君。〔1〕徐君好季札剑，口弗敢言。季札心知之，为使上国，〔2〕未献。还至徐，徐君已死，于是乃解其宝剑，系之徐君冢树而去。〔3〕从者曰："徐君已死，尚谁予乎？"季子曰："不然。始吾心已许之，岂以死倍吾心哉！"〔4〕

【注释】〔1〕"徐君"，徐国之君。徐国在今安徽泗县西北五十里。　〔2〕"上国"，春秋时吴、楚诸南方国家称中原诸国为上国。　〔3〕"冢"，音zhǒng，坟墓。《括地志》云："徐君庙在泗州徐城县西南一里，即延陵季子挂剑之徐君也。"　〔4〕"倍"，通"悖"，违背。

【译文】当初季札刚开始出使时，北上途中拜见徐国国君。徐君非常喜爱季札的宝剑，嘴上却不好意思说出来。季札心里明白他的意思，因为还要出使中原诸国，没能将宝剑赠送给他。在他回国时又来到徐国，徐君已经去世，他便解下宝剑，挂在徐君墓旁的树上才离开。随从的人说："徐君已经死

了，您还送给他干什么呢？"季子说："不能这样说，当初我心里已经决定送给他，怎能因为他死了而违背我的初衷呢？"

七年，楚公子围弑其王夹敖而代立，〔1〕是为灵王。十年，楚灵王会诸侯而以伐吴之朱方，〔2〕以诛齐庆封。〔3〕吴亦攻楚，取三邑而去。〔4〕十一年，楚伐吴，至雩娄。〔5〕十二年，楚复来伐，次于乾溪，〔6〕楚师败走。

【注释】〔1〕"公子围"，楚共王子、康王弟，在楚自称王子围，公元前五四〇年即王位，易名虔，称熊虔，即楚灵王。楚本芈（音mǐ）姓，据《楚世家》，楚君之名多用"熊"字，如其先有鬻熊、熊丽、熊狂、熊绎、熊艾、熊扬、熊芴、熊渠、熊延、熊勇、熊严、熊霜、熊绚、熊仪、熊坎。入春秋后，武王名熊通，文王名熊赀，成王名熊恽。出土春秋青铜器曾侯钟铭称楚王熊章，即《左传》哀公六年"逆越女之子章而立之"之"章"，足见楚大子或公子为王后多改名而冠以"熊"字。"夹敖"，《左传》作"郏敖"，康王子熊麇。公元前五四五年康王死，翌年，夹敖即王位，在位四年，为令尹围（公子围时任令尹）所杀。因葬于夹（楚地，今河南郏县旧治），故谓夹敖。楚君王之无谥者，多以葬地冠敖字，如《楚世家》有杜敖，《左传》僖公二十八年有若敖，昭公二年有郏敖。　〔2〕"楚灵王会诸侯而以伐吴"，《春秋》昭公四年载"秋七月，楚子率蔡侯、陈侯、许男、顿子、胡子、沈子、淮夷伐吴"。"朱方"，吴邑，今江苏镇江市丹徒镇南。　〔3〕"庆封"，齐大夫，字子家，又字季，庆克子。曾为齐相国，因专权被田、鲍、高、栾四族所逐，先奔鲁，后奔吴。吴以朱方赐之，富于在齐。　〔4〕"吴亦攻楚，取三邑而去"，《左传》昭公四年冬，"吴伐楚，入棘、栎、麻，以报朱方之役"。棘，今河南永城县南。栎，今河南新蔡县北二十里。麻，今安徽砀山县东北二十五里，旧有麻成集。三邑皆楚东鄙邑。〔5〕"楚伐吴，至雩娄"，《左传》昭公五年冬十月，"楚子以诸侯及东夷伐吴，以报棘、栎、麻之役"，因"吴早设备，楚无功而还"，楚蓬启彊师曾"待命于雩娄"。"雩娄"，今河南商城县东北。雩，音yú。〔6〕"楚复来伐，次于乾溪，楚师败走"，《左传》昭公六年，楚"使蓬泄伐徐（今安徽泗县），吴人救之"，楚"令尹子荡帅师伐吴，师于豫章（今河南光山固始一带），而次于乾溪"。"乾溪"，今安徽亳县东南七十里，与城父村相近。"吴人败其师于房钟（今安徽蒙城县西南，西淝水北岸之阚町集），获宫厩尹弃疾

【译文】七年,楚国的公子围杀了他的君王夹敖取代了王位,这就是灵王。十年,楚灵王会合了诸侯来攻打吴国的朱方,诛杀了从齐国来的庆封。吴国也攻打楚国,夺取了三个城邑便离去了。十一年,楚国进军攻打吴国,到达零娄。十二年,楚国再次来伐,军队驻扎在乾溪,楚国战败后逃走了。

十七年,王余祭卒,[1]弟余昧立。[2]王余昧二年,楚公子弃疾弑其君灵王代立焉。[3]

【注释】[1]"十七年,王余祭卒",《左传》襄公二十九年(公元前五四四年)载"吴人伐越,获俘焉,以为阍(守门人),使守舟。吴子余祭观舟,阍以刀弑之"。一九七三年十二月,在湖南长沙马王堆三号墓出土的汉初帛书《春秋事语》载"吴伐越,复(俘)其民","使守其周(舟)","吴子余蔡(余祭)观周(舟),闵(阍)人杀之"。〔2〕"余昧立",公元前五三〇年余昧即位。〔3〕"公子弃疾",楚共王五子,康王为长,灵王次之,再次子比、子臤,弃疾为幼。封蔡公。《春秋》昭公十三年(公元前五二九年)载"夏四月,楚公子比自晋归于楚,弑其君虔于乾溪,楚公子弃疾杀公子比"。弃疾即位后易名熊居,即平王。

【译文】在位十七年,吴王余祭去世,弟弟余昧继位。吴王余昧二年,楚国的公子弃疾杀了他的君王灵王取代了他的王位。

四年,王余昧卒,欲授弟季札。季札让,逃去。于是吴人曰:"先王有命,兄卒弟代立,必致季子。季子今逃位,则王余昧后立。今卒,其子当代。"乃立王余昧之子僚为王。[1]

【注释】[1]"僚",《左传》昭公二十年称僚为州于,当是其号。《公羊传》以僚为寿梦庶子、余昧庶兄,与此异。

【译文】在位四年,吴王余昧去世,他的遗愿是将王位传给弟弟季札。季札避让受位,逃离而去。于是吴国人说:"先王曾有遗嘱,哥哥去世由弟弟继位,一定要传位给季子。季子现在逃离不肯继位,就应由吴王余昧的后代继位。现在他去世了,他的儿子应该接位了。"于是便拥立吴王余昧的儿子僚作吴王。

王僚二年,[1]公子光伐楚,[2]败而亡王舟。光惧,袭楚,复得王舟而还。

【注释】[1]"王僚二年",当鲁昭公十七年,公元前五二五年。〔2〕"公子光",即吴王阖庐,又作阖闾。《世本》以光为余昧子,与此异。

【译文】吴王僚二年,公子光领兵攻打楚国,战败且丢失了吴王的龙船。公子光很害怕,他通过偷袭的办法,重新夺回了吴王的龙船才带兵回国。

五年,楚之亡臣伍子胥来奔,[1]公子光客之。公子光者,王诸樊之子也。常以为"吾父兄弟四人,当传至季子。季子即不受国,光父先立。即不传季子,光当立"。阴纳贤士,[2]欲以袭王僚。

【注释】[1]"楚之亡臣伍子胥",名员,父奢兄尚皆被楚平王杀害,子胥亡出而奔吴,吴封以申地,故称申胥。与孙武共佐吴王阖庐伐楚,五战入楚都郢,掘平王墓,鞭尸三百。吴王夫差败越,越请和,子胥谏不从。夫差信伯嚭谗言,迫子胥自杀。"奔",同"奔"。〔2〕"阴",秘密。

【译文】五年,楚国在逃的大臣伍子胥前来投奔,公子光像对待客人一样接待他。公子光本是吴王诸樊的儿子,平常就认为在自己父亲兄弟四人中,王位应该传给季子。季子不肯接受王位,自己的父亲应该首先继位。若果不能传位给季子,公子光应接受王位。他暗地招纳贤能之士,准备一旦有机会便袭击吴王僚。

八年,吴使公子光伐楚,败楚师。[1]迎楚故太子建母于居巢以归。[2]因北伐,败陈、蔡之师。九年,公子光伐楚,拔居巢、钟离。[3]初,楚边邑卑梁氏之处女与吴边邑之女争桑,[4]二女家怒相灭,两国边邑长闻之,怒而相攻,灭吴之边邑。吴王怒,故遂伐楚,取两都而去。[5]

【注释】〔1〕"八年,吴使公子光伐楚,败楚师",据《左传》昭公二十三年,吴人伐州来,楚令尹阳匄帅诸侯(顿、胡、沈、蔡、陈、许)之师奔命救州来。因主帅阳匄病死军中,吴军乘机大败楚及诸侯军。据《左传》此役战于鸡父,今河南固始东。〔2〕"楚故太子建母",蔡女。楚平王因娶秦女而疏远太子建母,废太子建后,其母归其家。《左传》昭公二十三年及《楚世家》皆谓太子建母召吴攻楚。"居巢",今安徽巢县东北,《左传》作"郹",今河南新蔡。〔3〕"钟离",今安徽凤阳东而稍北。〔4〕"楚边邑卑梁氏之处女与吴边邑之女争桑",《楚世家》作"楚之边邑卑梁与楚边邑钟离小童争桑",是卑梁为近钟离之地。〔5〕"两都",指居巢、钟离。

【译文】八年,吴王僚派公子光出兵攻打楚国,打败了楚国的军队,从居巢把楚国从前的太子建的母亲接来带回国。并趁势向北进军,打败了陈国、蔡国的军队。九年,公子光攻打楚国,攻陷了居巢、钟离两地。在此之前,楚国边境卑梁家的少女与吴国边境的女子争采桑叶,两家怒而互相残杀,两国边境长官知道后,也大为恼怒进而互相攻打,楚国人扫荡了吴国的边境村庄。吴王对此十分恼怒,因此才出兵攻打楚国,攻占了两个城镇才善罢甘休。

伍子胥之初奔吴,说吴王僚以伐楚之利。公子光曰:"胥之父兄为僇于楚,〔1〕欲自报其仇耳。未见其利。"于是伍员知光有他志,〔2〕乃求勇士专诸,〔3〕见之光。〔4〕光喜,乃客伍子胥。子胥退而耕于野,以待专诸之事。〔5〕

【注释】〔1〕"胥之父兄为僇于楚",胥父伍奢为太子建太傅,因谏废太子建,被楚平王所杀。平王为除后患召伍奢子伍尚、伍胥,胥出逃,而尚至,遂与其父同遭杀害。"僇",音 lù,通"戮",斩杀。〔2〕"光有他志",指公子光有取国谋君位之意图。〔3〕"勇士专诸",《吴越春秋》云:"专诸,丰邑人。伍子胥初亡楚如吴时,遇之于途,专诸方与人斗,甚不可当,其妻呼,还。子胥怪而问其状。专诸曰:'夫屈一人之下,必申万人之上。'胥因而相之,雄貌,深目,侈口,熊背,知其勇士。"〔4〕"见",音 xiàn,同"现",呈现。〔5〕"以待专诸之事",指待专诸为公子光谋取君位之事成功。

【译文】伍子胥刚刚投奔吴国时,用攻打楚国的好处劝说吴王僚。公子光说:"伍子胥的父亲和哥哥被楚国杀害了,他只是为了报自己的私仇,对吴国来说哪里有什么好处!"由此伍子胥知道公子光另有打算,便寻求到一位叫专诸的勇士,把他献给公子光。公子光正中下怀,于是便对伍子胥以礼相待。伍子胥隐居到乡间从事耕种,等待着专诸的行动。

十二年冬,楚平王卒。〔1〕十三年春,〔2〕吴欲因楚丧而伐之,〔3〕使公子盖余、烛庸〔4〕以兵围楚之六、灊。〔5〕使季札于晋,以观诸侯之变。楚发兵绝吴兵后,吴兵不得还。于是吴公子光曰:"此时不可失也。"〔6〕告专诸曰:"不索何获!我真王嗣,当立,〔7〕吾欲求之。季子虽至,不吾废也。"专诸曰:"王僚可杀也。母老子弱,〔8〕而两公子将兵攻楚,楚绝其路。方今吴外困于楚,而内空无骨鲠之臣,〔9〕是无奈我何。"光曰:"我身,子之身也。"〔10〕四月丙子,光伏甲士于窟室,〔11〕而谒王僚饮。〔12〕王僚使兵陈于道,自王宫至光之家,门阶户席,皆王僚之亲也,人夹持铍。〔13〕公子光详为足疾,〔14〕入于窟室,〔15〕使专诸置匕首于炙鱼之中以进食。〔16〕手匕首刺王僚,铍交于匈,〔17〕遂弑王僚。公子光竟代立为王,是为吴王阖庐。阖庐乃以专诸子为卿。

【注释】〔1〕"十二年冬,楚平王卒",据《春秋》、《左传》昭公二十六年及本书《十二诸侯年表》,楚平王死在吴王僚十一年,公元前五一六年。〔2〕"十三年春",据《十二诸侯年表》及《春秋》、《左传》吴王僚止有十二年,此"十三年春"据《左传》昭公二十七年应是"十二年夏"。〔3〕"楚丧",指楚平王之丧事。〔4〕"公子盖余、烛庸",贾逵、杜预皆谓二公子为王僚弟弟。杜氏《世族谱》又谓二公子为寿梦子。〔5〕"六、灊",《左传》无"六"字,"灊"作"潜"。"六",古国名,后为楚地,在今安徽六安县北。"灊",音 qián,今安徽霍山县东北三十里,近六,楚邑。〔6〕"时",此言刺杀王僚的时机。〔7〕"我真王嗣,当立",本篇前言"公子光者,王诸樊之子也。常以为'吾父兄弟四人,当传至季子。季子即不受国,光父先立。即不传季子,光当立'。"

故公子光自称是真正应继承王位者。〔8〕"母老子弱",此为专诸准备冒死刺杀王僚前,向公子光诉说自己母老子幼,期望日后得到照顾。〔9〕"骨鲠之臣",正直的臣属。"鲠",音 gěng,鱼刺。〔10〕"我身,子之身也",此为公子光向专诸表示万一专诸遭到不幸,将代其侍养母亲。〔11〕"窟室",暗室。〔12〕"谒",音 yè,请。〔13〕"铍",音 pī,两刃剑。〔14〕"详",通"佯",假装。〔15〕"入于窟室",公子光在专诸动手之前预先借故脚疾躲入暗室,以免动武以后王僚卫士杀伤自己。〔16〕"匕首",短剑。〔17〕"交",交接。指卫士用铍刺杀专诸及于胸。"匈",同"胸"。

【译文】十二年冬天,楚平王去世。十三年春天,吴国打算趁楚国治丧期间进兵攻打它,指派公子盖余、烛庸带兵包围了楚国的六邑和灊邑。派遣季札出使晋国,观察诸侯的态度和举动。楚国调兵断绝了吴军的退路,吴国军队无法撤退。看到这种情景,吴国的公子光说:"这个时机可不能丧失啊!"他对专诸说:"此时不去索求更待何时!我才是真该继承王位的人,应该接位了,我打算现在就得到它。季子就是来了,也不会废除我的!"专诸说:"到了可以杀王僚的时候了。他母亲年老孩子幼弱,两个公子带兵在楚国打仗,楚国又断绝了他们的归路。如今吴王在外受到楚国的围困,在内没有刚正不阿的大臣,没有可以对付我们的。"公子光说:"我的身子,就是你的身子!"四月丙子日,公子光在暗室里埋伏下武士,邀请吴王僚来饮酒。吴王僚把军士排列在大道两旁,从王宫到公子光的家,大门、台阶、屋门、座席两侧,都安排下吴王僚的亲兵,人人手执短剑。公子光假称脚有毛病,进入暗室,指使专诸把匕首藏在烤鱼腹中端给吴王僚吃,手执匕首直刺吴王僚,专诸自己的胸膛也被吴王亲兵的短剑刺中,结果仍然杀死了王僚。公子光终于取得了王位,这就是吴王阖庐。阖庐便任命专诸的儿子担任上卿。

季子至,曰:"苟先君无废祀,民人无废主,社稷有奉,〔1〕乃吾君也。吾敢谁怨乎?哀死事生,〔2〕以待天命。非我生乱,立者从之,〔3〕先人之道也。"复命,〔4〕哭僚墓,复位而待。〔5〕吴公子烛庸、盖余二人将兵遇围于楚者,闻公子光弑王僚自立,乃以其兵降楚,楚封之于舒。〔6〕

【注释】〔1〕"社",土神。"稷",谷神。〔2〕"哀死",指王僚。"事生",指阖庐。〔3〕"立者",立为君者。〔4〕"复命",季子本受王僚命使于晋,僚死后归来仍向王僚回复使命。〔5〕"复位而待",回到原来的职位等待新君的命令。〔6〕"舒",国名,治所在今安徽庐江县西南。《左传》昭公二十七年曰"吴公子掩余(即盖余)奔徐,公子烛庸奔钟吾(今江苏宿迁县东北)",《春秋》昭公三十年"吴灭徐,徐子章羽奔楚",《左传》曰"吴子使徐人执掩余,使钟吾人执烛庸,二公子奔楚。楚子大封而定其徙","使居养(今河南沈丘县之东,临安徽界首县界)","将以害吴也"。无封舒事。

【译文】季子回来后,说:"假如先君的祭祀不被废绝,百官不再废除他们的君主,社稷仍然受到供奉,这也就是我的国君了!我还敢怨恨谁呢?痛悼死去的,侍奉活着的,顺待天意的安排。不是我发起的动乱,谁当君主就服从谁,这是先人们遵循的道理呀!"他来到王僚的墓前,哭着向旧日的君主汇报了出使的经过,然后回到他的官府等待新君主下达命令。此时,吴国公子烛庸、盖余二人正带兵受到楚国军队的包围,听到公子光杀了王僚自立为王,便带领他们统领的军队投降楚国,楚王把他们封在舒邑。

王阖庐元年,举伍子胥为行人而与谋国事。〔1〕楚诛伯州犁,〔2〕其孙伯嚭亡奔吴,〔3〕吴以为大夫。

【注释】〔1〕"行人",官名,《周礼秋官》有大行人,掌大宾之礼及大客之仪,小行人掌使适四方,协九仪宾客之事。诸侯之行人则通掌之。〔2〕"伯州犁",本晋伯宗之子,后奔楚,任楚太宰。〔3〕"伯嚭",奔吴后曾任太宰,故又称太宰嚭。"嚭",音 pǐ。

【译文】吴王阖庐元年,提拔伍子胥担任行人并参与谋划国家大事。楚国诛杀了伯州犁,他的孙子伯嚭逃亡投奔到吴国,吴王用他作大夫。

三年,吴王阖庐与子胥、伯嚭将兵伐楚,拔舒,杀吴亡将二公子。光谋欲入郢,〔1〕将军孙武曰:〔2〕"民劳,未可,待之。"四年,伐楚,取六与灊。五年,伐越,败之。六年,〔3〕

楚使子常囊瓦伐吴。[4]迎而击之,大败楚军于豫章,[5]取楚之居巢而还。[6]

【注释】〔1〕"郢",音 yǐng,楚都,今湖北江陵县北纪南城。〔2〕"孙武",本齐人,字长卿,以兵法求见吴王阖庐,用为将,西破强楚,北威齐、晋。曾著《孙子兵法》十三篇,为中国最早最杰出的军事理论著作。一九七二年,山东临沂银雀山西汉墓发现《孙子兵法》残简,并有《吴问》等佚文。因仕于吴,又称吴孙子。《左传》昭公三十年有伍子胥答吴王伐楚之问,无孙武事。〔3〕"六年",《左传》定公二年载楚囊瓦伐吴事,鲁定公二年合吴阖庐七年。〔4〕"子常囊瓦",名囊瓦,字子常,楚令尹,令尹子囊之孙。〔5〕"豫章",淮水南、长江北一带。〔6〕"居巢",今安徽省巢县。

【译文】三年,吴王阖庐携同伍子胥、伯嚭带兵攻打楚国,攻陷了舒邑,把出逃在外的吴国两个公子杀死。阖庐谋划攻入郢都,将军孙武说:"百姓太劳累,尚不可进军,姑且等待一些日子。"四年,再进军攻打楚国,夺取了六邑和灊邑。五年,攻打越国,战胜了它。六年,楚国派子常囊瓦攻打吴国。吴军迎击楚军,在豫章大败楚军,夺得了楚国的居巢才收兵。

九年,吴王阖庐请伍子胥、孙武曰:"始子之言郢未可入,今果如何?"二子对曰:"楚将子常贪,而唐、蔡皆怨之。[1]王必欲大伐,必得唐、蔡乃可。"阖庐从之,悉兴师,与唐、蔡西伐楚,至于汉水。楚亦发兵拒吴,夹水陈。[2]吴王阖庐弟夫槩欲战,[3]阖庐弗许。夫槩曰:"王已属臣兵,[4]兵以利为上,尚何待焉?"遂以其部五千人袭冒楚,楚兵大败,走。于是吴王遂纵兵追之。比至郢,[5]五战,楚五败。楚昭王亡出郢,奔郧。[6]郧公弟欲弑昭王,昭王与郧公奔随。[7]而吴兵遂入郢。子胥、伯嚭鞭平王之尸以报父仇。

【注释】〔1〕"唐",楚附庸小国,在今湖北随县西北之唐河镇。"唐、蔡皆怨之",据《左传》定公三年,子常欲贪蔡、唐宝物,蔡昭侯、唐成公因拒绝而遭子常拘留三年,以是结怨。〔2〕"陈",通"阵",列军阵。〔3〕"夫槩",又作"夫概",阖庐十年,自立为吴王,称夫槩王。后与阖庐战败,奔楚,为棠溪氏。〔4〕"属",音 zhǔ,嘱托,交付。〔5〕"比",及,等到。"至郢",《春秋》定公四年(公元前五〇六年)"冬十有一月庚午(十八日),蔡侯以吴子及楚人战于柏举(今湖北麻城东北),楚师败绩。楚囊瓦出奔郑。庚辰(二十八日),吴入郢。"〔6〕"郧",今湖北京山县安陆县一带。〔7〕"郧公弟欲弑昭王,昭王与郧公不随",《左传》定公四年载"郧公辛之弟怀将弑王,曰:'平王杀吾父,我杀其子,不亦可乎?'"郧公辛则以为"君讨臣,谁敢雠(仇)之?"遂携其弟巢与楚昭王奔随。"随",国名,姬姓,在今湖北随县南。

【译文】九年,吴王阖庐向伍子胥、孙武请问说:"早先您说郢都尚不可打入,那么现在怎么样了呢?"两位回答说:"楚国将领子常很贪婪,唐国、蔡国都很怨恨他。君王决意大举进攻的话,一定要得到唐国、蔡国的协助才可以发兵。"阖庐听从了他们的意见,出动全国军队,与唐国、蔡国一道向西进军攻打楚国,军队进到汉水之滨。楚国也调兵抵御吴国军队,双方在汉江两岸布下了阵形。吴王阖庐的弟弟夫槩打算出战,阖庐不许可。夫槩说:"君王既然已经把军队交给了我,战争总是以有利于我为上策,还等待什么呢?"便率领他的部下五千军兵冒险袭击楚国军队,楚国的军队大败而逃。于是吴王便挥兵追击败逃的楚军。待到追至郢都,交战五次,楚军失败五次。楚昭王逃出郢都,投奔郧城。郧公的弟弟要想杀死昭王,昭王与郧公一道又投奔随国。吴国军队就此进入郢都。伍子胥、伯嚭鞭打了楚平王的尸体,以报父仇。

十年春,越闻吴王之在郢,国空,乃伐吴。吴使别兵击越。楚告急秦,秦遣兵救楚击吴,吴师败。阖庐弟夫槩见秦越交败吴,吴王留不去,夫槩亡归吴而自立为吴王。阖庐闻之,乃引兵归,攻夫槩。夫槩败奔楚。楚昭王乃得以九月复入郢,而封夫槩于堂溪,[1]为堂溪氏。十一年,吴王使太子夫差伐楚,[2]取番。[3]楚恐而去郢徙都。[4]

【注释】〔1〕"堂溪",今河南遂平县西北。〔2〕"吴使太子夫差伐楚",《左传》定公六年作"吴大子终累败楚舟师"。〔3〕"番",音 pān,《左传》作"潘"。〔4〕"鄀",音 ruò,今湖北宜城县东南九十里,公元前五〇四年作,楚都由郢迁此。

【译文】十年春天，越国探听到吴王远在郢都，国内武装空虚，就出兵攻打吴国。吴国另外派遣一支军队迎击越军。楚国向秦国告急，秦国派遣军队营救楚国攻打吴国，吴国军队战败。阖庐的弟弟夫槩看见秦国、越国接连打败吴军，吴王滞留楚国不走，便逃回吴国自立为吴王。阖庐听到这个消息，便带领军队回国，攻打夫槩。夫槩战败逃奔楚国。楚昭王趁此机会在九月重新回到郢都，而封夫槩在堂溪，称为堂溪氏。十一年，吴王派太子夫差出兵攻打楚国，夺取了番邑。楚王害怕侵扰便离开郢都迁徙到鄀城。

十五年，孔子相鲁。〔1〕

【注释】〔1〕"十五年，孔子相鲁"，鲁定公十年（公元前五〇〇年），孔子相鲁。

【译文】十五年，孔子在鲁国担任国相。

十九年夏，吴伐越，〔1〕越王句践迎击之槜李。〔2〕越使死士挑战，〔3〕三行造吴师，〔4〕呼，自刭。〔5〕吴师观之，〔6〕越因伐吴，败之姑苏，〔7〕伤吴王阖庐指，军却七里。吴王病伤而死。〔8〕阖庐使立太子夫差，谓曰："尔而忘句践杀汝父乎？"对曰：〔9〕"不敢！"三年，乃报越。

【注释】〔1〕"十九年夏，吴伐越"，鲁定公五年，越王允常乘吴伐楚，师在外，而伐吴。吴阖庐十八年允常卒，故于十九年兴师伐越，以报允常之伐吴。 〔2〕"越王句践"，又作"勾践"，越王允常之子，公元前四九七年至前四六五年在位。曾被吴大败，屈辱求和。他卧薪尝胆，励精图治，终于使越转弱为强，灭亡了吴国。并在徐州（今山东滕县南）大会诸侯，成为霸主。"槜李"，又作"醉李"，今浙江嘉兴西南。"槜"，音 zuì。 〔3〕"死士"，不怕死的勇士。 〔4〕"三行造吴师"，《左传》定公十四年作"使罪人三行，属剑于颈"，盖谓使罪人排成三行来到吴国军队面前。 〔5〕"自刭"，自己用刀割自己的脖子而死。"刭"，音 jǐng。 〔6〕"吴师观之"，吴师观看越军自颈的场面，有所惊恐时，越军乘机掩杀。 〔7〕"姑苏"，阖庐所筑姑苏台，在今江苏苏州西南，夫差在台上立春宵宫，为长夜之饮。 〔8〕"吴王病伤而死"，《越绝书》曰："阖庐冢在吴县昌门外，名曰

虎丘。"〔9〕"对"，通"答"，古音声母相同互为通假。

【译文】十九年夏天，吴国攻打越国，越王句践在槜李迎击吴军。越国派遣敢死队出面挑战，他们排成三行来到吴军阵前，大声呼喊，并当着吴军的面自杀。就在吴国士兵全神贯注地观看时，越军趁机冲杀过去，在姑苏打败了吴军。作战中击伤了吴王的指头，吴军败退了七里地。吴王不久因伤病死。阖庐下令传位给太子夫差，对他说："您能忘记句践杀父之仇吗？"回答说："不敢忘！"三年后，他就向越国报仇。

王夫差元年，〔1〕以大夫伯嚭为太宰。〔2〕习战射，常以报越为志。二年，吴王悉精兵以伐越，败之夫椒，〔3〕报姑苏也。越王句践乃以甲兵五千人栖于会稽，〔4〕使大夫种因吴太宰嚭而行成，〔5〕请委国为臣妾。吴王将许之，伍子胥谏曰："昔有过氏杀斟灌以伐斟寻，〔6〕灭夏后帝相。〔7〕帝相之妃后缗方娠，〔8〕逃于有仍而生少康。〔9〕少康为有仍牧正。〔10〕有过又欲杀少康，少康奔有虞。〔11〕有虞思夏德，于是妻之以二女而邑之于纶，〔12〕有田一成，有众一旅。后遂收夏众，抚其官职。使人诱之，〔13〕遂灭有过氏，复禹之绩，祀夏配天，〔14〕不失旧物。今吴不如有过之强，而句践大于少康。今不因此而灭之，又将宽之，不亦难乎！且句践为人能辛苦，今不灭，后必悔之。"吴王不听，听太宰嚭，卒许越平，〔15〕与盟而罢兵去。

【注释】〔1〕"王夫差元年"，当鲁定公十五年，公元前四九五年。 〔2〕"太宰"，西周时"宰"为掌管王室内外事务的官，春秋时诸侯国此官多称太宰，或专职，或兼职，实际上常执掌家宰、卿相之职，为国之执政。 〔3〕"夫椒"，越地，离今浙江省绍兴县十五里。 〔4〕"会稽"，音 guì jī，越都，今浙江省绍兴县会稽山。 〔5〕"大夫种"，大夫为官名，其氏文，名种，字少禽，楚之南郢人，楚平王时曾为楚之宛令。与范蠡同事越王句践，出计灭吴，功成，范蠡劝其引退，不听，后为句践赐剑自杀。"行成"，休战求和。 〔6〕"有过氏"，夏代部族名，《左传》哀公元年作"有过浇"，襄公四年曰"寒浞杀羿，因其室而生

浇,处浇于过",又曰"使浇用师,灭斟灌及斟寻氏"。
"过",据杜预注,在今山东省掖县西北近海,或疑在
今河南省太康县东南。"斟灌",夏帝仲康所封同姓
诸侯国名,其地或曰在今山东省寿光县东,或曰在
今山东省范县北观城镇。"斟寻",夏同姓诸侯国
名,其地或曰在山东省潍县西南,或曰在河南省偃
师县东北。本句"杀斟灌以伐斟寻",谓攻伐其国杀
伐其君。 〔7〕"夏后帝相",夏后帝启之孙,帝仲康
之子,后相失国,依于二斟,复为浇所灭。 〔8〕"后
缗",相妻,有仍氏女。"娠",音 shēn,怀胎。"缗",
音 mín。 〔9〕"有仍",夏代部族名,在今山东济宁、
金乡间。"少康",相遗腹子,寒浞攻灭相后,少康生
在母家有仍氏,后为有仍氏牧正,又逃奔有虞氏为
庖正,有田一成(方十里),有众一旅(五百人)。后
得同姓部族帮助,攻灭寒浞,恢复夏代统治,史家称
"少康中兴"。 〔10〕"牧正",掌管畜牧之官。
〔11〕"有虞",舜之后裔,在今河南商丘地区虞城县。
〔12〕"纶",虞邑,在今河南虞城县东南三十里。
〔13〕"使人诱之",《左传》哀公元年曰"使女艾(少康
臣)谍浇(言使女艾打入浇处为间谍),使季杼(禹后
七世孙,少康之子)诱豷(浇弟)"。 〔14〕"祀夏配
天",依古礼,祀天以先祖配之,此则祀夏祖而同时
祀天帝也。此为受命君主必行之礼。 〔15〕"平",
春秋国与国之间缔造和平、媾和,谓之"平"。

【译文】吴王夫差元年,任命大夫伯嚭为太
宰。训练军队作战射箭,时时刻刻不忘向越国报
仇。二年,吴王调动全部精锐部队去攻打越国,在
夫椒打败了越国的军队,报了姑苏之仇。越王句践
把五千甲兵隐蔽在会稽,派大夫文种通过吴国的太
宰嚭向吴王求和,请求允许全越国的男女作为吴国
的奴隶。吴王准备答应越国的请求,伍子胥进谏
说:"从前有过氏灭了斟灌去攻打斟寻,灭亡了夏后
帝相。帝相的妃子后缗正在怀孕,逃在了有仍国,
生下了少康。少康当上了有仍国的牧正。有过氏
又要杀死少康,少康又逃奔到有虞国。有虞氏感念
夏朝的恩德,便把两个女儿嫁给他并把纶邑封给
他,使他拥有地方十里,人口五百。后来他便招集
夏人的旧部,重整夏人的体制。派人引诱对方上
当,从而灭亡了有过氏,恢复了大禹的功业,让夏人
的祖先重新在祭祀中配享上帝,恢复了原有的统
治。今天吴国不如有过氏强大,而句践却远远超过
少康。现在不趁此消灭他,还要饶恕他,日后就很
难制服他了。况且句践的为人很能忍耐,现在不消
灭他,以后一定会懊悔的。"吴王不肯听从,只听太
宰嚭的话,最后答应与越国媾和,签订了协定后撤

兵离去。

七年,吴王夫差闻齐景公死而大臣争
宠,〔1〕新君弱,乃兴师北伐齐。子胥谏曰:
"越王句践食不重味,衣不重采,吊死问疾,
且欲有所用其众。此人不死,必为吴患。今
越在腹心疾而王不先,而务齐,不亦谬乎!"
吴王不听,遂北伐齐,败齐师于艾陵。〔2〕至
缯,〔3〕召鲁哀公而征百牢。〔4〕季康子使子贡
以周礼说太宰嚭,〔5〕乃得止。因留略地于
齐鲁之南。九年,为驺伐鲁,〔6〕至,与鲁盟
乃去。〔7〕十年,因伐齐而归。十一年,复北
伐齐。〔8〕

【注释】〔1〕"齐景公",名杵臼,庄公异母弟。
公元前五四七年继位,前四九〇年死。 〔2〕"艾
陵",今山东莱芜东。艾陵之战,《左传》在鲁哀公十
年,当夫差十一年,不在夫差七年。 〔3〕"缯",今
山东峄县东。 〔4〕"征",求。"牢",牲品,用作馈
食或祭祀,用牛、羊、猪各一为一牢。《周礼·秋官·
大行人》曰:"上公九牢,侯伯七牢,子男五牢,是常
数也。"今吴向鲁征求百牢之礼,显然超越周之礼
法。 〔5〕"季康子",名肥,桓子之子,亦曰季孙,鲁
哀公四年至二十七年执鲁政。"子贡",姓端木,名
赐,卫人,亦曰卫赐,孔丘弟子。"说",音 shuì,劝
说。 〔6〕"为驺伐鲁",《左传》哀公八年作"吴为邾
故,将伐鲁",驺、邾古音相通互借。邾,国名,曹姓,
《礼记·檀弓》、《公羊》皆作"邾娄",《国语·郑语》、
《晏子春秋·内篇》、《孟子》并作"邹"。传世彝器有
邾公牼钟、邾公华钟,"邾"并作"鼄"。初都今山东
曲阜东稍南,后都今邹县东南。 〔7〕"盟",在"神"
前立誓缔约。 〔8〕"十一年",据《左传》哀公十一
年,"吴复北伐齐",应为夫差十二年。

【译文】七年,吴王夫差得知齐景公去世而大
臣们争权夺利,新继位的国君年纪尚轻,便发兵北
上攻打齐国。伍子胥进谏说:"越王句践粗茶淡饭,
衣不穿绸缎,慰问死者家属,探看患病的人,这是想
驱使他的百姓实现某目标。这个人活着必然要
成为吴国的患害。现在越国才是吴国的心腹之患,
君王若不尽早除掉他,去忙于攻打齐国,不是很荒
唐吗?"吴王根本听不进去,一心向北进军攻打齐
国,在艾陵打败了齐国的军队。到达缯地后,传呼
鲁哀公,向他索要一百套牛羊猪等祭品。季康子派

子贡用周王室的礼法去劝说太宰嚭,才得以阻止。因而滞留在齐国、鲁国南部占领地。九年,替驺国去攻打鲁国,到达战地后,与鲁国互签盟约后才离去。十年,攻打了齐国后回国。十一年,再次向北攻打齐国。

越王句践率其众以朝吴,厚献遗之,[1]吴王喜。唯子胥惧,曰:"是弃吴也。"[2]谏曰:"越在腹心,今得志于齐,犹石田,[3]无所用。且《盘庚之诰》有颠越勿遗,[4]商之以兴。"吴王不听,使子胥于齐,子胥属其子于齐鲍氏,[5]还报吴王。吴王闻之,大怒,赐子胥属镂之剑以死。[6]将死,曰:"树吾墓上以梓,[7]令可为器。抉吾眼置之吴东门,[8]以观越之灭吴也。"

【注释】[1]"遗",音 wèi,给予赠送。"厚献遗之",《左传》哀公十一年作"王及列士皆馈赂,吴人皆喜"。 [2]"是弃吴也",日本国流传的三条西实隆公《史记》古本作"是天弃吴也"。 [3]"石田",石田无法耕种,比喻无用之物。 [4]"《盘庚之诰》",即《尚书·盘庚》中篇,引文略有节简。"颠",狂。"越",逾越。"颠越勿遗",《尚书·盘庚》作"颠越不恭,暂遇奸宄,我乃劓殄灭之,无遗育,无俾易种于兹新邑",意谓:若有不良顺、贻误国事、奸诈作乱者,则全部杀尽,不留后患,不让坏种迁移到新的城邑中来。 [5]"属",音 zhǔ,通"嘱",嘱托。"鲍氏",齐国望族。 [6]"属镂",利剑名。《淮南子·汜论训》"大夫种身伏属镂而死。" [7]"树吾墓上以梓,令可为器",《左传》哀公十一年作"树吾墓槚,槚可材也。吴其亡乎?"梓、槚同类,皆制棺之木。《左传》襄公二年载穆姜使择美槚以自为棺椟,襄公四年载季孙为己树六槚,俱足为证。此句言伍子胥临死说,在自己墓上植树,以此木为棺以待吴王之死。 [8]"抉",音 jué,挖。"置之吴东门",越攻打吴必由东方进入吴都城,故伍子胥说把自己的眼睛悬在吴都东门,以观越军之攻入。

【译文】越王句践带领他的部下来朝见吴王,献上了非常丰厚的礼物,吴王很高兴。只有伍子胥感到很害怕,说:"这是要葬送吴国啊!"进谏说:"越国处于吴国的生死之地,今天在齐国取得了很大的胜利,犹如得到的是石田,没有任何用处。况且《盘庚之诰》有劣种不可遗患的训导,商王朝正是遵守

这一训导才得以兴盛的。"吴王不予采纳,派伍子胥出使齐国,伍子胥把他的儿子嘱托给齐国的鲍氏后,方回国向吴王复命。吴王听说这事后,勃然大怒,把属镂之剑赐给伍子胥要他自杀。临死时,伍子胥说:"在我的墓上种上梓树,让它长成可以做棺木的大树。把我的眼睛挖出来挂在吴国都城的东门之上,用来亲眼看着越国把吴国灭亡。"

齐鲍氏弑齐悼公。[1]吴王闻之,哭于军门外三日,[2]乃从海上攻齐。齐人败吴,吴王乃引兵归。

【注释】[1]"齐悼公",名阳生,景公庶子,公元前四八八年即位,前四八五年被杀。公元前四八七年,齐悼公杀鲍牧,本句"鲍氏"为其同宗族人。 [2]"吴王闻之,哭于军门外三日",诸侯有丧相临之礼。

【译文】齐国的鲍氏杀死了齐悼公。吴王听说后,在军门外哭了三天,就从海上出兵攻打齐国。齐国人打败了吴军,吴王才带领军队回国。

十三年,吴召鲁、卫之君会于橐皋。[1]

【注释】[1]"吴召鲁、卫之君会于橐皋",《左传》鲁哀公十二年夏"(鲁)公会吴于橐皋","秋,卫侯会吴于郧",是所会不同时不同地。"橐皋",音 tuó gāo,今安徽巢县西北柘皋镇。郧,今山东莒县南。

【译文】十三年,吴王召唤鲁国、卫国的君主在橐皋会盟。

十四年春,[1]吴王北会诸侯于黄池,[2]欲霸中国以全周室。[3]六月丙子,越王句践伐吴。乙酉,越五千人与吴战。丙戌,虏吴太子友。[4]丁亥,[5]入吴。[6]吴人告败于王夫差,夫差恶其闻也。[7]或泄其语,吴王怒,斩七人于幕下。[8]七月辛丑,吴王与晋定公争长。[9]吴王曰:"于周室我为长。"[10]晋定公曰:"于姬姓我为伯。"[11]赵鞅怒,[12]将伐吴,乃长晋定公。[13]吴王已盟,与晋别,欲伐宋。太宰嚭曰:"可胜而不能居也。"乃引兵

归国。国亡太子,内空,王居外久,士皆罢敝,〔14〕于是乃使厚币以与越平。

【注释】〔1〕"十四年春",《春秋》、《左传》哀公十三年皆曰"夏",盖吴用夏正。 〔2〕"吴王北会诸侯于黄池",据《左传》哀公十三年,吴王夫差与鲁哀公、晋定公、单平公相会于黄池。《国语·吴语》曰:"阙为深沟,通于商、鲁之间,北属之沂,西属之济,以会晋公午(定公)于黄池。"是夫差曾掘邗沟以达沂(沂水,源出今山东沂源县,流入古黄河废道)、济(济水,源出今河南济源县王屋山,其故道本过黄河而南,东流至山东,与黄河并行入海,后下游为黄河所夺),以与北方诸侯相会。传世春秋青铜器赵孟晬壶铭曰"禺(遇)邗王于黄池,为赵孟晬(介),邗王之眜(赐)金,以为祠器",所谓"遇邗王于黄池"即指"吴王北会诸侯于黄池"之事。"黄池",今河南封丘南、济水故道南岸。 〔3〕"中国",中原地区。"全",日本枫山文库藏《史记》古本作"令"。"周室",周王室。 〔4〕"虏吴太子友",《国语·吴语》云"越王句践乃命范蠡、舌庸率师沿海溯淮以绝吴路,败王子友于姑熊夷。越王句践乃率中军溯江(即今松江)以袭吴"。 〔5〕"丁亥",前文"丙子"为十一日,"乙酉"为二十日,"丙戌"为二十一日,此"丁亥"为二十二日。 〔6〕"入吴",入吴都。 〔7〕"恶",音 wù,不喜欢。此句言夫差不愿让诸侯闻知此事。〔8〕"七人",指知越已攻入吴者。"幕",会盟在野外,诸侯居于帐幕之中,"幕"即帐幕。〔9〕"晋定公",名午,公元前五一一年至前四七五年在位。"长",音 zhǎng,首领,此指盟主。《左传》哀公十三年曰"秋七月辛丑,盟,吴、晋争先(争歃血先后,先歃者为长)"。 〔10〕"于周室我为长",吴是太伯后,太伯为古公亶父之长子,季历之长兄,文王之大伯父,故为长。 〔11〕"伯",音 bà,通"霸"。晋自文公之后,历襄公以至悼公、平公皆称霸。 〔12〕"赵鞅",即赵简子,又名志父,亦称赵孟,自晋定公十五年(公元前四九七年)为卿执晋政。 〔13〕"乃长晋定公",《国语·吴语》云"吴公先歃",《公羊传》哀公十三年云"吴主会",《左传》哀公十三年云"乃先晋人"。本书《秦本纪》、《晋世家》、《赵世家》均云"长吴",是司马迁存异说也。 〔14〕"罢",音 pí,通"疲",疲劳,疲乏。"敝",疲惫。

【译文】十四年春天,吴王北上在黄池与诸侯会盟,想要称霸诸侯保全周王室。六月丙子日,越王句践出兵攻打吴国。乙酉日,越军五千人与吴军交战。丙戌日,俘虏了吴国太子友。丁亥日,攻入吴国都城。吴国人向吴王夫差报告了战败的消息,夫差很怕被诸侯知道这一消息。有人走漏了风声,吴王大为恼怒,在军营中把有关连的七人斩首示众。七月辛丑日,吴王与晋定公争当盟主。吴王说:"在周室中我的辈份最高。"晋定公说:"在姬姓诸侯中我是老大。"赵鞅气极,要动用军队攻打吴王,于是只好推举晋定公当盟主。吴王在会盟结束后,与晋定公告别,又准备攻打宋国。太宰嚭说:"仅仅打败就可以了,不能长久居住此地。"于是吴王便带兵回国。吴国国中没有了太子,国内无人主事,吴王滞留国外长久不归,军兵极为疲惫,不得已只好用丰厚的礼物同越国媾和。

十五年,齐田常杀简公。〔1〕

【注释】〔1〕"田常",即田恒、田成子,《左传》《论语》等书作"陈恒"、"陈成子"。其父田乞已专齐政,乞死,常继,以大斗出贷,以小斗收进,以收人心。简公四年(公元前四八一年),田常杀简公,拥立平公,自任齐相,齐国之政尽归田氏。

【译文】十五年,齐国的田常杀死了简公。

十八年,越益强。越王句践率兵复伐败吴师于笠泽。〔1〕楚灭陈。〔2〕

【注释】〔1〕"笠泽",唐陆广微《吴地记》谓松江一名笠泽,春秋时吴王御越于此,松江即今江苏吴淞江。 〔2〕"楚灭陈",《左传》哀公十七年载"秋七月己卯(八日),楚公孙朝帅师灭陈"。

【译文】十八年,越国更加强大。越王句践再次带兵在笠泽打败吴国的军队。楚国灭亡了陈国。

二十年,越王句践复伐吴。〔1〕二十一年,遂围吴。二十三年十一月丁卯,越败吴。〔2〕越王句践欲迁吴王夫差于甬东,〔3〕予百家居之。吴王曰:"孤老矣,不能事君王也。吾悔不用子胥之言,自令陷此。"〔4〕遂自到死。〔5〕越王灭吴,〔6〕诛太宰嚭,以为不忠,〔7〕而归。

【注释】〔1〕"二十年，越王句践复伐吴"，《左传》哀公十九年曰"越人侵楚，以误吴也"，无伐吴事。 〔2〕"越败吴"，二十年越围吴，二十三年灭吴，盖首尾三年也。《国语·越语下》曰"居军三年，吴师自溃"，《赵王句践世家》亦曰"留围之三年"。〔3〕"甬东"，今浙江定海东之翁山。 〔4〕"吾悔不用子胥之言，自令陷此"，指夫差二年吴败越时，伍子胥劝夫差"去疾莫如尽"，拒绝越之求和。 〔5〕"刭"，音 jǐng，用刀剑割脖子。 〔6〕"越王灭吴"，越灭吴后，吴地尽为越有，《左传》哀公二十七年越使后庸赴鲁正邾、鲁之界，《孟子·离娄下》"曾子居武城，有越寇"，则越境与鲁境相邻矣。 〔7〕"诛太宰嚭，以为不忠"，太宰嚭受越贿，劝夫差许越和，是不忠于己君。

【译文】二十年，越王句践再次出兵攻打吴国。二十一年，越军包围了吴国的都城。二十三年十一月丁卯日，越国军队打败了吴国军队。越王句践要把吴王夫差迁到甬东，给他百户民家住在那里。吴王夫差说："我老了，不能再事奉君王了。我真后悔没有采用伍子胥的话，使自己落到这步田地。"就自刭而死。越王灭亡了吴国，诛杀了太宰嚭，认为他作为臣下不忠于自己的君主，然后班师回国。

太史公曰：孔子言[1]"太伯可谓至德矣，三以天下让，[2]民无得而称焉"。余读《春秋》古文，[3]乃知中国之虞与荆蛮句吴兄弟也。延陵季子之仁心，慕义无穷，见微而知清浊。呜呼，又何其闳览博物君子也！[4]

【注释】〔1〕"孔子言"，见《论语·泰伯》。〔2〕"三以天下让"，太伯以弟季历贤，子昌有圣象，以天下三让于王季。 〔3〕《春秋》古文，指《春秋左氏传》。 〔4〕"闳"，宏大宽广。

【译文】太史公说：孔子曾经说过"太伯可说是道德最为高尚的了。三次以君位相让，老百姓真不知道怎样称颂他才好"。我读《春秋》古文，才知道中原的虞国与荆蛮的吴国是亲兄弟。延陵季子的仁德之心，仰慕道义无止境，看到一点微细的迹象就能知道本质的清浊。唉，真是一个阅历丰富见多识广的君子啊！

史记卷三十二

齐太公世家第二[1]

太公望吕尚者,[2]东海上人。[3]其先祖尝为四岳,[4]佐禹平水土甚有功。[5]虞夏之际封于吕,[6]或封于申,[7]姓姜氏。夏商之时,申、吕或封枝庶子孙,[8]或为庶人,尚其后苗裔也。[9]本姓姜氏,从其封姓,故曰吕尚。

【注释】〔1〕"齐",古国名。公元前十一世纪周朝分封的诸侯国,姜姓。其地在今山东省北部。开国君主为吕尚,建都营丘(后称临淄,今山东淄博东北)。春秋初期,齐桓公称霸,疆土扩大,东至海,西至黄河,南至泰山,北至无棣(今河北省盐山南)。春秋末年,齐政权为田氏所夺。至齐威王时,国力强盛,成为战国七雄之一。公元前二二一年,被秦国所灭。〔2〕"太公望",周代齐国的始祖,姜姓,名牙。因其祖先曾封于吕,以地为氏,又因其在周初官太师,称师尚父,故又称吕尚。文王时号太公望。因其辅佐周武王灭商有功,封于齐,故称齐太公。俗又称之为姜子牙。〔3〕"东海上人",东部海边上的人。东海指山东之近海地区。〔4〕"四岳",传说为尧舜时的四方部落首领。尧为部落联盟领袖时,四岳推举舜为继承人。舜继位后,四岳又推举禹辅佐舜。〔5〕"佐",辅佐。"平",治理。〔6〕"虞",即有虞氏,传说中远古部落名,居于蒲坂(今山西永济西蒲州镇),舜为其领袖。"夏",即夏后氏,我国历史上第一个朝代。相传为夏后氏部落领袖禹子启所建立。传十三代十六王,约当公元前二十一世纪到前十六世纪左右。"吕",古国名。一作甫,亦称有吕。姜姓。传为四岳之后,封于吕。其地在今河南南阳西。春秋初年被楚所灭。〔7〕"申",古国名,姜姓。传为伯夷之后,其地在今陕西、山西之间。后来周宣王时,一部分东迁,分封于谢(今河南南阳),建立申国。春秋时被楚文王所灭。〔8〕"枝庶",按我国古代的宗法制度,宗族的嫡长子派系称为正宗,非嫡系则称为枝庶。〔9〕"苗裔",后世子孙。

【译文】太公望吕尚,是东海边上的人。他的先祖曾经做过四方部落的首领,辅佐夏禹治理水土很有功劳。虞舜、夏禹时期后裔被封在吕,有的被封在申,姓姜。夏、商两代,申、吕或者被封给旁支子孙,或者沦为平民,吕尚是他们的后代。本来姓姜,用他的封邑作姓氏,所以叫吕尚。

吕尚盖尝穷困,年老矣,[1]以渔钓奸周西伯。[2]西伯将出猎,卜之,[3]曰"所获非龙非彲,[4]非虎非罴,[5]所获霸王之辅"。于是周西伯猎,果遇太公于渭之阳,[6]与语大说,[7]曰:"自吾先君太公曰'当有圣人适周,[8]周以兴'。子真是邪?[9]吾太公望子久矣。"故号之曰"太公望",载与俱归,立为师。[10]

【注释】〔1〕"年老矣",据传当时吕尚已七十二岁。〔2〕"奸",通"干",干谒、进见。"周西伯",即姬昌,时为商末周部落领袖。〔3〕"卜",古人以火灼龟甲,取龟甲裂纹以测吉凶祸福。后世除龟卜之外,又有其他方法,如骨卜、玉卜等。〔4〕"彲",音 chī,通"螭",传说中无角的龙。〔5〕"罴",音 pí,兽名,俗称人熊。似熊而长头高脚,猛憨多力,能拔树木。〔6〕"渭",水名,即今渭水,源自甘肃渭源县,东南流入陕西,横贯渭河平原,东流至潼关,入黄河。"阳",山之南或水之北为阳。渭阳即渭水北岸。〔7〕"说",音 yuè,通"悦"。〔8〕"吾

先君太公",古人称自己的父或祖父为太公。这里姬昌称其祖父古公亶父为太公。"适",至,往。〔9〕"真",正。"子真是邪",犹言您正是其人吧?〔10〕"师",师辅之官,辅佐西伯的最高军政长官。

【译文】吕尚曾经很贫穷困苦,年老了,利用钓鱼的机会进见周西伯。西伯准备出去打猎,占了一卦,卦辞说:"得到的不是龙不是螭,不是虎不是熊,得到的是成就霸王之业的辅佐人才。"于是周西伯去打猎,果然在渭水北岸遇到太公,和他交谈,大为高兴,说:"听我的祖父说'一定有圣人到周国来,周国将因之而兴盛'。您正是这个人吧?我祖父想望您很久啦。"所以称他为"太公望",周西伯和他坐车一同回去,立他为师辅之臣。

或曰,太公博闻,尝事纣。〔1〕纣无道,〔2〕去之。游说诸侯,〔3〕无所遇,而卒西归周西伯。〔4〕或曰,吕尚处士,〔5〕隐海滨。周西伯拘羑里,〔6〕散宜生、闳夭素知而招吕尚。〔7〕吕尚亦曰:"吾闻西伯贤,又善养老,盍往焉。"〔8〕三人者为西伯求美女奇物,献之于纣,以赎西伯。〔9〕西伯得以出,反国。〔10〕言吕尚所以事周虽异,〔11〕然要之为文武师。〔12〕

【注释】〔1〕"事",侍奉。"纣",商代的亡国之君。〔2〕"无道",暴虐不施仁政。〔3〕"游说",以福祸利害来往劝说诸侯。"说",音 shuì。〔4〕"卒",终于。〔5〕"处士",隐居不仕而有才德的人。〔6〕"拘",囚禁。"羑里",地名。故址在今河南汤阴县北。"羑",音 yǒu。〔7〕"散宜生",西周初年大臣。与闳夭、太颠等同辅周文王。文王被纣囚禁,他向商纣献有莘氏之女以及骊戎的文马,文王因而获释。后助武王灭商。"闳夭",周初大臣。与散宜生、太颠同辅周文王。〔8〕"盍",音 hé,何不。〔9〕"赎",用财物换回人身自由或抵押品。〔10〕"反",同"返"。〔11〕"言吕尚所以事周虽异",对于吕尚事周的经过虽然传闻异词。〔12〕"文武师",周文王和周武王的师辅之臣。

【译文】有人说,太公博学多闻,曾经服事过商纣王。纣王暴虐无道,太公就离他而去。周游列国劝说诸侯,没有遇到赏识他的人,最终才去西归附周西伯。有人说,吕尚原是平民百姓,隐居在海滨。周西伯被纣王拘禁在羑里,散宜生和闳夭一向

了解吕尚而请他出山。吕尚也说:"我听说西伯贤明,又能很好地赡养老人,何不到他那儿去呢。"他们三人替西伯物色美女和宝物,献给纣王,用来赎回西伯,西伯因此被释放,回到周国。传说吕尚臣事周国的经过虽然人各异词,但都说他作了周文王、武王的师辅之臣。

周西伯昌之脱羑里归,与吕尚阴谋修德以倾商政,〔1〕其事多兵权与奇计,〔2〕故后世之言兵及周之阴权皆宗太公为本谋。〔3〕周西伯政平,〔4〕及断虞芮之讼,〔5〕而诗人称西伯受命曰文王。〔6〕伐崇、密须、犬夷,〔7〕大作丰邑。〔8〕天下三分,其二归周者,太公之谋计居多。

【注释】〔1〕"阴谋修德",暗中议定计谋,施行德政。〔2〕"兵权",用兵的谋略。〔3〕"阴权",阴谋权术。"宗",推崇。"本谋",权谋的主要策划者。此句犹言后世研究军事以及周代权谋的人,都推崇太公为主要策划者。〔4〕"政平",为政公平持正。〔5〕"虞",古国名。周文王时建立的诸侯国,姬姓,开国君主是古公亶父之子虞仲的后代。其地在今山西平陆县北。公元前六五五年晋国假道攻虢时,被晋国所灭。"芮",音 ruì,古国名。周文王时建立的诸侯国,姬姓。其地在今陕西大荔朝邑城南。公元前六四〇年被秦所灭。"虞芮之讼",二国为疆界产生纠纷,周文王从中调解,并使二国归附于周。〔6〕"诗人称西伯受命曰文王",《诗经·大明》有"有命自天,命此文王"之句。〔7〕"崇",古国名。其地在今陕西户县东。"密须",古国名。其地在今甘肃灵台县西南。"犬夷",亦称犬戎,部族名。周初活动于陕西彬县、岐山一带。〔8〕"丰邑",西周都城。其地在今陕西长安西北沣河以西。

【译文】周西伯姬昌从羑里脱身回来,跟吕尚默默谋划施行德政去推翻商朝的政权,这些谋划大都是用兵的权谋和奇妙的计策,所以后世研究用兵之道以及周王朝使用的权术都推崇太公是主要策划者。周西伯为政公正持平,所以裁决了虞芮两国的争端之后,诗人称道西伯承受上天之命称为文王。他征讨崇国、密须、犬夷,大规模建设丰邑。当时天下之所以有三分之二归附于周,大多是出于太公的谋划。

文王崩，[1]武王即位。[2]九年，欲修文王业，[3]东伐以观诸侯集否。[4]师行，师尚父左杖黄钺，[5]右把白旄以誓，[6]曰："苍兕苍兕，[7]总尔众庶，[8]与尔舟楫，后至者斩！"遂至盟津。[9]诸侯不期而会者八百诸侯。[10]诸侯皆曰："纣可伐也。"武王曰："未可。"还师，与太公作此《太誓》。[11]

【注释】[1]"崩"，古代天子皇帝之死称为崩。[2]"武王"，即周武王姬发，西周王朝的建立者。继承其父文王的遗志，联合诸国，率军东下攻商，在牧野(今河南淇县西南)取得大胜，遂灭商，建立西周王朝。[3]"欲修文王业"，指武王打算实行文王的统一大业。[4]"东伐以观诸侯集否"，武王率军东征，以试探诸侯的态度。"集否"，是否率军聚集到他的麾下。[5]"杖"，手持。"黄钺"，以黄金为饰的铜钺，只有天子才能使用。后世成为帝王的仪仗。有时派大臣出征，亦假以黄钺，以示威重。[6]"白旄"，旗帜的一种，旗竿顶以旄牛尾为饰。"誓"，誓师时的誓词。[7]"苍兕"，水兽名，善奔突，能覆舟。以之名官，职掌舟楫。为使居官者尽其职守，常呼苍兕以为警。"兕"，音 sì。[8]"总"，统领。"众庶"，众人。[9]"盟津"，即孟津，古津渡名。其地在今河南省孟津县东北黄河南岸。相传周武王伐纣，在此会盟诸侯渡河，故称盟津。[10]"不期而会"，事前没有约定，到时自动前来会师。句末"诸侯"二字为衍文。[11]《太誓》，《尚书》篇名，也作"泰誓"，是周武王伐纣在孟津的誓词。

【译文】文王去世，武王继位。九年，武王想完成文王的大业，进行东征，试探诸侯是不是前来会合。军队出发时，师尚父左手拿着黄金为饰的大斧，右手握着白牦牛尾为饰的军旗誓师，说："苍兕哪苍兕，统领你们的部队，和你们的船只，迟到的就要斩首！"于是到了盟津。诸侯事先没有约定而来会合的就有八百。诸侯都说："纣王可以征伐了。"武王说："还不到时机。"带领军队回来，与太公一道写了这篇《泰誓》。

居二年，纣杀王子比干，[1]囚箕子。[2]武王将伐纣，卜龟兆，不吉，风雨暴至。群公尽惧，唯太公强之劝武王，[3]武王于是遂行。十一年正月甲子，[4]誓于牧野，[5]伐商

纣。纣师败绩。纣反走，[6]登鹿台，[7]遂追斩纣。明日，武王立于社，[8]群公奉明水，[9]卫康叔封布采席，[10]师尚父牵牲，[11]史佚策祝，[12]以告神讨纣之罪。[13]散鹿台之钱，发巨桥之粟，[14]以振贫民。[15]封比干墓，[16]释箕子囚。迁九鼎，[17]修周政，与天下更始。[18]师尚父谋居多。

【注释】[1]"王子比干"，商代贵族，纣王的叔父，官少师。因屡次劝谏纣王，被挖心而死。[2]"箕子"，商代贵族，纣王的诸父，官太师。封于箕(今山西太谷东北)。因劝谏纣王，遭囚禁。周武王灭商后被释放。[3]"强之"，坚持出征之议。[4]"甲子"，此为甲子日。上古以干支纪日。干支是天干地支的合称。甲乙丙丁戊己庚辛壬癸为十干，也称天干；子丑寅卯辰巳午未申酉戌亥为十二支，也称地支。天干地支一一相配，六十数为一周，俗称六十花甲子。后世又用干支纪年纪月。[5]"牧野"，古地名，其地在今河南淇县西南。"誓于牧野"，在牧野誓师。《尚书·牧誓》即是在牧野的誓词。[6]"反走"，即返走，回头逃跑。[7]"鹿台"，台名。商纣所筑，用以贮藏财物。其地在今河南汤阴朝歌镇南。据传"纣为鹿台七年而成，其大三里，高千尺，临望云雨"。[8]"社"，祭祀土神的场所。[9]"奉"，读为"捧"。"明水"，古代祭祀时以铜鉴收取的露水。[10]"卫康叔"，周代晋国的始祖，名封，周武王之弟。初封于康(今河南禹县西北)，故称康叔。周公灭武庚后，把殷民士族和商故都周围地区封给他，国号卫。"布"，铺设。"采席"，即彩席。[11]"牲"，牺牲，做祭物的纯色全体牲畜，如牛、羊之类。[12]"史佚"，西周初期的史官，名佚，一作逸。史为官名。史佚又称作册逸、尹佚。"策祝"，读简策上的祝文，向天祷告。[13]"讨纣之罪"，讨伐纣王的罪名。[14]"巨桥"，古仓名。商代的大粮仓。其地在今河北省曲周县东北古衡漳水东岸。[15]"振"，通"赈"，救济。[16]"封"，封土增高坟头。[17]"九鼎"，古代象征国家政权的传国之宝。相传禹收九牧之金，铸九鼎，象九州。成汤迁九鼎于商邑，周武王迁之于洛邑。[18]"更始"，除旧布新，开始新的生活。

【译文】过了两年，纣王杀死王子比干，囚禁箕子。武王将要征伐纣王，用龟甲占卜，卜兆不吉利，暴风雨降临。大臣们都很恐惧，只有太公坚决劝说武王出兵，武王于是率兵出征。十一年正月甲

子日，在牧野誓师，讨伐商纣。纣王的军队大败。纣王往回逃，登上鹿台，于是武王追来杀了纣王。第二天，武王站在土地神坛前，大臣们捧着净水，卫康叔姬封铺设彩席，师尚父牵着致祭的牲畜，史佚诵读告天文，报告天神声讨纣王的罪行。又散发鹿台的金钱，打开巨桥的粮仓，用来救济贫穷百姓。封高比干的坟墓，释放被囚禁的箕子。迁移九只宝鼎至周，修明周王朝的政治，与天下人民一起除旧布新。这些举措，师尚父的谋略居多。

于是武王已平商而王天下，[1]封师尚父于齐营丘。[2]东就国，[3]道宿行迟。逆旅之人曰：[4]"吾闻时难得而易失。客寝甚安，殆非就国者也。"[5]太公闻之，夜衣而行，犁明至国。[6]莱侯来伐，[7]与之争营丘。营丘边莱。[8]莱人，夷也，[9]会纣之乱而周初定，未能集远方，[10]是以与太公争国。

【注释】〔1〕"王天下"，统一天下。"王"，音wàng，做动词用。〔2〕"营丘"，古邑名。其地在今山东淄博市临淄北，以营丘山而得名。〔3〕"就国"，赴封国就位。〔4〕"逆旅"，旅舍、宾馆。〔5〕"殆"，大概、恐怕。〔6〕"犁明"，即黎明。〔7〕"莱侯"，莱为商代诸侯国，姜姓。春秋时为齐灵公所灭。其地在今山东黄县东南。〔8〕"边"，作动词用，靠近。〔9〕"夷"，远古时称东部落后部族为夷。有北狄、南蛮、西戎、东夷之说。〔10〕"集"，通"辑"，和睦。

【译文】这时武王已经平定商纣，称王天下，封师尚父于齐地营丘。师尚父向东赴自己的封国，在路上住宿，动身很迟。旅舍的主人说："我听说时机难以得到而容易丧失。客人睡得很安稳，大概不是去封国就位的人吧。"太公听到这话，连夜就穿上衣服赶路，天亮到了自己的封国。莱侯来攻，与太公争夺营丘。营丘靠近莱国边界，莱人是夷族，遇到纣王的乱政而周王朝刚刚建立，还没有来得及安抚远方各国，因此和太公争夺国土。

太公至国，修政，因其俗，简其礼，通商工之业，便鱼盐之利，而人民多归齐，齐为大国。及周成王少时，管蔡作乱，[1]淮夷畔周，[2]乃使召康公命太公：[3]"东至海，西至河，[4]南至穆陵，[5]北至无棣。[6]五侯九伯，[7]实得征之。"齐由此得征伐，[8]为大国。都营丘。

【注释】〔1〕"管"，即管叔，名鲜，周武王之弟。武王灭商后，封于管（今河南郑州）。"蔡"，即蔡叔，周武王之弟，武王灭商后，封于蔡（今河南上蔡西南）。武王去世，成王年幼，周公旦摄政，管、蔡不服，与商纣王之子武庚一起叛乱，被周公平定。管叔被杀，蔡叔被放逐。〔2〕"淮夷"，部族名。商周时活动于淮河流域一带。"畔"，通"叛"。〔3〕"召康公"，姬奭，周代燕国的始祖。因其采邑在召（今陕西岐山县西南），故称召公或召伯。武王灭商后，封召公于燕。成王时任少保，与周公旦分陕而治，陕以西由他治理。〔4〕"河"，指黄河。〔5〕"穆陵"，古邑名。其地在今山东临朐县南。〔6〕"无棣"，古邑名。其地在今山东无棣县北。〔7〕"五侯"，即公侯伯子男五等诸侯。"九伯"，九州之长。〔8〕"得征伐"，有权征伐其他诸侯之罪。

【译文】太公到了封国，修明政治，适应当地的风俗习惯，简化礼仪，沟通商工之业，发展鱼盐生产，因而人民多来归附于齐，齐国发展成大国。后来周成王幼年登位，管叔蔡叔作乱，淮夷反叛周朝，于是朝廷派召康公授命太公道："东边到海滨，西边到黄河，南边到穆陵，北面到无棣。五等诸侯，九州长官，你都有权征讨他们们。"齐国从此得到征伐大权，成为大国，建都营丘。

盖太公之卒百有余年，子丁公吕伋立。丁公卒，子乙公得立。乙公卒，子癸公慈母立。癸公卒，子哀公不辰立。

哀公时，纪侯谮之周，[1]周烹哀公而立其弟静，[2]是为胡公。胡公徙都薄姑，[3]而当周夷王之时。[4]

【注释】〔1〕"谮"，音zèn，诬陷。〔2〕"烹"，古代煮死人的一种酷刑。〔3〕"薄姑"，古国名。又作蒲姑或亳姑。其地在今山东博兴县东北。薄姑原为商的盟国。周成王即位时，随武庚和东方夷族反抗周朝，被周公所灭，作为齐的封地。〔4〕"周夷王"，公元前八八七年至前八五八年在位。

【译文】太公死时大约一百多岁，儿子丁公吕伋继位。丁公去世，儿子乙公得继位。乙公去世，

儿子癸公慈母继位。癸公去世，儿子哀公不辰继位。

哀公在位的时候，纪侯在周王面前诋毁他，周王烹死了哀公，立哀公的弟弟静为侯，这就是胡公。后来胡公迁都薄姑，正当周夷王的时候。

哀公之同母少弟山怨胡公，乃与其党率营丘人袭攻杀胡公而自立，是为献公。献公元年，尽逐胡公子，因徙薄姑都，治临菑。[1]

【注释】〔1〕"临菑"，古邑名。亦作临淄，以城临水而得名。故址在今山东淄博市东北。

【译文】哀公的同母小弟弟姜山怨恨胡公，就和他的私党率领营丘人袭杀胡公而自己登位，这就是献公。献公元年，尽行驱逐胡公的儿子们，便从薄姑迁都，定都临淄。

九年，献公卒，子武公寿立。武公九年，周厉王出奔，[1]居彘。[2]十年，王室乱，大臣行政，号曰"共和"。[3]二十四年，周宣王初立。[4]

【注释】〔1〕"出奔"，出逃。 〔2〕"彘"，音 zhì，地名。其地在今山西霍县东北。 〔3〕"共和"，公元前八四一年，国人起义，周厉王出逃，由共和伯摄行政事，号共和元年。一说由召公、周公共同辅政，号为共和行政。共十四年。周厉王死后，始归政于周宣王。这是中国历史上有正确纪年的开始。〔4〕"周宣王"，公元前八二七年至前七八二年在位。

【译文】九年，献公去世，儿子武公寿继位。武公九年，周厉王出逃，住在彘地。十年，周室发生动乱，大臣行使政权，号称"共和"。二十四年，周宣王继位。

二十六年，武公卒，子厉公无忌立。[1]厉公暴虐，故胡公子复入齐，齐人欲立之，乃与攻杀厉公。胡公子亦战死。齐人乃立厉公子赤为君，是为文公，[2]而诛杀厉公者七十人。[3]

【注释】〔1〕"厉公"，公元前八二四年至前八

一六年在位。 〔2〕"文公"，公元前八一五年至前八〇四年在位。 〔3〕"诛杀厉公者七十人"，处死杀害厉公的七十人。

【译文】二十六年，武公去世，儿子厉公无忌继位。厉公残酷暴虐，已去世的胡公的儿子又进入齐都，齐国人想拥立他，于是和他一起杀死厉公。胡公的儿子也战死了。齐国人就拥立厉公的儿子赤为国君，这就是文公，他处死了攻杀厉公的七十个人。

文公十二年卒，子成公脱立。[1]成公九年卒，子庄公购立。[2]

【注释】〔1〕"成公"，公元前八〇三年至前七九五年在位。 〔2〕"庄公"，公元前七九四年至前七三一年在位。

【译文】文公在位十二年去世，儿子成公脱继位。成公在位九年去世，儿子庄公购继位。

庄公二十四年，犬戎杀幽王，[1]周东徙雒。[2]秦始列为诸侯。五十六年，晋弑其君昭侯。[3]

【注释】〔1〕"犬戎"，戎人的一支。"幽王"，即周幽王，周宣王子，名宫涅（音 shēng）。公元前七八一年至前七七一年在位。他任用虢石父为政，横征暴敛，加之地震和旱灾，百姓流离失所。又进攻六济之戎，大败。因宠爱褒姒，废申后和太子宜臼。申后联合曾、犬戎等攻周，幽王被杀于骊山下，西周灭亡。 〔2〕"雒"，音 luò，通"洛"，都邑名。其地在今河南洛阳市西。 〔3〕"晋弑其君昭侯"，晋昭侯封其叔父成师于曲沃，号桓叔。桓叔好德，国人归附。公元前七三九年，晋大臣潘父杀其君昭侯而迎曲沃桓叔。桓叔欲入晋，晋人发兵拒之，桓叔败还。晋人立昭侯子平为君，是为孝侯。

【译文】庄公二十四年，犬戎杀死周幽王，周王室向东迁都到洛邑。秦国开始列为诸侯。五十六年，晋国人杀害了他们的国君昭侯。

六十四年，庄公卒，子釐公禄甫立。[1]

【注释】〔1〕"釐公",公元前七三〇年至前六九八年在位。"釐",音 xī。

【译文】六十四年,庄公去世,儿子僖公禄甫继位。

釐公九年,鲁隐公初立。〔1〕十九年,鲁桓公弑其兄隐公而自立为君。〔2〕

【注释】〔1〕"鲁隐公",公元前七二二年至前七一二年在位。〔2〕"鲁桓公弑其兄隐公而自立为君",鲁惠公立少子公子允(即鲁桓公)为太子,因公子允年少,公子息(即鲁隐公)摄政。公子挥为公子允袭杀隐公,立公子允,是为桓公。

【译文】僖公九年,鲁隐公初即位。十九年,鲁桓公杀害了他的哥哥隐公自立为国君。

二十五年,北戎伐齐。〔1〕郑使太子忽来救齐,〔2〕齐欲妻之。〔3〕忽曰:"郑小齐大,非我敌。"〔4〕遂辞之。

【注释】〔1〕"北戎",部族名,又称山戎,居于今河北省东部。春秋时与齐、郑、燕等国接壤。〔2〕"太子忽",郑庄公之子。〔3〕"妻之",以女嫁给他。"妻"作动词用。〔4〕"敌",相当、匹配。

【译文】二十五年,北戎攻打齐国。郑侯派遣太子忽来救援齐国,齐侯想把女儿嫁给他。太子忽说:"郑国小齐国大,不是我能匹配上的。"就辞谢了。

三十二年,釐公同母弟夷仲年死。其子曰公孙无知,釐公爱之,令其秩服奉养比太子。〔1〕

【注释】〔1〕"秩服",俸禄和服饰宫室等级。"奉养",供应。"比",等于。

【译文】三十二年,僖公的同母弟弟夷仲年去世。夷仲年的儿子叫公孙无知,僖公喜欢他,让他享用的俸禄、器物服饰、饮食跟太子同一规格。

三十三年,釐公卒,太子诸儿立,是为襄公。〔1〕

【注释】〔1〕"襄公",公元前六九七年至前六八六年在位。

【译文】三十三年,僖公去世,太子诸儿继位,这就是襄公。

襄公元年,始为太子时,尝与无知斗,及立,绌无知秩服,〔1〕无知怨。

【注释】〔1〕"绌",通"黜",废除、贬退。

【译文】襄公元年,他当初做太子时,曾经和无知斗殴,这时即位,降低了无知的待遇规格,无知由此产生怨恨。

四年,鲁桓公与夫人如齐,〔1〕齐襄公故尝私通鲁夫人。鲁夫人者,〔2〕襄公女弟也,自釐公时嫁为鲁桓公妇,及桓公来而襄公复通焉。鲁桓公知之,怒夫人,夫人以告齐襄公。齐襄公与鲁君饮,醉之,使力士彭生抱上鲁君车,因拉杀鲁桓公,〔3〕桓公下车则死矣。鲁人以为让,〔4〕而齐襄公杀彭生以谢鲁。〔5〕

【注释】〔1〕"如",至、到。〔2〕"鲁夫人",名文姜,齐襄公同父异母妹妹。〔3〕"拉杀",折断肋骨致死。〔4〕"让",责备、责难。〔5〕"谢",谢罪、道歉。

【译文】四年,鲁桓公和夫人来到齐国。齐襄公过去曾经与鲁夫人通奸。鲁夫人是襄公的妹妹,在僖公时出嫁做了鲁桓公夫人,这时鲁桓公来齐国,襄公又与鲁夫人通奸。鲁桓公知道了这件事,就怒责夫人,夫人把这事告诉了齐襄公。齐襄公跟鲁桓公喝酒,灌醉了桓公,派大力士彭生抱着鲁桓公上车,趁机折断了鲁桓公的肋骨,桓公下车就死了。鲁国人以此责备齐国,于是齐襄公杀了彭生向鲁国谢罪。

八年,伐纪,〔1〕纪迁去其邑。

【注释】〔1〕"纪",古国名。其地在今山东寿光县南。

【译文】八年,征讨纪国,纪国从它的都城迁移而去。

十二年,初,襄公使连称、管至父戍葵丘,〔1〕瓜时而往,〔2〕及瓜而代。〔3〕往戍一岁,卒瓜时而公弗为发代。〔4〕或为请代,公弗许。故此二人怒,因公孙无知谋作乱,连称有从妹在公宫,〔5〕无宠,使之间襄公,〔6〕曰:"事成以女为无知夫人。"〔7〕冬十二月,襄公游姑棼,〔8〕遂猎沛丘,〔9〕见彘,〔10〕从者曰"彭生"。公怒,射之,彘人立而啼。〔11〕公惧,坠车伤足,失屦。〔12〕反而鞭主屦者茀三百。茀出宫。而无知、连称、管至父等闻公伤,乃遂率其众袭宫。逢主屦茀,茀曰:"且无入惊宫,惊宫未易入也。"无知弗信,茀示之创,〔13〕乃信之。待宫外,令茀先入。茀先入,即匿襄公户间。〔14〕良久,无知等恐,遂入宫。茀反与宫中及公之幸臣攻无知等,〔15〕不胜,皆死。无知入宫,求公不得。或见人足于户间,发视,乃襄公,遂弑之,〔16〕而无知自立为齐君。

【注释】〔1〕"连称、管至父",齐国大夫。"戍",守卫。"葵丘",古邑名。春秋时齐地。其地在今山东淄博市境。〔2〕"瓜时",瓜熟的时节。按当时的时令,瓜时在农历七月。〔3〕"及瓜",指第二年瓜熟的时节。〔4〕"卒瓜时",瓜节终结时。"发代",派遣代替者。〔5〕"从妹",堂妹。〔6〕"间",音 jiàn,窥伺机会。〔7〕"女",音 rǔ,通"汝",你。"夫人",诸侯之妻称夫人。〔8〕"姑棼",地名,又名薄姑。其地在今山东博兴县东南。"棼",音 fén。〔9〕"沛丘",地名,又称灌丘、贝丘。其地在山东博兴县薄姑东南。〔10〕"彘",野猪。〔11〕"人立",像人一样站立。〔12〕"屦",音 jù,以蒲葛为质的鞋子。〔13〕"创",音 chuāng,伤口。〔14〕"匿",隐藏。〔15〕"幸臣",受宠幸的臣子。〔16〕"弑",臣杀君、子杀父母曰弑。

【译文】十二年,当初,齐襄公派遣连称、管至父驻守葵丘,约好瓜熟的时候去,到第二年瓜熟的时候派人代替。他们前去驻守了一年,到第二年收瓜完毕,襄公却不派遣代替者。有人替他们请求派人接替,襄公不允许。因此这两个人怒火中烧,就利用公孙无知阴谋发动叛乱。连称有个堂妹在襄公宫中做姬妾,不受宠爱,让她暗中窥探襄公的行动,说道:"事情成功了,把你嫁给无知做国君夫人。"冬季十二月,襄公游览姑棼,于是在沛丘射猎。他看见一只野猪,随从的人说是"彭生"。襄公恼怒,用箭射它,那只野猪像人一样站起来嚎叫。襄公十分恐惧,从车上摔下,跌伤了脚,丢失了鞋子。回来后他打了侍候穿鞋的人茀三百鞭,茀走出公宫。而无知、连称、管至父等听到襄公受了伤,于是率领他们的党徒袭击公宫。遇到侍候穿鞋的茀,茀说:"先不要进去惊动了宫里人,惊动了宫里人就不容易进去了。"无知不相信,茀给他看被打的创伤,才相信了。他们等候在宫外,让茀先进去。茀先进去,就把襄公隐藏在门后面。隔了很久,无知等人恐慌起来,就进入宫中。茀回身与宫中卫士和襄公的宠幸内臣攻打无知等,没能取胜,都被杀死。无知进入宫中,找不到襄公。有人发现门下面露出人脚,拉开门一看,果然是襄公,就把他杀害了,无知便自立为齐君。

桓公元年春,〔1〕齐君无知游于雍林。〔2〕雍林人尝有怨无知,及其往游,雍林人袭杀无知,告齐大夫曰:"无知弑襄公自立,臣谨行诛。〔3〕唯大夫更立公子之当立者,唯命是听。"

【注释】〔1〕"桓公",名小白,齐襄公弟。公元前六八五年至前六四三年在位。任用管仲,富国强兵。以尊王攘夷为号召,多次大会诸侯,成为春秋时第一个霸主。〔2〕"雍林",地名。其地当在临淄附近。〔3〕"谨行诛",很谨慎地将他杀死。是一种辞令。

【译文】桓公元年春天,齐君无知到雍林游览。雍林人曾经对无知有所怨恨,这时他来游览,雍林人乘机袭杀了无知,并且告诉齐国的大夫们说:"无知杀害襄公自立,我等把他处死了。希望大夫们另行拥立公子中应当继位的人,我们一定听从他的命令。"

初,襄公之醉杀鲁桓公,通其夫人,杀诛

数不当，[1]淫于妇人，数欺大臣，群弟恐祸及，故次弟纠奔鲁。其母鲁女也。管仲、召忽傅之。[2]次弟小白奔莒，[3]鲍叔傅之。[4]小白母，卫女也，[5]有宠于釐公。小白自少好善大夫高傒。[6]及雍林人杀无知，议立君，高、国先阴召小白于莒。[7]鲁闻无知死，亦发兵送公子纠，而使管仲别将兵遮莒道，射中小白带钩。[8]小白详死，[9]管仲使人驰报鲁。鲁送纠者行益迟，六日至齐，则小白已入，高傒立之，是为桓公。

【注释】〔1〕"数"，音 shuò，屡屡、多次。"不当"，罪不当死。〔2〕"管仲"，名夷吾，字仲，颍上人。辅佐齐桓公进行改革，富国强兵，使之成为春秋霸主之首。"召忽"，齐大夫，为辅公子纠而自杀。〔3〕"莒"，音 jǔ，古国名。西周分封的诸侯国，己姓，一说曹姓。开国君主是兹舆期，建都计斤（一作介根，在今山东胶县西南）春秋初年迁于莒（今山东莒县）。公元前四三一年被楚所灭。〔4〕"鲍叔"，即鲍叔牙，春秋时齐国大夫，以知人著称。齐桓公任其为宰，他辞谢，保举管仲，齐用管仲，国力日强。〔5〕"卫女也"，卫国女子嫁于齐釐公，生齐桓公。〔6〕"高傒"，齐国正卿。高氏为齐国权势之族，管仲曾服事于高傒家，经鲍叔牙推荐，管仲任齐桓公之相。〔7〕"国"，国懿仲。国氏亦为春秋时齐国贵族，世代为上卿。〔8〕"带钩"，束腰皮带上的金属钩。〔9〕"详"，通"佯"，伪装。

【译文】当初，齐襄公灌醉杀死了鲁桓公，与鲁桓公的夫人通奸，多次误杀罪不当死的人，奸淫妇女，屡次欺辱大臣，他的几个弟弟唯恐祸及本身，因此次弟纠逃到鲁国，他的母亲是鲁君的女儿，管仲、召忽辅佐他。次弟小白逃到莒国，鲍叔辅佐他。小白的母亲是卫君的女儿，受到齐釐公的宠爱。小白从小跟大夫高傒要好。在雍林人杀死公孙无知之后，商议拥立新君，高、国两家先秘密到莒国召请小白。鲁国听到无知死了，也派兵送公子纠回国，而派遣管仲另外率领士兵在莒国通往齐国的大路上拦截，射中了小白腰上的带钩。小白趁机装死，管仲派人飞快报告鲁国小白已死。鲁国护送公子纠的行动更加缓慢，走了六天才到达齐国，这时公子小白已经进入齐都，高傒拥立了他，这就是桓公。

桓公之中钩，详死以误管仲，[1]已而载温车中驰行，[2]亦有高、国内应，故得先入立，发兵距鲁。[3]秋，与鲁战于乾时，[4]鲁兵败走，齐兵掩绝鲁归道。[5]齐遗鲁书曰：[6]"子纠兄弟，弗忍诛，请鲁自杀之。召忽、管仲仇也，请得而甘心醢之。[7]不然，将围鲁。"鲁人患之，遂杀子纠于笙渎。[8]召忽自杀，管仲请囚。[9]桓公之立，发兵攻鲁，心欲杀管仲。[10]鲍叔牙曰："臣幸得从君，君竟以立。君之尊，臣无以增君。君将治齐，即高傒与叔牙足也。君且欲霸王，[11]非管夷吾不可。夷吾所居国国重，不可失也。"于是桓公从之。乃详为召管仲欲甘心，实欲用之。管仲知之，故请往。鲍叔牙迎受管仲，及堂阜而脱桎梏，[12]斋祓而见桓公。[13]桓公厚礼以为大夫，任政。

【注释】〔1〕"详死以误管仲"，齐桓公装死以延误管仲的行动。〔2〕"温车"，又称梨车、梨凉车。本是古代一种卧车，有篷有窗，可以调节冷热。后世专用以载尸，成为丧车的专名。这里即指丧车。〔3〕"距"，通"拒"，抵抗。〔4〕"乾时"，齐地名。其地在今山东益都县境。〔5〕"掩绝"，阻绝、切断。〔6〕"遗"，音 wèi，交送。〔7〕"甘心"，因解恨而感称心、快意。"醢"，音 hǎi，把人剁成肉酱。〔8〕"笙渎"，又名句渎，鲁地。其地在今山东菏泽市北。"渎"，音 dòu。〔9〕"管仲请囚"，管仲请求把自己囚禁起来。〔10〕"心欲杀管仲"，"心"当为"必"之误。上文已言"召忽、管仲仇也，请得而甘心醢之"，不待此时"心欲杀之"。管仲辅佐公子纠，又射中桓公带钩，桓公必欲杀之而后快。因鲍叔牙之劝，桓公才转心欲用之。〔11〕"霸王"，成就霸王之业。古代称有天下者为王，诸侯之长为霸。〔12〕"堂阜"，地名，其地在今山东蒙阴县西北。"桎梏"，音 zhì gù，脚镣手铐。〔13〕"斋祓"，斋为沐浴更衣素食，祓为除灾祈福的仪式。"祓"，音 fú。

【译文】桓公被射中带钩，装死欺骗管仲，随即乘丧车飞快前进，又有高氏、国氏作内应，所以能够先进入齐都登位，发兵抵御鲁军。秋天，与鲁军在乾时交战，鲁军败走，齐军切断了鲁军的归路。齐侯写信给鲁侯说："子纠是我的兄弟，我不忍心杀他，请鲁国自己杀掉他。召忽和管仲是我的仇人，我要抓到他们剁成肉酱才解我心头之恨。不然，就要围攻鲁国。"鲁国为此而忧虑，就杀公子纠于笙

溃。召忽自杀,管仲请求囚禁。桓公登位,派军队攻打鲁国,定要杀死管仲,鲍叔牙说:"我有幸能够随从您,您终于登上君主之位。您已尊贵,我无法再提高您的地位。您若只是治理齐国,那么高傒和我就足够了。您如果想称霸天下,非得管夷吾不可。夷吾在哪个国家哪个国家就地位重要,不可失去他啊。"于是桓公听从了他的意见。便声称逮回管仲杀掉他才甘心,实际是要任用他。管仲知道这事,所以请求前去。鲍叔牙迎接管仲,到达堂阜就为他卸下镣铐,让他沐浴更衣后去见桓公。桓公厚礼相待并叫他做大夫,委任他处理政事。

桓公既得管仲,与鲍叔、隰朋、高傒修齐国政,[1]连五家之兵,[2]设轻重鱼盐之利,[3]以赡贫穷,[4]禄贤能,[5]齐人皆说。

【注释】[1]"隰朋",齐国大夫,帮助管仲辅佐桓公,成就霸业。管仲临终时向齐桓公推荐隰朋可任齐相。后隰朋与管仲同年去世。"隰",音 xí。[2]"五家之兵",古代一种军政合一的户籍制度。据《管子·小匡》,规定五家为轨,设轨长:战时每家出一人,五人为伍,轨长率领。这是最基层的军政组织。[3]"轻重",指货币,取以轻驭重之义。这里指铸造货币,控制物价。"渔盐",指渔业盐业的税收。[4]"赡",音 shàn,赡养、救济。[5]"禄",俸禄。这里作动词用,使贤能之人得到俸禄。

【译文】桓公既得到了管仲,与鲍叔牙、隰朋、高傒一起整顿齐国的政治。实行以五家为基层单位的军制,确立铸造货币、捕鱼煮盐等税收制度,收入用来救济贫穷,起用、优待贤能之士,齐国人都很高兴。

二年,伐灭郯,[1]郯子奔莒。初,桓公亡时,过郯,郯无礼,[2]故伐之。

【注释】[1]"郯",音 tán,古国名。相传为少皞的后裔所封之地。其地在今山东郯城县西南。[2]"无礼",不以礼接待。

【译文】二年,征讨灭亡了郯国,郯君逃到莒国。当初,桓公逃亡的时候,经过郯国,郯君对他无礼,所以讨伐它。

五年,伐鲁,鲁将师败。鲁庄公请献遂邑以平,[1]桓公许,与鲁会柯而盟。[2]鲁将盟,曹沫以匕首劫桓公于坛上,[3]曰:"反鲁之侵地!"[4]桓公许之。已而曹沫去匕首,北面就臣位。桓公后悔,欲无与鲁地而杀曹沫。管仲曰:"夫劫许之而倍信杀之,[5]愈一小快耳,[6]而弃信于诸侯,失天下之援,不可。"于是遂与曹沫三败所亡地于鲁。[7]诸侯闻之,皆信齐而欲附焉。七年,诸侯会桓公于甄,[8]而桓公于是始霸焉。

【注释】[1]"遂邑",鲁城名。其地在今山东宁阳县北。"平",讲和。[2]"柯",齐邑名。其地在今山东东阿县西南。[3]"劫",以暴力胁迫。"坛",土筑之高台。古代以坛为祭天神及远祖之所。遇大事,如朝会、盟誓、封拜等,都立坛以示郑重。[4]"反",通"返",归还。[5]"倍",通"背",背弃。[6]"愈",音 yú,满足,快意。[7]"三败所亡地",指鲁国因三次战败被齐所掠取的土地。[8]"甄",卫地。其地在今山东鄄城县西北。

【译文】五年,征讨鲁国,鲁国的主力部队吃了败仗。鲁庄公请求献出遂邑求和,桓公答应了,与鲁侯在柯地会盟。鲁侯将要向上天宣誓,曹沫手持匕首劫持桓公于坛上说:"归还侵占的鲁国土地!"齐桓公答应了。然后曹沫放下匕首,面朝北站在臣子的位置上。桓公后悔,想不归还鲁国的土地并杀死曹沫。管仲说:"被迫答应了他又失信杀掉他,满足一时小小的快意,而在诸侯面前背弃信用,会失去天下的支持,不能这么干。"于是就把曹沫三次吃败仗所丢掉的土地还给了鲁国。诸侯听到这件事,都信服齐国而想归附它。七年,桓公在甄地会见诸侯,桓公这时开始称霸。

十四年,陈厉公子完,[1]号敬仲,来齐。齐桓公欲以为卿,[2]让;于是以为工正。[3]田成子常之祖也。[4]

【注释】[1]"陈完",即田敬仲,春秋时齐国大夫,陈厉公之子。公元前六七二年,陈国内乱,他出奔齐国,改姓田氏。被齐桓公任为工政。其后代逐渐强大,传至田和,终于夺取齐国政权。[2]"卿",古代高级长官或爵位的称谓。春秋时,天子、诸侯的高级长官都称卿。[3]"工正",官名,百工

之长。〔4〕"田成子",即陈成子,名恒。春秋时期齐国大臣。继其父陈鳌子之后,继续以小斗进大斗出,争取民心。公元前四八一年,杀死齐简公,拥立齐平公,任相国,尽杀公族中的强者,专齐国之政。

【译文】十四年,陈厉公的儿子陈完,号敬仲,来投奔齐国。齐桓公要任他为卿,他推辞了;于是用他作工正。他就是田成子——田常——的祖先。

二十三年,山戎伐燕,〔1〕燕告急于齐。〔2〕齐桓公救燕,遂伐山戎,至于孤竹而还。〔3〕燕庄公遂送桓公入齐境。〔4〕桓公曰:"非天子,诸侯相送不出境,吾不可以无礼于燕。"于是分沟割燕君所至与燕,命燕君复修召公之政,〔5〕纳贡于周,如成康之时。诸侯闻之,皆从齐。

【注释】〔1〕"燕",音 yān,古国名。本作匽、郾。公元前十一世纪周分封的诸侯国,姬姓,开国君主是召公奭。其地在今河北北部及辽宁西端,建都蓟(今北京西南)。燕昭王时,疆城扩大。公元前二二二年被秦所灭。〔2〕"告急",报告危难请求援助。〔3〕"孤竹",古国名。存在于商、西周、春秋时期。伯夷、叔齐即商末西周初年孤竹君的儿子。其地在今河北省卢龙县南。〔4〕"燕庄公",公元前六九〇年至前六五七年在位。〔5〕"复修召公之政",恢复召公时的德政。

【译文】二十三年,山戎征讨燕国,燕国向齐国告急。齐桓公为了救燕国,就征讨山戎,一直打到孤竹才回师。燕庄公送桓公一直到齐国境内。桓公说:"除非天子,诸侯之间相送不出国境,我不能对燕国没有礼节。"于是挖沟为界把燕君所到的地方割让给燕国,要求燕君再行召公的德政,向周王室交纳贡品,如同周成王、康王的时候一样。诸侯听到这事,都服从齐国。

二十七年,鲁湣公母曰哀姜,〔1〕桓公女弟也。哀姜淫于鲁公子庆父,〔2〕庆父弑湣公,哀姜欲立庆父,鲁人更立釐公。桓公召哀姜,杀之。

【注释】〔1〕"鲁湣公","湣"通"闵"。公元前六六一年至前六五九年在位。〔2〕"庆父",即仲

庆父、共仲,亦称孟氏。鲁庄公的庶兄。他杀死继位的子般和闵公,逃亡到莒。鲁国贿赂求莒送归,庆父在归途中自杀。后人常把制造内乱的人比之为庆父,"庆父不死,鲁难未已"这句成语即由此而来。

【译文】二十七年,鲁湣公的母亲叫哀姜,是齐桓公的妹妹。哀姜与鲁公子庆父淫乱;庆父杀害了湣公,哀姜想让庆父登位,鲁国人却另拥立僖公。桓公召回哀姜,把她杀了。

二十八年,卫文公有狄乱,〔1〕告急于齐。齐率诸侯城楚丘而立卫君。〔2〕

【注释】〔1〕"卫文公",名辟疆,后改名毁。初因内乱,出奔于齐。卫懿公九年(公元前六六〇年),卫被狄攻灭,齐桓公来救,筑楚丘,立以为君。本文即叙述这段史实。"狄",部族名,亦作"翟"。春秋前,活动于太行山两侧(河北省中南部、河南省北部、山西等地区),经常骚扰齐、鲁、晋、卫、宋、邢等国。〔2〕"城",筑城,作动词用。"楚丘",卫国都城,其地在今河南滑县东。卫都城原在朝歌(今河南淇县),因被狄攻灭,迁楚丘。

【译文】二十八年,卫文公遭到狄人侵扰,向齐国告急。齐国率领诸侯在楚丘筑城,在此拥立卫君。

二十九年,桓公与夫人蔡姬戏船中。蔡姬习水,〔1〕荡公,〔2〕公惧,止之,不止,出船,怒,归蔡姬,〔3〕弗绝。蔡亦怒,〔4〕嫁其女。桓公闻而怒,兴师往伐。

【注释】〔1〕"习水",熟习水性。〔2〕"荡",晃动。〔3〕"归蔡姬",蔡姬为蔡国之女,齐桓公将其遣归蔡国。〔4〕"蔡",古国名。公元前十一世纪周分封的诸侯国。开国君主是周武王之弟叔度,因随同武庚反叛,被周公放逐。后改封其子蔡仲于此,建都上蔡(今河南上蔡西南)。春秋时常受楚国的逼迫,多次迁移。平侯迁新蔡(今属河南),昭侯迁州来(今安徽凤台),称为下蔡。公元前四四七年被楚国所灭。其时蔡君为蔡穆侯。

【译文】二十九年,桓公与夫人蔡姬在船中戏

耍,蔡姬熟悉水性,摇晃游船,桓公很害怕,制止她,她仍不停地摇晃,桓公下了船,很恼火,把蔡姬送回娘家,但不断绝婚姻关系。蔡侯一气之下,改嫁了蔡姬。桓公听了大怒,发兵去征讨蔡国。

三十年春,齐桓公率诸侯伐蔡,蔡溃。[1]遂伐楚。楚成王兴师问曰:"何故涉吾地?"[2]管仲对曰:"昔召康公命我先君太公曰:'五侯九伯,若实征之,[3]以夹辅周室。'[4]赐我先君履,[5]东至海,西至河,南至穆陵,北至无棣。楚贡包茅不入,[6]王祭不具,[7]是以来责。昭王南征不复,[8]是以来问。"楚王曰:"贡之不入,有之,寡人罪也,[9]敢不共乎![10]昭王之出不复,君其问之水滨。"齐师进次于陉。[11]夏,楚王使屈完将兵扞齐,[12]齐师退次召陵。[13]桓公矜屈完以其众。[14]屈完曰:"君以道则可;[15]若不,则楚方城以为城,[16]江、汉以为沟,[17]君安能进乎?"乃与屈完盟而去。过陈,陈袁涛涂诈齐,[18]令出东方,觉,[19]秋,齐伐陈。是岁,晋杀太子申生。[20]

【注释】[1]"溃",战败逃散。 [2]"涉",到。对于齐国的入侵,仅用"涉"字,显然是一种外交辞令。 [3]"若",你。"实",得以。 [4]"夹辅",左右扶持。"周室",周天子、周家王朝。 [5]"履",履历,这里指齐国初封时的疆域。 [6]"包茅",古代祭祀时,用以滤酒的青茅草束。也作"苞茅"。是楚地特产植物。"不入",没有进贡。 [7]"王祭不具",周王的祭祀用品不具备。 [8]"昭王南征不复",周昭王名瑕,康王之子。南攻楚国,溺死于汉水之滨。齐桓公借包茅不入、昭王之死,兴师问罪。 [9]"寡人",犹言寡德之人,古代王侯士大夫自谦之词。 [10]"共",通"供",供给。 [11]"次",驻扎。"陉",楚地名。其地在今河南郾城县。 [12]"屈完",楚国大夫。以此次以理屈齐桓公,使之退兵而著名。"将兵",率兵。"扞",抵御。 [13]"召陵",楚邑名。故城在今河南郾城县东。"召",音shào。 [14]"矜屈完",向屈完夸耀。"矜",音jīn。 [15]"道",道理、正义。 [16]"方城",方城为春秋楚国所筑的长城,北起今之河南方城县北,南至泌阳县北。 [17]"江、汉",长江和汉江。"沟",城外的护城河。 [18]"陈",古国名。妫姓。开国君主为胡公满,相传是舜的后代,周武王灭商后所封。

建都宛丘(今河南淮阳),有今河南东南部和安徽一部分。公元前四七九年被楚国所灭。"袁涛涂",陈国大夫,他讨厌齐兵回师途中路过陈地,骗齐桓公,令其从东道回师。东道路恶难行,齐桓公发觉,抓走袁涛涂。 [19]"觉",发觉。 [20]"太子申生",晋献公之太子。献公宠爱骊姬,欲立骊姬所生子奚齐,使申生居曲沃。骊姬进谗言,申生被迫自杀。

【译文】三十年春天,齐桓公率领诸侯征讨蔡国,蔡国被击溃。于是征讨楚国。楚成王出兵问道:"为什么到我的国土上来?"管仲回答说:"从前召康公授命我先君太公说:'五侯九伯,你有权征讨他们,来辅佐周王室。'赐给我先君势力范围,东到海滨,西到黄河,南到穆陵,北到无棣。楚国的贡品包茅没有交纳,使天子的祭祀不完备,因此特来责问。还有从前周昭王南征没有回去,因此特来查究。"楚王说:"没有进贡包茅,有这件事,这是我的罪过,哪敢不供应!周昭王出来巡狩没有回去,您应当到汉江边上去查问。"齐军进驻陉地。夏天,楚王派遣屈完领兵抵抗齐军,齐军退驻召陵。桓公向屈完夸耀齐军的众多,屈完说:"您以道义服人才行;假若不是这样,那么楚国以方城作为城防,以长江、汉江作为壕沟,您怎么能够前进呢?"桓公就与屈完订立盟约而离去。经过陈国,陈国大夫袁涛涂欺骗齐军,使齐军绕道向东,被察觉了。秋天,齐国征讨陈国。这年,晋国杀了太子申生。

三十五年夏,会诸侯于葵丘。[1]周襄王使宰孔赐桓公文武胙、彤弓矢、大路,[2]命无拜。桓公欲许之,管仲曰:"不可。"乃下拜受赐。秋,复会诸侯于葵丘,益有骄色。周使宰孔会。诸侯颇有叛者。晋侯病,[3]后,遇宰孔。宰孔曰:"齐侯骄矣弟无行。"[4]从之。是岁,晋献公卒,[5]里克杀奚齐、卓子,[6]秦穆公以夫人入公子夷吾为晋君。[7]桓公于是讨晋乱,至高梁,[8]使隰朋立晋君,还。

【注释】[1]"葵丘",宋邑名。故城在今河南兰考县境。 [2]"周襄王",周惠王子,名郑。公元前六五一年至前六一九年在位。"宰孔",周朝太宰周公姬孔。"胙",音zuò,祭祀用的肉。"文武胙",祭祀周文王、周武王用的祭肉。以此来赏赐齐桓

公,以示尊重。"彤弓矢",朱红色的弓箭。古代帝王以此赏赐有功的诸侯大臣,可以专征伐之权。"大路",亦作大辂,一种美玉装饰的大车。〔3〕"晋侯",指晋献公。〔4〕"弟",通"第"。"弟无行",即且不要去。〔5〕"晋献公",公元前六七六年至前六五〇年在位。名诡诸,晋武公之子。淫父妾齐姜,生秦穆夫人及太子申生。又娶二戎女,生重耳、夷吾。又伐骊戎,获骊姬,生奚齐;骊姬之妹又生卓子。骊姬得宠,欲立其子奚齐,杀太子申生,逐重耳、夷吾,引起内乱。〔6〕"里克",晋献公时大夫。晋献公曾派太子申生去伐东山皋落氏,里克劝谏,晋献公不听。申生被迫自杀。后里克杀奚齐、卓子,而迎立夷吾,是为惠公。夷吾虑里克为变,将其赐死。〔7〕"夫人",即秦穆公夫人,夷吾的异母姐姐。〔8〕"高梁",晋地名。其地在今山西临汾市东北。

【译文】三十五年夏天,在葵丘会盟诸侯。周襄王派宰孔将祭过文王武王的祭肉、朱红色的弓箭、大车赏赐给桓公,还命令不必行跪拜大礼。桓公想照办,管仲说:"不可。"齐桓公就下堂跪拜接受天子的赏赐。秋天,又在葵丘会合诸侯,桓公更加有骄傲的神色。周王室派宰孔参加了盟会。这时诸侯中已经有人叛离。晋侯因病晚到,路遇宰孔,宰孔说:"齐侯骄傲了,可不要去了。"晋侯听从了他的话。这年,晋献公去世,里克杀死了奚齐、卓子,秦穆公因为夫人的关系把公子夷吾送回晋国做了国君。桓公于是讨伐晋国发生的变乱,到达高梁,派隰朋立了晋君夷吾,才回国。

是时周室微,唯齐、楚、秦、晋为强。晋初与会,〔1〕献公死,国内乱。秦穆公辟远,〔2〕不与中国会盟。〔3〕楚成王初收荆蛮有之,〔4〕夷狄自置。〔5〕唯独齐为中国会盟,〔6〕而桓公能宣其德,故诸侯宾会。〔7〕于是桓公称曰:〔8〕"寡人南伐至召陵,望熊山;〔9〕北伐山戎、离枝、孤竹;〔10〕西伐大夏,〔11〕涉流沙;〔12〕束马悬车登太行,〔13〕至卑耳山而还。〔14〕诸侯莫违寡人。〔15〕寡人兵车之会三,〔16〕乘车之会六,〔17〕九合诸侯,〔18〕一匡天下。〔19〕昔三代受命,〔20〕有何以异于此乎?吾欲封泰山,〔21〕禅梁父。"〔22〕管仲固谏,不听;乃说桓公以远方珍怪物至乃得封,桓公乃止。

【注释】〔1〕"晋初与会",晋国刚刚参与诸侯的会盟。〔2〕"辟",通"僻",偏僻。〔3〕"中国",指中原地区。〔4〕"楚成王初收荆蛮有之",指楚成王平定楚地的各部族、侯国。〔5〕"自置",自己置身诸侯会盟之外。〔6〕"唯独齐为中国会盟",只有齐国主持中原地区诸侯的会盟。〔7〕"宾会",顺从地来赴会。〔8〕"称",声称、表白。〔9〕"望",古代祭祀山川曰望。遥望而祭,故称。"熊山",又称熊耳山,在今河南省西部卢氏县、洛宁县南。〔10〕"离枝",古国名,又名令支。其地在今河北省迁安县西。〔11〕"大夏",地名。其地在今山西太原市南。〔12〕"流沙",沙漠。在今山西平陆县东。〔13〕"束马悬车",山路险隘难行,包裹马脚,挂牢车子,以防滑入山涧。"太行",山名。南北绵延河南、河北、山西三省。〔14〕"卑耳山",即辟耳山,在今山西平陆县西北。〔15〕"莫违寡人",没有人违背我的命令。〔16〕"兵车之会三",因战争而会盟三次。据旧注,指公元前六八一年平宋乱,前六五六年侵蔡、伐楚,前六五四年伐郑、围新城。〔17〕"乘车之会六",非战事的会盟六次。据旧注,鲁庄公十四年会于鄄(卫地,故城在今山东鄄城县);十五年又会于鄄;十六年盟于幽(宋地);僖公五年会于首止(卫地,故城在今河南睢县东南);八年会于洮(曹地,故城在今山东鄄城县);九年会于葵丘。按,兵车之会三,乘车之会六,与下文的九合诸侯,都不必拘泥于三、六、九之数。实际上齐桓公主持的会盟不止此数,有人指出兵车之会四次,乘车之会十一次等等。古代形容多次,往往用三、六、九等数字来表达,这类例子很多。〔18〕"合",会合。〔19〕"一匡天下",匡即匡正。此指鲁僖公八年洮之会确定了周襄王继天子位一事。〔20〕"三代",指夏、商、周三代。〔21〕"封泰山",封即封禅。古代儒者以为泰山最高,故而祭泰山成为帝王祭天地的盛大典礼。在泰山筑土为坛祭天,报天之功,称封;在泰山下梁父山上辟场祭地,报地之功,称禅。这实际上是帝王向世人炫耀文治武功的活动。后来秦始皇、汉武帝都曾到泰山封禅,刻石纪功。〔22〕"梁父",山名。为泰山南坡一座小山,在今山东新泰县西。

【译文】这时周王室衰弱,只有齐国、楚国、秦国、晋国是强大的。晋国刚参加盟会,献公死后,国内混乱。秦穆公处在偏僻边远地区,不参加中原各国的会盟。楚成王刚刚收服占有荆蛮地区,自以为夷狄置身会盟之外。只有齐国主持中原各国的会盟,而桓公能够宣扬周王室的威德,所以诸侯服从。

当时齐桓公声称说："我向南征讨到了召陵，瞭望熊山；向北征讨山戎、离枝、孤竹；向西征讨大夏，经过流沙；裹了马脚，钩挂牢车子，登上太行山，到达卑耳山才回来。诸侯没人敢违抗我。我先后召集军事盟会三次，和平盟会六次，九次会合诸侯，一次安定周王室。从前夏、商、周三朝承受天命，和我有什么不同呢？我想到泰山祭天，到梁父山祭地。"管仲坚决劝阻，不听；就劝说桓公要等得到远方的奇珍异宝才能去泰山祭天地，桓公才作罢。

三十八年，周襄王弟带与戎、翟合谋伐周，齐使管仲平戎于周。[1]周欲以上卿礼管仲，[2]管仲顿首曰："臣陪臣，[3]安敢！"三让，乃受下卿礼以见。三十九年，周襄王弟带来奔齐。齐使仲孙请王，[4]为带谢。襄王怒，弗听。

【注释】〔1〕"平戎于周"，调解平息戎人与周朝的争端。〔2〕"上卿"，按周代官制，最尊贵的诸侯臣称上卿。"礼"，礼节，这里作动词用，即按上卿的礼仪接待。〔3〕"陪臣"，诸侯的大夫称为陪臣。〔4〕"仲孙"，即仲孙湫，齐桓公时大夫。"请王"，请见周天子。

【译文】三十八年，周襄王的弟弟姬带与戎人、狄人合谋攻打周王，齐国派遣管仲去调解周王室和戎人的争端。周王要用接待上卿的礼仪接待管仲，管仲叩头说："我只是诸侯的臣子，怎么敢呢！"多次谦让，才接受了下卿的礼仪去朝见。三十九年，周襄王的弟弟姬带来投奔齐国。齐侯派仲孙去请求周王，替姬带请罪。襄王发怒，没有允许。

四十一年，秦穆公虏晋惠公，[1]复归之。是岁，管仲、隰朋皆卒。管仲病，桓公问曰："群臣谁可相者？"管仲曰："知臣莫如君。"公曰："易牙如何？"[2]对曰："杀子以适君，非人情，不可。"公曰："开方如何？"[3]对曰："倍亲以适君，非人情，难近。"公曰："竖刀如何？"[4]对曰："自宫以适君，[5]非人情，难亲。"管仲死，而桓公不用管仲言，卒近用三子，三子专权。

【注释】〔1〕"秦穆公虏晋惠公"，晋献公死后，

秦穆公将逃往秦国的献公之子夷吾送还晋国，立为君，是为惠公。在此之前，夷吾曾答应事成之后，割晋西河之地给秦国，后反悔，不与秦地。秦穆公伐晋，虏惠公而回。穆公夫人为惠公姊，请送回晋惠公，于是惠公得以返国。〔2〕"易牙"，一作狄牙，齐桓公宠幸的近臣。雍国人，名巫，亦称雍巫。长于调味，善逢迎，相传曾烹其子为羹以献齐桓公。管仲死后，他与竖刀、开方共同专权。桓公死，诸子争立，他与竖刀杀害群吏，立公子无亏，太子昭奔宋，齐国因此发生内乱。〔3〕"开方"，齐桓的宠臣。本卫国公子，仕齐。后与竖刀、易牙乱齐。《韩非子·难一》说："管仲曰……闻开方事君十五年，齐、卫之间，不容数日行，弃其母，久宦不归。其母不爱，安能爱君。"〔4〕"竖刀"，"刀"一作"刁"。齐桓公近臣，阉官。〔5〕"自宫"，自行阉割。

【译文】四十一年，秦穆公俘虏了晋惠公，又放回了他。这年，管仲、隰朋都去世。管仲病时，桓公问道："众臣中谁可以辅佐我？"管仲说："了解臣下的没有人比得过君主。"桓公说："易牙怎么样？"回答说："他杀了自己的儿子来迎合君主，不近人情，不可任用。"桓公说："开方怎么样？"回答说："他丢弃自己的父母来迎合君主，不近人情，难以亲近。"桓公说："竖刀怎么样？"回答说："他自行阉割来迎合君主，不近人情，难以亲信。"管仲死后，桓公不采纳管仲的意见，终于亲近、任用三人，于是三人便专擅齐国大权。

四十二年，戎伐周，周告急于齐，齐令诸侯各发卒戍周。[1]是岁，晋公子重耳来，[2]桓公妻之。[3]

【注释】〔1〕"戍周"，保卫周朝。〔2〕"重耳"，即晋文公，公元前六三六年至前六二八年在位。初因献公立幼子为嗣，流亡在外十九年，后由秦送回即位。整顿内政，国力强盛，城濮之战后，成为霸主。此时重耳在流亡中投奔齐国。〔3〕"桓公妻之"，据本书《晋世家》："至齐，齐桓公厚礼，而以宗女妻之。"桓公把本族女子嫁给重耳。

【译文】四十二年，戎人攻打周王室，周王向齐国告急。齐国命令诸侯各自派兵驻守在周王室的京畿。这年，晋国公子重耳流亡来齐，齐桓公把本族之女嫁给他。

四十三年。初,齐桓公之夫人三:曰王姬、徐姬、蔡姬,皆无子。桓公好内,[1]多内宠,[2]如夫人者六人,[3]长卫姬,[4]生无诡;少卫姬,生惠公元;郑姬,生孝公昭;葛嬴,生昭公潘;密姬,生懿公商人;宋华子,[5]生公子雍。桓公与管仲属孝公于宋襄公,[6]以为太子。雍巫有宠于卫共姬,因宦者竖刀以厚献于桓公,亦有宠,桓公许之立无诡。管仲卒,五公子皆求立。冬十月乙亥,齐桓公卒。易牙入,与竖刀因内宠杀群吏,[7]而立公子无诡为君。太子昭奔宋。

【注释】〔1〕"好内",贪好女色。〔2〕"内宠",得宠的姬妾。〔3〕"如夫人",指小妾。诸侯之正妻称夫人,小妾称如夫人,因得宠,礼数如夫人,故称。〔4〕"卫姬",卫国之女。下郑姬、葛嬴、密姬等均该国之女。〔5〕"宋华子",宋国华氏之女。〔6〕"属",通"嘱",托付。"宋襄公",宋国君主,名兹父。公元前六五〇年至前六三七年在位。〔7〕"内宠",这里内宠指宫内有权势的内官。与上文之内宠义别。

【译文】四十三年,当初,齐桓公的夫人有三位:即王姬、徐姬、蔡姬,都没有儿子。桓公好女色,有许多宠爱的姬妾,位同夫人的有六个:长卫姬,生了无诡;少卫姬,生了惠公元;郑姬,生了孝公昭;葛嬴,生了昭公潘;密姬,生了懿公商人;宋华子,生了公子雍。桓公和管仲把孝公托付给宋襄公,立为太子。雍巫受到卫共姬的宠幸,又通过宦官竖刀献厚礼给桓公,又受到桓公的宠幸,桓公就答应他们立无诡为太子。管仲去世,五位公子都要求继位。冬季十月乙亥日,齐桓公去世。易牙进入宫中,与竖刀一起借助宫中有权势的近臣杀死了许多大夫,拥立公子无诡为国君。太子昭逃奔宋国。

桓公病,五公子各树党争立。及桓公卒,遂相攻,以故宫中空,莫敢棺。[1]桓公尸在床上六十七日,尸虫出于户。十二月乙亥,无诡立,乃棺赴,[2]辛巳夜,敛殡。[3]

【注释】〔1〕"莫敢棺",没人敢以棺木殓尸。〔2〕"棺赴",将死者棺殓,发出讣告。"赴"通"讣"。〔3〕"敛殡","敛"通"殓"。将死者装入棺木,置于堂上,供人吊祭。

【译文】齐桓公生病时,五位公子各自拉帮结党争夺君位。等到桓公去世,就相互攻打,因此宫中无人,没有人敢装殓。桓公的尸体在床上放了六十七天,尸体上的蛆虫爬出了门外。十二月乙亥日,无诡继位,才运棺入宫,发出报丧的讣告。辛巳日夜间,才装殓入棺。

桓公十有余子,要其后立者五人:[1]无诡立三月死,无谥;次孝公;次昭公;次懿公;次惠公。孝公元年三月,[2]宋襄公率诸侯兵送齐太子昭而伐齐。齐人恐,杀其君无诡。齐人将立太子昭,四公子之徒攻太子,太子走宋,宋遂与齐人四公子战。五月,宋败齐四公子师而立太子昭,是为齐孝公。宋以桓公与管仲属之太子,故来征之。以乱故,八月乃葬齐桓公。

【注释】〔1〕"要",总计。〔2〕"孝公元年",为公元前六四二年。齐孝公,公元前六四二年至前六三三年在位。

【译文】桓公有十多个儿子,总计后来登位的有五人:公子无诡在位三个月死去,没有谥号;其次是孝公;其次是昭公;其次是懿公;其次是惠公。孝公元年三月,宋襄公率领诸侯军队送齐国太子昭回国并攻打齐国。齐国人惊恐,杀死了他们的国君无诡,准备拥立太子昭。四位公子的党徒攻打太子,太子逃往宋国,宋军就跟齐国四公子的军队交战。五月,宋军打败齐国四公子的军队,立太子昭为君,这就是齐孝公。宋君因为桓公和管仲把太子托付给他,所以来讨伐四公子。由于政局混乱的缘故,八月才安葬了齐桓公。

六年春,齐伐宋,以其不同盟于齐也。[1]夏,宋襄公卒。七年,晋文公立。

【注释】〔1〕齐孝公二年,齐主持诸侯会盟。因有齐桓公的余威,诸侯来与会。宋襄公欲继齐桓公称霸,不参加齐国主持的会盟。

【译文】六年春天,齐国攻打宋国,因为他拒

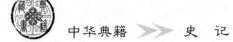

不参加在齐国举行的盟会。夏季，宋襄公去世。七年，晋文公登位。

十年，孝公卒，孝公弟潘因卫公子开方杀孝公子而立潘，是为昭公。[1]昭公，桓公子也，其母曰葛嬴。

【注释】〔1〕"昭公"，公元前六三二年至前六一三年在位。

【译文】十年，齐孝公去世，孝公的弟弟潘假手卫公子开方杀死孝公的儿子而自立，这就是昭公。昭公是桓公的儿子，他的母亲叫葛嬴。

昭公元年，晋文公败楚于城濮，[1]而会诸侯践土，[2]朝周，[3]天子使晋称伯。[4]六年，翟侵齐。晋文公卒。秦兵败于殽。[5]十二年，秦穆公卒。

【注释】〔1〕"城濮"，卫地名。其地在今山东鄄城县西南临濮集。城濮之战，晋胜楚，奠定了霸主地位。〔2〕"践土"，郑地名。其地在今河南原阳西南。〔3〕"朝周"，朝见周天子。〔4〕"伯"，通"霸"，诸侯之长。〔5〕"殽"，即殽山，其地在今河南洛宁县西北。公元前六二七年，晋击秦军，战于殽，秦败，获其三帅孟明视、西乞术、白乙丙以归。

【译文】昭公元年，晋文公在城濮打败楚军，又在践土会合诸侯，朝见周天子，周天子让晋文公做霸主。六年，狄人侵犯齐国。晋文公去世。秦军在崤山被晋军击败。十二年，秦穆公去世。

十九年五月，昭公卒，子舍立为齐君。舍之母无宠于昭公，国人莫畏。昭公之弟商人以桓公死争立而不得，阴交贤士，[1]附爱百姓，[2]百姓说。及昭公卒，子舍立，孤弱，即与众十月即墓上弑齐君舍，而商人自立，是为懿公。[3]懿公，桓公子也，其母曰密姬。

【注释】〔1〕"阴"，暗中。〔2〕"附爱"，"附"通"抚"，即抚爱。〔3〕"懿公"，公元前六一二年至前六〇九年在位。

【译文】十九年五月，昭公去世，儿子舍继位作了齐君。舍的母亲不受昭公宠爱，齐国没人怕他。昭公的弟弟商人因为桓公去世争夺君位未成，暗中结交贤能之士，抚爱老百姓，百姓们很高兴。等到昭公去世，儿子舍继位，势孤力单，商人就跟众人一起在十月间在昭公的墓地杀害了齐君舍，自己登位，这就是懿公。懿公是桓公的儿子，他的母亲叫密姬。

懿公四年春，初，懿公为公子时，与丙戎之父猎，争获不胜，[1]及即位，断丙戎父足，[2]因使丙戎仆。[3]庸职之妻好，公内之宫，[4]使庸职骖乘。[5]五月，懿公游于申池，[6]二人浴，戏。职曰："断足子！"戎曰："夺妻者！"二人俱病此言，[7]乃怨。谋与公游竹中，二人弑懿公车上，弃竹中而亡去。

【注释】〔1〕"获"，获得的猎物。〔2〕"断丙戎父足"，其时丙戎已死，此乃掘墓断其尸足。〔3〕"仆"，驾车。〔4〕"内"，通"纳"。〔5〕"骖乘"，陪乘之人，居于车右。〔6〕"申池"，一说为齐地海滨之湖泽；一说为齐都临淄申门外之池。前说当是。〔7〕"二人俱病此言"，二人都以此言为耻辱。

【译文】懿公四年春，当初，懿公做公子的时候，和丙戎的父亲一起打猎，争猎物不胜，等到登上君位，砍断了丙戎父尸的脚，却让丙戎为他驾车。庸职的妻子很漂亮，懿公把他纳入宫中，让庸职陪同乘车。五月间，懿公到申池游览，丙戎和庸职一同边洗澡，边开玩笑。庸职说："断脚人的儿子！"丙戎说："被夺妻的人！"两人都对这话感到耻辱，都怨恨懿公。便策划和懿公到竹林中游玩，两人在车上杀害了懿公，把尸体丢在竹林里逃走了。

懿公之立，骄，民不附。齐人废其子而迎公子元于卫，立之，是为惠公。[1]惠公，桓公子也。其母卫女，曰少卫姬，避齐乱，故在卫。

【注释】〔1〕"惠公"，公元前六〇八年至前五九九年在位。

【译文】懿公登位后，骄气十足，百姓不归附。

齐国人废黜了他的儿子，到卫国迎接公子元回来，拥立为君，这就是惠公。惠公是桓公的儿子，他的母亲是卫国女子，称作少卫姬，因为她躲避齐国的内乱，所以住在卫国。

惠公二年，长翟来，[1]王子城父攻杀之，[2]埋之于北门。晋赵穿弑其君灵公。[3]

【注释】[1]"长翟"，"翟"通"狄"。长翟为狄族的一支，其人身材高大。 [2]"王子城父"，齐国大夫。长翟来犯，王子城父获其将领荣如。 [3]"晋赵穿弑其君灵公"，晋襄公卒，大臣赵盾等立太子夷皋，是为灵公。灵公荒淫无道，赵盾数谏，不听，且使人刺杀赵盾，赵盾出亡，其弟赵穿袭杀灵公。

【译文】惠公二年，长狄人来侵，大夫王子城父杀了其头领荣如，把他埋在北门附近。晋国赵穿杀害了他的国君灵公。

十年，惠公卒，子顷公无野立。[1]初，崔杼有宠于惠公，惠公卒，高、国畏其逼也，逐之，崔杼奔卫。

【注释】[1]"顷公"，公元前五九八年至前五八二年在位。

【译文】十年，惠公去世，儿子顷公无野继位。当初，崔杼受到惠公的宠爱，惠公去世，高氏、国氏怕受到他的胁迫，就赶走了他，崔杼逃奔卫国。

顷公元年，楚庄王强，[1]伐陈；二年，围郑，郑伯降，[2]已复国郑伯。

【注释】[1]"楚庄王"，春秋时楚国君主，芈姓，名旅（作吕，侣）。公元前六一二年全前五九一年在位。他整顿内政，兴修水利，攻灭庸国，国势大盛。继又进攻陆浑之戎，陈兵周郊，派人询问象征政权的九鼎的轻重。后又大败晋军，陆续使鲁、宋、郑、陈等国归附，成为霸主。 [2]"郑伯"，指郑襄公。公元前五九六年，因郑与晋结盟，楚庄王伐郑，围郑三月，郑以都城降。郑襄公肉袒牵羊迎降。楚庄王念其已服，舍之而去。

【译文】顷公元年，楚庄王强大，征讨陈国；二年，楚又围攻郑国，郑伯投降，不久又让郑伯复国。

六年春，晋使郤克于齐，[1]齐使夫人帷中而观之。[2]郤克上，夫人笑之。郤克曰："不是报，[3]不复涉河！"[4]归，请伐齐，晋侯弗许。齐使至晋，郤克执齐使者四人河内，[5]杀之。八年，晋伐齐，齐以公子强质晋，[6]晋兵去。十年春，齐伐鲁、卫。鲁、卫大夫如晋请师，[7]皆因郤克。[8]晋使郤克以车八百乘为中军将，[9]士燮将上军，栾书将下军，以救鲁、卫，伐齐。六月壬申，与齐侯兵合靡笄下。[10]癸酉，陈于鞍，[11]逢丑父为齐顷公右。[12]顷公曰："驰之，破晋军会食。"射伤郤克，流血至履。克欲还入壁，[13]其御曰：[14]"我始入，再伤，不敢言疾，恐惧士卒，[15]愿子忍之。"遂复战。战，齐急，[16]丑父恐齐侯得，[17]乃易处，顷公为右，车絓于木而止。[18]晋小将韩厥伏齐侯车前，曰"寡君使臣救鲁、卫"，戏之。丑父使顷公下取饮，因得亡，脱去，入其军。晋郤克欲杀丑父。丑父曰："代君死而见僇，[19]后人臣无忠其君者矣。"克舍之，丑父遂得亡归齐。于是晋军追齐至马陵，[20]齐侯请以宝器谢，不听；必得笑克者萧桐叔子，[21]令齐东亩。[22]对曰："叔子，齐君母。齐君母亦犹晋君母，子安置之？且子以义伐而以暴为后，其可乎？"于是乃许，令反鲁、卫之侵地。

【注释】[1]"郤克"，晋国大夫，亦称驹伯。其人身体有缺陷，驼背。"郤"，音 xì。 [2]"帷中"，帐帷之中。 [3]"不是报"，犹言不报此辱。 [4]"涉河"，渡过黄河。 [5]"河内"，地区名。春秋战国时，以黄河以北为河内，黄河以南为河外。 [6]"公子强"，齐灵公之子。"质晋"，作为人质留在晋国。 [7]"如"，至、往。 [8]"皆因郤克"，都以郤克为介绍。 [9]"中军将"，古代行军作战，分上中下（或左中右）三军，由主将所在的中军发号施令。 [10]"靡笄"，山名，即今山东济南市东北的华不注山。一说为济南市南的历山。也有的说在今长清县境，即《金史·地理志》所载的靡笄山。"笄"，音 jī。 [11]"陈"，通"阵"，摆列军阵。"鞍"，齐地名。其地在今山东济南市境内。 [12]"逢丑父"，齐国

大夫。"右",车右。古时乘车位于御者右边的武士,以保卫主帅。"逄",音páng。〔13〕"壁",营垒。〔14〕"御",即御者,驾车的人。〔15〕"恐惧士卒",担心士卒们被吓坏。〔16〕"齐急",齐军危急。〔17〕"恐齐侯得",恐怕齐侯被俘获。〔18〕"轵",同"挂"。〔19〕"见僇","僇"同"戮",见僇即被杀。〔20〕"马陵",即马陉,齐地名。其地在今山东益都县西南。〔21〕"萧桐叔子",萧国国君桐叔的女儿,即齐顷公之母。"萧",古国名,春秋时宋国的附庸。始封之君萧叔大心。其地在今安徽萧县西北。"桐叔",萧君的字。"子",古代兼指女儿。这里郤克称之为萧桐叔子,以示轻蔑。〔22〕"东亩",指田陇和田间道路改为东西向,以利西边晋军的进攻。

【译文】六年春天,晋国派遣郤克出使齐国,齐侯让母夫人在帐幕中偷看,郤克上殿,母夫人一见他是个驼子,就哈哈大笑。郤克说:"不洗雪这耻辱,我誓不再过黄河!"回国后,请求攻打齐国,晋君没有答应。齐国使者来到晋国,郤克在河内捉住齐国使者四人,杀了他们。八年晋国攻打齐国,齐君送公子强到晋国作人质,晋军撤去。十年春天,齐国征讨鲁国、卫国。鲁国、卫国的大夫到晋国请求援兵,都是通过郤克。晋国派遣郤克率领战车八百辆担任中军主将,士燮率领上军,栾书率领下军,去援救鲁国、卫国,攻打齐国。六月壬申日,晋军与齐军在靡笄山下交战。癸酉日,两军在鞍地摆开阵势。逄丑父站在车右边担任齐顷公的警卫。顷公说:"快马加鞭前进,打败晋军会餐。"齐军射伤郤克,血淌到鞋上。郤克想回身退入营垒,驾车的人说:"我刚进入阵地,两次受伤,也不敢说自己受了伤,恐怕惊吓了士兵。希望您忍耐些。"于是又投入战斗。战斗继续进行,齐军危急,逄丑父担心齐侯被晋军俘虏,两人交换了位置,顷公站在右边,战车被树木绊住而停下。晋国小将韩厥伏在齐侯车子的前面,说:"敝国国君派遣我援救鲁国、卫国。"以戏弄齐侯。逄丑父让顷公下车取水喝,顷公才得以逃走,脱身离去,回到齐军中。晋国郤克要杀掉逄丑父,逄丑父说:"我代替国君去死却被杀,以后做臣子的就没有忠于国君的人了。"郤克放了他,逄丑父于是得以逃回齐国。当时晋军追赶齐军到了马陵。齐侯请求献上宝器来谢罪,晋军不答应,一定要得到讪笑郤克的萧桐叔子,要求齐国把田垄和干道都改成东西向。齐人回答说:"叔子是齐国国君的母亲。齐君的母亲犹如晋君的母亲,您怎么样处置她?况且您是打着正义的旗号前来征伐,最后却

施以暴行,难道可以这样做吗?"于是就答应了,让齐国退还鲁国、卫国被侵占的土地。

十一年,晋初置六卿,〔1〕赏鞍之功。齐顷公朝晋,欲尊王晋景公,〔2〕晋景公不敢受,乃归。归而顷公弛苑囿,〔3〕薄赋敛,〔4〕振孤问疾,〔5〕虚积聚以救民,〔6〕民亦大说。厚礼诸侯。竟顷公卒,百姓附,诸侯不犯。

【注释】〔1〕"六卿",按周代制度,把执政大臣分为六官,称之为六卿。〔2〕"尊王",尊之为王。是时只有周天子才可以称王,晋、齐等国虽曾为霸主,其身份仍是诸侯,不得称王。〔3〕"弛苑囿",开放皇家园林。苑囿是皇家园林,苑中畜养禽兽,种植花木,以供君主游猎。吏民不得私入渔猎、种植。"囿",音yòu。〔4〕"薄赋敛",减轻赋税。〔5〕"振",通"赈",救济。〔6〕"虚积聚",把聚积的财物发放一空。

【译文】十一年,晋国开始设置六卿,奖赏鞍地战役有功人员。齐顷公访问晋国,要用王者之礼晋见晋景公,景公不敢接受,就回来了。回国后,顷公就开放园林,减轻赋税,救济孤寡,慰问伤病者,把所有的积蓄都拿出来救济百姓,百姓也就大为高兴。他又厚礼对待诸侯。直到顷公去世,百姓亲附,诸侯不敢侵犯。

十七年,顷公卒,子灵公环立。〔1〕

【注释】〔1〕"灵公",公元前五八一年至前五五四年在位。

【译文】十七年,顷公去世,儿子灵公环继位。

灵公九年,晋栾书弑其君厉公。十年,晋悼公伐齐,齐令公子光质晋。〔1〕十九年,立子光为太子,高厚傅之,令会诸侯盟于钟离。〔2〕二十七年,晋使中行献子伐齐。〔3〕齐师败,灵公走入临淄。晏婴止灵公,〔4〕灵公弗从。曰:"君亦无勇矣!"晋兵遂围临淄,临淄城守不敢出,晋焚郭中而去。〔5〕

【注释】〔1〕"公子光",齐灵公之子。〔2〕

"钟离"，古邑名。故城在今山东枣庄市南。〔3〕"中行献子"，名偃，晋国大夫。〔4〕"晏婴"，字平仲，齐国大臣。夷维（今山东高密）人。齐灵公二十六年（公元前五五六年），其父晏弱死后，继任齐卿，历仕灵公、庄公、景公三世。〔5〕"郭"，外城。

【译文】灵公九年，晋国栾书杀害了他的国君厉公。十年，晋悼公征讨齐国，齐侯派公子光到晋国作人质。十九年，立公子光作太子，高厚辅佐他，让他到钟离跟诸侯会盟。二十七年，晋国派中行献子征讨齐国。齐军被打败，灵公逃进临淄。晏婴阻止灵公逃跑，灵公不听。晏婴说："您也太没有勇气了！"于是晋军围攻临淄，临淄军民据城防守不敢出战，晋军烧毁外城后离去。

二十八年，初，灵公取鲁女，〔1〕生子光，以为太子。仲姬，戎姬。戎姬嬖，〔2〕仲姬生子牙，属之戎姬。〔3〕戎姬请以为太子，公许之。仲姬曰："不可。光之立，列于诸侯矣，〔4〕今无故废之，君必悔之。"公曰："在我耳。"遂东太子光，〔5〕使高厚傅牙为太子。灵公疾，崔杼迎故太子光而立之，是为庄公。〔6〕庄公杀戎姬。五月壬辰，灵公卒，庄公即位，执太子牙于句窦之丘，〔7〕杀之。八月，崔杼杀高厚。晋闻齐乱，伐齐，至高唐。〔8〕

【注释】〔1〕"取"，通"娶"。〔2〕"嬖"，音 bì，得宠。〔3〕"属之戎姬"，把他托付给戎姬。〔4〕"列于诸侯"，已属诸侯之列。指其多次参与诸侯会盟征伐。〔5〕"东太子光"，把太子光发放到齐国东部。〔6〕"庄公"，公元前五五三年至前五四八年在位。〔7〕"句窦"，即句渎，其地在今山东菏泽市北。〔8〕"高唐"，齐邑名。故城在今山东高唐县东北。

【译文】二十八年，当初，灵公娶了鲁国的女子，生了公子光，把他立为太子。又有仲姬、戎姬。戎姬得宠，仲姬生了公子牙，把他托付给戎姬。戎姬请求把公子牙作太子，灵公答应了。仲姬说："不行。公子光立为太子，已厕身诸侯之列了，现在无缘无故废黜他，您一定会后悔的。"灵公说："有我来决定。"就把太子光迁到齐国东部，让高厚辅佐公子牙作太子。灵公病重，崔杼接回原太子光，拥立他

为君，这就是庄公。庄公杀了戎姬。五月壬辰日，灵公去世，庄公继位，在句窦丘上抓获太子牙，把他杀了。八月，崔杼杀高厚。晋国听到齐国发生内乱，征讨齐国，到达高唐。

庄公三年，晋大夫栾盈奔齐，庄公厚客待之。晏婴、田文子谏，公弗听。四年，齐庄公使栾盈间入晋曲沃为内应，〔1〕以兵随之，上太行，入孟门。〔2〕栾盈败，齐兵还，取朝歌。〔3〕

【注释】〔1〕"间入"，秘密潜入。"间"，音 jiàn。"曲沃"，晋邑名，故城在今山西闻喜县东北。〔2〕"孟门"，山名。在今河南辉县西，为晋国要隘。〔3〕"朝歌"，原为卫邑，后归晋。故城在今河南淇县。

【译文】庄公三年，晋国大夫栾盈逃到齐国，庄公用隆重的客礼接待他。晏婴和田文子劝阻，庄公不听。四年，齐庄公让栾盈秘密地进入晋邑曲沃作内应，派军队尾随其后，上太行山，进入孟门关。栾盈败露，齐军回师，夺取了晋邑朝歌。

六年，初，棠公妻好，〔1〕棠公死，崔杼取之。庄公通之，数如崔氏，以崔杼之冠赐人。侍者曰："不可。"崔杼怒，因其伐晋，欲与晋合谋袭齐而不得间。庄公尝笞宦者贾举，贾举复侍，为崔杼间公以报怨。五月，莒子朝齐，齐以甲戌飨之。〔2〕崔杼称病不视事。〔3〕乙亥，公问崔杼病，遂从崔杼妻。〔4〕崔杼妻入室，与崔杼自闭户不出，公拥柱而歌。宦者贾举遮公从官而入，〔5〕闭门，崔杼之徒持兵从中起。公登台而请解，〔6〕不许；请盟，不许；请自杀于庙，〔7〕不许。皆曰："君之臣杼疾病，〔8〕不能听命。近于公宫，〔9〕陪臣争趣有淫者，〔10〕不知二命。"〔11〕公踰墙，〔12〕射中公股，公反坠，遂弑之。晏婴立崔杼门外，曰："君为社稷死则死之，为社稷亡则亡之。若为己死己亡，非其私暱，〔13〕谁敢任之！"门开而入，枕公尸而哭，三踊而出。〔14〕人谓崔杼："必杀之。"崔杼曰："民之望也，〔15〕舍之得民。"〔16〕

【注释】〔1〕"棠公妻好",棠公的妻子很美丽。"棠公",齐国棠邑大夫,其妻棠姜,是崔杼家臣东郭偃之姊。棠公死,大臣崔杼往吊,见棠姜美,谋于东郭偃而娶之。庄公私通棠姜,崔杼杀死庄公。后庆封灭崔氏,棠姜自杀。 〔2〕"以甲戌飨之",在甲戌日宴请莒子。"飨",以酒食招待人。 〔3〕"视事",办公。 〔4〕"从",追逐。 〔5〕"宦者",阉人。"遮",阻拦。 〔6〕"台",古时诸侯或权势大夫在自己的住处修筑土台,以瞭望守卫。"请解",请求和解。 〔7〕"庙",王宫的前殿,朝堂。 〔8〕"疾病",病重。 〔9〕"近于公宫",言崔杼之家与王宫相近,或许有人冒称齐君而行淫。 〔10〕"争趣",争相追赶。 〔11〕"不知二命",只受命于崔杼捉拿行淫者,不接受他人的指令。 〔12〕"窬",通"逾"。"窬墙",爬墙欲逃。 〔13〕"私暱",亦作"私昵",指亲近爱幸的人。 〔14〕"三踊",古代遭丧,有擗踊之仪。擗为以手捶胸,踊为顿足而哭。男踊女擗,表示哀痛之至。 〔15〕"民之望也",百姓仰望的人。 〔16〕"舍之",放掉他。

【译文】六年,当初,棠公的妻子漂亮,棠公死去,崔杼娶了她。庄公跟她通奸,多次到崔家,拿崔杼的帽子送给别人。侍者说:"不能这么干。"崔杼发怒,趁着庄公攻打晋国之机,想与晋国合谋袭击齐国而没有机会。庄公曾经鞭打过宦官贾举,贾举仍然侍候他,替崔杼暗中窥伺庄公的行动找机会来报复怨恨。五月,莒君朝见齐侯,齐侯在甲戌日设宴款待他。崔杼声言有病不理政事。乙亥日,庄公来探望崔杼的病情,乘机追求崔杼的妻子。崔杼的妻子进入内室,和崔杼竟自闭门不出,庄公倚着屋柱唱起歌来。宦官贾举拦住庄公随从官员自己进来,关上大门,崔杼的党徒拿着武器从里面冲出来。庄公登上高台请求和解,他们不允许;请求盟誓订约,他们不允许;请求在祖庙里自杀,他们不允许。都说:"您的臣子崔杼病重,不能亲自来听候你的命令。这里靠近公宫,(可能有人诈称主上以行淫。)我们这些陪臣只知勇捉拿淫乱者,不听从其他命令。"庄公爬上墙头,他们射中庄公的大腿,庄公翻身掉下来,就杀害了他。晏婴站在崔杼的大门外,说道:"君主为国家而死,臣子应当随他死,为国家逃亡,臣子也应跟随他逃亡。假若君主为私事而死或为私事而逃亡,除非是他的亲信,谁肯承担这种责任呢!"大门开了,他走进去,头枕在庄公的尸体上痛哭,连连顿足以示悲痛,后走了出来。有人对崔杼说:"一定要杀掉他。"崔杼说:"他是众望所归的人,放了他可以赢得民心。"

丁丑,崔杼立庄公异母弟杵臼,是为景公。〔1〕景公母,鲁叔孙宣伯女也。景公立,以崔杼为右相,庆封为左相。〔2〕二相恐乱起,乃与国人盟曰:"不与崔庆者死!"晏子仰天曰:"婴所不获唯忠于君利社稷者是从!"〔3〕不肯盟。庆封欲杀晏子,崔杼曰:"忠臣也,舍之。"齐太史书曰〔4〕"崔杼弑庄公",崔杼杀之。其弟复书,崔杼复杀之。少弟复书,崔杼乃舍之。

【注释】〔1〕"齐景公",公元前五四七年至前四九〇年在位。 〔2〕"庆封",齐国大夫。字子家,又字季。崔杼杀齐庄公,拥立景公,崔杼任右相,庆封任左相。景公二年(公元前五四六年),庆封灭崔氏,专齐国之政。次年,鲍、高、栾三氏合谋攻庆氏,庆封奔吴。后楚灵王伐吴,庆封被擒灭族。 〔3〕"婴所不获唯忠于君利社稷者是从",《左传》无"获"字。这句话是说,我晏婴之所以不肯盟誓,是因为我只追随忠于君、利于国家的人。言外之意,我不与弑君的贼臣合作。 〔4〕"太史",史官。西周、春秋时,太史掌管起草文书,策命诸侯卿大夫,记载史事,编写史书,兼管国家典籍、天文历法等,为大臣。

【译文】丁丑日,崔杼拥立庄公的异母弟弟杵臼,这就是景公。景公的母亲是鲁国叔孙宣伯的女儿。景公登位,用崔杼为右相,庆封为左相。两位相国恐怕引起内乱,就跟京都人士盟誓,说:"不和崔杼、庆封合作的处死!"晏子抬头向天说:"我所以对此持否定态度,就在于只有忠于君主利于国家的人我才肯服从!"他不肯盟誓。庆封要杀死晏子,崔杼说:"是忠臣啊,放了他吧。"齐国太史写道:"崔杼杀害了庄公。"崔杼杀了他。他的弟弟也如此写,崔杼又杀了他。他的小弟弟又如此写,崔杼才放过他。

景公元年,初,崔杼生子成及强,其母死,取东郭女,〔1〕生明。东郭女使其前夫子无咎与其弟偃相崔氏。〔2〕成有罪,二相急治之,立明为太子。成请老于崔,〔3〕崔杼许之,二相弗听,曰:"崔,宗邑,〔4〕不可。"成、强怒,告庆封。庆封与崔杼有郤,〔5〕欲其败也。成、强杀无咎、偃于崔杼家,家皆奔亡。〔6〕崔杼怒,无人,使一宦者御,见庆封。

庆封曰:"请为子诛之。"使崔杼仇卢蒲嫳攻崔氏,[7]杀成、强,尽灭崔氏,崔杼妇自杀。崔杼毋归,[8]亦自杀。庆封为相国,专权。

【注释】〔1〕"东郭女",即上文之棠公妻。〔2〕"相崔氏",相,辅佐。即崔氏的家臣。〔3〕"崔",齐地名,崔杼的封邑。其地在今山东济阳县东北。〔4〕"宗邑",崔氏宗庙所在之地。〔5〕"郤",音 xì,嫌隙、矛盾。〔6〕"奔亡",逃亡。〔7〕"卢蒲嫳",庆封的属官。"嫳",音 piè。〔8〕"毋归",没有归身之处。

【译文】景公元年,当初,崔杼生了儿子崔成和崔强,他们的母亲死后,崔杼娶了东郭家的女儿,生了崔明。东郭女让她前夫的儿子棠无咎和她的弟弟东郭偃作崔杼的相。崔成犯了罪,无咎与东郭偃二相严加惩治,立崔明作太子。崔成请求终老于崔邑,崔杼答应了他,二位家相不听从,说:"崔邑,是宗庙所在之地,不行。"崔成、崔强大为恼怒,告诉庆封。庆封与崔杼有矛盾,正希望崔家毁败。崔成、崔强在崔杼家杀死棠无咎和东郭偃,家中人都逃跑了。崔杼发怒,没人在身边,就派一个宦官驾车,自己去见庆封。庆封说:"请允许我替你杀掉他们。"派崔杼的仇人卢蒲嫳攻打崔家,杀死了崔成、崔强,杀尽了崔家满门,崔杼的妻子自杀。崔杼无家可归,也自杀了。庆封做了相国,专揽大权。

三年十月,庆封出猎。初,庆封已杀崔杼,益骄,嗜酒好猎,不听政令。庆舍用政,[1]已有内郤。[2]田文子谓桓子曰:[3]"乱将作。"田、鲍、高、栾氏相与谋庆氏。庆舍发甲围庆封宫,[4]四家徒共击破之。庆封还,不得入,奔鲁。齐人让鲁,[5]封奔吴。吴与之朱方,[6]聚其族而居之,富于在齐。其秋,齐人徙葬庄公,僇崔杼尸于市以说众。[7]

【注释】〔1〕"庆舍",庆封之子。"用政",执掌国政。〔2〕"内郤",内部矛盾。指庆封、庆舍父子之间的矛盾。〔3〕"田文子",即陈文子,名须无,齐臣。"桓子",即陈桓子,名无宇,陈文子之子。〔4〕"发甲",发兵。"围庆封宫",环绕守卫庆封的宫室。〔5〕"让鲁",责备鲁国。〔6〕"朱方",吴邑名。故城在今江苏丹徒县境。〔7〕"说众",取悦

于众人。"说",音 yuè。

【译文】三年十月,庆封出外打猎。当初,庆封已经杀了崔杼,更加骄傲,爱喝酒好打猎,不处理政事,由他儿子庆舍当政,不久父子间发生矛盾。田文子告诉田桓子说:"乱子将要发生。"田氏、鲍氏、高氏、栾氏共同商讨对付庆氏。庆舍派甲兵环卫庆封官邸,四家部众合力攻破庆封家。庆封回来,进不了家,逃奔鲁国。齐国人谴责鲁国,庆封又逃奔吴国。吴国把朱方之地给了庆封,他聚集他的族人居住在那里,比在齐国的时候还富裕。那年秋天,齐国人迁葬庄公,把崔杼戮尸街头,以博取百姓的欢心。

九年,景公使晏婴之晋,[1]与叔向私语曰:[2]"齐政卒归田氏。田氏虽无大德,以公权私,[3]有德于民,民爱之。"十二年,景公如晋,见平公。[4]欲与伐燕。十八年,公复如晋,见昭公。[5]二十六年,猎鲁郊,因入鲁,与晏婴俱问鲁礼。三十一年,鲁昭公辟季氏难,[6]奔齐。齐欲以千社封之,[7]子家止昭公,[8]昭公乃请齐伐鲁,取郓以居昭公。[9]

【注释】〔1〕"使",派遣。"之",往。〔2〕"叔向",春秋时晋国大夫,羊舌氏,名肸。因其食邑在杨(今山西洪洞东南),又称杨肸。晋悼公时,为太子彪的师傅。晋平公六年(公元前五五二年),因其弟羊舌虎和栾盈同党,一度为范宣子所囚。后被晋平公任为太傅。〔3〕"以公权私",以公济私。田氏为争取人心,以小斗收租税,以大斗借贷给百姓,以此树私恩。〔4〕"平公",晋悼公子,名彪。公元前五五七年至前五三二年在位。〔5〕"昭公",晋平公子,名夷。公元前五三一年至前五二六年在位。〔6〕"鲁昭公辟季氏难",季氏即季孙氏,春秋后期鲁国掌权的贵族。至鲁昭公时,季氏权势最盛。鲁昭公二十五年(公元前五一七年),季平子与孟孙氏、叔孙氏三家一起攻伐昭公,昭公逃奔齐国。"辟",通"避"。〔7〕"社",古代基层的行政单位,相当于"里"。二十五家为社。〔8〕"子家",公孙归父,字子家,鲁庄公曾孙。随鲁昭公出亡。〔9〕"郓",音 yùn,鲁邑名。故城在今山东郓城县东。

【译文】九年,景公派晏婴前往晋国,晏婴与

叔向私下说:"齐国政权最后将归田氏。田氏虽然没有盛德可言,但是假公权行私惠,对百姓有恩,百姓喜欢他。"十二年,景公前往晋国,会见平公,想跟晋国一起征讨燕国。十八年,景公再次往晋国,会见昭公。二十六年,景公到鲁国都城的郊外打猎,就便进入鲁都,和晏婴一起询问鲁国的礼制。三十一年,鲁昭公躲避季氏的迫害,逃到齐国。齐侯想把二万五千民户封给他,子家劝止昭公,昭公就请齐国征讨鲁国,夺取了郓邑给昭公居住。

三十二年,彗星见。[1]景公坐柏寝,[2]叹曰:"堂堂! 谁有此乎?"群臣皆泣,晏子笑,公怒。晏子曰:"臣笑群臣谀甚。"景公曰:"彗星出东北,当齐分野,[3]寡人以为忧。"晏子曰:"君高台深池,赋敛如弗得,刑罚恐弗胜,茀星将出,[4]彗星何惧乎?"公曰:"可禳否?"[5]晏子曰:"使神可祝而来,[6]亦可禳而去也。百姓苦怨以万数,而君令一人禳之,安能胜众口乎?"是时景公好治宫室,聚狗马,奢侈,厚赋重刑,故晏子以此谏之。

【注释】[1]"彗星",亦称孛星,俗名扫帚星。以其曳长尾如彗,故名。古人以为,彗星出现是一种不祥的征兆。"见",音 xiàn,即"现"字。 [2]"柏寝",齐国台名。在今山东广饶县东北。 [3]"分野",古代天文学把十二星辰、二十八宿的位置与地上州郡国的位置相对应。就天上说称为分星,就地上说称为分野。 [4]"茀星",即孛星,彗星的一种。迷信的说法,认为它比彗星更不祥。"茀",音 bó。 [5]"禳",音 ráng,祈祷消灾。 [6]"祝",祈祷。

【译文】三十二年,彗星出现。景公坐在柏寝台上,叹着气说:"多么富丽堂皇! 会被谁占有它呢?"大臣们都流泪,晏婴却发笑,景公发怒。晏婴说:"我笑大臣们太阿谀奉承了。"景公说:"彗星在东北出现,正当齐国的分野,我为此而忧虑。"晏婴说:"您修筑高台深池,赋税唯恐不能到手,刑罚唯恐不重,这样下去,妖星将要出现,彗星有什么可怕的呢?"景公说:"可以祈祷消除灾害吗?"晏婴说:"如果神灵可以祈祷而来,当然也可以祈祷而去。可是百姓愁苦怨恨的数以万计,而您让一个人去祈祷消灾,怎么能胜过众人的诅咒呢?"这时景公喜欢

修建宫室,聚集狗马,生活奢侈,多收赋税,重施刑罚,所以晏婴拿这些话来劝谏他。

四十二年,吴王阖闾伐楚,[1]入郢。[2]

【注释】[1]"吴王阖闾伐楚",公元前五〇六年,吴王夫差与伍子胥、伯嚭伐楚。唐国、蔡国相从。楚军大败,楚昭王奔郧,又奔随。吴军入楚都郢,伍子胥鞭楚平王之尸,以报父仇。 [2]"郢",音 yǐng,楚都。楚平王以前之郢,在今湖北江陵西北纪南城。楚平王迁至今江陵县东北。

【译文】四十二年,吴王阖闾攻打楚国;进入郢都。

四十七年,鲁阳虎攻其君,[1]不胜,奔齐,请齐伐鲁。鲍子谏景公,[2]乃囚阳虎。阳虎得亡,奔晋。

【注释】[1]"鲁阳虎攻其君",阳虎一作阳货,或说字货,春秋后期季孙氏的家臣。挟持季桓子,据有阳关(今山东泰安南),掌握国政,权势很大。鲁定公八年(公元前五〇二年),他要废除三桓的势力,被击败,出奔阳关。次年出奔齐,后又经宋奔晋,为赵鞅家臣。 [2]"鲍子",鲍国,鲍叔牙的曾孙。

【译文】四十七年,鲁国阳虎攻打他的国君,没有获胜,逃到齐国,请求齐国攻打鲁国。鲍子劝谏景公,于是囚禁了阳虎。阳虎得机会逃出,投奔晋国。

四十八年,与鲁定公好会夹谷。[1]犁鉏曰:"孔丘知礼而怯,[2]请令莱人为乐。[3]因执鲁君,可得志。"景公害孔丘相鲁,[4]惧其霸,故从犁鉏之计。方会,进莱乐,孔子历阶上,[5]使有司执莱人斩之,[6]以礼让景公。景公惭,乃归鲁侵地以谢,而罢去。是岁,晏婴卒。

【注释】[1]"好会",友好相会。"夹谷",春秋时齐地。故址有三说:一说在今江苏赣榆西,一说在今山东莱芜南,一说在今山东淄博市旧淄川西

南。莱芜之说近之。 〔2〕"犁弥",即犁弥,齐国大夫。"弥",音jǔ。"孔丘",即孔子。"怯",怯弱。〔3〕"莱人",即莱夷。莱为古国名。今山东黄县有莱子城,即古莱国之地。公元前五七六年被齐所灭。 〔4〕"害",担心。"相鲁",任鲁国之相。〔5〕"历阶",一脚一个台阶登上。按当时的礼仪,双脚并立后再登上一个台阶。孔子出于仓促,故一脚一个台阶急上。 〔6〕"有司",古代设官分职,各有专司,故称有司。

【译文】四十八年,跟鲁定公在夹谷举行和平友好的会晤。齐臣犁弥说:"孔丘懂得礼仪,但是胆子小,让莱人奏乐,趁机逮住鲁君,可以达到我们的目的。"景公深忌孔丘辅佐鲁国,害怕它称霸,所以听从了犁弥的计谋。正在会晤时,进献莱夷音乐,孔子就一脚一个台阶奔上坛台,派有关官吏捉住莱人杀了,并根据礼仪责备景公。景公感到惭愧,就归还侵占的鲁国土地表示道歉,就离开了。这年,晏婴去世。

五十五年,范、中行反其君于晋,〔1〕晋攻之急,来请粟。田乞欲为乱,〔2〕树党于逆臣,说景公曰:〔3〕"范、中行数有德于齐,不可不救。"乃使乞救而输之粟。

【注释】〔1〕"范、中行反其君于晋",范为范吉射,即范献子,中行为中行寅。范氏、中行氏世为晋卿。是时晋国六卿强大,赵简子用事,范、中行氏攻赵简子,遂反,兵败逃入朝歌。其后,智伯与赵韩魏四家瓜分范氏、中行氏的封邑。 〔2〕"田乞",齐大臣,田无宇之子。齐景公时为大夫。以小斗进大斗出,收买人心。景公卒,高张、国夏立孺子荼。田乞逐高国,杀孺子荼而立公子阳生,是为悼公。田乞为相,专齐国之政四年。 〔3〕"说",音shuì,劝说。

【译文】五十五年,范氏、中行氏在晋国反叛他们的国君,晋国急攻他们,他们派人到齐国请求借贷粮食。田乞想作乱,结交叛臣以树立私党,他就劝说景公道:"范氏、中行氏几次对齐国有恩德,不可以不援救。"于是派田乞去援救并运送粮食给他们。

五十八年夏,景公夫人燕姬适子死。〔1〕景公宠姜芮姬生子荼,荼少,其母贱,无行,

诸大夫恐其为嗣,乃言愿择诸子长贤者为太子。〔2〕景公老,恶言嗣事,〔3〕又爱荼母,欲立之,惮发之口,〔4〕乃谓诸大夫曰:"为乐耳,国何患无君乎?"秋,景公病,命国惠子、高昭子立少子荼为太子,〔5〕逐群公子,迁之莱。景公卒,太子荼立,是为晏孺子。冬,未葬,而群公子畏诛,皆出亡。荼诸异母兄公子寿、驹、黔奔卫,公子鉏、阳生奔鲁。〔6〕莱人歌之曰:"景公死乎弗与埋,三军事乎弗与谋,〔7〕师乎师乎,〔8〕胡党之乎?"〔9〕

【注释】〔1〕"适子","适"通"嫡"。正妻所生之子称适子。"适",音dí。 〔2〕"长贤者",年长而有贤德的人。 〔3〕"恶",音wù,讨厌。 〔4〕"惮",害怕。 〔5〕"国惠子",即国夏,谥惠子。"高昭子",即高张,谥昭子。 〔6〕"鉏",音zǔ。 〔7〕"三军",按周制,天子拥有六军,诸侯三军,每军一万二千五百人。 〔8〕"师",众人。指群公子的部下。〔9〕"胡",何。"党",处所。

【译文】五十八年夏,景公夫人燕姬生的嫡子死了。景公的爱姜芮姬生了儿子荼,荼年幼,他的母亲出身卑贱,又品行不好,大夫们恐怕他当继承人,就上言希望选择众子中年长而又贤能的做太子。景公年老,讨厌谈论继承人的事,又喜欢荼的母亲,想立荼,但难于启齿,就对大夫们说:"作乐吧,国家还怕没有君主吗?"秋天,景公生病,命令国惠子、高昭子立小儿荼作太子,赶走众公子,把他们迁到莱邑。景公去世,太子荼继位,这就是晏孺子。冬天,景公还没有安葬,众公子怕被杀,都外出逃亡。荼的异母哥哥公子寿、公子驹、公子黔逃奔卫国,公子鉏、公子阳生逃奔鲁国。莱邑人歌唱道:"景公死了不得参与埋葬,三军大事不得参与商量,公子们的追随者啊,到哪里去安身呢?"

晏孺子元年春,田乞伪事高、国者,每朝,乞骖乘,言曰:"子得君,〔1〕大夫皆自危,欲谋作乱。"又谓诸大夫曰:"高昭子可畏,及未发,先之。"大夫从之。六月,田乞、鲍牧乃与大夫以兵入公宫,〔2〕攻高昭子。昭子闻之,与国惠子救公。公师败,田乞之徒追之,国惠子奔莒,遂反杀高昭子。晏圉奔鲁。〔3〕八月,齐秉意兹。〔4〕田乞败二相,乃使人之

鲁召公子阳生。阳生至齐,私匿田乞家。十月戊子,田乞请诸大夫曰:"常之母有鱼菽之祭,〔5〕幸来会饮。"会饮,田乞盛阳生橐中,〔6〕置坐中央,〔7〕发橐出阳生,〔8〕曰:"此乃齐君矣!"大夫皆伏谒。〔9〕将与大夫盟而立之,鲍牧醉,乞诬大夫曰:〔10〕"吾与鲍牧谋共立阳生。"鲍牧怒曰:"子忘景公之命乎?"诸大夫相视欲悔,阳生前,顿首曰:"可则立之,否则已。"鲍牧恐祸起,乃复曰:"皆景公子也,何为不可!"乃与盟,立阳生,是为悼公。〔11〕悼公入宫,使人迁晏孺子于骀,〔12〕杀之幕下,〔13〕而逐孺子母芮子。芮子故贱而孺子少,故无权,国人轻之。

【注释】〔1〕"得君",为君主所宠信。〔2〕"鲍牧",齐大夫,殆鲍叔牙之后人。〔3〕"晏圉",晏婴之子。"圉",音 yǔ。〔4〕"秉意兹",《左传》作邴意兹,为齐国大夫。"秉"字前衍"齐"字,"兹"字后脱"奔鲁"二字。〔5〕"常之母",田乞称自己的妻子,田常是田乞的儿子。"鱼菽之祭",鱼菽为鱼和豆类的菜肴,用来祭祀。祭祀之后,自然为人食用。这句话是说,我的妻子准备了简单的菜肴,请诸位来饮酒。〔6〕"橐",音 tuó,袋子。〔7〕"坐",通"座",座位。〔8〕"发",打开。〔9〕"伏谒",伏地拜谒。〔10〕"诬",欺骗。〔11〕"齐悼公",公元前四八八年至前四八五年在位。〔12〕"骀",音 tái,齐邑名。故城在今山东临朐县。〔13〕"幕",帐篷,指途中临时搭的栖身之所。

【译文】晏孺子元年春,田乞假装服从高氏、国氏,每次朝会,田乞请求为高氏或国氏陪乘,说道:"您得到国君的宠信,群臣人人自危,要谋反作乱。"又对群臣说:"高昭子是一个可怕的家伙,趁他还没有发难,我们先下手为强吧。"群臣听从了他。六月,田乞、鲍牧就和群臣带着士兵进入公宫,攻打高昭子。高昭子听到这事,和国惠子去救晏孺子。晏孺子的军队被打败了,田乞的党徒追赶他们,国惠子逃往莒国,他们就返回来杀死了高昭子。晏圉逃奔鲁国。八月间,秉意兹也投奔鲁国。田乞搞掉了两个国相,就派人到鲁国召回公子阳生。阳生到了齐国,秘密藏在田乞家里。十月戊子日,田乞邀请群臣说:"我家常儿的母亲要举行祭礼,备下简单菜肴,欢迎各位来共同喝一杯。"开宴时,田乞把公子阳生装在一个袋子里,摆在座位的中央,把袋子

打开,露出了公子阳生,说道:"这就是齐国的君主!"群臣都伏地参拜。田乞准备跟大夫们订盟拥立他,鲍牧喝醉了,田乞向群臣撒谎说:"我和鲍牧商量共同拥立阳生。"鲍牧发怒说:"您忘记了景公的命令吗?"众大夫面面相觑要反悔,阳生上前,叩头说:"可以的话就立我,不可以就算了。"鲍牧担心招来祸患,就又说:"都是景公的儿子,有什么不可以的!"就跟他订了盟,拥立阳生,这就是悼公。悼公进入宫中,派人把晏孺子迁到骀邑,杀死在帐幕下,并且赶走了晏孺子的母亲芮子。芮子原来出身卑贱而晏孺子年幼,所以没有权力,国中的人都轻视他们。

悼公元年,齐伐鲁,取讙、阐。〔1〕初,阳生亡在鲁,季康子以其妹妻之。〔2〕及归即位,使迎之。季姬与季鲂侯通,〔3〕言其情,鲁弗敢与,故齐伐鲁,竟迎季姬。季姬嬖,齐复归鲁侵地。

【注释】〔1〕"讙",音 huān,鲁邑名。故城在今山东泰安县南。"阐",鲁邑名。故城在今山东东平县东南。〔2〕"季康子",名肥,季桓子之子。〔3〕"季鲂侯",季康子的叔父。

【译文】悼公元年,齐国征讨鲁国,夺取了讙邑、阐邑。当初,阳生流亡在鲁国,季康子把自己的妹妹嫁了给他。回国登位后,派人去迎接她。季姬与季鲂侯通奸,道出了其中隐情,鲁国不敢把她送回齐国,所以齐侯攻打鲁国,竟接回了季姬。季姬受到宠幸,齐国又归还所侵占鲁国的地方。

鲍子与悼公有郤,〔1〕不善。四年,吴、鲁伐齐南方。鲍子弑悼公,赴于吴。吴王夫差哭于军门外三日,〔2〕将从海入讨齐。齐人败之,吴师乃去。晋赵鞅伐齐,〔3〕至赖而去。〔4〕齐人共立悼公子壬,是为简公。〔5〕

【注释】〔1〕"鲍子",即上文之鲍牧。按,据《左传》和本书《秦本纪》,弑悼公者为陈恒。〔2〕"军门",军营之门。古时行军驻扎,树两旗为门,故称军门。〔3〕"赵鞅",即赵简子。是时智伯与赵、韩、魏四家专晋国之政,因齐弑悼公,借机伐齐。〔4〕"赖",齐邑名。故城在今山东章丘县西北。〔5〕"简公",公元前四八四年至前四八一年在位。

【译文】鲍子跟悼公有嫌隙，关系不好。四年，吴国、鲁国征讨齐国的南方。鲍子杀害了悼公，向吴国报丧。吴王夫差在军门外哭祭了三天，率兵从海上讨伐齐国。齐国人打败了吴军，吴军就撤回去了。晋国赵鞅征讨齐国，到达赖邑便回师而去。齐国人共同拥立悼公的儿子壬，这就是简公。

简公四年春，初，简公与父阳生俱在鲁也，监止有宠焉。〔1〕及即位，使为政。田成子惮之，骤顾于朝。〔2〕御鞅言简公曰：〔3〕"田、监不可并也，君其择焉。"弗听。子我夕，〔4〕田逆杀人，〔5〕逢之，遂捕以入。田氏方睦，〔6〕使囚病而遗守囚者酒，〔7〕醉而杀守者，得亡。子我盟诸田于陈宗。〔8〕初，田豹欲为子我臣；〔9〕使公孙言豹，〔10〕豹有丧而止。后卒以为臣，幸于子我。〔11〕子我谓曰："吾尽逐田氏而立女，可乎？"对曰："我远田氏矣。〔12〕且其违者不过数人，〔13〕何尽逐焉！"遂告田氏。子行曰："彼得君，〔14〕弗先，必祸子。"〔15〕子行舍于公宫。〔16〕

【注释】〔1〕"监止"，即子我，鲁叔孙成子之子，名申。鲁人而仕于齐。一说子我即孔子弟子宰予。〔2〕"田成子"，即田常，田乞之子。"骤"，数、屡。"骤顾于朝"，屡屡上朝察探。〔3〕"御鞅"，御为主管驾车的官员。鞅即田鞅，田氏之族人，田常之堂侄。〔4〕"夕"，臣子傍晚上朝问君安夜日夕，即夕省之义。〔5〕"田逆"，字子行，田氏族人。〔6〕"田氏方睦"，田氏正在和睦宗族。〔7〕"使囚病"，让囚犯（田逆）装病。"遗"，音 wèi，赠送。〔8〕"陈宗"，陈氏宗庙。〔9〕"田豹"，田氏族人。〔10〕"公孙"，齐国大夫。"言"，介绍、推荐。〔11〕"幸"，宠信。〔12〕"远田氏"，田氏族中的疏远旁支。〔13〕"违者"，指不服从子我的田氏族人。〔14〕"彼"，指监止，即子我。〔15〕"必祸子"，一定加害于你。子指田常。〔16〕"舍"，居住。

【译文】简公四年春天，当初，简公和父亲阳生一起在鲁国，监止受到宠信。简公登位之后，让他管理国政。田成子害怕他，屡屡上朝打探情况。御者田鞅对简公说："田、监不可同时任用，您应该作出抉择。"简公没有听从。子我（监止）晚上上朝，田逆杀了人，正好碰到，就逮住田逆进宫。当时田氏家族正和睦团结，他们让囚犯田逆假装有病，又

给看守送去酒食，灌醉并杀死看守，田逆便逃走了。子我邀集田氏族人到田氏宗庙订盟。当初，田豹想作子我的家臣，派公孙去推荐自己，因为田豹有亲丧而中止。后来终于用他做了家臣，受到子我的宠信。子我对他说："我把田氏全赶走而立你作田氏宗长，可以吗？"田豹回答说："我是田氏的远支，况且他们中间违抗你的不过几个人，何必全部赶走呢！"田豹将此事告诉了田氏。子行（田逆）说："他得到君主的宠信，我们不先下手，一定会害您。"于是子行住进了公宫（准备作田氏的内应）。

夏五月壬申，成子兄弟四乘如公。〔1〕子我在幄，〔2〕出迎之，遂入，闭门。宦者御之，〔3〕子行杀宦者。公与妇人饮酒于檀台，〔4〕成子迁诸寝。〔5〕公执戈将击之，太史子余曰：〔6〕"非不利也，将除害也。"成子出舍于库，〔7〕闻公犹怒，将出，〔8〕曰："何所无君！"子行拔剑曰："需，事之贼也。〔9〕谁非田宗？所不杀子者有如田宗。"〔10〕乃止。子我归，属徒攻闱与大门，〔11〕皆弗胜，乃出。田氏追之。丰丘人执子我以告，〔12〕杀之郭关。〔13〕成子将杀大陆子方，〔14〕田逆请而免之。以公命取车于道，出雍门。〔15〕田豹与之车，弗受，曰："逆为余请，豹与余车，余有私焉。〔16〕事子我而有私于其仇，何以见鲁、卫之士？"〔17〕

【注释】〔1〕"四乘"，四辆车。四马一车为一乘。"乘"，音 shèng。〔2〕"幄"，帐幕，以布临时搭成的住所。因子我暂居公宫，故处帐幕之中以听政。〔3〕"宦者"，宫中的宦官。〔4〕"檀台"，宫中修筑的高台，以登高瞭望。旧址在今山东淄博市东北。〔5〕"寝"，寝宫，古代帝王宗庙的后殿，是放置祖先衣冠的地方。〔6〕"子余"，齐大夫，田氏之党而为人史者。〔7〕"库"，储存兵器战车之所。〔8〕"出"，出奔、逃亡。〔9〕"需"，迟疑不决。"事之贼也"，败事的祸根。〔10〕"所不杀子者有如田宗"，起誓之词，犹言若不杀死你，就不是田氏族人。〔11〕"属徒"，集合部下。"闱"，古代宫室，前曰庙，后曰寝，寝侧两边的小门曰闱。"大门"，王宫正门。〔12〕"丰丘"，田氏封邑，今地不详。〔13〕"郭关"，齐关名，今地不详。〔14〕"大陆子方"，齐大夫，即东郭贾，子我的党羽。〔15〕"雍门"，齐都临淄北门曰雍门。〔16〕"余有私焉"，指田逆和田豹于我

有私恩。〔17〕"何以见鲁、卫之士",因大陆子方将逃往鲁、卫,故有此言。

【译文】夏五月壬申日,田成子(田常)兄弟共乘四车到简公处,子我在帐幕中,出外迎接,于是他们一拥而入,关上大门。宦官抵抗他们,子行杀死了宦官。简公跟女人正在檀台上饮酒,田成子逼他移到后殿去。简公拿起戈要刺他,太史子余说:"不是对您不利,是要替您除害啊。"田成子出宫住在武器库,听到简公仍怒气未息,准备逃走,说:"哪里没有国君!"子行抽出剑来说:"迟疑,是坏事的祸根。我们这些人谁不是田氏的宗人? 我如果不杀死您,就不是田氏族人!"田成子决定不走。子我回去,集合他的党徒攻打王宫的侧门和正门,都没能取胜,就退出来。田氏追赶他们。丰丘人捉住了子我来报告,把他杀死在郭关。田成子将要杀大陆子方,田逆请求赦免他。子方用简公的命令在路上要了一辆车,出了雍门。田豹给他一辆车,他不接受,说:"田逆替我求情,田豹又给我车子,那就是我跟你有勾结,我服事子我,竟跟他的仇人有私交,那还有什么脸面去见鲁国、卫国的人士?"

庚辰,田常执简公于婺州。〔1〕公曰:"余蚤从御鞅言,〔2〕不及此。"甲午,田常弑简公于婺州。田常乃立简公弟鳌,是为平公。〔3〕平公即位,田常相之,专齐之政,割齐安平以东为田氏封邑。〔4〕

【注释】〔1〕"婺州",田氏封邑,其地在今山东滕县南。"婺",音 shū。 〔2〕"蚤",通"早"。 〔3〕"平公",公元前四八〇年至前四五六年在位。〔4〕"安平",齐邑名。故城在今山东益都西北。

【译文】庚辰日,田常在婺州捉住简公,简公说:"我若早听从御者田鞅的话,不致有今天。"甲午日,田常在婺州把简公杀害了。田常就拥立简公的弟弟鳌,这就是平公。平公登位,田常辅佐他,专揽齐国的政权,划齐国安平以东的地方作为田氏的封邑。

平公八年,越灭吴。二十五年卒,子宣公积立。〔1〕

【注释】〔1〕"宣公",公元前四五五年至前四〇五年在位。

【译文】平公八年,越国灭了吴国。二十五年平公去世,儿子宣公积继位。

宣公五十一年卒,子康公贷立。〔1〕田会反廪丘。〔2〕

【注释】〔1〕"康公",公元前四〇四年至前三七九年在位。 〔2〕"田会",齐国大夫。"廪丘",齐邑名。其地在今山东郓城西。

【译文】宣公五十一年去世,儿子康公贷继位。田会在廪丘反叛。

康公二年,韩、魏、赵始列为诸侯。〔1〕十九年,田常曾孙田和始为诸侯,迁康公海滨。

【注释】〔1〕"韩、魏、赵始列为诸侯",春秋晚期,晋国由赵、韩、魏、知、范、中行氏六卿专权。周敬王三十年(公元前四九〇年),赵氏击败范氏、中行氏。周贞定王十一年(公元前四五八年),知、赵、韩、魏四家尽分范氏、中行氏的封地。十六年(公元前四五三年),赵、韩、魏三家又灭知氏,三分其地。从此晋国被赵、韩、魏三家所瓜分,晋君成为附庸。周威烈王二十三年(公元前四〇三年),周天子正式承认三家为诸侯。

【译文】康公二年,韩、魏、赵开始列为诸侯。十九年,田常的曾孙田和开始列为诸侯,把康公迁到海滨。

二十六年,康公卒,吕氏遂绝其祀。田氏卒有齐国,为齐威王,〔1〕强于天下。

【注释】〔1〕"齐威王",田因齐,公元前三五六年至前三二〇年在位。他任用邹忌为相,田忌、孙膑为将和军师,改革政治,国力渐强。齐威王十六年(公元前三四一年),大败魏军于马陵,迫使魏惠王朝齐,互尊为王。他还继其父桓公在国都临淄稷门外广置学宫,招揽学者,任其讲学议论。

【译文】二十六年,康公去世,吕氏就断绝了

祭祀。田氏终于统治了齐国,至齐威王,齐国称雄于天下。

太史公曰:吾适齐,自泰山属之琅邪,[1]北被于海,[2]膏壤二千里,[3]其民阔达多匿知,[4]其天性也。以太公之圣,建国本,桓公之盛,修善政,以为诸侯会盟,称伯,不亦宜乎? 洋洋哉,[5]固大国之风也![6]

【注释】[1]"琅邪",山名。为泰山的枝属余脉,在今山东胶县南。[2]"被",及、到。[3]"膏壤",肥沃的土地。[4]"阔达",胸怀豁达。"匿知","知"通"智"。智慧而深沉不外露。[5]"洋洋",广远无涯的赞词。[6]"风",风度、风采。

【译文】太史公说:我到齐国,从泰山山麓直到琅邪山,北面到了海滨,肥沃的土地有二千里,这里的百姓胸怀豁达、深沉而多智,这是他们的天性。靠太公的圣明,奠定了国家的基础,桓公时达到极盛,推行善政,主持诸侯会盟,号称霸主,不也是理所当然吗? 广阔远大啊,的确有大国的风度!

史记卷三十三

鲁周公世家第三

周公旦者，[1]周武王弟也。[2]自文王在时，[3]旦为子孝，笃仁，异于群子。及武王即位，旦常辅翼武王，用事居多。武王九年，东伐至盟津，[4]周公辅行。十一年，伐纣，[5]至牧野，[6]周公佐武王，作《牧誓》。[7]破殷，入商宫。已杀纣，周公把大钺，[8]召公把小钺，[9]以夹武王，衅社，[10]告纣之罪于天及殷民。释箕子之囚。[11]封纣子武庚禄父，使管叔、蔡叔傅之，[12]以续殷祀。[13]遍封功臣同姓戚者。封周公旦于少昊之虚曲阜，[14]是为鲁公。周公不就封，留佐武王。

【注释】[1]"周"，地名。在今陕西岐山县北。其地本为太王所居，后为周公采邑。"旦"，名。辅佐周文、武、成王，嫡子封于鲁，次子食采周邑，世为王室卿士。〔2〕"周武王"，姬姓。名发。继承其父文王遗志，灭商，建立西周王朝。详本书《周本纪》。〔3〕"文王"，名昌。周武王之父。商末周族领袖。为西伯，又称伯昌。详见本书《周本纪》。〔4〕"盟津"，又名孟津。古黄河津渡。在今河南孟县西南。相传周武王伐纣，在此盟会诸侯并渡河，故名盟津。〔5〕"纣"，商朝最后一位君主。名受，号帝辛，史称纣王。帝乙之子。详本书《殷本纪》。〔6〕"牧野"，一作坶野，在今河南淇县西南。〔7〕"《牧誓》"，《尚书》篇名，记载周武王在牧野率军同商纣作战的誓辞。有学者认为，此篇记录王言，说它由周公佐之而作，没有证据。〔8〕"钺"，音 yuè，古代兵器。青铜制，圆刃，木柄，持以砍斫，类似斧。盛行于商及西周。〔9〕"召"，音 shào。"召公"，又作邵公、召康公。周朝燕国始祖。与周同姓，名奭（音 shì）。因采邑在召（今陕西岐山县西南），称为

召公或召伯。详本书《燕召公世家》。〔10〕"衅"，音 xìn。以牲血祭祀曰衅。"社"，土神。"衅社"，以牲血祭社之礼。〔11〕"箕"，音 jī。"箕子"，纣王的诸父。官太师。封于箕（今山西太谷东北）。详本书《殷本纪》及《宋微子世家》。〔12〕"管叔、蔡叔"，管叔，名鲜；蔡叔，名度。二人皆为周武王之弟。武王克殷后，封叔鲜于管（今河南郑县），叔度于蔡（今河南东北部），成为周初三监之二。详本书《管蔡世家》。〔13〕"殷祀"，殷商的祭祀。〔14〕"昊"，音 hào。"少昊"，传说古代东夷族首领。名挚（一作质）。西汉末《世经》始称其为金天氏。东夷族以鸟为图腾，相传少昊以鸟名官。其后代甚多，有己、嬴、偃诸姓，己姓之后有莒，嬴姓之后有郯等二十余国。"曲阜"，今山东曲阜县。

【译文】周公旦是周武王的弟弟。当文王在世时，旦为子恭敬孝顺，笃厚仁慈，不同于别的儿子。到武王即位，旦经常辅佐武王，多担当重大国政。武王九年，向东征伐到了盟津，周公辅佐前行。十一年，讨伐商纣王，来到牧野，周公辅助武王，写了《牧誓》。攻破殷军，进入商宫。杀死商纣王以后，周公手持大钺，召公手持小钺，左右侍卫武王，以牲血举行祭社礼，向天帝及殷民宣告纣的罪状。把箕子从监禁中释放出来。封立纣子武庚禄父，派管叔、蔡叔辅佐他，以延续殷商的祭祀。遍封功臣及同姓亲戚。封周公旦于少昊之虚曲阜一带，称为鲁公。周公没有去封地，留下佐助武王。

武王克殷二年，天下未集，[1]武王有疾，不豫，[2]群臣惧，太公、召公乃缪卜。[3]周公曰："未可以戚我先王。"[4]周公于是乃自以为质，[5]设三坛，[6]周公北面立，[7]戴

璧秉圭，〔8〕告于太王、王季、文王。〔9〕史策祝曰：〔10〕"惟尔元孙王发，勤劳阻疾。若尔三王是有负子之责于天，〔11〕以旦代王发之身。旦巧能，多材多艺，能事鬼神。乃王发不如旦多材多艺，不能事鬼神。乃命于帝庭，敷佑四方，用能定汝子孙于下地，四方之民罔不敬畏。无坠天之降葆命，〔12〕我先王亦永有所依归。今我其即命于元龟，〔13〕尔之许我，我以其璧与圭归，以俟尔命。尔不许我，我乃屏璧与圭。"周公已令史策告太王、王季、文王，欲代武王发，于是乃即三王而卜。卜人皆曰吉，发书视之，〔14〕信吉。周公喜，开篇，〔15〕乃见书遇吉。周公入贺武王曰："王其无害。旦新受命三王，维长终是图。兹道能念予一人。"〔16〕周公藏其策金縢匮中，〔17〕诚守者勿敢言。明日，武王有瘳。〔18〕

【注释】〔1〕"集"，通"辑"。辑睦、安定之义。〔2〕"豫"，音 yù，悦乐、安适。〔3〕"太公"，即吕尚。姜姓。名望，又称师尚父。周朝齐国始祖。详本书《齐太公世家》。"缪"，音 mù。《尚书》作"穆"。"缪卜"，诚敬地占卜。〔4〕"戚"，悲伤，此处可释为感动。〔5〕"质"，《尚书》作"功"。段玉裁谓读作"周郑交质"之质（《古文尚书撰异》）。即以自身作人质。〔6〕"坛"，音 tán，土筑的高台。古时用于祭祀及朝会、盟誓等大事。〔7〕"北面立"，朝北方站着。《尚书》于"三坛"下有"为坛于南方，北面，周公立焉"一段文字，知周公又于南面起了一座坛，他面朝北站于其上。〔8〕"璧"、"圭"，皆古玉器。璧平圆、正中有孔（边宽于孔）；圭长条形，上端作三角状。皆为古代用于朝聘、祭祀、丧葬等活动的礼器。〔9〕"太王"，古公亶父。周文王的祖父，周族的领袖。"王季"，名季历，古公亶父之少子，文王之父。详本书《周本纪》、《吴太伯世家》等。〔10〕"史"，史官，或称作册。掌管祭祀和记事、册命等事。"策"，通"册"，即简书，周公所作。"祝"，即宣读简书，以告三王。〔11〕"负子之责"，《尚书》作"丕子之责"。俞樾谓"负子"为诸侯疾病之名，子即民，意为忧民不能再子之，因此负子本意为不子，"不"与"丕"通用（《群经平议》）。这里说三王在天上有了病需要人扶持，周公愿替武王担当这个责任。〔12〕"葆"，通"宝"。"葆命"即宝命。〔13〕"元龟"，大龟。古人占卜的工具。〔14〕"书"，卜兆的记录，即占兆之辞。〔15〕"篇"，音 yuè，锁钥。

〔16〕"予一人"，古代帝王的自称。本作"余一人"。"予"为"余"的假借。此处当为周公自称。〔17〕"縢"，音 téng，封缄之义。"金縢"，金质封缄。〔18〕"瘳"，音 chōu，病愈。

【译文】武王灭殷的第二年，天下尚未安定，武王有病，很不舒服，群臣恐惧，太公、召公就恭恭敬敬地进行占卜。周公说："这还不能感动我们的先王。"于是他就以自己的身子作抵押，筑起了三个祭坛，周公面朝北站立，顶着璧，捧着圭，祝告于太王、王季、文王。史官取了册子，宣读道："你们的长孙武王发，辛劳成疾。倘若你们三王在天，因为有了疾病要人扶持，那么旦愿意代替王发之身担当这个责任。且旦为人有心计，多才多艺，能奉事鬼神。你们的王发却不像我这么多才多艺，不会奉事鬼神。你们在上帝的宫里受了命，保护了天下四方，因此在下面的大地上能够安定你们的子孙，四方的人民无不敬畏。只要不失掉上天降下的大命，我们先王的神灵就永远有了归依的地方。现在我要在大龟上接受你们的命令，你们如果答应我的要求，我将把璧与圭献给你们，然后回去等候你们的命令。如果你们不答应我，我就要把璧和圭藏起来不再献给你们。"周公既已命令史官册告太王、王季、文王，想代替武王发死，随后到三王神主前占卜。卜人都说得了吉兆，开启兆书一看，果然都吉利。周公非常高兴，打开藏占兆书的柜子，所见兆书也都是吉利。周公马上入宫向武王道贺说："（从占卜的结果看，）大王将不会有什么灾害。且刚刚接受了三王的命令，您可以作长远的规划，（三王）定能眷顾我的诚心而长保天子安康。"周公将册书收藏在金属封固的柜子里，并告诫保管的人不要乱说。第二天，武王的病就好了。

其后武王既崩，成王少，在强葆之中。〔1〕周公恐天下闻武王崩而畔，〔2〕周公乃践阼代成王摄行政当国。〔3〕管叔及其群弟流言于国曰："周公将不利于成王。"周公乃告太公望、召公奭曰："我之所以弗辟而摄行政者，〔4〕恐天下畔周，无以告我先王太王、王季、文王。三王之忧劳天下久矣，于今而后成。武王蚤终，〔5〕成王少，将以成周，我所以为之若此。"于是卒相成王，而使其子伯禽代就封于鲁。〔6〕周公戒伯禽曰："我文王之子，武王之弟，成王之叔父，我于天下亦不

贱矣。然我一沐三捉发，一饭三吐哺，[7]起以待士，犹恐失天下之贤人。子之鲁，慎无以国骄人。"

【注释】[1]"强葆"，通"襁褓"。包裹小孩、系于背上的用具。成王即位时的年龄，古来多歧说。《荀子》谓成王行冠礼（成年之礼）后周公反籍。可见成王即位时已是十几岁的少年。"在强葆之中"应是司马迁受当时夸张的传说和《尚书》学家的师说的蒙蔽所致。又据《路史·发挥》引《古本竹书纪年》，武王卒年五十四岁。成王既为长子，且母弟尚有数人，故应在二三十岁。顾颉刚认为，成王年不甚长，周公在严重的局势下称王而治，乃是战国以下人由古代传下来的历史中逐渐演变出的传说；而成王在襁褓之中，周公背负其上朝，则是秦汉间人把这个故事极度夸张的结果（见《周公执政称王》）。[2]"畔"，通"叛"。 [3]"阼"，音 zuò。古代庙、寝堂前两阶，主阶在东（即阼），天子诸侯进行各种活动，皆由东阶升降。"践阼"，引申为天子登位。又作"践祚"。"摄"，代理。按，此言成王年幼（一说为服丧三年）不能主天子事，由叔父周公暂为代行天子职务。但学术界大多认为周公非代理，而在武王死后即称王，这可从《尚书》的几篇周初诰辞、先秦典籍以及铜器铭文中得到证明。 [4]"辟"，通"避"。 [5]"蚤"，通"早"。"蚤终"，早逝。引申为没过多久便死去。 [6]"伯禽"，周公的长子，亦称禽父。"鲁"，伯禽封国。在今山东西南部，都曲阜。[7]"哺"，音 bǔ，即口中所含食物。"一沐三捉发，一饭三吐哺"，洗头时三次抓起头发，吃饭时三次吐出嘴里的食物，起身接待来朝见的人。比喻政务繁忙，治事勤勉，待人恭敬。

【译文】后来武王驾崩，成王年少，正在襁褓中。周公唯恐天下的人听说武王驾崩而背叛，于是登临天子之位，代替成王处理国政。管叔和他的弟弟在国内散布谣言说："周公将对成王不利。"周公便向太公望、召公奭表白心意说："我之所以不回避而代成王摄行国政，是恐怕天下反叛周室，那将无法向先王太王、王季、文王交代。三王为天下忧劳已经很久了，到了今天才成功。武王早逝，成王年少，为将来完成周的大业，所以我才这样做。"于是始终辅佐成王，而让他的儿子伯禽代替他到鲁国就封。周公告诫伯禽说："我是文王的儿子，武王的弟弟，成王的叔父，对于整个天下来说，我的地位也不算低了。但是我常常洗一次头三次提起头发，吃一

顿饭三次吐出口中的食物，频频起身接待贤士，还怕失掉了天下的人才。你到鲁国之后，要谨慎处事，不要因为有封国而傲慢待人。"

管、蔡、武庚等果率淮夷而反。[1]周公乃奉成王命，兴师东伐，作《大诰》。[2]遂诛管叔，杀武庚，放蔡叔。收殷余民，以封康叔于卫，[3]封微子于宋，[4]以奉殷祀。宁淮夷东土，二年而毕定。[5]诸侯咸服宗周。[6]

【注释】[1]"淮夷"，古民族名。居于淮河下游一带。西周时曾与徐戎（也是居于淮河中下游的少数民族）多次联合抗周。春秋后附于楚。 [2]"诰"，音 gào，为古代一种训诫勉励的文告，用于上对下。《大诰》，《尚书》篇名。为周公东征前对诸侯和王朝官吏发表的讲话，经史官笔录而成。它借占卜吉兆振作士气。等于誓师文告。 [3]"康叔"，名封，周武王之弟。初封于康（今河南禹县西北），故称康叔。"卫"，康叔封国。在今河南北部地区，以商故都朝歌（今河南淇县）为都。并封给殷民七族。详本书《卫康叔世家》及《左传》定公四年。[4]"微子"，名启（汉避景帝讳作开），商纣的庶兄。初封于微（今山东梁山西北）。因见商朝将亡，数谏纣王，王不听，遂出走。"宋"，微子封国，亦或称商。子姓。在卫国东南，有今河南东部和山东、江苏、安徽间地。都商丘（今河南商丘）。详本书《宋微子世家》及《尚书·微子》。 [5]"二年"，《尚书·金縢》言"周公居东二年"，《诗经·豳风》言周公东征三年。梁玉绳谓司马迁以居东为东征，"二年"当作"三年"（《史记志疑》，下简称《志疑》）。泷川资言谓一以月计，一以岁言（《史记会注考证》，下简称《考证》）。[6]"宗周"，周为诸侯所宗仰，故王都所在称宗周。一般把文王所建之丰与武王所建之镐（今陕西西安市西、长安县西北）合称宗周。

【译文】管叔、蔡叔与武庚等果然率领淮夷造反。周公于是奉成王的命令，举兵东征，写了《大诰》。终于诛杀了管叔及武庚，放逐了蔡叔。收集殷朝遗民，（并连同这一带土地）分封康叔于卫地，封微子于宋地，用以供奉殷商的宗庙祭祀。平定东方淮夷，花费了两年时间全部完成。诸侯全都归服周室。

天降祉福，[1]唐叔得禾，[2]异母同

颖,[3]献之成王,成王命唐叔以馈周公于东土,[4]作《馈禾》。[5]周公既受命禾,嘉天子命,[6]作《嘉禾》。[7]东土以集,周公归报成王,乃为诗贻王,命之曰《鸱鸮》。[8]王亦未敢训周公。[9]

【注释】[1]"祉",音 zhǐ,福。 [2]"唐叔",名虞,字子于,周成王之弟。周朝晋国始祖。成王灭唐后,把怀姓九宗和原夏朝建都地区封给他,国号晋(今山西南部)。详本书《晋世家》及《左传》定公四年。 [3]"异母",《尚书序》作"异亩"。"母"与"亩"通。"颖",音 yǐng,带芒的谷穗。 [4]"馈",音 kuì,馈赠。 [5]《馈禾》,《尚书》篇名。今亡。 [6]"嘉",《尚书序》作"旅";本书《周本纪》作"鲁"。"旅"古作"鲁"。陈述之义。 [7]《嘉禾》,《尚书》篇名。今亡。 [8]《鸱鸮》,音 chī xiāo。诗存《诗经·豳风》。 [9]"训",《尚书》作"诮(音 qiào)",一说"训"为"诮"之讹。"诮",责问。因周公作诗有讽谏之意,成王心中不满,又不好责怪他。

【译文】上天降福,唐叔的田里得到一株异亩同穗的稻子,献给成王,成王命令唐叔赠给在东土远征的周公,写了《馈禾》。周公既已接受了成王命赠的稻禾,赞扬天子之命,写了《嘉禾》。东土平定之后,周公回来报告成王,并作诗赠送成王,题为《鸱鸮》。成王(心中不服),又不好责怪周公。

成王七年二月乙未,[1]王朝步自周,至丰,[2]使太保召公先之雒相土。[3]其三月,周公往营成周雒邑,[4]卜居焉,曰吉,遂国之。

【注释】[1]"成王七年",泷川资言谓司马迁以意补。《尚书大传》云周公摄政五年营成周,与此不同。盖五年开工七年完工(《考证》)。"二月乙未",二月乙未日。 [2]"丰",丰京。周文王伐崇侯虎后自岐(今陕西岐山县东北)迁此。在今陕西长安县西北沣河以西。与武王所建之镐同为西周国都。 [3]"太保",官名。西周设。为辅弼国君的官。"雒",一作洛。洛水北岸,今河南洛阳市一带都称雒。 [4]"成周雒邑",传统说法,西周的东都包括两部分:一成周,周公所筑,迁殷民于此,传说故址在今河南洛阳市东郊白马寺之东,汉魏雒阳城故址一带;一王城,故址在今洛阳市西王城公园

一带。实际上,成周者乃表周业之成,是与丰镐所在之宗庙相对而言之周王朝的东都。王城在成周之中,是东都的宗庙宫寝所在。殷民所居,在王城之东郊。雒邑,在雒所营之邑,即成周。犹今人言"首都北京"。参看童书业《春秋左传研究》。

【译文】成王七年二月乙未日,成王从镐京走到丰京朝告(迁都之事于文王庙),然后派太保召公先到雒地勘视地形。这年三月,周公前往指挥营建成周雒邑,占卜择地,结果很吉利,于是就在那里建造国都。

成王长,能听政。于是周公乃还政于成王,成王临朝。周公之代成王治,南面倍依以朝诸侯,[1]及七年后,还政成王,北面就臣位,[2]笾笾如畏然。[3]

【注释】[1]"南面倍依以朝诸侯",古代以北位最尊,为天子所居。此时周公在王位,故位北面南而朝诸侯。"倍"即负。"依",斧依,又作扆(音 yǐ)。古代帝王置于门窗之间类似屏风的器具,因上面有斧形文,故名。 [2]"北面",古代臣子朝见君主时居南位,面向北,故"北面"即称臣于人之义。 [3]"笾笾",音 qióng qióng,恭敬谨慎貌。

【译文】成王长大,能临朝听政了。于是周公就将国政交还给成王,由成王亲自处理朝中大事。周公代理成王治理天下时,朝见诸侯,背着屏风,面向南方而立。到七年还政成王后,面朝北,处在臣子的位置,态度恭敬谨慎,像是有所畏惧的样子。

初,成王少时,病,周公乃自揃其蚤沉之河,[1]以祝于神曰:"王少未有识,奸神命者乃旦也。"亦藏其策于府。[2]成王病有瘳。及成王用事,人或谮周公,[3]周公奔楚。[4]成王发府,见周公祷书,乃泣,反周公。[5]

【注释】[1]"揃",音 jiǎn,又作"𢭃",修剪。"蚤",通"爪"。"自揃其蚤",剪掉自己的指甲。 [2]"府",古代帝王藏书之所。"藏其策于府",将祝告的册文藏于府中。 [3]"谮",音 zèn,进谗言、说人坏话。 [4]"楚",楚地。一说终南山(今陕西户县、周至以南)又名楚山,武王墓在其附近,周公因流言出居,依于王季、武王之墓地。 [5]"成王发

府,见周公祷书,乃泣,反周公",事又见本书《蒙恬传》。《尚书·金縢》记周公因武王病藏册而祝之事,后缘《金縢》之文而演出祷成王病事。盖一事分化成为两事耳。

【译文】 当初成王年少患病,周公就自剪其指甲丢到河里,祝告河神说:"帝王年少不懂事,干犯神命的是我。"事毕将册文藏在府中。成王病愈。后来成王当政,有人诬告周公,周公逃往楚地。成王打开府库,见到周公当年祷告的册文,便哭了起来,请周公回朝。

周公归,恐成王壮,治有所淫佚,乃作《多士》,[1]作《毋逸》。[2]《毋逸》称:"为人父母,为业至长久,子孙骄奢忘之,以亡其家,为人子可不慎乎! 故昔在殷王中宗,[3]严恭敬畏天命,自度治民,[4]震惧不敢荒宁,故中宗飨国七十五年。[5]其在高宗,[6]久劳于外,为与小人。[7]作其即位,乃有亮闇,[8]三年不言,[9]言乃欢,不敢荒宁,密靖殷国,[10]至于小大无怨,故高宗飨国五十五年。[11]其在祖甲,[12]不义惟王,久为小人于外,知小人之依,能保施小民,不侮鳏寡,[13]故祖甲飨国三十三年。"《多士》称曰:"自汤至于帝乙,[14]无不率祀明德,帝无不配天者[15]在今后嗣王纣,诞淫厥佚,不顾天及民之从也。[16]其民皆可诛。""文王日中昃不暇食,[17]飨国五十年。"作此以诫成王。

【注释】 〔1〕"《多士》",《尚书》篇名。按其文,乃周公诫殷商贵族,非告诫成王。 〔2〕"《毋逸》",《尚书》篇名。又作《无逸》、《无佚》。 〔3〕"殷王中宗",据甲骨卜辞,即商王祖乙(太戊之孙、河亶甲之子)。本书《殷本纪》指为太戊,误。辨见王国维《殷卜辞中所见先公先王续考》。 〔4〕"度",法度。 〔5〕"飨",音 xiǎng,通"享"。"飨国",当政,在位。 〔6〕"高宗",商王武丁。商朝第二十三个王,盘庚弟小乙之子。详本书《殷本纪》。 〔7〕"小人",王朝贵族对从事农业生产的劳动人民的蔑称。 〔8〕"闇",音 ān。"亮闇",又作"亮阴"、"谅闇"、"梁闇"等。一说为帝王居丧,沉默不语。一说为凶庐,梁即楣,闇即庐,守丧之处。 〔9〕"三年不言",自来有两种解释。一说据《论语·宪问》,谓君薨,百官总己以听于冢宰三年。即新王守丧三年,其间不问政

事。一说据《国语·楚语》,谓武丁三年之中默以思道,以图殷之复兴,旁求四方贤士,终得傅说。本书《殷本纪》从后说。 〔10〕"密",安定。"靖",音 jìng,亦安定。 〔11〕"五十五年",《尚书·无逸》作"五十九年"。 〔12〕"祖甲",商朝第二十五个王。武丁之子。详本书《殷本纪》。 〔13〕"鳏寡",音 guān guǎ。老而无妻为鳏、无夫为寡。引申指年老而穷苦无告者。 〔14〕"汤",成汤。子姓。名履,又称天乙。商代开国之君。传十七代,三十一王,至纣为周所灭。"帝乙",商代第三十个王,商纣之父。详本书《殷本纪》。 〔15〕"天",天帝。"配天",古代帝王以为自己是天的儿子,行为受天帝意旨支配,不与天意悖违为配天。 〔16〕"之从",《集解》徐广说,一作"敬之"。"不顾天及民之从",不顾及天命和百姓的依从。 〔17〕"昃",音 zè,日西斜。"日中昃",过了中午之后。

【译文】 周公回朝后,恐怕成王年轻气盛,治国有所纵欲放荡,于是撰写了《多士》、《毋逸》谏诫成王。《毋逸》篇说:"为人父母的,创业极其长久艰难,子孙却骄奢忘本,以致丧失家业,作为人子的,能不谨慎吗! 从前殷王中宗,严谨恭敬地对待天命,用法度自律,以此治理人民,诚惶诚恐而不敢荒废自安。因此中宗当政长达七十五年。到了高宗,长久居住民间,与人民共事稼穑。当他即位后,便有丧服,三年不言语。(丧毕)发言,天下皆喜。治国不敢荒废耽安,一心安定殷国,以致不论贵贱大小皆无怨言,所以高宗享国五十五年。到了祖甲的时候,因认为父亲武丁打算废斥长祖庚而立自己为王是不义之事,便久居在外当平民百姓,深知人民所依赖的,所以当政后能安抚民众,不欺侮鳏寡孤独,因此祖甲在位三十三年。"《多士》说:"从商汤到帝乙,无不恭顺祭祀昭明德政,因此他们没有不德配上帝的。到现在继承王位的纣,荒诞淫佚,完全不顾及天命和百姓的依从,以致他的臣民都有罪当诛。""文王(勤劳国政,)过了中午还来不及吃饭,因此享国五十年。"周公就用这些话来告诫成王。

成王在丰,天下已安,周之官政未次序,于是周公作《周官》,[1]官别其宜。作《立政》,[2]以便百姓。[3]百姓说。[4]

【注释】 〔1〕"《周官》",《尚书》篇名。应是谈官制之文。汉人尚引其篇名,已佚。现存《尚书》中的是东晋所造伪篇。 〔2〕"《立政》",《尚书》篇名。

"政"同"正",意为官长。"立政"即建立官长。周公在该篇之中总结夏、商任用官员的得失,及周朝任用官员的经验,提出今后要怎样建置任用高级官员。〔3〕"百姓",百官。古代民无姓,有姓者皆有土有官爵。其后民亦有姓,因此庶民也称百姓。〔4〕"说",音 yuè,通"悦"。

【译文】成王居住在丰京,天下太平,但周室的政府机构尚未完备有序,于是周公写了《周官》,分别官府的各级职掌。又写了《立政》,以利百姓。百姓都很高兴。

周公在丰,病,将没,曰:"必葬我成周,以明吾不敢离成王。"周公既卒,成王亦让,葬周公于毕,〔1〕从文王,以明予小子不敢臣周公也。〔2〕

【注释】〔1〕"毕",毕原。在今陕西咸阳、西安渭水两岸。传说文、武、周公皆葬于渭水南岸毕原之上。周初王季建都、毕公高所封皆于渭水北岸,又称咸阳原。〔2〕"予小子",古代帝王自谦之称,对先王或长辈而言。

【译文】周公在丰京生了病,临死时说:"死后一定要把我葬在成周,用来表明我不敢离开成王。"周公死后,成王表示谦让,把周公葬在毕邑,随文王安葬,以此表示成王不敢以周公为他的臣子。

周公卒后,秋未获,暴风雷,〔1〕禾尽偃,〔2〕大木尽拔。周国大恐。成王与大夫朝服以开金滕书,〔3〕王乃得周公所自以为功代武王之说。〔4〕二公及王乃问史百执事,〔5〕史百执事曰:"信有,昔周公命我勿敢言。"成王执书以泣,曰:"自今后其无缪卜乎!昔周公勤劳王家,惟予幼人弗及知。〔6〕今天动威以彰周公之德,惟朕小子其迎,〔7〕我国家礼亦宜之。"王出郊,〔8〕天乃雨,反风,禾尽起。二公命国人,凡大木所偃,尽起而筑之。〔9〕岁则大孰。〔10〕于是成王乃命鲁得郊祭文王。〔11〕鲁有天子礼乐者,以襃周公之德也。

【注释】〔1〕"暴风雷",《尚书·金滕》作"雷电

以风",故下文云"天乃雨"。 〔2〕"偃",音 yǎn,倒下、卧倒。 〔3〕"成王与大夫朝服",《尚书》作"王与大夫尽弁"。"朝服",一种玄冠服,指玄冠、缁衣、素裳之服。用途不限于朝会。 〔4〕"功",即"质",见前注。 〔5〕"二公",太公、召公。"史",史官。"执事",祭祀时担任专职的官员。"史百执事",当初跟从周公占卜请命的众官员。所以成王要向他们询问实情。 〔6〕"予幼人",予小子。 〔7〕"朕",音 zhèn,古人自称之词,自秦始皇起专用为帝王自称。"朕小子",予小子。 〔8〕"王出郊",王出城到郊外行祭天大礼。 〔9〕"筑",《集解》引徐广说,拾也。 〔10〕"孰",音 shú,通"熟"。"大孰",大丰收。 〔11〕"郊祭文王",于郊外行祭天之礼,并立文王之庙祭祀。按此皆天子之礼,鲁为诸侯,本不得享有之。

【译文】周公死后,秋天尚未收获,忽然起了暴风,电闪雷鸣,庄稼都倒伏了,大树也都连根拔起。朝中上下大为恐慌。成王和大夫们穿起礼服以打开金滕之书,成王于是看到当时周公愿以身作人质代替武王而死的简书。太公、召公和成王便询问史官和百执事,他们答道:"确实有,过去周公下过命令,所以我们不敢说。"成王手持简书,哭着说道:"从今以后恐怕再也没有这样虔诚的占卜了。以前周公为王室辛勤劳苦,我这个幼年小子来不及知道。现在上天显示了威严,来表彰周公的德行,我要亲自去迎神,按我国家的礼仪,也应该这样做。"成王于是出城举行郊天之礼,天就下起雨来,风向也倒转了,倒下的稻禾又都挺起来。太公、召公吩咐都城内的人民,凡是被刮倒的大树所压着的稻禾,全都把树扶起,再拾起稻穗。于是这一年得到大丰收。从此成王命鲁国国君可以举行郊祭并祭祀文王。鲁国之所以有天子的礼乐,是用来褒扬周公恩德的。

周公卒,子伯禽固已前受封,〔1〕是为鲁公。鲁公伯禽之初受封之鲁,二年而后报政周公。周公曰:"何迟也?"伯禽曰:"变其俗,革其礼,丧三年然后除之,〔2〕故迟。"太公亦封于齐,五月而报政周公。周公曰:"何疾也?"曰:"吾简其君臣礼,从其俗为也。"及后闻伯禽报政迟,乃叹曰:"呜呼,鲁后世其北面事齐矣!夫政不简不易,民不有近;平易近民,民必归之。"

【注释】〔1〕"子伯禽固已前受封",伯禽为周公嫡长子,就封于鲁。次子留相王室,世代为周公。〔2〕"丧三年然后除之",古礼,居丧三年,要穿专门的丧服,到期才能脱去。

【译文】周公去世,他的儿子伯禽先前本已受到策封,这就是鲁公。当初鲁公伯禽受封到鲁国,三年之后才向周公报告鲁国的政务。周公说:"为什么这样迟缓呢?"伯禽说:"(我到鲁国后,)即着手改变那里的风俗,变革那里的礼制,丧事要过三年才能除服,因此迟缓。"当时太公也受封于齐国,五个月后就向周公报告政务。周公说:"为什么这样迅速呢?"回答说:"我简化了君臣之间的礼节,顺从当地风俗处理政事,(所以很快就有了结果。)"等到后来听到伯禽报告政事迟缓,就感叹说:"唉!鲁国将来必定要北面臣服于齐国了!为政如不简便易行,人民就不肯亲近;为政简便易行而亲近人民,人民就一定会归附。"

伯禽即位之后,有管、蔡等反也,淮夷、徐戎亦并兴反。〔1〕于是伯禽率师伐之于肸,〔2〕作《肸誓》,〔3〕曰:"陈尔甲胄,无敢不善。无敢伤牿。〔4〕马牛其风,〔5〕臣妾逋逃,〔6〕勿敢越逐,敬复之。〔7〕无敢寇攘,〔8〕逾墙垣。鲁人三郊三隧,〔9〕峙尔刍茭、糗粮、桢干,〔10〕无敢不逮。〔11〕我甲戌筑而征徐戎,无敢不及,有大刑。"作此《肸誓》,遂平徐戎,定鲁。

【注释】〔1〕"徐戎",见前"淮夷"注。〔2〕"肸",音 bì,古邑名。亦作柲、费、郿、肸。在曲阜东,今山东费县西北。后来成为鲁大夫季氏采邑。〔3〕《肸誓》,《尚书》篇名。记录在费地誓师之辞。今传本作《费誓》。〔4〕"牿",音 gù,施以梏桎的牛、马。载重驾车的牛马休息时将其脚拴住,使不能远走。〔5〕"风",古注云"放",言牲畜发情时狂跑追奔。〔6〕"臣妾",使役之奴隶,男称臣,女称妾。"逋",音 bū,逃亡。"逋逃",逃亡的罪人。〔7〕"敬",《尚书》作"袛"。〔8〕"寇",劫取。"攘",音 rǎng,窃夺。〔9〕"三郊三隧","隧"又作"遂"。郊、隧皆为古代的行政区划:邑外为郊,郊外为隧。为出征时兵源所出。天子六军,出于六乡(即六郊),以六隧补充之;诸侯三军,出于三乡,以三隧补充之。一说为鲁东、西、南三方的近郊和远郊。

〔10〕"峙",音 zhì,又作"峙",储备之义。"刍茭",音 chú jiāo,喂牲口的草料。"糗粮",人吃的干粮。"桢",音 zhēn。"桢干",筑墙所用木柱,两端的为桢,两旁的为干。〔11〕"逮",音 dài,及、到。引申为充足。

【译文】伯禽即位之后,有管叔、蔡叔等人作乱,淮夷、徐戎也乘机起来造反。于是伯禽率师在肸邑讨伐他们,写了《肸誓》说:"准备好你们的铠甲和头盔,不准破损不全,不许伤害拴着的牛马。如果遇到狂奔乱跑的马牛或逃亡的男女奴隶,不许擅自去追赶。(如果得到了,)要恭敬地送还原主。不许抢劫偷盗,翻越墙垣。三郊三隧的鲁国人准备好牛马的刍草和人吃的干粮,以及筑墙用的木柱木版,不许不足。我要在甲戌日构筑工事去征讨徐戎,不许届时不到,否则将受到严厉的刑罚。"写完《肸誓》后,不久便平定了徐戎,安定了鲁国。

鲁公伯禽卒,子考公酋立。考公四年卒,立弟熙,是谓炀公。〔1〕炀公筑茅阙门。〔2〕六年卒,子幽公宰立。幽公十四年,幽公弟曜杀幽公而自立,〔3〕是为魏公。魏公五十年卒,子厉公擢立。〔4〕厉公三十七年卒,鲁人立其弟具,是为献公。献公三十二年卒,子真公濞立。〔5〕

【注释】〔1〕"炀",音 yáng。〔2〕"茅",一作"第",又作"夷"。古文"雉"、"茅"、"夷"三字通用。"茅门",即《春秋》所谓"雉门"。"阙",音 què。亦谓之"观"。"茅阙门",即《春秋》定公二年之"雉门两观"。诸侯宫门有三:库门、雉门、路门。外朝在雉门外(详见《考证》)。〔3〕"曜",音 fèi。〔4〕"擢",音 zhuó。〔5〕"濞",音 bì。

【译文】鲁公伯禽死后,其子考公酋继位。考公在位四年去世,立其弟熙为君,这就是炀公。炀公曾建筑茅阙门。在位六年去世,其子幽公宰继位。幽公十四年,其弟溃杀幽公而自己即位,这就是魏公。魏公在位五十年去世,其子厉公擢继位。厉公在位三十七年去世,鲁人拥立他的弟弟具,这就是献公。献公在位三十二年去世,其子真公濞继位。

真公十四年,周厉王无道,〔1〕出奔

彘,[2]共和行政。[3]二十九年,周宣王即位。[4]三十年,真公卒,弟敖立,是为武公。

【注释】[1]"周厉王",西周第十位君王。名胡(又作獣)。周穆王四世孙。详本书《周本纪》。[2]"彘",音zhì,古地名。在今山西霍县。公元前八四一年国人起义,周厉王逃至此,后死于此地。[3]"共和行政",自周厉王被逐至周宣王执政,中间十四年号"共和"。"共和"名称由来有两说:一说由周、召二公共同执政,故号"共和",见本书《周本纪》。一说厉王出奔后,由共伯和代理政事,故号"共和",见《竹书纪年》。共和元年(公元前八四一年)为中国历史上有确切纪年的开始。《志疑》谓此上当有"十五年"三字。[4]"周宣王",西周第十一位君王。名靖(又作静)。周厉王之子。在位四十六年。详本书《周本纪》。

【译文】真公十四年,周厉王荒淫无道(引起国人暴动,)逃亡到彘邑,(第二年,)共和行政。真公二十九年,周宣王即天子位。三十年,真公去世,其弟敖继位,这就是武公。

武公九年春,武公与长子括,少子戏,西朝周宣王。宣王爱戏,欲立戏为鲁太子。周之樊仲山父谏宣王曰:[1]"废长立少,不顺;不顺,必犯王命;犯王命,必诛之:故出令不可不顺也。令之不行,政之不立;行而不顺,民将弃上。夫下事上,少事长,所以为顺。今天子建诸侯,立其少,是教民逆也。若鲁从之,诸侯效之,王命将有所壅;若弗从而诛之,是自诛王命也。诛之亦失,不诛亦失,王其图之。"宣王弗听,卒立戏为鲁太子。夏,武公归而卒,[2]戏立,是为懿公。[3]

【注释】[1]"樊",音fán,地名。在今河南济源县东南。"樊仲山父",又称樊穆仲,即周樊侯。周宣王所封,为宣王卿士。《诗经·大雅·烝民》颂扬了他的功德。[2]"夏,武公归而卒",前云"武公九年春",此处"夏"云云非九年事,当按本书《十二诸侯年表》为"十年"之事。[3]"懿",音yì。

【译文】武公九年春天,武公和长子括、幼子戏往西朝见周宣王。宣王喜爱戏,想立戏为鲁国的

太子。周大夫樊仲山父劝谏宣王说:"废除长子而立少子,是不顺情理;不顺情理,必定违犯王命;违犯王命,一定要诛杀他。因此天子出令不可不顺情理。命令行不通,则王政无法建立;推行政令而不顺于情理,人民将背弃主上。下级事奉上级,年少的事奉年长的,这就是顺情理。现在天子封建诸侯,立他的少子为嗣,这是在教百姓违背君命。如果鲁国听命,诸侯纷起效法,则王命无法实行;如果不服从而诛杀他,这是自己在否定王命。诛杀他是失误,不诛杀也是失误,君王应该仔细考虑。"宣王不听,结果立戏为鲁国的太子。夏天,武公回国后去世,戏立为国君,这就是懿公。

懿公九年,懿公兄括之子伯御与鲁人攻弑懿公,[1]而立伯御为君。伯御即位十一年,周宣王伐鲁,杀其君伯御,而问鲁公子能道顺诸侯者,[2]以为鲁后。樊穆仲曰:"鲁懿公弟称,[3]肃恭明神,敬事耆老;[4]赋事行刑,必问于遗训而咨于固实;[5]不干所问,[6]不犯所咨。"宣王曰:"然,能训治其民矣。"乃立称于夷宫,[7]是为孝公。自是后,诸侯多畔王命。

【注释】[1]"伯御","御",音yà。同"迓"。[2]"道",导。"顺"又作"训"。"道顺",训导。[3]"称",音chèng。[4]"耆",音qí,即老。"耆老",特指受尊敬的老人。[5]"固",又作"故"。"固实",历史故事,即往事中的经验教训。[6]"干",冒犯、违背。[7]"夷宫",周宣王祖父夷王庙。古代受爵册命仪式都在宗庙中举行。

【译文】懿公九年,懿公的哥哥括的儿子伯御与鲁人联合攻杀懿公,而立伯御为鲁君。伯御即位十一年,周宣王攻打鲁国,杀死了鲁国君主伯御,而询问鲁国公子中能训导诸侯的人,作为鲁君的继承人。樊穆仲说:"鲁懿公的弟弟称,恭敬鬼神,尊奉长老,办事执法,必问求遗训,咨询过去的经验;不违反所问求的,不违背所咨询的。"宣王说:"好,这样就能训导治理他的百姓了。"于是在夷宫册立称为鲁君,这就是孝公。从此以后,诸侯大多违抗王命。

孝公二十五年,诸侯畔周,犬戎杀幽王。[1]秦始列为诸侯。[2]二十七年,孝公卒,

子弗湟立,[3]是为惠公。

【注释】〔1〕"犬戎",即畎戎,又称畎夷、昆夷等。古戎族的一支。殷周时居于我国西部(今陕西西北、甘肃东南一带),是商周两朝的劲敌。"幽王",名宫湼。周宣王之子。西周第十二位君王。详本书《周本纪》。 〔2〕"秦",国名。开国君主是秦庄公之子秦襄公,因护送周平王东迁有功,被周分封为诸侯。襄公子文公击退犬戎,占有岐山以西地。春秋时建都于雍(今陕西凤翔县),占有今陕西中部和甘肃东南端。秦穆公曾攻灭十二国,称霸西戎。详本书《秦本纪》。〔3〕"弗湟",本书《十二诸侯年表》作"弗湼"。

【译文】孝公二十五年,诸侯反叛周室,(不久,)犬戎杀死周幽王。秦始列为诸侯。二十七年,孝公去世,其子弗湟继位,这就是惠公。

惠公三十年,晋人弑其君昭侯。[1]四十五年,晋人又弑其君孝侯。[2]四十六年,惠公卒,长庶子息摄当国,[3]行君事,是为隐公。初,惠公適夫人无子,[4]公贱姜声子生子息。[5]息长,为娶于宋。[6]宋女至而好,[7]惠公夺而自妻之。生子允。登宋女为夫人,以允为太子。及惠公卒,为允少故,鲁人共令息摄政,不言即位。

【注释】〔1〕"晋",春秋诸侯国。姬姓。建都于翼(今山西翼城县)。详前"唐叔"注。"昭侯",春秋晋国君。名伯。周平王功臣晋文侯之子。分封叔父成师于曲沃(今山西闻喜县东北),造成晋国分裂局面。后被曲沃武公所杀。〔2〕"孝侯",名平。昭侯之子。〔3〕"庶子",妾所生之子。"长庶子",庶子中的长子。"息",《诗疏》、《左传释文》、《穀梁传疏证》引《鲁世家》俱作"息姑",本书《十二诸侯年表》亦作"息姑",《年表》及《世家索隐》均引《世本》谓隐公名息姑。则今本《世家》无"姑"字,盖唐以后所脱。〔4〕"適",音dí,通"嫡"。"適夫人",正妻。〔5〕"声子","声"为谥,"子",母家姓。则声子为宋国女。《左传》隐公元年称"继室以声子",是为续娶,与"贱妾"不同。 〔6〕"宋",古国名。春秋时宋襄公曾企图称霸未成,此后国势衰弱。详前"封微子于宋"注。〔7〕"好",善、美。这里指宋女貌美。

【译文】惠公三十年,晋人杀了他们的国君昭侯。四十五年,晋人又杀了他们的国君孝侯。四十六年,惠公去世,长庶子息摄政当国,代行君事,这就是隐公。当初,惠公的嫡夫人没有儿子,他的贱妾声子生了儿子息。息年长后,为他娶妇于宋。宋女到了鲁国,惠公因她容貌美丽,夺过来作自己的妻子。生了儿子允。便将宋女升为夫人,以允为太子。等到惠公去世后,因为允年纪小的缘故,鲁人共同让息代理国政,不称即位。

隐公五年,观渔于棠。[1]八年,与郑易天子之太山之邑祊及许田,[2]君子讥之。[3]

【注释】〔1〕"棠",春秋鲁邑。又称唐。在今山东鱼台县东。〔2〕"郑",古国名。姬姓。开国君主是周宣王之弟郑桓公。后郑武公即位,都新郑(今河南新郑县)。详本书《郑世家》。"太山",即泰山。"祊",音bēng。周王赐郑桓公,作为在天子祭泰山时助祭的汤沐邑。在今山东费县东。"许田",周成王营东都,赐周公,以为鲁君朝见天子时朝宿之邑。在今河南许昌市东南。"与郑易天子之太山之邑祊及许田",郑庄公见周王泰山之祀久已废弃,祊无所用之,且远离郑国,而许田近,因欲以祊易许田。本书《郑世家》谓"庄公怒周弗礼,与鲁易祊许田",可备一说。按是年郑归鲁祊,易许田在四年后。〔3〕"君子讥之",《穀梁传》谓祊者,郑伯之所受命于天子;许田,乃鲁之朝宿之邑。天子在上,诸侯不得以地相与,故君子讥之。

【译文】隐公五年,到棠地观看捕鱼。八年,拿许田与郑国交换天子赏赐的祭泰山的汤沐邑祊,君子认为不合乎礼而加以讥刺。

十一年冬,公子挥谄谓隐公曰:[1]"百姓便君,君其遂立。吾请为君杀子允,君以我为相。"[2]隐公曰:"有先君命。吾为允少,故摄代。今允长矣,吾方营菟裘之地而老焉,[3]以授子允政。"挥惧子允闻而反诛之,乃反谮隐公于子允曰:"隐公欲遂立,去子,子其图之。请为子杀隐公。"子允许诺。十一月,隐公祭钟巫,[4]齐于社圃,[5]馆于蒍氏。[6]挥使人弑隐公于蒍氏,而立子允为君,是为桓公。

【注释】〔1〕"公子挥",又作"公子翚"。字羽父。鲁公子。 〔2〕"相",《左传》作"太宰"。官名。即宰相。协助诸侯管理政事。 〔3〕"菟裘",音 tú qiú。地名。春秋鲁邑。在今山东泗水县北。 〔4〕"钟巫",神名。据《左传》,郑大夫尹氏立以为祭主。 〔5〕"齐",即"斋"。古人祭祀前先斋戒。"社圃",园名。 〔6〕"馆",住宿。"郮",音 wěi。又作"骼"。"郮氏",鲁大夫。

【译文】十一年冬,公子挥向隐公进谄言说:"百姓都认为您的当政适宜,请您就正式继位为君吧。让我替您去杀掉子允,您封我为国相。"隐公说:"有先君的遗命,我因为允年少而暂时代理国政。现在允已经长大了,我正想经营菟裘之地而养老,把国政交还给子允。"公子挥怕子允将来听到这件事反过来杀他,于是又回过头向子允说隐公的坏话,他说:"隐公打算正式继位,将你除掉,请你早作打算。让我为你去杀了隐公。"子允答应了他。十一月,隐公祭祀钟巫之神,在社圃园里斋戒,住在郮氏家。公子挥派人到郮氏家中杀死了隐公,而立子允为君,这就是桓公。

桓公元年,郑以璧易天子之许田。〔1〕二年,以宋之赂鼎入于太庙,〔2〕君子讥之。〔3〕

【注释】〔1〕"以璧易天子之许田",郑因祊不足以易许田,故复加璧。 〔2〕"以宋之赂鼎入于太庙",宋灭郜国(姬姓国。在今山东成武县东南),又以郜国所铸之鼎贿赂鲁国。事详《左传》桓公二年。"太庙",周公庙。 〔3〕"君子讥之",以他人贿赂之物入于太庙,是非礼的行为,故君子讥之。

【译文】桓公元年,郑国以璧玉交换天子赏赐给鲁君的许田。二年,把宋国贿赂的鼎送入太庙,君子认为不合乎礼而加以讥刺。

三年,使挥迎妇于齐为夫人。六年,夫人生子,与桓公同日,故名曰同。同长,为太子。十六年,会于曹,〔1〕伐郑,入厉公。〔2〕

【注释】〔1〕"曹",周初分封的诸侯国。姬姓。开国君主是周武王之弟叔振铎。建都陶丘(今山东定陶县西南),有今山东西部。后为宋所灭。 〔2〕"入厉公",《左传》谓"会于曹,谋伐郑",故此"入"上

缺"谋"字,盖厉公未入也。"厉公",春秋郑国君。名突。郑庄公之子,郑昭公之弟。

【译文】三年,桓公派公子挥到齐国去迎娶齐女为夫人。六年,夫人生了儿子,与桓公生日同在一天,所以取名为同。同长大后,被立为太子。十六年,桓公与诸侯在曹盟会,讨伐郑国,送郑厉公回国。

十八年春,公将有行,遂与夫人如齐。〔1〕申繻谏止,〔2〕公不听,遂如齐。齐襄公通桓公夫人。〔3〕公怒夫人,夫人以告齐侯。夏四月丙子,齐襄公飨公,公醉,使公子彭生抱鲁桓公,〔4〕因命彭生摺其胁,〔5〕公死于车。鲁人告于齐曰:"寡君畏君之威,不敢宁居,来修好礼。礼成而不反,无所归咎,请得彭生以除丑于诸侯。"齐人杀彭生以说鲁。立太子同,是为庄公。庄公母夫人因留齐,不敢归鲁。

【注释】〔1〕"公将有行,遂与夫人如齐",此未行时之计议也。 〔2〕"繻",音 rú,又音 rū。"申繻",鲁大夫。 〔3〕"齐襄公",春秋齐国君。名诸儿。齐僖公之子。"桓公夫人",齐襄公妹文姜。"通",通奸。有说文姜未嫁时,已与齐襄公通奸。 〔4〕"公子彭生",齐公子,力士。 〔5〕"摺",音 lā,折断。"胁",音 xié。腋下肋骨处。"摺其胁",折断肋骨。

【译文】十八年春天,桓公打算出行,与夫人到齐国去。大夫申繻竭力劝止,桓公不听,便前往齐国。齐襄公私通桓公夫人。桓公对夫人非常生气,夫人把这件事告诉了齐襄公。夏季四月丙子日,齐襄公设宴款待桓公,桓公饮酒醉了,齐襄公派公子彭生抱鲁桓公(上车),乘机命令彭生折断他的肋骨,桓公死在车上。鲁人告诉齐君说:"我们的君主畏惧您的威严,不敢安居,亲自到贵国去修盟好之礼。礼成而人没有回来,又没有地方追究罪责,请求得到彭生,以便在诸侯面前消除丑闻。"齐人杀掉彭生来取悦鲁人。鲁人拥立太子同为君,这就是庄公。庄公母亲鲁桓夫人便留住在齐国不敢回鲁国。

庄公五年冬,伐卫,内卫惠公。〔1〕

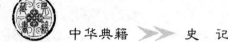

【注释】〔1〕"内",纳。"卫惠公",春秋卫国君。名朔。卫宣公之子。"内卫惠公",送卫惠公返国。

【译文】庄公五年冬天,讨伐卫国,护送卫惠公回国。

八年,齐公子纠来奔。〔1〕九年,鲁欲内子纠于齐,后桓公,〔2〕桓公发兵击鲁,鲁急,杀子纠。召忽死。〔3〕齐告鲁生致管仲。〔4〕鲁人施伯曰:〔5〕"齐欲得管仲,非杀之也,将用之,用之则为鲁患。不如杀,以其尸与之。"庄公不听,遂囚管仲与齐。齐人相管仲。

【注释】〔1〕"公子纠",齐僖公之子,齐襄公之弟。母为鲁女。〔2〕"桓公",齐桓公。名小白。子纠之弟。春秋五霸之一。详本书《齐太公世家》。〔3〕"召忽",齐人。与管仲共同辅佐公子纠。子纠被杀,召忽殉死。〔4〕"管仲",名夷吾。齐人。初事子纠。详本书《管晏列传》。现存《管子》一书,记有管子的政治措施和齐国的政治故事。〔5〕"施伯",鲁惠公孙。

【译文】八年,齐国公子纠前来投奔鲁国。九年,鲁人想护送公子纠回齐国即位,但比桓公小白慢了一步,桓公派兵攻打鲁国,鲁国形势危急,杀死了公子纠。召忽殉死。齐君告诉鲁国,把管仲活着送到齐国。鲁人施伯说:"齐国希望获得管仲,并非要杀他,将要重用他,若重用他,将来必定成为鲁国的祸患。不如杀死他,把他的尸体送给齐国。"庄公不听,就囚禁管仲送往齐国。齐人任管仲为相。

十三年,鲁庄公与曹沫会齐桓公于柯,〔1〕曹沫劫齐桓公,〔2〕求鲁侵地,已盟而释桓公。桓公欲背约,管仲谏,卒归鲁侵地。十五年,齐桓公始霸。二十三年,庄公如齐观社。〔3〕

【注释】〔1〕"曹沫",又作曹刿(音 guì)、曹翙。鲁人。《左传》庄公十年有"曹刿论战"文。"柯",齐邑。在今山东阳谷县东北。〔2〕"曹沫劫齐桓公",事亦见本书《齐太公世家》、《刺客列传》等。《左传》无此记载。不少学者认为这是战国时的传

说。〔3〕"社",土神。此指祭社神。

【译文】十三年,鲁庄公与曹沫在柯邑和齐桓公盟会,曹沫劫持齐桓公,要求归还被侵夺的鲁国的土地,盟誓完毕而释放了桓公。桓公想背约,由于管仲的劝阻,结果将侵占的土地归还鲁国。十五年,齐桓公开始称霸诸侯。二十三年,庄公到齐国去观看祭祀社神。

三十二年,初,庄公筑台临党氏,〔1〕见孟女,〔2〕说而爱之,许立为夫人,割臂以盟。孟女生子斑。〔3〕斑长,说梁氏女,〔4〕往观。圉人荦自墙外与梁氏女戏。〔5〕斑怒,鞭荦。庄公闻之,曰:"荦有力焉,遂杀之,是未可鞭而置也。"斑未得杀。会庄公有疾。庄公有三弟,长曰庆父,次曰叔牙,次曰季友。庄公取齐女为夫人曰哀姜。哀姜无子。哀姜娣曰叔姜,〔6〕生子开。〔7〕庄公无适嗣,爱孟女,欲立其子斑。庄公病,而问嗣于弟叔牙。叔牙曰:"一继一及,〔8〕鲁之常也。庆父在,可为嗣,君何忧?"庄公患叔牙欲立庆父,退而问季友。季友曰:"请以死立斑也。"庄公曰:"曩者叔牙欲立庆父,〔9〕奈何?"季友以庄公命命牙待于鍼巫氏,〔10〕使鍼季劫饮叔牙以鸩,〔11〕曰:"饮此则有后奉祀;不然,死且无后。"牙遂饮鸩而死,鲁立其子为叔孙氏。〔12〕八月癸亥,庄公卒,季友竟立子斑为君,如庄公命。侍丧,舍于党氏。

【注释】〔1〕"党氏",鲁大夫。〔2〕"孟女",党氏之女。即《左传》所云孟任。〔3〕"斑",公子斑。又作子般。〔4〕"梁氏",鲁大夫。〔5〕"圉",音 yǔ。"圉人",官名。掌养马放牧等事。"荦",音 luò,圉人名。〔6〕"娣",女弟。对姊而言。〔7〕"开",或作开方,即鲁闵(湣)公。〔8〕"继",父死子继。"及",兄终弟及。"一继一及",古代王位继承的两种方式。〔9〕"曩",音 nǎng。"曩者",以往,从前。〔10〕"鍼",音 qián。"鍼巫氏",鲁大夫。〔11〕"鸩",音 zhèn,鸟名。其羽毛有毒,古人用以制成毒酒杀人。故以毒酒饮人亦曰"鸩"。〔12〕"叔孙氏",鲁桓公之子叔牙的后裔。春秋后期掌握鲁国政权的三家贵族(三桓)之一。

【译文】三十二年，当初，庄公建造高台下临大夫党氏家，庄公看见党氏的孟女，非常喜爱她，许诺要娶她为夫人，割破手臂来立下盟誓。后来孟女生了儿子斑。斑长大以后，爱上了大夫梁氏的女儿，有一次前去看望，碰上圉人荦从墙外和梁女嬉戏。斑十分愤怒，鞭打荦。庄公听到后说："荦很有力气，要将他杀掉，这是不可只鞭打就作罢的啊。"但斑却没能将他杀掉。这时遇上庄公得病。庄公有三个弟弟，长弟叫庆父，次弟叫叔牙，三弟叫季友。庄公娶了齐女哀姜为夫人，哀姜没生儿子。哀姜妹妹名叫叔姜，为庄公生了儿子开。庄公没有嫡长子继位，喜爱孟女，想立她的儿子斑。庄公病重时，向叔牙询问继承人，叔牙说："父死子继，兄终弟及，这是鲁国的惯例。庆父在，可以作为继承人，君王何必忧虑。"庄公担心叔牙要立庆父，叔牙退出后，又问季友。季友说："让我以生命来拥立斑。"庄公说："刚才叔牙要立庆父，怎么办？"于是季友以庄公的命令让叔牙等待在鲁大夫鍼巫氏家中。派鍼季强迫叔牙喝下毒酒，并说："喝下此酒，你就有后代祭祀，否则你死了就没有后代。"叔牙于是喝下毒酒而死，鲁君立他的儿子为叔孙氏。八月癸亥日，庄公去世，季友终于立子斑为君，一如庄公所命。子斑侍丧时，住在党氏家中。

先时庆父与哀姜私通，欲立哀姜娣子开。及庄公卒而季友立斑，十月己未，庆父使圉人荦杀鲁公子斑于党氏。季友奔陈。[1]庆父竟立庄公子开，是为湣公。

【注释】〔1〕"陈"，古国名。周初所封。建都宛丘（今河南淮阳县），有今河南东部和安徽一部分。春秋末年为楚所灭。

【译文】起初庆父曾与哀姜私通，想立哀姜的妹妹的儿子开为君。等到庄公死后季友拥立子斑，十月己未日，庆父派圉人荦在党氏家中将公子斑杀死。季友逃奔陈国。庆父终于拥立庄公子开为君，这就是湣公。

湣公二年，庆父与哀姜通益甚。哀姜与庆父谋杀湣公而立庆父。庆父使卜齮袭杀湣公于武闱。[1]季友闻之，自陈与湣公弟申如邾，[2]请鲁求内之。鲁人欲诛庆父。庆父恐，奔莒。[3]于是季友奉子申入，立之，是

为釐公。[4]釐公亦庄公少子。哀姜恐，奔邾。季友以赂如莒求庆父，庆父归，使人杀庆父，庆父请奔，弗听，乃使大夫奚斯行哭而往。[5]庆父闻奚斯音，乃自杀。齐桓公闻哀姜与庆父乱以危鲁，乃召之邾而杀之，以其尸归，戮之鲁。[6]鲁釐公请而葬之。

【注释】〔1〕"齮"，音 qí。"卜齮"，鲁大夫。"闱"，音 wéi，宫中小门。"武闱"，王宫之侧门。〔2〕"邾"，音 zhū，春秋诸侯国。即邹。曹姓。国都在邹（今山东邹县）。战国时为楚所灭。〔3〕"莒"，音 jǔ。古国名。周初所封。己姓，一说曹姓。春秋初年迁都于莒（今山东莒县）。战国时为楚所灭。〔4〕"釐"，音 xī。"釐公"，又作僖公。〔5〕"奚斯"，鲁公子鱼。〔6〕"戮"，音 lù，陈尸示众。

【译文】湣公二年，庆父与哀姜私通更为频繁。哀姜与庆父暗中商量杀死湣公而立庆父。庆父派卜齮在武闱杀死湣公。季友听到此事，就从陈国和湣公的弟弟申前往邾国，请求鲁人接纳他们。鲁人想杀掉庆父。庆父害怕，逃奔到莒国。于是季友护送子申回国，立以为君，这就是釐公。釐公也是庄公的幼子。哀姜惶恐，逃奔邾国。季友用财货前往莒国贿赂，捕捉庆父，庆父（被遣）回国，季友派人去杀庆父，庆父请求让他出国亡命，没被接受，季友派大夫奚斯哭着前往（转告庆父）。庆父听到奚斯的哭声，便自杀了。齐桓公听说哀姜与庆父淫乱危及鲁国，于是从邾国将她召来杀掉，把她的尸体送回，在鲁国陈尸示众，鲁釐公请求把她安葬。

季友母陈女，故亡在陈，陈故佐送季友及子申。季友之将生也，父鲁桓公使人卜之，曰："男也，其名曰'友'，间于两社，[1]为公室辅。季友亡，则鲁不昌。"[2]及生，有文在掌曰"友"，遂以名之，号为成季。其后为季氏，[3]庆父后为孟氏也。[4]

【注释】〔1〕"两社"，鲁有两社，一为周社，一为亳社（即殷社）。"间于两社"，指朝廷与执政大臣治事所在之地。引申为鲁之大臣。参看杨伯峻《春秋左传注》闵公二年。〔2〕"季友亡，则鲁不昌"，自来有两种解释。一说"亡"，逃亡。谓季友出奔，鲁弑二君（子般、闵公）。《左传》"季友"作"季氏"，故另一说则以"季氏"指季友子孙，谓季氏与鲁为终

始。"亡"、"昌"为韵,古音同在阳唐部。〔3〕"季氏",又称季孙氏。春秋后期掌握鲁国政权的三家贵族之一,三家中以季孙氏势力最大。〔4〕"孟氏",又称孟孙氏。春秋后期掌握鲁国政权的三家贵族之一。

【译文】季友的母亲是陈国的女子,原先逃亡在陈国,陈国所以帮助护送季友与子申回鲁国。季友将出生的时候,父亲鲁桓公曾使人占卜吉凶,卜者说:"是个男孩子,他的名字叫作'友',将来处于两社之间,成为公室的辅弼。季友不在,鲁国就不昌盛。"到他生下来时,手掌上的纹路像"友"字,就取名为"友",号称成季。他的后人就是季氏,庆父的后人就是孟氏。

釐公元年,以汶阳郎封季友。〔1〕季友为相。九年,晋里克杀其君奚齐、卓子。〔2〕齐桓公率釐公讨晋乱,至高梁而还,〔3〕立晋惠公。〔4〕十七年,齐桓公卒。二十四年,晋文公即位。〔5〕三十三年,釐公卒,子兴立,是为文公。

【注释】〔1〕"汶阳",在汶水之北,今山东泰安县西南。"郎",在今山东费县西北,即《费誓》之费。〔2〕"里克",晋大夫。"奚齐、卓子",皆晋献公庶子。"卓",又作"悼"。"晋里克杀其君奚齐、卓子",晋献公攻克骊戎,得其女骊姬,立为夫人,生奚齐;骊姬娣生卓子。因骊姬为献公所宠,欲立奚齐为太子,故谮杀太子申生,并逐群公子。献公死,奚齐继立,为里克所杀,骊姬也被杀。详本书《晋世家》。〔3〕"高梁",晋地,在今山西临汾东。〔4〕"晋惠公",名夷吾。晋献公庶子。〔5〕"晋文公",名重耳。晋献公庶子。春秋五霸之一。详本书《晋世家》。

【译文】釐公元年,把汶阳、郎邑封给季友,季友担任相职。九年,晋国大夫里克杀了他的君主奚齐与卓子。齐桓公率领釐公一起去讨平晋乱,到达晋国的高梁返回,立晋惠公为君。十七年,齐桓公去世。二十四年,晋文公即位。三十三年,釐公去世,其子兴继位,这就是文公。

文公元年,楚太子商臣弑其父成王,〔1〕代立。〔2〕三年,文公朝晋襄公。〔2〕十一年十月甲午,鲁败翟于咸,〔3〕获长翟乔如,〔4〕富父终甥舂其喉以戈,〔5〕杀之,埋其首于子驹之门,〔6〕以命宣伯。〔7〕

【注释】〔1〕"楚",古国名。芈姓。原为商的与国。西周时立国于荆山一带,常与周发生战争,周人称为荆蛮。熊渠为国君时,疆土扩大到长江中游。后建都于郢(今湖北江陵县)。"太子商臣",楚穆王。"成王",名恽。楚文王之子。成王欲杀太子,立庶子职,太子遂与傅潘崇杀王。详本书《楚世家》。〔2〕"晋襄公",名欢。晋文公之子。〔3〕"翟",音 dí,即狄,古族名。春秋前长期活动在齐、鲁、晋、卫、宋等国间。春秋时分为赤狄、白狄、长狄三部。因主要居住于北方,故通称北狄。"咸",鲁地,或说即《春秋》桓公七年之咸丘。在今山东巨野县南。〔4〕"长翟乔如","乔如",又作"侨如",长翟部的酋长。〔5〕"富父终甥",鲁大夫。"舂",音 chōng,犹"冲"。"戈",青铜兵器。盛行于先秦时代。青铜制,横刃,安以木质长柄。一般以"富父终甥舂其喉"读,杨伯峻谓若如此读,下句"以戈杀之"则始用"戈","舂其喉"者不知为何种兵器矣(参看《春秋左传注》)。〔6〕"子驹之门",鲁郭门名。〔7〕"宣伯",叔孙得臣之子。"以命宣伯",得臣参加战斗并获长翟乔如而杀之,故以乔如名其子,使后世永记其功。

【译文】文公元年,楚太子商臣杀了他的父亲成王,代立为楚王。三年,文公朝见晋襄公。十一年十月甲午日,鲁人在咸地击败翟人,俘获了长狄乔如,鲁大夫富父终甥用戈抵住他的咽喉,将他杀死,把他的头埋在子驹之门下,(这次战役的主将叔孙得臣)就将儿子宣伯命名为乔如。

初,宋武公之世,〔1〕鄋瞒伐宋,〔2〕司徒皇父师师御之,〔3〕以败翟于长丘,〔4〕获长翟缘斯。〔5〕晋之灭路,〔6〕获乔如弟焚如。齐惠公二年,〔7〕鄋瞒伐齐,齐王子城父获其弟荣如,埋其首于北门。〔8〕卫人获其季弟简如。〔9〕鄋瞒由是遂亡。〔10〕

【注释】〔1〕"宋武公",名司空。宋戴公之子。周平王时人。〔2〕"鄋瞒",音 sōu mán,长翟的一支。屡次袭击齐、宋等国。活动于今山东一带。〔3〕"司徒",官名。西周始置。又作"司土"。"司徒

皇父"，即皇父充石。官司徒，字皇父，名充石，宋戴公子。〔4〕"长丘"，宋地名。在今河南封丘县西南。〔5〕"长翟缘斯"，乔如之祖。〔6〕"路"，又作"潞"，或称潞氏。赤狄的一支。在今山西潞城县东北。"晋之灭路"，事在鲁宣公十五年。〔7〕"齐惠公"，名元。齐桓公之子。"齐惠公二年"，相当于鲁宣公二年（公元前六〇七年）。〔8〕"北门"，《左传》文公十一年作"周首之北门"。周首，齐邑。在今山东东阿县东南。〔9〕"卫人获其季弟简如"，服虔谓与获乔如同时。杜预谓"伐齐退走，至卫见获"，故应与荣如见获同时，当鲁宣公二年。〔10〕"鄋瞒由是遂亡"，指其部落灭亡，非长狄之种绝（详《考证》）。

【译文】当初，在宋武公时，鄋瞒攻打宋国，司徒皇父率军抵御，在长丘打败翟人，俘获长翟缘斯。晋国灭亡路国，俘获乔如的弟弟梦如。齐惠公二年，鄋瞒攻打齐国，齐国的王子城父俘获乔如的弟弟荣如，把他的头埋在北门下。卫人俘获了他的小弟简如。鄋瞒由此就灭亡了。

十五年，季文子使于晋。〔1〕十八年二月，文公卒。文公有二妃：长妃齐女为哀姜，生子恶及视；次妃敬嬴，嬖爱，〔2〕生子俀。〔3〕俀私事襄仲，〔4〕襄仲欲立之，叔仲曰不可。〔5〕襄仲请齐惠公，惠公新立，欲亲鲁，许之。冬十月，襄仲杀子恶及视而立俀，是为宣公。哀姜归齐，哭而过市，〔6〕曰："天乎！襄仲为不道，杀适立庶！"市人皆哭，鲁人谓之"哀姜"。鲁由此公室卑，三桓强。〔7〕

【注释】〔1〕"季文子"，季孙行父。季友之孙。〔2〕"嬖"，音 bì。"嬖爱"，宠幸、宠爱。〔3〕"俀"，又作"倭"，音 wěi。〔4〕"襄仲"，公子遂。又称仲遂、东门襄仲。鲁大夫。〔5〕"叔仲"，即叔仲惠伯。又称叔仲彭生。鲁桓公之子叔牙之孙。〔6〕"市"，市场、集市。〔7〕"三桓"，孟孙氏、叔孙氏、季孙氏。因其始祖同是桓公之子，故合称"三桓"。

【译文】十五年，季文子出使到晋国。十八年二月，文公去世。文公有二妃：长妃是齐国女子，叫哀姜，生了儿子恶与视；次妃叫敬嬴，很受宠爱，生了儿子俀。俀私下事奉襄仲，襄仲想立他为君，叔仲说不行。襄仲请齐惠公帮忙，惠公新立，想拉拢鲁国，就答应下来。冬十月，襄仲杀了恶与视而立俀为君，这就是宣公。哀姜返回齐国，哭着经过闹市，说："天啊！襄仲大逆不道，杀死嫡子而立庶子！"街市上的人都哭了，鲁人称她为"哀姜"。从此鲁国公室逐渐衰落，三桓的势力越来越强大。

宣公俀十二年，楚庄王强，〔1〕围郑。郑伯降，复国之。十八年，宣公卒，子成公黑肱立，〔2〕是为成公。季文子曰："使我杀适立庶失大援者，〔3〕襄仲。"襄仲立宣公，公孙归父有宠。〔4〕宣公欲去三桓，与晋谋伐三桓。会宣公卒，季文子怨之，归父奔齐。

【注释】〔1〕"楚庄王"，春秋楚国君。名侣。楚穆王之子。曾为春秋时霸主。〔2〕"肱"，音 gōng。〔3〕"使我杀适立庶失大援者"，有两种解释。服虔谓，杀嫡立庶，国政无常，邻国非之，是失大援也。杜预谓，襄仲立宣公，南通于楚，既不能固，又不能坚事齐、晋，故谓失大援。〔4〕"公孙归父"，字子家。襄仲之子。

【译文】宣公俀十二年，楚庄王日见强大，围攻郑国。郑伯投降，楚庄王又恢复了郑国。十八年，宣公去世，其子黑肱继位，这就是成公。季文子说："使我们杀嫡立庶而丧失强大外援的，就是襄仲。"由于襄仲拥立宣公，其子公孙归父受到宣公宠爱。宣公打算除掉三桓的势力，曾和晋国商量攻打三桓的事。时值宣公去世，季文子怨恨襄仲，公孙归父便逃往齐国。

成公二年春，齐伐取我隆。〔1〕夏，公与晋郤克败齐顷公于鞌，〔2〕齐复归我侵地。四年，成公如晋，晋景公不敬鲁。〔3〕鲁欲背晋合于楚，或谏，乃不。〔4〕十年，成公如晋。晋景公卒，因留成公送葬，鲁讳之。〔5〕十五年，始与吴王寿梦会钟离。〔6〕

【注释】〔1〕"隆"，《左传》作龙。鲁邑。在今山东泰安南。〔2〕"郤"，音 xì。"郤克"，郤献子。晋大夫。"齐顷公"，春秋齐国君。名无野。齐惠公之子。"鞌"，齐地名。在今山东济南市西郊。"郤克败齐顷公于鞌"，成公二年（公元前五八九年），晋、鲁、卫、曹联合在鞌地打败齐师。〔3〕"晋景公"，晋国君。名据。晋成公之子。〔4〕"不"，即

"否"。 〔5〕"鲁讳之",《春秋》成公十年,不书为晋景公送葬事,唯言"公如晋"。盖以此为耻辱,故讳之。 〔6〕"吴",国名。姬姓。始祖为周太王之子太伯、仲雍。有今江苏大部和安徽、浙江的一部分,建都于吴(今江苏苏州)。吴自寿梦始称王。寿梦以上只有世数,而不纪年。鲁成公六年(公元前五八五年)为寿梦元年。详本书《吴太伯世家》。"钟离",据《水经·注》引《世本》,本为嬴姓小国,不详何时被灭。此时在吴、楚交界处,当为吴地。地在今安徽凤阳县东稍北(参看《春秋左传注》)。

【译文】成公二年春天,齐国伐取鲁国的隆邑。夏天,成公与晋郤克在鞍邑大败齐顷公,齐国再次归还侵夺鲁国的土地。四年,成公前往晋国,晋景公对鲁成公态度不恭敬。鲁成公想背叛晋国而与楚国和好,有人谏阻,才作罢。十年,成公又前往晋国。晋景公去世,晋人顺便留下成公送葬,鲁史讳而不言。十五年,成公始与吴王寿梦在钟离会面。

十六年,宣伯告晋,欲诛季文子。文子有义,晋人弗许。十八年,成公卒,子午立,是为襄公。是时襄公三岁也。

襄公元年,晋立悼公。〔1〕往年冬,晋栾书弑其君厉公。〔2〕四年,襄公朝晋。五年,季文子卒。家无衣帛之妾,厩无食粟之马,府无金玉,以相三君。〔3〕君子曰:"季文子廉忠矣。"九年,与晋伐郑。晋悼公冠襄公于卫,〔4〕季武子从,〔5〕相行礼。十一年,三桓氏分为三军。〔6〕十二年,朝晋。十六年,晋平公即位。〔7〕二十一年,朝晋平公。二十二年,孔丘生。

【注释】〔1〕"悼公",晋国君。名周,一作纠。晋襄公曾孙。晋大夫栾书等杀厉公,迎公子周于周而立之。 〔2〕"栾书",栾武子。晋大夫。"厉公",晋国君。名寿曼。晋景公之子。 〔3〕"三君",鲁宣公、成公、襄公。 〔4〕"冠",行冠礼,即行成人礼。古代天子、诸侯及大夫之冠礼,已不得其详,今唯存《士冠礼》于《仪礼》中。国君行冠礼之年,其说不一。"冠襄公于卫",襄公行冠礼于卫成公之庙。 〔5〕"季武子",季孙宿。季文子之子。 〔6〕"三军",按《周礼》,一军为一万二千五百人。三桓将公室军队重新编制,组成三军,因公室衰落,三军改为

季孙、叔孙、孟孙三族所控制,每族各领一军。 〔7〕"晋平公",晋国君。名彪。晋悼公之子。

【译文】十六年,宣伯告诉晋国,想杀掉季文子。因季文子有义行,晋国不答应。十八年,成公去世,其子午继位,这就是襄公。这时襄公才三岁。

襄公元年,晋国立悼公为君。去年冬季,晋大夫栾书杀死了他的国君厉公。四年,襄公朝见晋君。五年,季文子去世。他的家中没有穿丝绸的妻妾,马厩中没有吃粮食的马匹,府库中没有金银珠玉,他连续辅助了三位国君。君子说:"季文子真是廉洁忠实啊!"九年,与晋军联合攻打郑国。晋悼公在卫国为襄公举行冠礼,季武子随从襄公,辅助举行冠礼时当司仪。十一年,三桓将公室的军队一分为三,各领一军。十二年,鲁襄公到晋国朝见。十六年,晋平公即位。二十一年,朝见晋平公。二十二年,孔丘诞生。

二十五年,齐崔杼弑其君庄公,〔1〕立其弟景公。〔2〕二十九年,吴延陵季子使鲁,〔3〕问周乐,尽知其意,鲁人敬焉。三十一年六月,襄公卒。其九月,太子卒。鲁人立齐归之子裯为君,〔4〕是为昭公。

【注释】〔1〕"崔杼",崔武子。齐大夫。"庄公",春秋齐国君。名光。齐灵公之子。 〔2〕"景公",齐国君。名杵臼。齐庄公之弟。 〔3〕"延陵季子",又称公子札、季札、延州来季子等。吴王寿梦第四子。"吴延陵季子使鲁",鲁受周室虞、夏、商、周四代之乐舞,故季札请观。姜宸英谓,季札初不知乐工所歌者为何国之诗,闻声而后别之,故皆为想象之辞。见舞则便知为何代之乐,直据所见而赞之(《湛园札记》)。事详《左传》。 〔4〕"齐归",襄公妾敬归之娣,胡女。胡,归姓之国,在今安徽阜阳。"裯",音chóu。

【译文】二十五年,齐国崔杼杀了他的国君庄公,立庄公的弟弟景公为国君。二十九年,吴国延陵季子出使鲁国,问他周王室的音乐,他完全了解其中的含义,鲁人对他很尊敬。三十一年六月,襄公去世。同年九月,太子也死了。鲁人拥立齐归的儿子裯为君,这就是昭公。

昭公年十九,犹有童心。穆叔不欲

立，〔1〕曰：“太子死，有母弟可立，不即立长。年钧择贤，义钧则卜之。今裯非适嗣，且又居丧意不在戚而有喜色，若果立，必为季氏忧。”季武子弗听，卒立之。比及葬，三易衰。〔2〕君子曰：“是不终也。”

【注释】〔1〕“穆叔”，鲁大夫叔孙豹。宣伯乔如之弟。〔2〕“衰”，音cuī，即“缞”，丧服。“三易衰”，三次更换丧服。

【译文】昭公十九岁时，还有童心。穆叔不想立他，说：“太子死后，还有同母所生的弟弟可立，如无母弟，才立庶长子。年纪如果相当，就选择贤能的，如果才能相当，就用占卜来决定。现在裯不是嫡系的继承人，而且在守丧期间心中毫无哀戚，反而有喜悦之色，如果真立他为君，必然成为季氏的忧患。”季武子不听，到底还是立他为君。等到安葬襄公时，昭公居然三次更换丧服。君子说：“这是得不到善终的。”

昭公三年，朝晋至河，晋平公谢还之，鲁耻焉。四年，楚灵王会诸侯于申，〔1〕昭公称病不往。七年，季武子卒。八年，楚灵王就章华台，〔3〕召昭公。昭公往贺，〔4〕赐昭公宝器；〔5〕已而悔，复诈取之。十二年，朝晋至河，晋平公谢还之。十三年，楚公子弃疾弑其君灵王，〔6〕代立。十五年，朝晋，晋留之葬晋昭公，鲁耻之。二十年，齐景公与晏子狩竟，〔7〕因入鲁问礼。二十一年，朝晋至河，晋谢还之。

【注释】〔1〕“三年”，当作“二年”。《春秋》经传及本书《十二诸侯年表》均系于二年。〔2〕“楚灵王”，楚国君。名围。楚共王之子、康王之弟，郏敖之叔父。“申”，西周申国，原居陕西、山西之间，周宣王时部分东迁，分封于谢。春秋初为楚文王所灭。地在今河南南阳市北二十里。〔3〕“章华台”，在今湖北监利县北。〔4〕“昭公往贺”，《春秋》昭公七年云：“三月，公如楚。”此系“八年”下，疑误。〔5〕“赐昭公宝器”，《左传》云：“好以大屈。”杜预注：“大屈，弓名。”孔《疏》引《鲁连书》曰：“楚子享鲁侯于章华之台，与之大曲之弓。”“大屈”，殆即“大曲之弓”。〔6〕“公子弃疾”，楚平王。后改名

居。楚灵王弟。〔7〕“晏子”，晏婴，字平仲。齐大夫。详本书《管晏列传》。“竟”，通“境”。

二十五年春，鸲鹆来巢。〔1〕师己曰：〔2〕“文成之世童谣曰：〔3〕‘鸲鹆来巢，公在乾侯。〔4〕鸲鹆入处，公在外野。’”〔5〕

【注释】〔1〕“鸲鹆”，音qú yù，也作鸜鹆。俗称八哥。〔2〕“师己”，鲁大夫。〔3〕“文成之世”，鲁文公、宣公、成公之世。不言宣公，举其首尾耳。〔4〕“乾侯”，晋邑。在今河北成安县东南。〔5〕此童谣与《左传》所记不同。鸲鹆非中原之鸟而来巢居，以此暗示昭公终将被逼而出亡在外。

【译文】昭公三年，朝见晋君来到黄河岸边，晋平公辞谢请他回去，鲁人深以为耻。四年，楚灵王在申会见诸侯。昭公托辞有病没有前往。七年，季武子去世。八年，楚灵王建成章华台，召见昭公。昭公前往祝贺，楚人赐予昭公珍宝（大曲之弓）；但过后反悔，又骗了回去。十二年，昭公朝见晋君到达黄河，晋平公辞谢，请他回去。十三年，楚公子弃疾杀了他的君主灵王，自己立为国君。十五年，昭公朝见晋君，晋人留下昭公为晋昭公送葬，鲁人以此为耻。二十年，齐景公与晏子到鲁国的边境狩猎，顺便进入鲁国求问礼制。二十一年，又朝见晋君到达黄河，晋人辞谢，请他回去。

季氏与郈氏斗鸡，〔1〕季氏芥鸡羽，〔2〕郈氏金距。〔3〕季平子怒而侵郈氏，郈昭伯亦怒平子。臧昭伯之弟会伪谗臧氏，〔4〕匿季氏，臧昭伯囚季氏人。季平子怒，囚臧氏老。〔5〕臧、郈氏以难告昭公。昭公九月戊戌伐季氏，遂入。平子登台请曰：“君以谗不察臣罪，诛之，请迁沂上。”〔6〕弗许。请囚于费，弗许。请以五乘亡，〔7〕弗许。子家驹曰：〔8〕“君其许之。政自季氏久矣，为徒者众，众将合谋。”弗听。郈氏曰：“必杀之。”叔孙氏之臣戾谓其众曰：〔9〕“无季氏与有，孰利？”皆曰：“无季氏是无叔孙氏。”戾曰：“然，救季氏！”遂败公师。孟懿子闻叔孙氏胜，〔10〕亦杀郈昭伯。郈昭伯为公使，故孟氏得之。三家共伐公，公遂奔。己亥，公至于齐。齐景公曰：“请致千社待君。”〔11〕子家曰：“弃周公

之业而臣于齐，可乎?"乃止。子家曰:"齐景公无信，不如早之晋。"弗从。叔孙见公还，见平子，平子顿首。初欲迎昭公，孟孙、季孙后悔，乃止。

【注释】〔1〕"季氏"，季平子。季武子之孙。"郈"，一作"厚"。"郈氏"，郈昭伯，名恶。鲁孝公之后。"斗鸡"，犹后代之斗蟋蟀，下赌注争胜负。〔2〕"芥"，又作"介"。"芥鸡羽"，一说捣芥子为粉末，播散于鸡翼，以迷郈氏鸡目。一说介为甲，即为鸡着甲。后说较长。 〔3〕"距"，雄鸡足底后面突出像脚趾的部分。"金距"，在鸡脚爪上包裹金属作为利刃。 〔4〕"臧昭伯"，臧孙赐。"会"，臧会、臧顷伯。宣叔许之孙。臧孙氏为鲁孝公之后，故二人为从父昆弟(堂兄弟)。 〔5〕"臧氏老"，臧氏管家。〔6〕"沂"，音 yí，水名。源出山东邹县东北，西经曲阜，与洙水合，入泗水。 〔7〕"乘"，音 shèng。古代一车四马为一乘。〔8〕"子家驹"，又称子家羁、子家子、懿伯等。鲁庄公玄孙。 〔9〕"戾"，《左传》作鬷戾。叔孙氏之司马。〔10〕"孟懿子"，仲孙何忌。孟孙氏之族。 〔11〕"社"，书社。书每社之户籍于社簿。二十五家为一社。"千社"，两万五千家。

【译文】二十五年春天，鹳鸽飞到鲁国来筑巢。鲁大夫师己说:"文公与成公的时候有童谣说:'鹳鸽来筑巢，君主在乾侯。鹳鸽来进窝，君主在野郊。'"

季氏与郈氏斗鸡，季氏给鸡套上铁甲，郈氏给鸡安上金属爪子，(季氏的鸡斗败了，)季平子发怒，侵占了郈氏的地盘，郈昭伯也怨恨季平子。臧昭伯的弟弟臧会伪装诬陷臧氏，躲在季氏家，臧昭伯便囚禁了季氏家臣。季平子很气愤，囚禁了臧氏的家臣宰。臧氏、郈氏把两家受难情况报告昭公。昭公在九月戊戌日攻打季氏，进入其宅邑。平子登台请求说:"君王听信谗言，没有细察我的罪过，就要前来谴责我，请求把我放逐到沂水边上。"昭公不答应。又请求囚禁到郈邑，也不答应。再请求带着五辆车子逃亡，仍不答应。子家驹说:"君王还是答应他吧。鲁国的国政被季氏把持已经很久了，他们的党徒很多，人多就会合谋来对付你的。"昭公还是不听。郈氏说:"一定要把他杀了。"叔孙氏的家臣戾问他的党徒说:"没有季氏和有季氏，哪种情况对我们有利?"大家都说:"没有季氏，就没有叔孙氏。"戾又说:"既然如此，我们去救季氏吧!"于是就把昭公

的军队打败。孟懿子听说叔孙氏战胜，也把郈昭伯杀了。郈昭伯被昭公派往孟氏家，因此孟氏抓到了他。三桓家族联合起来攻打昭公，昭公只得逃到国外。己亥日，昭公到达齐国。齐景公说:"愿奉送一千个社来接待君王。"子家说:"抛弃周公的王业而臣服于齐，可以吗?"因此没有接受。子家说:"齐景公为人没有信用，不如早到晋国去。"昭公不听从。叔孙氏到齐国会见昭公，返回鲁国见到平子，平子叩头。起初想迎回昭公，但因孟孙、季孙后悔，就没有这么做。

二十六年春，齐伐鲁，取郓而居昭公焉。〔1〕夏，齐景公将内公，令无受鲁赂。申丰、汝贾许齐臣高龁、子将粟五千庾。〔2〕子将言于齐侯曰:"群臣不能事鲁君，有异焉。宋元公为鲁如晋，〔3〕求内之，道卒。〔4〕叔孙昭子求内其君，〔5〕无病而死。不知天弃鲁乎? 抑鲁君有罪于鬼神也? 愿君且待。"齐景公从之。

【注释】〔1〕"郓"，音 yùn。鲁邑。鲁有两郓:东郓在今山东沂水县北;西郓在今山东郓城县东。此处为西郓。 〔2〕"申丰"、"汝贾"，鲁大夫，季氏家臣。"龁"，音 hé。"高龁"，《左传》作"高龁(音 yǐ)"。子将家臣。"子将"，《左传》作"子犹"，齐大夫梁丘据。一本"子将"上有"货"字。"货子将"，收买子将。"庾"，古代量名。据《考工记》，容量当时为二斗四升，约合今日四升八合。五千庾，约合今日二百四十石(参看《春秋左传注》)。 〔3〕"宋元公"，宋国君。名佐。宋平公之子。 〔4〕"道卒"，《春秋》曰:"宋公佐卒于曲棘。"应在昭公二十五年十一月。曲棘在今河南兰考县东南，民权县西北，为由宋适晋之道。 〔5〕"叔孙昭子"，名婼(音 chuò)。叔孙穆叔(叔孙豹)之子，宣伯侨如之侄。

【译文】二十六年春天，齐国攻打鲁国，夺取郓邑而让昭公居住。夏天，齐景公打算送昭公回国，命令手下的人不可接受鲁人的贿赂。鲁大夫申丰、汝贾(暗中)答应给齐臣高龁、子将五千庾粮食。子将对齐侯说:"鲁国的群臣不能事奉鲁君，发生了怪异的事。宋元公为鲁君的事到晋国去，请求晋君送鲁君回国，却死在半路上。叔孙昭子也设法让他的国君回国，结果无病而死。不知究竟是上天要抛弃鲁国呢? 还是鲁君得罪了鬼神? 希望君王暂且

等待一下。"齐景公听从了这个建议。

二十八年，昭公如晋，求入。[1]季平子私于晋六卿，[2]六卿受季氏赂，谏晋君，晋君乃止，居昭公乾侯。二十九年，昭公如郓。齐景公使人赐昭公书，自谓"主君"。[3]昭公耻之，怒而去乾侯。三十一年，晋欲内昭公，召季平子。平子布衣跣行，[4]因六卿谢罪。六卿为言曰："晋欲内昭公，众不从。"晋人止。三十二年，昭公卒于乾侯。鲁人共立昭公弟宋为君，是为定公。

【注释】〔1〕"求入"，请晋君协助返国。〔2〕"晋六卿"，即韩、赵、魏、范、中行及智氏。〔3〕"主君"，春秋时卿大夫家臣称卿大夫为主君。〔4〕"跣"，音xiǎn，赤脚。"跣行"，光着脚行走。

【译文】二十八年，昭公往晋国去请求帮他回国。季平子与晋国六卿有私交，六卿接受季氏贿赂后，劝阻晋君，晋君决定不送鲁君回国，而让昭公住在乾侯。二十九年，昭公前往郓邑。齐景公派人给昭公一封信，自称为"主君"。昭公以此为耻辱，生气而离开郓前往乾侯。三十一年，晋人想送昭公回国，召见季平子。季平子身穿麻布衣，赤脚行走，通过六卿向晋君谢罪。六卿替季平子向晋君说："晋国想要送昭公回国，鲁国民众不依从。"晋人便作罢。三十二年，昭公死在乾侯。鲁人共同拥立昭公的弟弟宋为国君，这就是定公。

定公立，赵简子问史墨曰：[1]"季氏亡乎?"史墨对曰："不亡。季友有大功于鲁，受郈为上卿，至于文子、武子，世增其业。鲁文公卒，东门遂杀适立庶，[2]鲁君于是失国政。政在季氏，于今四君矣。[3]民不知君，何以得国! 是以为君慎器与名，[4]不可假人。"[5]

【注释】〔1〕"赵简子"，赵鞅，又名志父。晋大夫。"史墨"，晋史官蔡墨。〔2〕"东门遂"，襄仲。氏东门，故称东门遂。〔3〕"四君"，鲁宣、成、襄、昭四公。谓季氏掌鲁国政权已经历了四位国君。又按《左传》昭公三十二年曰："政在季氏，于此君也四公。"阎若璩谓季友卒而臧文仲执政，臧文仲卒而

襄仲执政，襄仲卒而季文子执政(《潜丘札记》)。然季文子卒于襄公五年，未历昭公，且有二人非季氏。一说季氏从季友至季武子四代执政。〔4〕"器"，车服。"名"，爵号。〔5〕"不可以假人"，《左传》成公二年引仲尼语："唯器与名，不可以假人。"此或古人语，故史墨与孔子皆言之。

【译文】定公即位，赵简子问史墨说："季氏会灭亡吗?"史墨回答说："不会灭亡。季友对鲁国有很大功劳，受封于郈邑，作了上卿，直到文子、武子，一代又一代地扩充他的基业。鲁文公去世时，东门遂杀掉嫡子立了庶子为鲁君，鲁君从这时起就丧失国政大权。国政被季氏所把持，到现在已经历四位国君了。百姓不知道国君，国君怎么能够掌握国家大权! 因此做君王的，要谨慎地对待车服器物和爵位名号，不可轻易给予别人。"

定公五年，季平子卒。阳虎私怒，[1]囚季桓子，[2]与盟，乃舍之。七年，齐伐我，取郓，以为鲁阳虎邑以从政。八年，阳虎欲尽杀三桓适，而更立其所善庶子以代之;[3]载季桓子将杀之，桓子诈而得脱。三桓共攻阳虎，阳虎居阳关。[4]九年，鲁伐阳虎，阳虎奔齐，已而奔晋赵氏。[5]

【注释】〔1〕"阳虎"，一作阳货。季氏家臣。〔2〕"季桓子"，季孙斯。季平子之子。〔3〕"而更立其所善庶子以代之"，据《左传》，阳虎欲以季寤取代季氏(桓子)，以叔孙辄取代叔孙氏(武叔)，自代孟氏(懿子)。〔4〕"阳关"，鲁邑。在今山东泰安南汶水东岸。〔5〕"赵氏"，晋大夫。周穆王赐造父以赵城，其后为赵氏。造父七世孙叔带离周事晋文侯，五世而生赵凤，为晋献公伐霍，封于耿(今山西河津县东南耿乡城)。

【译文】定公五年，李平子去世。阳虎怀私愤，囚禁季桓子，和他订立盟约后，才释放了他。七年，齐军攻打鲁国，夺取郓邑，作为鲁国阳虎的封邑，让他参与政事。八年，阳虎想将三桓的嫡系继承人全部杀光，而改立与他要好的庶子来取代嫡系继承人;用车子载季桓子行，想乘机将他杀掉，桓子利用诈谋得以脱身。三桓于是联合起来攻打阳虎，阳虎占据阳关。九年，鲁人攻打阳虎，阳虎逃到齐国，不久又投奔晋国赵氏。

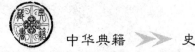

十年,定公与齐景公会于夹谷,〔1〕孔子行相事。〔2〕齐欲袭鲁君,孔子以礼历阶,诛齐淫乐,〔3〕齐侯惧,乃止,归鲁侵地而谢过。十二年,使仲由毁三桓城,收其甲兵。孟氏不肯堕城,伐之,不克而止。季桓子受齐女乐,孔子去。十五年,定公卒,子将立,是为哀公。

【注释】〔1〕"夹谷",又名祝其。今山东莱芜县南之夹谷峪。 〔2〕"相",盟会礼赞,即司仪。〔3〕"诛齐淫乐",据本书《齐太公世家》,齐景公从犁鉏之计,于相会时进莱乐。莱为齐所灭之莱夷,原居今山东烟台一带,被齐灭后,夹谷成为其流落之地。在会见中令莱人为乐,故孔子以礼责让之。《左传》所述与此不同。

【译文】十年,定公与齐景公在夹谷盟会,孔子主持礼赞。齐人打算袭击鲁君,孔子按照礼仪登上台阶,制止齐国的淫乐,齐侯畏惧,停止了袭击,并归还侵夺鲁的土地,表示道歉。十二年,定公派仲由毁掉三桓的城墙,收缴他们的铠甲兵器。孟氏不肯毁城,就派兵前往攻打,没有攻下来,只好作罢。季桓子接受齐国赠送的女乐队,孔子便离开鲁国。十五年,定公去世,其子将继位,这就是哀公。

哀公五年,齐景公卒。六年,齐田乞弑其君孺子。〔1〕七年,吴王夫差强,〔2〕伐齐,至缯,〔3〕征百牢于鲁。〔4〕季康子使子贡说吴王及太宰嚭,〔5〕以礼诎之。〔6〕吴王曰:"我文身,〔7〕不足责礼。"乃止。

【注释】〔1〕"田乞",陈乞、陈僖子。齐大夫。"孺子",名荼。齐景公之子。 〔2〕"吴王夫差",春秋末年吴国君。吴王阖闾之子。与晋争霸。后为越所灭。详本书《吴太伯世家》。 〔3〕"缯",《左传》作鄫。鲁邑。在今山东枣庄市东。 〔4〕"牢",祭祀用的牺牲。牛、羊、猪全备为太牢。〔5〕"季康子",季孙肥。季桓子之子。"子贡",端木赐。孔子弟子。"太宰嚭",吴大夫。"嚭",音 pǐ。 〔6〕"诎",音 chù,通"黜",贬斥。〔7〕"文身",在人身用针刺或用颜料涂成各种自然物或几何图形,以表示某种标记或信仰。吴太伯入荆蛮,断发文身,故吴王以此说明吴国的习俗与礼仪之邦的鲁国不同。

【译文】哀公五年,齐景公去世。六年,齐国田乞杀了他的国君孺子。七年,吴王夫差国势日强,攻打齐国,到了缯地,向鲁人索要牛、羊、猪各百头。季康子派子贡去说服吴王与太宰嚭,以礼节折服了他们。吴王说:"我断发文身,不能用礼仪来要求我。"于是作罢。

八年,吴为邹伐鲁,〔1〕至城下,盟而去。齐伐我,取三邑。〔2〕十年,伐齐南边。十一年,齐伐鲁。季氏用冉有有功,〔3〕思孔子,孔子自卫归鲁。十四年,齐田常弑其君简公于竟州。〔4〕孔子请伐之,哀公不听。十五年,使子服景伯、子贡为介,〔5〕适齐,齐归我侵地。田常初相,欲亲诸侯。十六年,孔子卒。二十二年,越王句践灭吴王夫差。〔6〕

【注释】〔1〕"邹",《春秋》经传作"邾",见前"邾"注。"吴为邹伐鲁",《春秋》哀公七年云:"公伐邾。"故八年吴为邾伐鲁。 〔2〕"取三邑",据《左传》,齐取鲁讙(音 huān)及阐二邑。"三"当为"二"之误。 〔3〕"冉有",冉求,字子有。孔子弟子。详本书《仲尼弟子列传》。 〔4〕"田常",即陈成子。名恒,一作常。陈僖子之子。齐大夫。"竟",音 shū。《左传》作"舒"。据本书《田敬仲完世家》,为陈氏邑。地在今山东东部。 〔5〕"子服景伯",子服何。属孟孙氏。"介",助手。传宾主之言者为介。 〔6〕"越",古国,建都会稽(今浙江绍兴)。"越王句践",春秋末年越国君。常与吴相战。公元前四九四年为吴王夫差所败,句践卧薪尝胆,于公元前四七三年灭吴。"句",亦作"勾"。详《国语·越语》、本书《越王句践世家》。

【译文】八年,吴国为邹国而讨伐鲁国,打到国都的城下,订立盟约后离去。齐国攻打鲁国,夺取了三个城邑。十年,鲁国攻打齐国南部边境。十一年,齐国攻打鲁国。季氏任用冉有建立战功,于是想到孔子,孔子从卫国返回鲁国。十四年,齐国田常在竟州杀死了他的国君简公。孔子请求鲁君派兵讨伐田常,哀公不听。十五年,派子服景伯为使臣,子贡为副使,出使齐国,齐国归还了侵占的鲁国土地。田常初任齐相,打算安抚诸侯。十六年,孔子去世。二十二年,越王句践消灭了吴王夫差。

二十七年春,季康子卒。夏,哀公患三

桓,将欲因诸侯以劫之,三桓亦患公作难,故君臣多间。[1]公游于陵阪,[2]遇孟武伯于街,[3]曰:"请问余及死乎?"对曰:"不知也。"公欲以越伐三桓。八月,哀公如陉氏。[4]三桓攻公,公奔于卫,去如邹,遂如越。国人迎哀公复归,卒于有山氏。子宁立,是为悼公。

【注释】[1]"间",隔阂、怨隙。 [2]"陵阪",地名。相传即曲阜东北黄帝陵东之少皞陵。 [3]"孟武伯",又称孟孺子洩、武伯彘。孟懿子之子。 [4]"陉氏","陉",音 xíng。《左传》作有陉氏。即有山氏。鲁大夫。

【译文】二十七年春天,季康子去世。夏天,哀公担心三桓的势力,想利用诸侯的力量来剥夺三桓的势力,三桓也怕哀公发难,以致君臣之间的隔阂很深。哀公到陵阪去游玩,在街上遇见孟武伯,哀公说:"请问我将会死吗?"孟武伯回答说:"不知道。"哀公想利用越人来攻打三桓。八月,哀公到有山氏那里。三桓攻打哀公,哀公逃跑到卫国,又离开卫国前往邹国,接着前往越国。鲁国人迎接哀公回国,死在有山氏家中。其子宁继位,这就是悼公。

悼公之时,三桓胜,鲁如小侯,卑于三桓之家。十三年,三晋灭智伯,[1]分其地有之。

【注释】[1]"三晋",指晋国韩、赵、魏三家。公元前四五三年,赵、魏、韩三家联合攻灭智氏,三分其地。从此晋国只剩赵、魏、韩三家,晋君成为附庸。公元前四〇三年,周天子正式承认三家为诸侯,故称之为"三晋"。"智伯",智襄子(荀瑶)。曾专晋国之政。

【译文】悼公时,三桓得势,鲁君有如小侯,地位低于三桓家族。十三年,三晋消灭了智伯,瓜分他的土地而占有晋国。

三十七年,悼公卒,子嘉立,是为元公。元公二十一年卒,子显立,是为穆公。穆公三十三年卒,子奋立,是为共公。共公二十二年卒,子屯立,是为康公。康公九年卒,子

匽立,是为景公。景公二十九年卒,子叔立,是为平公。是时六国皆称王。[1]平公十二年,秦惠王卒。[2]二十年,平公卒,子贾立,是为文公。文公元年,楚怀王死于秦。[3]二十三年,文公卒,子雠立,是为顷公。

【注释】[1]"是时六国皆称王",当时秦、楚、齐、燕、赵、魏、韩七国皆称王。 [2]"秦惠王",战国秦国君,即秦惠文王。名驷。秦孝公之子。在位时夺回河西、灭巴蜀、夺取汉中。初称王。 [3]"楚怀王",战国楚国君。名槐。楚威王之子。

【译文】三十七年,悼公去世,其子嘉继位,这就是元公。元公二十一年去世,其子显继位,这就是穆公。穆公三十三年去世,其子奋继位,这就是共公。共公二十二年去世,其子屯继位,这就是康公。康公九年去世,其子匽继位,这就是景公。景公二十九年去世,其子叔继位,这就是平公。这时六国都已称王。平公十二年,秦惠王去世。二十年,平公去世,其子贾继位,这就是文公。文公元年,楚怀王死于秦国。二十三年,文公去世,其子雠继位,这就是顷公。

顷公二年,秦拔楚之郢,[1]楚顷王东徙于陈。[2]十九年,楚伐我,取徐州。[3]二十四年,楚考烈王伐灭鲁。[4]顷公亡,迁于下邑,[5]为家人,[6]鲁绝祀。顷公卒于柯。[7]
鲁起周公至顷公,凡三十四世。

【注释】[1]"郢",音 yǐng。楚都。又称纪郢。在今湖北江陵西北。遗址为纪南城。 [2]"楚顷王","顷"下缺"襄"字。楚顷襄王,战国楚国君。名横。楚怀王之子。"陈",在今河南淮阳。 [3]"徐州",鲁东薛县。在今山东枣庄市西。 [4]"楚考烈王",名元(一作"完"),楚顷襄王之子。 [5]"下邑","下",一作"卞"。梁玉绳谓乃"卞邑"之讹。鲁有卞邑,在今山东泗水县东。 [6]"家人",庶民,平民。 [7]"柯",东阿。

【译文】顷公二年,秦国攻下楚国的郢都,楚顷王将国都东迁到陈。十九年,楚国攻打鲁国,夺取了徐州。二十四年,楚考烈王消灭了鲁国。顷公逃亡,迁居下邑,成为平民百姓,鲁国的宗庙断绝祭祀。顷公死于柯邑。

鲁国从周公开始到顷公止，共传了三十四代。

太史公曰：余闻孔子称曰："甚矣鲁道之衰也！洙泗之间龂龂如也。"[1]观庆父及叔牙闵公之际，何其乱也？隐桓之事；襄仲杀适立庶；三家北面为臣，亲攻昭公，昭公以奔。至其揖让之礼则从矣，而行事何其戾也？

【注释】[1]"洙泗"，鲁国之二水。古时二水自今山东泗水县北合流西下，至曲阜北，又分为二水，洙水在北，泗水在南。"洙泗之间"，为孔丘聚众传授儒学之所。后世以洙泗代称鲁国的文化。"龂"，音 yín。"龂龂"，争辩貌。

【译文】太史公说：我听说孔子曾这样说："鲁国的礼仪之道真是衰落到了极点！洙泗之间争吵不息啊。"看一看庆父以及叔牙在闵公时的行为，是多么乖乱呀！隐公桓公的事；襄仲杀嫡立庶的事；三桓虽北面称臣，却亲自率兵攻打昭公，昭公因此出逃。至于鲁国传统的揖让之礼依旧实行着，但做起事情来又是何等的暴戾啊！

史记卷三十四

燕召公世家第四

召公奭与周同姓,[1]姓姬氏。周武王之灭纣,封召公于北燕。[2]

【注释】〔1〕"召公奭",燕国始封君,名奭(音shì),原食邑于召(音 shào,陕西岐山西南),故又称召公、召伯,助武王灭商,封于燕(以长子就封,次子留周王室,世为召公),成王时任太保,与周公分陕而治,死谥康公。《谷梁传》庄公三十年曰"燕周之分子",《白虎通·王者不臣章》曰"召公,文王子",《论衡·气寿篇》曰"召公,周公之兄",《书》、《诗》疏及《诗》、《礼》释文引皇甫谧曰"文王庶子",《书·君奭疏》及本书《集解》引谯周曰"周之支族",一直无定说。然观周史,召公与周公长期并世而为王室重臣,若非文、武嫡亲,恐难如此。〔2〕"北燕",即燕国,都蓟(今北京西南),出土燕国青铜器自名为"匽"或"郾"。周时在今河南汲县东南有姞姓燕国,故蓟燕又称北燕。

【译文】召公奭与周王室同姓,姓姬氏。周武王灭亡了殷纣王,把召公封在了北燕。

其在成王时,召公为三公:[1]自陕以西,[2]召公主之;自陕以东,周公主之。成王既幼,周公摄政,当国践祚,召公疑之,作《君奭》。[3]《君奭》不说周公。[4]周公乃称"汤时有伊尹,[5]假于皇天;[6]在太戊时,[7]则有若伊陟、臣扈,[8]假于上帝,巫咸治王家;[9]在祖乙时,[10]则有若巫贤;[11]在武丁时,[12]则有若甘般;[13]率维兹有陈,[14]保乂有殷"。[15]于是召公乃说。

【注释】〔1〕"三公",周代辅助国君掌握军政大权的最高官员。《书·周官》曰"立太师、太傅、太保,兹惟三公,论道经邦,燮理阴阳",《公羊传》隐公五年曰"天子三公者何?天子之相也。天子之相,则何以三?自陕而东者周公主之,自陕而西者召公主之,一相处乎内",《尚书·顾命》则明言"太保奭",《君奭》亦称"保奭",现存西周初年保卣等青铜器铭中之"保"即"保奭"。〔2〕"陕",何休谓"盖今弘农陕县是也",地在今河南陕县。《公羊传释文》曰"陕,一云当作郏,王城郏鄏",《左传》宣公三年曰"成王定鼎于郏鄏",或曰本文之"陕"当"郏"之误,地在今河南洛阳。〔3〕《君奭》",史官记周公勉召公共辅成王之文,今存《尚书》内。文首言"君奭",故以为篇名。〔4〕"说",音 yuè,通"悦"。根据本文所述,召公对周公摄政生疑,故谓《君奭》"不说周公"。〔5〕"汤",商朝开国君,又称大乙,殷墟、周原甲骨文作"唐"(汤、唐古音通,互借)。"伊尹",名挚,原为有莘氏女陪嫁之臣,受到商汤重用,助汤灭夏,为国权臣。殷墟出土甲骨卜辞屡见致祭伊尹之辞,可知其确为商汤时臣。〔6〕"假",《尚书·君奭》作"格",至也。"皇天",古人眼中主宰万物之天神。本句谓伊尹对国家的治理合于皇天之道。〔7〕"太戊",商代国王,太庚之子,小甲、雍己之弟,任用伊陟、巫咸治理国家,使商复兴。〔8〕"伊陟",太戊时大臣,伊尹之子。"臣扈",太戊臣。"上帝",殷墟甲骨卜辞中有"上帝",是商人心中主宰万物之天神。〔9〕"巫咸",太戊时大臣,或曰即殷墟卜辞之"咸巫"。〔10〕"祖乙",商代国王,河亶甲子。〔11〕"巫贤",祖乙时大臣,巫咸子。〔12〕"武丁",商代国王,小乙子,古称高宗,为殷代中兴之王。〔13〕"甘般",武丁时重臣,殷墟卜辞中屡见其帅军征战,称为"埤(师)般"。〔14〕"陈",位列。此谓各个贤臣均得其位。〔15〕

"斁",音 yì,治理,安定。

【译文】在周成王的时候,召公为三公之一。自陕以西,由召公治理,自陕以东,由周公治理。成王尚且年幼,周公代理国政,主持国事,登天子位。召公怀疑周公,周公作了《君奭》一文。文中反映了召公对周公的不满。周公因此说:"商汤时有伊尹,德行合于天道;在太戊时,就有像伊陟、臣扈这样的,德行感动上帝,有像巫咸这样的掌管着王室;在祖乙时,就有像巫贤这样的;在武丁时,就有像甘盘这样的,全都各在其位、各尽其能,维护了殷王朝的安定繁荣。"听到这些话,召公才放心地笑了。

召公之治西方,[1]甚得兆民和。召公巡行乡邑,有棠树,[2]决狱政事其下,自侯伯至庶人各得其所,无失职者。召公卒,而民人思召公之政,怀棠树不敢伐,[3]哥咏之,[4]作《甘棠》之诗。[5]

【注释】[1]"西方",指前文所说"自陕以西"。[2]"棠树",又称甘棠,《尔雅·释木》曰"杜,甘棠",乔木,有赤、白两种,赤者称杜,白者称棠。白堂即甘棠,也称棠梨,果实酸美可食。 [3]"怀棠树不敢伐",《括地志》曰:"召伯庙在洛州寿安县(今河南宜阳东)西北五里。召伯听讼甘棠之下,周人思之,不伐其树,后人怀其德,因立庙,有棠在九曲城东阜上。"[4]"哥",通"歌"。 [5]《甘棠》之诗",今存《诗经·召南·甘棠》即是。

【译文】召公治理的陕地西区,很受广大百姓的拥戴。召公巡视乡镇,有棵棠梨树,他就在树下受理诉讼和处理政务,从贵族到平民都得到妥善安置,没有任何处理失当的地方。召公去世后,民众思念召公的德政,怀念那棵棠梨树,舍不得砍伐它,作了《甘棠》这首诗,来歌颂他。

自召公已下九世至惠侯。[1]燕惠侯当周厉王奔彘,[2]共和之时。[3]

【注释】[1]"自召公已下九世至惠侯",这个时期的燕国历史在司马迁时已无流传,故而缺如。[2]"周厉王",名胡,因施暴政被国人所逐。"彘",音 zhì,今山西霍县,厉王于公元前八四二年奔此。[3]"共和之时",共和元年为公元前八四一年,十四

年后周宣王即位。

【译文】自召公以下九代传位到惠侯。燕惠侯正是周厉王逃亡彘地,共和行政的时候。

惠侯卒,子釐侯立。[1]是岁,周宣王初即位。釐侯二十一年,郑桓公初封于郑。[2]三十六年,釐侯卒,子顷侯立。

【注释】[1]"釐",音 xī。公元前八二八年,釐侯立。 [2]"郑桓公",名友,周宣王弟,郑国始封君,公元前八〇六年至前七七一年在位。"郑",今陕西华县,幽王时东迁,武公时都新郑(今河南新郑)。

【译文】惠侯去世后,儿子釐侯继位。这一年,周宣王新即位。釐侯二十一年,郑桓公新封在郑。在位三十六年,釐侯去世,儿子顷侯继位。

顷侯二十年,周幽王淫乱,为犬戎所弑。[1]秦始列为诸侯。[2]

【注释】[1]"周幽王淫乱,为犬戎所弑",周幽王废申后立褒姒,以伯服代宜臼为太子,实行暴政,遭致申侯联合犬戎进攻,被犬戎追杀于骊山下,时当公元前七七一年。 [2]"秦始列为诸侯",周平王元年(公元前七七〇年),秦襄公因护送平王东迁有功而受封,始列为诸侯。

【译文】顷侯二十年,周幽王荒淫无度,被犬戎杀死。秦国开始进入诸侯行列。

二十四年,顷侯卒,子哀侯立。哀侯二年卒,子郑侯立。郑侯三十六年卒,子缪侯立。

缪侯七年,而鲁隐公元年也。[1]十八年卒,子宣侯立。宣侯十三年卒,子桓侯立。[2]桓侯七年卒,子庄公立。

【注释】[1]"鲁隐公元年",公元前七二二年,编年体史书《春秋》记事始于此年。 [2]"子桓侯立",《世本》曰"桓侯徙临易",临易在今河北雄县。

【译文】在位二十四年，颀侯去世，儿子哀侯继位。哀侯在位二年去世，儿子郑侯继位。郑侯在位三十六去世，儿子缪侯继位。

缪侯七年，是鲁隐公元年。缪侯在位十八年去世，儿子宣侯继位。宣侯在位十三年去世，儿子桓侯继位。桓侯在位七年去世，儿子庄公继位。

庄公十二年，齐桓公始霸。〔1〕十六年，与宋、卫共伐周惠王，〔2〕惠王出奔温，〔3〕立惠王弟颓为周王。〔4〕十七年，郑执燕仲父而内惠王于周。〔5〕二十七年，山戎来侵我，〔6〕齐桓公救燕，遂北伐山戎而还。〔7〕燕君送齐桓公出境，桓公因割燕所至地予燕，〔8〕使燕共贡天子，如成周时职；使燕复修召公之法。〔9〕三十三年卒，子襄公立。

【注释】〔1〕"齐桓公始霸"，公元前六七九年，齐、鲁、郑、宋、卫、陈于鄄（今山东鄄城北）结盟，齐桓公为诸侯长，称霸开始。〔2〕"与宋、卫共伐周惠王"，《十二诸侯年表》及《左传》庄公二十年俱云燕、卫伐周，无宋伐周。"周惠王"，名阆，公元前六七六年至前六五二年在位。或曰伐周是姞姓燕，非姬姓燕。〔3〕"温"，周王畿内小国，今河南温县南三十里。〔4〕"颓"，音tuí，《左传》作"子颓"、"王子颓"，公元前六七三年为郑伯、虢叔所杀。《周本纪》及《左传》庄公十九年并言颓为周庄王嬖姬姚所生，《周本纪》且明言"立釐王弟颓为王"，是知此处"惠王弟颓"当作"釐王弟颓"。〔5〕"郑执燕仲父而内惠王于周"，《左传》庄公二十年曰："春，郑伯和王室（在惠王与子颓间调和），不克。执燕仲父。夏，郑伯遂以王归。王处于栎（郑之大都，今河南禹县）。秋，王及郑伯入于鄀（今河南偃师南）。遂入成周。""燕仲父"，燕臣。"内"，通"纳"，纳入。〔6〕"山戎"，古部族名，散处在今河北迁安、卢龙、滦县一带。〔7〕"齐桓公救燕，遂北伐山戎而还"，据《齐太公世家》"山戎伐燕，燕告急于齐。齐桓公救燕，遂伐山戎，至于孤竹而还"。孤竹，今河北卢龙一带。〔8〕"桓公因割燕所至地予燕"，《齐太公世家》"燕庄公遂送桓公入齐境。桓公曰：'非天子，诸侯相送不出境，吾不可以无礼于燕。'于是分沟割燕君所至与燕"。《括地志》谓在沧州长芦县（今河北沧县）东北十七里燕留故城。〔9〕"召公"，指召公奭。所谓"召公之法"，即"召公之治西方，甚得兆民和"、"自侯伯至庶人各得其所，无失职者"之法。

【译文】庄公十二年，齐桓公开始称霸。庄公十六年，与宋国、卫国一道攻打周惠王，周惠王出逃到温，拥立惠王弟弟姬颓为周王。十七年，郑国捉拿了燕仲父并把周惠王护送回京都。二十七年，山戎来侵犯燕国，齐桓公救援燕国，就此向北征伐山戎得胜而归。燕君送齐桓公回国时出了国境，齐桓公便把燕君所到的地方割让给了燕国，让燕国一道供奉天子，如同在成周供职时一样，让燕君遵循召公的法度。庄公在位三十三年去世，儿子襄公继位。

襄公二十六年，晋文公为践土之会，〔1〕称伯。〔2〕三十一年，秦师败于殽。〔3〕三十七年，秦穆公卒。〔4〕四十年，襄公卒，桓公立。〔5〕

【注释】〔1〕"晋文公为践土之会"，公元前六三三年，晋文公会同齐师、宋师、秦师与楚师会战于城濮（今山东范县临濮集），大败楚师，奠定了霸主地位。是年夏，晋文公于践土（今河南原阳西南）与鲁、齐、宋、蔡、郑、卫、莒等诸侯会盟并称霸。〔2〕"伯"，音bà，通"霸"。〔3〕"秦师败于殽"，公元前六二八年，秦穆公派孟明视、西乞术及白乙丙将兵袭郑，回归时在殽山为晋伏军所败，孟明视、西乞术、白乙丙被生擒。"殽"，音xiáo，亦作"崤"，崤山，在今河南洛宁县西北六十里，西接陕县，东接渑池，地形险要，为关中与中原必经之地。〔4〕"秦穆公"，名任好，公元前六二一年卒。〔5〕"桓公"，《索隐》"谯周云《世本》襄伯生宣伯，无桓公，今检《史记》，并有'桓公立十六年'"。《正义》云："燕四十三代，三桓公，二僖公，二宣公，二惠公，二文公，盖国微，其谥故重。"

【译文】襄公二十六年，晋文公召集了践土的盟会，称霸诸侯。三十一年，秦国军队在崤关被击败。三十七年，秦穆公去世。在位四十年，襄公去世，桓公继位。

桓公十六年卒，宣公立。宣公十五年卒，昭公立。昭公十三年卒，武公立。是岁晋灭三郤大夫。〔1〕

【注释】〔1〕"晋灭三郤大夫"，公元前五七四年，晋厉公杀其大夫郤锜、郤犨、郤至。"郤"，音xī。

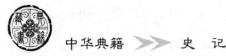

或曰晋灭三郤在前年,当燕昭公十三年。

【译文】桓公在位十六年去世,宣公继位。宣公在位十五年去世,昭公继位。昭公在位十三年去世,武公继位。这一年晋国诛灭了三郤大夫。

武公十九年卒,文公立。文公六年卒,懿公立。懿公元年,齐崔杼弑其君庄公。[1]四年卒,子惠公立。

【注释】[1]"齐崔杼弑其君庄公",公元前五四八年,齐大夫崔杼杀其君庄公(光)。

【译文】武公在位十九年去世,文公继位。文公在位六年去世,懿公继位。懿公元年,齐国的崔杼杀死了他的国君庄公。懿公在位四年去世,儿子惠公继位。

惠公元年,齐高止来奔。[1]六年,惠公多宠姬,[2]公欲去诸大夫而立宠姬宋,[3]大夫共诛姬宋,惠公惧,奔齐。四年,齐高偃如晋,[4]请共伐燕,入其君。晋平公许,与齐伐燕,入惠公。惠公至燕而死。燕立悼公。

【注释】[1]"齐高止来奔",公元前五四四年,齐大夫公孙虿、公孙灶逐大夫高止,高止奔燕。高止,又称子容、高子容。 [2]"惠公多宠姬",《左传》昭公三年作"燕简公多嬖宠,欲去诸大夫而立其宠人。冬,燕大夫比以杀公之外嬖。公惧,奔齐。书曰'北燕伯款出奔齐'",与本书不同,未知孰是。或曰三"姬"字当作"臣",《年表》云:"公杀公卿立幸臣,公恐出奔齐"。 [3]"宋",宠姬名。 [4]"齐高偃如晋",《左传》昭公六年曰:"十一月,齐侯如晋,请伐北燕也。晋侯许之。十二月,齐侯遂伐北燕,将纳简公。"《春秋》昭公十二年曰:"齐高偃帅师纳北燕伯于阳。"本文前述"六年"事,后述"四年"事,于理不合,《年表》曰伐燕在"九年","四年"疑为传写之误。"高偃",又作"高鄾",高侯(敬仲)玄孙。

【译文】惠公元年,齐国的高止来投奔。六年,惠公的宠臣很多,他打算撇开众大夫而重用宠臣宋,众大夫共谋诛杀了宠臣宋,惠公惧怕,逃奔齐国。四年,齐国的高偃到晋国,请求共同征伐燕国,送燕君回国复位。晋平公答应了,和齐国一道征伐

燕国,送燕惠公回国。惠公回到燕国便死了。燕国人拥立悼公继位。

悼公七年卒,共公立。共公五年卒,平公立。晋公室卑,[1]六卿始强大。[2]平公十八年,吴王阖闾破楚入郢。[3]十九年卒,简公立。简公十二年卒,献公立。晋赵鞅围范、中行于朝歌。[4]献公十二年,齐田常弑其君简公。[5]十四年,孔子卒。[6]二十八年,献公卒,孝公立。

【注释】[1]"晋公室卑",春秋中期以后,晋国君主势衰,政权下落大夫手中。"公室",国君之政权与力量。《左传》晋昭公卒,六卿强,晋室卑弱当燕共公三年。 [2]"六卿",晋国的范、中行、知、赵、韩、魏六族氏世代皆为晋卿,故称六卿。此时晋公室已衰败,政权逐渐控制在六卿手中。 [3]"阖闾",又作"阖庐",名光,公元前五一四年至前四九六年在位。公元前五〇六年,吴王阖闾率军攻入楚郢都。"郢",楚都,在今湖北江陵东北、纪南城东南。 [4]"赵鞅",即赵简子,晋卿。"范",范氏,本为士氏,士郤之后,公元前六〇二年士会代荀林父为政,自此士氏遂兴。士会初封随,故曰随武子,后改封范,故又曰范武子。以后其子孙均称范氏。"中行",中行氏,晋公族逝敖始食采于荀,为荀氏,晋文公时荀林父将中行,故又称中行氏,以后其子孙遂称中行氏。此处"范"指范吉射(又称士吉射),"中行"指中行寅(又称荀寅)。"朝歌",卫邑,今河南淇县。赵鞅围朝歌,事在公元前四九四年,后范、中行被逐奔晋,范氏、中行氏遂亡。 [5]"田常",又称田成子,即陈成子,齐臣,于公元前四八一年杀死简公,拥立齐平公,自任相国,尽杀公族中强者,此后齐国遂由陈氏专权。"简公",齐君,公元前四八四年即位。 [6]"孔子",名丘,字仲尼,鲁国陬邑(今山东曲阜)人,春秋末期思想家、政治家、教育家,公元前四七九年去世。

【译文】悼公在位七年去世,共公继位。共公在位五年去世,平公继位。晋国公室地位衰弱,六个大夫的地位开始强盛。平公十八年,吴王阖闾的军队攻破楚国进入郢都。在位十九年平公去世,简公继位。简公在位十二年去世,献公继位。晋国的赵鞅把范氏、中行氏包围在朝歌之中。献公十二年,齐国的田常杀死了他的国君简公。十四年,孔子去世。在位二十八年,献公去世,孝公继位。

孝公十二年,韩、魏、赵灭知伯,[1]分其地,三晋强。[2]

【注释】[1]"韩",指韩康子(名虎),其先祖韩武子封于韩原(今山西河津),故称韩氏。韩氏自韩献子(名厥)将中军后,世为晋之大族。"魏",指魏桓子(名驹),晋献公十六年封毕万于魏(今山西芮城),其后子孙遂称魏氏。魏氏渐为晋之大族,魏献子亦曾将中军执国政。"赵",指赵襄子(名无恤),其先造父为周穆王御,因功得赐邑赵城(今山西赵城县),其后子孙遂称赵氏。周幽王时赵氏去周如晋,建赵氏于晋国,晋文公时赵衰助其创立霸业,其后世为晋之重臣大族。"知伯",又作智伯,指知襄子(名瑶)。知氏在晋昭公时为强族六卿之一,晋出公时知氏与韩、赵、魏共分范、中行之地。赵鞅死后,知瑶代其为政,公元前四五三年(晋出公二十二年),赵襄子、韩康子、魏桓子共杀知瑶。据《纪年》杀知氏在燕成公二年。[2]"三晋",指分晋为三之韩氏、赵氏、魏氏。

【译文】孝公十二年,韩、魏、赵三家灭掉了知伯,瓜分了他的领地,晋国的这三家已经很强盛了。

十五年,孝公卒,成公立。[1]成公十六年卒,湣公立。[2]湣公三十一年卒,釐公立。[3]是岁,三晋列为诸侯。[4]

【注释】[1]"成公",《纪年》成公名载。[2]"湣",音 mǐn。[3]"釐",又作"僖"。[4]"三晋列为诸侯",《纪年》作"文公二十四年卒,简公立,十三年而三晋命邑为诸侯",与此不同。周威烈王正式任命韩、赵、魏三家为诸侯在公元前四〇三年。

【译文】在位十五年,孝公去世,成公继位。成公在位十六年去世,湣公继位。湣公在位三十一年去世,釐公继位。这一年,韩、赵、魏三家被列入诸侯。

釐公三十年,伐败齐于林营。[1]釐公卒,桓公立。桓公十一年卒,文公立。是岁,秦献公卒。[2]秦益强。

【注释】[1]"伐败齐于林营",事不可考。[2]"秦献公卒",秦献公卒于公元前三六二年。

【译文】釐公三十年,在林营战败了齐国。釐公去世后,桓公继位。桓公在位十一年去世,文公继位。这一年,秦献公去世。秦国更加强盛。

文公十九年,齐威王卒。[1]二十八年,苏秦始来见,[2]说文公。文公予车马金帛以至赵,赵肃侯用之。[3]因约六国,[4]为从长。[5]秦惠王以其女为燕太子妇。

【注释】[1]"齐威王卒",齐威王卒于公元前三二〇年。[2]"苏秦",东周洛阳(今河南洛阳)人,字季子。本书有《苏秦列传》详述其事。湖南长沙马王堆汉墓出土帛书《战国纵横家书》亦载苏秦之事,有所不同。苏秦为战国游说之士,此前曾游说周显王、秦惠王,未获采用,故又来见燕文公。他建议燕国与东方诸国联合,共同抵御西方强国秦国。燕文公采纳了他的建议,给他车马金帛赴赵国游说。[3]"赵肃侯",名语,公元前三四九年至前三二六年在位。[4]"六国",指秦以外之东方六国:齐、魏、韩、赵、楚与燕。[5]"从",音 zòng,通"纵",从上到下、从南到北为纵,从左到右、从东到西为横,战国时东方六国南北联合对抗秦国称为合纵,秦国为离间六国向东笼络其中之国打击其他国家称为连横。[6]"秦惠王",名驷,又称惠文王,公元前三三七年至前三一一年在位,前三二五年称王。

【译文】文公十九年,齐威王去世。二十八年,苏秦第一次来拜见燕君,向文公宣传他的外交主张。文公给了他车马钱帛并送他前往赵国,赵肃侯任用了他。随即邀约六个国家结为同盟,担任了盟主。秦惠王把自己的女儿嫁给燕国太子做妻子。

二十九年,文公卒,太子立,是为易王。

【译文】在位二十九年,文公去世,太子继位,这就是易王。

易王初立,齐宣王因燕丧伐我,[1]取十城;苏秦说齐,使复归燕十城。[2]十年,燕君为王。[3]苏秦与燕文公夫人私通,惧诛,乃说王使齐为反间,[4]欲以乱齐。易王立十二年卒,子燕哙立。[5]

【注释】〔1〕"齐宣王",名辟彊,田氏,公元前三一九年至前三〇一年在位。 〔2〕"苏秦说齐,使复归燕十城",本书《苏秦列传》载苏秦谓齐王曰"今燕虽弱小,即秦王之少婿也。大王利其十城而长与强秦为仇。今使弱燕为雁行而强秦敝其后,以招天下之精兵,是食乌喙之类也",齐王恐而归燕十城。 〔3〕"燕君",指易王,前言"易王"者,乃后世追谥之称。据《战国策·中山策》,公元前三二三年,魏将公孙衍(犀首)发起"五国相王"。五国,魏、韩、赵、燕、中山。"五国相王"为的是和秦、齐、楚三大国对抗。 〔4〕"说王使齐",本书《苏秦列传》载"苏秦恐诛,乃说燕王曰:'臣居燕不能使燕重,而在齐则燕必重。'燕王曰:'唯先生之所为。'于是苏秦佯为得罪于燕而亡走齐,齐宣王以为客卿。"间",音 jiàn,离间。 〔5〕"燕哙",燕王名哙,公元前三二〇至前三一八年在位。燕王哙三年让君位于其相子之。后太子平与将军市被起兵叛乱,齐宣王乘机攻占燕国,燕王哙与子之皆死于是。"哙",音 kuài。

【译文】易王刚继位,齐宣王即趁燕国的国丧出兵攻伐燕国,夺取了十座城镇。苏秦劝说齐宣王,使齐国又归还了燕国十座城镇。十年,燕国国君开始称王。苏秦与燕文公夫人暗中通奸,害怕被杀,便说服燕王派他出使齐国进行反间,计划用这样的办法扰乱齐国。易王继位十二年去世,儿子燕王哙继位。

燕哙既立,齐人杀苏秦。〔1〕苏秦之在燕,与其相子之为婚,〔2〕而苏代与子之交。〔3〕及苏秦死,而齐宣王复用苏代。燕哙三年,与楚、三晋攻秦,〔4〕不胜而还。子之相燕,贵重,主断。苏代为齐使于燕,燕王问曰:"齐王奚如?"〔5〕对曰:"必不霸。"燕王曰:"何也?"对曰:"不信其臣。"苏代欲以激燕王以尊子之也。于是燕王大信子之。子之因遗苏代百金,〔6〕而听其所使。

【注释】〔1〕"齐人杀苏秦",《苏秦列传》载"齐大夫多与苏秦争宠者,而使人刺苏秦,不死,殊而走。齐王使人求贼,不得。苏秦且死,乃谓齐王曰:'臣即死,车裂臣以徇于市,曰"苏秦为燕作乱于齐",如此则臣之贼必得矣。'于是如其言,而杀苏秦者果自出,齐王因而诛之。" 〔2〕"子之",燕国相国,下文及《战国策·燕策》均言苏代与子之为婚。

〔3〕"苏代",游说之士,东周雒阳人。本书《苏秦列传》《战国策》均称苏代为苏秦之弟。然本书与《战国策》记载苏秦、苏代事均十分混乱。一九七三年在湖南长沙马王堆三号汉墓中出土的帛书中,有关于苏秦史事的较翔实的记载。经研究可确认苏秦实与燕昭王、齐湣王、奉阳君(李兑)、韩珉同时,苏秦的一生,主要是为燕昭王作反间;而苏代应是苏秦之兄,苏代游说诸侯较早,在公元前四世纪末期,已往来于楚、魏、燕、齐各国。说详唐兰《司马迁所没有见过的珍贵史料》、杨宽《马王堆帛书战国纵横家书的史料价值》、马雍《帛书战国纵横家书各篇年代和历史背景》。 〔4〕"与楚、三晋攻秦",《楚世家》载楚怀王"十一年,苏秦约纵山东六国共攻秦,楚怀王为纵长。至函谷关,秦出兵击六国,六国兵皆引而归,齐独后"。尚有齐攻秦。 〔5〕"奚",疑问词,何。 〔6〕"遗",音 wèi,赠与。"百金",《韩非子·外储说右下》本句作"使人遗苏代金百镒",赵岐《孟子·公孙丑》注曰:"古者以一镒为一金,一镒是为二十四两也。"

【译文】燕王哙继位后,齐国人杀死了苏秦。苏秦昔日在燕国时,与燕国的国相子之结为儿女亲家,苏代与子之又有交往。待苏秦死后,齐宣王又任用了苏代。燕王哙三年,与楚国、韩国、赵国、魏国一起攻打秦国,没能取胜便回国了。子之在燕国担任国相,地位很高,权力很大,主决国事。苏代受齐国派遣出使燕国,燕王问他:"齐王这个人怎么样?"回答说:"肯定不能称霸。"燕王问:"为什么?"回答说:"不能信任大臣。"苏代想用这样的话来激发燕王更加尊崇子之。从此燕王对子之极为信任。子之便赠给苏代一百镒钱,听任他的指使。

鹿毛寿谓燕王:〔1〕"不如以国让相子之。人之谓尧贤者,以其让天下于许由,〔2〕许由不受,有让天下之名而实不失天下。今王以国让于子之,子之必不敢受,是王与尧同行也。"燕王因属国于子之,子之大重。或曰:"禹荐益,〔3〕已而以启人为吏。及老,而以启人为不足任乎天下,传之于益。已而启与交党攻益,夺之。天下谓禹名传天下于益,已而实令启自取之。〔4〕今王言属国于子之,而吏无非太子人者,是名属子之而实太子用事也。"王因收印自三百石吏已上而效之子之。〔5〕子之南面行王事,而哙老不听

政，顾为臣，[6]国事皆决于子之。

【注释】[1]"鹿毛寿"，《春秋后语》作"厝毛寿"，《韩非子·外储说右下》作"潘寿"，且曰"潘寿，阇者"，顾广圻曰"《今本》阇作隐"。是鹿毛寿为隐者，故《韩非子》曰"燕使人聘之"。[2]"许由"，古代传说中的高士，相传尧让以天下，不受，遁耕于箕山之下，尧又召为九州长，由不欲闻之，洗耳于颍水滨。[3]"益"，古东夷部族首领，相传助禹治水有功。[4]"启"，禹子。[5]"三百石"，官吏俸禄三百石。石，音dàn，容量单位，十斗为一石。古以谷物多少为俸给标准，"三百石"，即三百石谷。"效"，呈也。[6]"顾"，反。

【译文】鹿毛寿对燕王说："不如把君位让给国相子之。人们之所以说尧是贤人，是因为他把治理天下的权力让给许由，许由不肯接受，既有让天下的美名而又实际上没有失去天下。现今君王把君位交给子之，子之肯定不敢接受，这样一来君王就有了与尧相同的德行了。"燕王因此便把国家托付给子之，子之的权位更加重要了。有人说："禹荐举益，继而又用启的亲信担任官职。待到自己年老时，声言启不能胜任君位，传位给益。不久，启伙同党羽攻打益，夺取了君位。天下人说禹名义上传君位给益，随后又实际让启自己夺走。现今君王口头说把国家托付给子之，而管事的官吏却没有不是太子的亲信，这不过是名义上托付给子之而实际上太子掌权罢了。"燕王哙便把俸禄在三百石以上的官吏全都交给子之掌管。子之面向南而坐君位，行使国王的权力，而哙年老不处理政务，反而成了臣子，国事全由子之决定。

三年，国大乱，百姓恫恐。[1]将军市被与太子平谋，[2]将攻子之。诸将谓齐湣王曰：[3]"因而赴之，破燕必矣。"齐王因令人谓燕太子平曰："寡人闻太子之义，[4]将废私而立公，饬君臣之义，[5]明父子之位。寡人之国小，不足以为先后。[6]虽然，则唯太子所以令之。"太子因要党聚众，[7]将军市被围公宫，攻子之，不克。将军市被及百姓反攻太子平，将军市被死，以徇。因搆难数月，死者数万，众人恫恐，百姓离志。孟轲谓齐王曰：[8]"今伐燕，此文、武之时，[9]不可失也。"王因令章子将五都之兵，[10]以因北

地之众以伐燕。士卒不战，城门不闭，燕君哙死，齐大胜。燕子之亡二年，[11]而燕人共立太子平，是为燕昭王。[12]

【注释】[1]"恫"，音dòng，恐惧。[2]"市被"，燕臣。"太子平"，即燕昭王，公元前三一一年至前二七九年在位。[3]"齐湣王"，《战国策》、《孟子》记此事作"齐宣王"，应是宣王。[4]"寡人"，诸侯自称。[5]"饬"，整顿、整治，告诫。[6]"先后"，犹言左右、辅助。[7]"要"，音yāo，邀约，连结。[8]"孟轲"，即战国著名的思想家孟子，名轲，字子舆，邹（今山东邹县东南）人，公元前三七二年至前二八九年在世，时任齐宣王客卿。[9]"此文、武之时"，指此时相当于文王、武王创立周王朝基业之时，伐灭商纣，取而代之。[10]"章子"，即匡章，孟轲弟子。阎若璩曰：人名下系以"子"字者，当时有此称：田盼为盼子、田婴为婴子，田文为文子，秦魏冉称冉子。[11]"子之亡"，《竹书纪年》曰："齐人禽（擒）子之而醢其身也。"[12]"是为燕昭王"，《年表》曰"君哙及太子相子之皆死"，《竹书纪年》曰"子之杀公子平"，故或疑燕昭王非太子平。

【译文】子之当政三年，国中大乱，贵族们都很惧怕。将军市被跟太子平商议，准备攻打子之。将军们对齐湣王说："趁燕国内乱去进攻它，肯定能攻破燕国。"齐王因此派人对燕太子平说："我听说太子是坚守正义的，一定会废除私利而建立公道的，整治君臣关系，张明父子的地位。我们齐国卑小，没资格为您效力。虽然这样，仍然希望接受您的命令。"太子从而邀集党徒、聚合民众，将军市被包围了公宫，攻打子之，没能攻克。将军市被和贵族们又反过来攻打太子平，将军市被战死，尸体被示众。由于几个月的动乱，死了好几万人，民众恐惧，贵族们各怀打算。孟轲对齐王说："现在讨伐燕国，正是文王、武王举兵的形势，不可丧失呀！"齐王因此命令章子率领五都的军队，会合北边的军队一起讨伐燕国。燕国的士兵不肯出战，不肯关闭城门，燕王哙死于战乱，齐军获得大胜。燕国子之死后二年，燕国人共同拥立太子平，这就是燕昭王。

燕昭王于破燕之后即位，卑身厚币以招贤者。谓郭隗曰：[1]"齐因孤之国乱而袭破燕，孤极知燕小力少，不足以报。然诚得贤士以共国，以雪先王之耻，孤之愿也。先生

视可者,得身事之。"郭隗曰:"王必欲致士,先从隗始。况贤于隗者,岂远千里哉!"于是昭王为隗改筑宫而师事之。乐毅自魏往,[2]邹衍自齐往,[3]剧辛自赵往,[4]士争趋燕。燕王吊死问孤,[5]与百姓同甘苦。

【注释】〔1〕"郭隗",燕人。隗,音 wěi。 〔2〕"乐毅",魏乐羊之后,素习兵书。燕昭王任为上将军,率秦、楚、韩、赵、魏诸军伐齐,攻占七十余城,以功封于昌国,号昌国君。燕惠王即位后,齐使反间计,燕惠王以骑劫代乐毅为将,毅惧诛奔赵,赵封于观津,号望诸君。 〔3〕"邹衍",又作驺衍,约公元前三〇五年至前二四〇年在世,齐临淄人,主阴阳家说,"深观阴阳消息",提出"五德终始"说,认为时世盛衰兴亡,皆随金、木、水、火、土五德为转移,把春秋、战国时代流行的"五行"说附会于社会历史变动和王朝兴替上,盛称"锜祥度制",成为两汉谶纬学说的主要来源之一。《汉书·艺文志》著录《邹子》四十九篇,《邹子终始》五十六篇,皆不传。 〔4〕"剧辛",赵人。据本篇剧辛于昭王即位时来燕,下文又曰喜王十七年伐赵,为赵所杀。昭王即位至喜王十七年共历七十余年,剧辛难有如此长寿,疑剧辛赴燕或晚于此。 〔5〕"吊",哀悼死者,慰问死者亲属。

【译文】燕昭王在燕国被攻破之后继位,用谦恭的态度和丰厚的奖赏招揽有才能的人。他对郭隗说:"齐国趁我国内乱而偷袭和攻破了我国,我深知燕国弱小,无力报仇。然而一旦得到有才能的人一起治理国家,借以洗刷先王的耻辱,实在是我的愿望啊!您发现可帮我实现这一愿望的人,我一定亲身善待他。"郭隗说:"君王决心招引有才能的人,就先从我开始做起。那些比我更有才干的人,还会嫌千里为远吗?"于是昭王为郭隗改建官府,拿他当老师看待。乐毅从魏国赶来,邹衍从齐国赶来,剧辛从赵国赶来,有才干的人都争相赶往燕国。燕王悼唁死者,慰问孤儿,与臣下同甘共苦。

二十八年,燕国殷富,士卒乐轶轻战,于是遂以乐毅为上将军,与秦、楚、三晋合谋以伐齐。齐兵败,湣王出亡于外。燕兵独追北,[1]入至临淄,[2]尽取齐宝,烧其宫室宗庙。齐城之不下者,独唯聊、莒、即墨,[3]其余皆属燕,六岁。

【注释】〔1〕"北",败北、败逃。 〔2〕"临淄",古营丘,齐献公自薄姑迁都于此,更名临淄,春秋战国为齐国都。 〔3〕"聊",聊城,今山东聊城西北。按:本书《乐毅田单列传》及《战国策·齐策》《燕策》并无"聊",疑"聊"字衍。"莒",音 jǔ,今山东莒县境。"即墨",故城在墨水边,故称即墨,今山东平度县东南。

【译文】二十八年,燕国殷实富足,士兵们乐于出征对于伤亡不当回事。于是便任命乐毅为上将军,与秦国、楚国、韩国、赵国、魏国一起合谋征伐齐国。齐军战败,齐湣王逃离国都。燕国军队独自追杀败军,进入到齐国都城临淄,掠走了齐国全部宝物,烧毁了齐国的宫殿和宗庙。齐国城市未被攻占的,只剩聊城、莒城和即墨城,其他的全都隶属燕国所有,长达六年。

昭王三十三年卒,子惠王立。[1]

【注释】〔1〕"惠王",公元前二七八年至前二七二年在位。

【译文】昭王在位三十三年去世,儿子惠王继位。

惠王为太子时,与乐毅有隙;[1]及即位,疑毅,使骑劫代将。乐毅亡走赵。[2]齐田单以即墨击败燕军,[3]骑劫死,燕兵引归,齐悉复得其故城。湣王死于莒,乃立其子为襄王。[4]

【注释】〔1〕"隙",音 xì,缝隙、裂痕,引申为怨恨、纷争。 〔2〕"乐毅亡走赵",赵封乐毅于观津(今河北武邑东南),后死于赵。 〔3〕"田单",齐将,临淄(今山东淄博)人,初为市吏,乐毅破齐时,他坚守即墨,后施反间计,使燕以骑劫代乐毅为将,他用火牛阵击败燕军,一举收复七十余城,被齐襄王任为相国,封安平君。 〔4〕"襄王",名法章,公元前二八三年至前二六五年在位。

【译文】惠王还是太子的时候,跟乐毅有过怨仇;及到继位,猜疑乐毅,让骑劫取代乐毅统兵。乐毅逃亡到赵国。齐国的田单依据即墨打败燕国军

队,骑劫战死,燕国军队撤退回国,齐国收复了全部原有城镇。齐湣王死在莒城,便拥立他的儿子为襄王。

惠王七年卒。[1]韩、魏、楚共伐燕。[2]燕武成王立。[3]

【注释】[1]"惠王七年卒",本书《赵世家》赵惠文王二十八年(公元前二七一年)载"燕将成安君公孙操弑其王",《年表》是年为燕武成王元年,知惠王为其相公孙操所杀。 [2]"韩、魏、楚共伐燕",《楚世家》载顷襄王二十七年,"使三万人助三晋伐燕",《魏世家》《赵世家》未载此事。 [3]"燕武成王",惠王子,公元前二七一年至前二五八年在位。

【译文】惠王在位七年去世。韩国、魏国、楚国共同征伐燕国。燕武成王继位。

武成王七年,齐田单伐我,拔中阳。[1]十三年,秦败赵于长平四十余万。[2]十四年,武成王卒,子孝王立。[3]

【注释】[1]"中阳",应是"中人"之误,《赵世家》"伐中山,又战于中人",在今河北唐县西北。[2]"长平",赵邑,在今山西高正县西北。秦将白起大败赵军于此,坑杀降卒四十万。 [3]"孝王",公元前二五七年至前二五五年在位。

【译文】武成王七年,齐国的田单带兵征伐燕国,攻陷了中阳。十三年,秦国军队在长平打败了赵国四十多万大军。在位十四年,武成王去世,儿子孝王继位。

孝王元年,秦围邯郸者解去。[1]三年卒,子今干喜立。[2]

【注释】[1]"秦围邯郸者解去",据《秦本纪》昭襄王四十八年十月,"五大夫陵攻赵邯郸",四十九年正月,"益发卒佐陵。陵战不善,免,王龁代将","龁攻邯郸,不拔,去"。 [2]"喜",燕王喜公元前二五四年至前二二二年在位,为秦所迫徙居辽东,终为秦所灭。

【译文】孝王元年,围困邯郸的秦国解围离

去。孝王在位三年去世,儿子燕王喜继位。

今王喜四年,秦昭王卒。[1]燕王命相栗腹约欢赵,以五百金为赵王酒。[2]还报燕王曰:"赵王壮者皆死长平,其孤未壮,可伐也。"王召昌国君乐间问之。[3]对曰:"赵四战之国,[4]其民习兵,不可伐。"王曰:"吾以五而伐一。"对曰:"不可。"燕王怒,群臣皆以为可。卒起二军,车二千乘,栗腹将而攻鄗,[5]卿秦攻代。[6]唯独大夫将渠谓燕王曰:[7]"与人通关约交,以五百金饮人之王,使者报而反攻之,[8]不祥,兵无成功。"燕王不听,自将偏军随之。[9]将渠引燕王绶止之曰:[10]"王必无自往,往无成功。"王蹴之以足。[11]将渠泣曰:"臣非以自为,为王也!"燕军至宋子,[12]赵使廉颇将,[13]击破栗腹于鄗。乐乘破卿秦于代。乐间奔赵。廉颇逐之五百余里,围其国。燕人请和,赵人不许,必令将渠处和。燕相将渠以处和。赵听将渠,解燕围。

【注释】[1]"秦昭王",亦曰昭襄王,名稷,公元前三〇六年至前二五一的在位。 [2]"以五百金为赵王酒",《战国策》作"以百金为赵孝成王寿,酒三日反报",此处疑有错漏。 [3]"乐间",乐毅奔赵后,燕王复以其子乐间为昌国君。 [4]"赵四战之国",赵西接秦,南毗韩、魏,北连胡貊,皆强国劲敌,四面皆有战事,故称四战之国。 [5]"鄗",音hào,赵邑,今河北柏乡县北。 [6]"卿秦攻代",《战国策》作廉颇以二十万遇栗腹于鄗,乐乘以五万遇庆秦于代,燕人大败。与此不同。"卿秦",燕将。"代",古国名,在今河北蔚县东北,公元前四七五年为赵襄子所灭,襄子将其封与其侄赵周。 [7]"将渠",燕相。 [8]"报",对邻国通问修好的报答回访。 [9]"偏军",配合主力部队的军队。 [10]"绶",丝带。 [11]"蹴",同"蹴",音cù,踢。 [12]"宋子",赵地,今河北巨鹿一带。 [13]"廉颇",赵将,赵惠文王时,因率师破齐,拜为上卿;赵孝成王十五年,领兵大破燕军于鄗,封为信平君,任相国;赵悼襄王时获罪奔魏,后病死楚寿春。

【译文】燕王喜四年,秦昭王去世。燕王派国相栗腹同赵国订立友好同盟,用五百镒钱为赵王作

贺礼。栗腹回到燕国后向燕王禀报说:"赵国年轻力壮的人都死在长平,他们的孤儿还未成年,可趁此机会攻伐它。"燕王召唤昌国君乐间询问此事。乐间回答说:"赵国的周边国家都是军事强国,它的军民善于作战,不可同它作战。"燕王说:"我用五倍的兵力攻打它。"回答说:"那也不可以。"燕王发怒,大臣们都说可以征伐。终于决定调动两支军队,战车两千辆,由栗腹统领一支军队攻打鄗邑,由卿秦统领一支军队攻打代邑。唯独大夫将渠对燕王说:"与邻国开放边界,订立同盟,用五百镒钱作礼物,使者回报后反而去攻打人家,这样做不吉祥,交战是不会取胜的。"燕王不听劝告,亲自率领后备队跟随。将渠拉着燕王的绶带阻止他说:"君王千万不要亲自前去,去不会成功。"燕王用脚踢他,将渠哭泣着说:"臣下不是为自己考虑,而是为君王着想啊!"燕国军队到达宋子,赵国任命廉颇统兵,在鄗地击败了栗腹的军队,乐乘在代地打败了卿秦。乐间逃奔到赵国。廉颇追杀燕国军队五百多里,包围了燕国的国都。燕国请求议和,赵国不答应,一定要让将渠来办理和谈的事。燕国任命将渠为国相参加和谈。赵国接受了将渠的请和,解除了对燕国的包围。

六年,秦灭东周,[1]置三川郡。[2]七年,秦拔赵榆次三十七城,[3]秦置大原郡。[4]九年,秦王政初即位。[5]十年,赵使廉颇将攻繁阳,[6]拔之。赵孝成王卒,[7]悼襄王立。[8]使乐乘代廉颇,[9]廉颇不听,攻乐乘,乐乘走,廉颇奔大梁。[10]十二年,赵使李牧攻燕,[11]拔武遂、方城。[12]剧辛故居赵,[13]与庞煖善,[14]已而亡走燕。燕见赵数困于秦,而廉颇去,令庞煖将也,欲因赵弊攻之。[15]问剧辛,辛曰:"庞煖易与耳。"燕使剧辛将击赵,赵使庞煖击之,取燕军二万,杀剧辛。秦拔魏二十城,[16]置东郡。[17]十九年,秦拔赵之邺九城。[18]赵悼襄王卒。[19]二十三年,太子丹质于秦,[20]亡归燕。二十五年,秦虏灭韩王安,[21]置颍川郡。[22]二十七年,秦虏赵王迁,[23]灭赵。赵公子嘉自立为代王。[24]

【注释】〔1〕"秦灭东周",秦庄襄王元年(公元前二四九年)任用吕不韦为相国,灭掉了建都于巩(今河南巩县)的东周。东周,古国名,周显王二年

(公元前三六七年),西周惠公封其少子班于巩,号东周。〔2〕"三川郡",秦在灭巩(东周)后,又出兵攻韩,取得韩的成皋、荥阳,连同原先的西周(周末周考王以王城故地分封其弟揭,为桓公,王都在洛阳,王城在西,故称西周,公元前二五六年,为秦将摎攻灭)、东周故土,合建成三川郡。三川郡因有伊、洛、河三川故名。〔3〕"秦拔赵榆次三十七城",本书《秦纪》庄襄王三年"蒙骜攻魏高都、汲,拔之。攻赵榆次、新城、狼孟,取三十七城",即指此。"榆次",春秋时为晋之魏榆,战国属赵,称榆次。〔4〕"大原郡",治所在晋阳,今山西太原市西南。古"大"通"太",故大原郡又作"太原郡"。〔5〕"秦王政初即位",公元前二四六年,嬴政即秦王位。〔6〕"繁阳",今河南内黄县东。〔7〕"赵孝成王",名丹,惠文王子,公元前二六五年至前二四五年在位。〔8〕"悼襄王",孝成王子,名偃。〔9〕"乐乘",乐毅宗人,赵将。〔10〕"大梁",魏都,今河南开封。〔11〕"李牧",赵将。〔12〕"武遂",今河北安平县东。"方城",今河北固安县南。〔13〕"剧辛",本赵人,后仕燕。〔14〕"庞煖",赵将。煖,音 xuǎn。〔15〕"弊",疲困。〔16〕"秦拔魏二十城",本书《秦始皇本纪》曰"五年,将军骜攻魏,定酸枣、燕、虚、长平、雍丘、山阳城,皆拔之,取二十城"。〔17〕"东郡",治所在今河南濮阳县南。〔18〕"邺",音 yè,今河南安阳。《秦始皇本纪》曰:"十一年,王翦、桓齮、杨端和攻邺,取九城。"〔19〕"赵悼襄王",名偃,孝成王子,公元前二四四年至前二三六年在位。〔20〕"太子丹",亦称燕丹,燕王喜之太子。"质",人质。〔21〕"韩王安",韩桓惠王子,立九年亡。《秦始皇本纪》曰"十七年,内史腾攻韩,得韩王安,尽纳其地,以其地为郡,命曰颍川"。〔22〕"颍川郡",春秋时为郑地,战国时为韩都,秦始皇十七年置颍川郡,辖今河南省中部及南部地。〔23〕"赵王迁",悼襄王子,又称幽缪王,亦称幽愍王,《赵世家》太史公曰:"吾闻冯王孙曰:'赵王迁,其母倡也,嬖于悼襄王。悼襄王废適子嘉而立迁。迁素无行,信谗,故诛其良将李牧,用郭开。'"《秦始皇本纪》曰"十九年,王翦、羌瘣尽定取赵地东阳,得赵王(迁)"。〔24〕"赵公子嘉",悼襄王嫡子,《赵世家》"秦既虏迁,赵之亡大夫共立嘉为王,王代六岁,秦进兵破嘉,遂灭赵以为郡"。"代",春秋时晋地,战国属赵,今山西代县、繁峙、五台、原平等县。

【译文】燕王喜六年,秦国推翻了东周王室,设置三川郡。七年,秦国军队攻陷赵国榆次等三十

七座城镇，设置了大原郡。九年，秦王嬴政新继位。十年，赵国任命廉颇统领军队攻打繁阳，占领了它。赵孝成王去世，悼襄王继位。派乐乘接替廉颇，廉颇不服从，攻打乐乘，乐乘逃走，廉颇奔走大梁。十二年，赵国派李牧进攻燕国，攻陷了武遂、方城。剧辛从前在赵国居住过，与庞煖交好，后来逃亡到燕国。燕王看到赵国屡次被秦国围攻，而廉颇又离去，便派庞煖统率军队，想趁赵国陷于困境时攻打它。就此事询问剧辛，剧辛说："庞煖好对付。"燕国派剧辛带兵打赵国，赵国派庞煖迎击燕国军队，消灭燕军二万人，杀掉了剧辛。秦国军队攻陷魏国二十座城镇，设置了东郡。十九年，秦国军队攻陷赵国的邺等九座城镇。赵悼襄王去世。二十三年，太子丹被派到秦国做人质，逃回燕国。二十五年，秦国俘虏了韩王安，灭了韩国，设置了颍川郡。二十七年，秦国俘虏了赵王迁，灭亡了赵国。赵国的公子嘉自立为代王。

燕见秦且灭六国，[1]秦兵临易水，[2]祸且至燕。太子丹阴养壮士二十人，使荆轲献督亢地图于秦，[3]因袭刺秦王。秦王觉，杀轲，使将军王翦击燕。二十九年，秦攻拔我蓟，[4]燕王亡，徙居辽东，[5]斩丹以献秦。[6]三十年，秦灭魏。[7]

【注释】[1]"且"，将。 [2]"易水"，水名。其水有三，皆发源河北易县。起自定兴西南入拒马河，为中易，今大部已干涸。在定兴西沙河流入合于中易者为北易，即今之易水。经徐水县名瀑河者为南易。 [3]"荆轲"，卫人，称荆卿，又称庆卿，为太子丹客，受命至秦刺秦王，诈献秦仇樊於期首级与燕督亢地图。藏匕首于图中，展图取匕首以刺秦王，不中，被杀。"督亢"，燕膏腴之地，在今河北涿县东。佯称献督亢地与秦，故画其图而献焉。 [4]"蓟"，音jì，燕都，今北京市西南。 [5]"辽东"，燕郡名，辖今辽宁东南部辽河以东地。 [6]"丹"，太子丹。太子丹曾派荆轲刺秦王，故斩丹阻秦灭燕。 [7]"秦灭魏"，《秦始皇本纪》曰"二十二年，王贲攻魏，引河沟灌大梁，大梁城坏，其王请降，尽取其地"。

【译文】燕王看到秦国将要灭亡六国，秦国军队进驻易水，大祸将要降临燕国。太子丹私下供养了二十名壮士，派荆轲把督亢的地图献给秦王，乘机袭击并刺杀秦王。秦王发觉，杀死了荆轲，派遣将军王翦攻打燕国。二十九年，秦国军队攻陷燕国的蓟都，燕王出逃，迁居辽东，砍下太子丹的头献给秦王。三十年，秦国灭亡了魏国。

三十三年，秦拔辽东，虏燕王喜，卒灭燕。[1]是岁，秦将王贲亦虏代王嘉。[2]

【注释】[1]"卒灭燕"，《秦始皇本纪》曰"二十五年，大兴兵，使王贲将，攻燕辽东，得燕王喜"，时公元前二二二年。 [2]"代王嘉"，赵公子嘉，秦始皇十九年"赵公子嘉率其宗数百人之代，自立为代王"。

【译文】三十三年，秦国军队攻陷了辽东，俘虏了燕王喜，终于灭亡了燕国。这一年，秦国将军王贲也俘虏了代王嘉。

太史公曰：召公奭可谓仁矣！甘棠且思之，况其人乎？燕外迫蛮貉，内措齐、晋，[1]崎岖强国之间，最为弱小，几灭者数矣。然社稷血食者八九百岁，于姬姓独后亡，岂非召公之烈邪！

【注释】[1]"甘棠"，指召公奭曾听讼于其下之甘棠之树，周人怀召公之德，不伐其树以思之。 [2]"蛮貉"，指落后野蛮的部族，又作"蛮貊"。 [3]"措"，又作"错"，错杂，交错。 [4]"崎岖"，音qí qū，道路险阻不平，比喻处境困难艰险。 [5]"社稷"，社稷即国家。国必有土，土神曰社；民必有食，谷神曰稷，故以社稷代指国家。"血食"，古时杀牲取血，用以祭祀。社稷受享血食喻国家主权尚在。 [6]"于姬姓独后亡"，按：姬姓卫国于公元前二〇九年而灭，姬燕非最后所亡之姬姓国。

【译文】太史公说：召公奭可以称得上仁德了，棠梨树，民众都要怀念它，何况召公本人呢！燕国外受蛮貉部族的侵扰，内受齐国、晋国的欺压，艰难地生存在强国之间，最是弱小，屡次濒于灭亡。然而国家却保持了八九百年的祭祀，在姬姓诸国中唯独它最后灭亡，难道不是召公的功德吗？

史记卷三十五

管蔡世家第五

管叔鲜、[1]蔡叔度者,[2]周文王子而武王弟也。武王同母兄弟十人。母曰太姒,[3]文王正妃也。其长子曰伯邑考,次曰武王发,次曰管叔鲜,次曰周公旦,次曰蔡叔度,次曰曹叔振铎,[4]次曰成叔武,[5]次曰霍叔处,[6]次曰康叔封,[7]次曰冉季载。[8]冉季载最少。同母昆弟十人,[9]唯发、旦贤,左右辅文王,[10]故文王舍伯邑考而以发为太子。及文王崩而发立,是为武王。伯邑考既已前卒矣。

【注释】〔1〕"管叔鲜",周文王子、武王弟、周公旦之兄。武王灭殷后,使弟管叔鲜、蔡叔度协助纣子武庚禄父治理殷之遗民,封管叔于管(今河南省郑州市),使其镇抚殷地之民。武王死后,管叔鲜因与蔡叔度挟武庚反对周公摄政被废灭。因其封于管,故以为氏。鲜,音xiān。〔2〕"蔡叔度",周文王子,武王、周公旦之弟。武王灭殷后,封于蔡(今河南省上蔡县)。武王死后,因与管叔鲜挟武庚反对周公摄政被放逐,其子胡(即蔡仲)续封。平侯时迁都新蔡(今河南省新蔡县),昭侯时迁州来,谓之下蔡(今安徽省寿县)。公元前四四七年为楚所灭。〔3〕"太姒",莘国女,夏禹族后,姒姓。〔4〕"曹叔振铎",周文王子、武王弟。武王灭殷后,封于曹(今山东省定陶县)。公元前四八七年,曹国为宋所灭。〔5〕"成叔武",周文王子、武王弟,武王灭殷后封于成。"成"又作"郕"、"盛",古谓东汉郕阳县为古郕伯国,地在今山东省范县境。〔6〕"霍叔处",周文王子、武王弟,武王灭殷后封于霍,地当今山西省霍县境。公元前六六一年为晋所灭。〔7〕"康叔封",周文王子、武王弟,周公旦平定管、蔡叛乱后,封于卫,建都朝歌,地当今河南省淇县境。公

元前六六〇年为狄所败,迁楚丘(今河南省滑县)。后又迁帝丘(今河南省濮阳县)。公元前二五四年为魏所灭。公元前在秦的支持下复国,迁野王(今河南省沁阳县境)。到秦二世(公元前二〇九年)时亡。〔8〕"冉季载",《国语》、《左传》作"聃季"。《左传》定公四年称"聃季授土",聃地史书失载。因为文王末子,故称"季"。〔9〕"昆弟",又作"晜弟",即兄弟。〔10〕"左",佐。"右",佑。左右,佑助。

【译文】管叔鲜和蔡叔度是周文王的儿子、周武王的弟弟。与武王同母的兄弟有十人。母亲叫太姒,是文王的正妻。她的大儿子叫伯邑考,老二叫武王发,老三叫管叔鲜,老四叫周公旦,老五叫蔡叔度,老六叫曹叔振铎,老七叫成叔武,老八叫霍叔处,老九叫康叔封,老十叫冉季载。冉季载最小。同母兄弟十人,只有姬发、姬旦最贤能,佐佑辅助文王,所以文王舍弃伯邑考而选择姬发作太子。及至文王逝世,姬发继了位,这就是武王。伯邑考在此之前早已去世了。

武王已克殷纣,平天下,封功臣昆弟。于是封叔鲜于管,封叔度于蔡:二人相纣子武庚禄父,[1]治殷遗民。封叔旦于鲁而相周,[2]为周公。封叔振铎于曹,封叔武于成,封叔处于霍。康叔封、冉季载皆少,未得封。

【注释】〔1〕"武庚禄父",殷纣之子,武王灭商封武庚于殷治理殷之遗民。武王死后,武庚利用管叔鲜、蔡叔度对周公旦摄政的不满,起兵叛乱,被废灭。〔2〕"叔旦",即周公旦,文王子、武王弟。古

称长子曰"伯",次子曰"叔",末子曰"季"。故文王长子称伯邑考,末子称冉季载,余皆称"叔"。叔旦封国于鲁,而辅相王室。

【译文】武王灭亡殷纣之后,平定了天下,便分封有功的大臣和自己的兄弟。在此期间把叔鲜封于管,叔度封于蔡,他们作为殷纣王儿子武庚禄父的辅佐,治理殷朝遗留的民众。把叔旦封于鲁而作周王朝的国相,这就是周公。把叔振铎封于曹,叔武封于成,叔处封于霍。康叔封、冉季载都还年幼,未能受封。

武王既崩,成王少,周公旦专王室。[1]管叔、蔡叔疑周公之为不利于成王,乃挟武庚以作乱。周公旦承成王命伐诛武庚,杀管叔,而放蔡叔,迁之,[2]与车十乘,徒七十人从。而分殷余民为二:其一封微子启于宋,[3]以续殷祀;[4]其一封康叔为卫君,是为卫康叔。封季载于冉。冉季、康叔皆有驯行,[5]于是周公举康叔为周司寇,[6]冉季为周司空,[7]以佐成王治,皆有令名于天下。[8]

【注释】[1]"专",专擅、专权。 [2]"迁",放逐。 [3]"微子启",殷帝乙之长子,纣之庶兄,因见商政腐败,数谏纣王,王不听,遂出走。武王灭殷,乞降于周。周公旦攻灭武庚后,封于宋,都商丘(今河南省商丘)。春秋时宋襄公曾图霸未成。战国初年受韩、魏所逼,迁都彭城(今江苏省徐州)。公元前二八六年,为齐所灭。汉代为避景帝讳,称微子启为微子开。 [4]"祀",对列祖列宗的祭祀。 [5]"驯",顺、善。 [6]"举",举荐、擢举。"司寇",官名,掌管刑狱。 [7]"司空",官名,掌管工程。金文作"司工"。 [8]"令名",美名。

【译文】武王逝世时,成王尚年幼,周公旦独掌王政。管叔、蔡叔猜疑周公的行为将不利于成王,于是便挟持武庚叛乱。周公旦秉承成王的命令讨伐诛灭了武庚,杀死了管叔,放逐了蔡叔,把他迁离原封地,给了十辆车,七十名随从。将殷遗民分为两部分,其中一部分给微子启,封建宋国,由他延续殷人的祭祀;另一部分给康叔,封为卫君,这就是卫康叔。把季载封在冉。冉季和康叔都有良好的品行,于是周公便推举康叔担任周王朝的司寇,冉

季为周王朝的司空,以佑助成王治理国家,他们在全国都有很好的名声。

蔡叔度既迁而死。其子曰胡,胡乃改行,率德驯善。[1]周公闻之,而举胡以为鲁卿士,[2]鲁国治。于是周公言于成王,复封胡于蔡,[3]以奉蔡叔之祀,是为蔡仲。余五叔皆就国,[4]无为天子吏者。

【注释】[1]"率",遵,循。"驯",顺,从。 [2]"卿士",执政大夫。 [3]"蔡",今河南省上蔡县。 [4]"余五叔",实为四叔:蔡叔、曹叔、成叔、霍叔。管叔被杀,国不存。

【译文】蔡叔度在流放后便死去。他的儿子叫姬胡,姬胡更改了他父亲的所为,尊守法纪。周公听到这些情况,便推举姬胡为鲁国的卿士,而且周公还禀告成王,把姬胡重新封于蔡,来供奉蔡叔的祭祀,这就是蔡仲。成王其余的五个叔父都各就自己的封国,没有担任天子官吏的。

蔡仲卒,子蔡伯荒立。蔡伯荒卒,子宫侯立。宫侯卒,子厉侯立。厉侯卒,子武侯立。武侯之时,周厉王失国,[1]奔彘,[2]共和行政,[3]诸侯多叛周。

【注释】[1]"周厉王失国",指周厉王(胡)实行暴政,残酷镇压诽议他的人,公元前八四二年,国人起义,将周厉王赶出国都。失国,指失去对国家的统治。 [2]"彘",音 zhì,今山西省霍县。 [3]"共和行政",史称厉王被逐后,周王室由周公、召公共同执掌国家大政为"共和行政",时当公元前八四一年。

【译文】蔡仲去世,儿子蔡伯荒继位。蔡伯荒去世,儿子宫侯继位。宫侯去世,儿子厉侯继位。厉侯去世,儿子武侯继位。在武侯时,周厉王失掉国政,逃跑到彘地,王室由周公、召公共同执政,很多诸侯背叛了周王朝。

武侯卒,子夷侯立。夷侯十一年,周宣王即位。[1]二十八年,夷侯卒,子釐侯所事立。[2]

【注释】〔1〕"周宣王",厉王子,公元前八四七年即位。 〔2〕"釐",音 xī,通"僖"。《史记》作"釐",《春秋》皆作"僖"。

【译文】武侯去世,儿子夷侯继位。夷侯十一年时,周宣王即位。在位二十八年,夷侯去世,儿子釐侯所事继位。

釐侯三十九年,周幽王为犬戎所杀,〔1〕周室卑而东徙。〔2〕秦始得列为诸侯。〔3〕

【注释】〔1〕"周幽王为犬戎所杀",周幽王重用虢石父,对人民实行残酷剥削,加以地震和旱灾,使人民流离失所;对六济之戎之战大败;宠爱褒姒,废除申后和太子宜臼,使得申侯联合犬戎攻周,将其杀于骊山之下,西周从此灭亡,事在公元前七七一年。 〔2〕"周室卑而东徙",申侯联合犬戎杀了幽王后,周天子的地位从此衰微,周王本身也成了强大起来的诸侯随意利用的工具。杀了幽王以后,申侯、鲁侯及许文公乃拥立被废太子宜臼为王,这就是周平王。鉴于镐京已很残破,又地近戎人,易遭侵扰,平王在郑、卫、秦、晋的护送下迁都洛邑(今河南省洛阳市),即所谓"东徙"。徙,音 xǐ,迁移。 〔3〕"秦始得列为诸侯",因秦襄公以兵护送平王东迁有功,于周平王元年(公元前七七〇年)被首次封为诸侯。

【译文】釐侯三十九年时,周幽王被犬戎杀死,周王室的地位卑微,不得不向东迁都。秦国开始列入诸侯国。

四十八年,釐侯卒,子共侯兴立。共侯二年卒,子戴侯立。戴侯十年卒,子宣侯措父立。
宣侯二十八年,鲁隐公初立。〔1〕三十五年,宣侯卒,子桓侯封人立。桓侯三年,鲁弑其君隐公。〔2〕二十年,桓侯卒,弟哀侯献舞立。

【注释】〔1〕"宣侯二十八年,鲁隐公初立",宣侯二十八年即鲁隐公初登君位之年。这一年是我国编年体史书《春秋》首起之年,也是史称春秋时期所起之年,即公元前七二二年。初,首次,开始。 〔2〕"桓侯三年,鲁弑其君隐公",桓侯三年时,鲁公子翚(羽父)指使人杀鲁隐公而立鲁桓公,时为鲁隐公十一年,公元前七一二年。"弑",音 shì,古代称臣杀君、子杀父为"弑"。

【译文】在位四十八年,釐侯去世,儿子共侯兴继位。共侯在位二年去世,儿子戴侯继位。戴侯在位十年去世,儿子宣侯措父继位。
宣侯二十八年时,鲁隐公开始继位。在位三十五年,宣侯去世,儿子桓侯封人继位。桓侯三年时,鲁国人杀死了他们的国君鲁隐公。在位二十年,桓侯去世,弟弟哀侯献舞继位。

哀侯十一年,初,〔1〕哀侯娶陈,息侯亦娶陈。〔2〕息夫人将归,〔3〕过蔡,蔡侯不敬。息侯怒,请楚文王:"来伐我,我求救于蔡,蔡必来,楚因击之,可以有功。"楚文王从之,虏蔡哀侯以归。哀侯留九岁,死于楚。凡立二十年卒。蔡人立其子肸,是为缪侯。

【注释】〔1〕"初",从前,此为追溯往事之辞。〔2〕"息侯",姬姓,古诸侯国在今河南省息县一带。〔3〕"息夫人",《左传》称"息妫"。"归",归国返家。息夫人为陈女,此指归母家省亲。 〔4〕"过蔡",陈都宛丘在今河南省淮阳县,蔡都在今河南省上蔡县,故息夫人由息归陈必过蔡。〔5〕"蔡侯不敬",《左传》称当息夫人过蔡时,蔡哀侯曾拦截欲观其美貌,这一无礼行为惹怒了息侯。 〔6〕"肸",音 xī。〔7〕"缪侯",《左传》作"穆侯"。

【译文】哀侯十一年。早先,哀侯娶陈国女为妻,息侯也娶陈国女为妻。息夫人将回陈国省亲,路过蔡国,蔡侯对她不尊敬。息侯很生气,请求楚文王说:"楚国来讨伐我,我向蔡国求救,蔡国必定派军队前来,楚军可趁机袭击它,能够取胜。"楚文王听了这个建议。俘虏了蔡哀侯并把他带回楚国。蔡哀侯留在楚国九年,死在那里。蔡哀侯一共在位二十年去世。蔡国人拥立他的儿子肸为国君,这就是缪侯。

缪侯以其女弟为齐桓公夫人。〔1〕十八年,齐桓公与蔡女戏船中,夫人荡舟,桓公止之,不止,公怒,归蔡女而不绝也。〔2〕蔡侯怒,嫁其弟。〔3〕齐桓公怒,伐蔡;蔡溃,遂虏缪侯,南至楚邵陵。〔4〕已而诸侯为蔡谢

齐,[5]齐侯归蔡侯。二十九年,缪侯卒,子庄侯甲午立。

【注释】〔1〕"女弟",妹妹。 〔2〕"归",归还,送归,回归。 〔3〕"其弟",即嫁与齐桓公的蔡侯女弟(妹妹)。 〔4〕"邵陵",楚地名,又作"召陵",其地不详。 〔5〕"谢",道歉,谢过,谢罪。

【译文】缪侯把他的妹妹嫁给齐桓公作夫人。十八年,齐桓公与蔡女在船中嬉戏,夫人用力把船摇得晃动起来,桓公阻止她,她仍不停止,桓公很生气,把蔡女送回国但并未断绝夫妻关系。蔡侯也很生气,把妹妹另嫁他人。齐桓公大为光火,兴兵伐蔡。蔡军溃败,于是俘虏了缪侯,并乘势向南进军到达楚国的邵陵。不久诸侯替蔡国向齐国赔罪,齐侯让蔡侯归国。在位二十九年,缪侯去世,子庄侯甲午继位。

庄侯三年,齐桓公卒。十四年,晋文公败楚于城濮。[1]二十年,楚太子商臣弑其父成王代立。[2]二十五年,秦穆公卒。[3]三十三年,楚庄王即位。[4]三十四年,庄侯卒,子文侯申立。

【注释】〔1〕"晋文公败楚于城濮",晋、楚城濮之战是春秋时代最著名的大战,是役奠定晋文公的霸主地位,时当公元前六三二年。 〔2〕"楚太子商臣弑其父成王代立",楚太子商臣因其父成王欲立其庶弟王子职而废己,杀其父而自立为穆王,时当公元前六二六年。 〔3〕"秦穆公",公元前六五九年至前六二一年在位。任用百里奚、蹇叔、由余,击败晋国,俘晋惠公,灭梁、芮。后受晋国钳制,转而向西发展,攻灭十二国,遂称霸西戎,为春秋五霸之一。 〔4〕"楚庄王",公元前六一三年至前五九一年在位。曾先后灭庸、伐宋、伐陈、围郑、伐陆浑戎,观兵于周境,问王鼎之大小轻重,邲之战大败晋军,陆续使鲁、宋、陈归附,成为春秋五霸之一。

【译文】庄侯三年,齐桓公去世。十四年,晋文公在城濮打败楚国的军队。二十年,楚国太子商臣杀死了他的父亲成王接替了王位。二十五年,秦穆公去世。三十三年,楚庄王继位。在位三十四年,庄侯去世,儿子文侯申继位。

文侯十四年,楚庄王伐陈,杀夏征舒。[1]十五年,楚围郑,[2]郑降楚,楚复绳之。[3]二十年,文侯卒,子景侯固立。

【注释】〔1〕"楚庄王伐陈,杀夏征舒",陈大夫夏征舒杀陈灵公自立为陈侯,楚庄王因此率诸侯伐陈,并杀夏征舒立灵公太子午为成公,时当公元前五九八年。 〔2〕"楚围郑",楚因郑于上一年与晋盟于鄢陵而伐之,时当公元前五九七年。 〔3〕"绳",音 shì,通"释",释放,舍弃。此指放弃对郑国的攻占。

【译文】文侯十四年,楚庄王出兵伐陈国,杀了夏征舒。十五年,楚国军队包围了郑国的都城,郑国君主向楚军投降,楚军释放了郑君。二十年,文侯去世,儿子景侯固继位。

景侯元年,楚庄王卒。四十九年,景侯为太子般娶妇于楚,而景侯通焉。[1]太子弑景侯而自立,是为灵侯。

【注释】〔1〕"通",通奸。

【译文】景侯元年,楚庄王去世。四十九年,景侯从楚国为太子般娶妻,而后景侯又与她通奸。太子杀了景侯而自立为国君,这就是灵侯。

灵侯二年,楚公子围弑其王郏敖而自立,[1]为灵王。九年,陈司徒招弑其君哀公。[2]楚使公子弃疾灭陈而有之。[3]十二年,楚灵王以灵侯弑其父,诱蔡灵侯于申,[4]伏甲饮之,[5]醉而杀之,刑其士卒七十人。令公子弃疾围蔡。十一月,灭蔡,使弃疾为蔡公。

【注释】〔1〕"楚公子围弑其王郏敖而自立",指公子围在出使郑国途中听到楚王郏敖患病的消息后,回宫借探病之机绞杀郏敖而自立为楚君。郏,音 jiá。 〔2〕"陈司徒招弑其君哀公",陈司徒招因陈哀公病而杀悼太子,立留为太子,哀公怒而欲杀招,招率兵围哀公,逼杀哀公。 〔3〕"楚使公子弃疾灭陈而有之",指楚因司徒招废嫡(悼太子)立庶(留)杀哀公而派公子弃疾攻占陈国,使弃疾为陈

公。〔4〕"申"，本国名，姜姓，后为楚之大邑，即今之河南省南阳市。〔5〕"饮"，音 yìn，使人饮，此指用酒待人。

【译文】灵侯二年，楚国的公子围杀了他的父王郏敖而自立为王，即灵王。九年，陈国司徒招杀死了他的国君哀公。楚国派遣公子弃疾灭亡了陈国并占领了它。十二年，楚灵王因灵侯杀其父王，诱骗蔡灵侯到申地，埋伏下武士，给灵侯饮酒，待灌醉后便把他杀掉，随从士兵七十人也都杀死。命令公子弃疾包围了蔡国都城。十一月，灭亡了蔡国，任命弃疾作蔡公。

楚灭蔡三岁，楚公子弃疾弑其君灵王代立，为平王。〔1〕平王乃求蔡景侯少子庐，立之，是为平侯。是年，楚亦复立陈。〔2〕楚平王初立，欲亲诸侯，故复立陈、蔡后。

【注释】〔1〕"平侯"，鲁昭公十三年楚平王复蔡国所立，时当公元前五二九年。平侯时蔡迁都新蔡（今河南省新蔡县）。〔2〕"楚亦复立陈"，楚灵王灭陈五年，楚公子弃疾杀灵王自立，为求诸侯支持，将故陈悼太子师子吴立为陈侯，即陈惠公。

【译文】楚国灭亡蔡国后三年，楚国的公子弃疾杀死了他的君父灵王替代而立，即平王。平王于是便找到蔡景侯的幼子庐，立他为君，这就是平侯。这一年，楚国也恢复了陈国，重立了陈侯。楚平王刚刚继位，想讨好诸侯，因而又让陈国、蔡国的后人继位。

平侯九年卒，灵侯般之孙东国攻平侯子而自立，是为悼侯。悼侯父曰隐太子友。隐太子友者，灵侯之太子，平侯立而杀隐太子，故平侯卒而隐太子之子东国攻平侯子而代立，是为悼侯。悼侯三年卒，弟昭侯申立。

昭侯十年，朝楚昭王，持美裘二，〔1〕献其一于昭王而自衣其一。〔2〕楚相子常欲之，〔3〕不与。子常谗蔡侯，〔4〕留之楚三年。蔡侯知之，乃献其裘于子常；子常受之，乃言归蔡侯。蔡侯归而之晋，请与晋伐楚。〔5〕

【注释】〔1〕"裘"，皮衣。〔2〕"衣"，音 yì，穿。

〔3〕"楚相子常"，时子常担任楚令尹之官。令尹为楚官名，居百官之长；相，亦为百官之长，故司马迁称子常为楚相。相，音 xiàng。 〔4〕"谗"，音 chán，说人坏话。〔5〕"蔡侯归而之晋，请与晋伐楚"，蔡昭侯因受子常谗言之害如晋，以其子元与大夫之子为质，请求晋国出兵伐楚。事详《左传》定公三年、四年。

【译文】平侯在位九年去世，灵侯般的孙儿东国打败了平侯的儿子自立为君，这就是悼侯。悼侯的父亲叫隐太子友。隐太子友是灵侯的太子，平侯继位而杀隐太子，所以平侯去世后，隐太子的儿子东国攻打平侯的儿子取代他而继位，这就是悼侯。悼侯在位三年去世，他的弟弟昭侯申继位。

昭侯十年时，去朝见楚昭王，携带了两件贵重漂亮的裘皮衣，把其中一件献给了昭王，另一件自己穿戴着。楚国的国相子常想要那件裘皮衣，昭侯不肯给他。子常在楚王面前说了不少蔡侯的坏话，于是蔡侯被扣留在楚国三年之久。蔡侯知道自己被扣留的原由后，便把那件皮衣献给了子常，子常收下皮衣后，才进言楚王送蔡侯回国。蔡侯回国后便去到晋国，请求随同晋国一道讨伐楚国。

十三年春，与卫灵公会邵陵。〔1〕蔡侯私于周苌弘以求长于卫；〔2〕卫使史鳝言康叔之功德，〔3〕乃长卫。夏，为晋灭沈，〔4〕楚怒，攻蔡。蔡昭侯使其子为质于吴，〔5〕以共伐楚。冬，与吴王阖闾遂破楚入郢。〔6〕蔡怨子常，〔7〕子常恐，奔郑。十四年，吴去而楚昭王复国。〔8〕十六年，楚令尹为其民泣以谋蔡，蔡昭侯惧。二十六年，孔子如蔡。〔9〕楚昭王伐蔡，蔡恐，告急于吴。吴为蔡远，约迁以自近，易以相救；昭侯私许，不与大夫计。吴人来救蔡，因迁蔡于州来。〔10〕二十八年，昭侯将朝于吴，大夫恐其复迁，乃令贼利杀昭侯；〔11〕已而诛贼利以解过，而立昭侯子朔，是为成侯。〔12〕

【注释】〔1〕"会邵陵"，此为晋侯应蔡侯之请，会集诸侯于邵陵，谋伐楚。《春秋》定公四年载这年三月与会的有：刘子（周王室大臣）、晋侯、鲁侯、宋公、蔡侯、卫侯、陈子、郑伯、许男、曹伯、莒子、邾子、顿子、胡子、滕子、薛伯、杞伯、小邾子、齐国夏等。五月，诸侯盟于皋鼬（今河南省临颍县南）。《左传》

称卫侯与蔡侯争长于皋鼬。〔2〕"周苌弘",周王室臣,掌管礼数。苌,音 cháng。"长",此指盟誓歃血的先后秩序。《左传》称苌弘以蔡叔(蔡国始封君蔡叔度)为康叔(卫国始封君康叔封)之兄作理由,将蔡侯安排在卫侯之前歃血。〔3〕"卫使史鰌言康叔之功德",《左传》称卫侯派祝佗(字子鱼,即本文之史鰌)私下向苌弘进言,强调康叔封在灭殷时的功德及蔡叔度谋反的劣迹,要求将卫侯歃血的位秩排在蔡侯之前。鰌,音 qiū。〔4〕"为晋灭沈",《左传》称"沈人不会于召陵,晋人使蔡伐之。夏,蔡灭沈"。沈,国名,在今安徽省阜阳市及河南省沈丘县间。〔5〕"质",人质,质押。此文言蔡昭侯用自己的儿子作人质送往吴国,以求吴国出兵,共同讨伐楚国。此时吴王阖闾在楚国亡臣伍子胥的辅佐下国势大盛,正整军经武,预谋向西扩展,大举进攻楚国。〔6〕"吴王阖闾",名光,用专诸刺死吴王僚而自立,公元前五一四年至前四九六年在位。曾灭徐国,攻破楚国,一度占领楚都郢(今湖北省江陵市)。后在檇李(今浙江省嘉兴市西南)被越王句践战败伤死。阖闾,又作阖庐。〔7〕"蔡怨子常",蔡昭侯因遭子常谗言,被拘楚三年,故怨恨子常,欲乘败楚之机寻子常报仇雪恨。〔8〕"吴去而楚昭王复国",楚昭王兵败逃离郢都后,派申鲍胥求救于秦,秦遣五百乘战车会合楚兵击退吴兵。吴王弟夫概见吴王兵败,遂归吴自立为王,吴王阖闾闻讯即领兵离开楚国回击夫概。时当公元前五〇五年。〔9〕"孔子如蔡",公元前四九八年孔子被迫离开鲁国相位周游列国。他先后游历了宋、卫、陈、蔡、齐、楚诸国,并极力向诸侯国君宣传他的"克己复礼"的主张,皆不为所用。孔子,春秋末期思想家、政治家、教育家,儒家学派创始人。名丘,字仲尼,鲁国陬邑(今山东省曲阜县)人,先世是宋国贵族。〔10〕"因迁蔡于州来",蔡国因受楚国威逼迁都州来。州来,又称下蔡,在今安徽省寿县。〔11〕"贼",危害国家的人。"利",贼名,《孔子世家》称"公孙翩射杀昭公"。〔12〕"成侯",蔡成侯于公元前四九〇年至前四七二年在位。

【译文】十三年春,昭侯与卫灵公在邵陵会盟。蔡侯私下请求周大夫苌弘在会盟中位列卫侯之前;卫侯派史鰌申言卫国始封君康叔的功德,于是仍列卫侯在蔡侯之前。夏天,替晋国灭了沈国,楚王恼怒,攻打蔡国。蔡昭侯遣送自己的儿子到吴国作人质,以求共同讨伐楚国。冬天,与吴王阖闾一道终于打败了楚军,进入郢都。蔡昭侯怨恨子常,子常惧怕受害,逃奔郑国。十四年,吴军离去后

楚昭王重回郢都。十六年,楚国的令尹为本国人民遭受吴国、蔡国的蹂躏而难过,于是便谋划向蔡国报复。蔡昭侯感到十分恐惧。二十六年,孔子来到蔡国。楚昭王进军讨伐蔡国,蔡昭侯恐慌,向吴王告急。吴王认为蔡都太远,与蔡侯约定把都城迁到靠近吴国的地方,以便救援。蔡昭侯私自许诺,未与大夫们商议。吴国军队前来援救蔡国,趁机把蔡国的都城迁到州来。二十八年,蔡昭侯将要去朝见吴王,大夫们害怕他再迁都,便派了一个名叫利的刺客把昭侯暗杀了,过后不久又把这个刺客利杀死以此推卸罪责,并拥立昭侯的儿子朔,这就是成侯。

成侯四年,宋灭曹。〔1〕十年,齐田常弑其君简公。〔2〕十三年,楚灭陈。〔3〕十九年,成侯卒,子声侯产立。声侯十五年卒,子元侯立。元侯六年卒,子侯齐立。

【注释】〔1〕"宋灭曹",公元前四八七年,"曹倍(背叛)宋,又倍(背叛)晋,宋伐曹,晋不救,遂灭曹有之"。曹,周武王弟叔振铎封国,都陶丘(今山东省定陶县西南)。〔2〕"齐田常弑其君简公",公元前四八一年田常(即田成子,齐国大臣)杀死简公,拥立齐平公,任相国,尽杀公族中之强者,扩大封邑,从此齐国由陈氏(即田氏)专权。〔3〕"楚灭陈",公元前四七八年楚灭陈。

【译文】成侯四年,宋国灭亡了曹国。十年,齐国田常杀死了他的国君简公。十三年,楚国灭亡了陈国。在位十九年,成侯去世,儿子声侯产继位。声侯在位十五年去世,儿子元侯继位。元侯在位六年去世,儿子齐继位。

侯齐四年,楚惠王灭蔡,〔1〕蔡侯齐亡,蔡遂绝祀。〔2〕后陈灭三十三年。〔3〕

【注释】〔1〕"楚惠王灭蔡",公元前四四七年楚灭蔡。〔2〕"绝祀",断绝祭祀,指国家灭亡。古代只有封地之君才有祭祀祖先神灵的权利,祭祀权的被剥夺就意味着对这地区统治权的消失,故而古人常以"绝祀"代指亡国。〔3〕"后陈灭三十三年",实应在陈亡后三十一年,蔡亡。

【译文】蔡侯齐四年,楚惠王灭亡了蔡国,蔡侯齐亡命国外,蔡国从此断绝了祭祀。此时是陈国

灭亡后的三十三年。

伯邑考，其后不知所封。武王发，其后为周，有本纪言。管叔鲜作乱诛死，无后。周公旦，其后为鲁，有世家言。蔡叔度，其后为蔡，有世家言。曹叔振铎，其后为曹，有世家言。成叔武，其后世无所见。霍叔处，其后晋献公时灭霍。[1]康叔封，其后为卫，有世家言。冉季载，其后世无所见。

【注释】[1]"霍叔处，其后晋献公时灭霍"，据《国语·晋语》：晋献公十六年（公元前六六一年），太子申生将下军灭霍，《左传》闵公元年亦载此事。

【译文】关于伯邑考，他的子孙后代不知封在哪里。至于武王发，他的后代是周王，详细情况在《周本纪》中已有记述。管叔鲜发动叛乱被处死，没有后代。周公旦，他的后代世为鲁国国君，有《鲁周公世家》记述。蔡叔度，他的后代世为蔡国国君，有《管蔡世家》记述。曹叔振铎，他的后代世为曹国国君，有《管蔡世家》记述。成叔武，他的后代不见记载。霍叔处，他的后代在晋献公时被灭了封地。康叔封，他的后代世为卫国国君，有《卫康叔世家》记述。冉季载，他的后代也不见记载。

太史公曰：管蔡作乱，无足载者。然周武王崩，成王少，天下既疑，赖同母之弟成叔、冉季之属十人为辅拂，[1]是以诸侯卒宗周，故附之世家言。

【注释】[1]"属"，亲属。"拂"，音 bì，通"弼"，辅佐。

【译文】太史公说：管叔、蔡叔发动叛乱，没有什么值得记述的。然而周武王去世后，成王年幼，全国已有人在怀疑，全靠同母兄弟成叔、冉季等十人作为辅佐，因此诸侯终于尊奉周王室，故此把他们附在《世家》中记述。

曹叔振铎者，[1]周武王弟也。武王已克殷纣，封叔振铎于曹。[2]

【注释】[1]"曹叔振铎"，曹国始封君。[2]

"封叔振铎于曹"，曹当今山东定陶。

【译文】曹叔振铎，是周武王的弟弟。武王在灭亡了殷纣王后，把叔振铎封在曹。

叔振铎卒，子太伯脾立。太伯卒，子仲君平立。仲君平卒，子宫伯侯立。宫伯侯卒，子孝伯云立。孝伯云卒，子夷伯喜立。夷伯二十三年，[1]周厉王奔于彘。

【注释】[1]"夷伯二十三年"，时当公元前八四一年。

【译文】叔振铎去世后，儿子太伯脾继位。太伯去世后，儿子仲君平继位。仲君平去世后，儿子宫伯侯继位。宫伯侯去世后，儿子孝伯云继位。孝伯云去世后，儿子夷伯喜继位。夷伯二十三年，周厉王逃奔到彘地。

三十年卒，弟幽伯彊立。[1]幽伯九年，弟苏杀幽伯代立，是为戴伯。戴伯元年，[2]周宣王已立三岁。三十年，戴伯卒，子惠伯兕立。

【注释】[1]"彊"，古"强"字。[2]"戴伯元年"，当公元前八二六年。

【译文】夷伯在位三十年去世，弟弟幽伯强继位。幽伯在位九年，弟弟苏杀幽伯替代他的君位，这就是戴伯。戴伯元年时，周宣王已在王位三年了。在位三十年，戴伯去世，儿子惠伯兕继位。

惠伯二十五年，周幽王为犬戎所杀，[1]因东徙，益卑，诸侯畔之。[2]秦始列为诸侯。

【注释】[1]"惠伯二十五年，周幽王为犬戎所杀"，时当公元前七七一年。[2]"畔"，通"叛"。

【译文】惠伯二十五年，周幽王被犬戎杀死，周王室因此东迁，王室的地位也更加卑微，诸侯们也背叛他。秦国开始进入诸侯行列。

三十六年，惠伯卒，子石甫立，其弟武杀

之代立,是为缪公。缪公三年卒,子桓公终生立。[1]

【注释】[1]"终生",又作"终涅"。

【译文】在位三十六年,惠伯去世,儿子石甫继位,他的弟弟武杀了他而取代了君位,这就是缪公。缪公在位三年去世,儿子桓公终生继位。

桓公三十五年,鲁隐公立。[1]四十五年,鲁弑其君隐公。[2]四十六年,宋华父督弑其君殇公,及孔父。五十五年,桓公卒,子庄公夕姑立。[3]

【注释】[1]"桓公三十五年,鲁隐公立",时当公元前七二二年。 [2]"四十五年,鲁弑其君隐公",时当公元前七一二年。 [3]"夕姑",《春秋》及本书《十二诸侯年表》作"射姑","射"音 yè。古"射"多通"夜",或曰"夕"乃"夜"之讹。

【译文】桓公三十五年,鲁隐公登位。四十五年,鲁国人杀死了他们的国君隐公。四十六年,宋国华父督杀死了他的国君宋殇公及孔父。在位五十五年,桓公去世,儿子庄公夕姑继位。

庄公二十三年,[1]齐桓公始霸。

【注释】[1]"庄公二十三年",当公元前六七九年。

【译文】庄公二十三年,齐桓公开始称霸。

三十一年,庄公卒,子釐公夷立。釐公九年卒,子昭公班立。昭公六年,齐桓公败蔡,遂至楚召陵。[1]九年,昭公卒,子共公襄立。

【注释】[1]"齐桓公败蔡,遂至楚召陵",时当公元前六五六年。

【译文】在位三十一年,庄公去世,儿子釐公夷继位。釐公在位九年去世,儿子昭公班继位。昭公六年,齐桓公打败蔡国,趁势到达楚国的召陵。

在位九年,昭公去世,儿子共公襄继位。

共公十六年,初,晋公子重耳其亡过曹,[1]曹君无礼,欲观其骈胁。[2]釐负羁谏,[3]不听,私善于重耳。二十一年,晋文公重耳伐曹,虏共公以归,令军毋入釐负羁之宗族间。[4]或说晋文公曰:[5]"昔齐桓公会诸侯,复异姓;[6]今君囚曹君,灭同姓,[7]何以令于诸侯?"晋乃复归共公。

【注释】[1]"晋公子重耳其亡过曹",晋公子重耳因王室骊姬之乱出亡,曾路过曹国。 [2]"曹君无礼,欲观其骈胁",曹君(共公)听说重耳骈胁(肋骨与肋骨紧连,长成一片),欲乘其洗浴时偷偷窥看,这是对公子重耳极不礼貌的举动。 [3]"釐负羁",《左传》作"僖负羁",曹大夫。"釐",音 xī。"羁",音 jī。 [4]"间",里门。 [5]"说",音 shuì,劝说。 [6]"复异姓",指恢复异姓诸侯的地位。 [7]"灭同姓",指灭亡同姓诸侯国。在诸强争霸的春秋时期,对同姓和异姓诸侯国的态度,对霸主的地位有着重要影响,因而此处有人劝晋文公送曹共公归国,以争得人心,实现号令诸侯的霸业。

【译文】共公十六年。早先,晋国的公子重耳出亡时路过曹国,曹国君主对他无礼,要看他长成连片的肋骨。釐负羁劝阻共公,共公不听,釐负羁私下与重耳相好。二十一年,晋文公重耳出兵讨伐曹国,俘虏了共公并把他带回国去,同时命令军队不得进入釐负羁宗族的大门。有人劝告晋文公说:"从前齐桓公会合诸侯,恢复异姓诸侯的国家,现在您却囚禁曹国的君主,灭亡同姓诸侯,用什么来向诸侯发号施令呢?"晋国于是又送共公返国。

二十五年,晋文公卒。三十五年,共公卒,子文公寿立。文公二十三年卒,子宣公彊立。[1]宣公十七年卒,弟成公负刍立。

【注释】[1]"宣公彊",《春秋》三《传》、《汉书·古今人表》及本书《十二诸侯年表》"宣公"均名"庐",且宣公之前幽伯名"彊",宣公当不应再名"彊",是知"庐"是"彊"非。

【译文】二十五年,晋文公去世。在位三十五年,共公去世,儿子文公寿继位。文公在位二十三

年去世,儿子宣公强继位。宣公在位十七年去世,弟弟成公负刍继位。

成公三年,晋厉公伐曹,虏成公以归,已复释之。[1]五年,晋栾书、中行偃使程滑弑其君厉公。[2]二十三年,成公卒,子武公胜立。武公二十六年,楚公子弃疾弑其君灵王代立。[3]二十七年,武公卒,子平公须立。平公四年卒,子悼公午立。是岁,宋、卫、陈、郑皆火。

【注释】[1]"晋厉公伐曹,虏成公以归,已复释之",《左传》成公十三年载:"秋,负刍杀其大子而自立也。诸侯乃请讨之。晋人以其役之劳,请俟他年。"十五年载:"春,会于戚,讨曹成公也。"《春秋》成公十五年载:"晋侯执曹伯归于京师。"《左传》载:"诸侯将见子臧于王而立之。子臧辞曰:'《前志》有之曰:"圣达节,次守节,下失节。"为君非吾节也。虽不能圣,敢失守乎?'遂逃,奔宋。"成公十六年,曹人请于晋。晋侯谓子臧:"反(通"返"),吾归而君。"子臧反,曹伯归。 [2]"晋栾书、中行偃使程滑弑其君厉公",鲁成公十八年,晋大夫栾书、中行偃因厉公欲尽除群大夫而立诸宠姬兄弟,而使其党程滑杀厉公。 [3]"武公二十六年,楚公子弃疾弑其君灵王代立",《左传》昭公十三年曰:"夏五月癸亥,王缢于芋尹申亥。"公子弃疾即位,名曰"熊居",是为平王。

【译文】成公三年,晋厉公出兵征伐曹国,俘虏了成公并把他带回国,不久又释放了他。五年,晋国的栾书、中行偃指使程滑杀死了他们的国君。在位二十三年,成公去世,儿子武公胜继位。武公二十六年,楚国的公子弃疾杀死了他的君主灵王取代了君位。在位二十七年,武公去世,儿子平公须继位。平公在位四年去世,儿子悼公午继位。这一年,宋国、卫国、陈国、郑国皆遭受了火灾。

悼公八年,宋景公立。[1]九年,悼公朝于宋,宋囚之;曹立其弟野,是为声公。悼公死于宋,归葬。

【注释】[1]"宋景公",名头曼,公元前五一六年继位。

【译文】悼公八年,宋景公登位。九年,悼公往宋国朝拜,宋国把他囚禁起来,曹国人拥立他的弟弟野,这就是声公。悼公死在了宋国,事后又送回曹国安葬。

声公五年,平公弟通弑声公代立,是为隐公。隐公四年,声公弟露弑隐公代立,是为靖公。[1]靖公四年卒,子伯阳立。

【注释】[1]"是为靖公",《世本》及《春秋》称,悼伯卒,弟露立,谥靖公,无声公、隐公之事。司马迁本节所述当另有所本。

【译文】声公五年,平公的弟弟通杀死声公取代了他的君位,这就是隐公。隐公四年,声公弟露杀死了隐公取代了他的君位,这就是靖公。靖公在位四年去世,儿子伯阳继位。

伯阳三年,国人有梦众君子立于社宫,[1]谋欲亡曹;曹叔振铎止之,请待公孙彊,许之。旦,求之曹,无此人。梦者戒其子曰:"我亡,尔闻公孙彊为政,必去曹,无离曹祸。"[2]及伯阳即位,好田弋之事。[3]六年,曹野人公孙彊亦好田弋,获白雁而献之,且言田弋之说,因访政事。伯阳大说之,[4]有宠,使为司城以听政。[5]梦者之子乃亡去。

【注释】[1]"社宫",土神庙。 [2]"离",通"罹",遭逢。 [3]"田",田猎。"弋",音yì,带绳的箭,此指射猎。 [4]"说",音yuè,通"悦",高兴。 [5]"司城",官名,即司空,掌管建筑工程、车服制造。宋国武公以后改司空为司城,此伯阳任公孙彊以司城,殆仿宋国官制。

【译文】伯阳三年,国中有人梦见许多上层人士聚集在土神庙里,策划灭亡曹国,曹叔振铎阻止他们,请求等待公孙强的到来再举动,上层人士们答应了。天亮后,找遍了曹国,没有公孙强这个人。做梦的人告诫他的儿子说:"我死后,你听到公孙强执政时,一定要离开曹国,不要遭受曹国灭亡的灾害。"待到伯阳继位时,爱好在野外打猎。六年,曹国有个叫公孙强的乡下人也喜好打猎,他擒获到一只白雁把它献给了伯阳,并大谈打猎的门道,伯阳

因而向他请教施政的事情。伯阳非常赏识他,宠信他,任命他为司城,参预国事的决策。做梦人的儿子于是逃亡离去。

公孙彊言霸说于曹伯。十四年,曹伯从之,乃背晋干宋。[1]宋景公伐之,晋人不救。十五年,宋灭曹,[2]执曹伯阳及公孙彊以归而杀之。曹遂绝其祀。

【注释】〔1〕"干",犯。 〔2〕"十五年,宋灭曹",时当公元前四八七年。

【译文】公孙强向伯阳陈说称霸之道。十四年,曹伯信从他,便背叛了晋国,进犯宋国。宋景公讨伐他,晋国不派军队来救援。十五年,宋国灭亡了曹国,捉拿了曹伯阳和公孙强并把他们带回国去杀了。曹国从此断绝了祭祀。

太史公曰:余寻曹共公之不用僖负羁,乃乘轩者三百人,[1]知唯德之不建。及振铎之梦,岂不欲引曹之祀者哉?[2]如公孙彊不修厥政,[3]叔铎之祀忽诸。[4]

【注释】〔1〕"余寻曹共公之不用僖负羁,乃乘轩者三百人",本书《晋世家》载晋文公五年,"晋师入曹,数之以其不用釐负羁言,而用美女乘轩者三百人也"。 〔2〕"引",延长。 〔3〕"厥",其。"不修厥政",指不修霸道之政。 〔4〕"叔铎之祀",指对曹国始封君叔铎的祭祀,这是曹国领主权存在的表征,这一祭祀权的被剥夺,标志着曹国的灭亡。"忽",快速。"诸",之乎。

【译文】太史公说:我探求曹共公不任用僖负羁的原因,原来是他乘坐华贵的高级马车的就有三百人,唯独不建立德政。待到振铎阻止梦中亡曹的企图,难道不是想延续曹国的祭祀吗?如果公孙强不推行他的霸政,曹叔振铎的祭祀能这么快就断绝吗?

史记卷三十六

陈杞世家第六

陈胡公满者，[1]虞帝舜之后也。[2]昔舜为庶人时，[3]尧妻之二女，[4]居于妫汭，[5]其后因为氏姓，姓妫氏。[6]舜已崩，传禹天下，而舜子商均为封国。[7]夏后之时，或失或续。至于周武王克殷纣，[8]乃复求舜后，得妫满，封之于陈，[9]以奉帝舜祀，[10]是为胡公。

【注释】[1]"陈"，陈国，周武王灭商后所封建的诸侯国，其地在今河南省淮阳县至安徽省亳县一带，国都宛丘即今淮阳城。陈国自周武王始封，至春秋鲁哀公十七年、陈湣公二十四年（公元前四七八年）为楚所灭，存国为九百余年。"胡公满"，陈国始封君，胡公为其君号，满为其名。 [2]"虞帝舜之后"，据襄公二十五年及昭公八年《左传》，知满父虞阏父为虞舜后裔。 [3]"庶人"，平民。传说尧禅位于舜，此句当指尧禅位前事。 [4]"二女"，尧之二女相传为娥皇、女英。 [5]"妫汭"，妫水入黄河处。"妫"，音 guī，水名，传说在今山西省永济县南。"汭"，音 ruì，两水相汇处。 [6]"姓妫氏"，有虞氏本姓姚，哀公元年《左传》称"虞思于是妻之以二姚"，《离骚》称"及少康之未嫁兮，留有虞氏之二姚"可证，司马迁此处说舜居妫水后其后代子孙改姓妫，与下文"及胡公，周赐之姓"自相矛盾。昭公八年《左传》称"及胡公不淫（不淫为满之字），故周赐之姓"，知自胡公始姓妫。 [7]"舜子商均为封国"，传说舜子商均封于虞（今河南省虞城），其子虞思事夏少康为相，号幕。其后遂之后希，去殷入周，事周王季为宫尹。希子遏父（即阏父）事周文王为陶正。遏父之子即妫满。 [8]"武王克殷纣"，中国科学院紫金山天文台张钰哲、张培瑜据文献载

是年"岁（岁星）在鹑火"，"五星若连珠"、"武王伐纣，彗星（哈雷彗星）出"等殷周天象，推定为公元前一〇五七年。详见《人文杂志》一九八五年第五期《殷周天象和征商年代》。 [9]"封之于陈"，《左传》称武王以元女太姬配虞胡公，封于陈。《诗谱》称"舜后遏父为周武王陶正（掌管制陶官吏），武王赖其器用，封其子妫满于陈丘，宛丘之侧"，陈都宛丘，即今河南省淮阳县。 [10]"以奉帝舜祀"，此言武王封妫满于陈，使其族人得以世代祭祀其先祖。武王以此手段获取有虞氏后裔对自己统治的服从和支持。

【译文】陈国的君主胡公满，是虞帝舜的后代。当舜还是平民时，尧把两个女儿嫁给他，让他们住在妫水边，他们的后代子孙便使用这水名作为自己的姓氏，姓妫。舜去世后，把帝位传给了禹，舜的儿子商均则做了诸侯。夏代时，他们的封国时断时续。到周武王战胜了商纣王后，才又重新寻找舜的后代，找到妫满后，把他封在陈地，用来供奉帝舜的祭祀，这就是陈胡公。

胡公卒，子申公犀侯立。申公卒，弟相公皋羊立。[1]相公卒，立申公子突，是为孝公。孝公卒，子慎公圉戎立。[2]慎公当周厉王时。慎公卒，子幽公宁立。[3]

【注释】[1]"皋"，音 gāo。 [2]"圉"，音 yǔ。 [3]"幽公宁"，陈幽公十四年即周共和元年，为史可确知的公元前八四一年。案：胡公既为武王所封，传四代即到厉王，于情理相悖，其间必有脱漏。

【译文】胡公去世，他的儿子申公犀侯继位。

申公去世,他的弟弟相公皋羊继位。相公去世,国人立申公的儿子突为国君,这就是孝公。孝公去世,他的儿子慎公圉戎继位。慎公在位时,正当周厉王时。慎公去世,他的儿子幽公宁继位。

幽公十二年,周厉王奔于彘。[1]

【注释】[1]"周厉王奔于彘",史载周厉王施暴政,遭国人驱逐,逃奔于彘。"彘",音 zhì,在今山西省霍县。

【译文】幽公在位的第十二年,周厉王逃奔于彘。

二十三年,幽公卒,子釐公孝立。[1]釐公六年,周宣王即位。[2]三十六年,釐公卒,子武公灵立。武公十五年卒,子夷公说立。[3]是岁,周幽王即位。[4]夷公三年卒,弟平公燮立。平公七年,周幽王为犬·戎所杀,[5]周东徙。[6]秦始列为诸侯。[7]

【注释】[1]"釐",音 xǐ。 [2]"周宣王",宣王在位时不断对淮夷、徐戎、邢狁用兵,加深了西周统治的危机。 [3]"说",音 yuè,同"悦"。 [4]"周幽王",任用虢石父执政,残酷剥削人民,加以地震与旱灾,民众流离失所。因宠爱褒姒,废掉申后和太子宜臼,被申侯联合犬戎杀于骊山之下,西周遂亡。 [5]"犬戎",周代少数部族名,又称鬼方、昆夷,战国以降,又称胡、匈奴,游牧于泾渭流域(今陕西省彬县、岐山县一带)。 [6]"徙",音 xǐ,迁移。幽王被杀后,太子宜臼在秦襄公的护卫下,迁都洛邑(今河南省洛阳市),在晋国、郑国的辅助下立国,史称东周。 [7]"秦",嬴姓,相传是伯益后代,非子作部族首领时,居于犬丘(今甘肃省礼县东北),善养马,被封于秦(今甘肃省张家川东)。秦襄公护送平王东迁有功,被封为诸侯,受赐岐(今陕西省岐山县)以西地。

【译文】幽公即位二十三年去世,他的儿子釐公孝继位。釐公六年时,周宣王继位。釐公在位三十六年去世,他的儿子武公灵继位。武公在位十五年去世,他的儿子夷公说继位。这一年,正是周幽王继王位的那一年。夷公在位三年去世,他的弟弟平公燮继位。平公继位七年,周幽王被犬戎杀了,

周王朝向东迁都。秦国在这一年开始受封为诸侯。

二十三年,平公卒,子文公圉立。

文公元年,取蔡女,生子佗。[1]十年,文公卒,长子桓公鲍立。[2]

【注释】[1]"佗",音 tā。 [2]"桓公鲍",桓公鲍与佗为同父异母兄弟而年长于佗,故得继位。

【译文】平公即位二十三年去世,他的儿子文公圉继位。

文公元年时,娶蔡国女子,生子名佗。文公去世,他的长子桓公鲍继位。

桓公二十三年,鲁隐公初立。[1]二十六年,卫杀其君州吁。[2]三十三年,鲁弑其君隐公。[3]

【注释】[1]"鲁隐公",鲁隐公元年即《春秋》记事的第一年。 [2]"吁",音 xū。卫州吁杀桓公而篡位,后被国人所杀。因其非法篡位而自立,故此处称"杀"不称"弑"。 [3]"弑",音 shì,古称臣杀君、子杀父为"弑君"、"弑父"。

【译文】桓公即位二十三年,鲁隐公开始即位。桓公二十六年时,卫国人杀了他们的国君州吁。桓公三十三年时,鲁隐公被其臣下杀死。

三十八年正月甲戌己丑,[1]桓公鲍卒。桓公弟佗,其母蔡女,故蔡人为佗杀五父及桓公太子免而立佗,[2]是为厉公。桓公病而乱作,国人分散,故再赴。[3]

【注释】[1]"甲戌己丑",古以干支记日,甲戌至己丑共十六天。《春秋》时,各诸侯国凡遇大事必互相通告。桓公死后,公子佗杀太子免而立,因其内乱,故再次通告,所以记下甲戌、己丑两日。本书此段采自《春秋》。因记下甲戌、己丑两日。 [2]"五父",桓公弟。"免",音 wǎn。 [3]"赴",赴告。《春秋》时,各诸侯国遇大事皆相互通报,谓之"赴"。

【译文】桓公三十八年正月甲戌、己丑两日先后通告陈桓公鲍的去世。桓公的弟弟佗的母亲是

蔡国人,蔡人为了让佗继承君位,杀了公子五父和桓公太子免,而扶助佗登君位,这就是厉公。趁桓公生病,蔡人发动了内乱,国人四散避难,因此桓公的死有再次通报。

　　厉公二年,生子敬仲完。[1]周太史过陈,[2]陈厉公使以《周易》筮之,[3]卦得《观》之《否》:[4]"是为观国之光,利用宾于王。[5]此其代陈有国乎? 不在此,[6]其在异国? 非此其身,[7]在其子孙。若在异国,[8]必姜姓。姜姓,太岳之后。[9]物莫能两大,陈衰,此其昌乎?"[10]

　　【注释】[1]"敬仲完",又称陈完、田完(陈、田古音同,通用)、公子完。 [2]"太史",周王室史官,掌管起草文书、册命、记载史事,兼管国家典籍、天文历法、祭祀、卜筮等。 [3]"《周易》",周人占卜书,以变易为说。汉以后所传《周易》包括经、传两部分:六十四卦、三百八十四爻并卦辞、爻辞为经;上象、下象、上象、下象、上系、下系、文言、说卦、序卦、杂卦称十翼为传。以象征天地风雷水火山泽等八种自然现象的八卦,推测自然和人事的变化。春秋时期的政治家常以《周易》作为自己政治主张和政治预言的理论根据,以说服别人服从天命而实现自己的目的。"筮",音 shì,用蓍草占吉凶。[4]"《观》",六十四卦之一,坤下巽上,即地下风上,喻"先王省方观民设教"。《否》,六十四卦之一,坤下乾上,喻天地不交,上下隔阂,闭塞不通。凡筮占皆占两卦以观其变化。此占得《观》变《否》。"否",音 pǐ。 [5]"是为观国之光,利用宾于王",此为《周易》之《观·六四》爻辞。周人筮法,或以前卦为说,或以后卦为说,或掺和两卦为说,均以需要而定。本句以前卦为说。"光",此处指圣德。"用",于。 [6]"此",指陈国。 [7]"此其身",此人之身,指敬仲完。此卦为厉公替敬仲完所卜。"其子孙",指敬仲完子孙。"此其代陈有国"以下为筮者根据《观·六四》爻辞所作的占辞。 [8]"异国",此指姜姓之齐国。 [9]"太岳",即四岳,相传为尧时掌四时、主方岳之官。《国语·周语》云"祚四岳国,命以侯伯,赐姓曰姜,氏曰有吕",知姜姓出自四岳。 [10]"陈衰,此其昌乎",周敬王三十九年,齐简公被田常(陈完之后)所杀;四十一年,陈湣公被楚惠王所杀。此句为筮人据筮卦所作的预言,谓后世陈国衰亡后,必有其在异国子孙代之昌盛。司马迁此文采自庄公二十二年《左传》。《左传》多有

此类与后世史实相合之预言,实非预言之灵,乃后世撰写者所加。

　　【译文】厉公二年时,生下儿子敬仲完。在周太史经过陈国时,陈厉公请他用《周易》为敬仲完卜筮,卜得《观》变《否》之卦。太史说:"此卦爻辞说'可见国之圣德光耀,利于臣朝见君,作王之宾'。这是说将有代陈国做诸侯的吧? 此人将不在陈国,而在别的国家吧? 也不在敬仲完本人,而在他的子孙后代。若在别的国家,一定是姜姓之国。姜姓,是尧时太岳的后代。世间之物,不可能两大势力并存,将来陈国衰亡后,他这一支就要兴盛起来了。"

　　厉公取蔡女,蔡女与蔡人乱,[1]厉公数如蔡淫。七年,厉公所杀桓公太子免之三弟,长曰跃,中曰林,少曰杵臼,共令蔡人诱厉公以好女,[2]与蔡人共杀厉公而立跃,[3]是为利公。利公者,桓公子也。利公立五月卒,立中弟林,是为庄公。庄公七年卒,少弟杵臼立,是为宣公。

　　【注释】[1]"乱",指淫乱。 [2]"好女",美女。 [3]"与蔡人共杀厉公而立跃",《公羊传》作"淫于蔡,蔡人杀之"。

　　【译文】陈厉公娶蔡女,蔡女与蔡人淫乱,厉公也多次到蔡国寻求淫乐。厉公七年时,被厉公杀死的太子免的三个弟弟,大的名叫跃,次的名叫林,小的名叫杵臼,共谋指使蔡人用美女引诱厉公,伺机同蔡人一起把厉公杀了,拥立跃继位,这就是利公。利公此人就是桓公的儿子啊。利公即位五个月就去世了,又拥立仲弟林继位,这就是庄公。庄公即位七年就去世,小弟杵臼继位,这就是宣公。

　　宣公三年,楚武王卒,[1]楚始强。十七年,周惠王娶陈女为后。

　　【注释】[1]"楚武王",《楚世家》谓名熊通,《左传》等书皆谓名熊达。楚国自武王始自尊为王,显示了其实力的强大,以及其对周王天下独尊的传统观念的蔑视。说明了周王室的衰败、诸侯势力的强大。

　　【译文】宣公三年,楚武王去世,楚国开始强

大起来。宣公十七年,周惠王娶陈女为后。

二十一年,宣公后有嬖姬生子款,[1]欲立之,乃杀其太子御寇。御寇素爱厉公子完,[2]完惧祸及己,乃奔齐。齐桓公欲使陈完为卿,[3]完曰:"羁旅之臣,[4]幸得免负檐,[5]君之惠也,不敢当高位。"桓公使为工正。[6]齐懿仲欲妻陈敬仲,[7]卜之,占曰:"是谓凤皇于飞,和鸣锵锵。[8]有妫之后,[9]将育于姜。五世其昌,[10]并于正卿。[11]八世之后,莫之与京。"[12]

【注释】〔1〕"嬖",音 bì,宠爱。"姬",妾。〔2〕"爱",亲近友爱。 〔3〕"卿",西周、春秋时,王朝及诸侯国的高级执政官。 〔4〕"羁",音 jī,寄居。"旅",客居。羁旅,同义连绵词。 〔5〕"檐",通"担",负担,此处指戴罪的负担。 〔6〕"工正",掌管百工及官营手工业的官。 〔7〕"齐懿仲",《左传》作"懿氏",杜预谓陈大夫。〔8〕"凤皇",即凤凰,古代传说中的神鸟,雄为凤,雌为凰。"于",语词,无义,常置动词前。"和鸣",雌雄鸣声相和。"锵锵",音 qiāng qiāng,和鸣之象声词。此两句喻夫妻和谐欢愉。此卜人借喻"妻陈敬仲"必吉。 〔9〕"有妫",古人每于国名、族名、氏姓前加一"有"字,"有"字无义。此"有妫"即指妫姓之族。 〔10〕"五世",据《田敬仲完世家》,敬仲生稚孟夷,稚孟夷生湣孟庄,湣孟庄生文子须无,文子生桓子无宇,则"五世"当指陈无宇。 〔11〕"正",长。正卿,卿之长。 〔12〕"京",大。绝高之处也称京。

【译文】宣公二十一年时,宣公后得的宠妃生了子,名款。宣公打算立他为继承人,便把太子御寇杀了。御寇平素与厉公的儿子完很亲近友爱,完害怕因此而遭祸,于是出奔到了齐国。齐桓公打算任命陈完为卿,陈完说:"我是个流亡寄居在外的人,能幸免于难,已是您对我极大的恩惠了,不敢再居高位当大官。"桓公于是任命他做了工正这个官。齐国的懿仲打算把女儿嫁给陈完,先占卜此事的吉凶,卜人占说:"此卜说'凤凰双双飞翔,鸣声和谐而悦耳',妫姓的后代,将在姜姓之国蕃育成长。五代以后就会昌盛起来,官位同正卿一样高。八代以后,就没有任何人能与之匹敌了。"

三十七年,齐桓公伐蔡,蔡败;南侵楚,至召陵,[1]还过陈。陈大夫辕涛涂恶其过陈,[2]诈齐令出东道。[3]东道恶,[4]桓公怒,执陈辕涛涂。[5]是岁,晋献公杀其太子申生。[6]

【注释】〔1〕"召陵",楚地名,今河南省郾城县东。"召",音 shào。 〔2〕"辕涛涂",即辕宣仲,又作袁涛涂。"恶",音 wù,憎恶。据僖公四年《左传》,辕涛涂认为齐军过陈必定给陈国带来祸害。 〔3〕"诈齐令出东道",据《公羊传》,辕涛涂对齐桓公说:既然您已经征服南夷(指楚国),何不在回师时,往东沿海边走,征服了东夷再返国。辕涛涂此番话实是诱使齐军避开陈国返国。 〔4〕"恶",音 è,恶劣。据《公羊传》齐军往东滨海返国,陷于沼泽之中。 〔5〕"执陈辕涛涂",据《左传》,这一年秋天,齐军伐陈,讨伐辕涛涂的欺诈行为。 〔6〕"晋献公杀其太子申生",晋献公因宠爱骊姬而杀太子申生,逼使公子重耳、夷吾出奔他国。详见僖公四年《左传》。

【译文】宣公三十七年时,齐桓公率军伐蔡,蔡国战败;齐军又向南侵犯楚国,到达楚国的召陵,齐国军队从召陵返国时要路过陈国。陈国大夫辕涛涂担心齐军路过陈国时带来祸害,于是诈骗齐军,要他们由向东的道路返国。向东的道路异常恶劣,齐桓公非常气恼,派兵把辕涛涂从陈国抓走了。这一年,晋献公杀了自己的太子申生。

四十五年,宣公卒,子款立,是为穆公。穆公五年,齐桓公卒。十六年,晋文公败楚师于城濮。[1]是岁,穆公卒,子共公朔立。共公六年,楚太子商臣弑其父成王代立,是为穆王。十一年,秦穆公卒。[2]十八年,共公卒,子灵公平国立。

【注释】〔1〕"晋文公败楚师于城濮",晋楚城濮之战为春秋时代最著名的大战之一。晋国以弱胜强,打败了称雄多年的楚国,晋文公由此称霸中原。城濮,春秋时卫国属地,在今河南省范县南。 〔2〕"秦穆公",春秋时五霸之一,因用百里奚、蹇叔等励精图治,国势日强,遂伐西戎,益国十二,开地千里,为西方诸侯伯。

【译文】宣公四十五年时去世,他的儿子款继

位,这就是穆公。穆公五年时,齐桓公去世。穆公十六年时,晋文公大败楚师于城濮。这一年,穆公去世,他的儿子共公朔公继位。共公六年时,楚国的太子商臣杀了自己的父亲成王取代了王位,这就是楚穆王。共公十一年时,秦穆公去世。共公在位十八年去世,他的儿子灵公平国继位。

灵公元年,楚庄王即位。[1]六年,楚伐陈。[2]十年,陈及楚平。[3]

【注释】[1]"楚庄王",春秋五霸之一,乘晋国内乱与郑国合兵攻打陈国、宋国(晋国的与国),与晋国争霸中原。又观兵于周疆,问周王室鼎之大小轻重,又灭掉东方舒、蓼小国,成一代霸业。 [2]"楚伐陈",据《年表》,这年秋,楚以陈、宋背叛自己而听命于晋国为理由,联合郑国讨伐陈、宋两国。[3]"平",求得和平。

【译文】灵公元年,楚庄王即位。灵公六年时,楚国攻打陈国。灵公十年,陈国与楚国媾和。

十四年,灵公与其大夫孔宁、仪行父皆通于夏姬,[1]衷其衣以戏于朝。[2]泄冶谏曰:[3]"君臣淫乱,民何效焉?"灵公以告二子,[4]二子请杀泄冶,公弗禁,遂杀泄冶。[5]十五年,灵公与二子饮于夏氏。公戏二子曰:"征舒似汝。"[6]二子曰:"亦似公。"征舒怒。灵公罢酒出,征舒伏弩厩门射杀灵公。[7]孔宁、仪行父皆奔楚,灵公太子午奔晋。征舒自立为陈侯。[8]征舒,故陈大夫也。夏姬,御叔之妻,舒之母也。

【注释】[1]"孔宁",又名公孙宁。孔宁、仪行父,杜预以为陈卿,宣公九年《左传》泄冶谏曰"公卿宣淫",似以卿为是。"通",通奸。"夏姬",郑穆公之女,陈大夫御叔之妻,夏征舒之母。一说御叔食采于夏,一说征舒之祖字子夏,因而以夏为氏,故称夏姬、夏征舒。 [2]"衷",贴身内衫,这里"衷"当动词用,指将衣穿在贴身处。"其衣",指夏姬的内衣。 [3]"泄冶",《左传》作"洩冶",陈大夫。[4]"二子",指孔宁、仪行父。子,指男子。 [5]"遂杀泄冶",《大戴礼·保傅篇》及贾谊《新书·杂事》尚有"陈灵公杀泄冶,而邓元去妻,以族徙"句,《左传》无。 [6]"征舒似汝",意谓征舒的容貌长相与

孔宁和仪行父有相似之处,实谓征舒是孔宁或仪行父的私生子。 [7]"弩",用机械射箭的弓。"厩",音jiù,马棚。[8]"陈侯",征舒自立之次年,被楚庄王所诛杀,又因其为大夫篡位,故未见谥号。

【译文】灵公十四年,灵公和他的大夫孔宁、仪行父都与夏姬私通,各自穿着夏姬的内衣在朝廷上相互炫耀嬉戏。大夫泄冶进谏说:"君臣公开淫乱,百姓将效法谁呢?"灵公把泄冶的话告诉了二位大夫,二位大夫向灵公请求杀掉泄冶,灵公不加禁止,于是二位大夫就把泄冶杀了。灵公十五年,灵公和二位大夫在夏姬处饮酒,灵公同二位大夫开玩笑说:"征舒长得像你。"二位大夫说:"也像您啊!"征舒听后极为愤怒。等到灵公喝完酒出来,征舒在马厩门口埋伏下弓弩射杀了灵公。孔宁、仪行父都逃往楚国,灵公的太子午则出奔了晋国。征舒于是自立为陈侯。夏征舒在此之前本是陈国的大夫。夏姬是大夫御叔的妻子,征舒的母亲。

成公元年冬,楚庄王为夏征舒杀灵公,率诸侯伐陈。[1]谓陈曰:"无惊,吾诛征舒而已。"已诛征舒,因县陈而有之,[2]群臣毕贺。申叔时使于齐来还,[3]独不贺。庄王问其故,对曰:"鄙语有之,[4]牵牛径人田,田主夺之牛。径则有罪矣,夺之牛,不亦甚乎?今王以征舒为贼弑君,故征兵诸侯,以义伐之,已而取之,以利其地,则后何以令于天下!是以不贺。"庄王曰:"善。"乃迎陈灵公太子午于晋而立之,复君陈如故,[5]是为成公。孔子读史记至楚复陈,曰:"贤哉楚庄王!轻千乘之国而重一言。"[6]

【注释】[1]"率诸侯伐陈",楚庄王以夏征舒以臣弑君为由,率诸侯伐陈。 [2]"县陈",以陈国为己县。此处"县",名词作动词用。[3]"申叔时",楚臣。 [4]"鄙语",俗语。[5]"君",此处名词当动词用。"如故",此指按往昔惯例由胡公满的子孙作为陈国的君主。 [6]"轻",看得轻。"重",看得重。"轻""重"皆形容词当动词用。"乘",音shèng,四匹马拉的兵车。

【译文】成公元年的冬天,楚庄王以夏征舒杀死灵公为理由,率领各诸侯国讨伐陈国。对陈国百姓说:"不要惊慌,我们仅仅为了诛讨夏征舒而已。"

杀了夏征舒以后,便将陈国作为楚国的一个县而占有它。这时群臣全都来道贺。申叔时出使齐国归来,却独不道贺。庄王问他为什么,叔时回答说:"俗话说,牵牛踩了别人的田,田的主人就把这头牛抢走。踩别人的田固然是过错,夺人家的牛,不是也太过分了吗? 现在君王您认为夏征舒杀了国君是个乱臣,因而征集诸侯之师,主持大义去讨伐他,过后又贪图陈国的土地,把它据为己有,那么,将来又靠什么来号令天下呢? 因此我不道贺。"庄王说:"不错。"于是从晋国迎接陈灵公的太子午回来,立为国君,重新像以往一样统治陈国,这就是成公。孔子读史书到楚国恢复陈国旧制时,赞美说:"楚庄王真贤明通达! 他能不贪求千乘兵车的大国,而重视一句有道理的话。"

八年,楚庄王卒。二十九年,陈倍楚盟。[1]三十年,楚共王伐陈。[2]是岁,成公卒,子哀公弱立。[3]楚以陈丧,罢兵去。

【注释】[1]"倍",通"背",背叛。春秋时期晋、楚两国长期争霸中原,其间诸国,时而叛楚附晋,时而叛晋附楚。 [2]"楚共王",名审,又作恭王、龚王。"伐陈",楚国因陈国不听命于己而伐之。详见襄公四年《春秋》经传。 [3]"哀公弱",《春秋》作"哀公溺"。

【译文】成公八年,楚庄王去世。成公二十九年,陈国背叛了与楚国的盟约。成公三十年,楚共王出兵讨伐陈国。这一年,成公去世,他的儿子哀公弱继位。楚国因陈国举办国丧而撤兵退回去了。

哀公三年,楚围陈,[1]复释之。二十八年,楚公子围弒其君郏敖自立,[2]为灵王。

【注释】[1]"楚围陈",据襄公七年《左传》,这年冬,楚公子贞(子囊)率兵围陈。晋、鲁、宋、卫、曹、莒、邾等国会于鄬(郑地,在今河南省鲁山县)以救陈。 [2]"公子围弒其君郏敖",公子围趁郏敖患病时,借探视而缢杀之。"郏敖",楚康王子熊麇,因死后葬于郏,故称郏敖。郏,音 jiá,原郑国地,后为郏敖封地,在今河南省郏县。敖,马融、郑玄以为通"獒",酋长。

【译文】哀公三年,楚国围攻陈国,继而又放弃了攻打。哀公二十八年,楚国的公子围杀了自己的国君郏敖,自己继位,这就是楚灵王。

三十四年,初,哀公娶郑,长姬生悼太子师,[1]少姬生偃。二嬖妾,[2]长妾生留,少妾生胜。留有宠哀公,哀公属之其弟司徒招。[3]哀公病,三月,招杀悼太子,立留为太子。[4]哀公怒,欲诛招,招发兵围守哀公,哀公自经杀。[5]招卒立留为陈君。四月,陈使使赴楚。[6]楚灵王闻陈乱,乃杀陈使者,[7]使公子弃疾发兵伐陈,陈君留奔郑。九月,楚围陈。[8]十一月,灭陈。[9]使弃疾为陈公。

【注释】[1]"长姬",郑姬姓,故哀公娶于郑,其女称长姬、少姬。又,古人嫁女往往以姊妹或同族女子随嫁,故有长姬、少姬皆随嫁生子。哀公娶郑,《左传》称"陈哀公元妃郑姬生悼太子偃师",以偃、师为一人,亦无长姬、少姬事。 [2]"二嬖妾",昭公八年《左传》称"二妃"、"下妃"。 [3]"属",音 zhǔ,通"嘱",嘱托。"司徒",官名,西周金文作"司土",掌管土地和人民。"招",又称公子招。 [4]"立留为太子",昭公八年《左传》称哀公将公子留嘱托给公子招及公子过,杀悼太子并二人所为。招、过皆哀公之弟。 [5]"经杀",缢杀。 [6]"使使",前一"使",指使、指派;后一"使",使者。 [7]"陈使者",据《左传》为行人干征师,因公子胜以招、过杀悼太子告楚,为楚所杀。 [8]"楚围陈",据《左传》,楚公子弃疾帅师奉孙吴围陈。吴,哀公之孙,悼太子之子。据昭公十一年《左传》叔向言,楚王奉孙吴伐陈,谎称奉吴复国平乱,骗取陈国人听命于己,从而轻易地占领了陈国。 [9]"灭陈",楚灭陈后,将陈作为自己的一个属县,指派弃疾掌管陈国。据《春秋》经传,楚师灭陈,执杀公子招,放之于越。公子招归罪于公子过,陈人杀过。又,《左传》称使为陈公的是楚大夫穿封戌,弃疾为蔡公。

【译文】哀公三十四年时,陈国发生了内乱。当初,哀公娶了郑国女子,大妃生悼太子师,次妃生公子偃。另有两个宠爱的侍妾,大的生子留,小的生子胜。公子留很受哀公的宠爱,哀公把他嘱托给自己的弟弟司徒招。这一年三月,哀公正在生病,司徒招杀了悼太子,立公子留为太子。哀公知道后很生气,想诛杀司徒招,招派兵把哀公包围监守起来。哀公遂自缢而死。招终于立留为陈国的国君。

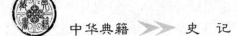

这一年的四月,陈国派使者去楚国报告陈国的君丧。楚灵王听说了陈国的动乱,于是杀掉陈国的使者,并派遣公子弃疾发兵讨伐陈国。陈君留逃奔郑国。九月,楚国军队包围了陈国。十一月,灭了陈国。楚国派公子弃疾做了陈公。

招之杀悼太子也,太子之子名吴,出奔晋。晋平公问太史赵曰:[1]"陈遂亡乎?"对曰:"陈,颛顼之族。[2]陈氏得政于齐,乃卒亡。自幕至于瞽瞍,[3]无违命。舜重之以明德。[4]至于遂,[5]世世守之。及胡公,[6]周赐之姓,使祀虞帝。且盛德之后,必百世祀。虞之世未也,其在齐乎?"[7]

【注释】[1]"晋平公",名彪。"太史赵",又称史赵,晋太史。 [2]"颛顼",音 zhuān xū,传说时代五帝之一,黄帝之孙,昌意之子,号高阳氏。陈的先祖为舜,舜出自颛顼,见《大戴礼·帝系篇》。《国语·鲁语》亦曰"有虞氏禘黄帝而祖颛顼"。"族",嗣。昭公十七年《左传》曰"卫,颛顼之虚也,故为帝丘",则有虞氏最初之发祥地或在后来卫都之帝丘,今河南省濮阳。 [3]"幕",颛顼之后,舜之祖。《国语·鲁语》称"幕能帅颛顼者也,有虞氏报焉"。"瞽瞍",舜父。 [4]"重",音 zhòng,增益。"明德",完美的德操。 [5]"遂",又作"虞遂",舜后。 [6]"胡公",胡公满,遂之后。有虞氏本姚姓,此言周赐以妫姓,与前文"尧妻之二女,居于妫汭,其后因为氏姓,姓妫氏"相矛盾。 [7]"其在齐乎",陈公子完奔齐,其后田乞、田常为齐相,至田和终于取姜齐而代之为齐国君。此时,陈国已亡。

【译文】陈司徒招杀死悼太子时,名叫吴的太子的儿子出奔到了晋国。晋平公问太史赵说:"陈国从此就要亡了吧?"回答说:"陈国是颛顼的后代,陈氏在齐国获得政权后,陈国才会灭亡。陈国的先人,从幕到瞽叟,没有哪一个违背天命。舜的功德更加显赫,一直到遂,世世代代维持不变。及到胡公时,周王朝赐给他姓,让他祭奉虞舜。况且,有大功德的后代,必能百世享祭其祖。有虞氏的后代还没有完结,恐怕将在齐国获得发展吧?"

楚灵王灭陈五岁,楚公子弃疾弑灵王代立,是为平王。[1]平王初立,欲得和诸侯,乃求故陈悼太子师之子吴,立为陈侯,是为惠公。惠公立,探续哀公卒时年而为元,空籍五岁矣。[2]

【注释】[1]"是为平王",据昭公十三年《左传》,楚公子比、公子黑肱、公子弃疾等帅陈、蔡、不羹、许、叶之师入楚,杀太子禄及公子罢敌,公子比自立为王,公子黑肱为令尹,公子弃疾为司马。灵王闻太子禄及公子罢敌死,遂自缢而死。弃疾使人诈呼"灵王到了",公子比、公子黑肱皆自杀,于是弃疾得以即位。平王,名熊居。参见《楚世家》。 [2]"空籍五岁矣",楚灵王灭陈后,以陈国为楚国属县,派穿封戌为陈县公。五年后始立陈悼太子子吴为陈惠公,因此陈国有五年空无国君。惠公即位后,为接续陈国纪年,故上溯到哀公去世的次年为惠公元年。

【译文】楚灵王灭陈五年后,楚国的公子弃疾杀了灵王取代了他的王位,这就是平王。楚平王刚继位时,想得到各诸侯国的和睦相助,于是找到从前陈国悼太子师的儿子吴,立他为陈侯,这就是陈惠公。惠公继位后,把自己的元年接续到哀公去世的那一年,实际上其间空置了五年。

十年,陈火。十五年,吴王僚使公子光伐陈,取胡、沈而去。[1]二十八年,吴王阖闾与子胥败楚入郢。[2]是年,惠公卒,子怀公柳立。

【注释】[1]"取胡、沈而去",昭公二十三年《左传》载吴子获胡、沈之君及陈大夫。胡,古国,妫姓,故城即今安徽省阜阳市,鲁定公十五年(公元前四九五年)为楚所灭。吴子所获胡君为胡子髡。沈,古国,姬姓,在今河南省汝南县东南,鲁定公四年(公元前五〇六年)为蔡所灭。吴子所获沈君为沈子逞,所获陈大夫为夏啮。 [2]"阖闾",音 hé lú,即公子光,公元前五一四年至前四九六年在位。他用专诸刺杀吴王僚而自立,曾灭徐国,攻破楚国,一度占领楚都郢,后被越王句践打败,重伤而死。"子胥",即伍子胥,吴国大夫,楚大夫伍奢次子。伍奢被楚平王杀后,伍子胥辗转入吴,帮助公子光刺杀吴王僚夺取王位,整军经武,国势日盛,不久攻破楚国,掘楚平王墓鞭尸三百,为父报仇。郢,楚都,今湖北省江陵县。

【译文】惠公十年，陈国失火。惠公十五年，吴王僚派公子光攻打陈国，掳走了胡、沈两国的国君。惠公二十八年，吴王阖闾与伍子胥击败了楚国，攻入郢都。这一年，惠公去世，他的儿子怀公柳继位。

怀公元年，吴破楚，在郢，召陈侯。[1]陈侯欲往，大夫曰：[2]"吴新得意；楚王虽亡，与陈有故，不可倍。"[3]怀公乃以疾谢吴。[4]四年，吴复召怀公。怀公恐，如吴。吴怒其前不往，留之，因卒吴。陈乃立怀公之子越，是为湣公。[5]

【注释】〔1〕"召陈侯"，召陈侯者为吴王阖闾，本段采自哀公元年《左传》。〔2〕"大夫"，指大夫逢滑，陈臣。〔3〕"倍"，通"背"，背弃。此言陈与楚有旧谊，不可当其遇难时背弃之，而与其敌国交往。〔4〕"谢"，推辞、婉拒。〔5〕"湣公"，又作"愍公"，名周。湣，音 mǐn。

【译文】怀公元年，吴国攻破了楚国，在郢都召见陈侯。陈侯打算前往，陈国大夫说："吴国最近刚得意，楚王虽然亡了，但是一向与陈国有旧交，不可背弃之。"怀公于是推说有病婉言谢绝了。怀公四年，吴国又召见怀公，怀公胆怯了，去了吴国。吴王怨恨他前次不来，扣留了他，怀公因而死在吴国。陈国于是拥立怀公的儿子越继位，这就是湣公。

湣公六年，孔子适陈。[1]吴王夫差伐陈，[2]取三邑而去。十三年，吴复来伐陈，陈告急楚，楚昭王来救，[3]军于城父，[4]吴师去。是年，楚昭王卒于城父。时孔子在陈。[5]十五年，宋灭曹。[6]十六年，吴王夫差伐齐，败之艾陵，[7]使人召陈侯。陈侯恐，如吴。楚伐陈。二十一年，齐田常弑其君简公。[8]二十三年，楚之白公胜杀令尹子西、子綦，[9]袭惠王。[10]叶公攻败白公，[11]白公自杀。

【注释】〔1〕"孔子"，名丘，字仲尼，鲁国陬邑（今山东省曲阜县）人，因不满鲁国执政季桓子所为，离开鲁国周游卫、宋、蔡、楚等国，皆不为时君所用。据《孔子世家》，此年孔子尚在卫，湣公七年适

陈。[2]"夫差"，吴王阖闾之子，陈湣公七年即位。或曰"吴王"前当有"八年"二字，夫差伐陈取三邑，为陈湣公八年事。[3]"楚昭王"，平王子，名壬（任），又名轸（珍），称熊珍。因吴王阖闾攻陷郢都，故迁都于鄀（今湖北省宜城县东南）。[4]"城父"，楚邑，今河南省宝丰县东四十里。[5]"时孔子在陈"，据《孔子世家》，鲁哀公六年（陈湣公十三年），孔子自楚返卫，知孔子于陈湣公七年后，曾离陈游楚、卫。[6]"宋灭曹"，据哀公八年《左传》，宋景公伐曹，执曹伯阳，遂灭曹。[7]"败之艾陵"，吴王夫差在征服越国，开凿邗沟（今江苏省扬州至淮安之运河）后，为向北方发展争霸中原，与齐国在艾陵交战。艾陵，今山东省莱芜县东。[8]"田常"，即田成子，又称陈成子（田、陈古音同，通用），陈公子完（敬仲）后裔。田常以大斗贷粮，小斗收进，获取人心，杀简公，立平公，自任齐相，独揽齐国大权。简公在位四年被田成子所杀。[9]"白公胜"，又称王孙胜，楚太子建之子。"令尹子西"，即公子申，楚平王之子，昭王庶兄，时任楚令尹。令尹，楚国最高行政官，相当后世宰相。"子綦"，又作子期（綦、期同从"其"声，故通用），即公子结，平王子，昭王兄，子西弟，为楚国司马（掌管军政、军赋）。[10]"惠王"，名章，昭王子，又称熊章，献惠王，在位五十七年。[11]"叶公"，字子高，名诸梁，又称沈诸梁，食采于叶，僭称公，楚左司马沈尹戍之子。叶，音 shè，楚邑，今河南省叶县。

【译文】陈湣公六年，孔子来到陈国。吴王夫差攻打陈国，掠取了三个城邑才离开。湣公十三年，吴国再次攻打陈国，陈国向楚国告急，楚昭王率军来救，驻军于城父，吴国军队退走。这一年，楚昭王在城父去世。这个时期，孔子正在陈国。湣公十五年，宋国灭了曹国。湣公十六年，吴王夫差攻打齐国，在艾陵打败了齐军，派人召见陈侯，陈侯畏惧，只得前往吴国。楚国攻打陈国。湣公二十一年，齐国的田常杀了他的国君齐简公。湣公二十三年，楚国的白公胜杀了令尹子西、司马子綦，并袭击了楚惠王。叶公打败了白公胜，白公胜自杀身亡。

二十四年，楚惠王复国，以兵北伐，杀陈湣公，遂灭陈而有之。[1]是岁，孔子卒。

【注释】〔1〕"遂灭陈而有之"，楚惠王灭陈，当周敬王四十二年，鲁哀公十六年，公元前四七八年。

【译文】湣公二十四年,楚惠王复君位,率兵北伐,杀了陈湣公,于是灭亡了陈国,占有了陈国的土地。这一年,孔子去世。

杞东楼公者,[1]夏后禹之后苗裔也。[2]殷时或封或绝。周武王克殷纣,求禹之后,得东楼公,封之于杞,[3]以奉夏后氏祀。

【注释】[1]"杞",音qǐ,周武王所封国,姒姓。《路史·后纪》谓杞后析于曹东之娄,故号东楼。东楼是其号,史失其名。 [2]"苗裔",子孙后代。[3]"杞",今河南省杞县,杞成公迁缘陵(今山东省昌乐县东南),杞文公迁淳于(今山东省安丘县东北)。《大戴礼·少间篇》称汤伐桀,封其后于杞,则武王殆因其旧封而重命之。

【译文】杞东楼公是夏代君主禹的后代。在殷商王朝时期,禹的后代有时受封,有时失国。周武王推翻了殷王纣后,寻找禹的后代,找到东楼公,将他封在杞地,以供奉夏后氏的祭祀。

东楼公生西楼公,西楼公生题公,题公生谋娶公。谋娶公当周厉王时。[1]谋娶公生武公。武公立四十七年卒,子靖公立。靖公二十三年卒,子共公立。共公八年卒,子德公立。[2]德公十八年卒,弟桓公姑容立。[3]桓公十七年卒,子孝公遬立。[4]孝公十七年卒,弟文公益姑立。文公十四年卒,弟平公郁立。平公十八年卒,子悼公成立。悼公十二年卒,子隐公乞立。七月,隐公弟遂弑隐公自立,是为釐公。[5]釐公十九年卒,子湣公维立。湣公十五年,楚惠王灭陈。[6]十六年,湣公弟阏路弑湣公代立,[7]是为哀公。哀公立十年卒,湣公子敕立,是为出公。出公十二年卒,子简公春立。立一年,楚惠王之四十四年,[8]灭杞。杞后陈亡三十四年。

【注释】[1]"谋娶公当周厉王时",依此文,东楼公至谋娶公共四代,然封东楼公之武王至厉王则共十王二百八十余年,其间必有讹缺。 [2]"德公",《世本》及《古史考》皆作"惠公",且云"惠公生成公及桓公"。本文缺成公,然庄公二十五年《左

传》称"杞成公娶鲁女",是当有成公。 [3]"弟桓公姑容立",依此文,武公立年至桓公卒年共一百一十三年,然《春秋》襄公六年云"三月壬午,杞伯姑容卒",襄公至厉王约二百七十余年,是武公至桓公年又与厉王至襄公(周灵王)年岁不合,其间亦有讹缺。 [4]"遬",音gài。 [5]"釐",音xī。"遂",哀公八年《左传》作"过"。 [6]"楚惠王灭陈",依此文,湣公十五年楚惠王灭陈,至简公为楚所灭,共二十四年,与后文"杞后陈亡三十四年"不合,其间尚有错讹。 [7]"阏",音è。"哀公",《古史考》作"懿公"。 [8]"楚惠王四十四年",即公元前四四五年。

【译文】东楼公生西楼公,西楼公生题公,题公生谋娶公。谋娶公在位时正是周厉王时。谋娶公生武公,武公继位四十七年去世,他的儿子靖公继位。靖公继位二十三年去世,他的儿子共公继位。共公继位八年去世,他的儿子德公继位。德公继位十八年去世,他的弟弟桓公姑容继位。桓公继位十七年去世,他的儿子孝公丐继位。孝公继位十七年去世,他的弟弟文公益姑继位。文公继位十四年去世,他的弟弟平公郁继位。平公继位十八年去世,他的儿子悼公成继位。悼公继位十二年去世,他的儿子隐公乞继位。隐公继位七个月,他的弟弟遂便杀了隐公自己继位,这就是釐公。釐公继位十九年去世,他的儿子湣公维继位。湣公十五年时,楚惠王灭了陈国。湣公十六年,他的弟弟阏路杀了湣公取代了他的君位,这就是哀公。哀公继位十年去世,他的儿子敕继位,这就是出公。出公继位十二年去世,他的儿子简公春继位。简公继位一年,正是楚惠王四十四年,楚国灭了杞国。杞国比陈国后三十四年而亡。

杞小微,其事不足称述。

【译文】杞国国既小地位又不显要,他的政事没有值得称道的。

舜之后,周武王封之陈,至楚惠王灭之,有世家言。禹之后,周武王封之杞,楚惠王灭之,有世家言。契之后为殷,殷有本纪言。殷破,周封其后于宋,齐湣王灭之,有世家言。后稷之后为周,秦昭王灭之,有本纪言。皋陶之后,或封英、六,[1]楚穆王灭之,无谱。伯夷之后,[2]至周武王复封于齐,曰太

公望，[3]陈氏灭之，[4]有世家言。伯翳之后，[5]至周平王时封为秦，[6]项羽灭之，[7]有本纪言。垂、益、夔、龙，[8]其后不知所封，不见也。右十一人者，皆唐虞之际名有功德臣也；其五人之后皆至帝王，[9]余乃为显诸侯。滕、薛、驺，夏、殷、周之间封也，[10]小，不足齿列，弗论也。

【注释】〔1〕"皋陶"，音 gāo yáo，又作"咎陶"，传说时代东夷族的首领，偃姓。"英"，国名，偃姓，在今安徽省金寨县与霍山县之间。"六"，国名，偃姓，在今安徽省六安县一带。〔2〕"伯夷"，传说时代姜姓部族首领。〔3〕"太公望"，即吕尚，佐武王灭殷，封于齐。〔4〕"陈氏"，陈国公子完后裔，又称田氏，公元前三九一年田和迁齐康公于海上，夺取君位，公元前三八六年周安王正式承认田和为齐国国君，从此姜齐为田齐所取代。〔5〕"伯翳"，又作柏翳，古代嬴姓部族之先祖。〔6〕"至周平王时封为秦"，西周末年，幽王为犬戎所杀，秦襄公护送平王东迁有功，受封为秦。〔7〕"项羽"，名籍，楚国贵族后裔，秦二世元年(公元前二〇九年)从叔父项梁在吴(今江苏省苏州)起义反秦，与秦九战皆捷，巨鹿(今河北省平乡县)一战，摧毁秦军主力，最终推翻秦王朝。〔8〕"垂、益"，文公十八年《左传》"昔高阳氏有才子八人，苍舒、疏梼、梼戭、大临、尨降、庭坚、仲容、叔达"。杜预《注》云"此即垂、益、禹、皋陶之伦"。若然，垂、益为高阳氏后裔。或以为益即伯益，此处误重出。"夔"，音 kuí，相传为虞舜的乐官。僖公二十六年《左传》曰"夔子不祀祝融与鬻熊，楚人让之"，夔人答曰"我先王熊挚"云云，是知夔与楚同为祝融与鬻熊的后裔。《国语·郑语》曰"芈姓夔、越，不足命也"，知夔为芈姓族。今湖北省秭归县东有夔子城，传说即古夔国。僖公二十六年《左传》云"楚成得臣、斗宜申帅师灭夔，以夔子归"，谯周《古史考》作"灭归"，是"夔"又作"归"。铜器有归芈甫簋，当即夔国遗物。昭公二十八年《左传》曰"昔有仍氏生女，鬒黑而甚美，光可以鉴，名曰玄妻。乐正后夔取之，生伯封……有穷后羿灭之，夔是以不祀"，是夔为古老民族，仅因其弱小，有关传说甚少，无世系流传。"龙"，《路史》以为高辛子，无可印证。〔9〕"五人"，舜、禹、契、稷、皋陶。舜、禹自身为帝王，契、稷、皋陶之后商、周、秦分别为帝王。〔10〕"滕"，国名，武王时封文王子错叔绣于滕，在今山东省滕县西南古滕城。"薛"，任姓国，奚仲的后裔，在今山东省滕县南。"驺"，音 zōu，国名，

又作"邹"，曹姓，初都今山东省曲阜县东稍南，后都今邹县东南，春秋后八世楚灭之。《礼记·檀弓》、《公羊传》皆作"邾娄"。传世铜器有邾公牼钟、邾公釛钟等。

【译文】舜的后代，周武王将他们封在陈国，从封国到楚惠王灭亡它的历史，有世家叙述其事。禹的后代，周武王将他们封在杞国，从封国到楚惠王灭亡它的历史，有世家叙述其事。契的后代是殷人，殷人的历史有本纪叙述其事。殷亡国后，周王朝把他们的后代封在了宋国，从封国到齐湣王灭亡它的历史，有世家叙述其事。后稷的后代是周人，从建国到秦昭王灭亡它的历史，有本纪叙述其事。皋陶的后代，有的封在英、六，从封国到楚穆王灭亡它的历史，没有世谱流传下来。伯夷的后代，到周武王时重又封在了齐国，就是名叫太公望的，从封国到陈氏灭亡它的历史，有世家叙述其事。伯翳的后代，到周平王时封为秦国，从封国到项羽灭亡它的历史，有本纪叙述其事。垂、益、夔、龙的后代，不知封在了哪里，见不到有关文献。以上十一人，都是唐尧、虞舜时代功德昭著的名臣。其中五人之后代都做到了帝王，其余的也都成为显要的诸侯。滕、薛、驺是夏、商、周之间封建的诸侯，国土太小，不能和其它诸侯并列，因此不加论述了。

周武王时，侯伯尚千余人。及幽、厉之后，诸侯力攻相并。江、黄、胡、沈之属，[1]不可胜数，故弗采著于传云。

【注释】〔1〕"江"，国名，嬴姓，在今河南省正阳县及息县间。"黄"，国名，嬴姓，传说为陆终(祝融之子)之后，在今河南省潢川县西。"胡"，国名，一为姬姓，哀公八年《左传》"齐侯杀胡姬"之地，在今河南省漯河市东；一为归姓，在今安徽省阜阳市。"沈"，国名，姬姓，一说姒姓，在今河南省旧沈丘。

【译文】周武王时，大大小小的诸侯还有一千多，到周幽王、厉王之后，诸侯凭借武力相互攻伐，彼此吞并。像江、黄、胡、沈这一类的小国，数目繁多，无法计数，因此不再采录和述说了。

太史公曰：舜之德可谓至矣！禅位于夏，而后世血食者历三代。[1]及楚灭陈，而田常得政于齐，卒为建国，百世不绝，苗裔兹

兹,[2]有土者不乏焉。至禹,于周则杞,微甚,不足数也。楚惠王灭杞,其后越王句践兴。[3]

【注释】[1]"血食",享祭,古代祭祀皆杀牲取血而食,故受祭祀亦称血食。"三代",指夏、商、周。[2]"兹兹",繁殖生息连绵不断。"兹",通"孳"、"滋",孳蔓、滋蔓。 [3]"楚惠王灭杞,其后越王句践兴",楚惠王灭杞在公元前四四五年,句践灭吴在公元前四七三年,是句践之兴早在楚惠王灭杞之前。"越",姒姓国,相传是夏代少康庶子无余之后。

"句",音 gōu。

【译文】太史公说:舜的功德可以说是达到顶点了,他把帝位禅让给夏禹,仍能在经历夏、商、周三代的长时间里,享受到子孙世世代代的祭祀。及到楚国灭亡了陈国后,他的后代田常仍能执掌齐国的政权,终于又建立了自己的国家,真是百代不断,子孙绵延众多,有封地的不曾缺乏。至于禹的后代,在周代有个杞国,过于微小,简直算不上诸侯。楚惠王灭亡了杞国,禹的后代越王句践才振兴起来。

史记卷三十七

卫康叔世家第七

卫康叔名封，[1]周武王同母少弟也。[2]其次尚有冉季，[3]冉季最少。

【注释】〔1〕"卫康叔"，西周初卫国始封者。姬姓。名封，周武王同母弟。初封于康（其地不详。一说在今河南禹县西北，故称康叔。本书《管蔡世家》说："武王已克殷纣，平天下，封功臣昆弟……康叔封、冉季载皆少未得封。"记载有误。一九三一年在河南省濬县出土了"康侯丰（封）方鼎"等器，该鼎系周公时器。此外尚有"康侯刀"、"康侯斤"、"康侯矛"、"康侯觯"、"康侯罍"、"沬司徒濮簋"等器，足证《管蔡世家》记载有误。公元前十一世纪，周公平定武庚的叛乱以后，将原来商都地区和殷民七族分封给他，建立卫国。建都朝歌（在今河南淇县）。成王亲政后，召为周司寇。《尚书·康诰》篇就是他就国时周公旦对他的训诫之词。公元前六六○年，被翟击败，靠齐的帮助，迁都楚丘（在今河南滑县），后又迁都帝丘（在今河南濮阳）。公元前二五四年为魏所灭。后来又在秦的支持下复国，迁都野王（在今河南沁阳），作为秦的附庸。公元前二○九年为秦所灭。 〔2〕"周武王"，西周王朝的建立者。姬姓，名发。继承其父文王遗志，联合庸、蜀、羌、髳、微、卢、彭、濮等族，率军向东进攻伐纣，牧野（在今河南汲县北）之战，大败商军，取得胜利，遂灭商，建立西周王朝，建都镐（在今陕西西安西南沣水东岸）。约在灭商后二年病卒，谥武。事详本书《周本纪》。〔3〕"冉季"，生平事迹不详。

【译文】卫国康叔名叫封，他是周武王同母所生的小弟弟。他的下面还有冉季，冉季最小。

武王已克殷纣，[1]复以殷余民封纣子武庚禄父，[2]比诸侯，[3]以奉其先祀勿绝。为武庚未集，[4]恐其有贼心，武王乃令其弟管叔、蔡叔傅相武庚禄父，[5]以和其民。武王既崩，成王少。[6]周公旦代成王治，[7]当国。[8]管叔、蔡叔疑周公，乃与武庚禄父作乱，欲攻成周。[9]周公旦以成王命兴师伐殷，杀武庚禄父、管叔，放蔡叔，以武庚殷余民封康叔为卫君，居河、淇间故商墟。[10]

【注释】〔1〕"殷纣"，即商王纣。"殷"，古都邑名。在今河南安阳西北。商朝自盘庚从奄（在今山东曲阜县）迁都到殷，直到纣，皆都于此。因而商也被称为殷。五十多年来的考古发掘证明，商朝王宫中心当在今河南安阳西北小屯村，只是殷城遗址目前尚未找到。"纣"，商朝末代国王。子姓，名受，一作"辛"，称"帝辛"。帝乙之子。史称暴虐无道，诸侯百姓多叛。他曾征服东夷，获得大量俘虏。又杀死比干、梅伯等，囚禁周文王。后周武王会合庸、蜀、羌等族向商进攻，他发兵七十万抵御周军，结果在牧野之战中，他因"前徒倒戈"，兵败自焚。武王克商，事详本书《周本纪》。 〔2〕"武庚禄父"，西周初殷国国君。子姓，名武庚，字禄父。商纣王之子。武王灭商后，封他为诸侯，统领商朝遗民，仍都朝歌（在今河南淇县），另派蔡叔、管叔、霍叔进行监视。武王死后，成王年幼，周公摄政，蔡叔、管叔等不满。他乘机勾结蔡叔、管叔等人，联络东方夷族起兵反周。周公东征，他兵败被杀。 〔3〕"比"，同等。此句谓与其它诸侯同列。 〔4〕"集"，顺从，安定。〔5〕"管叔"，西周初王室贵族。姬姓，名鲜，一称"关叔"。文王之子，武王之弟。周灭商后，封于管（在今河南郑州市），令监督商纣王之子武庚，为周初三监之一。武王死，子成王继立，因年幼，由周公旦摄

政,遂心怀不满,与蔡叔、霍叔并勾结武庚共同叛周。周公东征三年,平定内乱,他与武庚一同被杀。"蔡叔",西周王室贵族。姬姓,名度。武王之弟。周克商后封于蔡(在今河南上蔡西南),命与管叔、霍叔共监武庚,治殷遗民,史称"三监"。成王即位,周公辅政,他与管叔等不满,遂与武庚勾结,发动叛乱。周公东征三年,乱乃平,他被流放而死。后成王念旧,封其子姬胡于蔡,为蔡国始祖。管叔、蔡叔事迹,详见本书《管蔡世家》。"傅",通"辅",辅助。"相",辅佐。"傅相",辅佐。〔6〕"成王",西周第二代王。姬姓,名诵。武王之子。即位时年幼,由叔父周公旦摄政。周公东征胜利以后,大规模分封诸侯,巩固了西周王朝的统治。后周公归政于他。在位三十七年,谥成。事详本书《周本纪》。〔7〕"周公旦",西周初大臣。姬姓,名旦,亦称"叔旦"。文王之子,武王之弟。采邑在周(在今陕西岐山东北),故称周公。曾助武王灭商。武王死后,成王继立。因成王年幼,由他摄政。其兄弟管叔、蔡叔、霍叔等人不服,联合武庚及东方夷族反叛。他亲自率军东征,平定叛乱,并乘机扩大周朝统治地区,大规模分封诸侯。又营建东都洛邑(在今河南洛阳。分成两城,西为王城,东为成周)。相传他制定了以宗法制为核心的一整套典章制度及礼仪乐舞。他主张"明德慎罚",礼贤下士。其言论见于《尚书》的《大诰》《康诰》《无逸》《多士》《立政》等篇。他摄政七年,然后归政成王。后一度被谮,奔楚。不久,成王知其无罪,召还。病卒。葬于毕(今陕西西安南)。谥文。其事迹见本书《鲁周公世家》《周本纪》。〔8〕"当国",主持国事。指代理天子掌握国家政权。〔9〕"成周",古都邑名。周成王七年周公主持营建。西周时期,成周包括王城(汉河南城,在今河南洛阳市王城公园一带)和洛阳(下都,在今洛阳市东北白马寺之东)两部分。东周敬王迁都成周(下都)后,成周、王城始为两城。周敬王十年(公元前五一〇年),晋率曾率诸侯修成周城,即敬王新迁之城。战国时改称洛阳。〔10〕"河",指黄河。"淇",指淇水。在河南省北部。古为黄河支流,南流至今汲县东北淇门镇南入河。"商墟",指商代末期京都朝歌(在今河南淇县)遗址。

【译文】武王战胜殷纣以后,又把殷朝的余民封给纣王的儿子武庚禄父,与诸侯并列,以此来继续祭祀他的祖先,使不断绝。因为武庚没有真心顺服,恐怕他有贼乱之心,于是武王让他的弟弟管叔、蔡叔辅佐武庚禄父,以此来安抚他的人民。武王去世以后,成王年幼。周公姬旦代替成王治理国家,

主管国家政务。管叔、蔡叔怀疑周公,于是就联合武庚禄父作乱,准备进攻成周,周公旦按成王命令发兵讨伐殷国,杀掉了武庚禄父和管叔,放逐蔡叔,把武庚的殷国余民封给康叔,康叔做了卫国的君主,居住在黄河、淇水之间旧商朝的废墟上。

周公旦惧康叔齿少,乃申告康叔曰:〔1〕"必求殷之贤人君子长者,问其先殷所以兴,所以亡,而务爱民。"告以纣所以亡者以淫于酒,〔2〕酒之失,〔3〕妇人是用,故纣之乱自此始。为《梓材》,〔4〕示君子可法则。故谓之《康诰》、《酒诰》、《梓材》以命之。〔5〕康叔之国,既以此命,能和集其民,〔6〕民大说。〔7〕

【注释】〔1〕"申",再三,反复。〔2〕"淫酒",指过分贪酒。〔3〕"失",通佚。放纵,放任。〔4〕"梓材","梓",匠人。《梓材》,《尚书》篇名。是周公对康叔的诰词。汉人孔安国以为本篇取名为"梓材",意在"告康叔以为政之道,亦如梓人之治材也"。〔5〕《康诰》,《尚书》篇名。周公平定三监及武庚叛乱之后,封康叔于殷,统治殷的余民。这篇诰文就是在康叔上任之前周公对他的训诫之词。其主要内容是要康叔施行德政,慎用刑罚,小心谨慎地治理好国家。《酒诰》,《尚书》篇名,也是周公对康叔的一篇诰词。康叔初封时,年龄尚幼,周公怕他尽情饮酒作乐,特作《酒诰》以相诰诫。〔6〕"和集",和睦安定。〔7〕"说",通"悦",高兴。

【译文】周公旦害怕康叔年纪小,于是反复告诫康叔说:"一定要访求殷朝年岁较大的贤人君子,向他们询问从前殷朝之所以兴起和灭亡的原因,一定要爱护人民。"并且告诉他纣王所以亡国的原因是由于沉溺于酒,放纵饮酒,宠信女人,所以纣的乱亡从此开始。他写了一篇《梓材》,告示君子可以效法的原则。因此将这些文告称为《康诰》、《酒诰》、《梓材》,用来教导康叔。康叔到了封国,按照这些教导去安抚、团结他的百姓,百姓们都非常喜悦。

成王长,用事,〔1〕举康叔为周司寇,〔2〕赐卫宝祭器,〔3〕以章有德。〔4〕

【注释】〔1〕"用事",掌管朝廷政事。〔2〕"司寇",官名。周代主管刑法狱讼之官。西周始置,春秋战国沿置。〔3〕"宝祭器",当指宝器和祭

器。《史记集解》引《左传》云:"分康叔大路、大旂、少帛、綪茷、旃旌、大吕。"贾逵曰:"大路,全路也。少帛,杂帛也。綪茷,大赤也。通帛为旃,析羽为旌。大吕,钟名也。"郑众曰:"綪茷,旃名也。"〔4〕"章",通"彰",表彰。

【译文】成王长大以后,亲自掌管朝廷政事,任命康叔为周朝司寇,并赏赐给他卫国宝器、祭器,以此来表彰康叔的德行。

康叔卒,子康伯代立。〔1〕康伯卒,子考伯立。考伯卒,子嗣伯立。嗣伯卒,子𫓧伯立。〔2〕𫓧伯卒,子靖伯立。靖伯卒,子贞伯立。〔3〕贞伯卒,子顷侯立。

【注释】〔1〕"康伯",《世本》云:"卫康伯名髡。"宋忠云:"即王孙牟也,事周康王为大夫。"《左传·昭公十二年》亦作"王孙牟"。谯周《古史考》无康伯,而云"子牟立,盖以不宜父子俱谥康,故因其名云牟伯也"。〔2〕"𫓧",音jié。"𫓧伯",《系本》作"挚伯"。〔3〕"贞伯",《世本》作"箕伯"。

【译文】康叔去世,儿子康伯继位。康伯去世,儿子考伯继位。考伯去世,儿子嗣伯继位。嗣伯去世,儿子𫓧伯继位。𫓧伯去世,儿子靖伯继位。靖伯去世,儿子贞伯继位。贞伯去世,儿子顷侯继位。

顷侯厚赂周夷王,〔1〕夷王命卫为侯。〔2〕顷侯立十二年卒,子釐侯立。

【注释】〔1〕"周夷王",西周国王。姬姓,名燮。周懿王之子。懿王死,诸侯拥立懿王之叔孝王,孝王死,复立他为王。即位后,曾命虢公率军伐太原之戎,攻至俞泉(今山西太原),获马千匹。是时,王室势力下降,诸侯或有不朝,他为立威,曾烹齐哀公于朝。〔2〕"命卫为侯",《史记索隐》认为卫国从康叔始封时则为侯爵,不是伯爵。上文"康伯"、"考伯"、"嗣伯"、"𫓧伯"、"靖伯"、"贞伯"之"伯"为"方伯"(一方诸侯之长)之"伯",非"伯爵"之"伯"。疑该处记载始"命卫为侯"有误。

【译文】顷侯用丰厚的礼物来贿赂周夷王,夷王策命卫国为侯爵。顷侯在位十二年后去世,儿子釐侯继位。

釐侯继位。

釐侯十三年,周厉王出奔于彘,〔1〕共和行政焉。〔2〕二十八年,周宣王立。〔3〕

【注释】〔1〕"周厉王",西周国王。姬姓,名胡。周夷王之子,公元前八六二年继位。在位期间,他宠信虢公和荣夷公,横征暴敛,对山林川泽实行专利。又命卫巫监视国人,限制国人的言论,如有敢议论国事者即杀死,致使民众侧目,诸侯不满。大臣屡谏不听,终于激起众怒。公元前八四二年,国人暴动,他逃奔到彘(在今山西霍县)。共和十四年死于彘。在位三十四年。谥厉。事详本书《周本纪》。"彘",地名,在今山西霍县。〔2〕"共和行政",因为周厉王实行暴政,激起了国人的反抗,于是国人赶走了厉王,推举共伯和(共国的国君,名和)代行天子事,历史上称之为"共和行事"。共和元年即公元前八四一年,是我国历史上有确切纪年的开始。共和行政共十四年,厉王死于彘,召公把太子靖奉为天子,是为周宣王。共伯和又回到自己的封地。〔3〕"周宣王",西周国王。姬姓,名靖(一作静)。周厉王之子。公元前八二八年至前七八二年在位。国人暴动时,他藏在召公家,召公像对待儿子一样对待他,方得免死。即位后,以周公、召公为辅佐,效法文武、成康遗风,重整军政。不籍千亩(废除籍田制度,一说为废除奴隶在籍田上的集体耕作)。又命尹吉甫击退邢狁,使秦仲及其子庄公攻破西戎,对荆、楚、淮夷也曾屡获小胜。史称"宣王中兴"。但后期在对太原之戎、条戎、奔戎作战中皆遭失利,特别是宣王三十年(公元前七八九年)攻姜氏之戎,大败于千亩(在今山西介休南),损失尤为惨重。并不听大臣劝谏,在太原料民(调查民数),以搜刮人力物力,表现王室外强中干,统治面临危机。事详本书《周本纪》。

【译文】釐侯十三年,周厉王逃奔到彘,共伯和代行天子政事。二十八年,周宣王即位。

四十二年,釐侯卒,太子共伯余立为君。共伯弟和有宠于釐侯,多予之赂;〔1〕和以其赂赂士,〔2〕以袭攻共伯于墓上,共伯入釐侯羡自杀。〔3〕卫人因葬之釐侯旁,谥曰共伯,〔4〕而立和为卫侯,是为武公。

【注释】〔1〕"赂",名词,指行贿的财物。〔2〕"赂赂",第一个"赂"指受贿所得的财物,第二个"赂"为动词,指行贿。〔3〕"羡",通"埏",墓道。音 yán。〔4〕"谥",古代帝王、贵族死后,根据他的生前事迹加给的称号。这种谥号往往含有对死者的褒贬之意。"谥",音 shì。

【译文】四十二年,釐侯去世,太子共伯余立为君。共伯的弟弟姬和受到釐侯的宠爱,釐侯给了他很多财物。姬和用这些财物又收买了士卒,在釐侯的墓上袭击了共伯,共伯躲进釐侯墓的墓道里自杀了。卫国人因此就将他埋葬在釐侯旁边,给他谥号叫共伯,而立姬和为卫侯,这就是武公。

武公即位,修康叔之政,百姓和集。四十二年,犬戎杀周幽王,〔1〕武公将兵往佐周平戎,甚有功,周平王命武公为公。〔2〕五十五年,卒,子庄公扬立。

【注释】〔1〕"犬戎",古代民族名。古戎人的一支。殷周时游牧于泾渭流域(即今陕西彬县、岐山一带),为殷周西边的劲敌。周幽王十一年(公元前七七一年)犬戎与申侯联合攻杀幽王,迫使周室东迁。春秋初又曾与秦、虢等国交战。其后一部分与邻族融合,一部分北迁。"周幽王",西周国王。姬姓,名宫湦(或作湦)。周宣王之子。公元前七八一年至前七七一年在位。他在位时任用虢石父执政,残酷剥削人民。再加上发生地震、干旱,使人民流离失所。又大举进攻六济之戎,大败。国力濒于衰败。他为博取宠妃褒姒的欢心,不惜谎报敌警,举烽火戏诸侯,由此失信天下。又废申后及太子宜臼,立褒姒为后、褒姒子伯服为太子。迫使宜臼逃往申。他向申索取宜臼不得,又兴兵伐申。申后之父申侯联合缯、犬戎等向周进攻,他被杀于骊山之下。西周灭亡。事详本书《周本纪》。〔2〕"周平王",东周第一代国王。姬姓,名宜臼(一作"宜咎")。幽王太子,申后所生。幽王宠妃褒姒废申后,并改立褒姒之子伯服为太子。宜臼因此奔申(在今河南南阳北)。周幽王十一年(公元前七七一年)宜臼外祖父申侯联合犬戎等杀幽王。次年,被申、鲁、许等国拥立于申,不久又在晋、郑、秦等军护送下迁都洛邑(在今河南洛阳王城公园一带),依靠晋、郑两国夹辅立国,史称东周。东周始此。公元前七七〇年至前七二〇年在位。他在位期间,周室日益衰微。后病卒。谥平。事详本书《周本纪》。

"命武公为公",《史记志疑》认为周朝东迁后,诸侯在国内皆称公,未有天子命诸侯为公者。

【译文】武公即位,继续行康叔的政令,百姓们和睦安定。四十二年,犬戎杀死周幽王,武公率领军队前去帮助周王室平定犬戎,立了很大的功劳,周平王策命武公为公爵。五十五年,武公去世,儿子庄公姬扬继位。

庄公五年,取齐女为夫人,〔1〕好而无子。又取陈女为夫人,生子,蚤死。〔2〕陈女女弟亦幸于庄公,〔3〕而生子完。完母死,庄公令夫人齐女子之,〔4〕立为太子。庄公有宠妾,生子州吁。十八年,州吁长,好兵,〔5〕庄公使将。〔6〕石碏谏庄公曰:〔7〕"庶子好兵,〔8〕使将,乱自此起。"不听。二十三年,庄公卒,太子完立,是为桓公。

【注释】〔1〕"取",通"娶"。下"取陈女"之"取"亦通"娶"。〔2〕"蚤",通"早"。〔3〕"女弟",妹妹。"幸",宠幸。〔4〕"子之",养他为子。〔5〕"好",喜好。〔6〕"将",统帅军队。〔7〕"石碏",春秋时卫国正卿。又称"石子"。州吁好兵,他谏庄公勿使州吁将兵,庄公不听。周平王三十七年(公元前七三四年),卫桓公立,他告老。桓公废州吁。州吁出奔,后又杀桓公自立,并兴兵伐郑。当时石碏子石厚供事州吁,石碏遂设计诱杀州吁,并亲自派人杀死石厚。史称其能大义灭亲。〔8〕"庶子",妾生之子,与正妻生的嫡子相对。又正妻生的长子为嫡子,其余亦称庶子。

【译文】庄公五年,娶齐国女子为夫人,相貌美丽却没有生儿子。庄公又娶陈国女子为夫人,生了个儿子,但早逝。陈国女子的妹妹也受庄公宠爱,生了个儿子叫完。姬完的母亲死后,庄公让齐国女子夫人抚养他做儿子,并立完为太子。庄公有一个宠爱的小妾,生了个儿子名叫州吁。十八年,州吁长大了,喜欢军事,庄公就让他带领军队。石碏劝庄公说:"庶子爱好军事,如果让他带领军队,祸乱就会从此兴起。"庄公没有听从。二十三年,庄公去世,太子姬完继位,这就是桓公。

桓公二年,弟州吁骄奢,〔1〕桓公绌之,〔2〕州吁出奔。十三年,郑伯弟段攻其

兄，〔3〕不胜，亡，〔4〕而州吁求与之友。十六年，州吁收聚卫亡人以袭杀桓公，〔5〕州吁自立为卫君。为郑伯弟段欲伐郑，〔6〕请宋、陈、蔡与俱，〔7〕三国皆许州吁。州吁新立，好兵，弑桓公，卫人皆不爱。石碏乃因桓公母家于陈，详为善州吁。〔8〕至郑郊，石碏与陈侯共谋，使右宰丑进食，〔9〕因杀州吁于濮，〔10〕而迎桓公弟晋于邢而立之，〔11〕是为宣公。

【注释】〔1〕"骄奢"，骄横奢侈。 〔2〕"绌"，通"黜"，罢免。贬退。音 chù。 〔3〕"郑伯"，即郑庄公。春秋时郑国国君。姬姓，名寤生。武公之子。春秋时有五等爵：公、侯、伯、子、男。郑属伯爵，故称"郑伯"。周平王二十八年（公元前七四三年）立。即位后，封其弟段于京（在今河南荥阳东南），号太叔。四十九年（公元前七二二年），太叔与其母武姜合谋叛乱，他出兵镇压，将太叔击败于鄢（在今河南鄢陵西北）。常与周王室发生磨擦，曾射伤周桓王。在位四十三年卒。谥庄。"段"，郑庄公同母弟，古本《竹书纪年》作公子圣。〔4〕"亡"，逃亡。 〔5〕"亡人"，逃亡在外的人。 〔6〕"郑"，古国名。姬姓。周宣王二十二年（公元前八〇六年）封母弟桓公友于郑（在今陕西华县西北）。周幽王时，郑桓公东迁其民至东虢和郐之间。郑武公灭郐、东虢，重建郑国，都新郑（在今河南新郑县）辖境相当今河南省黄河以南中部地区。春秋初年亦称强国。周烈王元年（公元前三七五年）为韩国所灭。详见本书《郑世家》。 〔7〕"宋"，古国名。子姓。开国之君为商王纣庶兄微子启（见《书序》。《周本纪》作"开"），周公平定武庚叛乱后所封。《殷本纪》云，周成王"立微子于宋，以续殷后焉"（一说武王时已封）。建都商丘（今河南商丘南）。据有今山东、江苏、安徽间地及河南东部地区。春秋时宋襄公图霸未成，其后国势渐衰。战国时迁都彭城（今江苏徐州）。公元前二八六年为齐国所灭。详见本书《宋微子世家》。"陈"，古国名。妫姓。开国君主为胡公（名满），相传为舜的后代。周武王灭商后封。《周本纪》云，武王封"帝舜之后于陈"。建都宛丘（今河南淮阳）。辖境约有今安徽的一部分和河南东部地区。周敬王四年（公元前四七九年）为楚国所灭。详见本书《陈杞世家》。"蔡"，古国名。周初封国。《周本纪》云，周武王封"弟叔度于蔡"。后叔度随同武庚反叛而被放逐，改封其子蔡仲（名胡）。初都上蔡（今河南上蔡西南）。平侯时迁都新蔡（今

河南新蔡）。昭侯又迁州来，谓下蔡（今安徽寿县境）。周贞定王二十二年（公元前四四七年）为楚所灭。上蔡故都已在河南上蔡县芦岗发现，据一九六三年考古调查，城呈长方形，并有四处城门遗迹。城内中部王庄以南二郎台可能为宫殿遗址。 〔8〕"详"，通"佯"，诈，假装。 〔9〕"右宰丑"，春秋时卫国大夫。周桓王元年（公元前七一九年），卫桓公为其弟州吁所杀，卫上卿石碏设计，将州吁诱至陈国，派他乘进食之机杀死州吁。 〔10〕"濮"，古水名。《史记集解》引服虔云：濮，"陈地。"《春秋》杜预注云：濮为"陈地水名"。《水经·渠水注》云："沙水东注，即濮水也，俗谓之欠水也。"即今安徽芡河上游。按：此"濮"其它又有曹卫之间（《史记索隐》）、卫地（《史记会注考证》）、郑郊（中井积德）及安徽亳县东南（杨伯峻《春秋左传注》）等几种说法。 〔11〕"邢"，古国名，《春秋左传注》云："邢，国名，姬姓。"《史记集解》引贾逵云："邢，周公之胤，姬姓国。"传世有邢侯彝，彝为周天子册命邢侯时所作，铭末曰"作周公彝"，足证其为周公之胤，金文习见"井侯"、"井伯"，刘节《古史考存·古邢国考》谓"井"即"邢"。今河北邢台市境有古襄国故城，即古邢国。《太平寰宇记》卷五九邢州龙岗县引《北史》谓齐武平初掘古冢，得铜鼎，有铭邢侯夫人姜氏墓，足证邢在今邢台。

【译文】桓公二年，弟弟州吁骄横奢侈，桓公罢免了他的职务，州吁逃奔国外。十三年，郑伯的弟弟姬段攻打他的哥哥，没有取胜，后逃亡，州吁寻求和他交朋友。十六年，州吁收集卫国逃亡的人，袭击杀死了桓公，州吁自立为卫君。州吁为了郑伯的弟弟姬段准备讨伐郑国，于是请求宋国、陈国、蔡国一起前往，三国都答应了州吁。州吁刚刚即位，喜欢打仗，因杀害了桓公，卫国人都不喜欢他。石碏就利用桓公母亲家住在陈国，假装做出和州吁友好的样子。州吁到达郑国郊外后，石碏便和陈侯共同谋划，派遣右宰丑向州吁进献食物，因而在濮上杀死了州吁，到邢国迎接回桓公的弟弟姬晋，并立他为君，这就是宣公。

宣公七年，鲁弑其君隐公。〔1〕九年，宋督弑其君殇公，〔2〕及孔父。〔3〕十年，晋曲沃庄伯弑其君哀侯。〔4〕

【注释】〔1〕"鲁"，古国名。周初分封的诸侯国。姬姓。开国君主为周公旦。建都曲阜（今山东

曲阜鲁故城)。辖境相当今山东西南部地区。一九七七年考古工作者曾于鲁都进行勘探发掘,测得鲁都城平面大致呈不规则横长方形,面积约十平方公里,今日曲阜县城仅占鲁故城西南角之一小部分。春秋时鲁国国势逐渐衰弱,公室后为季孙氏、孟孙氏、叔孙氏三家所分。周赧王五十九年(公元前二五六年)为楚所灭。"隐公",即鲁隐公。春秋时鲁国国君。姬姓,名息姑(一作"息"。作"息姑"是)。惠公庶子。惠公卒,因太子允年幼,由他摄政。执政期间,与邾国会盟修好,又多次与戎会盟。喜游乐,筑观鱼台。在位十一年,被太子允所杀。谥隐。事详本书《鲁世家》。 〔2〕"宋督",亦称华督、大宰督。春秋时宋国正卿。子姓,名督,字华父。戴公之孙。宋殇公时任太宰,为霸占司马孔父嘉之妻,攻杀孔父及殇公,立庄公,自任相,擅国政。宋湣公十年(公元前六八二年),大夫南宫万反,攻杀湣公,他也被杀。"宋殇公",春秋时宋国国君。子姓,名与夷。宋宣公之子。宣公病卒,让位于其弟穆公和。穆公九年(公元前七二〇年)病,命其子冯出居郑,复让位于他。时郑及诸侯数伐宋,即位十年而十一战。太宰华督谋夺大司马孔父嘉之妻,殇公十年(公元前七一〇年),华督杀其父,取其妻。殇公怒,督遂杀死他。谥殇。 〔3〕"孔父",即孔父嘉。春秋时宋国大夫。子姓,孔氏,名嘉。宋穆公时为大司马。穆公病,召他商议立嗣子事,他请立公子冯,穆公不许。穆公卒,兄宣公之子与夷立,是为殇公。公子冯出奔郑。太宰华督见其妻美好,欲夺为己有,遂寻机攻杀之而取其妻。 〔4〕"晋",西周时封国。姬姓。初,周成王封其弟叔虞于唐(今山西翼城西),故称唐国。燮父时改为晋国。成侯时迁居曲沃(今山西闻喜县东北)。献公迁都于绛(今山西翼城东南),景公又迁都新田(今山西侯马市西)。文公时改革内政,国力强盛,为春秋五霸之一。其辖境约有今山西大部、河北西南部、河南北部和陕西东南角。春秋末年为韩、赵、魏三家瓜分,国遂亡。"曲沃",古邑名。在今山西闻喜县东北。晋昭侯元年(公元前七四五年)封文侯弟成师于曲沃。"庄伯",春秋时晋国贵族。姬姓,名鳝。曲沃桓叔成师之子。晋孝侯八年(公元前七三二年),继桓叔为曲沃封君,积蓄力量,于孝侯十五年攻入晋都翼(今山西翼城东),杀孝侯。晋人攻之,复归曲沃。晋鄂侯卒,他又复攻晋都。时周平王遣虢公伐曲沃,他被迫退保曲沃,晋人立鄂侯子兴为哀侯。此处记载他杀死哀侯。据本书《晋世家》记载,杀死哀侯的是庄伯之子武公。庄伯杀死的是孝侯,这里记载有误。"哀侯",春秋时晋国国君。姬姓,名光。

鄂侯郤之子。公元前七一七年至前七一〇年在位。公元前七一八年,曲沃庄伯闻鄂侯卒,于是起兵伐晋。周桓王(《晋世家》误作平王)使虢公伐庄伯,庄伯退保曲沃。晋人立他为君,是为哀侯。哀侯二年(公元前七一六年),曲沃庄伯卒,子武公继立。八年,曲沃武公侵犯晋国南部。九年,伐晋于汾水之旁,哀侯被虏。晋人乃立哀侯子小子为君,是为小子侯。小子侯元年(公元前七〇九年),曲沃武公杀哀侯。事详本书《晋世家》。

【译文】宣公七年,鲁国人杀害了他们的君主隐公。九年,宋国华父督杀害了他的君主殇公和大夫孔父嘉。十年,晋国曲沃庄伯杀害了他的君主哀侯。

十八年,初,宣公爱夫人夷姜,〔1〕夷姜生子伋,〔2〕以为太子,而令右公子傅之。〔3〕右公子为太子取齐女,未入室,而宣公见所欲为太子妇者好,〔4〕说而自取之,更为太子取他女。宣公得齐女,生子寿、子朔,令左公子傅之。太子伋母死,宣公正夫人与朔共谗恶太子伋。〔5〕宣公自以其夺太子妻也,心恶太子,〔6〕欲废之。及闻其恶,〔7〕大怒,乃使太子伋于齐而令盗遮界上杀之,〔8〕与太子白旄,〔9〕而告界盗见持白旄者杀之。且行,子朔之兄寿,太子异母弟也,知朔之恶太子而君欲杀之,乃谓太子曰:"界盗见太子白旄,即杀太子,太子可毋行!"太子曰:"逆父命求生,〔10〕不可。"遂行。寿见太子不止,乃盗其白旄而先驰至界。界盗见其验,〔11〕即杀之。寿已死,而太子伋又至,谓盗曰:"所当杀,乃我也。"盗并杀太子伋,以报宣公。宣公乃以子朔为太子。十九年,宣公卒,太子朔立,是为惠公。

【注释】〔1〕"夷姜",初为卫桓公夫人。卫宣公之庶母。桓公卒,与宣公淫乱,后为宣公夫人。生子伋。右公子为伋将娶齐女,因貌美,宣公又自娶之。后夷姜因失宠而自杀。"夷姜"之"夷"或是国名,说见杨树达《积微居金文说·畏卣跋》。 〔2〕"伋",《左传·桓公十六年》作"急"。 〔3〕"右公子",《左传》杜预注云:"左右媵之子,因以为号。"孔疏谓:"此左右公子,盖宣公之兄弟也。"皆不知何

据。此处之右公子名职,见《左传》桓公十六年。"傅",师傅。这里作动词,指教导。〔4〕"好",美丽。〔5〕"谗恶",说别人的坏话。"恶",音 wù。〔6〕"恶",憎恨。音 wù。〔7〕"恶",不好,坏处。音è。〔8〕"遮",阻拦。〔9〕"白旄",古代的一种军旗。用旄牛尾装饰在旗杆头上,用以指挥全军。这里是让太子伋手持白旄,作为一种识别他的标志。〔10〕"逆",违背。〔11〕"验",本指验明身份的证件。这里指"持白旄的标志"。

【译文】十八年,起初,宣公宠爱夫人夷姜,夷姜生了一个儿子名伋,把他立为太子,并且让右公子教导他。右公子为太子娶齐国女子,还没有完婚,而宣公看见这个将要作太子媳妇的女子容貌美好,喜欢她,就自己娶过来,另外给太子娶了一个女子。宣公得到齐国女子后,生下儿子子寿、子朔,让左公子教导他们。太子伋的母亲死后,宣公的正夫人和子朔一起说太子伋的坏话。宣公因为自己夺去了太子的妻子,心里也讨厌太子,想废掉他。宣公听到别人说自己坏话时,十分生气,于是派太子伋出使齐国,又指使强盗在国界上拦杀他。宣公给了太子白旄,并告诉国界上的强盗看见拿白旄的人就杀死他。太子伋将要起程,子朔的哥哥子寿,太子的异母弟弟,他知道子朔讨厌太子,而且知道国君准备杀死太子,于是对太子说:"国界上的强盗看见太子拿着白旄,就会杀太子,太子可不要去!"太子说:"违背父亲的命令而求得生存,这是不可以的。"于是就起程了。子寿看见太子不肯停止,就劫取他的白旄,先赶到国界上。界上的强盗看见来的人果真拿着白旄标志,就杀死了他。子寿被杀死之后,太子伋又来到,对强盗说:"应当杀死的人是我!"强盗将太子伋一并杀掉,回报了宣公。宣公于是把子朔立为太子。十九年,宣公去世,太子子朔继位,这就是惠公。

左右公子不平朔之立也,惠公四年,左右公子怨惠公之谗杀前太子伋而代立,乃作乱,攻惠公,立太子伋之弟黔牟为君,惠公奔齐。〔1〕

【注释】〔1〕"齐",古国名。开国君主为吕尚。姜姓。周初封国。都营丘(今山东临淄北)。春秋初年齐桓公任用管仲改革政治,增强国力,尊王攘夷,存邢救卫,首创霸业,疆域东至于海,南到泰山,西达黄河,北及无棣(今河北盐山南)。相当于今山东泰山以北黄河流域及胶东半岛地区。春秋末年,君权为大臣田氏(即陈王)所夺。周安王十六年(公元前三八六年)田和立为齐侯。齐威王时开始称王,成为战国七雄之一,齐王建四十四年(公元前二二一年)为秦所灭。

【译文】左右两公子对于子朔立为国君感到不平。惠公四年,左右两公子怨恨惠公谗杀前太子伋而自己代立为君,于是发动叛乱,攻打惠公,拥立太子伋的弟弟黔牟为国君,惠公逃奔到齐国。

卫君黔牟立八年,齐襄公率诸侯奉王命共伐卫,〔1〕纳卫惠公,诛左右公子。卫君黔牟奔于周,惠公复立。惠公立三年出亡,亡八年复入,与前通年凡十三年矣。

【注释】〔1〕"齐襄公",春秋时齐国国君。姜姓,名诸儿。釐公之子。周桓王二十三年(公元前六九七年)即位。在位其间,生活腐化。鲁桓公夫妇至齐,他与桓公夫人通奸,杀桓公。又滥杀谏臣。史称"襄公乱政"。在位十二年,被公孙无知所杀。事详本书《齐世家》。

【译文】卫君黔牟继位八年后,齐襄公率领诸侯遵奉周王的命令一起来讨伐卫国,送卫惠公回国,诛杀了左右两公子。卫君黔牟逃奔到周,惠公又重新登上君位。惠公重新登位后三年逃亡出国,逃亡八年后又回卫国,跟以前连续在位总共十三年。

二十五年,惠公怨周之容舍黔牟,〔1〕与燕伐周。〔2〕周惠王奔温,〔3〕卫、燕立惠王弟颓为王。二十九年,郑复纳惠王。〔4〕三十一年,惠公卒,子懿公赤立。

【注释】〔1〕"容舍",允许居留。〔2〕"燕",古国名。姞姓。在今河南延津东北。开国君主伯儵,相传为黄帝后裔。后人亦称为南燕。《周本纪》"王子克奔燕"、"谋召燕、卫师"皆指此燕国。〔3〕"周惠王",春秋时周王。姬姓。名阆。周釐王之子。周惠王元年(公元前六七六年)继位。二年,其叔父颓与故大夫边伯等五人作乱,谋与燕、卫之师入侵,遂奔郑。四年,由郑厉公与虢公林父护驾复位。在位二十五年卒。谥惠。详见本书《周本纪》。"温",古邑名。在今河南温县西南。西周、春秋时

苏国建都于此。后为晋国邑。〔4〕"郑",古国名,姬姓。开国君主为周宣王弟友(郑桓公)。周宣王二十二年(公元前八〇六年)封于郑(今陕西华县)。周幽王时,郑桓公迁其民于东虢、郐之间。郑武公灭虢、郐,重建郑国,都新郑(今河南新郑)。辖境相当于今河南省黄河以南中部地区。春秋初年亦为强国。周烈王元年(公元前三七五年)为韩国所灭。郑纳惠王时的国君是郑厉公。纳惠王事,详见本书《郑世家》。

【译文】二十五年,惠公怨恨周王室容纳黔牟,于是与燕国一起攻打周。周惠王逃奔到温国,卫国、燕国拥立惠王的弟弟姬颓为王。二十九年,郑国又送惠王回周。三十一年,卫惠公去世,儿子懿公姬赤继位。

懿公即位,好鹤,淫乐奢侈。九年,翟伐卫,〔1〕卫懿公欲发兵,兵或畔。〔2〕大臣言曰:"君好翯,〔3〕翯可令击翟。"翟于是遂入,杀懿公。

【注释】〔1〕"翟",亦作"狄",古民族名。原为鬼方分支。春秋时分布在今陕西和山西北部、河北西北部、内蒙古及其以北地区。战国时,除鲜虞族建立中山国以外,其余大部分为华夏族及其诸侯国兼并。一部分则迁至大漠南山,与当地部落结合,形成后来的匈奴和东胡族。〔2〕"畔",通"叛",叛背。〔3〕"翯",通"鹤"。

【译文】懿公继位以后,喜欢养鹤,荒淫享乐,奢侈无度。九年,翟人讨伐卫国,卫懿公打算发兵抵抗,兵士有的背叛。大臣们说:"君主喜欢养鹤,可以让鹤去抗击翟人。"翟人此时已攻进了卫都,杀死了懿公。

懿公之立也,百姓大臣皆不服。自懿公父惠公朔之谗杀太子伋代立至于懿公,常欲败之,卒灭惠公之后而更立黔牟之弟昭伯顽之子申为君,是为戴公。
戴公申元年卒。齐桓公以卫数乱,〔1〕乃率诸侯伐翟,为卫筑楚丘,〔2〕立戴公弟毁为卫君,是为文公。文公以乱故奔齐,齐人入之。〔3〕

【注释】〔1〕"齐桓公",春秋时齐国国君。姜姓,名小白。襄公之弟。襄公晚年,公室内乱,公子纠由管仲辅佐,逃奔鲁国。他在鲍叔牙保护下逃奔莒国。不久襄公被杀,他战胜公子纠并在高溪等贵族支持下返国执政。他任管仲为相,对内实行改革,国富兵强。对外打出尊王攘夷的旗帜,威望盖于诸侯。周襄王元年(公元前六五一年),在葵丘(今河南兰考)约集宋、卫、鲁、郑、许、曹等国会盟,周襄王亦派代表参加。他在会上发号施令,周王正式承认其为盟主。他在位期间,"九合诸侯,一匡天下",首开春秋时大国称霸之局面。他死后,诸公子争位,国势渐衰。在位四十二年,谥桓。事详本书《齐世家》。〔2〕"楚丘",古邑名。故城在今河南省滑县东。春秋时,卫曾都于此。〔3〕"入",通"纳",接纳。

【译文】懿公继位,百姓、大臣都不心服。自从懿公的父亲惠公朔谗杀太子伋代立为君一直到懿公,百姓大臣们常常想推翻他们,终于消灭了惠公的后代而改立黔牟的弟弟昭伯顽的儿子申为国君,这就是戴公。
戴公申元年去世。齐桓公因为卫国多次发生动乱,于是就率领诸侯讨伐翟人,并帮助卫国修建楚丘城,立戴公的弟姬毁为卫君,这就是文公。文公因为国内发生动乱的缘故就逃奔到齐国,齐国人又把他送回来。

初,翟杀懿公也,卫人怜之,思复立宣公前死太子伋之后,伋子又死,而代伋死者子寿又无子。太子伋同母弟二人:其一曰黔牟,黔牟尝代惠公为君,八年复去;其二曰昭伯。昭伯、黔牟皆已前死,故立昭伯子申为戴公。戴公卒,复立其弟毁为文公。
文公初立,轻赋平罪,〔1〕身自劳,与百姓同苦,以收卫民。

【注释】〔1〕"轻赋",减轻赋税。"平罪",公平决狱。

【译文】起初,翟人杀死懿公时,卫国人怜悯他,考虑重新拥立宣公从前死去的太子伋的后代,太子伋的儿子死后,而代替太子伋死的子寿又没有儿子。太子伋的同母弟有两个人:一个叫黔牟,黔牟曾经接替惠公为国君,八年后又离开君位;另一

个叫昭伯。昭伯和黔牟都已经先前死去，所以就立昭伯的儿子姬申为戴公。戴公去世后，又立他的弟弟姬毁为文公。

文公刚刚继位后就减轻赋税，公平断狱，亲自劳作，跟百姓同甘共苦，用这些来收复卫国的民心。

十六年，晋公子重耳过，[1]无礼。十七年，齐桓公卒。二十五年，文公卒，子成公郑立。

【注释】[1]"晋公子重耳"，春秋时晋国国君。姬姓，名重耳。献公诡诸之子。公元前六三六年至前六二八年在位。献公十二年（公元前六六五年）封于蒲（今山西隰县西北）。二十二年，遭骊姬之乱，先后逃亡狄、齐、曹、宋、郑、楚、秦等国，在外十九年。公元前六三六年，由秦发兵护送回国，继君位，是为文公。在位时，整顿内政，增强军队，称霸诸侯。事详本书《晋世家》。

【译文】十六年，晋公子重耳经过卫国，卫国没有以礼相待。十七年，齐桓公去世。二十五年，文公去世，儿子成公郑继位。

成公三年，晋欲假道于卫救宋，[1]成公不许。晋更从南河度，[2]救宋。征师于卫，卫大夫欲许，成公不肯。大夫元咺攻成公，[3]成公出奔。晋文公重耳伐卫，分其地予宋，讨前过无礼及不救宋患也。卫成公遂出奔陈。二岁，如周求入，[4]与晋文公会。晋使人鸩卫成公，[5]成公私于周主鸩，[6]令薄，得不死。已而周为请晋文公，卒入之卫，而诛元咺，卫君瑕出奔。[7]七年，晋文公卒。十二年，成公朝晋襄公。[8]十四年，秦穆公卒。[9]二十六年，齐邴歜弑其君懿公。[10]三十五年，成公卒，子穆公遫立。

【注释】[1]"晋欲假道于卫救宋"，《左传》僖公二十八年及本书《晋世家》记载为"晋侯将伐曹，假道于卫"，此为假道救宋，异。"假"，借。[2]"南河"，古代称黄河自今潼关以上北南流向河段为西河，潼关以下西东流向河段为南河。《史记集解》引杜预云："从汲郡南度，出卫南。"此处指今河南汲县一带黄河。"度"，通"渡"。[3]"大夫元咺"，春

秋时卫国大夫。卫成公三年（公元前六三二年）晋欲假道于卫救宋，成公不许。晋改从南河渡，出卫南救宋，征师于卫，他欲答应而成公又不许，于是他攻成公。成公奔楚，他便立公子瑕为卫君。五年（公元前六三〇年），成公求周王请晋文公出兵入卫，他与公子瑕遂被杀，成公复位。[4]"如"，往，到。[5]"鸩"，指鸩鸟羽毛浸制的毒酒。这里指用鸩酒杀卫成公。[6]"私"，私下贿赂。"周主鸩"，指周王室主持放鸩毒的人。[7]"卫君瑕"，春秋时卫国公室贵族。姬姓，名瑕，亦称公子瑕。《左传》又作"子适"。成公之弟。《左传》称，周襄王二十年（公元前六三二年），晋文公假道于卫，卫成公不许，卫大夫元咺攻成公，成公奔楚，他被元咺等拥立为卫君。二十三年，成公在周王室帮助下返回卫国，他与元咺俱被杀。此云"卫君瑕出奔"，疑误。[8]"晋襄公"，春秋时晋国国君。姬姓，名欢。晋文公之子。公元前六二七年至前六二一年在位。襄公元年，秦伐郑，他出兵救郑，大败秦军，并虏得秦将孟明视、西乞术、白乙丙归。四年（公元前六二四年），秦三将兴兵大举攻晋，取晋王官（今山西闻喜西），封殽尸而还。五年，为报王官仇，他也起兵伐秦，取秦新城（今陕西澄城东北）。七年，他废去文公时所作五军中之上、下新二军，恢复三军六卿之制；用赵盾为政，进行了一系列的法制改革。同年八月卒。事详本书《晋世家》。[9]"秦穆公"，一作"秦缪公"。春秋时秦国国君。嬴姓，名任好。德公少子，成公之弟，继成公为君。公元前六五九年至前六二一年在位。任用百里奚、蹇叔等为谋臣，奋发图强。初即位，努力向东开拓，图谋争霸中原，亲自率兵攻晋。曾在韩原（今山西稷山西）大破晋军，俘获晋惠公，迫使晋国献出河西八地。不久又吞灭梁（今陕西韩城南）、芮（今陕西大荔南），将国土向东推至黄河。后又向西扩张，用内史廖之计，离间戎王君臣。又听戎降臣由余之谋，袭灭戎国，益国十二，开地千里，遂霸西戎。周襄王特派召公至秦祝贺，并赐金鼓。病卒，谥缪（一作"穆"）。事详本书《秦本纪》。[10]"邴歜"，齐国大夫。《齐太公世家》作"丙戎"。因其为齐懿公御戎，故号"丙戎"。其父生前与懿公争田，懿公即位便掘尸而刖之，他怀恨在心，和懿公参乘阎职合谋，乘懿公出游杀之。然后归告齐祖庙，从容亡去。"齐懿公"，春秋时齐国国君。姜姓，名商人。桓公之子，密姬所生。周匡王元年（公元前六一二年）杀昭公之子姜舍自立。他统治残暴，生活荒淫。在位四年，被仇人丙戎（邴歜）、庸职所杀。

【译文】成公三年,晋国打算向卫国借路援救宋国,成公没有答应。晋国改从南河渡河,援救宋国。晋国向卫国征集军队,卫国的大夫想答应,成公不肯。卫国大夫元咺进攻成公,成公出逃。晋文公重耳讨伐卫国,瓜分了卫国的土地给宋国,惩罚前次经过卫国文公未以礼相待以及成公不肯援救宋国的过错。卫成公于是出逃到陈国。两年以后,成公到周王室去,请求回国,并跟晋文公相会。晋国派人毒杀卫成公,成公私下贿赂周王室主持放毒的人,让他少放一些,得以不死。没过多久,周王替成公向晋文公请求,终于送他回到卫国,诛杀了元咺,卫君瑕出国逃亡。七年,晋文公去世。十二年,成公去朝见晋襄公。十四年,秦穆公去世。二十六年,齐国邴歜杀害他的国君懿公。三十五年,成公去世,儿子穆公遫继位。

穆公二年,楚庄王伐陈,〔1〕杀夏征舒。〔2〕三年,楚庄王围郑,郑降,复释之。十一年,孙良夫救鲁伐齐,〔3〕复得侵地。穆公卒,子定公臧立。定公十二年卒,子献公衎立。

【注释】〔1〕"楚庄王",春秋时楚国国君。芈姓,名熊侣(一作"吕"、"旅")。又称"荆庄王"、"严王"。穆王之子。周顷王六年(公元前六二一年)继位。即位初,耽于淫乐,不理政事。经伍举、苏从屡谏,乃省悟,委伍举、苏从以国政,申张王权。又重用叔孙敖改革内政,兴修水利,平定若敖氏的叛乱。并连年出兵北伐,力图称霸中原。周定王元年(公元前六〇六年)陈兵于周郊,问周王九鼎之轻重,大有取周而代之之势。先后灭庸、舒、陈诸小国,将楚国推向全盛时期。之后又成为代晋而起的中原霸主。在位二十三年卒。谥庄。事见《楚世家》。〔2〕"夏征舒",春秋时陈国大夫。妫姓,夏氏,名征舒。陈公族。因其祖父名少西,故又以少西为氏。大夫御叔之子。陈灵公时任大夫。其父早卒,母夏姬蠭,与灵公、大夫孔宁、仪行父私通,又互相以他为戏乐。周定王八年(公元前五九九年),他遂起兵攻杀灵公,自立为陈侯。孔宁、仪行父奔楚求援,次年,楚庄王率军入陈,他兵败,被车裂。〔3〕"孙良夫",春秋时卫国大夫。又称"孙桓子"、"孙子"。卫成公三十三年(公元前六〇二年)出使鲁国,卫始与鲁和好。卫穆公十一年(公元前五八九年),率军和齐军战于新筑(今河北魏县南),卫军大败。他入晋讨得救兵,在鞍(今山东济南西)大败齐军,收复失

土,史称齐晋鞍之战。

【译文】穆公二年,楚庄王讨伐陈国,杀了夏征舒。三年,楚庄王包围了郑国,郑侯投降,后又释放了他。十一年,孙良夫援救鲁国讨伐齐国,又收回了被侵占的土地。穆公去世,儿子定公臧继位。定公十二年去世,儿子献公衎继位。

献公十三年,公令师曹教宫妾鼓琴,〔1〕妾不善,曹笞之。妾以幸恶曹于公,公亦笞曹三百。十八年,献公戒孙文子、宁惠子食,〔2〕皆往。日旰不召,〔3〕而去射鸿于囿。〔4〕二子从之,公不释射服与之言。二子怒,如宿。〔5〕孙文子子数侍公饮,使师曹歌《巧言》之卒章。〔6〕师曹又怒公之尝笞三百,乃歌之,欲以怒孙文子,报卫献公。〔7〕文子语蘧伯玉,〔8〕伯玉曰:"臣不知也。"遂攻出献公。献公奔齐,齐置卫献公于聚邑。〔9〕孙文子、宁惠子共立定公弟秋为卫君,〔10〕是为殇公。

【注释】〔1〕"师曹",卫国宫廷乐师。名曹。〔2〕"孙文子",即孙林父,春秋时卫国大夫。孙良夫之子。卫定公五年(公元前五八四年)冬,因得罪定公而出奔晋。十二年,依仗晋国支持,定公不得已而复其职。后又和大夫宁殖废献公而立定公弟,是为殇公。献公出奔齐。殇公十二年(公元前五四七年),与大夫宁喜争权,殇公使宁喜攻之,他出奔晋,借晋兵力量使献公复位,并杀宁喜。"宁惠子",春秋时卫国大臣。名殖。周灵王十三年(公元前五五九年),与孙林父攻逐献公,献公奔逃齐国,二人共立定公弟秋为卫君,是为殇公。〔3〕"旰",晚,迟。音gàn。〔4〕"囿",圈养禽兽的园地。音yòu。〔5〕"宿",春秋时卫国邑名。在今河南濮阳北。或作"戚",《史记志疑》云:"宿、戚,古字通用。"〔6〕"《巧言》",《诗经·小雅》的一篇,这是一首政治讽刺诗,讽刺周王听信谗言,良莠不分。诗中对巧言乱政之徒表示憎恶,对周天子听信谗言表示伤怨。"卒章",即末章。《巧言》末章云:"彼何人斯,居河之麋。无拳无勇,职为乱阶。既微且尰,尔勇伊何。为犹将多,尔居徒几何。"献公想用此来比喻文子居河上而作乱。〔7〕"报",报复。〔8〕"蘧伯玉",春秋时卫国大夫。姬姓,蘧氏,名瑗,字伯玉。卫公族,大夫蘧无咎之子。卫献公时为大夫。献公十八

年(公元前五五九年),献公被其臣攻逐,他曾避乱出亡。后返国,曾事殇公、襄公,有贤声。相传他行年五十,而知四十九年之非,勤于改过。灵公立,经史鱼等力荐,为灵公所亲幸。病卒。谥成子。〔9〕"聚邑",按此条《左传》襄公十四年作"齐人以邿寄卫侯"。本书"聚"疑当为"郲"之误。"郲"同"莱",在今山东龙口。 〔10〕"秋",《集解》引徐广云:"班氏云献公弟焱。"《索隐》云:"《左传》作'剽',《古今人表》作'焱',盖音相乱,字易改耳。"

【译文】献公十三年,献公让曹乐师教宫妾弹琴,宫妾学不好,曹乐师笞打了她。宫妾仗着受献公宠爱因向献公说曹乐师的坏话,献公也笞打了曹乐师三百下。十八年,献公敕戒孙文子、宁惠子共进宴食,他们都去了。时间很晚了,献公还不召见,却到园林里去射大雁。两人便跟着到园林里去,献公没有脱去射服就同他们谈话。二人很生气,便前往宿邑。孙文子的儿子曾多次侍侯献公饮酒,献公让曹乐师演唱《巧言》的末章。曹乐师又对献公曾经笞打过自己三百下而恼火,于是就演唱了那章诗,想以此激怒孙文子,报复卫献公。孙文子把这件事告诉了蘧伯玉,蘧伯玉说:"我不知道。"孙文子便攻打并逐出献公。献公逃奔到齐国,齐国把卫献公安置在聚邑。孙文子、宁惠子共立定公的弟弟姬秋为卫君,这就是殇公。

殇公秋立,封孙文子林父于宿。十二年,宁喜与孙林父争宠相恶,〔1〕殇公使宁喜攻孙林父。林父奔晋,复求入故卫献公。献公在齐,齐景公闻之,〔2〕与卫献公如晋求入。晋为伐卫,诱与盟。卫殇公会晋平公,〔3〕平公执殇公与宁喜而复入卫献公。献公亡在外十二年而入。

【注释】〔1〕"宁喜",春秋时卫国大臣。殇公宠臣。与孙林父争宠,奉殇公命发兵攻之,逼孙林父逃往晋国。后孙林父在晋国的帮助下,与流亡在外十二年的卫献公返回卫国,献公复位后元年,他被诛杀。 〔2〕"齐景公",春秋时齐国国君。姜姓,名杵臼。庄公异母弟。周灵王二十五年(公元前五四七年)继位。任崔杼为右相,庆封为左相。好筑宫室,聚狗马,厚敛重刑,奢侈无度。后任晏婴为卿,常为婴谏阻,稍有收抑。时齐公室衰落,私门崛起,晏婴预知齐公室即将为田氏所取代,叹为"季世"。在位五十八年卒。谥景。事详本书《齐世

家》。 〔3〕"晋平公",春秋时晋国国君。姬姓,名彪。晋悼公之子。公元前五五七年至前五三五年在位。即位初,率师伐齐。八年,晋栾盈(一作"栾逞")帅曲沃之兵攻入晋都绛(今山西曲沃西南),他兵败欲自杀,范鞅救之,并以其徒击盈,盈败,遂灭栾氏宗。后又屡战齐、燕等国。晚年厚赋横敛,不恤政治,政归赵文子、韩宣子、魏献子三家,晋公室益衰。事详本书《晋世家》。

【译文】殇公秋继位后,把孙文子林父封在宿邑。十二年,宁喜跟孙林父因为争宠而互相产生矛盾,殇公让宁喜进攻孙林父。孙林父逃奔到晋国,又请求晋国送卫献公回国。这时卫献公在齐国,齐景公听到这消息后,就同卫献公前往晋国请求支持。晋国替卫献公讨伐卫国,诱导卫国订盟。卫殇公前去会见晋平公,晋平公捉住卫殇公和宁喜,又将卫献公护送回国。献公逃亡在外十二年后才回到卫国。

献公后元年,诛宁喜。
三年,吴延陵季子使过卫,〔1〕见蘧伯玉、史鰌,〔2〕曰:"卫多君子,其国无故。"〔3〕过宿,孙林父为击磬,〔4〕曰:"不乐,音大悲,使卫乱乃此矣。"是年,献公卒,子襄公恶立。

【注释】〔1〕"吴",古国名。亦称句吴、攻吴。姬姓。西周太王之子太伯、雍仲所建。初都蕃篱(今江苏无锡东南梅里)。传至十九世孙寿梦时国势渐强,开始称王。阖闾时迁都于吴(今江苏苏州)。据有今江苏、上海大部和安徽、浙江一部。曾一度攻破楚国郢都。夫差时大败越国,迫使句践求和事吴,并北上黄池与晋国争霸。公元前四七三年为越国所灭。事见本书《吴太伯世家》。"延陵季子",季子曾封于延陵,所以称延陵季子。"延陵",古邑名。在今江苏常州南淹城遗址。春秋时吴邑。"季子",春秋时吴国贵族。姬姓,名札,吴工寿梦少子。曾封于延陵,后又封州来(今安徽凤台北),史又称"延州来季子"。他贤明博学,寿梦欲立他为嗣,固辞。诸樊立,又欲让位于他,他弃其室而耕。吴王余祭四年(公元前五四四年),他奉命使鲁,观周礼,尽知其意,深受鲁人敬重。又游历齐、郑、晋等国,与晏婴、子产等著名政治家交游,议论盛衰大势,颇中时要。吴王僚十二年(公元前五一五年)又奉命使晋。僚为公子光(阖闾)刺杀,他回国复命,曾哭于僚墓,然后至封邑以待阖闾之命。事详本书

《吴太伯世家》。〔2〕"史鰌",春秋末卫国史官,字子鱼,也称"史鱼"。以正直著称。临死还嘱咐家人不要治丧正室,以劝戒卫灵公进贤,后人称为"尸谏"。〔3〕"故",事故,问题。〔4〕"磬",古代的一种石制打击乐器。用美石或玉雕成,悬挂于架上,以物击之而鸣。单一的称"特磬",大小相次成组的称"编磬"。最早用于先民的乐舞活动,其后用于历代上层统治者配合祭祀、宴享等礼仪活动的雅乐中,成为象征身份地位的礼器。

【译文】献公后元年,诛杀宁喜。

三年,吴国延陵季子出使经过卫国时,见到了蘧伯玉、史鰌,说:"卫国有许多君子,这个国家不会发生什么问题。"经过宿邑时,孙林父给他击磬,他说:"不快乐啊,声音太悲伤了,使卫国发生祸乱的原因就在这里。"这一年,卫献公去世,他的儿子襄公姬恶继位。

襄公六年,楚灵王会诸侯,〔1〕襄公称病不往。

【注释】〔1〕"楚灵王",春秋时楚国国君。芈姓,名熊围,后改名熊虔。共王次子,康王之弟。郏敖时为令尹,兼领军权。周景王四年(公元前五四一年)杀其侄郏敖,自立为王。即位后,大会诸侯,率兵伐吴。又使其弟弃疾灭陈、蔡,以盟主自居。景王十五年(公元前五三〇年),率大军伐徐以胁吴,因穷兵黩武,百姓嗟怨。次年,弃疾杀死太子熊禄,另立其弟公子比为王。他闻讯逃匿山中,自缢而死。谥灵。事详本书《楚世家》。

【译文】襄公六年,楚灵王会见诸侯,襄公托辞有病没有去。

九年,襄公卒。初,襄公有贱妾,辛之,有身,梦有人谓曰:"我康叔也,令若子必有卫,〔1〕名而子曰'元'。"〔2〕妾怪之,问孔成子。〔3〕成子曰:"康叔者,卫祖也。"及生子,男也,以告襄公。襄公曰:"天所置也。"〔4〕名之曰"元"。襄公夫人无子,于是乃立元为嗣,是为灵公。

【注释】〔1〕"若",人称代词,你,你们。〔2〕"而",人称代词,你,你们。〔3〕"孔成子",春秋时

卫国正卿,名烝锄。卫定公时为卿,历仕献公、殇公朝。襄公立,为正卿。襄公卒,他立襄公次子姬元为君,是为灵公。旋病卒。谥成子。〔4〕"置",安排,设置。

【译文】九年,襄公去世。起初,襄公有一个贱妾,襄公很宠爱她,妾怀了孕,梦见有人对她说:"我是康叔,让你的儿子一定享有卫国,给你的儿子起名叫做'元'。"妾对这件事感到奇怪,就去问孔成子。孔成子说:"康叔是卫国的祖先。"等到生下孩子,是个男的,就把梦中的事告诉了襄公。襄公说:"这是上天给安排的。"取名叫"元"。襄公夫人没有生儿子,于是就立元为继承人,这就是灵公。

灵公五年,朝晋昭公。〔1〕六年,楚公子弃疾弑灵王自立,〔2〕为平王。十一年,火。

【注释】〔1〕"晋昭公",春秋时晋国国君。姬姓,名夷。平公彪之子。公元前五三一年至前五二六年在位。在位时,韩、赵、魏、范、中行及知氏六卿势力更加强大,而晋公室日益衰弱。昭公六年卒,子顷公去疾继立为晋君。事详本书《晋世家》。〔2〕"楚公子弃疾",即楚平王。春秋时楚国国君。亦作"荆平王"。芈姓,名弃疾。即位后改名熊居。共王幼子。灵王时率军灭陈、蔡,因号陈公、蔡公。周景王十六年(公元前五二九年),作乱自立为王,灵王及子比、子皙被逼自杀。即位后,恐国人及诸侯不服,内宽简刑政,外复陈、蔡国。重用嬖臣费无忌。无忌谗害太子建,逼建逃奔宋,并诛及太子傅伍奢,致奢及其子尚被杀。在位十三年卒。谥平。事详本书《楚世家》。

【译文】灵公五年,朝见晋昭公。六年,楚公子弃疾杀害了楚灵王自立为王,就是楚平王。十一年,发生火灾。

三十八年,孔子来,禄之如鲁。〔1〕后有隙,孔子去。后复来。

【注释】〔1〕"禄",奉禄。这里用作动词。指孔子到卫国后,给他的俸禄和在鲁国时一样。

【译文】三十八年,孔子来到卫国,给他的俸禄和在鲁国一样多。后来有了分歧,孔子就离开卫

国。以后又来到卫国。

三十九年,太子蒯聩与灵公夫人南子有恶,[1]欲杀南子。蒯聩与其徒戏阳扐谋,[2]朝,使杀夫人。戏阳后悔,不果。蒯聩数目之,[3]夫人觉之,惧,呼曰:"太子欲杀我!"灵公怒,太子蒯聩奔宋,已而之晋赵氏。[4]

【注释】〔1〕"蒯聩",即卫庄公。春秋时卫国国君。姬姓,名蒯聩。一作"蒉聩"。灵公之子。为太子时,曾欲杀灵公夫人南子,未遂。惧罪逃奔宋国,后又至晋国,依附于赵简子。灵公卒,卫人立蒯聩子姬辄为君,是为出公。他曾欲回国夺权,被卫所拒,又逃至宿(今河南濮阳东北),据地自保。周敬王四十年(公元前四八〇年),在孔悝等支持下立为君,其子姬辄出奔鲁。即位后,即背叛晋,晋卿赵简子发兵围卫,他在兵乱中被杀。谥庄。"南子",卫灵公夫人。宋国贵族女,私通于宋子朝,灵公太子蒯聩恶之。她谮于灵公,蒯聩奔宋。后蒯聩立(庄公),遂杀南子。 〔2〕"戏阳扐",卫国人。卫灵公时为太子蒯聩家臣。 〔3〕"目",以目示意。用作动词。 〔4〕"赵氏",这里指春秋时晋国赵简子。嬴姓,赵氏,史称"赵简主"。定公时为卿,时晋国衰乱,荀寅、范吉射伐赵氏,他逃奔晋阳(今山西太原南)。后召归复位,改名志父。曾发兵攻击范氏、中行氏,克朝歌(今河南淇县)、邯郸,迫使范氏、中行氏出奔齐国。他还将范宣子所著《刑书》铸成刑鼎,进行政治经济改革,使私门(即大夫)势力日益强大。周元王元年(公元前四七五年)卒。谥简子。

【译文】三十九年,太子蒯聩与灵公夫人南子产生矛盾,蒯聩想杀死南子。蒯聩同他的党徒戏阳扐商量,在朝会的时候,让戏阳杀死南子夫人。戏阳后悔,没有下手。蒯聩多次用目光示意,南子夫人察觉了他们的阴谋,感到害怕,就大声喊道:"太子想杀我!"灵公对此非常生气,太子蒯聩逃奔到宋国,过了不多久,又到了晋国赵氏那儿。

四十二年春,灵公游于郊,令子郢仆。[1]郢,灵公少子也,字子南。灵公怨太子出奔,谓郢曰:"我将立若为后。"郢对曰:"郢不足以辱社稷,[2]君更图之。"[3]夏,灵公卒,夫人命子郢为太子,曰:"此灵公命也。"郢曰:"亡人太子蒯聩之子辄在也,不敢

当。"于是卫乃以辄为君,是为出公。

【注释】〔1〕"仆",御,驾御。 〔2〕"辱",使社稷受辱。郢自谓己无德,不足立。 〔3〕"更",另。"图",谋划,打算。

【译文】四十二年春天,卫灵公到郊外游玩,让子郢驾车。子郢是灵公的小儿子,字子南。卫灵公怨恨太子蒯聩出逃,对子郢说:"我将要立你作继位人。"子郢回答道:"我不够格,恐怕污辱了国家,您另作安排吧。"夏天,卫灵公去世,夫人命子郢为太子,说:"这是灵公的命令。"子郢说:"逃亡在外的太子蒯聩的儿子辄还在,我不敢接受命令。"于是卫国就把姬辄作为国君,这就是出公。

六月乙酉,赵简子欲入蒯聩,乃令阳虎诈命卫十余人衰绖归,[1]简子送蒯聩。卫人闻之,发兵击蒯聩。蒯聩不得入,入宿而保,卫人亦罢兵。

【注释】〔1〕"阳虎",一作阳货。本为春秋时鲁国人。初为季孙氏家臣,事季平子。平子死后,专鲁国之政。鲁定公五年(公元前五〇五年)执季桓子。八年,他欲尽杀"三桓"之嫡子,而更立其所善之庶子以代之,遭三桓联合攻伐,兵败,逃至阳关(今山东泰安东南)。九年,复遭三桓攻伐,奔齐,被齐囚执,脱逃后奔晋,为晋赵简子家臣。"衰绖",古代守丧的孝服。"衰",通缞,用粗麻布制成,缀于胸前,有斩衰、齐衰之分。"绖",麻带,围在头上称首绖,围在腰间称腰绖。

【译文】六月乙酉日,赵简子想送蒯聩回国,就让阳虎假装派出十多个卫国人穿着丧服来迎接太子回国,赵简子陪送蒯聩。卫国人听到这个消息后,发兵阻击蒯聩,蒯聩未能进入卫国,于是就到宿邑自保,卫国人也收兵回国。

出公辄四年,齐田乞弑其君孺子。[1]八年,齐鲍子弑其君悼公。[2]

【注释】〔1〕"田乞",春秋时齐国大臣。妫姓,田氏(陈氏)。田桓子无宇之子,事齐景公,以大斗借贷,小斗收进之法笼络民心,并结交诸侯。景公卒,子荼立,是为晏孺子,高昭子、国惠子为相。他

攻杀高、国,迎立公子阳生(悼王),又杀晏孺子,自为相,专齐国之政。卒谥釐子。"孺子",史称晏孺子,春秋时齐国国君。姜性,名荼。景公少子。景公五十八年(公元前四九〇年),景公因宠孺子生母黄姬,遂逐群公子而立孺子为太子。同年,景公卒,孺子即位。以国夏、高张为相。次年,大夫田(陈)乞率兵入公宫,杀逐国、高二氏,立其兄公子阳生,是为悼公,悼公把他迁于骀,不久又派人谋杀之。事见本书《齐世家》。 〔2〕"鲍子",即鲍牧,春秋时齐国正卿。景公时,与公子阳生有隙。景公卒,他在田乞胁迫下迎立阳生为君,是为悼公。悼公即位四年,他便杀死了悼公。但据《左传》哀公十年仅记载"齐人弑悼公",而鲍牧则已于鲁哀公八年(齐悼公三年)为悼公所杀。故清人梁玉绳疑杀悼公者为田乞之子田常。"齐悼公",春秋末年齐国国君。姜姓,名阳生。景公之子。原流亡于鲁国,周敬王三十二年(公元前四八八年)由田乞迎归,立为国君。即位后,诛杀晏孺子。在位四年,被鲍子(牧)所杀。谥悼。事详本书《齐世家》。

【译文】出公辄四年,齐国田乞杀害他的国君孺子。八年,齐国鲍子杀害他的国君悼公。

孔子自陈入卫。[1]九年,孔文子问兵于仲尼,[2]仲尼不对。其后鲁迎仲尼,仲尼反鲁。[3]

【注释】〔1〕"孔子",春秋末年教育家、思想家、政治活动家及史学家,儒家学派创始人。子姓,孔氏,名丘,字仲尼,鲁国陬邑(今山东曲阜东南)人。其先世是宋国贵族,曾祖时逃难到鲁国。早年做过管理粮草的"委吏"和看管牛羊的"乘田",中年做过中都(今山东汶上)宰。年五十任鲁国司寇,摄行相事,因遭新兴势力反对而去职,周游列国达十四年之久,宣扬其政治观点及主张,终不见用。年六十八而返鲁,致力于教育事业。相传有弟子三千,被后世尊为至圣先师。他的思想体系以及与之相适应的政治主张,在中国以至外国都产生过极为深远的影响。西汉以来,其学术成为中国传统思想文化之正统,并延续了两千多年。事详本书《孔子世家》、《仲尼弟子列传》以及《论语》。 〔2〕"孔文子",春秋时卫国正卿。名圉(《论语》作"仲叔圉",《礼记》作"文叔")。卫国正卿孔成子曾孙。卫灵公时为卿,主管外交,善对应。后迁正卿。灵公卒,他立灵公孙姬辄为君(出公),执掌朝政。有贤声,孔

子称他"敏而好学,不耻下问"。卒谥文子。 〔3〕"反",通"返",返回。

【译文】孔子从陈国到了卫国。九年,孔文子向仲尼请教军事,仲尼没有回答。以后鲁侯派人来迎接仲尼,仲尼回到了鲁国。

十二年,初,孔圉文子取太子蒯聩之姊,生悝。[1]孔氏之竖浑良夫美好,[2]孔文子卒,良夫通于悝母。太子在宿,悝母使良夫于太子。[3]太子与良夫言曰:"苟能入我国,报子以乘轩,[4]免子三死,[5]毋所与。"与之盟,许以悝母为妻。闰月,良夫与太子入,舍孔氏之外圃。昏,二人蒙衣而乘,[6]宦者罗御,[7]如孔氏。[8]孔氏之老栾宁问之,称姻妾以告。[9]遂入,适伯姬氏。[10]既食,悝母杖戈而先,[11]太子与五人介,[12]舆猳从之。[13]伯姬劫悝于厕,强盟之,遂劫以登台。栾宁将饮酒,炙未熟,[14]闻乱,使告仲由。[15]召护驾乘车,[16]行爵食炙,[17]奉出公辄奔鲁。

【注释】〔1〕"悝",即孔悝。姬姓,孔氏。卫庄公蒯聩之外甥。卫出公辄十二年(公元前四八一年),出公之父蒯聩居外不得入,孔悝使与其母(蒯聩之姊)等密谋策划,先邀蒯聩潜入其家,然后与蒯聩之徒共同作乱,袭攻出公,出公奔鲁,而蒯聩自立为君。 〔2〕"竖",僮仆。"浑良夫",春秋时卫国大夫,孔文子家仆。孔文子卒,他与文子妻私通。周敬王四十年(公元前四八〇年),文子妻指使他与孔悝等发动政变,赶走出公,拥立流亡在外的灵公太子蒯聩为卫君,从此他以功自居,骄横越礼,后被庄公之子疾所杀。 〔3〕"于",去,到……去。 〔4〕"乘轩",乘坐大夫的车子。"轩",古代一种供大夫以上乘坐的轻便车,车箱可顶较高,并装饰有花纹,或加皮饰的席子作障蔽。也用作大夫的代称。这里是指浑良夫如果事成,则将封他为大夫,并赦免他三次死罪。 〔5〕"免三死",免除三种犯罪的死刑。《正义》引杜预云:"三罪,紫衣、袒裘、带剑。"紫衣,古代君主穿的服饰。穿紫衣,为犯上。袒裘,天热偏袒裘为不敬。 〔6〕"蒙衣",穿着妇女穿的服装,用头巾蒙着头。 〔7〕"罗",宦者名。"御",驾车。 〔8〕"如",至,到。 〔9〕"姻妾",婚姻家妾。 〔10〕"伯姬氏",孔文子之妻,孔悝之母。 〔11〕

"杖",持、执。"先",走在前面。〔12〕"介",甲。这里用作动词,披铠甲。〔13〕"輿豭",用车拉着公猪。表示来盟誓。〔14〕"炙",烤肉。〔15〕"仲由",孔子弟子,字子路,又字季路,卞(今山东泗水)人。性勇而直,喜闻过,事亲至孝。后为卫国大夫孔悝之邑宰。周敬王四十年(公元前四八○年),逃亡在晋国的蒯聩与孔伯姬勾结,劫迫孔悝,逐走卫出公辄。他闻讯前往阻挡,被蒯聩党徒杀死。〔16〕"召护",卫国大夫。蒯聩逐出公辄时,他驾车载出公逃奔鲁国。后出公辄复国,他也返国复职。〔17〕"行爵",敬酒。"爵",一种酒器。

【译文】十二年,起初,孔圉文子娶太子蒯聩的姐姐为妻,生了孔悝。孔家的臣仆浑良夫长得漂亮,孔文子去世以后,浑良夫跟孔悝的母亲通奸。太子在宿邑,孔悝的母亲派浑良夫到太子那里去。太子对浑良夫说:"如果能够帮我回国,我将用让您乘坐上大夫的车来报答您,并免除您三项死罪,这都不算在其中。"并同浑良夫订立了盟约,答应把孔悝的母亲给他作妻子。在闰月,浑良夫和太子进入卫国,住在孔家的外园。天刚黑,二人穿着妇女衣服,用头巾蒙着头,乘着车子,宦官罗氏驾车,到孔家去。孔家的老家臣栾宁盘问他们,回答称是婚姻亲戚家的姬妾。于是他们就进了孔家,到了伯姬的住处。吃过饭之后,孔悝的母亲拿着戈走在前面,太子和五个人披甲,用车载着公猪跟着走。伯姬在厕所里劫持了孔悝,强迫他订了盟约,又挟持他登上高台召集卫国群臣。栾宁要喝酒,烤肉还没有熟,听到发生动乱,于是就派人告诉仲由。召护驾着乘车,一边敬酒,一边吃烤肉,保护着出公辄逃奔到鲁国。

仲由将入,遇子羔将出,〔1〕曰:"门已闭矣。"子路曰:"吾姑至矣。"子羔曰:"不及,〔2〕莫践其难。"子路曰:"食焉不辟其难。"〔3〕子羔遂出。子路入,及门,公孙敢阖门,〔4〕曰:"毋入为也!"子路曰:"是公孙也?求利而逃其难。由不然,利其禄,必救其患。"有使者出,子路乃得入。曰:"太子焉用孔悝?虽杀之,必或继之。"且曰:"太子无勇。若燔台,必舍孔叔。"〔5〕太子闻之,惧,下石乞、孟黡敌子路,〔6〕以戈击之,割缨。〔7〕子路曰:"君子死,冠不免。"结缨而死。〔8〕孔子闻卫乱,曰:"嗟乎!柴也其来乎?〔8〕由也其死矣。"〔9〕孔悝竟立太子蒯聩,是为庄公。

【注释】〔1〕"子羔",即高柴,字子羔。春秋时卫国大夫。孔子弟子。少孔子三十岁,身高不盈五尺,其貌不扬。受业于孔子,孔子以为愚。〔2〕"不及",来不及了。子羔以为子路要为国死难,这时出公已走,故事已来不及。或云,家臣忧虑不及国事,不得践履其难。〔3〕"辟",通"避"。〔4〕"公孙敢",春秋时卫国大夫。姬姓,公孙氏,名敢。蒯聩逐出公,劫执政孔悝。子路欲救,他守孔氏家门,劝子路勿入。子路责他身为孔悝之臣而为蒯聩守门是"求利逃难"。他乃让子路入,子路与蒯聩部下交战被杀。"阖",关门。音 hé。〔5〕"舍",放弃。〔6〕"石乞、孟黡",都是蒯聩的臣子。〔7〕"缨",结冠的带子。〔8〕"柴",指高柴。即子羔。〔9〕"由",即仲由,字子路。

【译文】仲由刚要进孔家,遇到子羔将要出来,子羔说:"门已经关闭了。"子路说:"我暂且到门前去。"子羔说:"事情已经来不及了,不要去遭受这个灾难。"子路说:"吃了孔悝的俸禄,就不能逃避孔悝的灾难。"子羔就出去了。子路进去,到了门前,公孙敢关上门,说:"不要进去干什么了!"子路说:"这是公孙吗?贪求利禄而逃避灾难。我仲由不是这样,吃了他的俸禄,一定要解救他的祸患。"有一个使者出来,子路才得以进去。说:"太子怎么能用孔悝?即使杀掉他,一定有人会替他进攻太子。"并且说:"太子没有勇气。如果放火烧台,一定会释放孔叔。"太子听到这话后,感到害怕,就派石乞、孟黡下台抵挡子路,用戈击打子路,割断了他的帽缨。子路说:"君子死的时候,不使帽子落地。"于是把帽缨联结起来就死了。孔丘听到卫国发生动乱,说道:"唉!高柴将会回来吗?仲由将会死去。"孔悝终于拥立太子蒯聩为国君。这就是庄公。

庄公蒯聩者,出公父也,居外,怨大夫莫迎立。元年即位,欲尽诛大臣,曰:"寡人居外久矣,子亦尝闻之乎?"群臣欲作乱,乃止。
二年,鲁孔丘卒。
三年,庄公上城,见戎州,〔1〕曰:"戎虏何为是?"戎州病之。十月,戎州告赵简子,简子围卫。十一月,庄公出奔,卫人立公子斑师为卫君。齐伐卫,虏斑师,更立公子起为卫君。〔2〕

【注释】〔1〕"戎州",古邑名。在今山东曹县

东南。清人江永、沈钦韩等考证认为"戎州"系州党之名。 〔2〕"斑师",《左传》作"般师"。 〔3〕"起",卫灵公子。

【译文】庄公蒯聩是出公的父亲,在国外居住时,怨恨大夫们不去迎立他。元年即位后,想要把大臣们杀尽,他说:"寡人在国外住了很久,你们也曾听到过吗?"群臣想要作乱,后来又停止了。

二年,鲁国孔丘逝世。

三年,庄公登上城墙,看见戎州城。说:"戎虏为什么要建筑城邑呢?"戎州人听了很忧虑。十月,戎州人告诉赵简子,赵简子出兵包围了卫国。十一月,庄公逃奔国外,卫国人拥立公子斑师为卫君。齐国讨伐卫国,俘虏了斑师,改立公子起为卫君。

卫君起元年,卫石曼专逐其君起,〔1〕起奔齐。卫出公辄自齐复归立。初,出公立十二年亡,亡在外四年复入。出公后元年,赏从亡者。立二十一年卒,〔2〕出公季父黔攻出公子而自立,是为悼公。

【注释】〔1〕"石曼专",卫国卿。《左传》作"石圃"。庄公三年(公元前四七八年),庄公命工匠拆毁都城帝丘郊外之戎州,使用工匠长久不让休息,又想把他们赶走,石曼专便依靠工匠攻打庄公,庄公出逃,被戎州己氏杀死。在齐平公的支持下,卫人立公子起为卫君,他又逐走卫君起。当时流亡在外的卫出公遂乘机回国复位,石曼专被逐出卫国。〔2〕"立二十一年",指前后共立二十一年,前十二年,后九年。

【译文】卫君起元年,卫国石曼专驱逐他的国君起,起逃奔到齐国。卫出公辄从齐国回来重新即位。起初,出公即位十二年后逃亡,逃亡在外四年后又回国。出公后元年,赏赐了跟从他逃亡的人。在位二十一年去世,出公的叔父黔赶走出公的儿子而自立,这就是悼公。

悼公五年卒,子敬公弗立。敬公十九年卒,子昭公纠立。是时三晋强,〔1〕卫如小侯,属之。〔2〕

【注释】〔1〕"三晋",春秋末年,晋国大夫韩、赵、魏三家瓜分晋国,成为战国时的韩、赵、魏三国。

史称"三晋"。三晋的疆城屡有变迁。战国晚期约当有今山西全境、河南省中部北部和河北省南部、中部地区。 〔2〕"之",指三晋的赵氏。

【译文】悼公五年去世,儿子敬公弗继位。敬公十九年去世,儿子昭公纠继位。这时候,三晋很强大,卫君像个小侯一样,附属于赵国。

昭公六年,公子亹弑之代立,〔1〕是为怀公。怀公十一年,公子颓弑怀公而代立,是为慎公。慎公父,公子适;适父,敬公也。慎公四十二年卒,子声公训立。声公十一年卒,子成侯机立。

【注释】〔1〕"亹",音 wěi。

【译文】昭公六年,公子亹杀害了昭公代立,这就是怀公。怀公十一年,公子颓杀害了怀公而代立,这就是慎公。慎公的父亲是公子适,公子适的父亲是敬公。慎公四十二年去世,儿子声公训继位。声公十一年去世,儿子成侯机继位。

成侯十一年,公孙鞅入秦。〔1〕十六年,卫更贬号曰侯。

【注释】〔1〕"公孙鞅",亦称"卫鞅"、"商鞅"。战国时政治改革家。姬姓,公孙氏,名鞅。少好刑名之学,深受李悝、吴起思想影响。秦孝公元年(公元前三六一年)下令求贤,他闻令入秦,向孝公提出变法主张,为孝公所信重。孝公三年(一说六年)任左庶长,在秦国进行第一次变法。主要内容有:令民为什伍,奖励军功耕织,废除世卿世禄,重农抑商等。后迁大良造。孝公十二年,他又实行第二次变法。主要内容有:废井田,开阡陌,统一度量衡,禁止父子兄弟连坐等。不久又实行"初为赋"。经过变革,秦国"家给不足","兵革大强"。孝公二十二年,他奉命攻魏,大破魏军,因功封于商(今陕西商县东南),号商君,故又称商鞅。孝公死,太子嗣位,公子虔诬他谋反,他逃至商,起兵北击郑邑,兵败被俘,遭车裂。著有《商君书》二十九篇(今存二十四篇)。事详本书《商君列传》。又本篇云公孙鞅入秦在"成侯十一年",《秦本纪》云孝公元年鞅入秦。《索隐》云:"按年表,成侯与秦孝公同年,然则'十一年'当为'元年',字误耳。"

【译文】成侯十一年，公孙鞅进入秦国。十六年，卫国又贬号称侯。

二十九年，成侯卒，子平侯立。平侯八年卒，子嗣君立。

嗣君五年，更贬号曰君，独有濮阳。[1]

【注释】〔1〕"濮阳"，一作"帝丘"，卫国国都，在今河南濮阳西南。卫国从卫康叔建都朝歌（今河南淇县），当时堪称大国。春秋初迁都曹（今河南滑县东）。后被北狄打败，靠齐国帮助，又迁都楚丘（今河南滑县东北），成为小国。春秋末年迁都帝丘（即濮阳），国土更加狭小。到嗣君五年时，独有濮阳。怀君三十年（公元前二五四年）曾被魏所灭，后在秦国支持下复国，迁都野王（今河南沁阳）。是秦统一之后在名义上仍然存在的唯一诸侯国。秦二世元年（公元前二〇九年），终为秦灭。

【译文】二十九年，成侯去世，儿子平侯继位。平侯八年去世，儿子嗣君继位。

嗣君五年，卫国再次贬号称君，只占据有濮阳。

四十二年卒，子怀君立。怀君三十一年，朝魏，魏囚杀怀君。魏更立嗣君弟，是为元君。元君为魏婿，故魏立之。元君十四年，秦拔魏东地，秦初置东郡，[1]更徙卫野王县，[2]而并濮阳为东郡。二十五年，元君卒，子君角立。

【注释】〔1〕"东郡"，秦郡名，治所在濮阳（今河南濮阳西南），领二十二县。辖境相当今山东东阿、梁山、郓城以西，河南范县、长垣以北，滑县、濮阳以东，山东冠县、茌平以南地区。 〔2〕"野王县"，古邑名。在今河南沁阳。春秋时晋地，战国时属韩。公元前二六二年为秦攻取，秦始皇迁卫君于此。

【译文】嗣君四十二年去世，儿子怀君继位。怀君三十一年，去朝拜魏国，魏国囚禁并杀死了怀君。魏国改立嗣君的弟弟，这就是元君。元君是魏国的女婿，所以魏国拥立他。元君十四年，秦国攻占了魏国的东部地区，开始在这里设置东郡，又把卫君迁到野王县，将濮阳合并于东郡。二十五年，元君去世，儿子君角继位。

君角九年，秦并天下，立为始皇帝。[1]二十一年，二世废君角为庶人，卫绝祀。[2]

【注释】〔1〕"始皇帝"，公元前二二一年秦王嬴政统一齐、楚、韩、燕、魏、赵六国，建立了中国历史上第一个封建的专制主义中央集权国家。定"皇帝"称号，国家政务皆取决于皇帝。秦王政自为"始皇帝"，后则以数计，称二世、三世……以至无穷。但由于秦朝急政暴虐，导致速亡，仅历二世，凡十五年。秦始皇事，详见本书《秦始皇本纪》《秦本纪》。〔2〕"绝祀"，断绝对祖先的祭祀，即断子绝孙。这里比喻卫国灭亡。

【译文】卫君角九年，秦吞并了天下，登位称始皇帝。君角二十一年，秦二世废黜君角为平民，卫国灭亡。

太史公曰：余读世家言，至于宣公之太子以妇见诛，弟寿争死以相让，此与晋太子申生不敢明骊姬之过同，[1]俱恶伤父之志。然卒死亡，何其悲也！或父子相杀，兄弟相灭，亦独何哉？

【注释】〔1〕"晋太子申生"，春秋时晋献公太子。姬姓。曾任晋下军主将，从献公伐灭霍、耿、魏等国。献公宠骊姬，欲立骊姬子奚齐为太子。大夫士蒍劝他们出亡，不从。献公二十一年（公元前六五六年）骊姬诬他放毒胙肉，图谋不轨，他不愿讲明骊姬之过，怕使父亲老年无欢，又不愿负恶名逃亡，遂自杀。谥恭太子。事见本书《晋世家》。"骊姬"，一作"丽姬"，晋献公夫人。骊戎（今山西晋城西南）之女。晋献公伐骊戎，被夺回立为夫人，甚得宠。生奚齐，欲立为太子。骊姬乘太子申生献胙于献公，暗中放置毒物于胙肉内，诬evcin申生意图不轨，逼其自杀。又使献公尽逐群公子。献公死，奚齐继立，为里克所杀，其妹之子卓子继立，里克又杀之，并将骊姬鞭杀。事见本书《晋世家》。"过"，过错。

【译文】太史公说：我读世家的记载，看到卫宣公的太子因为妻子而被杀死，弟弟子寿争着替哥哥去死，兄弟互相推让，这与晋国太子申生不敢讲出骊姬的过失相同，都是怕伤害了父亲的感情。然而最终还是死亡了，多么可悲呀！有的父子互相残杀，兄弟互相毁灭，这是什么道理呢？

史记卷三十八

宋微子世家第八

微子开者，[1]殷帝乙之首子而帝纣之庶兄也。[2]纣既立，不明，淫乱于政，微子数谏，[3]纣不听。及祖伊以周西伯昌之修德，[4]灭饥国，[5]惧祸至，以告纣。纣曰："我生不有命在天乎？是何能为！"于是微子度纣终不可谏，[6]欲死之；及去，未能自决，乃问于太师、少师曰：[7]"殷不有治政，不治四方。[8]我祖遂陈于上，[9]纣沉湎于酒，[10]妇人是用，乱败汤德于下。[11]殷既小大好草窃奸宄，[12]卿士师师非度，[13]皆有罪辜，[14]乃无维获，[15]小民乃并兴，相为敌仇。今殷其典丧！[16]若涉水无津涯。[17]殷遂丧，[18]越至于今。"曰："太师，少师，我其发出往？[19]吾家保于丧？[20]今女无故告予，[21]颠跻，[22]如之何其？"[23]太师若曰：[24]"王子，[25]天笃下灾亡殷国[26]乃毋畏畏，[27]不用老长。[28]今殷民乃陋淫神祇之祀。[29]今诚得治国，国治身死不恨。为死，[30]终不得治，不如去。"遂亡。

【注释】[1]"微"，殷京都地区的封国名。"子"，爵号。"开"，微子本名启，为避讳汉景帝刘启，改"启"为"开"。 [2]"殷"，在河南省安阳市西北郊。它的范围是以小屯村为中心，包括分散在村北洹河两岸的一些地方，东起自后岗，西至北辛庄，南起自铁路苗圃，北至西北岗，总面积约有四十二平方公里。商王朝建立时，国都不在这里，而是到了第二十个商王盘庚时才把国都迁到"殷"。自从盘庚迁殷以后，直到商朝灭亡的二百七十三年时间里，再没有迁过国都。因此有的史书里又将商朝叫"殷"。"首子"，长子。"庶兄"，微子的母亲生微子时还是妾，及生纣时已经是正妃，所以微子为纣的同母庶兄。"庶"，旁支，跟"嫡"相对。 [3]"数"，音 shuò，屡次，多次。 [4]"祖伊"，殷纣王的臣子。"西伯昌"，即周文王姬昌。殷纣王时，姬昌为西伯（西方诸侯的首领）。 [5]"饥"，音 qí，一作"黎"，古国名。其地在今山西省长治市西南。 [6]"度"，音 duó，推测，估计。 [7]"太师"，三公之一，为王之师。此处指箕子。"少师"，太师之佐，为孤卿。此处指比干。有的学者根据本书《殷本纪》、《周本纪》，认为"太师"、"少师"均指殷之乐官。可备一说。 [8]"四方"，四面八方。 [9]"我祖"，指商汤。"陈"，贡献。"上"，上世。 [10]"沉湎"，毫无节制地饮酒。 [11]"下"，下世。 [12]"草窃奸宄"，《集解》引孔安国云："草野盗窃，又为奸宄于外内。""宄"，音 guǐ。《国语·鲁语》韦昭注："乱在内为宄。" [13]"卿士"，又称相，朝廷的执政官。伊尹、甘盘、费仲等曾任此职。"师师"，转相师效。"非度"，不符合法度。 [14]"辜"，罪。 [15]"维获"，常得。 [16]"典"，法典，制度。 [17]"津"，渡口。"涯"，水边。 [18]"遂"，就会。 [19]"发"，《集解》引郑玄云："发，起也。纣祸败如此，我其起作出往也。" [20]"家"，《集解》引马融云："卿大夫称家。" [21]"女"，与"汝"通。"无故"，无意。"予"，我。 [22]"颠跻"，坠落。《集解》云："跻犹坠也。" [23]"其"，语助词。 [24]"若"，顺。 [25]"王子"，微子是帝乙之子，故称王子。 [26]"笃"，沉重。"下灾"，降下灾祸。 [27]"乃毋畏畏"，《集解》引孔安国云："上不畏天灾，下不畏贤人，违戾者老之长，不用其教。" [28]"老长"，元老中的长者。 [29]"陋淫"，《索隐》引刘氏云："'陋淫'犹轻秽也。""神祇"，《集解》引马融云："天曰神，地曰祇。" [30]"为"，假如。

【译文】微子启，是殷朝帝乙的长子，帝纣的庶兄。殷纣即位以后，昏暗无道，政事纷乱，淫佚奢侈，微子屡次进谏，纣不听从。等到祖伊由于周西伯姬昌实行德政，把句国灭掉，担忧祸患降临殷朝，把这事奉告纣。纣说："我生下来不是有命在天吗？他能做出些什么呢！"这时，微子推测纣终究不能劝醒，打算一死了之，或离开纣出走，自己不能决断，就去询问太师、少师道："殷政治不清明，无法治理天下。我朝的始祖汤成就功业于上世，纣嗜酒如命，对妇人言听计从，败坏汤的德政于后世。殷王室的人不论男女老少，都乐于做草野盗贼、犯法作乱的事。朝廷大臣也转相师效不顾法度，都有罪恶，他们屡次互相攻夺，以致没有常得爵禄的人。于是百姓各起一方，互相敌对而不和睦。现在殷朝的典章制度将要丧亡！仿佛渡水却没有渡口和尽头一样。殷朝一定灭亡，现在就到了。"又说："太师，少师，我能起来另谋出路吗？我国或可免于灭亡吗？如今你们没有主意指示我，假如陷于不义，怎么办呢？"太师顺着说道："王子，天帝严重降临灾祸灭亡殷朝，而纣竟然没有任何惧怕，不听从长老的教导。现在殷朝的人民竟轻视亵渎神祇的祭祀。如今如果能够治理好国家，国家得到大治，即使身亡，也不怨恨。如果死了，而国家仍然得不到治理，那么不如离去。"于是逃跑。

箕子者，[1]纣亲戚也。纣始为象箸，箕子叹曰："彼为象箸，[2]必为玉杯；为杯，则必思远方珍怪之物而御之矣。[3]舆马宫室之渐自此始，不可振也。"纣为淫泆，[4]箕子谏，不听。人或曰："可以去矣。"箕子曰："为人臣谏不听而去，是彰君之恶而自说于民，[5]吾不忍为也。"乃被发详狂而为奴。[6]遂隐而鼓琴以自悲，故传之曰"箕子操"。[7]

【注释】[1]"箕子"，名胥余，为纣王诸父，官太师。封于箕（今山西太谷东北）。曾劝谏纣王，纣王不听，把他囚禁。周武王灭商后被释放。《尚书·洪范》有他对答武王的话，当出于后人拟作。[2]"象箸"，象牙筷子。[3]"御"，用。[4]"淫泆"，纵欲放荡。"泆"，音 yì。[5]"说"，同"悦"。[6]"被发"，披散着头发。"被"，与"披"通。"详狂"，装疯，"详"，与"佯"通。[7]"箕子操"，琴曲名。《集解》引《风俗通义》云："其道闭塞忧愁而作者，命其曲曰操。操者，言遇灾遭害，困厄穷迫，虽怨恨失意，犹守礼义，不惧不慑，乐道而不改其操

也。"

【译文】箕子，是纣的亲属。纣开始制造象牙筷子。箕子叹息说："他既然制造象牙筷子，一定会制造玉杯；制造了玉杯，就一定会打算得到远方珍贵奇异的器物来使用。车马宫室的逐渐奢侈华丽，从此开始，他无法振作了。"纣荒淫放荡，箕子进谏，他不听从。有人说："可以离去了。"箕子说："作君王的臣下，规劝不听就离去，这是张扬君主的过失，而自己讨人民的喜欢，我不忍这样做啊。"于是披头散发，装疯当了奴隶。从此隐居起来，弹琴悲叹自己的不幸遭遇，他的琴曲流传下来叫《箕子操》。

王子比干者，[1]亦纣之亲戚也。见箕子谏不听而为奴，则曰："君有过而不以死争，[2]则百姓何辜？"[3]乃直言谏纣。纣怒曰："吾闻圣人之心有七窍，[4]信有诸乎？"[5]乃遂杀王子比干，刳视其心。[6]

【注释】[1]"比干"，商代贵族，纣王的叔父，官少师。[2]"争"，与"诤"通。直言相劝。使人改过从善。[3]"百姓"，古代百官贵族的统称，后指黎民、人民。[4]"窍"，孔穴。[5]"诸"，之。代词。[6]"刳"，音 kū，剖开而挖空。

【译文】王子比干，也是纣的亲属。看见箕子规劝纣不听从，去当奴隶，就说："君主有过失而不用直言规劝，百姓遭殃，百姓有什么罪呢！"于是直率地劝谏纣。纣勃然大怒说："我听说圣人的心有七个孔，真有这事吗？"于是杀了王子比干，剖开胸腔看他的心。

微子曰："父子有骨肉，而臣主以义属。[1]故父有过，子三谏不听，则随而号之；[2]人臣三谏不听，则其义可以去矣。"于是太师、少师乃劝微子去，[3]遂行。

【注释】[1]"义"，情谊，情义。[2]"号"，大声哭。[3]"太师、少师"，《集解》说："时比干已死，而云少师者似误。"

【译文】微子说："父亲跟儿子有骨肉一样的亲密关系，而臣子跟人君是凭道义联系起来的。所以父亲有过错失误，儿子屡次进谏不听，就跟着他

大声号哭。臣子屡次进谏人君不听,那么他依据道义原则可以离开了。"于是太师、少师才劝微子离去,微子便走了。

周武王伐纣克殷,微子乃持其祭器造于军门,[1]肉袒面缚,[2]左牵羊,右把茅,[3]膝行而前以告。[4]于是武王乃释微子,复其位如故。

【注释】[1]"祭器",祭祀用的各种礼器。"造",前往,到达。"军门",营门。 [2]"肉袒面缚",《索隐》云:"肉袒者,袒而露肉也。面缚者,缚手于背而面向前也。" [3]"把",把持,握着。[4]"膝行",用膝着地行走。

【译文】周武王讨伐殷纣王,战胜殷朝,微子就拿着宗庙里的祭器到武王的营门去,他裸露上身,把手捆在背后,左边让人牵着羊,右边让人拿着茅,跪着向前行走,求告武王。于是武王就释放微子,恢复微子的爵位,与以前一样。

武王封纣子武庚禄父以续殷祀,[1]使管叔、蔡叔傅相之。[2]

【注释】[1]"武庚",西周初年分封的殷君。字禄父,商王纣之子。周武王灭商后,继续封他为殷君。武王去世,成王年幼,周公旦摄政,三监不服,武庚乘机勾结三监,联合东方夷族反抗。终于被周公平定,他也自杀。 [2]"管叔",一作"关叔"。西周初年的三监之一。名鲜,周武王之弟。武王灭商后,封于管(今河南郑州)。武王去世,成王年幼,周公旦摄政,他和蔡叔等不服,扬言周公旦要不利于成王,和武庚一起叛乱。后被周公平定,他被杀死。一说自杀。"蔡叔",周初三监之一。名度,周武王之弟。武王灭商后,封于蔡(今河南上蔡西南)。武王去世,成王年幼,周公旦摄政,他和管叔等不服,与武庚一起叛乱,被周公平定,他被放逐。后成王又封其子胡于蔡,为蔡国始祖。

【译文】武王封纣的儿子武庚禄父为殷君,让他继续殷朝的祭祀,让管叔、蔡叔辅佐、监视他。

武王既克殷,访问箕子。
武王曰:"於乎![1]维天阴定下民,[2]相和其居,[3]我不知其常伦所序。"[4]

【注释】[1]"於乎",表示叹息。同"呜呼"。[2]"维",发语词。"阴定",默定。 [3]"相",帮助。"和",和睦。 [4]"常伦所序",通常的道理次序。

【译文】武王灭亡殷朝之后,便去访问箕子。
武王说:"呜呼!天不说话,默默地安定下界人民,帮助他们和睦相处,我却不知道天用来安定人民的治国常理次序。"

箕子对曰:"在昔鲧埋鸿水,[1]汩陈其五行,[2]帝乃震怒,[3]不从鸿范九等,[4]常伦所斁。[5]鲧则殛死,[6]禹乃嗣兴。天乃锡禹鸿范九等,常伦所序。

【注释】[1]"鲧",我国传说中原始时代的部落首领,居于崇(亦称有崇),号崇伯,由四岳推举,奉尧命治水。他用筑堤防水的方法治水,九年未治平,被舜杀死在羽山。神话谓其神化为黄熊(一作"黄能")。一说他与禹同为治水有功的人物。"埋",音 yīn,堵塞。"鸿",通"洪"。 [2]"汩",音 gǔ,扰乱。《集解》引孔安国云:"治水失道,是乱陈五行。" [3]"帝",天。 [4]"鸿",大。"范",法。 [5]"斁",音 dù,败坏。 [6]"殛",音 jí,诛杀,杀死。

【译文】箕子回答道:"早先鲧堵塞洪水,把五行的规律搞乱了,天帝于是勃然大怒,不给予大法九种,治国常理从此败坏。鲧受惩罚而死,禹就继承他父亲的事业兴起。天帝就把大法九种赐给禹,治国常理从此有了次序。

"初一曰五行;二曰五事;三曰八政;四曰五纪;五曰皇极;[1]六曰三德;七曰稽疑;八曰庶征;[2]九曰向用五福,畏用六极。[3]

【注释】[1]"皇极",帝王的法则。《尚书大传》作"王极"。朱熹云:"皇者,君之称;极者,至极之义,标准之名也。" [2]"庶征",众多的征验。[3]"六极",六种凶恶的事。《尚书·洪范》云:"六极:一曰凶、短、折,二曰疾,三曰忧,四曰贫,五曰恶,六曰弱。"

【译文】"(这九种大法)一叫五行；二叫五事；三叫八政；四叫五纪；五叫皇极(建立君权)；六叫三德；七叫稽疑(考察疑惑)；八叫庶征(各种征兆)；九叫劝导用五福(五种幸福)，让害怕用六极(六种困厄)。

"五行：〔1〕一曰水，〔2〕二曰火，三曰木，四曰金，五曰土。水曰润下，〔3〕火曰炎上，〔4〕木曰曲直，〔5〕金曰从革，〔6〕土曰稼穑。〔7〕润下作咸，炎上作苦，曲直作酸，从革作辛，稼穑作甘。

【注释】〔1〕"五行"，指金、木、水、火、土，古人认为这五种物质构成世界万物，中医用五行说明生理、病理上的种种现象，迷信的人用五行推算人的命运。〔2〕"曰"，句中语气助词，无义。〔3〕"润下"，滋润下行。〔4〕"炎上"，火苗往上冒。"炎"，与"焰"字通。〔5〕"曲直"，可曲可直。〔6〕"从"，顺从。"革"，改变。此谓改变形状。〔7〕"稼穑"，泛指农业劳动。

【译文】"五行：第一是水，第二是火，第三是木，第四是金，第五是土。水的自然常性是滋润万物，而向下润湿。火的自然常性是炎热旺盛，而向上燃烧。木可以揉造使它弯曲或伸直。金可以销熔顺从人的意愿改变形状。土可以种植收获百谷。水向下浸润成卤产生咸味。火向上燃烧产生苦味。木揉成曲直产生酸味。金顺从人的意愿销熔变形产生辣味。土种植收获的百谷产生甜味。

"五事：一曰貌，〔1〕二曰言，三曰视，四曰听，五曰思。貌曰恭，言曰从，〔2〕视曰明，听曰聪，〔3〕思曰睿。〔4〕恭作肃，〔5〕从作治，〔6〕明作智，聪作谋，睿作圣。〔7〕

【注释】〔1〕"貌"，容貌。〔2〕"言曰从"，《集解》引马融云："发言当使可从。"〔3〕"聪"，《楚辞·涉江》王逸注："远听曰聪。"〔4〕"睿"，音 ruì，通达。〔5〕"作"，就，则。"肃"，敬。〔6〕"从作治"，《集解》引马融云："出令而从，所以为治也。"〔7〕"圣"，《集解》引孔安国云："于事无不通谓之圣。"

【译文】"五事：一是容貌，二是言论，三是观察，四是听闻，五是思考。容貌必须恭敬，言论必须

正确，观察事物必须明白，听闻必须广远，思考必须通达。容貌恭敬就能严肃，言论正确就能治理，观察事物明白就能不受蒙骗，听闻广远就能善于谋划，思考问题通达就能圣明。

"八政：〔1〕一曰食，〔2〕二曰货，〔3〕三曰祀，〔4〕四曰司空，〔5〕五曰司徒，〔6〕六曰司寇，〔7〕七曰宾，〔8〕八曰师。〔9〕

【注释】〔1〕"八政"，八种政务官员。郑玄云："食，谓掌民食之官，若后稷者也。货，掌金帛之官，若《周礼》司货贿者也。祀，掌祭祀之官，若宗伯者也。司空，掌居民之官。司徒，掌教民之官。司寇，掌诘盗贼之官。宾，掌诸侯朝觐之官，《周礼》大行人是也。师，掌军旅之官，若司马也。"这里以八种官名指代八方面的政教事务。〔2〕"食"，谓农事。〔3〕"货"，包括可衣的布帛及可流通的货币两类，为财富总称。〔4〕"祀"，祭祀。〔5〕"司空"，官名。金文多作"司工"。西周始置，主管建筑工程、制造车服器械、监督手工业奴隶的官，为六卿之一。春秋战国沿置。宋国因武公名司空，因而改司空官名为司城。东汉司空为三公之一。主管水土及建筑工程。后世往往用作工部尚书的别称。这里指建造住宅以安定人民。〔6〕"司徒"，官名。《周礼·地官》说，大司徒是主管教化的官，为三公之一。春秋时沿置，其职掌为治理民事，掌握户口、官司籍田、征发徒役和收敛财赋。秦代省司徒而置丞相。汉哀帝元寿二年(公元前四〇年)，丞相改称大司徒，是三公之一。东汉时改称司徒，主教化。这里指用礼义教民。〔7〕"司寇"，官名。西周始置。《周礼·秋官》说，大司寇，主管刑狱，为六卿之一。春秋战国沿置。孔子曾做过鲁国司寇。后世以大司寇为刑部尚书的别称，侍郎则称少司寇。这里指社会治安。〔8〕"宾"，官名，负责诸侯朝觐礼仪。这里指各种接待外宾事务。〔9〕"师"，军队。指练兵御敌防贼，保国安民。

【译文】"八种政务官员：一是管粮食生产的官，二是管财货流通的官，三是管祭祀的官，四是管营建的官，五是管教育的官，六是管社会治安的官，七是管礼宾的官，八是管军事的官。

"五纪：一曰岁，二曰月，三曰日，四曰星辰，〔1〕五曰历数。〔2〕

【注释】〔1〕"星",指二十八宿。"辰",指十二辰。"星辰",星的总称。 〔2〕"历数",谓太阳和月亮运行经历的周天度数。

【译文】"五种记时方法:一是年,二是月,三是日,四是星辰的出现情况,五是推算日月运行所经历的周天度数。

"皇极:皇建其有极,敛时五福,〔1〕用傅锡其庶民,〔2〕维时其庶民于女极,锡女保极。〔3〕凡厥庶民,毋有淫朋,〔4〕人毋有比德,〔5〕维皇作极。凡厥庶民,有猷有为有守,〔6〕女则念之。不协于极,〔7〕不离于咎,〔8〕皇则受之。而安而色,〔9〕曰予所好德,女则锡之福。〔10〕时人斯其维皇之极。〔11〕毋侮鳏寡而畏高明。〔12〕人之有能有为,使羞其行,〔13〕而国其昌。〔14〕凡厥正人,既富方穀。〔15〕女不能使有好于而家,时人斯其辜。于其毋好,女虽锡之福,其作女用咎。〔16〕毋偏毋颇,〔17〕遵王之义。〔18〕毋有作好,遵王之道。毋有作恶,遵王之路。毋偏毋党,〔19〕王道荡荡。〔20〕毋党毋偏,王道平平。〔21〕毋反毋侧,〔22〕王道正直。会其有极,〔23〕归其有极。曰王极之傅言,〔24〕是夷是训,〔25〕于帝其顺。凡厥庶民,极之傅言,是顺是行,以近天子之光。〔26〕曰天子作民父母,以为天下王。

【注释】〔1〕"敛",采取。"时",这。"五福",具体所指不可确考。也可能是下文所说的五福"寿"、"富"、"康宁"、"攸好德"、"考终命"。 〔2〕"傅",通"敷"。布施。"锡",施予。 〔3〕"女",通"汝"。你。 〔4〕"淫",邪恶。"朋",朋党。 〔5〕"比",勾结。"德",行为。"比德",私相比附。〔6〕"猷",谋划。"为",作为。"守",操守。 〔7〕"协",合。 〔8〕"离",与"罹"通。遭受,陷入。"咎",罪责,罪恶。 〔9〕"而",你 〔10〕"福",降福,保佑。这里指爵禄。 〔11〕"斯",此,这。〔12〕"鳏",老而无妻。"寡",老而无夫。"高明",原义是见解超人,此谓宠幸贵显之人。 〔13〕"羞",《尔雅·释诂》云:"进也。"即贡献之意。 〔14〕"昌",兴盛。 〔15〕"方",经常。"穀",禄位。〔16〕"咎",罪过,过失。 〔17〕"偏",不正,偏斜。

"颇",《尚书·洪范》作"陂"。义与"偏"同,不公正。〔18〕"遵",依照。 〔19〕"党",偏私。 〔20〕"荡荡",宽广的样子。 〔21〕"平平",治理貌。《集解》引孔安国云:"言辨治也。" 〔22〕"反",背逆。"侧",歪斜。《集解》引马融云:"反,反道也。侧,倾侧也。" 〔23〕"会",聚合,犹今言团结。 〔24〕"傅言",宣扬帝王的言论。"傅",与"敷"通。宣扬,宣示。 〔25〕"夷",常道。"训",训从。 〔26〕"近",增加,增益。《集解》引王肃云:"近犹益也。"

【译文】"君王的准则:君王建立君权,应当有准则,采用五福之道,用来施行教育,赐予您的百姓,百姓都会遵守您的准则,又使您懂得如何去维持准则,这样一来,凡属您的百姓,就没有邪恶朋党的风气,百官没有私相比附的行为,都合于您所建立的准则。凡属你的百姓,有谋划,有作为,有操守,您就应当经常想到重视录用他们。有的即使行为不合准则,但是他没有犯罪,您也应当宽容他们。您应当和颜悦色,平易近人,有人说'我遵行美德',您就应当赐给他福禄。这样,臣民会思念君王建立的准则。不要欺侮无依无靠的人,不要畏惧权势显赫的人。有能力、有作为的人,就让他贡献他的才能,这样,您的国家将会昌盛起来。凡在位的百官长,经常用爵禄使他们富贵,又应当以善道对待他们。如果您不能使他们对于您的国家有好处,那么这些人就会责怪您。对于那些没有好德行的人,您虽然赐给他们爵禄,但是他的所作所为会使您结怨于百姓。不要偏私,不要倾邪,而要遵守王法。不要私好偏爱,而应当遵照王道。不要为非作歹,而应遵行正路。不营私,不结党,王道宽广。不结党,不营私,王道平坦。不反不乱,不偏不倚,王道正直。为君的人,团结臣民应当有准则;为臣的人,归往君王亦应有准则。君王对于以上陈述的准则,要宣扬教导,是顺天帝的。凡属百姓,对于以上陈述的准则,也要遵守实行,以接近天子圣德的光辉。天子作民众的父母,成为天下民众共同拥戴的圣王。

"三德:〔1〕一曰正直,〔2〕二曰刚克,〔3〕三曰柔克。〔4〕平康正直,〔5〕强不友刚克,〔6〕内友柔克,〔7〕沉渐刚克,〔8〕高明柔克。〔9〕维辟作福,〔10〕维辟作威,〔11〕维辟玉食。〔12〕臣无有作福、作威、玉食。臣有作福作威玉食,其害于而家,〔13〕凶于而国,人用侧颇辟,〔14〕民用僭忒。〔15〕

【注释】〔1〕"三德",三种品德。〔2〕"正直",公正刚直。〔3〕"刚克",以刚取胜。"克",胜。〔4〕"柔克",以柔取胜。〔5〕"平康",平和安康。〔6〕"强不友",强暴不顺。《集解》引孔安国云:"友,顺也。"〔7〕"内友柔克",《尚书·洪范》作"燮友柔克"。《索隐》云:"内,当为'燮'。'燮',和也。"〔8〕"沉渐",《尚书·洪范》作"沉潜"。"渐"、"潜"二字古通。《集解》引孔安国云:"沉,阴也。潜,伏也。""沉渐",隐蔽。〔9〕"高明",谓君子。〔10〕"辟",君主。"作福",《集解》引郑玄云:"专爵赏也。"〔11〕"作威",《集解》引郑玄云:"专刑罚也。"〔12〕"玉食",美食。〔13〕"家",指卿大夫的封邑。〔14〕"辟",与"僻"通。偏邪不正。〔15〕"僭",逾越常规。"忒",作恶。"僭忒",越轨为恶。

【译文】"三种德性:一是正直,二是过分刚强,三是过分柔顺。中正平和就是正直。倔强不能亲近人就是过分刚强。和顺而不坚强就是过分柔顺。深沉隐伏阴谋,用刚强能对付。高明君子,用和柔安抚。只有国君才能掌握爵赏赐人以福,掌握刑罚施人以威,享受美食,百官不得施行爵赏、刑罚和享受美食。百官如有施行爵赏、刑罚和享受美食的权力,就会伤害自己的封邑,危害人君的国。百官因而背离王道,人民就会越轨作恶。

"稽疑:〔1〕择建立卜筮人。〔2〕乃命卜筮,曰雨,〔3〕曰济,〔4〕曰涕,〔5〕曰雾,〔6〕曰克,〔7〕曰贞,〔8〕曰悔,〔9〕凡七。卜五,占之用二,衍隔。〔10〕立时人为卜筮,三人占则从二人之言。女则有大疑,谋及女心,〔11〕谋及卿士,谋及庶人,谋及卜筮。女则从,龟从,筮从,卿士从,庶民从,是之谓大同,〔12〕而身其康强,〔13〕而子孙其逢吉。〔14〕女则从,龟从,筮从,卿士逆,庶民逆,吉。卿士从,龟从,筮从,女则逆,庶民逆,吉。庶民从,龟从,筮从,女则逆,卿士逆,吉。女则从,龟从,筮逆,卿士逆,庶民逆,作内吉,作外凶。〔15〕龟筮共违于人,用静吉,用作凶。〔16〕

【注释】〔1〕"稽",考察。"疑",疑惑。"稽疑",稽考疑事。〔2〕"卜",用火烧龟甲或兽骨,看甲骨上的裂痕,借以决定吉凶。"筮",用蓍草占卦。〔3〕"雨",兆象似下雨。〔4〕"济",与"霁"通。兆象似雨止。〔5〕"涕",《集解》云:"《尚书》作'圛'。""圛",兆象似气络绎不绝。〔6〕"雾",兆象似雾气蒙蒙。〔7〕"克",兆象似阴气和阳气互相侵犯。《集解》引郑玄云:"克者,如祲气之色相犯也。"〔8〕"贞",《易》的内卦下三爻。〔9〕"悔",《易》的外卦上三爻。〔10〕"衍",推演。"隔",音 tè,变化。〔11〕"谋",商量。〔12〕"大同",相合,相同。〔13〕"康强",安康强健。〔14〕"逢",大。谓后代兴旺。〔15〕"作内吉,作外凶",《集解》引郑玄云:"举事于境内则吉,境外则凶。"〔16〕"作",动,兴起。

【译文】"考察疑惑:选择任用掌管龟卜和蓍筮的官员。教导他们用龟甲或蓍草占卜吉凶,兆纹有的像下雨,有的像雨后或雪后转晴,有的像云气连绵,有的像雾气蒙蒙,有的像阴阳二气互相侵犯,卦象有内卦,有外卦,龟兆和卦象共有这七种。其中五种用龟甲兽骨占卜,两种用蓍草占卜。再根据各种龟兆卦象加以推演变化。任命能识别兆卦名称的人担任卜筮的官职,三个人占,就听从其中两个人的意见。您如果有重大的疑难问题,首先要自己深思熟虑,其次要和卿士商量,要和百姓商量,然后问卜占卦。如果您赞成,龟卜赞成,筮占赞成,卿士赞成,庶民赞成,这叫做大同,你自己会身体康健,你的子孙会兴旺,这是大吉大利。如果您赞成,龟卜赞成,筮占赞成,卿士反对,庶民反对,这就是吉利。如果卿士赞成,龟卜赞成,筮占赞成,您反对,庶民反对,这也是吉利。如果庶民赞成,龟卜赞成,筮占赞成,您反对,卿士反对,这还是吉利。如果您赞成,龟卜赞成,筮占反对,卿士反对,庶民反对,那么在国内办事就吉利,在国外办事就凶险。龟卜、筮占都与人的谋划相反,安静守常就吉利,有所举动就凶险。

"庶征:〔1〕曰雨,曰阳,曰奥,曰寒,曰风,曰时。〔2〕五者来备,各以其序,庶草繁庑。〔3〕一极备,〔4〕凶。一极亡,〔5〕凶。曰休征:〔6〕曰肃,〔7〕时雨若;〔8〕曰治,时旸若;〔9〕曰知,时奥若;曰谋,时寒若;曰圣,时风若。曰咎征:〔10〕曰狂,常雨若;曰僭,〔11〕常旸若;曰舒,〔12〕常奥若;曰急,常寒若;曰雾,〔13〕常风若。王眚维岁,〔14〕卿士维月,师尹维日。〔15〕岁月日时毋易,〔16〕百谷用成,〔17〕治用明,畯民用章,〔18〕家用平康。日月岁时既

易,百谷用不成,治用昏不明,畯民用微,家用不宁。庶民维星,[19]星有好风,[20]星有好雨。[21]日月之行,有冬有夏。月之从星,则以风雨。

【注释】[1]"庶征",众多的征验。[2]"奥",通"燠",暖。《集解》引孔安国云:"雨以润物,阳以干物,暖以长物,寒以成物,风以动物。五者各以时,所以为众验。"[3]"庑",与"芜"通。草木繁茂。[4]"极备",过多。[5]"极亡",过少。"亡",通"无"。[6]"休征",善行的征验。[7]"肃",敬。[8]"若",曾运乾《尚书正读》云:"譬况之词,位于句末。如《易·离卦》'出涕沱若'、'戚嗟若',言出涕沱沱、戚嗟嗟也。《诗·氓》'桑之未落,其叶沃若',言其叶若沃也。本文曰'肃时雨若',犹《孟子》言若时雨降也。下均放(仿)此。"[9]"旸",日出,晴。[10]"咎征",灾难的征兆。[11]"僭",差错。[12]"舒",《尚书·洪范》作"豫"。逸乐。[13]"雾",昏暗。《尚书·洪范》作"蒙"。[14]"眚",通"省"。视察治理政事。[15]"师尹维日",《集解》引孔安国云:"众正官之吏分治其职,如日之有岁月也。"[16]"毋易",《集解》引孔安国云:"各顺常。"谓君臣各顺其常。[17]"百谷",各种谷类作物。[18]"畯民",贤臣,有才能之人。《尚书·洪范》作"俊民"。[19]"星",《集解》引孔安国云:"星,民象,故众民惟若星也。"[20]"星",箕星。[21]"星",毕星。

【译文】"各种征兆:或下雨,或天晴,或温暖,或寒冷,或刮风,或者都合乎时令。这五种气象齐备,又各按照正常的次序,各种植物就茂盛。一种气象过多,就有灾害;一种气象不来,也有灾害。再说人君美好行为的征兆:人君性行肃敬,雨水就及时滋润万物;人君政治清明,阳光就按时照耀大地;人君明智,温暖就按时到来;人君有谋略,寒冷就应时而生;人君通情达理,风就调和顺时。再说人君丑恶行为的征兆:人君行为狂妄,就会淫雨连绵;人君行为僭越不轨,就会常常干旱;人君安于享乐,天气就会过分炎热;人君行事急躁,就会寒冷不断;人君昏庸愚昧,就会常常刮风。君王视察治理政事,好像一年包括四时;大臣各有职责,好像一月统属于岁;普通官吏分治其职,好像一日统属于月。如果年、月、日的时令各顺正常,百谷因而丰收,政治因而清明,贤臣因而表彰提拔,国家因而太平安宁。相反,日、月、年的时令如果颠倒错乱,百谷就会因

而歉收,政治就会因而昏暗,贤臣就会因而隐遁,国家就会因而不得安宁。庶民的性格像众星一样,众星有的喜欢风,有的喜欢雨。太阳和月亮的运行,有冬天,有夏天,各有常规。月亮的运行不由常规而顺从众星,就会招致风雨。

"五福:一曰寿,二曰富,三曰康宁,[1]四曰攸好德,[2]五曰考终命。[3]六极:[4]一曰凶短折,[5]二曰疾,三曰忧,四曰贫,五曰恶,[6]六曰弱。"[7]

【注释】[1]"康宁",《集解》引郑玄云:"平安。"[2]"攸",通"由"。"攸好德",遵行美德。[3]"考",老。"考终命",老而善终。[4]"六极",六种凶恶之事。[5]"凶",八岁以前死亡。"短",二十岁以前死亡。"折",三十岁以前死亡。[6]"恶",丑陋。[7]"弱",《集解》引郑玄云:"愚懦不壮毅曰弱。"

【译文】"五种幸福的事:一是长寿,二是富贵,三是健康安宁,四是德行好,五是高寿善终。六种困厄的事:一是早死,二是疾病,三是忧愁,四是贫穷,五是丑陋,六是愚懦。"

于是武王乃封箕子于朝鲜而不臣也。[1]

【注释】[1]"朝鲜",今朝鲜半岛一带。

【译文】于是武王便把箕子封在朝鲜,而不把他作臣下看待。

其后箕子朝周,过故殷虚,[1]感宫室毁坏,生禾黍,箕子伤之,欲哭则不可,欲泣为其近妇人,[2]乃作《麦秀之诗》以歌咏之。其诗曰:"麦秀渐渐兮,[3]禾黍油油。[4]彼狡童兮,[5]不与我好兮!"所谓狡童者,纣也。殷民闻之,皆为流涕。

【注释】[1]"殷虚",商代后期的都城遗址,在今河南省安阳市小屯村一带。"虚",通"墟"。[2]"近妇人",谓与女人好哭的性格相近。[3]"渐渐",《索隐》云:"麦芒之状。"[4]"油油",《索

隐》云："禾黍之苗光悦貌。"〔5〕"狡"，通"佼"。"狡童"，美好的少年。此处指商纣王，则为贬义。

【译文】这以后，箕子来朝见周王，路过从前殷都废墟，见宫室断垣残壁，禾黍到处丛生，内心悲伤，打算哭又觉不可，打算流泪又觉未免像女人，于是作了《麦秀》诗来歌咏这件事。那首诗说："麦芒尖尖哪，禾黍的苗儿绿油油。那个顽皮的少年呀，不与我亲爱接近啊！"这里所说的顽皮孩子，是指殷纣。殷朝的遗民听到，都为此落了泪。

武王崩，〔1〕成王少，〔2〕周公旦代行政当国。〔3〕管、蔡疑之，乃与武庚作乱，欲袭成王、周公。周公既承成王命诛武庚，杀管叔，放蔡叔，〔4〕乃命微子开代殷后，奉其先祀，作《微子之命》以申之，〔5〕国于宋。〔6〕微子故能仁贤，乃代武庚，故殷之余民甚戴爱之。

【注释】〔1〕"崩"，古时称帝王死。〔2〕"成王"，姓姬名诵，周武王之子。成王及其子康王（名钊）时期，周朝大规模分封诸侯。据传周初分封有七十一国。西周分封，以宗法血缘关系为纽带，建立起周天子统辖下的地方行政系统，从而在一定时期内起到了加强周王朝统治的作用。分封制还为维护天子、诸侯、卿、大夫、士这一等级序列的礼制的产生，提供了重要前提。西周初年所封诸侯，均由中央控制。成王之时，周公、召公是朝中最重要的大臣。自陕（今河南陕县）以西诸侯由召公管理，以东诸侯由周公管理。成康时期，周朝最为强盛，史称"成康之治"。〔3〕"周公"，姓姬名旦，武王弟。因采邑在周（今陕西省宝鸡东北），称为周公。他是周初的政治家。文王死后二年，周公佐武王东伐殷至孟津。四年，他和太公望、召公奭佐武王灭殷杀纣，三分商王畿地。武王死后，成王初立年幼，由他摄政。《尚书大传》说："周公摄政，一年救乱，二年克殷，三年践奄，四年建侯卫，五年营成周，六年制礼作乐，七年致政成王。"除了把制礼作乐叙在六年有失牵强外，其余大抵是正确的。所谓制礼作乐，是指周公在整个执政期间对有关各种典章制度及文化教育诸方面的建树。这一建树在历史上很有名。〔4〕"放"，流放。〔5〕《微子之命》，《尚书·周书》篇名。"申"，申明，告诫。〔6〕"宋"，子姓。西周初年，周公东征平定武庚叛乱后，另立归顺周王朝的纣王庶兄微子启建立宋国，都商丘，统治原商都周围的殷商遗民。宋保存殷商文化传统最多，被看作古代礼制的典范，受到诸侯尊重。春秋时宋襄公企图继承齐桓公的霸业，没有成功。终春秋之世，宋常为晋、楚争夺中心，饱受战祸，故成为春秋后期以"弭兵"为口号的和平运动的发起国，对维持中原各国间相对稳定局面起过一些作用。其后宋君权衰弱，贵族大臣掌握国政。到战国中期，辟公（宋桓侯）被司城子罕（剔成肝）所取代，即所谓"戴氏夺子氏于宋"。新建的宋国成为仅次于七雄的二等强国。宋康王北灭滕伐薛，南败楚取淮北之地三百里，东破齐取五城，西胜魏。孟子称其"将行王政"。康王晚年，太子出奔，大臣争权。齐湣王乘机灭宋，康王被杀。

【译文】武王去世，成王年少，周公姬旦代为处理政务，掌握政权，管叔、蔡叔怀疑周公，就与武庚联合起来叛乱，打算袭击成王和周公。周公秉承成王的命令诛杀武庚后，杀掉管叔，流放蔡叔，于是命令微子开代替做殷朝的后嗣，事奉祖先的祭祀，作《微子之命》申明这个意思，在宋地建国。微子素来就仁义贤能，于是代替武庚，所以殷朝的遗民很爱戴他。

微子开卒，立其弟衍，是为微仲。微仲卒，子宋公稽立。宋公稽卒，子丁公申立。丁公申卒，子湣公共立。湣公共卒，弟炀公熙立。炀公即位，湣公子鲋祀弑炀公而自立，曰"我当立"，是为厉公。厉公卒，子釐公举立。

釐公十七年，周厉王出奔彘。〔1〕

【注释】〔1〕"周厉王"，西周国王，姓姬名胡。他任用荣夷公执政，实行"专利"，又派卫巫监视国人，杀死议论他的人，引起反抗。公元前八四二年，国人发难，他逃奔到彘（今山西省霍县）。十四年后死在彘。

【译文】微子开逝世以后，立他的弟弟衍为国君，他就是微仲。微仲逝世后，儿子宋公稽登极。宋公稽逝世后，儿子丁公申登极。丁公申逝世后，儿子湣公共登极。湣公共逝世后，弟弟炀公熙登极。炀公登极后，湣公的儿子鲋祀杀死炀公而自立为王，说："我应当登极。"这就是厉公。厉公逝世后，儿子釐公举登极。

釐公十七年，周厉王出奔到彘地。

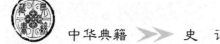

二十八年,釐公卒,子惠公覸立。[1]惠公四年,周宣王即位。[2]三十年,惠公卒,子哀公立。哀公元年卒,子戴公立。

【注释】[1]"覸",音jiàn。 [2]"周宣王",周朝第十一位王。姓姬命静(一作靖),厉王之子。公元前八二八至前七八二年在位。他任用召穆公、周定公、尹吉甫等大臣,整顿朝政,使已衰落的周朝一时复兴。宣王的主要功业,是讨伐侵扰周朝的戎、狄和淮夷。

【译文】二十八年,釐公逝世,儿子惠公覸登极。惠公四年,周宣王登极。三十年,惠公逝世,儿子哀公登极。哀公元年逝世,儿子戴公登极。

戴公二十九年,周幽王为犬戎所杀,[1]秦始列为诸侯。[2]

【注释】[1]"周幽王",姓姬名宫湦,宣王之子。公元前七八一年至前七七一年在位。他宠爱褒姒,想杀太子宜臼,立褒姒的儿子伯服做太子。宜臼的母亲是申侯的女儿,申侯勾结犬戎攻周,杀幽王于骊山下。 [2]"秦",部落名。嬴姓。相传是伯益的后代。非子做部落首领时,被周孝王封于秦(今甘肃省张家川东),作为附庸。秦人为周王朝统治者养马。周宣王统治时期,秦人的首领秦仲被封为大夫,奉命带领秦人同戎、狄作战,以保卫周王朝的西部边陲。秦襄公护送周平王东迁有功,被周封为诸侯,并被赐予岐山以西的土地。秦国的诞生,使当时中国境内众多的诸侯国家中又增添了一名新的成员。

【译文】戴公二十九年,周幽王被犬戎杀死,秦国开始列为诸侯。

三十四年,戴公卒,子武公司空立。武公生女为鲁惠公夫人,生鲁桓公。十八年,武公卒,子宣公力立。

宣公有太子与夷。十九年,宣公病,让其弟和,曰:"父死子继,兄死弟及,天下通义也。我其立和。"和亦三让而受之。宣公卒,弟和立,是为穆公。

穆公九年,病,召大司马孔父谓曰:[1]"先君宣公舍太子与夷而立我,我不敢忘。我死,必立与夷也。"孔父曰:"群臣皆愿立公子冯。"穆公曰:"毋立冯,吾不可以负宣公。"[2]于是穆公使冯出居于郑。[3]八月庚辰,穆公卒,兄宣公子与夷立,是为殇公。君子闻之,曰:"宋宣公可谓知人矣,立其弟以成义,然卒其子复享之。"

【注释】[1]"大司马",官名,别称司武,掌军政。孔父、固、华弱等曾任此职。"孔父",即孔父嘉。 [2]"负",背弃。 [3]"郑",国名。姬姓。开国君主是周宣王的弟弟郑桓公,公元前八〇六年分封于郑(今陕西省华县东)。儿子武公先后攻灭郐和东虢,建立郑国,都新郑(今河南省新郑县)。郑的势力不断发展,到庄公时,侵陈伐许,破息攻宋,大败北戎,又同周王交换质子,以至抗击周桓王统率的周、陈、蔡、卫诸国联军的进攻,大破王师并射伤桓王,成为春秋之初相当活跃的小霸主。后因内部争权夺位,发展受挫。但因地处中原,交通便利,商业活跃,兵力亦强,终春秋之世一直为大国争夺的中心,在政治上也占有显著地位。春秋晚期,贤臣子产执政,他团结宗族大臣,选贤举能,改革土地赋税制度,加强军备,公布成文法典,整顿内政,维护本国权益,受到晋、楚诸国尊重。进入战国后,郑国因君臣争权和受韩国蚕食,力量日益削弱。公元前三七五年被韩吞灭。

【译文】三十四年,戴公逝世,儿子武公司空登极。武公生了个女儿做了鲁惠公的夫人,她生了鲁桓公。十八年,武公逝世,儿子宣公公力登极。

宣公有太子名叫与夷。十九年,宣公病危,要把君位让给他的弟弟和,说:"父亲死了,儿子继承君位;哥哥死了,轮到弟弟继位,这是天下普遍适用的道义与法则。我要立和为国君。"和多次谦让不成,就接受了。宣公逝世后,弟弟和登极,他就是穆公。

穆公九年,病危,叫了大司马孔父前来,对他说:"先君宣公舍弃太子与夷而把君位让给我,我不敢忘记。我死以后,必定要立与夷为君。"孔父说:"百官都愿意立公子冯。"穆公说:"不要立冯,我不可辜负宣公。"于是穆公让公子冯到郑国去居住。八月庚辰这天,穆公逝世,哥哥宣公的儿子与夷登极,这就是殇公。君子听到这件事,说:"宋宣公可以称为能了解人了,立他的弟弟为君而成全了道义,然而他的儿子终于再享有了君位。"

殇公元年,卫公子州吁弑其君完自立,欲得诸侯,使告于宋曰:"冯在郑,必为乱,可与我伐之。"宋许之,与伐郑,至东门而还。二年,郑伐宋,以报东门之役。[1]其后诸侯数来侵伐。

【注释】[1]"报",报复。

【译文】殇公元年,卫国公子州吁杀害他的国君姬完,自立为国君,想要取得诸侯的支持,派使者告诉宋国说:"子冯在郑国,一定会作乱,可以同我去攻打他。"宋国允许了,同姬州吁去攻打郑国,到达东门就回来了。二年,郑国攻打宋国,报复东门那一役。这以后,诸侯多次来侵略和攻打宋国。

九年,大司马孔父嘉妻好,[1]出,道遇太宰华督,[2]督说,[3]目而观之。[4]督利孔父妻,[5]乃使人宣言国中曰:"殇公即位十年耳,而十一战,[6]民苦不堪,皆孔父为之,我且杀孔父以宁民。"是岁,鲁弑其君隐公。十年,华督攻杀孔父,取其妻。殇公怒,遂弑殇公,而迎穆公子冯于郑而立之,是为庄公。

【注释】[1]"好",美丽。 [2]"太宰",官名。为国君家务总管。华督、皇国父曾任此职。"华督",宋戴公的孙子。 [3]"说",与"悦"通。喜爱。[4]"目",注视。 [5]"利",贪。 [6]"十一战",《集解》引贾逵云:"一战,伐郑,围其东门;二战,取其禾;三战,取邾田;四战,邾郑伐宋;五战,伐郑,围长葛;六战,郑以王命伐宋;七战,鲁败宋师于菅;八战,宋、卫入郑;九战,伐戴;十战,郑入宋;十一战,郑伯以虢师大败宋。"

【译文】九年的一天,大司马孔父嘉的美貌妻子外出,在路上遇见太宰华督,华督爱慕她,眼珠一动不动地注视她。华督贪恋孔父的妻子,于是派人在国中宣扬说:"殇公登极不过十年,可是打了十一仗,人民痛苦不堪,都是孔父造成的,我将杀掉孔父,以便使人民得以安宁。"这年,鲁国杀害了它的国君隐公。十年,华督进攻杀死孔父,霸占了孔父的妻子。殇公恼怒,华督就杀死殇公,而到郑国去迎接穆公的儿子冯回来立为国君,他就是庄公。

庄公元年,华督为相。[1]九年,执郑之祭仲,[2]要以立突为郑君。[3]祭仲许,竟立突。十九年,庄公卒,子湣公捷立。

【注释】[1]"相",官名,别称上卿、宰相。为六卿之首,总理国政。孔父、华督、华元等曾任此职。 [2]"祭仲",郑国大夫。"祭",音zhài。 [3]"要",音yāo,要挟。"突",姬突,即后来的郑厉公。

【译文】庄公元年,华督当了宰相。九年,逮捕了郑国的祭仲,抓着他的弱点,强使他拥立姬突做郑国的君主。祭仲允许,终于拥立姬突。十九年,庄公逝世,儿子湣公捷登极。

湣公七年,齐桓公即位。九年,宋水,[1]鲁使臧文仲往吊水。[2]湣公自罪曰:"寡人以不能事鬼神,政不修,故水。"臧文仲善此言。此言乃公子子鱼教湣公也。[3]

【注释】[1]"水",水灾。 [2]"吊",对遭遇不幸进行慰问。 [3]"子鱼",宋桓公的儿子。

【译文】湣公七年,齐桓公登极。九年,宋国遭到水灾的袭击,鲁国派臧文仲到宋国去慰问灾民。湣公责备自己说:"我因为不能事奉鬼神,政治不清明,所以发生水灾。"臧文仲赞赏这句话。而这句话是公子子鱼教给湣公的。

十年夏,宋伐鲁,战于乘丘,[1]鲁生虏宋南宫万。[2]宋人请万,万归宋。十一年秋,湣公与南宫万猎,因博争行,[3]湣公怒,辱之,曰:"始吾敬若;[4]今若,鲁虏也。"万有力,病此言,[5]遂以局杀湣公于蒙泽。[6]大夫仇牧闻之,以兵造公门。[7]万搏牧,牧齿著门阖死。[8]因杀太宰华督,乃更立公子游为君。诸公子奔萧,[9]公子御说奔亳。[10]万弟南宫牛将兵围亳。冬,萧及宋之诸公子共击杀南宫牛,弑宋新君游而立湣公弟御说,是为桓公。宋万奔陈。宋人请以赂陈。陈人使妇人饮之醇酒,[11]以革裹之,归宋。宋人醢万也。[12]

【注释】〔1〕"乘丘",鲁地名,在今山东省兖州西北。〔2〕"生虏",活捉。"南宫万","南宫"为氏,"万"为名。宋国卿。〔3〕"博",通"簿",古代的一种博戏。〔4〕"若",你。〔5〕"病",痛恨。〔6〕"局",棋盘。"蒙泽",宋地名,在今河南省商丘市东北。〔7〕"仇牧",宋大夫。"造",往,到。〔8〕"阖",门扇。〔9〕"萧",宋邑名,故城在今安徽省萧县西北。〔10〕"亳",音 bó,宋邑名,故城在今河南省商丘县南。〔11〕"醇酒",浓酒。〔12〕"醢",音 hǎi,古代的一种酷刑,把人剁成肉酱。

【译文】十年夏天,宋国讨伐鲁国,在乘丘会战,鲁国活捉了宋国的南宫万。宋国人请求释放南宫万,南宫万回到宋国。十一年秋天,湣公和南宫万去打猎,作博戏,因争道,湣公发怒,侮辱南宫万说:"当初我敬重你;现在你是鲁国的俘虏。"南宫万有力,对这句话很反感,于是用棋盘打死湣公于蒙泽。大夫仇牧听到这事,带着兵器到公门,南宫万搏击仇牧,仇牧牙齿撞着门扇死了。南宫万于是杀掉太宰华督,改立公子游为国君。几个公子逃奔萧邑,公子御说逃奔亳邑。南宫万的弟弟南宫牛率兵围攻亳邑。冬天,在萧邑和宋都的公子们共同攻打杀死南宫牛,杀死宋国新君游而拥立湣公的弟弟御说,他就是桓公。南宫万逃奔陈国。宋国人贿赂陈国,陈国人便派女人用浓酒灌醉南宫万,然后用皮革把他包裹起来,送回宋国。宋国人把南宫万剁成了肉酱。

桓公二年,诸侯伐宋,至郊而去。三年,齐桓公始霸。二十三年,迎卫公子毁于齐,立之,是为卫文公。文公女弟为桓公夫人。秦穆公即位。〔1〕三十年,桓公病,太子兹甫让其庶兄目夷为嗣。〔2〕桓公义太子意,〔3〕竟不听。三十一年春,桓公卒,太子兹甫立,是为襄公。以其庶兄目夷为相。未葬,而齐桓公会诸侯于葵丘,〔4〕襄公往会。

【注释】〔1〕"秦穆公",秦国第十代国君。名任好,是秦德公的儿子,秦成公的弟弟。公元前六五九年至前六二一年在位,共三十九年。他在位期间,选贤任能,取得文治武功。曾经运用灵活的外交政策和卓越的战略战术,多次打败了强盛的晋国,夺取了晋国在黄河以西的大片土地。又经过周密的策划,智擒了戎王,"益国十二,开地千里,遂霸

西戎",从而使秦国成了函谷关以西唯一强大的诸侯国,足以同东方势力强大的晋、鲁、宋等国相抗衡。〔2〕"目夷",字子鱼。〔3〕"义",认为合乎事宜。〔4〕"葵丘",宋地名,在今河南省兰考县境。

【译文】桓公二年,诸侯攻打宋国,攻到都城商丘郊外才离去。三年,齐桓公开始做霸主。二十三年,卫国人到齐国迎接卫国公子毁,拥立为卫君,他就是卫文公。文公的妹妹是宋桓公的夫人。秦穆公登极。三十年,桓公病危,太子兹甫让他的庶兄目夷为君位继承人。桓公认为太子的意愿合乎道义,可是竟没有听取。三十一年春天,桓公逝世,太子兹甫登极,他就是襄公。任用他的庶兄目夷作国相。桓公还没有安葬,而齐桓公在葵丘会合诸侯,襄公便前去参加盟会。

襄公七年,宋地霣星如雨,〔1〕与雨偕下;六鹢退蜚,〔2〕风疾也。〔3〕

【注释】〔1〕"霣",与"陨"通。坠落。〔2〕"鹢",音 yì。即鹢,一种像鹭鸶的水鸟,能高飞。"蜚",同"飞"。〔3〕"风疾",风迅猛。风起于远处,迅猛异常,所以鹢遇风退飞。

【译文】襄公七年,宋国国内流星似雨一样坠落,和雨点一起落下;六只鹢倒退着飞翔,因为风异常迅猛。

八年,齐桓公卒,宋欲为盟会。十二年春,宋襄公为鹿上之盟,〔1〕以求诸侯于楚,楚人许之。公子目夷谏曰:"小国争盟,祸也。"不听。秋,诸侯会宋公盟于盂。〔2〕目夷曰:"祸其在此乎?君欲已甚,何以堪之!"于是楚执宋襄公以伐宋。冬,会于亳,以释宋公。子鱼曰:〔3〕"祸犹未也。"十三年夏,宋伐郑。子鱼曰:"祸在此矣。"秋,楚伐宋以救郑。襄公将战,子鱼谏曰:"天之弃商久矣,不可。"冬,十一月,襄公与楚成王战于泓。〔4〕楚人未济,〔5〕目夷曰:"彼众我寡,及其未济击之。"公不听。已济未陈,〔6〕又曰:"可击。"公曰:"待其已陈。"陈成,宋人击之。宋师大败,襄公伤股。国人皆怨公。公曰:

"君子不困人于阨，[7]不鼓不成列。"[8]子鱼曰："兵以胜为功，何常言与![9]必如公言，即奴事之耳，[10]又何战为？"

【注释】〔1〕"宋襄公"，名兹父，桓公之子。春秋五霸之一，与楚决战泓水，大败。"鹿上"，宋地名，在今山东省巨野县西南。 〔2〕"盂"，宋地名，在今河南省睢县西北。 〔3〕"子鱼"，即公子目夷，宋襄公庶兄，曾为襄公相。 〔4〕"楚成王"，熊恽，公元前六七一年至前六二六年在位。"泓"，水名，在今河南省柘城县北。 〔5〕"济"，渡水。 〔6〕"陈"，通"阵"，排成战阵。 〔7〕"阨"，危难。 〔8〕"不鼓"，不击鼓。"不成列"，没有形成战斗行列。〔9〕"常言"，犹言空谈。《集解》引徐广云："一云尚何言与。""与"，通"欤"，语助词。 〔10〕"奴事"，作奴隶侍奉人家。

【译文】八年，齐桓公逝世，宋国打算召集盟会。十二年春天，宋襄公在鹿上召集盟会，要求楚国让诸侯拥护他，楚国人允许了。公子目夷规劝说："小国争当盟首，是祸患哪！"襄公不听从。秋天，诸侯在盂地会见宋襄公并结盟，目夷说："祸患大概将在这里吧？君王的欲望太过分了，怎么能经受得了呢？"在这里楚国逮捕宋襄公来攻打宋国。冬天，诸侯在亳邑集会，释放了宋襄公。子鱼说："祸患还没有了结。"十三年夏天，宋国讨伐郑国。子鱼说："祸患在这里了。"秋天，楚国攻打宋国，援救郑国。襄公要应战，子鱼规劝说："上天抛开商朝很久了，不行。"冬季十一月，襄公跟楚成王在泓水边会战，楚军渡河没有完毕，目夷说："楚国兵多，我们兵少，趁他们没有完全渡河，我们就先发动攻击。"襄公不听从。楚国兵已经全部渡河，还没有列成阵势，目夷又说："可以攻击了。"襄公说："等他们布成阵势。"楚国人布成阵势了，宋国人才开始进攻。宋国军队大败，襄公大腿受伤。宋国的国人都埋怨襄公。襄公说："君子不在人家艰难的时候去困窘他，不在人家没有布成阵势的时候击鼓去进攻他。"子鱼说："战争以取胜为功绩，还有什么陈词滥调可空谈呢！一定要像您所说的，那么就当奴隶侍奉人家好了，又何必要打仗呢？"

楚成王已救郑，郑享之；[1]去而取郑二姬以归。[2]叔瞻曰：[3]"成王无礼，其不没乎？为礼卒于无别，有以知其不遂霸也。"

【注释】〔1〕"享"，通"飨"。拿酒食相招待。〔2〕"二姬"，郑文公夫人芈氏和姜氏的两个女儿。〔3〕"叔瞻"，郑国大夫。

【译文】楚成王援救了郑国，郑国用酒食款待他；他离开的时候，娶了郑国国君的两个女儿回去。叔瞻说："成王不懂礼，会不得善终吧？行礼终于内外无别，有根据知道他不能成就霸业了。"

是年，晋公子重耳过宋，[1]襄公以伤于楚，欲得晋援，厚礼重耳以马二十乘。[2]

【注释】〔1〕"重耳"，晋献公之子，春秋时晋国国君。公元前六三六年至前六二八年在位。因献公立幼子为嗣，曾出奔在外十九年，由秦送回即位。整顿内政，增强军队，使国力强盛。又平定周的内乱，迎接周襄王复位，以"尊王"相号召。城濮之战，大胜楚军，并在践土（今河南省荥阳东北）大会诸侯，成为霸主。 〔2〕"乘"，音 shèng，一车四马为一乘。

【译文】这一年，晋公子重耳路过宋国，襄公因跟楚国交战受伤，打算得到晋国的援助，就以隆重的礼仪接待重耳，赠送给重耳二十乘（八十匹）马。

十四年夏，[1]襄公病伤于泓而竟卒，子成公王臣立。

【注释】〔1〕"十四年夏"，《索隐》云："《春秋》战于泓在僖二十三年，重耳过宋及宋襄公卒在二十四年。今此文以重耳过与伤泓共岁，故云'是年'。又重耳过与宋襄公卒共是一岁，则不合更云'十四年'。是进退俱不合于《左氏》，盖太史公之疏耳。"

【译文】十四年夏大，襄公因在泓水之战时的腿伤，病发作而终于逝世，儿子成公王臣登极。

成公元年，晋文公即位。三年，倍楚盟亲晋，[1]以有德于文公也。四年，楚成王伐宋，宋告急于晋。五年，晋文公救宋，楚兵去。九年，晋文公卒。十一年，楚太子商臣弑其父成王代立。十六年，秦穆公卒。

【注释】〔1〕"倍"，与"背"通。背叛。

【译文】成公元年，晋文公登极。三年，成公撕毁与楚国的盟约，与晋国亲近，因为襄公对晋文公有过德惠。四年，楚成王攻打宋国，宋国向晋国告急。五年，晋文公援救宋国，楚军离去。九年，晋文公逝世。十一年，楚太子商臣杀害他的父亲成王，夺取君位。十六年，秦穆公逝世。

十七年，成公卒。成公弟御杀太子及大司马公孙固而自立为君。〔1〕宋人共杀君御而立成公少子杵臼，是为昭公。

【注释】〔1〕"公孙固"，宋庄公的孙子。

【译文】十七年，成公逝世。成公的弟弟御杀死太子和大司马公孙固，而自立为国君。宋国人联合杀死国君御，拥立成公的小儿子杵臼，他就是昭公。

昭公四年，宋败长翟缘斯于长丘。〔1〕七年，楚庄王即位。〔2〕

【注释】〔1〕"长翟"，也作"长狄"，春秋时狄族的一支，活动于西起今山西临汾、长治，东至山东边境的山谷间。"缘斯"，长翟部族之一鄋（音 sōu）瞒的国君。"长丘"，在今河南省封丘县西南。〔2〕"楚庄王"，春秋时楚国国君。芈姓，名旅（一作吕、侣）。公元前六一三年至前五九一年在位。曾整顿内政，兴修水利。楚庄王三年，攻灭庸国（在今湖北省竹山西南），国势大盛。继又进攻陆浑之戎，陈兵周郊，派人询问象征天子权威的九鼎的轻重。后在邲（今河南省荥阳北）大败晋军，陆续使鲁、宋、郑、陈等国归附，成为霸主。

【译文】昭公四年，宋国在长丘击败长翟缘斯。七年，楚庄王登极。

九年，昭公无道，国人不附。〔1〕昭公弟鲍革贤而下士。〔2〕先，襄公夫人欲通于公子鲍，〔3〕不可，乃助之施于国，〔4〕因大夫华元为右师。〔5〕昭公出猎，夫人王姬使卫伯攻杀昭公杵臼。弟鲍革立，是为文公。

【注释】〔1〕"国人"，古代农夫住在田野小邑，称为"野人"。"国人"是指居住在城里和城郊的人，除了奴隶主贵族外，还包括平民、小手工业者和商人。〔2〕"鲍革"，即公子鲍。《史记志疑》云"革"字衍。〔3〕"襄公夫人"，即夫人王姬，周惠王之女。〔4〕"施"，施加恩惠。〔5〕"华元"，华督曾孙。"右师"，宋国官名。为国君师。华元、华阅、皇缓等曾任此职。

【译文】九年，昭公暴虐，不行德政，宋国国人不归附他。昭公的弟弟鲍革，德才兼备，又能谦恭待士。原先，襄公夫人打算跟公子鲍私通，公子鲍不同意，于是帮助他在国人中广施恩惠，又由大夫华元的荐举做了右师。昭公出去狩猎，夫人王姬派遣卫伯攻杀昭公杵臼。弟弟鲍革登位，他就是文公。

文公元年，晋率诸侯伐宋，责以弑君。闻文公定立，乃去。二年，昭公子因文公母弟须与武、缪、戴、庄、桓之族为乱，文公尽诛之，出武、缪之族。〔1〕

【注释】〔1〕"出"，驱逐出去。

【译文】文公元年，晋国统率诸侯攻打宋国，责备宋国人杀死了国君。听到文公君位已经确定，于是撤兵离去。二年，昭公的儿子凭借文公的同母弟弟须与武公、穆公、戴公、庄公、桓公的家族犯上作乱，文公把他们都杀掉，驱逐武公、穆公的家族。

四年春，楚命郑伐宋。宋使华元将，郑败宋，囚华元。华元之将战，杀羊以食士，其御羊羹不及，〔1〕故怨，驰入郑军，故宋师败，得囚华元。宋以兵车百乘文马四百匹赎华元。〔2〕未尽入，华元亡归宋。

【注释】〔1〕"御"，驾车人。当时驾车人是羊斟。〔2〕"文"，文采。"文马"，有文采之马。

【译文】四年春天，楚王命令郑国攻打宋国。宋国派华元带兵，郑国打败了宋国，俘虏了华元。华元在将要作战的时候，杀羊给军士吃，他的驾车人来不及吃羊肉羹汁，因而怨恨，便驾着华元的指

挥车冲进郑军,因此宋军被打败,郑军才得俘虏了华元。宋国用兵车一百辆套着毛色有文采的马四百匹去赎华元。还没有统统送去,华元便逃回宋国了。

十四年,楚庄王围郑。郑伯降楚,楚复释之。

十六年,楚使过宋,宋有前仇,执楚使。九月,楚庄王围宋。十七年,楚以围宋五月不解,[1]宋城中急,无食,华元乃夜私见楚将子反。子反告庄王。王问:"城中何如?"曰:"析骨而炊,[2]易子而食。"[3]庄王曰:"诚哉言!我军亦有二日粮。"以信故,遂罢兵去。

【注释】〔1〕"以",与"已"通。 〔2〕"析骨而炊",剖解人的骨骸来烧火做饭,形容战乱时百姓的悲惨生活。 〔3〕"易子而食",交换孩子,杀食以充饥。"子",指儿子或女儿,古代男孩、女孩都可称"子"。

【译文】十四年,楚庄王包围郑国。郑国国君向楚国投降,楚国又解围而去。

十六年,楚国使者经过宋国,宋国跟楚国有旧仇,便逮捕了楚国的使者。九月,楚庄王围攻宋都。十七年,楚军围攻宋都五个月没解围,宋都城中危急,没有吃的,华元便在一天夜间私下会见楚国将领子反,子反告诉庄王。庄王问:"城中怎么样?"子反说:"劈人骨头煮饭,互相交换儿子来吃。"庄王说:"多诚实的话!我军也只有两天粮食啦。"因为要守信的缘故,于是撤军回去。

二十二年,文公卒,子共公瑕立。始厚葬。君子讥华元不臣矣。[1]

【注释】〔1〕"不臣",不像大臣的样子,违背人臣之道。

【译文】二十二年,文公逝世,儿子共公瑕登极。从这时起实行厚葬。君子讥刺华元没有尽到做臣子的责任。

共公十年,华元善楚将子重,又善晋将

栾书,两盟晋楚。十三年,共公卒。华元为右师,鱼石为左师。司马唐山攻杀太子肥,欲杀华元,华元奔晋,鱼石止之,至河乃还,诛唐山。乃立共公少子成,是为平公。

平公三年,楚共王拔宋之彭城,以封宋左师鱼石。四年,诸侯共诛鱼石,而归彭城于宋。三十五年,楚公子围弑其君自立,为灵王。四十四年,平公卒,子元公佐立。

元公三年,楚公子弃疾弑灵王,自立为平王。八年,宋火。十年,元公毋信,诈杀诸公子,大夫华、向氏作乱。楚平王太子建来奔,见诸华氏相攻乱,建去如郑。十五年,元公为鲁昭公避季氏居外,为之求入鲁,行道卒,子景公头曼立。

景公十六年,鲁阳虎来奔,[1]已复去。二十五年,孔子过宋,宋司马桓魋恶之,欲杀孔子,孔子微服去。[2]三十年,曹倍宋,又倍晋,宋伐曹,晋不救,遂灭曹有之。[3]三十六年,齐田常弑简公。

【注释】〔1〕"阳虎",又名阳货,初为鲁季孙氏家臣,事季平子。平子死后,专鲁国国政。后来与鲁三桓对立失败,奔齐,又奔晋,为赵鞅家臣。 〔2〕"微服",旧时帝王、官吏为了隐藏自己的身份而改着平民的服装。 〔3〕"有",占有,获取。

【译文】共公十年,华元与楚国将领子重有交情,又跟晋国将领栾书友好,因此跟晋、楚两国都缔结了盟约。十三年,共公逝世。华元任右师,鱼石任左师。司马唐山攻杀太子肥,打算杀华元,华元逃往晋国,鱼石阻止他,到黄河边就返回来,杀了唐山。于是拥护共公的小儿子成登极,他就是平公。

平公三年,楚共王攻陷宋国的彭城,把它封给宋国左师鱼石。四年,诸侯共同诛杀鱼石,把彭城归还给宋国。三十五年,楚国公子围杀掉他的国君自己登极,他就是灵王。四十四年,平公逝世,儿子元公佐登极。

元公三年,楚国公子弃疾杀死灵王,自己登极为平王。八年,宋国遭遇火灾。十年,元公不讲信义,用欺骗手段杀死许多公子。大夫华氏、向氏发动叛乱。楚平王的太子熊建来投奔,看到华氏家族互相攻打,乱作一团,熊建离去,前往郑国。十五年,元公因为鲁昭公躲避季孙氏住在国外,替他要

求回到鲁国去,元公走到半路上去世了,儿子景公头曼登极。

景公十六年,鲁国阳虎来投奔,不久又离去了。二十五年,孔子经过宋国。宋国司马桓魋诋毁孔子,打算杀他。孔子改着平民服装离去。三十年,曹国背叛宋国,又背叛晋国。宋国攻打曹国,晋国不去援救,于是灭掉曹国而占有它的土地。三十六年,齐国田常杀掉齐简公。

　　三十七年,楚惠王灭陈。荧惑守心。〔1〕心,宋之分野也。〔2〕景公忧之。司星子韦曰:〔3〕"可移于相。"景公曰:"相,吾之股肱。"〔4〕曰:"可移于民。"景公曰:"君者待民。"曰:"可移于岁。"景公曰:"岁饥民困,吾谁为君!"子韦曰:"天高听卑。君有君人之言三,〔5〕荧惑宜有动。"于是候之,〔6〕果徙三度。

　　【注释】〔1〕"荧惑",火星。"守",一星侵犯另一星的正常位置。"心",二十八宿中的心宿。〔2〕"分野",古代星占家以天空星象来占卜人世吉凶,把地上的州国与星空的十二次、二十八宿确定为对应关系,称作"分野"。〔3〕"司",主管。"司星",主管观测星象的官吏。〔4〕"股肱",大腿和手臂肘腕之间,比喻辅佐帝王的重臣。〔5〕"君人",君临人民。〔6〕"候",观察。

　　【译文】三十七年,楚惠王灭亡陈国。火星侵占心宿星区,心宿区是宋国的天区。景公为这事担忧。司星子韦说:"可以将灾祸移到宰相身上。"景公说:"宰相是我的大腿胳臂。"子韦说:"可以移到人民身上。"景公说:"国君要依靠人民。"子韦说:"可以移到年成上。"景公说:"年成歉收闹饥荒,人民困苦,我作谁的国君?"子韦说:"上天神明虽然高远却能听到人间最细微的声音。您有为人君的话三句,火星应该移动了。"再观测火星,火星果然移了三度。

　　六十四年,〔1〕景公卒。宋公子特攻杀太子而自立,〔2〕是为昭公。昭公者,元公之曾庶孙也。昭公父公孙纠,纠父公子褍秦,褍秦即元公少子也。景公杀昭公父纠,故昭公怨杀太子而自立。

　　【注释】〔1〕"六十四年",《史记会注考证》引梁玉绳云:"《左传》宋景公卒于哀二十六年,是四十八年卒也。此与《年表》作'六十四',《六国表》又作'六十六',并误。"〔2〕"公子特",《左传》或作"德",或作"得"。

　　【译文】六十四年,景公逝世。宋国公子特进攻杀太子而自己登极,他就是昭公。昭公,其人是元公的曾庶孙。昭公的父亲是公孙纠,公孙纠的父亲是公子褍秦,褍秦就是元公的小儿子。景公杀死了昭公的父亲公孙纠,所以昭公怨恨太子,便杀死他而自己登极。

　　昭公四十七年卒,子悼公购由立。悼公八年卒,子休公田立。休公田二十三年卒,子辟公辟兵立。辟公三年卒,子剔成立。剔成四十一年,剔成弟偃攻袭剔成,剔成败奔齐,偃自立为宋君。

　　君偃十一年,自立为王。东败齐,取五城;南败楚,取地三百里;西败魏军,乃与齐、魏为敌国。盛血以韦囊,〔1〕县而射之,〔2〕命曰"射天"。淫于酒妇人。群臣谏者辄射之。于是诸侯皆曰"桀宋"。〔3〕"宋其复为纣所为,不可不诛。"告齐伐宋。王偃立四十七年,齐湣王与魏、楚伐宋,杀王偃,遂灭宋而三分其地。

　　【注释】〔1〕"韦",经过加工制成的熟牛皮。〔2〕"县",与"悬"通。〔3〕"桀宋",如同夏桀一样残暴的宋君。

　　【译文】昭公四十七年逝世。儿子悼公购由登极。悼公八年逝世,儿子休公田登极。休公田二十三年逝世,儿子辟公辟兵登极。辟公三年逝世,儿子剔成登极。剔成四十一年,剔成的弟弟偃袭击剔成,剔成失败逃奔齐国,偃自己登极作宋君。

　　君偃十一年,自己称号为王。东面打败齐国,攻下五座城。南面打败楚国,侵占土地三百里。西面打败魏国军队。于是跟齐、魏成为敌对的国家。他用牛皮袋盛着血,悬挂起来用箭射它,称为"射天"。君偃沉溺于酒色之中。大臣们有规劝的,君偃就射死他。于是诸侯都称他"桀宋",说:"宋国又会步纣王后尘,为所欲为,不可不杀。"诸侯要求齐国讨伐宋国。宋王偃即位四十七年,齐湣王与魏

国、楚国征讨宋国，杀死王偃，于是灭亡宋国，三国瓜分了它的土地。

太史公曰：孔子称"微子去之，[1]箕子为之奴，比干谏而死，殷有三仁焉"。[2]《春秋》讥宋之乱自宣公废太子而立弟，[3]国以不宁者十世。襄公之时，修行仁义，欲为盟主。其大夫正考父美之，故追道契、汤、高宗，[4]殷所以兴，作《商颂》。[5]襄公既败于泓，而君子或以为多，[6]伤中国阙礼义，[7]褒之也，[8]宋襄之有礼让也。

【注释】〔1〕"微子去之"云云，见《论语·微子》。〔2〕"三仁"，三个仁德之人，谓微子、箕子、比干。〔3〕《春秋》，是指《春秋公羊传》。《公羊传》隐公三年云："庄公冯弑与夷。故君子大居正，宋之祸宣公为之也。"〔4〕"契"，音 xiè。殷人始祖，佐禹治水，舜封于商。"汤"，商开国之王，契之后第十三代孙。"高宗"，即武丁，商朝第十一代第二十二王。相传他少时生活在民间。即位后，任用傅说、甘盘等贤臣，多次征伐不服从的部族，复兴商朝。在位五十九年。〔5〕"作《商颂》"，今《诗经》收《商颂》五篇，为《那》，祀成汤；《烈祖》，祀中宗；《玄鸟》，祀高宗；《长发》，祭天；《殷武》，祀高宗。据今人研究，这些作品是从正考父至襄公时宋人追述颂美商代先王的作品，非一时所作。〔6〕"多"，赞美。〔7〕"阙"，与"缺"通。缺少。"中国"，华夏诸侯。〔8〕"褒"，称赞，赞扬。

【译文】太史公说：孔子称"微子离开殷纣王，箕子被降为奴隶，比干规劝而被杀死，殷朝有三位仁人呀！"《春秋公羊传》批评宋国的祸乱是从宣公废黜太子而立弟弟为君开始的，使国家不得安宁达十代之久。襄公修行仁义，想成为盟主。他的大夫正考父赞美这事，所以追述契、汤、高宗的发迹、建国等业绩，揭示殷朝所以兴盛的原因，写了《商颂》。宋襄公既已在泓水打了败仗，但是仍有君子称赞他，这是悲叹当时中原地区的国家缺少礼义，所以表彰襄公，因为他还是一个有礼让精神的人啊。

史记卷三十九

晋世家第九

晋唐叔虞者,[1]周武王子而成王弟。[2]初,武王与叔虞母会时,[3]梦天谓武王曰:[4]"余命女生子,[5]名虞,[6]余与之唐。"[7]及生子,文在其手曰"虞",[8]故遂因命之曰虞。

【注释】[1]"晋唐叔虞者",别本或无"晋"字。[2]"周武王",姬姓,名发,周文王之子,继承父业,推翻商纣,建立周朝。详见本书《周本纪》。"成王",即周成王,姬姓,名诵,周武王之子。详见本书《周本纪》。[3]"叔虞母",即邑姜,齐太公之女,周武王之妻。[4]"天",天帝,天神。[5]"女",通"汝",你。[6]"名虞","名"下别本或有"为"字。[7]"唐",古国名,祁姓,相传为尧的后裔,在今山西翼城西。[8]"文",字。一说通"纹",此指手掌上的纹路。"虞",据《春秋左传》隐公元年孔颖达《正义》云,《石经》古文"虞"作"〰〰"。若此说属实,则"虞"实指掌纹。

【译文】晋国的始祖唐叔虞,是周武王的儿子、周成王的弟弟。当初,周武王与叔虞的母亲相会时,(叔虞的母亲)梦中见天帝对周武王说:"我为你生的孩子起个名,叫做虞,我赐给他唐国之地。"到生下孩子,发现有字在婴儿手掌上,是个"虞",所以就据此替孩子取名叫做虞。

武王崩,[1]成王立,唐有乱,周公诛灭唐。[2]成王与叔虞戏,削桐叶为珪以与叔虞,[3]曰:"以此封若。"[4]史佚因请择日立叔虞。[5]成王曰:"吾与之戏耳。"史佚曰:"天子无戏言。言则史书之,礼成之,乐歌之。"于是遂封叔虞于唐。[6]唐在河、汾之东,[7]方百里,故曰唐叔虞。姓姬氏,字子于。

【注释】[1]"崩",古称天子死为崩。[2]"周公",姬姓,名旦,周文王之子,周武王之弟,亦称叔旦。因采邑在周(今陕西岐山北),故称周公。谥文,故又称周文公。辅佐周武王灭商。武王去世后,因成王年幼,摄政治国,率师东征,平定叛乱。后返政成王。相传他制礼作乐,为周朝创建了一整套典章制度。详见本书《鲁周公世家》。[3]"桐",树名,梧桐。"珪",同"圭",一种玉制的礼器,头尖或圆,体长方,作为帝王诸侯朝聘盟会、分封赏赐、祭祀丧葬时的信物。[4]"若",你。[5]"史佚",史官名佚者。史职掌记录国事、编撰典籍、策命诸侯大夫、祭祀、历法等事务。[6]"于是遂封叔虞于唐",关于叔虞受封于唐的原委,史载不一。此处所述,大致同于《吕氏春秋·重言》、《说苑·君道》等,当为战国秦汉时期流行的一种传说。但《吕氏春秋·重言》、《说苑·君道》谓劝谏成王封叔虞者为周公,系传闻异辞。[7]"河",黄河。"汾",水名,即今山西境内的汾河。

【译文】周武王去世,周成王即位,唐国发生内乱,周公举兵灭掉唐国。(一天,)周成王与叔虞玩耍,把梧桐树叶削成珪璧形状交给叔虞,说:"将这唐地封给你。"(这时在旁的)史佚就请求挑选日子册立叔虞。成王说:"我只不过同他闹着玩儿罢了。"史佚说:"天子没有开玩笑的话。一发话,史官便记录下来,举行典礼实施它,奏起音乐歌颂它。"于是就册封叔虞在唐。唐地处黄河、汾水的东面,方圆百里,叔虞因此叫做唐叔虞。他姓姬,字子于。

唐叔子燮,[1]是为晋侯。[2]晋侯子宁族,[3]是为武侯。武侯之子服人,是为成侯。成侯子福,[4]是为厉侯。厉侯之子宜

曰,是为靖侯。[5]靖侯已来,年纪可推。[6]自唐叔至靖侯五世,[7]无其年数。

【注释】〔1〕"燮",亦称燮父。〔2〕"晋",水名,在故唐国境内,即今山西翼城西一带。或谓源出今山西太原西南悬瓮山之晋水,非是。"是为晋侯",传说唐叔虞之燮以封地境内有晋水,遂改国号为晋,自称晋侯。《汉书·地理志下》云:"唐有晋水,及叔虞子燮为晋侯云。"〔3〕"宁族",亦作"曼期"、"曼旗"。〔4〕"福",一作"幅"。〔5〕"靖侯",公元前八五八年——前八四一年在位。〔6〕本书《十二诸侯年表》起自共和元年,即公元前八四一年,是为中国历史有确切纪年之始。该年当靖侯十八年,所以说"靖侯已来,年纪可推"。〔7〕"自唐叔至靖侯五世",从唐叔至靖侯共六世,不当言五世;联系下文"无其年数"云云,则此"靖侯"似为"厉侯"之误。

【译文】唐叔的儿子燮,这就是晋侯。晋侯的儿子宁族,这就是晋武侯。武侯的儿子服人,这就是晋成侯。成侯的儿子福,这就是晋厉侯。厉侯的儿子宜臼,这就是晋靖侯。从晋靖侯以来,年代可以推算。从唐叔到靖侯这五代,没有他们在位的年数。

靖侯十七年,[1]周厉王迷惑暴虐,[2]国人作乱,厉王出奔于彘。[3]大臣行政,[4]故曰"共和"。[5]

【注释】〔1〕"靖侯十七年",即公元前八四二年。〔2〕"周厉王",姬姓,名胡,周夷王之子,任用荣夷公治国,实行专利,加重剥削;又起用卫巫作为耳目,监视国人,严厉镇压不同政见者,终于在公元前八四二年引起国人暴动,被迫逃奔到彘(今山西霍县东北),死于公元前八二八年。其在位年代,本书《周本纪》作三十七年,即公元前八七八年——前八四二年。详见本书《周本纪》。〔3〕"彘",音zhì,邑名,在今山西霍县东北。〔4〕"大臣行政",据本书《周本纪》,指召公、周公二相行政。〔5〕"共和",据《竹书纪年》及《庄子·让王》、《吕氏春秋·开春》等文献记载,周厉王被逐后,诸侯拥戴共国(在今河南辉县)国君和摄政,国号"共和"。郭沫若先生从金文材料中证实共伯和确有其人(见《两周金文辞大系·考释》一一四页)。本书以为召公、周公两位大臣共同行政,故号"共和",与史实不符。

【译文】晋靖侯十七年,因周厉王昏愦残暴,国人发生暴动,周厉王被迫逃出京城跑到彘这个地方。朝廷由大臣执政,所以称为"共和"。

十八年,靖侯卒,子釐侯司徒立。[1]釐侯十四年,周宣王初立。[2]十八年,釐侯卒,子献侯籍立。[3]献侯十一年卒,子穆侯费王立。[4]

【注释】〔1〕"釐侯司徒",公元前八四〇年——前八二三年在位。〔2〕"周宣王",姬姓,名静(一作"靖"),周厉王之子,公元前八二八年——前七八二年在位。详见本书《周本纪》。〔3〕"献侯籍","籍"一作"苏",公元前八二二年——前八一二年在位。〔4〕"穆侯费王","穆"一作"缪","费王"或作"费生"、"弗生"、"溃生"、"溃",公元前八一一年——前七八五年在位。

【译文】十八年,晋靖侯去世,儿子釐侯司徒继位。晋釐侯十四年,周宣王开始即位。十八年,晋釐侯去世,儿子献侯籍继位。晋献侯在位十一年去世,儿子穆侯费王继位。

穆侯四年,取齐女姜氏为夫人。[1]七年,伐条。[2]生太子仇。十年,伐千亩,[3]有功。[4]生少子,名曰成师。[5]晋人师服曰:[6]"异哉,君之命子也!太子曰仇,仇者雠也。少子曰成师,成师大号,成之者也。名,自命也;物,自定也。今适庶名反逆,[7]此后晋其能毋乱乎?"[8]

【注释】〔1〕"齐",国名,姜姓,始封君吕尚,周武王灭商后所封,在今山东北部,建都营丘(后称临淄,在今山东淄博东北)。春秋初期齐桓公成为霸主。疆域逐渐拓展到今山东东部、河北南部。春秋末年君权日益为大臣陈氏(即田氏)所削夺。公元前三九一年,姜齐最后一位国君齐康公被迁于海上。公元前三八六年周安王承认田和为齐侯。田齐于公元前二二一年灭于秦国。"取",通"娶"。〔2〕"条",条戎,古部族名,活动于今山西运城中条山的鸣条冈一带。《左传》桓公二年杜预注及《汉书·五行志》颜师古注以条为晋地,在今山西夏县西北。"伐条",此处与本书《十二诸侯年表》将伐条之役系于晋穆侯七年,即周宣王二十三年(公元前八

○五年)。《后汉书·西羌传》李贤注引《竹书纪年》云："后五年,王伐条戎、奔戎,王师败绩。"将伐条之役系于周宣王三十六年(公元前七九二年),即晋穆侯二十年。《今本竹书纪年》云："三十八年,王师及晋穆侯伐条戎、奔戎,王师败逋。"又将此役系于周宣王三十八年(公元前七九○年),即晋穆侯二十二年。姑录异说,存以备考。此役晋师失利,穆侯深致怨恨,故为太子取名仇。《汉书》颜《注》则以条为晋地,以敌来侵犯,故取仇忿之义以名子。 〔3〕"千亩",晋地名,在今山西介休南,或谓在今山西安泽北。"伐千亩",此处与本书《十二诸侯年表》将千亩之役系于晋穆侯十年,即周宣王二十六年(公元前八○二年)。《后汉书·西羌传》李贤注引《竹书纪年》云:"后二年,晋人败北戎于汾隰。"疑即千亩之役,系于周宣王三十八年(公元前七九○年),即晋穆侯二十二年。《今本竹书纪年》云:"四十年……晋人败北戎于汾隰。"则以此役系于周宣王四十年(公元前七八八年),即晋穆侯二十四年。 〔4〕"有功",有成,指取得胜利。 〔5〕"成师",因千亩之役获胜,师出有成,故以名子。《左传》桓公二年杜预《注》谓"意取能成其众",可备一说。 〔6〕"师服",晋国大夫。 〔7〕"適",通"嫡",嫡子,此指嫡长子。"庶",庶子,指嫡长子之外的儿子。 〔8〕"其",岂,岂能,难道。

【译文】晋穆侯四年,娶齐国女子姜氏为夫人。七年,攻伐条戎。生下太子仇。十年,攻伐千亩,获得胜利。生下小儿子,取名叫成师。晋国大夫师服说:"怪哉,国君竟这样给儿子取名!太子名叫仇,仇是仇敌的意思。小儿子名叫成师,成师是显赫的称呼,是成就事业的意思。名称,应该根据事物本身命名;事物,应该根据天然秩序定位。如今嫡子、庶子取的名意义乖戾颠倒,从此以后晋国岂能不发生变乱呢?"

二十七年,穆侯卒,弟殇叔自立,〔1〕太子仇出奔。殇叔三年,周宣王崩。四年,穆侯太子仇率其徒袭殇叔而立,是为文侯。〔2〕

【注释】〔1〕"殇叔",公元前七八四年—前七八一年在位。 〔2〕"文侯",公元前七八○年—前七四六年在位。

【译文】二十七年,晋穆侯去世,其弟殇叔自己即位,太子仇被迫出逃。晋殇叔三年,周宣王去世。四年,晋穆侯的太子仇率领他的党徒袭击殇叔而即位,这就是晋文侯。

文侯十年,周幽王无道,〔1〕犬戎杀幽王,〔2〕周东徙。〔3〕而秦襄公始列为诸侯。〔4〕

【注释】〔1〕"周幽王",姬姓,名宫涅("涅"或作"湦"、"皇"),一作"宫皇",周宣王之子,任用虢石父为政,横征暴敛;宠幸褒姒,废黜申后和太子宜臼,引致申侯联合缯、犬戎举兵进攻,身杀于骊山下,王室被迫东迁,西周灭亡。公元前七八一年—前七七一年在位。详见本书《周本纪》。 〔2〕"犬戎",一作畎戎,又称畎夷、昆夷、绲夷等,古部族名,为戎人的一支,殷、周时代活动于泾、渭流域,即今陕西彬县、岐山一带。"犬戎杀幽王",幽王被申、缯、犬戎联军杀死于骊山脚下。此仅举犬戎。 〔3〕"周东徙",周幽王被杀后,废黜的原太子宜臼被拥立继位,是为周平王。公元前七七○年,周平王即位,率领王室从西周都城镐京(即宗周,在今陕西西安西南沣水东岸)迁至雒邑(在今河南洛阳)。雒邑在镐京之东,原为西周东都。 〔4〕"秦",国名,嬴姓,相传是伯益的后裔。原为游牧部族,擅长养马。周孝王封非子于秦(在今甘肃张家川东,或说在今陕西宝鸡西)。周宣王封秦仲为大夫。周平王东迁,秦襄公护送有功被封为诸侯,领有今陕西岐山以西之地。其后疆域不断向东扩张。春秋时建都于雍(今陕西凤翔东北)。战国时秦孝公迁都咸阳(今陕西咸阳东北)。公元前二二一年秦王政统一六国。公元前二○六年被刘邦率领的起义军所灭亡。"秦襄公",嬴姓,秦庄公之子,秦国第一位正式受封为诸侯的国君。申侯联合缯、犬戎发难时,曾率军救援周;平王东迁时,又领兵护送王室,因此被周平王封为诸侯,赐予岐(今陕西岐山东北)以西之地。后攻伐戎,死于岐。公元前七七七年—前七六六年在位。详见本书《秦本纪》。

【译文】晋文侯十年,周幽王暴虐无道,犬戎起兵杀死幽王,周王朝向东方迁徙。从而秦襄公因有功开始正式列为诸侯。

三十五年,文侯仇卒,子昭侯伯立。〔1〕

【注释】〔1〕"昭侯伯",公元前七四五年—前七三九年在位。

【译文】三十五年，晋文侯仇去世，儿子昭侯伯即位。

昭侯元年，封文侯弟成师于曲沃。[1]曲沃邑大于翼。[2]翼，晋君都邑也。成师封曲沃，号为桓叔。[3]靖侯庶孙栾宾相桓叔。[4]桓叔是时年五十八矣，好德，晋国之众皆附焉。君子曰：[5]"晋之乱其在曲沃矣。末大于本而得民心，[6]不乱何待！"

【注释】[1]"曲沃"，晋国都邑名，又称下国、新城，在今山西闻喜东北。晋成侯曾迁都于曲沃。至晋穆侯时又迁回绛，曲沃为晋国别都。[2]"翼"，即绛，晋国都邑，晋孝侯时改绛名翼，在今山西翼城南。晋景公徙都于新田（今山西侯马）后，又称故绛。 [3]"桓叔"，成师谥桓，为晋昭侯叔父，故号为桓叔。或以"叔"言成师排行，亦通。[4]"庶孙"，指嫡长子之外的旁枝孙子。"栾宾"，张守节《史记正义》引《世本》云："栾叔宾父也。"则氏栾、字宾，为桓叔从叔父。"相"，音 xiàng，帮助，辅佐。 [5]"君子"，指有地位、有学识德行的人。引用"君子"之言来评骘人事，常见于本书和先秦史书如《左传》、《国语》等。按此"君子曰"以下所云，《左传》桓公二年记为师服所说。 [6]"末大于本"，指前言"曲沃邑大于翼"，即臣子封邑大于国君都城。

【译文】晋昭侯元年，封文侯之弟成师到曲沃。曲沃城邑规模比翼大。翼，是晋国君主的都城。成师受封曲沃，号称桓叔。晋靖侯庶出孙子栾宾辅佐桓叔。桓叔此时的年纪已经是五十八了，喜好德行，晋国的民众全都归附他。君子说："晋国的祸乱，就出在曲沃了。枝末大于根本，而又获得民心，这样还能不乱而等待什么！"

七年，晋大臣潘父弑其君昭侯而迎曲沃桓叔。[1]桓叔欲入晋，[2]晋人发兵攻桓叔。桓叔败，还归曲沃。晋人共立昭侯子平为君，是为孝侯。[3]诛潘父。

【注释】[1]"弑"，音 shì，古人特称臣杀君、子杀父为弑。按本书《十二诸侯年表》即以此昭侯七年为孝侯元年，故以下所记孝侯年数均较《年表》提前一年。 [2]"晋"，指晋国都城翼。 [3]"孝侯"，公元前七三九年—前七二四年在位。此依本

书《十二诸侯年表》推算。

【译文】晋昭侯七年，晋国大臣潘父杀死国君晋昭侯而迎纳曲沃桓叔。桓叔打算进入晋国都城，晋都国人发兵攻击桓叔。桓叔兵败，返回曲沃。晋都国人共同拥立晋昭侯的儿子平为国君，这就是晋孝侯。杀死了潘父。

孝侯八年，曲沃桓叔卒，[1]子鳝代桓叔，[2]是为曲沃庄伯。孝侯十五年，曲沃庄伯弑其君晋孝侯于翼。晋人攻曲沃庄伯，庄伯复入曲沃。晋人复立孝侯子郄为君，[3]是为鄂侯。[4]

【注释】[1]"孝侯八年，曲沃桓叔卒"，据前载桓叔生于晋穆侯十年及晋昭侯元年年五十八计之，曲沃桓叔享年七十二。 [2]"鳝"，音 shàn，一音 tuó。 [3]"郄"，一作"郤"；或作"都"，误。即鄂侯，亦称翼侯。此与本书《十二诸侯年表》及《汉书·古今人表》均谓郄为孝侯之子，《左传》桓公二年则谓郄为孝侯之弟。公元前七二三年—前七一八年在位。 [4]"鄂"，晋国邑名，在今山西乡宁。"鄂侯"，据《左传》隐公五年、六年载，公元前七一八年，曲沃庄伯进攻翼，郄出奔至随（今山西介休东南），次年郄被大夫嘉父接到鄂安顿下来，由此郄被称作鄂侯。

【译文】晋孝侯八年，曲沃桓叔去世，其子鳝继代桓叔，这就是曲沃庄伯。晋孝侯十五年，曲沃庄伯在翼杀死国君晋孝侯。晋都国人攻打曲沃庄伯，庄伯返回进入曲沃。晋都国人又立晋孝侯的儿子郄为国君，这就是鄂侯。

鄂侯二年，鲁隐公初立。[1]

【注释】[1]"鲁"，国名，姬姓，周武王灭商后所封诸侯国。始封鲁为周公旦，周公因辅佐天子不就封，由其子伯禽就封，在今山东西南部，建都曲阜（今山东曲阜）。或谓初封之鲁在今河南鲁山，后伯禽受命徙封于曲阜。春秋末期，公室为季孙氏、孟孙氏、叔孙氏三家瓜分。公元前二五八年，被楚国所灭。"鲁隐公"，姬姓，名息姑，一作息，鲁惠公与其继室声子所生之子，鲁桓公之庶兄。鲁惠公去世时，因太子（即鲁桓公）年幼，摄政当国。后被大夫

羽父所杀。公元前七二二年—前七一二年在位。详见本书《鲁周公世家》。

【译文】晋鄂侯二年,鲁隐公开始即位。

鄂侯六年卒。[1]曲沃庄伯闻晋鄂侯卒,乃兴兵伐晋。[2]周平王使虢公将兵伐曲沃庄伯,[3]庄伯走保曲沃。晋人共立鄂侯子光,[4]是为哀侯。[5]

【注释】[1]"鄂侯六年卒",本书《十二诸侯年表》同此。按《左传》载,鲁隐公五年,即鄂侯六年,鄂侯因曲沃庄伯攻伐奔随,次年被大夫嘉父接纳安置于鄂,则鄂侯六年未卒。 [2]按《左传》载,鲁隐公五年,即鄂侯六年,曲沃庄伯伐翼,鄂侯奔随,则庄伯伐晋与鄂侯之卒无涉。 [3]"周平王",姬姓,名宜臼,一作宜咎,周幽王之子,原为太子,后被废黜。幽王被杀,他被诸侯拥立为王,迁都雒邑(今河南洛阳),建立东周。公元前七七〇年—前七二〇年在位。详见本书《周本纪》。"虢",国名,姬姓,始封君为周文王之弟虢仲(一说为虢叔)。初封于今陕西宝鸡东,即西虢,亦称城虢。平王东迁时,支族仍留原地,称为小虢;其余随同王室迁徙,建都上阳(今河南陕县东南李家窑),有今河南三门峡和山西平陆一带之地,称为北虢,即此虢公之国,公元前六五五年被晋国所灭。或谓北虢在西周时已建立。"虢公",虢国国君,名忌父,任周王朝卿士。 [4]"晋人共立鄂侯子光",按《左传》隐公六年载,鄂侯子光之立由周桓公王所命。 [5]"哀侯",公元前七一七年—七〇九年在位。

【译文】晋鄂侯在位六年去世。曲沃庄伯听说鄂侯去世,便起兵进攻晋国都城。周平王派遣虢公率领军队讨伐曲沃庄伯,庄伯逃跑据守曲沃。晋都国人共同拥立晋鄂侯的儿子光继位,这就是晋哀侯。

哀侯二年,曲沃庄伯卒,子称代庄伯立,是为曲沃武公。哀侯六年,鲁弑其君隐公。[1]哀侯八年,晋侵陉廷。[2]陉廷与曲沃武公谋,九年,伐晋于汾旁,[3]虏哀侯。晋人乃立哀侯子小子为君,是为小子侯。[4]

【注释】[1]"鲁弑其君隐公",鲁国大夫公子

挥(字羽父)谋杀国君隐公。事详见本书《鲁周公世家》。 [2]"陉廷",一作陉庭,晋国邑名,在今山西侯马东北。旧说或谓即荧庭(在今山西翼城东南),误。 [3]"汾旁",汾水岸边。《左传》桓公三年作汾隰,即今山西洪桐到襄汾一段汾河流域。 [4]"小子侯",公元前七〇九年—前七〇六年在位。据《左传》,则为公元前七〇八年—前七〇五年在位。

【译文】晋哀侯二年,曲沃庄伯去世,其子称继代庄伯即位,这就是曲沃武公。晋哀侯六年,鲁人杀死其国君鲁隐公。晋哀侯八年,晋都军队侵伐陉廷。陉廷人与曲沃武公合谋,九年,在汾水之滨进攻晋都军队,俘虏晋哀侯。晋都国人于是拥立晋哀侯的儿子小子为国君,这就是小子侯。

小子元年,曲沃武公使韩万杀所虏晋哀侯。[1]曲沃益强,晋无如之何。[2]

【注释】[1]"韩万",曲沃桓叔之子,曲沃庄伯之弟,即曲沃武公叔父,曾任曲沃武公御戎。韩,晋国邑名,在今山西河津东北,原系周成王弟所封之国,春秋初灭于晋,为韩万封邑,因以为氏。 [2]"如之何",意同"奈之何",对它怎么办。

【译文】晋小子侯元年,曲沃武公派韩万杀死所俘虏的晋哀侯。曲沃的势力越来越强大,晋国公室拿它没有办法。

晋小子之四年,曲沃武公诱召晋小子杀之。周桓王使虢仲伐曲沃武公,[1]武公入于曲沃,乃立晋哀侯弟缗为晋侯。[2]

【注释】[1]"周桓王",姬姓,名林,周平王太子泄父(早死,未继位)之子,公元前七一九年—前六九七年在位。详见本书《周本纪》。"虢仲",即虢仲林父,北虢国君,任王室卿士。或谓虢公忌父之子。 [2]"缗",公元前七〇六年—前六九七年在位。按晋小子被杀与晋侯缗之立,此与本书《十二诸侯年表》同系一年,即公元前七〇六年。《左传》则分系两年,晋小子杀在鲁桓公七年,即公元前七〇五年;而晋侯缗立在鲁桓公八年,即公元前七〇四年。

【译文】晋小子侯的四年,曲沃武公设计引诱

召来晋小子侯而杀死他。周桓王派虢仲领兵讨伐曲沃武公,武公入据曲沃,于是(虢仲奉周王命)立晋哀侯之弟缗为晋侯。

晋侯缗四年,宋执郑祭仲而立突为郑君。[1]晋侯十九年,齐人管至父弑其君襄公。[2]

【注释】〔1〕"宋",国名,或称商、殷,子姓,始封君为商纣王庶兄微子启,西周初周公平定武庚叛乱后,将商旧都周围地区封给他,约当今河南东南部及其与山东、江苏、安徽间地,建都商丘(今河南商丘南)。公元前四世纪中叶,剔成肝(即司城子罕)逐杀宋桓侯,戴氏代宋。公元前二八六年被齐国所灭。"祭仲",名足,亦称祭足、祭仲足,初为祭邑封人,后得郑庄公宠幸,为卿。受祭为其食邑,祭在今河南中牟,因以为氏。死于公元前六八二年。"祭",音zhài。"郑",国名,姬姓。始封君为周厉王之子、周宣王之弟友(一作多父),或谓周宣王之子。公元前八〇六年分封于郑(在今陕西华县东。或谓在今陕西凤翔东,亦有人谓在今河南郑州)。平王东迁,郑国为辅佑王室重要力量。郑武公时,攻灭郐(在今河南密县东南、新郑西北)、东虢(在今河南荥阳东北),建都新郑(今河南新郑)。春秋初,国力强盛,后渐衰落。公元前三七五年被韩国所灭。"突",即郑厉公,郑庄公之次子;母雍姞,系宋国宠臣雍氏之女。公元前七〇〇年——前六九七年、公元前六七九年——前六七二年两度在位。详见本书《郑世家》。"宋执祭仲而立突为郑君",按本书《十二诸侯年表》系于宋庄公十年,《郑世家》系于郑庄公四十三年,《左传》系于鲁桓公十一年,实同为晋侯缗六年;本书《宋微子世家》系于宋庄公九年,即晋侯缗五年,均与此有异。 〔2〕"管至父",齐国大夫,时受命戍守葵丘(在今山东临淄)。"襄公",即齐襄公,名诸儿,齐釐公之子,公元前六九七年——前六八六年在位。详见本书《齐太公世家》。"齐人管至父弑君襄公",据本书《齐太公世家》《左传》庄公八年等载,齐大夫管至父,连称联合齐襄公从弟公孙无知谋杀襄公,此仅举管至父一人。按此事本书《齐太公世家》《十二诸侯年表》系于齐襄公十二年,《左传》系于鲁庄公八年,实同为晋侯缗二十一年,与此异。

【译文】晋侯缗四年,宋国人拘留胁迫郑国的祭仲而立突为郑国国君。晋侯十九年,齐国人管至

父杀死他的国君齐襄公。

晋侯二十八年,齐桓公始霸。[1]曲沃武公伐晋侯缗,灭之,尽以其宝器赂献于周釐王。[2]釐王命曲沃武公为晋君,列为诸侯,于是尽并晋地而有之。

【注释】〔1〕"齐桓公",名小白,齐釐公之子,齐襄公之弟,母卫姬,春秋时期第一位著名霸主,公元前六八五年——前六四三年在位。详见本书《齐太公世家》。"齐桓公始霸",指公元前六七九年齐桓公在鄄(卫邑,今山东鄄城北旧城)与周大夫单伯及宋、陈、卫、郑等国君主盟会,开始为诸侯霸主。〔2〕"周釐王",名胡齐,周庄王之子,公元前六八一年——前六七七年在位。详见本书《周本纪》。

【译文】晋侯二十八年,齐桓公开始为诸侯霸主。曲沃武公攻伐晋侯缗,消灭晋国公室,如数将晋国公室的珍宝重器赠送奉献给周釐王。周釐王赐命曲沃武公为晋国国君,正式排在诸侯之列,(曲沃武公)于是全部兼并晋国之地而占有它。

曲沃武公已即位三十七年矣,更号曰晋武公。晋武公始都晋国,[1]前即位曲沃,通年三十八年。

【注释】〔1〕"晋国",晋国国都,即翼。

【译文】曲沃武公到这时已经在位三十七年了,更改称号叫做晋武公。晋武公开始建都晋国翼城,加上以前曲沃的在位时间,通共在位年数有三十八年。

武公称者,先晋穆侯曾孙也,[1]曲沃桓叔孙也。桓叔者,始封曲沃。武公,庄伯子也。自桓叔初封曲沃以至武公灭晋也,凡六十七岁,而卒代晋为诸侯。武公代晋二岁,卒。与曲沃通年,即位凡三十九年而卒。子献公诡诸立。[2]

【注释】〔1〕"先晋",指曲沃武公即位前之晋,犹下言"故晋",以别于曲沃武公为国君后之晋。〔2〕"诡"一作"佹",公元前六七六年——前六五一年

在位。

【译文】武公称，是先晋穆侯的曾孙，曲沃桓叔的孙子。桓叔，是最初封在曲沃的。武公，是庄伯的儿子。从桓叔始封曲沃一直到武公灭亡晋国公室，统共六十七年，终于取代晋国国君成为诸侯。晋武公取代晋国国君二年，去世。同曲沃的在位时间通共计算年数，在位总共三十九年而去世。他的儿子晋献公诡诸继位。

献公元年，周惠王弟颓攻惠王，[1]惠王出奔，居郑之栎邑。[2]

【注释】[1]"周惠王"，名阆，一作"毋凉"，周釐王之子，公元前六七六年——前六五二年在位。详见本书《周本纪》。"颓"，又称王颓、王子颓，周庄王与其宠妾王姚所生之子，周釐王之弟，周惠王之叔父。此谓"周惠王弟颓"，误。"周惠王弟颓"之"惠"，当系"釐"之讹。本书《周本纪》正作"釐王弟"。颓在周大夫苏国、边伯、石叔、詹父、子禽祝跪等支持下，于周惠王二年，即公元前六七五年发难，得到燕、卫协助，进攻惠王，篡夺王位；周惠王四年，即公元前六七三年，被郑伯、虢叔率军攻杀。按颓攻惠王事，本书《周本纪》、《十二诸侯年表》、《燕召公世家》、《卫康叔世家》、《郑世家》和《左传》庄公十九年，均系于周惠王二年。此系于晋献公元年，即周惠王元年，误。[2]"栎"，音lì，郑国别都，在今河南禹县。按惠王居栎事，本书《郑世家》和《左传》庄公二十年均系于晋献公三年，当可信。

【译文】晋献公元年，周惠王的弟弟颓攻打惠王，惠王出走外奔，居住在郑国的栎邑。

五年，伐骊戎，[1]得骊姬、骊姬弟，[2]俱爱幸之。

【注释】[1]"骊戎"，少数部族名，为戎人的一支，姬姓，在今山西析城山、王屋山一带。旧谓在今陕西临潼骊山一带，不可信。公元前六七二年被晋国所灭。[2]"弟"，通"娣"，《左传》庄公二十八年、《国语·晋语一》作"娣"，女弟，相对"姊"而言，今称"妹"。

【译文】晋献公五年，攻伐骊戎。俘获骊姬、骊姬的妹妹，晋献公很喜爱宠幸她们。

八年，士蒍说公曰：[1]"故晋之群公子多，[2]不诛，乱且起。"乃使尽杀诸公子，而城聚都之，[3]命曰绛，[4]始都绛。九年，晋群公子既亡奔虢，[5]虢以其故再伐晋，[6]弗克。十年，晋欲伐虢，士蒍曰："且待其乱。"

【注释】[1]"士蒍"，字子舆，传说为陶唐氏后裔，祁姓。其父隰叔避难至晋，任士师（亦称理，职掌刑狱司法之官），故以官为氏。士蒍为晋国大夫，公元前六六八年任大空司。"说"，音shuì，劝说。[2]"故晋之群公子"，按《左传》庄公二十三年云"晋桓、庄之族逼，献公患之"，又僖公五年云"桓、庄之族何罪？而以为戮，不唯逼乎"，则此"故晋之群公子"实指除曲沃武公一支以外的曲沃桓叔、曲沃庄伯之后诸公子。[3]"聚"，晋国邑名，在今山西绛县东南。[4]"绛"，春秋晋国国都称绛者有二：一为晋穆侯从曲沃徙都所止之绛，晋孝侯改称翼，后又称故绛，在今山西翼城东；一为晋景公从绛徙都所止之新田，亦称绛，又称新绛，在今山西曲沃西南。又聚从不称绛，亦从未为晋都。献公时都又称翼或故绛之绛。此谓聚为绛，始都绛，纯属无稽。[5]"虢"，即北虢。"晋群公子既亡奔虢"，按此事于史无征，且上文及本书《十二诸侯年表》、《左传》庄公二十五年均谓尽杀群公子，亦属无稽之言。[6]"再伐晋"，两次攻伐晋国。《左传》庄公二十六年云："秋，虢人侵晋。冬，虢人又侵晋。"然皆非以晋群公子既亡奔虢之故。

【译文】晋献公八年，士蒍劝说献公道："原先晋君公族的公子很多，如不杀掉，祸乱将会发生。"晋献公就让士蒍全部杀死诸公子，而后在聚地筑城作为国都，取名叫绛，开始以绛为国都。晋献公九年，晋国公子们全部逃亡投奔至虢国，虢公因为这个缘故两次攻伐晋国，没有取胜。献公十年，晋国国君打算攻伐虢国，士蒍说："暂且等待虢国自己的内乱。"

十二年，骊姬生奚齐。献公有意废太子，乃曰："曲沃吾先祖宗庙所在，而蒲边秦，[1]屈边翟，[2]不使诸子居之，我惧焉。"于是使太子申生居曲沃，公子重耳居蒲，[3]公子夷吾居屈。[4]献公与骊姬子奚齐居绛。

晋国以此知太子不立也。太子申生,其母齐桓公女也,曰齐姜,早死。申生同母女弟为秦穆公夫人。[5]重耳母,翟之狐氏女也。[6]夷吾母,重耳母女弟也。[7]献公子八人,[8]而太子申生、重耳、夷吾皆有贤行。[9]及得骊姬,乃远此三子。

【注释】[1]"蒲",晋国邑名,在今山西隰县西北。[2]"屈",晋国邑名,在今山西吉县北。"翟",亦作"狄",古族名,春秋初分为赤狄、白狄、长狄三部,各有分支,主要分布于北方,故又称北狄。此指当时在今陕西延安、山西介休一带的白翟,与晋相邻。[3]"公子重耳",即晋文公,生于公元前六九七年,公元前六三六年——前六二八年在位。[4]"公子夷吾",即晋惠公,公元前六五〇年——前六三七年在位。[5]"秦穆公","穆"或作"缪",名任好,秦德公之子,秦宣公、秦成公之弟,任用贤才,向东攻灭梁国、芮国,西进吞并十二国,称霸西戎,公元前六五九年——六二一年在位。详见本书《秦本纪》。"申生同母女弟为秦穆公夫人",按本书《秦本纪》云秦穆公"四年,迎妇于晋,晋太子申生姊也";又《左传》庄公二十八年云晋献公"烝于齐姜,生秦穆夫人及太子申生",则秦穆夫人当为太子申生之姊,而非女弟。[6]"狐氏",族名,亦称大戎,姬姓,相传是唐叔的后裔,在今山西离石、中阳、交口西。按重耳母,《左传》庄公二十八年作大戎狐姬,昭公十三年作狐季姬;《国语·晋语四》作狐姬,系晋大夫狐突之女。[7]"夷吾母,重耳母女弟也",按夷吾母,《左传》庄公二十八年作小戎子。小戎,或以为瓜州之戎,允姓;或以为子姓,如此则夷吾、重耳之母族姓不同,自非姊娣。亦有人主张小戎系大戎别枝,族姓同,然亦非亲姊娣。[8]"献公子八人",按下文介子推云"献公子九人",又《左传》僖公二十四年亦谓"献公之子九人",或以此"八"系"九"之误。然细品上下文意,此"八人"乃就献公未得骊姬而言,容或不误。[9]"皆有贤行",《史记会注考证》引枫山本、三条本作"皆贤有行"。

【译文】晋献公十二年,骊姬生下奚齐。献公有意要废除原来的太子,就说:"曲沃是我先祖宗庙所在的地方,而蒲邑与秦国接界,屈邑与翟人接界,不派诸子去镇守,我很担心。"于是派太子申生驻守曲沃,公子重耳驻守蒲,公子夷吾驻守屈。晋献公和骊姬所生的儿子奚齐居住在国都绛。晋国国人因此知道太子不能立为国君。太子申生,他的母亲是齐桓公的女儿,叫齐姜,早年去世。申生同母胞妹就是后来的秦穆公夫人。重耳的母亲,是戎翟部落狐氏的女子。夷吾的母亲,是重耳的母亲的同母胞妹。晋献公有儿子八个,而其中太子申生、重耳、夷吾都有才能德行。但到获得骊姬后,晋献公便逐渐疏远这三个儿子。

十六年,晋献公作二军。[1]公将上军,太子申生将下军,赵夙御戎,[2]毕万为右,[3]伐灭霍,[4]灭魏,[5]灭耿。[6]还,为太子城曲沃,赐赵夙耿,赐毕万魏,以为大夫。士蒍曰:"太子不得立矣。分之都城,[7]而位以卿,[8]先为之极,[9]又安得立![10]不如逃之,无使罪至。为吴太伯,[11]不亦可乎,犹有令名。"[12]太子不从。卜偃曰:[13]"毕万之后必大。[14]万,盈数也;[15]魏,[16]大名也。以是始赏,天开之矣。[17]天子曰兆民,[18]诸侯曰万民,今命之大,[19]以从盈数,其必有众。"初,毕万卜仕于晋国,[20]遇《屯》之《比》。[21]辛廖占之曰:[22]"吉。《屯》固《比》入,[23]吉孰大焉。其后必蕃昌。"[24]

【注释】[1]"军",古代军队编制中最高一级单位。《周礼·夏官·司马》云:"凡制军,万有二千五百人为军。王六军,大国三军,次国二军,小国一军。""晋献公作二军",二军,指上军、下军。按《水经·河水注》引《竹书纪年》云:"晋武公元年,尚一军。"《左传》庄公十六年云:"王使虢公命曲沃伯以一军为晋侯。"则此前晋国仅一军。[2]"赵夙",晋国大夫,与秦共祖,嬴姓。先祖造父受周穆王所赐赵城(在今山西洪洞北),后因以为氏。其五世祖叔带始仕于晋。其后衍为晋国强宗,与魏、韩瓜分晋国,建立赵国。详见本书《赵世家》。"御戎",驾驭戎车,此指驾驭晋献公乘坐的战车。古制,一车三人,尊者居左,御者在中,骖乘(即车右)在右。但君王或主帅的车乘,御者在左,君王或主帅居中。赵夙为国君驾车,当在车左。[3]"毕万",周文王子毕公高的后裔,姬姓。周武王灭商,封高于毕,毕在今陕西西安、咸阳北,因以为氏。毕万于此役之后,受封于魏,为魏大夫,是晋卿魏氏始祖。其后魏氏与赵、韩瓜分晋国,建立魏国。详见本书《魏世家》。"右",即车右,又称骖乘,由勇敢大力之士担任,立于战车之右,手执干戈,专司护卫。[4]"霍",国名,始封君为周文王之子叔处,姬姓,在今

山西霍县西南。〔5〕"魏"，国名，西周初分封的诸侯国，姬姓，在今山西芮城北。〔6〕"耿"，国名，始封不详，姬姓，或谓嬴姓，在今山西河津南汾水南岸。〔7〕"都城"，《左传》庄公二十八年云："凡邑，有宗庙先君之主曰都，无曰邑。"此指曲沃。曲沃为晋国旧都，晋武公以下晋君的发祥地，晋国公室宗庙所在。〔8〕"卿"，当时最高等级的职官或爵位。在晋国，通常指统率一军的将、佐。〔9〕"极"，极限，尽头，顶点。〔10〕"安"，哪里，怎么。〔11〕"吴"，或称句吴、工吴、攻吴，国名，姬姓，始祖为周太王之子太伯、虞仲，有今江苏、上海大部和浙江、安徽的一部分，建都于吴（今江苏苏州）。春秋后期，国力渐强。吴王阖闾曾一度攻破楚国。吴王夫差征服越国，并北上与晋国争霸。公元前四七三年被越国所灭。"太伯"，一作泰伯，周太王之长子，与其弟仲雍为让位给幼弟季历而避奔荆蛮，自号句吴，成为当地君长，是吴国始祖。详见本书《吴太伯世家》〔12〕"令名"，善名，美名。〔13〕"卜偃"，晋国掌卜大夫，名偃，即郭偃，又称郤偃、高偃，为辅佐晋文公创建霸业重臣。或以卜偃、郭偃为两人。〔14〕"大"，昌大，昌盛。〔15〕"盈"，本书《魏世家》作"满"。"盈数"，满数，指达到某个有特定含义的数量单位的数。如下文所云"天子曰兆民，诸侯曰万民"中的兆、万。又如《国语·楚语下》云"百姓、千品、万官、亿丑、兆民"中的百、千、万、亿、兆。〔16〕"魏"，通"巍"。〔17〕"开"，《左传》闵公元年作"启"，启示，开导，引申为护佑、保佑。〔18〕"兆"，古称百万为兆。〔19〕"命"，通"名"，《左传》闵公元年正作"名"。〔20〕"卜"，占卜，用火灼龟甲，观察灼裂的纹路来预测未来、行事的吉凶。后亦泛指用其它方法来预测吉凶。《左传》闵公元年作"筮"。按下文云"遇《屯》之《比》"，用的正是筮法，以蓍草演算求卦的方法来推断吉凶。〔21〕《屯》，卦名，卦形为 ，《震》下《坎》上。"之"，往，到，这里是变的意思。《比》，卦名，卦形为 ，《坤》下《坎》上。《屯》之《比》，《屯》卦的初九变为初六，即成《比》卦，此系一爻变的变占法。〔22〕"辛廖"，周王室大夫。或以为晋大夫，误。〔23〕《屯》固《比》入"，指《屯》卦象征坚固，《比》卦象征入居。尚秉和《周易尚氏学·附录》《左传国语易象释》据互象说解云："《屯》固者，因初至五，正反皆《艮》，《艮》为坚，故曰固。""《比》入者，言阳入居《坤》五。五尊位，入居之，故下云蕃昌。"〔24〕"蕃"，茂盛，繁盛。

【译文】十六年，晋献公建立两个军。献公统

率上军，太子申生统率下军，赵凤驾驭献公战车，毕万担任车右，出征灭掉霍国、灭掉魏国、灭掉耿国。班师回来，为太子申生营建曲沃城池，赐给赵凤耿国之地，赐给毕万魏国之地，让二人分别担任耿、魏的大夫。士𫇭说："太子不能立为国君了。分给他先君的都城，并且授予国卿的职位，提前让他达到作为臣子的顶点，哪里还能立为国君呢！还不如逃走，别让大难降临。当个吴太伯，不也可以吗？况且还能有个好名声。"太子申生没有听从。卜偃说："毕万的后代必定发迹。万，是个满数；魏，是个大号。开始的赏赐就这样，是上天在赞佑他啊。天子号称统有兆民，诸侯号称统有万民，如今名号既大，又加满数，毕万的后代必定能得到众多的百姓。"当初，毕万卜问在晋国的仕途。遇到《屯卦》变成《比卦》。辛廖观察卦变说："吉利。《屯卦》象征着坚险牢固，《比卦》象征着进入居住，还有什么吉兆能胜过这呢！他的后代必定兴旺昌盛。"

十七年，晋侯使太子申生伐东山。〔1〕里克谏献公曰：〔2〕"太子奉冢祀社稷之粢盛，〔3〕以朝夕视君膳者也，〔4〕故曰冢子。君行则守，有守则从，从曰抚军，守曰监国，古之制也。夫率师，专行谋也；誓军旅，〔5〕君与国政之所图也；〔6〕非太子之事也。师在制命而已，〔7〕禀命则不威，〔8〕专命则不孝，故君之嗣適不可以帅师。〔9〕君失其官，〔10〕率师不威，将安用之？"公曰："寡人有子，〔11〕未知其太子谁立。"里克不对而退。见太子，太子曰："吾其废乎！"里克曰："太子勉之！教以军旅，〔12〕不共是惧，〔13〕何故废乎？且子惧不孝，毋惧不得立。修己而不责人，则免于难。"太子帅师，公衣之偏衣，〔14〕佩之金玦。〔15〕里克谢病，〔16〕不从太子。太子遂伐东山。

【注释】〔1〕"东山"，即东山皋落氏，为赤狄的一枝，隗姓，一说姬姓，时居今山西垣曲东南，此前居于今山西昔阳东南。〔2〕"里克"，晋国大夫，反对晋献公废嫡立庶。献公死后，主谋杀死先后继位的奚齐、悼子。欲迎立公子重耳，未成，改迎公子夷吾。夷吾即位后被杀，死于公元前六五〇年。〔3〕"冢"，大。"冢祀"，大祀，重大祭祀，此指在宗庙祭祀祖先。"社稷"，古代帝王、诸侯所祭祀的土神和谷神。"粢盛"，音 zī chéng，盛在祭器中供祭祀用

的谷物。〔4〕"以朝夕视君膳",早晚照看国君的膳食。按《礼记·文王世子》云:"文王之为世子,朝于王季日三。……食上,必在视寒暖之节。食下,问所膳。命膳宰曰:'末有原。'应曰:'诺。'然后退。"盖为太子照看国君膳食的情形。〔5〕"誓",主帅告诫将士的言辞,宣示意志,发布号令。〔6〕"国政",执政大臣。一说"政"通"正",指国之正卿。〔7〕"制",拟订,规定。〔8〕"禀",承受,接受。〔9〕"適",通"嫡"。〔10〕"官",官人,任用官吏,此指任官授职的原则。〔11〕"寡人",意为寡德之人,常用作国君的自我谦称。〔12〕"军旅",军队,此指军事,军事指挥。〔13〕"共",通"供",供职,尽职。一说通"恭",恭敬。〔14〕"偏衣",《国语·晋语一》作"偏裻之衣"。裻音 dū,衣背中缝。偏衣指以衣背中缝为界,左右异色的衣服。〔15〕"玦",音 jué,有缺口的环形玉佩。"金玦",用金属为材料制成的形似玦的佩物。或谓用作兵符。〔16〕"谢",告。

【译文】十七年,晋献公派遣太子申生领兵攻伐东山皋落氏。里克劝谏献公说:"太子是供奉宗庙社稷祭祀大典、早晚照看国君膳食的人,所以叫做冢子。国君出征的话,太子便镇守国都;如果另有他人镇守国都,便随从国君出征。跟随国君出征叫做抚军,镇守国都叫做监国,是从古立下的制度啊。至于那统率军队,是需要机断专行独立谋划的事;向军队发布号令,是国君同执政大臣筹划的事,都不属于太子所应做的事。统率军队的职责就在于发号施令罢了,(但作为太子统领军队的话,)一味请示接受国君的命令就没有威严,擅自决定发号施令就归于不孝,所以国君的继承人不可以为军队的主帅。国君丧失用人授官的正确原则,使得太子统率军队没有威严,今后将怎么再重用他呢?"献公说:"我有好几个儿子,还不知道那太子该立谁。"里克没有作答而告退。里克进见太子申生,太子说:"我大概要被废除了吧!"里克说:"太子您好自为之吧!国君是在教导您学习军事指挥,怕的是您不能尽职,有什么理由要废除您呢?况且做儿子只应害怕不能尽孝,不该担心不能立为国君。修养好自己的身心而不责求他人,就可以免除祸难。"太子申生担任军队主帅,晋献公让他穿上左右异色的衣服,佩带金玦。里克推托有病,没有跟从太子出征。太子于是就领兵攻伐东山皋落氏。

十九年,献公曰:"始吾先君庄伯、武公

之诛晋乱,而虢常助晋伐我,又匿晋亡公子,果为乱。弗诛,后遗子孙忧。"乃使荀息以屈产之乘假道于虞。〔1〕虞假道,遂伐虢,取其下阳以归。〔2〕

【注释】〔1〕"荀息",即原黯,盖名黯,字息,氏原。荀,一作郇,西周初所封诸侯国,姬姓,在今山西新绛,后为晋武公所灭,赐予原黯,因以为氏,又称荀叔。为晋国执政大臣。晋献公临终前,委以辅立奚齐之任。献公死,辅立奚齐继位。奚齐被杀,又扶立悼子。悼子亦被杀,遂自尽以殉,死于公元前六五一年。"屈",晋国邑名,在今山西吉县北。按或以"屈产"连读为地名,因当地有屈产泉而得名,在今山西石楼东南。"乘",音 shèng,古时一车四马,称四马为一乘,这里泛指马匹。"假道",借道,借路。此指军队借路,通过别国领土。"虞",国名,周初所封诸侯国,始封君为太王之子虞仲的后代,姬姓,在今山西平陆北。公元前六五五年被晋国所灭。〔2〕"下阳",一作夏阳,虢国邑名,在今山西平陆北。

【译文】十九年,晋献公说:"当初我的先君庄伯、武公讨伐晋国内乱,可是虢国经常帮助晋君公室攻伐我曲沃,又匿藏晋国的流亡公子,结果造成祸乱。如今不诛讨虢国,必然会给子孙后代留下忧患。"于是派遣荀息带着屈地出产的名马去向虞国借路。虞国借给了路,就出兵攻伐虢国,夺取它的下阳而返归。

献公私谓骊姬曰:"吾欲废太子,以奚齐代之。"骊姬泣曰:"太子之立,诸侯皆已知之,而数将兵,〔1〕百姓附之,奈何以贱妾之故废適立庶?君必行之,妾自杀也。"骊姬详誉太子,〔2〕而阴令人谮恶太子,〔3〕而欲立其子。

【注释】〔1〕"数",音 shuò,屡次,多次。〔2〕"详",通"佯",假装。〔3〕"谮",音 zèn,进谗言,说人坏话。"恶",音 wù,中伤,义同"谮"。

【译文】晋献公私下对骊姬说:"我想废掉太子,用奚齐来替代他。"骊姬流着眼泪说:"太子的册立,诸侯都已知晓;而且他多次统率军队出征,百姓归附他,怎么能因为我的缘故废除嫡子而册立庶子

呢？如果您一定要这样做，我就只好自杀了。"骊姬表面上假装称誉太子，而暗中却让人诽谤中伤太子，图谋立她的儿子为太子。

二十一年，骊姬谓太子曰："君梦见齐姜，太子速祭曲沃，归釐于君。"〔1〕太子于是祭其母齐姜于曲沃，上其荐胙于献公。〔2〕献公时出猎，置胙于宫中。骊姬使人置毒药胙中。居二日，献公从猎来还，宰人上胙献公，〔3〕献公欲飨之。〔4〕骊姬从旁止之，曰："胙所从来远，宜试之。"祭地，〔5〕地坟；〔6〕与犬，犬死；与小臣，〔7〕小臣死。骊姬泣曰："太子何忍也！其父而欲弑代之，况他人乎？且君老矣，旦暮之人，〔8〕曾不能待而欲弑之！"〔9〕谓献公曰："太子所以然者，不过以妾及奚齐之故。妾愿子母辟之他国，〔10〕若早自杀，〔11〕毋徒使母子为太子所鱼肉也。始君欲废之，妾犹恨之；〔12〕至于今，妾殊自失于此。"太子闻之，奔新城。〔13〕献公怒，乃诛其傅杜原款。〔14〕或谓太子："为此药者乃骊姬也，太子何不自辞明之？"太子曰："吾君老矣，非骊姬，寝不安，食不甘。即辞之，〔15〕君且怒之。不可。"或谓太子："可奔他国。"太子曰："被此恶名以出，〔16〕人谁内我？〔17〕我自杀耳。"十二月戊申，申生自杀于新城。

【注释】〔1〕"釐"，音 xī，通"禧"，祭祀神的供品。　〔2〕"荐"，献，进。"胙"，音 zuò，祭祀用的肉。这里泛指祭祀供品，包括酒。　〔3〕"宰人"，厨子。〔4〕"飨"，通"享"，享用，食用。〔5〕"祭地"，祭祀地神，将酒泼洒于地。〔6〕"坟"，音 fén，像坟头一样突起，隆起。　〔7〕"小臣"，伺候国君的贴身侍从。　〔8〕"旦暮"，从早晨到傍晚，形容时间短促。〔9〕"曾"，竟，居然。　〔10〕"辟"，通"避"。"之"，往，到。　〔11〕"若"，或，或者。〔12〕"恨"，怨恨，埋怨。　〔13〕"新城"，即曲沃，因晋献公十六年（公元前六一六年）为曲沃新筑城而有此称。　〔14〕"傅"，官名，负责太子的辅导教育。　〔15〕"即"，倘若，如果。〔16〕"被"，蒙受，承受。〔17〕"内"，通"纳"，接纳。

【译文】晋献公二十一年，骊姬对太子说："国君做梦见到了齐姜，太子您赶快到曲沃祭祀生母，然后将祭祀过的供品致送国君。"太子于是到曲沃祭祀他的母亲齐姜，事完后给献公送上祭祀的供品。晋献公当时出外打猎，就将供品放在宫中。骊姬让人在供品里加了毒药。过了两天，晋献公从外面打猎归来，厨子向献公送上供品，献公准备食用。骊姬从旁边加以制止，说："供品送来的地方很远，应当先试试再吃。"便将酒洒泼到地上，地面突然隆起；将肉给狗吃，狗当即毙命；给身边小臣吃，小臣也当即毙命。骊姬流着眼泪说："太子何等的残忍啊！对自己的生身父亲都要谋害而取代之，何况对别的人呢？再说国君您年事已高，是朝不保夕的人，居然还迫不及待而企图谋害！"接着又对献公说："太子之所以这样干，不过是因为我和奚齐的缘故。我希望我母子能逃亡它国避难，或者趁早自杀，不让我母子平白无故地成为太子施暴的对象。当初国君想要废除他，我还加以抱怨；事至今日，我才深感自己在这件事上的过失。"太子闻悉这件事，立即奔回新城。献公大怒，就杀死太子的师傅杜原款。有人对太子说："放这毒药的人就是骊姬啊，太子为什么不自己陈辞辩明此事呢？"太子说："我的父君已经老了，没有骊姬，就会睡不安宁，吃不香甜。如果我陈辞说明这事，父君便会因此事发怒。不可这样做。"有人对太子说："可以投奔他国。"太子说："蒙受这样的恶名而出奔，人家有谁肯接纳我呢？我只有自杀这条路了。"十二月戊申那天，太子申生在新城自杀。

此时重耳、夷吾来朝。人或告骊姬曰："二公子怨骊姬谮杀太子。"骊姬恐，因谮二公子："申生之药胙，二公子知之。"二子闻之，恐，重耳走蒲，夷吾走屈，保其城，自备守。初，献公使士苃为二公子筑蒲、屈城，弗就。夷吾以告公，公怒士苃。士苃谢曰："边城少寇，安用之？"退而歌曰："狐裘蒙茸，〔1〕一国三公，〔2〕吾谁适从！"〔3〕卒就城。及申生死，二子亦归保其城。

【注释】〔1〕"蒙茸"，皮毛蓬松散乱的样子。〔2〕"三公"，或谓太子申生、公子重耳、公子夷吾，或谓晋献公、公子重耳、公子夷吾。此"三"似非确指，泛言晋国公室乏主，政出多门。　〔3〕"适"，往，从。一说通"嫡"，主，专主。

【译文】这时重耳、夷吾前来朝见国君。有人告诉骊姬说:"两位公子怨恨您进谗言害死太子。"骊姬很恐慌,就诬陷两位公子说:"申生在供品中下毒,二位公子事先知道。"两位公子听说这话,非常惊恐,重耳跑回蒲,夷吾跑回屈,据守各人的城邑,自己作好防御的准备。当初,晋献公曾派士荐为两位公子修筑蒲城、屈城,没有完成。夷吾将情况向献公报告,献公便对士荐发怒。士荐告罪说:"边境城邑很少贼寇,哪里用得着再加固?"退下后这样唱道:"狐皮袍子蓬蓬松松,一个国家并存三公,我到底该跟谁而从!"最终完成修城。到太子申生死去,两位公子便回去据守已经加固的城邑。

二十二年,献公怒二子不辞而去,果有谋矣,乃使兵伐蒲。蒲人之宦者勃鞮命重耳促自杀。[1]重耳逾垣,宦者追斩其衣袪。[2]重耳遂奔翟。使人伐屈,屈城守,不可下。

【注释】[1]"勃鞮",亦作"履鞮"、"履貂"、"勃貂",即披("勃鞮"为"披"缓读),晋献公的宦官,字伯楚。或谓"勃鞮"为官名,职掌管理国君的鞋袜。"促",急促,赶快。[2]"袪",音 qū,袖口。

【译文】二十二年,晋献公恼怒两位公子不辞而别,以为果真同太子早有预谋了,便派兵攻打蒲城。蒲地出生的宦官勃鞮传达君命要重耳马上自杀。重耳翻墙逃跑,宦官勃鞮上前追赶斩下重耳的衣袖。重耳就投奔了翟。献公派人攻伐屈,屈人据城固守,无法攻克。

是岁也,晋复假道于虞以伐虢。虞之大夫宫之奇谏虞君曰:"晋不可假道也,是且灭虞。"虞君曰:"晋我同姓,不宜伐我。"宫之奇曰:"太伯、虞仲,[1]太王之子也,[2]太伯亡去,是以不嗣。虢仲、虢叔,[3]王季之了也,[4]为文王卿士,[5]其记勋在王室,藏于盟府。[6]将虢是灭,何爱于虞?且虞之亲能亲于桓、庄之族乎?[7]桓、庄之族何罪,尽灭之。[8]虞之与虢,唇之与齿,唇亡则齿寒。"虞公不听,遂许晋。宫之奇以其族去虞。其冬,晋灭虢,虢公丑奔周。[9]还,袭灭虞,虏虞公及其大夫井伯百里奚以媵秦穆姬,[10]而修虞祀。[11]荀息牵曩所遗虞屈产之乘马奉

之献公,[12]献公笑曰:"马则吾马,齿亦老矣!"[13]

【注释】[1]"虞仲",即仲雍,或以虞仲、仲雍为二人。周古公亶父(太王)次子,与其兄太伯为让位给其弟季历而避奔荆蛮。太伯自号句吴,被当地百姓推为君长。太伯死,由他继位。与太伯同为吴国始祖。周武王灭商后,又封其后裔别枝于虞,为虞国远祖。详参本书《周本纪》、《吴太伯世家》。[2]"太王",即古公亶父,周文王祖父,因戎、狄侵逼,由豳(今陕西彬县东北)迁至岐山下的周(今陕西岐山北),建筑城郭家室,发展农业生产,革除游牧习俗,设置官吏,使周族日益进步强盛。后被周武王追尊为太王。详见本书《周本纪》。[3]"虢仲、虢叔",周季历(即公季、王季)次子、三子,周文王之弟,东虢(在今河南荥阳东北)、西虢(在今陕西宝鸡东)的始封君。由于史料不足,未能确定两人的具体国属。[4]"王季",即季历,又称公季,太王少子,继立为君,周文王之父。王季为周武王灭商后追尊之号。详见本书《周本纪》。[5]"卿士",王室执政大臣。[6]"盟府",掌管文书典册的行政机构。[7]"桓、庄之族",桓指曲沃桓叔,即晋献公曾祖父;庄指曲沃庄伯,即晋献公祖父。桓、庄之族实指晋献公的同祖兄弟。[8]"尽灭之",指晋献公八年(公元前六六九年)尽杀诸公子之事。[9]"周",《左传》僖公五年作"京师",指东周都城雒邑,在今河南洛阳。[10]"井伯百里奚","奚"或作"傒"。一说百里氏,奚名,井伯字。一说百氏,奚名,里字。据本书《秦本纪》载,他被晋俘获,作为秦穆姬的陪嫁之臣,送往秦国;从秦逃亡至宛(楚邑,在今河南南阳),为楚人所执;后被秦穆公用五张黑色公羊皮赎回,任以大夫,故又称五羖大夫;是辅佐秦穆公建立霸业的重臣。关于百里奚身世经历,古书记载颇多歧异,如本书《商君列传》与《秦本纪》便有出入。也有人以"井伯百里奚"为两人,被当作秦穆姬陪嫁之臣的是井伯而非百里奚。"秦穆姬",即秦穆公夫人,晋献公之女,太子申生同母姊。[11]"虞祀",指虞国奉周天子之命对境内山川之神举行的祭祀。[12]"曩",音 nǎng,以往,从前。"遗",音 wèi,馈赠,致送。[13]"齿",幼马每年生一齿,古人以齿来计算、指代马的年龄。

【译文】这一年,晋国又向虞国借路去攻伐虢国。虞国的大夫宫之奇劝谏虞国国君说:"对晋国

是不可以借路给它的。借路给它的话将会趁机灭亡虞国。"虞国国君说:"晋国和我国同姓,是不应该攻伐我国的。"宫之奇说:"太伯、虞仲,是太王的儿子,太伯因为逃亡离去,所以没有继位。虢仲、虢叔,是王季的儿子,做周文王的卿士,对王室建有功勋而记录在册,(记勋的典册)保存在朝廷的盟府。现在晋国连虢国都要灭掉,还会对虞国有什么爱怜之心呢? 况且虞国同晋君的血亲关系能够超过桓叔、庄伯家族吗? 桓叔、庄伯家族有什么罪过,晋献公却尽行诛灭诸公子。虞国同虢国,就好比嘴唇与牙齿,嘴唇没了牙齿就会受冻。"虞公不肯听从,便应许晋国借路。宫之奇带领自己的家族离开虞国。那年冬天,晋人灭掉虢国,虢公丑逃奔周朝京都。晋军返回时,偷袭灭掉虞国,俘虏虞公及其大夫井伯百里奚作为秦穆姬的陪嫁随员,同时继续保持原先虞国的山川祭祀。荀息牵着从前馈赠给虞国国君屈地出产的马匹,奉还于晋献公,献公笑着说:"马还是我过去的马,只是年龄大了几岁。"

二十三年,献公遂发贾华等伐屈,〔1〕屈溃。夷吾将奔翟。冀芮曰:〔2〕"不可,重耳已在矣,今往,晋必移兵伐翟,翟畏晋,祸且及。不如走梁,〔3〕梁近于秦,秦强,吾君百岁后可以求入焉。"〔4〕遂奔梁。二十五年,晋伐翟,翟以重耳故,亦击晋于啮桑,〔5〕晋兵解而去。

【注释】〔1〕"贾华",晋国大夫,曾任右行大夫。奉晋献公之命刺夷吾,未遂。夷吾(即晋惠公)继立后被杀,死于公元前六五〇年。 〔2〕"冀芮",即郤芮,字子公,晋国大夫。公子夷吾出奔梁国,晋献公死后,辅佐公子夷吾回国继位,为晋惠公重臣。晋文公即位后,参与策划谋杀文公的暴乱,被秦穆公派人诱杀,死于公元前六三六年。冀,古国名,传说为商王武丁大臣传说的后裔,姬姓,在今山西河津,一说在今山西稷山北。晋献公时,被晋所灭,赏给郤芮,成为郤氏食邑,故郤芮又以冀为氏,称冀芮。 〔3〕"梁",国名,与秦同祖,嬴姓,在今陕西韩城南,公元前六四一年被秦国所灭。 〔4〕"百岁后",古人以为人生不过百岁,故用"百岁后"作为人去世后的委婉说法。 〔5〕"啮桑",或作"采桑",古黄河渡口之一,在今山西吉县北。

【译文】二十三年,晋献公接着派遣贾华等攻伐屈,屈人溃败。夷吾将要打算投奔翟。冀芮说:"不行,重耳已经在了,现在去,晋人必定移兵攻伐翟,翟人害怕晋军,灾祸就会临头。不如投奔梁国,梁国靠近秦国,秦国强盛,等我们国君去世后可以借助秦国力量求得进入晋国的机会。"于是投奔梁国。二十五年,晋军攻伐翟,翟人因为保护重耳的缘故,便在啮桑打击晋军,晋军停止进攻而离去。

当此时,晋强,西有河西,〔1〕与秦接境,北边翟,东至河内。〔2〕

【注释】〔1〕"河西",地区名,指今山西、陕西两省间黄河南段之西,约在今陕西大荔、澄城一带。〔2〕"河内",地区名,指今河南境内黄河以北地区。

【译文】在这时期,晋国强盛,西面据有河西,与秦国接壤,北面同翟相邻,东面一直到河内。

骊姬弟生悼子。〔1〕

【注释】〔1〕"悼子",一作"卓子",亦称公子卓,公元前六五一年,晋献公去世,大夫荀息拥立奚齐,奚齐旋即被杀;荀息又扶立悼子,悼子亦即遇害。

【译文】骊姬妹妹生下悼子。

二十六年夏,齐桓公大会诸侯于葵丘。〔1〕晋献公病,行后,未至,逢周之宰孔。〔2〕宰孔曰:"齐桓公益骄,不务德而务远略,〔3〕诸侯弗平。君弟毋会,〔4〕毋如晋何。"献公亦病,复还归。病甚,乃谓荀息曰:"吾以奚齐为后,年少,〔5〕诸大臣不服,恐乱起,子能立之乎?"荀息曰:"能。"献公曰:"何以为验?"〔6〕对曰:"使死者复生,生者不惭,为之验。"于是遂属奚齐于荀息。〔7〕荀息为相,〔8〕主国政。秋九月,献公卒。里克、邳郑欲内重耳,〔9〕以三公子之徒作乱,〔10〕谓荀息曰:"三怨将起,秦、晋辅之,子将何如?"荀息曰:"吾不可负先君言。"十月,里克杀奚齐于丧次,〔11〕献公未葬也。荀息将死之,或曰:"不如立奚齐弟悼子而傅之。"荀息立悼子而葬献公。十一月,里克弑悼子于朝,荀

息死之。君子曰：“《诗》所谓‘白珪之玷，〔12〕犹可磨也。斯言之玷，不可为也’，〔13〕其荀息之谓乎！不负其言。”初，献公将伐骊戎，卜曰“齿牙为祸”。〔14〕及破骊戎，获骊姬，爱之，竟以乱晋。

【注释】〔1〕“葵丘”，宋国邑名，在今河南兰考、民权境内。〔2〕“宰孔”，亦称周公、宰周公，周王室太宰。或谓即下文周公忌父。〔3〕“略”，攻略，征伐。〔4〕“弟”，通“第”，但，只。〔5〕“年少”，年轻。按奚齐生于晋献公十二年，此时年仅十五岁。〔6〕“验”，证据，凭据。〔7〕“属”，通“嘱”，托付，请托。〔8〕“相”，此指辅佐大臣。当时晋国并无如同后来的相国、宰相之官。〔9〕“邳郑”，亦作“丕郑”、“㔻郑”，又称丕郑父。晋国大夫，为里克同党，参与谋杀奚齐、悼子，准备迎立公子重耳，后迎立公子夷吾。夷吾（即晋惠公）继位后被杀，死于公元前六五〇年。〔10〕“三公子”，指太子申生、公子重耳、公子夷吾。〔11〕“次”，停留，引申为停留之处。“丧次”，此指停放晋献公灵柩的地方。〔12〕“玷”，音diàn，玉上的斑点，引申为污点、过失。〔13〕诗句见《诗·大雅·抑》。〔14〕“齿牙”，指在龟甲上钻灼后出现的兆纹呈齿牙形状。“齿牙为祸”，指搬弄口舌、制造谗言而酿成祸乱。《国语·晋语一》云：“献公卜伐骊戎，史苏占之，……曰：‘遇兆：“挟以衔骨，齿牙为猾，戎、夏交捽。”……且惧有口携民，国移心焉。’”可参看。

【译文】晋献公二十六年夏天，齐桓公在葵丘大会诸侯。献公因生病，行路落后，还没赶到盟会地点，遇见周王室的宰孔。宰孔说：“齐桓公越来越骄横，不致力于德政而忙于征战，诸侯大都内心不服。您尽可不参加盟会，齐国也不能拿晋国怎么样。”晋献公也因有病，就又掉头回国。献公病情加剧，于是对荀息说：“我想把奚齐作为继承人，但他年纪太轻，众大臣不会服从，所以我又担心引起动乱，你能扶立他为国君吗？”荀息说：“能。”晋献公问：“用什么作为证明？”荀息回答说：“假使死人复生的话，活着的人也不会感到有丝毫惭愧，用来作为证明。”于是献公就将奚齐托付给荀息。荀息为辅佐大臣，主持国政。秋天九月，晋献公去世。里克、邳郑想接纳重耳回国，便发动三位公子的党羽作乱，对荀息说：“三位公子的积怨将要发作，秦人、晋人帮助他们，您将怎么办？”荀息回答道：“我不能背弃对先君许下的诺言。”十月，里克在晋献公

停灵的地方杀死奚齐，献公的灵柩还没下葬。荀息准备自杀，有人对他说：“（与其自杀，）不如立奚齐之弟为君而辅佐他。”荀息便立悼子为国君而安葬了晋献公。十一月，里克在朝廷杀死悼子，荀息为此自杀。君子说：《诗》中所说的‘白玉上的斑点，还可以磨去。可言语中有污点，却无法改变’，大概是在说荀息这样的人吧！能够不背弃自己的诺言。”当初，晋献公准备攻伐骊戎，龟卜的占辞说：“搬弄诡言酿就灾祸。”到攻破骊戎，获得骊姬，晋献公宠爱她，结果因此大乱晋国。

里克等已杀奚齐、悼子，使人迎公子重耳于翟，欲立之。重耳谢曰：“负父之命出奔，父死不得修人子之礼侍丧，重耳何敢入！大夫其更立他子。”还报里克，里克使迎夷吾于梁。夷吾欲往，吕省、〔1〕郤芮曰：“内犹有公子可立者而外求，难信。计非之秦，辅强国之威以入，恐危。”乃使郤芮厚赂秦，约曰：“即得入，请以晋河西之地与秦。”〔2〕及遗里克书曰：〔3〕“诚得立，〔4〕请遂封子于汾阳之邑。”〔5〕秦缪公乃发兵送夷吾于晋。齐桓公闻晋内乱，亦率诸侯如晋。秦兵与夷吾亦至晋，齐乃使隰朋会秦俱入夷吾，〔6〕立为晋君，是为惠公。齐桓公至晋之高梁而还归。〔7〕

【注释】〔1〕“吕省”，一作“吕甥”，名饴，或谓晋侯外甥，又称瑕甥、瑕吕饴甥、阴饴甥，字子金。吕为其食邑，在今山西霍县西，因以为氏。又食邑于阴（在今山西霍县东南）、瑕（在今山西临猗西南），故又以阴、瑕为氏。晋惠公及晋怀公心腹大臣。晋文公即位后，参与谋杀文公活动，被秦穆公派人诱杀，死于公元前六三六年。按《国语·晋语二》云：“吕甥及郤称亦使蒲城午告公子夷吾于梁，曰：‘子厚赂秦人以求入，吾主子。’”则吕省当时在国内，而不从夷吾在梁，与此记异。〔2〕“请以晋河西之地与秦”，《左传》僖公十五年云：“赂秦伯以河外列城五，东尽虢略，南及华山，内及解梁城。”可参看。〔3〕“及”，别本或作“乃”。〔4〕“诚”，果真，如果。〔5〕“汾阳”，晋国邑名，在今山西静乐西。“请遂封子于汾阳之邑”，《国语·晋语二》云：“中大夫里克与我矣，吾命之以汾阳之田百万。”可参看。〔6〕“隰朋”，齐国公族，辅佐齐桓公称霸的重臣，死于公元前六四五年。〔7〕“高梁”，晋国邑

名,在今山西临汾东北。

【译文】里克等人已经杀死奚齐、悼子,便派人到翟迎接重耳,准备拥立他为国君。重耳辞谢说:"背弃父亲命令而出奔,父亲故世又不能奉行做儿子的礼节侍候丧葬,重耳我还有什么脸面敢进入晋国!请众大夫改立其它的公子吧。"使者返回报告里克。里克派人到梁迎接夷吾。夷吾想要前往,吕省、郤芮说:"国内还有其它公子可立而到外面来找人,难以令人置信。我们计议如不派人到秦国,凭借强国的威势来进入晋国,恐怕有危险。"于是派遣郤芮用重礼贿赂秦国,并立约说:"如能返国为君,愿将晋国河西之地送与秦国。"至于送致里克的信说:"果真能立为国君,愿将汾阳之邑封赏给您。"秦缪公于是派军护送夷吾去晋国。齐桓公听说晋国有内乱,也率领诸侯前往晋国。秦国军队和夷吾一抵达晋国,齐国就派隰朋会同秦国军队共同护送夷吾进入国都,夷吾被立为晋国国君,这就是晋惠公。齐桓公到达晋国的高梁便返回本国。

惠公夷吾元年,使邳郑谢秦曰:"始夷吾以河西地许君,今幸得入立,大臣曰:'地者先君之地,君亡在外,何以得擅许秦者?'寡人争之弗能得,故谢秦。"亦不与里克汾阳邑,而夺之权。四月,周襄王使周公忌父会齐、秦大夫共礼晋惠公。[1]惠公以重耳在外,畏里克为变,赐里克死。谓曰:"微里子寡人不得立。[2]虽然,子亦杀二君一大夫,[3]为子君者不亦难乎?"里克对曰:"不有所废,君何以兴?欲诛之,其无辞乎?[4]乃言为此!臣闻命矣。"遂伏剑而死。于是邳郑使谢秦未还,故不及难。

【注释】〔1〕"周襄王",名郑,周惠王之子,公元前六五一年—前六一九年在位。详见本书《周本纪》。"周公忌父",周王室卿士,或以为即上文的宰孔。"周襄王使周公忌父会齐、秦大夫共礼晋惠公",按《左传》僖公十年云:"周公忌父、王子党会齐隰朋立晋侯。"则此"共礼晋惠公"实言共同为晋惠公举行正式即国君之位的典礼。〔2〕"微",无,没有。"里子",即里克。氏后加"子",为当时对人的尊称。〔3〕"二君",指奚齐、悼子。"一大夫",指荀息。〔4〕"其",通"岂",岂能,难道。

【译文】晋惠公夷吾元年,派遣邳郑告谢秦缪公说:"当初夷吾我曾将河西之地应许给您,如今有幸得以入国即位,可大臣们说:'土地,是先君的土地,国君当初流亡在外,凭什么可以擅自应许给秦国?'我力争而不能得成,故此向秦国告歉。"同时也不给里克汾阳之邑,反而夺了他的权。四月,周襄王委派周公忌父,会同齐国、秦国大夫一起为晋惠公举行正式即位的典礼。晋惠公因为重耳在国外,害怕里克策应制造变乱,就赐命里克自杀。对他说:"没有您里子,我不能即位。尽管如此,您毕竟杀死过两个国君和一个大夫,当您这样臣子的国君,不是太作难了吗?"里克回答说:"没有奚齐、悼子的废黜,国君您怎么能兴立?想杀一个人,难道还会找不到托辞吗?却要说上这样一番话!臣下领受君命就是了。"就拔剑自杀而死。此时邳郑正出使秦国致歉尚未回还,所以没有遇难。

晋君改葬恭太子申生。[1]秋,狐突之下国,[2]遇申生,申生与载而告之曰:"夷吾无礼,[3]余得请于帝,将以晋与秦,秦将祀余。"狐突对曰:"臣闻神不食非其宗,君其祀毋乃绝乎?君其图之。"申生曰:"诺,吾将复请帝。后十日,[4]新城西偏将有巫者见我焉。"[5]许之,遂不见。及期而往,复见,申生告之曰:"帝许罚有罪矣,弊于韩。"[6]儿乃谣曰:"恭太子更葬矣,后十四年,晋亦不昌,昌乃在兄。"

【注释】〔1〕"恭",一作"共",为太子申生之谥。〔2〕"狐突",氏狐,相传狐氏为唐叔之后。姬姓,名突,字伯行,晋文公的外祖父,曾为太子申生御戎,晋怀公即位后被害,死于公元前六三七年。"下国",即曲沃。曲沃曾为晋国国都,又是晋武公以后晋君的发祥地,先君宗庙所在,故称下国,犹言下都、陪都。〔3〕"夷吾无礼",指夷吾即位后与贾君通奸。贾君,一说为晋献公夫人,一说为太子申生夫人。〔4〕"十",《左传》僖公十年及《论衡·死伪》作"七"。〔5〕"偏",侧,边。"见",音 xiàn,显现。〔6〕"韩",亦称韩原,晋国地名,在今山西稷山西北。

【译文】晋惠公改葬恭太子申生。秋天,狐突前往下国,途中遇见申生,申生与之同车而告诉他:"夷吾不守礼法,我已经向天帝请求并得到允许,准

备把晋国给予秦国,秦人将会祭祀我。"狐突回答说:"臣下听说神灵是不食用不是同宗共祖所供的祭品的,(倘若把晋国给予秦国,)您的祭祀不就终止了吗?您还是再考虑一下。"申生说:"好。我将重新向天帝提出请求。十天以后,新城西边将有一个巫者显现我的灵魂。"狐突答应了他的约会,申生就不见了。狐突到约定的时间前往,再次见到申生,申生告诉他说:"天帝答应惩罚有罪的人了,夷吾将在韩地大败。"民间儿童中有歌谣唱道:"恭太子,改葬了。此后十四年,晋国不兴旺,兴旺在兄长。"

邳郑使秦,闻里克诛,乃说秦缪公曰:"吕省、郤称,[1]冀芮实为不从。垔若重赂与谋,出晋君,入重耳,事必就。"秦缪公许之,使人与归报晋,[2]厚赂三子。三子曰:"币厚言甘,[3]此必邳郑卖我于秦。"遂杀邳郑及里克、邳郑之党七舆大夫。[4]邳郑子豹奔秦,言伐晋,缪公弗听。

【注释】〔1〕"郤称",晋国大夫,为吕省、冀芮同党,拥立夷吾即位。 〔2〕"报",报聘。此指秦因晋派邳郑来聘而遣使报答回访。"使人与归报晋",按《左传》僖公十年和《国语·晋语三》,秦缪公所派使者为大夫泠至。 〔3〕"币",帛,古人常用作馈赐他人的礼品。此泛指各种礼物。 〔4〕"七舆大夫",指太子申生将下军时所统辖的七位大夫。按《左传》僖公十年和《国语·晋语三》,具体是:共华、贾华、叔坚、雅歂、累虎、特宫、山祁。

【译文】邳郑出使秦国,听说里克被杀,就劝说秦缪公道:"吕省、郤称、冀芮是不愿意给秦国土地的。如用重礼贿赂而相与谋划,就能赶出晋惠公,接纳重耳,事情必定成功。"秦缪公答应这么办,派遣使者同邳郑回报晋国,厚礼贿赂三位大夫。三人觉察说:"财礼丰厚,言语甘甜,这必定是邳郑在秦国出卖了我们。"就下手杀死邳郑以及里克、邳郑的同党七位军中大夫。邳郑的儿子邳豹逃奔秦国,进言攻伐晋国,缪公没有听从。

惠公之立,倍秦地及里克,[1]诛七舆大夫,国人不附。二年,周使召公过礼晋惠公,[2]惠公礼倨,[3]召公讥之。

【注释】〔1〕"倍",通"背",背弃。 〔2〕"召公过","召",或作"邵",名过,谥武,亦称召武公,召公奭之后,周王室卿士。"礼",按《左传》僖公十一年和《国语·周语上》,指周襄王遣使赐晋惠公命之典礼。 〔3〕"倨",音 jù,傲慢,不恭敬。

【译文】晋惠公即位后,背弃先前给秦国河西之地以及封里克汾阳之邑的许诺,又杀害七位军中大夫,因此国人不亲附。晋惠公二年,周天子派召公过来举行赐命晋惠公的典礼,惠公在仪式中傲慢不恭,召公讥诮此事。

四年,晋饥,乞籴于秦。[1]缪公问百里奚,百里奚曰:"天灾流行,国家代有,救灾恤邻,[2]国之道也。与之。"邳郑子豹曰:"伐之。"缪公曰:"其君是恶,其民何罪!"卒与粟,自雍属绛。[3]

【注释】〔1〕"籴",音 dí,买进粮食。 〔2〕"恤",抚恤,赈济。"救灾恤邻",别本"恤"下有"患"字,则当读为"救灾恤患","邻"属下读,于义较胜。 〔3〕"雍",当时秦国国都,在今陕西凤翔南。"属",音 zhǔ,连接。

【译文】晋惠公四年,晋国发生饥荒,向秦国请求求购粮食。秦缪公问百里奚该怎么办,百里奚说:"天灾流行,总会在各国交替出现,救援灾民、赈济邻邦,是处理国家之间关系的一条原则。给他们粮食吧。"邳郑的儿子邳豹说:"应当攻伐晋国。"秦缪公说:"晋国国君确实可恶,但晋国的百姓有什么罪过!"结果决定给粮,运粮的队伍从秦都雍城一直连接到晋都绛城。

五年,秦饥,请籴于晋。晋君谋之,庆郑曰:[1]"以秦得立,已而倍其地约。晋饥而秦贷我,今秦饥请籴,与之。何疑而谋之!"虢射曰:[2]"往年天以晋赐秦,秦弗知取而贷我。今天以秦赐晋,晋其可以逆天乎?遂伐之。"惠公用虢射谋,不与秦粟,而发兵且伐秦。秦大怒,亦发兵伐晋。

【注释】〔1〕"庆郑",晋国大夫,反对晋惠公背弃诺言对秦国采取以怨报德的做法,后被晋惠公所

杀，死于公元前六四五年。〔2〕"虢射"，晋国异姓大夫。按《国语·晋语三》，晋惠公称其为舅，乃当时诸侯对异姓大夫的一种尊称，未必其间实有舅甥关系。《左传》僖公十四年杜预《注》据之以为惠公舅，误。

【译文】晋惠公五年，秦国发生饥荒，向晋国请求购买粮食。晋惠公与大臣商量，庆郑说："国君依靠秦国的力量得以即位，事后却背弃给地的口约。晋国发生饥荒而秦国又借贷粮食给我们。如今秦国发生饥荒来请求买粮，应当给他们粮食。还有什么疑问而需要商量的呢！"虢射说："去年上天将晋国赐给秦国，秦人不知乘机攻取反而借我粮食。如今是上天将秦国赐给晋国，我晋人怎么可以违背天意呢？应该立即乘机攻伐他们。"晋惠公采用虢射的计谋，不给秦国粮食，反而发兵准备攻伐秦国。秦缪公大怒，就发兵攻伐晋国。

六年春，秦缪公将兵伐晋。晋惠公谓庆郑曰："秦师深矣，〔1〕奈何？"郑曰："秦内君，君倍其赂；晋饥秦输粟，秦饥而晋倍之，乃欲因其饥伐之：其深不亦宜乎！"晋卜御、右，庆郑皆吉。公曰："郑不孙。"〔2〕乃更令步阳御戎，〔3〕家仆徒为右，〔4〕进兵。九月壬戌，秦缪公、晋惠公合战韩原。惠公马骘不行，〔5〕秦兵至，公窘，召庆郑为御。郑曰："不用卜，败不亦当乎！"遂去。更令梁繇靡御，〔6〕虢射为右，辂秦缪公。〔7〕缪公壮士冒败晋军，〔8〕晋军败，遂失秦缪公，反获晋公以归。秦将以祀上帝。晋君姊为缪公夫人，衰绖涕泣。〔9〕公曰："得晋侯将以为乐，今乃如此。且吾闻箕子见唐叔之初封，〔10〕曰'其后必当大矣'，晋庸可灭乎！"〔11〕乃与晋侯盟王城，〔12〕而许之归。晋侯亦使吕省等报国人曰："孤虽得归，毋面目见社稷，卜日立子圉。"〔13〕晋人闻之，皆哭。秦缪公问吕省："晋国和乎？"对曰："不和。小人惧失君亡亲，不惮立子圉，〔14〕曰'必报雠，宁事戎狄'。其君子则爱君而知罪，以待秦命，曰'必报德'。有此二，故不和。"于是秦缪公更舍晋惠公，〔15〕馈之七牢。〔16〕十一月，归晋侯。晋侯至国，诛庆郑，修政教。谋曰："重耳在外，诸侯多利内之。"欲使人杀重耳于狄。重耳

闻之，如齐。〔17〕

【注释】〔1〕"深"，深入，深入国境。或说为重，盛。〔2〕"孙"，通"逊"，顺，恭顺。〔3〕"步阳"，或作"步扬"，晋国大夫，晋公族郤氏之后，食邑于步，因以为氏。〔4〕"家仆徒"，晋国大夫。〔5〕"骘"，音zhì，马难起步的样子。"惠公马骘不行"，言惠公的马陷入泥泞不能行走。《左传》僖公十五年云"晋戎马还泞而止"，《国语·晋语三》云"戎马泞而止"，可参看。〔6〕"梁繇靡"，或作"梁由靡"，晋国大夫，晋献公二十五年曾为里克出征驾车。"更令梁繇靡御"，按《左传》僖公十五年和《国语·晋语三》皆云"梁由靡御韩简"，并无"更令梁繇靡御"及下"虢射为右"之事。〔7〕"辂"，音yà，通"迓"，迎，迎上前去。〔8〕"缪公壮士冒败晋军"，本书《秦本纪》云"岐下食善马者三百人驰冒晋军"，则此"壮士"指当初吃了秦缪公好马的三百名岐下野人。按《吕氏春秋·爱士》、《韩诗外传》卷十、《淮南子·氾论》等所载亦略同《秦本纪》。〔9〕"衰绖"，音cuī dié，丧礼服饰。衰，通"缞"，披于胸前当心处的粗麻布片。绖，麻带，缠在头上的称首绖，系在腰间的叫腰绖。衰绖连言，浑指丧服。〔10〕"箕子"，或谓名胥余，子姓，商纣王诸父，官太师，封于箕（今山西太谷东北）。因劝谏纣王而被囚禁，周武王灭商后获释。〔11〕"庸"，岂，怎么。〔12〕"王城"，秦国邑名，原为大荔戎都城，在今陕西大荔东。〔13〕"子圉"，亦称"太子圉"，即晋怀公，晋惠公与梁嬴所生之子，晋惠公死后即位，次年被秦缪公所派人杀死，公元前六三七年—前六三六年在位。〔14〕"惮"，音dàn，怕，畏惧。〔15〕"更舍"，更换住宿之处。按《左传》僖公十五年，晋惠公原被拘留于秦都郊外的灵台，后住进专门招待诸侯的客馆。〔16〕"牢"，祭祀、馈赠所用的牲口。此指太牢，牛、羊、猪各一为一太牢。"馈之七牢"，馈赠给晋惠公七太牢。这是款待诸侯的礼仪规格，《周礼·秋官·大行人》和《礼记·礼器》皆言接待诸侯用七介七牢。〔17〕"如"，往，前往。

【译文】晋惠公六年春天，秦缪公领兵攻伐晋国。晋惠公对庆郑说："秦军深入国境了，怎么办？"庆郑说："秦国护送您回国即位，您却背弃当初给地的许诺；晋国发生饥荒，秦国运来粮食，秦国发生饥荒，晋国却反其道而行之，居然乘人饥荒攻伐它：秦军深入国境不也理所当然吗！"晋惠公占卜驭手和车右的人选，都是以庆郑为吉利。晋惠公说："庆郑

这个人不恭顺。"便改命步阳驾驭战车,家仆徒担任车右,出发进军。九月壬戌这天,秦缪公、晋惠公在韩原会战。晋惠公的马陷进泥淖不能走,这时秦兵赶到,惠公窘迫危急,召呼庆郑来驾车。庆郑说:"不听用占卜,战败不也是当然的吗!"说完就离开了。惠公改命梁繇靡驾车,虢射担任车右,迎战秦缪公。秦缪公手下的壮士冲锋打败晋军,晋军溃退,便丧失俘获秦缪公的机会,反让秦军抓获晋惠公而回国。秦缪公准备杀死晋惠公来祭祀上帝。晋惠公姐姐是秦缪公的夫人,(闻讯后)身穿丧服痛哭流涕。缪公说:"擒得晋侯,原想以此欢乐一番,不料如今却到了这般地步。况且我听说箕子见到唐叔当初受封,说过'唐叔的后代必定昌大',晋国怎么能灭亡呢!"于是同晋惠公在王城订立盟约,而且答应放他回国。晋惠公也同时派吕省等人回报国人说:"我即使得以返归,也没脸再见宗庙社稷了。你们就挑选日子扶立子圉即位吧。"晋国国人听说后,都失声痛哭。秦缪公问吕省:"晋国国内部和睦一致吗?"吕省回答说:"不和睦一致。小人们惧怕没有国君失去亲人,不惜拥立子圉为国君,并说'一定要报仇,宁可去事奉戎狄(也不从秦国)'。那些君子们却怜悯国君而且知晓他的罪过,等待秦国的命令,并说'一定要报答秦国对晋国的恩德'。有这样两派意见,所以不和睦一致。"于是秦缪公改换了晋惠公住宿的地方,并馈赠牺牲七牢。十一月,送晋惠公回国。晋惠公到达国都,杀死庆郑,整顿政治教化。惠公同大臣商议说:"重耳在国外,诸侯中大多认为送他返国为君对自己有利。"打算派人把重耳杀死在狄。重耳闻讯,便离狄前往齐国。

八年,使太子圉质秦。[1]初,惠公亡在梁,梁伯以其女妻之,[2]生一男一女。梁伯卜之,男为人臣,女为人妾,故名男为圉,[3]女为妾。

【注释】[1]"质",人质。当时诸侯为取信别国,常将自己的子弟作为人质派往对方。〔2〕"妻",音qì,以女嫁人。〔3〕"圉",养马人,是一种地位低下的徒役或奴隶。

【译文】晋惠公八年,派遣太子圉作为人质去秦国。当初,惠公流亡住在梁国,梁伯把自己的女儿嫁他,生下一男一女。梁伯占卜两个孩子的命运,结果说男孩子将来要当人臣,女孩子将来要为人妾,所以男孩取名叫圉,女孩取名叫妾。

十年,秦灭梁。梁伯好土功,治城沟,民力罢,[1]怨,其众数相惊,曰"秦寇至",民恐惑,秦竟灭之。

【注释】[1]"罢",通"疲",疲惫,疲劳。

【译文】晋惠公十年,秦国灭掉梁国。梁伯喜好大兴土木工程,整治城墙沟池,民力疲乏,怨声载道,被征发的民众经常互相惊吓,叫嚷"秦兵打来了",百姓怨恨疑惑,秦国最后灭了梁国。

十三年,晋惠公病,内有数子。太子圉曰:"吾母家在梁,梁今秦灭之,我外轻于秦而内无援于国。君即不起,病大夫轻,更立他公子。"乃谋与其妻俱亡归。[1]秦女曰:"子一国太子,辱在此。秦使婢子侍,[2]以固子之心。子亡矣,我不从子,亦不敢言。"子圉遂亡归晋。十四年九月,惠公卒,太子圉立,是为怀公。

【注释】[1]"其妻",即怀嬴,秦公室女,后又嫁给晋文公为妾,改称辰嬴。〔2〕"婢子",此为女子的自我谦称。

【译文】晋惠公十三年,晋惠公发病,当时国内有好几位公子。太子圉说:"我母亲的娘家在梁国,梁如今被秦国灭亡,我是在外被秦人所轻视而在国中又无内援。国君倘若一病不起,担心大夫们看不起我,会改立其它公子为国君。"于是同他的妻子谋划一起逃亡回国。秦女说:"您是堂堂一国的太子,蒙含屈辱在此作人质。秦君派我侍奉您,想借以稳住您的心。您要逃亡了,我不能跟从您,但也不会告发。"子圉便只身逃亡返回晋国。十四年九月,晋惠公去世,太子圉即位,这就是晋怀公。

子圉之亡,秦怨之,乃求公子重耳,欲内之。子圉之立,畏秦之伐也,乃令国中诸从重耳亡者与期,[1]期尽不到者尽灭其家。狐突之子毛及偃从重耳在秦,[2]弗肯召。怀公怒,囚狐突。突曰:"臣子事重耳有年数矣,今召之,是教之反君也,何以教之?"怀公卒杀狐突。秦缪公乃发兵送内重耳,使人告栾、郤之党为内应,[3]杀怀公于高粱,入重

耳。重耳立,是为文公。

【注释】〔1〕"期",期限,此用作动词,规定期限。〔2〕"毛",即狐毛,晋文公重耳之舅,跟随重耳流亡在外十九年。重耳返国后,为卿。"偃",即狐偃,字子犯,狐毛之弟,晋文公重耳之舅,故亦称舅犯(或作"臼犯"、"咎犯")。本书误将狐偃与臼季(又称司空季子,名胥臣)混为一人。跟随重耳流亡在外十九年。重耳返国后,为卿,辅佐晋文公改革内政,建立霸业。〔3〕"栾、郤之党",指晋国国内亲重耳的大夫栾枝、郤縠等人。

【译文】子圉逃亡,秦缪公对此十分恼怒,于是寻找公子重耳,打算送他回国为君。子圉即位后,惧怕秦国来攻伐,就下令国中所有家中有跟随重耳流亡在外的人,给他们规定回归的日期,期满不到的诛灭全家。狐突的儿子狐毛和狐偃跟随重耳在秦国,狐突不肯召他们回来。晋怀公发怒,囚禁狐突。狐突说:"臣下之子事奉重耳已有多年了,如今召他们回来,这是教他们弃上背主,怎么能这样教育子女呢?"怀公结果杀了狐突。秦缪公就发兵送重耳回国,派人通知栾氏、郤氏等同党在国内策应,在高梁杀死晋怀公,迎重耳进入国都。重耳即位,这就是晋文公。

晋文公重耳,晋献公之子也。自少好士,年十七,有贤士五人:曰赵衰;〔1〕狐偃咎犯,文公舅也;〔2〕贾佗;〔3〕先轸;〔4〕魏武子。〔5〕自献公为太子时,重耳固已成人矣。献公即位,重耳年二十一。〔6〕献公十三年,〔7〕以骊姬故,重耳备蒲城守秦。〔8〕献公二十一年,献公杀太子申生,骊姬谗之,恐,不辞献公而守蒲城。献公二十二年,献公使宦者履鞮趣杀重耳。〔9〕重耳逾垣,宦者逐斩其衣袪。重耳遂奔狄。狄,其母国也,是时重耳年四十三。〔10〕从此五士,〔11〕其余不名者数十人,至狄。

【注释】〔1〕"赵衰",字子余,谥成,排行季,亦称赵成季,赵夙之孙(或说赵夙之子,又说赵夙之弟),追随重耳流亡在外十九年。重耳返国后,任原(在今河南济源西北)大夫,故亦称原季,为卿,辅佐晋文公修治政教,建立霸业。死于公元前六二二年。详见本书《赵世家》。〔2〕"狐偃咎犯,文公舅

也",《史记会注考证》和《校补》引南化本、枫山本、三条本、梅仙本无"咎犯文公舅也"六字,疑系注文而混入正文。〔3〕"贾佗",或作"贾它",晋公族,追随重耳流亡在外十九年。重耳返国后,为辅佐重臣之一,曾任太师。〔4〕"先轸",或谓晋大夫先丹木之子,亦称原轸,盖食邑于原(今河南济源西北),因以为氏。晋文公重耳返国后,为卿,曾执掌国政,在城濮之战中领兵大败楚军,屡建战功,在公元前六二七年与狄之役中战死。〔5〕"魏武子",名犫,氏魏,谥武,毕万之子(或说毕万之孙),追随重耳流亡在外十九年。重耳返国后,为大夫,曾任晋文公戎右。详见本书《魏世家》。〔6〕"年二十一",依下文晋献公二十二年"重耳年四十三"推算,当作"年二十二"方合。两者必有一误。〔7〕"献公十三年",重耳守蒲,本篇前述和本书《十二诸侯年表》皆系晋献公十二年;按《左传》庄公二十八年,当在献公十一年。〔8〕"重耳备蒲城守秦",《史记会注考证》引中井积德云"宜言守蒲城备秦也",张文虎《校刊史记集解索隐正义札记》云"备、守疑当互易",疑是。〔9〕"宦者履鞮",即前文之"宦者勃鞮"。"趣",音cù,急促,赶快。〔10〕"是时重耳年四十二",按《国语·晋语四》云"晋公子生十七年而亡",则以是时重耳年龄为十七,与此大异。〔11〕"从此五士",按《左传》僖公二十三年,所从五士为:狐偃、赵衰、颠颉、魏武子、司空季子。与此出入较大,又按《左传》昭公十三年叔向语,重耳流亡时先轸在国内。

【译文】晋文公重耳,是晋献公的儿子。从小喜好结交士人,十七岁时,已有贤士五人:赵衰;狐偃咎犯,是晋文公的舅舅;贾佗;先轸;魏武子。在晋献公立为太子的时候,重耳就已长大成人了。晋献公即位那年,重耳二十一岁。献公十三年,因为骊姬的缘故,重耳被派守蒲城防备秦国。献公二十一年,献公杀死了太子申生,骊姬又谗言相害,重耳惶恐,没有向献公告辞便返守蒲城。献公二十二年,献公派宦官履鞮赶紧杀死重耳。重耳翻墙而走,宦官履鞮追赶上前斩下他的衣袖。重耳于是投奔狄。狄,是他的生母的故国。这时重耳四十三岁。他身边跟从的有上述五位贤士,其余不出名的有几十人,一起跑到狄。

狄伐咎如,〔1〕得二女。以长女妻重耳,〔2〕生伯儵、〔3〕叔刘;〔4〕以少女妻赵衰,〔5〕生盾。〔6〕居狄五岁而晋献公卒。里克已杀

奚齐、悼子,乃使人迎,欲立重耳。重耳畏
杀,因固谢,不敢入。已而晋更迎其弟夷吾
立之,[7]是为惠公。惠公七年,畏重耳,乃
使宦者履鞮与壮士欲杀重耳。重耳闻之,乃
谋赵衰等曰:"始吾奔狄,非以为可用与,[8]
以近易通,[9]故且休足。休足久矣,固愿徙
之大国。夫齐桓公好善,志在霸王,收恤诸
侯。今闻管仲、隰朋死,[10]此亦欲得贤佐,
盍往乎?"[11]于是遂行。重耳谓其妻曰:"待
我二十五年,不来,乃嫁。"其妻笑曰:"犁二
十五年,[12]吾冢上柏大矣。虽然,妾待子。"
重耳居狄凡十二年而去。

【注释】〔1〕"咎如",亦作"廧咎如"、"墙咎
如",少数部族名,隗(亦作"媿")姓,赤狄的一枝,活
动于今河南安阳西一带,或说于山西太原东北一
带。"咎",音 gāo。 〔2〕"以长女妻重耳",按本书
《赵世家》和《左传》僖公二十三年,嫁给重耳的是少
女,《左传》称季隗。 〔3〕"鯈",音 tiáo,一音 chóu。
〔4〕"伯鯈、叔刘",晋文公重耳返国即位后,此二子
仍留居于狄。 〔5〕"以少女妻赵衰",按本书《赵世
家》和《左传》僖公二十三年,嫁给赵衰的是长女,
《左传》称叔隗。 〔6〕"盾",即赵盾,谥宣,排行孟,
故亦称宣子、宣孟,其父随晋文公返国后,旋被接
回,立为赵氏嫡子,公元前六二一年任中军元帅,为
晋襄公、晋灵公、晋成公三朝执政大臣,死于公元前
六〇二年左右。详见本书《赵世家》。 〔7〕"已
而",事后,不久。 〔8〕"与",相与,共同成事。或
谓通"举",举事。《史记索隐》及《史记会注考证校
补》云别本作"兴",于义较胜。 〔9〕"通",达,至。
"以近易通",《国语·晋语四》作"奔而易达"。
〔10〕"管仲",名夷吾,排行仲,谥敬,亦称管子、管夷
吾、管敬仲,颍上(颍水之滨)人,原为公子纠辅佐,
后经鲍叔牙推荐,被齐桓公任命为卿,尊为"仲父",
对齐国的政治、军事、经济进行一系列整顿、改革,
对外奉行"尊王攘夷"的策略,促使齐国富强,辅助
齐桓公成为春秋时代第一位霸主。死于公元前六
四五年。今传《管子》七十六篇,多系战国齐人托名
之作。详见本书《管晏列传》。"隰朋",齐国公族,
齐桓公重臣。 〔11〕"盍",音 hé,何不。 〔12〕
"犁",通"黎",将,及。

【译文】狄人攻伐咎如,俘获咎如君的两个女
儿。狄君将大的嫁给重耳为妻,生下伯鯈、叔刘;将

小的嫁给赵衰为妻,生下盾。在狄居住五年后晋献
公去世,里克已经杀死奚齐、悼子,就派人前来迎
接,准备立重耳为国君。重耳畏恐被杀,就坚决推
辞,不敢回国。不久晋人改迎重耳的弟弟夷吾,立
他为君,这就是晋惠公。惠公七年,晋惠公害怕重
耳夺位,就派宦官履鞮与壮士一道准备杀死重耳。
重耳闻知这个消息,就同赵衰等人商议说:"当初我
投奔狄,不是以为可借此成就大事,只是考虑路近
容易到达而已,所以暂且在此歇脚。在此歇脚久
了,我本意希望移居到大国。那齐桓公乐善好施,
志在建立霸王之业,安抚周济诸侯。如今听说管
仲、隰朋已死,这正是他渴望得到贤才辅佐的时候,
何不前往呢?"于是就出发。临别时重耳对他的妻
子说:"等我二十五年,如果还不回来,你就改嫁。"
他的妻子笑着说:"到了二十五年,我坟头上栽的柏
树都长大了。即便如此,我还是等你。"重耳在狄居
住一共十二年才离去。

　　过卫,[1]卫文公不礼。[2]去,过五鹿,[3]
饥而从野人乞食,[4]野人盛土器中进之。
重耳怒。赵衰曰:[5]"土者,有土也,君其拜
受之。"

【注释】〔1〕"过卫",重耳过卫,本书《卫康叔
世家》系于卫文公十六年,即公元前六四四年,为重
耳离狄之年;按《左传》僖公二十三年,重耳过卫亦
紧接离狄之后,皆与此合。然本书《十二诸侯年表》
将重耳过卫系于卫文公二十三年,即公元前六三七
年,且云"重耳从齐过";又《国语·晋语四》亦谓重耳
离狄后先至齐,再从齐至卫,韦昭《注》谓过卫在鲁
僖公十八年,即卫文公十八年。当以本书《世家》和
《左传》近是。 〔2〕"卫文公",初名辟疆,后改名
燬,卫戴公弟,昭伯(卫宣公与前夫人夷姜所生之
子)与宣姜(卫宣公夫人)所生,公元前六五九年
——前六三五年在位。详见本书《卫康叔世家》。
〔3〕"五鹿",卫国邑名,在今河南濮阳东北,或说在
今河北大名东。 〔4〕"野人",居住在城邑四郊以
外的人,多为农业生产者。 〔5〕"赵衰曰",按《左
传》僖公二十三年、《国语·晋语四》,均以下面的话
为子犯所说。

【译文】途经卫国,卫文公不以礼遇。离开卫
国时,经过五鹿,重耳因饥饿而向郊野百姓乞讨食
物,郊野百姓将土块装在器具中进送给他。重耳发
怒。赵衰说:"土块,象征会有土地,您应该拜谢接

受它。"

至齐,齐桓公厚礼,而以宗女妻之,有马二十乘,[1]重耳安之。重耳至齐二岁而桓公卒,会竖刀等为内乱,[2]齐孝公之立,[3]诸侯兵数至。留齐凡五岁。重耳爱齐女,毋去心。赵衰、咎犯乃于桑下谋行。齐女侍者在桑上闻之,以告其主。[4]其主乃杀侍者,劝重耳趣行。重耳曰:"人生安乐,孰知其他! 必死于此,不能去。"齐女曰:"子一国公子,穷而来此,数士者以子为命。子不疾反国,报劳臣,而怀女德,窃为子羞之。且不求,何时得功?"乃与赵衰等谋,醉重耳,载以行。行远而觉,重耳大怒,引戈欲杀咎犯。咎犯曰:"杀臣成子,偃之愿也。"重耳曰:"事不成,我食舅氏之肉。"咎犯曰:"事不成,犯肉腥臊,何足食!"乃止,遂行。

【注释】[1]"二十乘",古一车四马,是为一乘,则二十乘为八十匹马。 [2]"竖刀",亦作"竖刁"、"竖貂",齐桓公寺人,故亦称寺人刀。管仲死后,与易牙,开方专权。齐桓公死,诸侯争立,又与易牙等人杀群吏,立公子无诡为君,迫使太子昭出奔,造成齐国内乱。 [3]"齐孝公",名昭,齐桓公与郑姬所生之子,被立为太子,故亦称太子昭,齐桓公死后因内乱出奔宋国,依靠宋襄公和其它诸侯的力量平定内乱,返国即位,公元前六四二年——前六三三年在位。详见本书《齐太公世家》。 [4]"主",主人,指齐女。

【译文】到达齐国,齐桓公厚礼相待,并且把同宗女子嫁给重耳,又给八十匹马,重耳十分安于这种生活。重耳到齐国两年,齐桓公去世,遇上竖刀等人制造内乱,齐孝公立为国君,诸侯军队频繁而至。重耳在齐留居一共五年。重耳留恋齐女,没有离开齐国的念头。赵衰、咎犯于是在桑树下筹划如何出走。齐女的侍从恰好在桑树上听到谈话,就报告她的主人。齐女却杀死那侍从,劝重耳赶快出走。重耳说:"人生能够安乐,谁还管别的东西! 我一定要死在这里,不能离开。"齐女说:"您是一个大国的公子,遇到危难而来到此地,但众位贤士还是把国家的命运寄托在您身上。可您不马上返回晋国,报答告慰臣下,却眷恋男女之情,我私下都替您感到羞耻。况且这等大事不进取追求,什么时候才

能得到成功?"于是同赵衰等人谋划,设计灌醉重耳,用车载着而上路。出发很远才醒过来,重耳大发雷霆,操起戈要杀咎犯。咎犯说:"杀死臣下而能成全您,是我的心愿啊。"重耳说:"如果事情不成,我就吃你这娘舅的肉。"咎犯说:"即便事情不成,我的肉又腥又臊,哪里值得您吃!"重耳这才罢休,继续行路。

过曹,[1]曹共公不礼,[2]欲观重耳骈胁。[3]曹大夫釐负羁曰:"晋公子贤,又同姓,穷来过我,[4]奈何不礼!"共公不从其谋。负羁乃私遗重耳食,[5]置璧其下。重耳受其食,还其璧。

【注释】[1]"曹",国名,姬姓,周初所封诸侯国,始封君为周武王弟叔振铎,都陶丘(今山东定陶西南),有今山东西部,公元前四八七年为宋国所灭。"过曹",重耳过曹,本书《十二诸侯年表》系于曹共公十六年,即公元前六三七年;本书《管蔡世家》见于曹共公十六年,《左传》见于鲁僖公二十三年(即曹共公十六年),但均系追叙。考本书《宋微子世家》谓重耳过宋在宋襄公十三年,即公元前六三八年,而各处所载重耳流亡过程皆先曹后宋,则过曹至迟当在公元前六三八年。 [2]"曹共公",名襄,曹昭公之子,公元前六五二年——前六一八年在位。详见本书《管蔡世家》。 [3]"骈胁",亦作"骿胁",肋骨相连长成一片,是一种人体骨骼畸形。 [4]"过",过访,拜访。 [5]"遗",音 wèi,馈赠,致送。

【译文】途经曹国,曹共公不以礼遇,反而要观看重耳身上长在一起的肋骨。曹国大夫釐负羁说:"晋公子贤能,又是同姓,窘困之中来拜访我曹国,怎么能不以礼相待!"曹共公不听从他的主意。釐负羁于是私下赠送食物给重耳,将玉璧置放在食物下面。重耳接受他的食品退还玉璧。

去,过宋。宋襄公新困兵于楚,[1]伤于泓,[2]闻重耳贤,乃以国礼礼于重耳。[3]宋司马公孙固善于咎犯,[4]曰:"宋小国新困,不足以求入,更之大国。"乃去。

【注释】[1]"宋襄公",名兹甫(或作"兹父"),宋桓公之子,齐桓公死后,企图争霸,曾被楚所拘,

后在伐郑的泓之战中大败于前来救援的楚军,中箭受伤,不久死去。公元前六五〇年——前六三七年在位。详见本书《宋微子世家》。"楚",国名,芈姓,传说是祝融后裔,西周时立国于荆山(今湖北西部,武当山东南、汉江西岸),鬻熊为周文王之臣。周成王时,其君熊绎正式受封,建都丹阳(今湖北秭归东南)。西周末年,疆域扩展到长江中游。春秋初徙都于郢(今湖北江陵西北纪南城),春秋末一度迁都鄀(今湖北宜城东南)。在与邻国的兼并战争中,疆域不断扩展。战国初,已有今四川东部、湖北全部、湖南东北部、江西北部、安徽北部、陕西东南角、河南南边、江苏淮北的中部。公元前二二三年被秦国所灭。〔2〕"泓",水名,为古涣水支流,故道约在今河南柘城西北。"伤于泓",由于延误战机,宋军在泓水之滨被楚军大败,宋襄公中箭受伤。时在公元前六三八年。〔3〕"国礼",诸侯国君之礼。按本书《宋微子世家》和《左传》僖公二十三年、《国语·晋语四》,宋襄公赠重耳马八十匹。〔4〕"公孙固",宋国公族,宋庄公之孙,任宋大司马。

【译文】离开曹国,途经宋国。宋襄公此时刚刚兵败于楚,在泓之战中受了伤,听说重耳贤能,就用对待国君的礼节款待重耳。宋国司马公孙固与咎犯相好,说:"宋是小国,新近又遭兵败,不能靠宋国来求回国,应该另赴大国。"重耳一行于是离开宋国。

过郑,〔1〕郑文公弗礼。〔2〕郑叔瞻谏其君曰:〔3〕"晋公子贤,而其从者皆国相;〔4〕且又同姓,郑之出自厉王,〔5〕而晋之出自武王。"郑君曰:"诸侯亡公子过此者众,〔6〕安可尽礼!"〔7〕叔瞻曰:"君不礼,不如杀之,且后为国患。"郑君不听。

【注释】〔1〕"过郑",按本书《十二诸侯年表》、《郑世家》,重耳过郑皆系于郑文公三十六年,即公元前六三七年。〔2〕"郑文公",名踕(或作"捷"、"接"、"棬"),郑厉公之子,公元前六七二年——前六二八年在位。详见本书《郑世家》。〔3〕"叔瞻",或作"叔詹",郑国执政大臣。〔4〕"国相",国佐,国君的辅佐。〔5〕"厉王",即周厉王,名胡,周夷王之子,死于公元前八二八年。在位三十七年,或谓十六年。详见本书《周本纪》。"郑之出自厉王",郑国始封君郑桓公友是周厉王的小儿子,故云。〔6〕"诸侯亡公子过此者众","者"后"众"前,

《史记会注考证》引枫山本有"甚"字。〔7〕"安",哪里,哪能。

【译文】途经郑国,郑文公不以礼相待。郑国大夫叔瞻劝谏他的国君说:"晋国这位公子贤能,同时他的随从个个都是堪任国君辅佐的人材;而且又属同姓,郑国的先祖出自周厉王,晋国的先祖出自周武王。"郑君说:"诸侯的流亡公子经过此地的很多,哪能够全都以礼相待!"叔瞻说:"国君您既然不能以礼相待,不如就杀了他,(否则,)日后将会成为国家的祸患。"郑君没有听从。

重耳去之楚,楚成王以适诸侯礼待之,〔1〕重耳谢不敢当。赵衰曰:"子亡在外十余年,小国轻子,况大国乎?今楚大国而固遇子,〔2〕子其毋让,此天开子也。"〔3〕遂以客礼见之。成王厚遇重耳,重耳甚卑。成王曰:"子即反国,〔4〕何以报寡人?"重耳曰:"羽毛齿角玉帛,〔5〕君王所余,未知所以报。"王曰:"虽然,何以报不谷?"〔6〕重耳曰:"即不得已,与君王以兵车会平原广泽,〔7〕请辟王三舍。"〔8〕楚将子玉怒曰:〔9〕"王遇晋公子至厚,今重耳言不孙,〔10〕请杀之。"成王曰:"晋公子贤而困于外久,从者皆国器,〔11〕此天所置,庸可杀乎?〔12〕且言何以易之!"〔13〕居楚数月,而晋太子圉亡秦,秦怨之;闻重耳在楚,乃召之。成王曰:"楚远,更数国乃至晋。秦、晋接境,秦君贤,子其勉行!"厚送重耳。

【注释】〔1〕"楚成王",名恽(或作"頵"、"髡"),楚文王之子,堵敖囏之弟,母息妫,公元前六七一年——前六二六在位。详见本书《楚世家》。"适",通"敌",匹敌,相当。或谓往,至。〔2〕"固",坚决,坚持。"遇",接待,款待。〔3〕"开",启,启迪,引导,引申为赞助、保佑。〔4〕"即",如果,倘若。〔5〕"羽毛齿角",羽,鸟羽;毛,通"旄",旄牛尾;齿,象牙;角,牛角。皆可用作器物的装饰配件,常为下对上的贡品。〔6〕"不谷",不善,诸侯的自我谦称。〔7〕"泽",积水的洼地。〔8〕"辟",通"避",退避。"三舍",古时行军以三十里为一舍,三舍即九十里。〔9〕"子玉",即成得臣,名得臣,字子玉,氏成,楚国公族,若敖之后,任楚令

尹,公元前六三二年领兵与晋战于城濮,兵败自杀。〔10〕"孙",通"逊",逊顺,恭敬。　〔11〕"国器",国家重器,国家栋梁。〔12〕"庸",岂,难道。〔13〕"易",变易,改变。一说为轻易,随便。"言何以易之",指重耳说的是实话,如果不那样说,还能改说什么。

【译文】重耳离开郑国前往楚国,楚成王用相当于诸侯的礼节招待他,重耳辞谢不敢承当。赵衰说:"您流亡在外十九年,连小国都轻视您,何况大国呢?如今楚作为大国而坚持如此款待您,您就不必谦让了,这是上天在保佑您啊。"重耳于是以相应的宾客礼节会见楚成王。成王隆重接待重耳,重耳显得非常谦卑。成王说:"您如果返回故国,用什么来报答我?"重耳说:"鸟羽、牛尾、象牙、犀角、宝玉、绢帛等,都是您有富余的东西,不知用什么来报答。"成王说:"即便如此,(您总该有所表示,)用什么来报答我?"重耳说:"如果不得不讲的话,倘若有朝一日同您各领兵车在平原旷野相会,就让我为您退避九十里。"楚国将军子玉发怒说:"君王款待重耳极其隆重,如今重耳却口出不逊,请杀死他。"楚成王说:"晋国这位公子贤能而在外困顿多年,跟随的人都是治国之材,这些都是上天的安排,难道可以杀他吗?况且话已出口,还能改说什么呢!"在楚国居住几个月后,(作为人质的)晋国太子圉从秦国逃亡,秦缪公怨恨太子圉;听说重耳在楚国,便派人来召他。楚成王说:"楚国路远,要经过好几个国家才能到达晋国。秦国和晋国毗邻接界,秦君又贤明,您就好好去吧!"并备厚礼为重耳送行。

重耳至秦,缪公以宗女五人妻重耳,故子圉妻与往。重耳不欲受,司空季子曰:〔1〕"其国且伐,〔2〕况其故妻乎!且受以结秦亲而求入,子乃拘小礼,忘大丑乎!"〔3〕遂受。缪公大欢,与重耳饮。赵衰歌《黍苗》诗。〔4〕缪公曰:"知子欲急反国矣。"赵衰与重耳下,再拜曰:"孤臣之仰君,如百谷之望时雨。"〔5〕是时晋惠公十四年秋。惠公以九月卒,子圉立。十一月,葬惠公。十二月,晋国大夫栾、郤等闻重耳在秦,皆阴来劝重耳、赵衰等反国,为内应甚众。于是秦缪公乃发兵与重耳归晋。晋闻秦兵来,亦发兵拒之。然皆阴知公子重耳入也,唯惠公之故贵臣吕、郤之属不欲立重耳。〔6〕重耳出亡凡十九岁

而得入,时年六十二矣,晋人多附焉。

【注释】〔1〕"司空季子",名胥臣,排行季,亦称臼季,食邑于臼(即臼衰,在今山西运城西北),因以为氏,追随重耳流亡在外十九年。重耳返国后为卿,曾任司空,故有司空季子之称,死于公元前六二二年。本书误将臼季与臼犯(或作"咎犯"、"舅犯",即狐偃,字子犯)混为一人。〔2〕"伐",《史记会注考证》和《校补》引南化本、枫山本、三条本、梅仙本等作"代",于义较胜。〔3〕"丑",类、物、事。一说羞耻,耻辱。〔4〕"《黍苗》",《诗经》篇名,在《诗·小雅》中。此诗歌颂了召伯主持完成谢之城邑营建的功绩,同时抒发征夫役徒思乡归土的心情。诗云:"我任我辇,我车我牛。我行既集,盖云归哉。我徒我御,我师我旅。我行既集,盖云归处。"赵衰席间唱此诗,借以对秦缪公表达盼望早日返回晋国的心愿。〔5〕"孤臣之仰君,如百谷之望时雨",按《黍苗》诗中有"芃芃黍苗,阴雨膏之"句,故赵衰作此回答。〔6〕"惠公之故贵臣吕、郤之属",指拥立晋惠公的晋大夫吕甥、郤芮等人。

【译文】重耳到达秦国,秦缪公将宗室女子五人嫁给重耳,原先子圉的妻子(在其中)一起前往。重耳不想接受子圉的妻子,司空季子说:"他的国家你都将要攻伐,何况娶其旧妻这等小事呢!再说接受下来缔结与秦国的亲事可以求得回国,您竟要拘泥小节,而忘弃大事吗!"重耳便接受了。秦缪公非常高兴,同重耳一起宴饮。席间赵衰唱起《黍苗》这首诗。秦缪公说:"我知道公子想急着回国了。"赵衰和重耳离座下拜,拜了两拜后说:"孤臣游子仰望国君施恩,就如同庄稼盼望及时雨一般。"这时正当晋惠公十四年的秋天。晋惠公在九月去世,子圉即位。十一月,安葬晋惠公。十二月,晋国大夫栾枝、郤縠等听说重耳在秦国,都暗中来劝说重耳返回晋国,愿为内应的人很多。于是秦缪公就派军队陪同重耳回归晋国。晋怀公听说秦军前来,就派出军队抵御。然而大家都暗中知道是公子重耳要回来,其中只有晋惠公的故老旧臣吕甥、郤芮一伙不愿意立重耳为国君。重耳出国流亡共十九年而得回归,当时年纪已经六十二了,晋人大多亲附于他。

文公元年春,秦送重耳至河。咎犯曰:"臣从君周旋天下,〔1〕过亦多矣。臣犹知之,〔2〕况于君乎?请从此去矣。"重耳曰:"若反国,所不与子犯共者,河伯视之!"〔3〕

乃投璧河中，以与子犯盟。是时介子推从，〔4〕在船中，乃笑曰："天实开公子，而子犯以为己功而要市于君，〔5〕固足羞也。吾不忍与同位。"〔6〕乃自隐渡河。秦兵围令狐，〔7〕晋军于庐柳。〔8〕二月辛丑，咎犯与秦、晋大夫盟于郇。〔9〕壬寅，重耳入于晋师。丙午，入于曲沃。丁未，朝于武宫，〔10〕即位为晋君，是为文公。群臣皆往。怀公圉奔高梁。戊申，使人杀怀公。

【注释】〔1〕"周旋"，周流，此指流亡转辗于诸侯各国。〔2〕"犹"，尚，尚且。〔3〕"河伯"，或称冯夷，传说中的黄河水神。"视"，察，鉴。〔4〕"介子推"，或作"介之推"，亦称介推，名推，氏介，晋国大夫，追随重耳流亡在外十九年，后隐居不出。本篇下云"自隐渡河"；而《左传》僖公二十四年则谓重耳返国即位后，因赏赐随从臣属而不及，便与其母隐居绵上（今山西介休东南）山中，所记有异。〔5〕"要"，通"徼"，求，取。"市"，买取，换取。〔6〕"同位"，同列，共事。〔7〕"令狐"，晋国邑名，在今山西临猗西。〔8〕"庐柳"，晋国邑名，在今山西临猗西北。〔9〕"郇"，晋国邑名，在今山西临猗西南。〔10〕"武宫"，曲沃武公之庙，在曲沃。曲沃武公为晋公族曲沃一枝首立晋侯者，晋文公祖父，故重耳即位须至武宫朝拜祭祀。

【译文】晋文公元年春天，秦军护送重耳到达黄河。咎犯说："臣下跟随君上周流诸侯各国，过失已经很多了。臣下尚且自知，何况君上呢？请让我在此地分手离开吧。"重耳说："倘若返回国都，有任何不与您同心同德的地方，就请河伯作证。"说完将玉璧投入黄河中，以此与子犯立下誓约。这时介子推随行，在船中，就笑道："上天在保佑公子，可子犯却以为是自己的功劳向君上邀功请赏，真可羞耻啊。我不能忍心和这样的人同事供职。"便独自隐秘地渡过黄河。秦军围困令狐，晋军驻扎在庐柳。二月辛丑这天，咎犯与秦国、晋国的大夫在郇订立盟约。壬寅这天，重耳进入晋军大营。丙午这天，进入曲沃。丁未这天，朝拜武宫，然后正式即位为晋国国君，这就是晋文公。群臣都来拜见。怀公圉出奔高梁。戊申这天，晋文公派人杀死怀公。

怀公故大臣吕省、郤芮本不附培训文公，文公立，恐诛，乃欲与其徒谋烧公宫，杀

文公。文公不知。始尝欲杀文公宦者履鞮知其谋，欲以告文公，解前罪，求见文公。文公不见，使人让曰：〔1〕"蒲城之事，〔2〕女斩予袪。〔3〕其后我从狄君猎，女为惠公来求杀我。〔4〕惠公与女期三日至，而女一日至，何速也？女其念之。"宦者曰："臣刀锯之余，〔5〕不敢以二心事君倍主，〔6〕故得罪于君。君已反国，其毋蒲、翟乎？且管仲射钩，〔7〕桓公以霸。〔8〕今刑余之人以事告而君不见，祸又且及矣。"于是见之，遂以吕、郤等告文公。文公欲召吕、郤，吕、郤等党多，文公恐初入国，国人卖己，乃为微行，〔9〕会秦缪公于王城，国人莫知。三月己丑，吕、郤等果反，焚公宫，不得文公。文公之卫徒与战，吕、郤等引兵欲奔，秦缪公诱吕、郤等，杀之河上。晋国复而文公得归。夏，迎夫人于秦，秦所与文公妻者卒为夫人。〔10〕秦送三千人为卫，以备晋乱。

【注释】〔1〕"让"，责备，斥责。〔2〕"蒲城之事"，指前载晋献公二十二年（即公元前六五五年）履鞮奉君命到蒲城杀重耳之事。〔3〕"女"，通"汝"，你。〔4〕"女为惠公来求杀我"，指前载晋惠公七年（即公元前六四四年）履鞮奉君命至狄杀重耳之事。〔5〕"刀锯之余"，意同下文"刑余之人"。履鞮系宦官，受过类似宫刑之类阉割生殖器的手术，故云。〔6〕"倍"，通"背"，背弃，背叛。〔7〕"钩"，带钩，装在腰间带子上的钩，多用青铜制成，系贵族着装上的重要服饰。〔8〕"管仲射钩，桓公以霸"，公元前六八五年齐国内乱，公子纠和公子小白（即齐桓公）争立为君。管仲拥奉公子纠，在乾时（在今山东垣台西北）之战发箭射中公子小白的带钩。公子小白即位后听从鲍叔牙劝谏，对管仲捐弃前嫌，委以重任，因以建立霸业，被后世传为佳话。参看本书《齐人公世家》和《左传》僖公二十四年、《国语·晋语四》。〔9〕"微行"，秘密出行。〔10〕"秦所与文公妻者"，即秦缪公所妻者，亦称文嬴，生晋襄公。

【译文】晋怀公的旧臣吕省、郤芮原本不亲附晋文公，晋文公即位后，害怕被杀，就密谋与他们的党羽焚烧文公居住的宫室，杀死晋文公。晋文公不知道。当初曾经要杀死晋文公的宦官履鞮得知他

们的密谋,打算把情况告诉晋文公,以解脱从前的罪过,请求进见晋文公。文公不肯接见,派人斥责说:"在蒲城那件事中,你斩断我的衣袖。此后我跟随狄君打猎,你又替惠公来追杀我。惠公给你期限三天到达,而你一天就赶到,为什么那样快?你自己想想吧。"宦官履鞮说:"臣下是刀锯之下残废的人,不敢用三心二意来事奉国君,背弃主上,所以得罪于您。您如今已返国为君,难道就不存在像当年蒲城、狄地那样的隐患吗?再说从前管仲发箭射中带钩,齐桓公(不加计较反委重任)以此称霸。如今我这个酷刑残存的人有要事禀告而国君您不肯相见,只怕是灾祸又将临头了。"晋文公于是接见他,履鞮便将吕省、郤芮等人的密谋报告文公。晋文公开始打算召见吕省、郤芮,但吕省、郤芮等人的党羽很多,晋文公怕自己新近回国,国人出卖自己,就秘密出行,在王城会见秦缪公,国人都没察觉。三月己丑这天,吕省、郤芮等人果然造反,焚烧国君宫室,但没有找到晋文公。文公的卫士与叛党激战,吕省、郤芮等退兵想跑,秦缪公诱骗吕省、郤芮等人,在黄河边上杀了他们。晋国恢复平静后,文公重得回归国都。夏天,从秦国接回夫人,秦缪公所嫁给晋文公的妻子终于成为夫人。秦缪公送三千人作为晋文公的警卫,来防备晋国的暴乱。

文公修政,施惠百姓。赏从亡者及功臣,大者封邑,小者尊爵。未尽行赏,周襄王以弟带难出居郑地,[1]来告急晋。晋初定,欲发兵,恐他乱起,是以赏从亡未至隐者介子推。推亦不言禄,禄亦不及。推曰:"献公子九人,唯君在矣。惠、怀无亲,外内弃之。天未绝晋,必将有主。主晋祀者,[2]非君而谁?天实开之,二三子以为己力,不亦诬乎?[3]窃人之财,犹曰是盗,况贪天之功以为己力乎?下冒其罪,[4]上赏其奸,上下相蒙,[5]难与处矣!"其母曰:"盍亦求之,[6]以死谁怼?"[7]推曰:"尤而效之,[8]罪有甚焉。且出怨言,不食其禄。"母曰:"亦使知之,若何?"对曰:"言,身之文也;[9]身欲隐,安用文之?文之,是求显也。"其母曰:"能如此乎?与女偕隐。"至死不复见。[10]

【注释】[1]"带",亦称子带、太叔、叔带、太叔带、王子带,谥昭,封于甘(今河南洛阳南),又称甘昭公,周惠王之子,周襄王之弟,颇受惠后宠爱。周

襄王即位之初,勾结戎狄攻伐周王,事败出奔。周襄王十六年,乘襄王废黜狄后之机,再次勾结狄人发难,襄王被迫出居郑地。次年因晋文公出兵勤王而战败身死。"郑地",按本书《周本纪》和《左传》僖公二十四年、《国语·晋语四》,指郑邑氾(在今河南襄城)。[2]"主晋祀",主持晋国祭祀,意即为国君执掌国政。通常只有国君才有资格主持国家的祭祀大典。[3]"诬",欺骗。[4]"冒",贪,贪冒。按《左传》僖公二十四年作"义"。[5]"蒙",欺蒙,欺骗。[6]"盍",何不。[7]"怼",音 duì,怨恨。[8]"尤",过失,罪过。"效",效法,仿效。[9]"文",纹饰,装饰。[10]"见",通"现",出现,露面。

【译文】晋文公修明政治,施舍恩惠给百姓。赏赐随从他流亡的人以及其它有功之臣,功劳大的封给食邑,功劳小的奖给爵位。论功行赏还未完毕,周襄王因其弟带发难逃出京都栖居郑国氾地,派人前来向晋国告急。晋国刚刚安定下来,文公打算出兵,但又怕别的乱子起来,因此赏赐随从流亡人员的事还没顾及到隐居的介子推。介子推自己也不提爵禄的事,爵禄便没有给到他头上。介子推说:"晋献公儿子九人,只有国君在世了。惠公、怀公无人亲附,国内国外都离弃他们。但上天没有断绝晋国的运脉,那就必定会有人出来主持国政。主持晋国祭祀的人,不是君上还能是谁呢?上天在保佑国君,可那些人却以为是自己的力量,不是在自欺欺人吗?偷窃别人的财物,尚且说是盗贼,何况贪天之功以为己力呢?下面的臣子贪冒罪过,上面的君主赏赐奸邪,上上下下相互蒙骗,实在难以和他们相处了。"他母亲说:"你何不也去邀功请赏呢?即便这样死了,去埋怨谁呢?"介子推说:"明知错误而效法它,罪过就更严重了。况且我已口出怨言,不能再吃国君的俸禄了。"母亲说:"那就让国君明了事情真相,怎么样?"介子推回答说:"言语,好比是人身上的装饰;连身子都要隐藏起来,哪里还用得着装饰它呢?装饰身子,这是企求显耀啊。"他母亲说:"你能这样吗?(真能这样,)我同你一起去隐居。"介子推一直到死也没有再露面。

介子推从者怜之,[1]乃悬书宫门曰:"龙欲上天,[2]五蛇为辅。[3]龙已升云,四蛇各入其宇;一蛇独怨,终不见处所。"文公出,见其书,曰:"此介子推也。吾方忧王室,未图其功。"使人召之,则亡。遂求所在,闻其

入绵上山中，[4]于是文公环绵上山中而封之，[5]以为介推田，[6]号曰介山，"以记吾过，且旌善人"。[7]

【注释】[1]"怜"，爱怜，同情。〔2〕"龙"，隐喻晋文公。"上天"，隐喻登上君位。〔3〕"五蛇"，隐喻晋文公未即位时的五位近臣。具体所指，其说不一。本篇前谓赵衰、狐偃咎犯、贾佗、先轸、魏武子，《左传》僖公二十三年谓狐偃、赵衰、颠颉、魏武子、司空季子，《史记索隐》谓狐偃、赵衰、魏武子、司空季子、介子推。此处所言，当包括介子推在内，据下言"一蛇独怨，终不见处所"可知。〔4〕"绵上"，晋国地名，在今山西介休东南。〔5〕"封"，土堆，此用作动词，指按照一定的规格堆起土台，作为界域的标志。〔6〕"田"，《史记集解》引徐广曰："一作'国'。"〔7〕"旌"，表彰。

【译文】介子推的追随者同情他，于是在宫墙门上挂了一条字幅，写道："龙欲上天，五蛇为辅。龙已升云，四蛇各入其宇；一蛇独怨，终不见处所。"晋文公出门，看见那字幅，说："这讲的是介子推啊。我正忙于操心王室之乱，还没来得及报答他的功劳。"派人召见介子推，人已经逃走。便寻找他的住所，听说介子推进入绵上山中，于是晋文公下令环绕绵上山的中心区域修筑封疆，作为介子推的禄田，称之为介山，并说："用这来记录我的过失，同时表彰善人。"

从亡贱臣壶叔曰：[1]"君三行赏，赏不及臣，敢请罪。"文公报曰："夫导我以仁义，防我以德惠，此受上赏。[2]辅我以行，卒以成立，此受次赏。矢石之难，[3]汗马之劳，此复受次赏。若以力事我而无补吾缺者，此复受次赏。三赏之后，故且及子。"[4]晋人闻之，皆说。

【注释】[1]"贱臣"，指担任劳务杂役的侍从。"壶叔"，《吕氏春秋·当赏》作"陶狐"，《韩诗外传》卷三、《苑复·恩作》"陶叔狐"。〔2〕"受"，通"授"。〔3〕"矢石"，箭矢和礌石，皆为守城武器。"矢石之难"，弓箭礌石的危险。此指作战中敢于冲锋陷阵，不避艰险。〔4〕"故"，固，毕竟。

【译文】随从重耳流亡的贱臣壶叔说："国君

三次论功行赏，赏赐都没有惠及臣下，冒昧前来请罪。"晋文公回答说："那能用仁义来引导我前进，用德行贤惠来防范我过失的，这类人授于上等赏赐。用实际行动来辅佐我，最终取得成功的，这种人授于次一等的赏赐。敢冒流矢飞石的危险，立下汗马功劳的，这类人授于再次一等的赏赐。至于用苦力事奉我而不能补救我过失缺陷的，这类人授于更次一等的赏赐。三次赏赐之后，本来就将轮到你。"晋人听说这番话，都很高兴。

二年春，秦军河上，将入王。赵衰曰：[1]"求霸莫如入王尊周。周、晋同姓，晋不先入王，后秦人之，毋以令于天下。方今尊王，晋之资也。"三月甲辰，晋乃发兵至阳樊，[2]围温，[3]入襄王于周。四月，杀王弟带。周襄王赐晋河内阳樊之地。[4]

【注释】〔1〕"赵衰曰"，按本书《十二诸侯年表》和《左传》僖公二十五年，《国语·晋语四》，以下语均作咎犯言。〔2〕"阳樊"，亦名樊，东周王畿邑名，在今河南济源东南。〔3〕"温"，一名"苏"，原为西周初年司寇苏忿生食邑，后苏氏叛周投狄，地归周辖，在今河南温县西南。当时发难的周襄王之弟带正占据此地。〔4〕"周襄王赐晋河内阳樊之地"，周赐晋之地，《左传》僖公二十五年作"阳樊、温、原、欑茅之田"，《国语·晋语四》作"南阳阳樊、温、原、州、陉、絺、组、攒茅之田"，在今河南济源至获嘉一带。因地在黄河之北，泛称河内；在太行山之南，亦泛称南阳。

【译文】晋文公二年春天，秦军驻扎在黄河边上，准备护送周襄王返入京都。赵衰说："谋求霸主的办法，没有比护送襄王返入京都尊崇周室更好的。周、晋本系同姓，晋国如不先护送襄王进入京都，往后秦国就会护送襄王进入京都，这样晋国便无法对大卜发号施令了。当今尊崇襄王，正是晋国日后称霸的资本啊。"三月甲辰这一天，晋国便出兵到达阳樊，包围温邑，护送周襄王进入成周。四月，杀死周襄王之弟带。周襄王赏赐给晋文公河内阳樊的土地。

四年，楚成王及诸侯围宋，宋公孙固如晋告急。先轸曰："报施定霸，[1]于今在矣。"狐偃曰："楚新得曹而初婚于卫，若伐

曹、卫,楚必救之,则宋免矣。"于是晋作三军。[2]赵衰举郤縠将中军,[3]郤溱佐之;[4]使狐偃将上军,狐毛佐之,[5]命赵衰为卿;栾枝将下军,[6]先轸佐之;荀林父御戎,[7]魏犨为右:往伐。冬十二月,晋兵先下山东,[8]而以原封赵衰。[9]

【注释】[1]"报施",报答宋国的施舍。本篇前云重耳过宋,宋襄公"以国礼礼于重耳"。[2]"三军",指中军、上军、下军,以中军主将为三军统帅。这是大国的军队编制,《周礼·夏官·序》云:"凡制军……王六军,大国三军,次国二军,小国一军。"在此之前,晋国只有上、下二军。[3]"郤縠",晋国大夫,重耳返国时,与栾枝等在国内策应,据《国语·晋语四》郤縠时年五十,死于公元前六三三年。"赵衰举郤縠将中军",赵衰荐举郤縠之辞,详见《左传》僖公二十七年、《国语·晋语四》。[4]"郤溱",或作"郤溱",晋国大夫。[5]"狐毛",晋国大夫,狐偃之兄。"使狐偃将上军,狐毛佐之",按《左传》僖公二十七年和《国语·晋语四》,均作狐毛将上军,狐偃佐之。[6]"栾枝",谥贞,亦称栾贞子,晋公族栾宾之孙,栾成(即栾共叔)之子,晋国大夫,重耳返国时,与郤縠等在国内策应,死于公元前六二二年。[7]"荀林父",谥桓,名林父,字伯,晋公族逝敖之子,食邑于荀,因以为氏;晋文公五年(公元前六二二年)晋将原来的步卒由二行扩编为三行,荀林父任中行主将,其后又以官为氏,故亦称荀伯、中行伯、桓伯、中行桓子。公元前五九七年任中军元帅,执掌国政。[8]"山东",指太行山之东。按《国语·晋语四》谓晋军"及孟门,而原请降"。孟门为太行山东麓隘道,即此"山东"所指。[9]"原",国名,姬姓,始封君为周文王之子,西周初所封诸侯国,初在今山西沁水,后迁于今河南济源西北。"以原封赵衰",按本书《十二诸侯年表》此事系于晋文公元年,《左传》僖公二十五年、《国语·晋语四》皆系于晋文公二年,即公元前六三五年。当以《左传》、《国语》所记为是。此系于晋文公四年,误。

【译文】晋文公四年,楚成王与诸侯围攻宋国,宋国大夫公孙固前来晋国告急。先轸说:"报答施舍、奠定霸业,就在今朝了。"狐偃说:"楚国新近得到曹国归附,又初次和卫国通婚,倘若攻伐曹国、卫国,楚国必定救援它们,宋国之围也就可以解除了。"于是晋国建立三军。赵衰推举郤縠统领中军,郤溱辅佐他;让狐偃统领上军,狐毛辅佐他;任命赵

衰为卿;栾枝统领下军,先轸辅佐他;荀林父驾驭公车,魏犨为车右,出兵讨伐。冬天十二月,晋军抢先沿黄河下太行山之东,同时把原邑封给赵衰。

五年春,晋文公欲伐曹,假道于卫,卫人弗许。还自河南度,[1]侵曹,伐卫。正月,取五鹿。二月,晋侯、齐侯盟于敛盂。[2]卫侯请盟晋,[3]晋人不许。卫侯欲与楚,国人不欲,故出其君以说晋。卫侯居襄牛,[4]公子买守卫。[5]楚救卫,不卒。[6]晋侯围曹。三月丙午,晋师入曹,数之以其不用釐负羁言,[7]而用美女乘轩者三百人也。[8]令军毋入僖负羁宗家以报德。楚围宋,宋复告急晋。文公欲救则攻楚,为楚尝有德,不欲伐也;欲释宋,[9]宋又尝有德于晋:患之。先轸曰:"执曹伯,分曹、卫地以与宋,楚急曹、卫,其势宜释宋。"[10]于是文公从之,而楚成王乃引兵归。

【注释】[1]"河南",卫地,本书《卫康叔世家》和《左传》僖公二十八年作"南河"。南河即南津,亦称"棘津"、"济津"、"石济津",为古黄河渡津,在今河南淇县之南,延津之北。[2]"齐侯",指齐昭公,公元前六三二年—前六一三年在位。详见本书《齐太公世家》。[3]"卫侯",指卫成公,公元前六三四年—前六〇〇年在位。详见本书《卫康叔世家》。[4]"襄牛",卫国邑名,在今河南东明西南。或说在今河南睢县,则系宋国之邑。[5]"公子买",字子丛,鲁国大夫。此年被杀。"公子买守卫",按卫、楚为婚姻之国,时关系良好,鲁国亲从于楚,故派大夫公子买戍守卫地。[6]"卒",《史记集解》引徐广曰:"一作'胜'。"《左传》僖公二十八年作"克"。[7]"数",历数,列举。"釐负羁",或作"僖负羁"。[8]"轩",一种前顶较高而有帷幕的马车,供大夫以上乘坐。"用美女乘轩者三百人",本书《管蔡世家·赞》云:"余寻曹共公之不用僖负羁,乃乘轩者三百人,知唯德之不建。"《左传》僖公二十八年云:"数之以其不用僖负羁,而乘轩者三百人也。"均无"美女"二字;此以乘轩者为美女,亦不合情理,"美女"二字或系衍文。"三百"系虚数,极言其多,曹为小国,不可能乘轩者有三百之多。[9]"释",通"舍",舍弃,抛弃。[10]"释",消除,解除。

【译文】五年春天，晋文公准备攻伐曹国，向卫国借路，卫人不答应。晋军绕道从黄河南段渡水，入侵曹国，攻伐卫国。正月，攻取五鹿。二月，晋侯、齐侯在敛盂订立盟约。卫侯请求与晋国结盟，晋人不答应。卫侯打算与楚国结盟，国人不愿意，所以驱逐他们的国君来取悦晋国。卫侯居住在襄牛，公子买奉鲁君之命戍守卫国都城。楚军来救援卫国，没有结果。晋侯领兵围攻曹国。三月丙午这一天，晋军攻入曹国都城，斥责曹共公不采用釐负羁谏言，反而重用美女，美女乘坐轩车的竟有三百人之多。晋文公下令军中，不准进入僖负羁家族住房，以此报答当年的恩德。楚军围攻宋国，宋国再次向晋国告急。晋文公要救宋就必须进攻楚军，但因楚成王曾经对自己有过恩德，便不打算攻伐楚军；想撒手不管宋国，可宋襄公又曾经对自己有恩德：晋文公对此感到十分为难。先轸说："拘捕曹伯，把曹国、卫国的地分给宋国，楚国便会着急曹国、卫国的处境，造成那样的形势，自然可以消除宋国的危难。"于是晋文公听从他的计谋行动，而后楚成王也就退兵回国。

楚将子玉曰："王遇晋至厚，今知楚急曹、卫而故伐之，是轻王。"王曰："晋侯亡在外十九年，困日久矣，果得反国，险阨尽知之，〔1〕能用其民，天之所开，不可当。"子玉请曰："非敢必有功，愿以闲执谗慝之口也。"〔2〕楚王怒，少与之兵。于是子玉使宛春告晋：〔3〕"请复卫侯而封曹，臣亦释宋。"咎犯曰："子玉无礼矣，君取一，〔4〕臣取二，〔5〕勿许。"先轸曰："定人之谓礼。楚一言定三国，子一言而亡之，我则毋礼。不许楚，是弃宋也。不如私许曹、卫以诱之，执宛春以怒楚，既战而后图之。"晋侯乃囚宛春于卫，且私许复曹、卫。曹、卫告绝于楚。楚得臣怒，击晋师，晋师退。军吏曰："为何退？"文公曰："昔在楚，约退三舍，可倍乎！"楚师欲去，得臣不肯。四月戊辰，宋公、〔6〕齐将、〔7〕秦将〔8〕与晋侯次城濮。〔9〕己巳，与楚兵合战，楚兵败，得臣收余兵去。甲午，晋师还至衡雍，〔10〕作王宫于践土。〔11〕

【注释】〔1〕"阨"，同"阸"，通"隘"，要隘，险要。"险阨尽知之"，按《左传》僖公二十八年作"险阻艰难，备尝之矣"，则此"险阨"非仅指险隘要塞，乃泛指各种艰难困苦。〔2〕"闲"，防闲，杜绝。《史记会注考证》引枫山本、三条本无"闲"字。"执"，塞，杜塞。一说为服。"谗慝之口"，恶意伤人的嘴。按《左传》僖公二十七年载楚大夫蒍贾云："子玉刚而无礼，不可以治民，过三百乘，其不能以入矣。""谗慝之口"当指蒍贾之言。〔3〕"宛春"，楚国大夫。〔4〕"君"，国君，指晋文公。"君取一"，指作为国君的晋文公仅得解除宋围一项要求。〔5〕"臣"，臣子，指子玉。"臣取二"，指作为臣子的子玉取得复卫、封曹两项要求。〔6〕"宋公"，即宋成公，公元前六三六年—前六二〇年在位。详见本书《宋微子世家》。〔7〕"齐将"，指齐军将领国归父和崔夭。〔8〕"秦将"，指秦军将领小子憖，系秦缪公之子。〔9〕"城濮"，卫国邑名，在今山东鄄城西南临濮集一带。或说在今河南开封陈留附近。〔10〕"衡雍"，郑国邑名，在今河南原阳西。〔11〕"王宫"，天子出巡在外接见诸侯朝拜的行宫。《仪礼·觐礼》云："诸侯觐于天子，为宫方三百步，四门；为坛十有二寻，深四尺，加方明于其上。"即此类王宫。"践土"，郑国邑名，在今河南原阳西南。

【译文】楚国将军子玉说："君王对待晋君极为宽厚，如今他明知楚国为曹国、卫国着急而故意攻伐他们，这是轻蔑君王。"楚成王说："晋侯流亡在外十九年，窘困的日子经历过很久了，结果得以返回晋国，艰难险阻全都知晓，善于使用他的百姓，这是上天保佑的结果，不可以阻挡。"子玉请战说："我不敢保证此行必定成功，但愿以此封住那说三道四的嘴。"楚成王很生气，便少给他兵。于是子玉派遣宛春告诉晋侯说："请您恢复卫侯君位和归还曹国土地，臣下就撤除对宋国的包围。"咎犯说："子玉太无礼了，当国君的只能取得一件，而做臣子的却要取得两件，不能答应。"先轸说："安定他人叫做礼。楚人一句话而安定三个国家，而您一句话要灭亡三个国家，那我们就失礼了。不答应楚国，这便是抛弃宋国啊。不如私下答应曹国、卫国的要求来引诱二国，拘捕宛春来激怒楚国，等战事发生再作打算。"晋侯就在卫国拘捕宛春，而且私下答应曹、卫复国。曹国、卫国向楚国宣布绝交。楚将得臣非常恼怒，攻击晋军，晋军后退。军吏问："为什么后退？"晋文公说："从前我在楚国时，曾向楚成王立约，(倘若交战相遇，)晋军后退九十里，难道可以背弃吗？"楚军准备离去，得臣不肯。四月戊辰这天，宋公、齐将、秦将与晋侯扎营在城濮。己巳这天，同楚军交战，楚军大败，得臣收拾残兵离去。甲午这

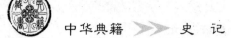

天,晋军返回到衡雍,在践土为周天子建筑王宫。

初,郑助楚,[1]楚败,惧,使人请盟晋侯。晋侯与郑伯盟。[2]

【注释】[1]"郑助楚",本书《郑世家》云:"(郑文公)四十一年,助楚击晋。"按《左传》僖公二十八年云:"乡役之三月,郑伯如楚致其师。"孔颖达《正义》云:"致其师者,致其郑国之师,许以佐楚也。战时虽无郑师,要本心佐楚,故既败而惧。"则郑实未出兵。[2]"郑伯":指郑文公。

【译文】起初,郑国帮助楚军,楚军溃败,郑君很害怕,派使者向晋侯请求结盟。晋侯与郑伯订立盟约。

五月丁未,献楚俘于周:驷介百乘,[1]徒兵千。[2]天子使王子虎命晋侯为伯,[3]赐大辂,[4]彤弓矢百,[5]玈弓矢千,[6]秬鬯一卣,[7]珪瓒,[8]虎贲三百人。[9]晋侯三辞,然后稽首受之。[10]周作《晋文侯命》:[11]"王若曰:[12]父义和,[13]丕显文、武,[14]能慎明德,[15]昭登于上,[16]布闻在下,[17]维时上帝集厥命于文、武。[18]恤朕身,[19]继予一人永其在位。"[20]于是晋文公称伯。癸亥,王子虎盟诸侯于王庭。[21]

【注释】[1]"驷介",由四匹被甲战马拉的车。[2]"徒兵",步兵。[3]"王子虎",名虎,氏王叔,谥文,亦称王叔文公,周卿士,任太宰,故又称太宰文公,死于公元前六二四年。"命",策命,即册命,周天子封赏诸侯、大臣并录登简册的仪式。此用作动词,指举行策命仪式。"伯",方伯,侯伯,诸侯之长。[4]"大辂",亦作"大路",一种天子特有的高级车乘。《周礼·春官·巾车》谓王有五路:玉路、金路、象路、革路、木路,又谓金路可用来赏赐同姓。《礼记·乐记》云:"所谓大辂者,天子之车也……则所以赠诸侯也。"则此"大辂"似即金路。"辂",音lù。[5]"彤",朱红色。"彤弓矢百",古时赏赐时常以百矢配一弓,按《左传》僖公二十八年作"彤弓一,彤矢百"。[6]"玈",音lú,黑色。[7]"秬",音jù,黑黍。"鬯",音chàng,鬯草,郁金香草。"秬鬯",用黑黍和郁金香草酿制的酒,用于祭祀降神。"卣",音yǒu,盛酒器。[8]"珪瓒",以圭为柄的玉

勺,祭祀时用来酌酒的器具。[9]"虎贲",亦作"虎奔",勇武强力之士,任天子之卫士。[10]"稽首",叩头至地,是当时最恭敬的一种跪拜礼。"稽",音qǐ。[11]《晋文侯命》,《尚书》篇名。此与《新序·善谋》均以为周襄王赐晋文公重耳之作。按《书序》云:"平王锡晋文侯秬鬯圭瓒,作《文侯之命》。"则以为周平王赐晋文侯之作。核之《文侯之命》,当以《书序》之说近是。[12]"若",此,如此,这样。[13]"父",伯父、叔父,周王对同姓诸侯的尊称。"义和",《史记集解》引马融释作"以义和我诸侯",似合司马迁之意。然今学者多以"义和"为晋文侯仇之字。[14]"丕",语助词。或说为大。"文、武",指周文王、周武王。[15]"明",光明,美好。或说为勉。[16]"昭",明亮,光亮。"登",升,上。"上",指上天,天帝。[17]"布",溥,普。"闻",闻知,流传。"下",指地,人间。[18]"维",语助词。"时",是,此。"集",栖止,降落。"厥",其。[19]"恤",忧,忧虑。"朕",古人自称之辞。自秦始皇起成为帝王自我专称。[20]"继",继续,延续。《史记会注考证》引枫山本、三条本作"绥"。《尚书·文侯之命》作"绩"。"予一人",周天子自称之辞。"永",永久,长久。"其",语助词。[21]"王庭",王廷,即践土王宫之廷。

【译文】五月丁未这天,晋国向周襄王进献俘获楚军的战利品:由四匹被甲战马拉的车一百辆,步兵一千人。天子委派王子虎策命晋侯为诸侯之长,赏赐大辂一辆,红色的弓一把,红色的箭一百枝,黑色的弓十把、黑色的箭一千枝,用黑黍加郁金香草酿制的酒一卣,柄为圭状的玉勺一把,虎贲三百人。晋侯辞谢三次,然后稽首接受。周廷史官作《晋文侯命》:"周王这样说:叔父崇尚仁义,和合诸侯。光辉的文王、武王,能够恪守美好的品德,光照天界,流芳人间,于是上帝将他的使命赋予文王、武王。叔父应当顾念关注我身,辅佐我长久地安居天子之位。"从这时起,晋文公在诸侯中称伯。癸亥这天,王子虎在践土的王宫大庭与诸侯缔结盟约。

晋焚楚军,火数日不息,文公叹。左右曰:"胜楚而君犹忧,何?"文公曰:"吾闻能战胜安者唯圣人,是以惧。且子玉犹在,庸可喜乎!"[1]子玉之败而归,楚成王怒其不用其言,贪与晋战,让责子玉,子玉自杀。晋文公曰:"我击其外,楚诛其内,内外相应。"于是乃喜。

【注释】〔1〕"庸"，岂，难道。

【译文】晋军焚烧楚人军营，大火数日不止，晋文公却在叹息。左右侍臣说："战胜楚军而国君还在忧愁，为什么？"晋文公说："我听说能够取得胜利而心安理得的只有圣人，因此担心。况且子玉还在，难道可以高兴吗！"子玉战败回国，楚成王恼恨他不听自己的话，贪恋与晋人作战，便斥责子玉，子玉自杀。晋文公闻讯说："我在外面攻击子玉，楚王在国内诛杀子玉，真是内外相互呼应。"于是才高兴。

六月，晋人复入卫侯。壬午，晋侯度河北归国。行赏，狐偃为首。或曰："城濮之事，先轸之谋。"文公曰："城濮之事，偃说我毋失信。先轸曰'军事胜为右'，〔1〕吾用之以胜。然此一时之说，偃言万世之功，奈何以一时之利而加万世功乎？是以先之。"

【注释】〔1〕"右"，古时中原地区皆尚右，以右为上。"军事胜为右"，《史记会注考证校补》引枫山本，于"事"后"胜"前有"以"字。

【译文】六月，晋人再次送卫侯进入国都。壬午这天，晋侯渡过黄河北上回国。颁行赏赐，狐偃为头功。有的人说："城濮战事，是靠先轸的谋略。"文公说："城濮之役，狐偃劝说我不要失信。先轸说'军事以胜为右'，我采用他的谋略而获胜。然而这只是适用一时的权宜之言，可狐偃之言说的却是千秋万代的功业，怎么能将一时的利害凌驾于千秋万代的功业之上呢？因此把狐偃之功排在最前面。"

冬，晋侯会诸侯于温，欲率之朝周。力未能，恐其有畔者，乃使人言周襄王狩于河阳。〔1〕壬申，遂率诸侯朝王于践土。孔了读史记至文公，〔2〕曰"诸侯无召王"。〔3〕"王狩河阳"者，〔4〕《春秋》讳之也。〔5〕

【注释】〔1〕"狩"，音 shòu，打猎，特指天子、诸侯冬季打猎。或说通"守"，巡守。"河阳"，晋国邑名，在今河南孟县西。〔2〕"史记"，史书记载，当指鲁《春秋》、晋《乘》之类官修史书的记载。〔3〕"诸侯无召王"，按《左传》僖公二十八年云："是会也，晋侯召王，以诸侯见，且使王狩。仲尼曰：'以臣召君，不可以训。'"可参看。〔4〕"王狩河阳"，见《春秋》僖公二十八年。〔5〕"《春秋》"，鲁国史书，记事起自鲁隐公元年（公元前七二二年），讫止鲁哀公十四年（公元前四八一年），是中国现存最早的一部断代编年体史书，被儒家和历代统治者奉为经典之一。为《春秋》作传的有多家，今存《左传》、《公羊传》、《谷梁传》。原《春秋》独立单行，后附传而行。《左传》的《春秋》经文讫止鲁哀公十六年（公元前四七九年），较《公羊》、《谷梁》两传的经文多二年。"《春秋》讳之也"，按本书《周本纪》云："晋文公召襄王，襄王会之河阳、践土，诸侯毕朝，书讳曰：'天王狩于河阳。'"又《孔子世家》云："践土之会，实召周天子，而《春秋》讳之曰：'天王狩于河阳。'"可参看。

【译文】冬天，晋侯在温邑会合诸侯，打算率领诸侯朝见周王。因力量不够，恐怕诸侯中有背叛的，就派人叫周襄王到河阳打猎。壬申这天，晋文公便率领诸侯在践土朝见周王。孔子读史书记载看到晋文公这一段，说："诸侯不能召见周王。""王狩河阳"这句话，是《春秋》避讳晋文公召见周襄王的笔法。

丁丑，诸侯围许。〔1〕

【注释】〔1〕"许"，国名，或作"鄦"，姜姓，传说为尧四岳伯夷的后裔，始封君文叔，西周初所封异姓诸侯国，在今河南许昌东，春秋后屡次迁居。战国初为楚所灭，或说灭于魏。

【译文】丁丑这天，诸侯军队围攻许国。

曹伯臣或说晋侯曰：〔1〕"齐桓公合诸侯而国异姓，〔2〕今君为会而灭同姓。曹，叔振铎之后；〔3〕晋，唐叔之后。合诸侯而灭兄弟，非礼。"晋侯说，〔4〕复曹伯。

【注释】〔1〕"曹伯臣或说晋侯曰"，按《左传》僖公二十八年云："晋侯有疾，曹伯之竖侯獳货筮史，使曰以曹为解。"当此所本。〔2〕"齐桓合诸侯而国异姓"，指公元前六五九年齐桓合宋桓公、曹昭公救邢，迁邢于夷仪（今山东聊城西南）；次年又合诸侯封卫于楚丘（今河南滑县东）。邢、卫均为姬姓之国，与齐异姓。〔3〕"叔振铎"，周武王之

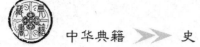

弟,周灭商后被封于曹,为曹国始封君。详见本书《管蔡世家》。〔4〕"说",解,理解。或说通"悦"。

【译文】曹伯臣子中有人来劝说晋侯道:"齐桓公会合诸侯而封立异姓之国,如今国君会合诸侯反而灭亡同姓之国。曹国,是叔振铎的后代;晋,是唐叔的后代。会合诸侯而灭亡兄弟之国,不合礼法。"晋侯理解劝谏之意,便恢复了曹伯的君位。

于是晋始作三行。〔1〕荀林父将中行,先縠将右行,〔2〕先蔑将左行。〔3〕

【注释】〔1〕"三行",指中行、右行、左行三支步兵部队。在此之前,晋国仅有右行、左行。〔2〕"先縠",先轸之后,下云:"縠,先轸子也。"齐召南《春秋左氏传注疏考证》谓当系先轸之孙或曾孙,于情理较合。其先世食邑于原(今河南济源西北),亦称"原縠"。本人食邑于彘(今山西霍县东北),故又称"彘子"。后任中军佐。公元前五九六年因私通翟人而被杀。"先縠将右行",按《左传》僖公二十八年作"屠击将右行",与此异。〔3〕"先蔑",或作"先眛",后任下军将,晋襄公死后投奔秦国。

【译文】在这一年晋国开始建立三支步兵部队。荀林父率领中行,先縠率领右行,先蔑率领左行。

七年,晋文公、秦缪公共围郑,以其无礼于文公亡过时,及城濮时郑助楚也。围郑,欲得叔瞻。叔瞻闻之,自杀。郑持叔瞻告晋。〔1〕晋曰:"必得郑君而甘心焉。"郑恐,乃间令使谓秦缪公曰:〔2〕"亡郑厚晋,于晋得矣,而秦未为利。君何不解郑,得为东道交?"〔3〕秦伯说,罢兵。晋亦罢兵。

【注释】〔1〕"郑持叔瞻告晋",本书《郑世家》云:"郑人以詹尸与晋。"按《国语·晋语四》谓叔瞻自愿至晋,结果生还,为郑国将军。与本书所记异。《吕氏春秋·上德》与《国语》略同。〔2〕"间",乘间,暗中。"使",使者。按《左传》僖公三十年,使者为郑国大夫烛之武。〔3〕"交",《史记索隐》云:"诸本及《左传》皆作'主'。""东道交",东方道路上的交通。郑国位于秦国东方,为秦人东行常经之地。

【译文】七年,晋文公、秦缪公共同领兵围攻郑国,因为郑国在晋文公流亡过访时不以礼相待,以及城濮之役时郑国帮助楚国。围攻郑国,想要抓获叔瞻。叔瞻听说此讯,就自杀了。郑人拿着叔瞻的尸体来报告晋国,晋文公说:"一定要抓到郑君才甘心。"郑文公害怕,就暗中派遣使者对秦缪公说:"灭亡郑国加强晋国,对晋国来说是得着好处了,但对秦国来说却不算有利。国君为什么不解除郑国之围,因此取信郑国使之成为秦国东行道上的友邦?"秦伯理解其意,便撤走军队。晋君也撤了军队。

九年冬,晋文公卒,子襄公欢立。〔1〕是岁郑伯亦卒。〔2〕

【注释】〔1〕"襄公欢",母偪姞,公元前六二七年—前六二一年在位。〔2〕"郑伯",即郑文公。

【译文】九年冬天,晋文公去世,儿子襄公欢即位。这一年郑伯也去世。

郑人或卖其国于秦,〔1〕秦缪公发兵往袭郑。十二月,秦兵过我郊。〔2〕襄公元年春,秦师过周,无礼,王孙满讥之。〔3〕兵至滑,〔4〕郑贾人弦高将市于周,〔5〕遇之,以十二牛劳秦师。秦师惊而还,灭滑而去。

【注释】〔1〕"郑人或卖其国于秦",本书《郑世家》云:"郑司城缯贺以郑情卖之,秦兵故来。"《秦世家》亦云:"郑人有卖于秦。"按《左传》僖公三十二年则谓秦大夫杞子掌管郑都北门钥匙,暗中招致秦军攻郑,与本书出入较大。〔2〕"我",指晋国。〔3〕"王孙满",周王宗室,周廷大夫。〔4〕"滑",国名,姬姓。始建都于滑(在今河南睢县西北);后迁都于费(在今河南偃师之缑氏镇),故亦称费滑。〔5〕"贾人",商人。"市",交易,做生意。

【译文】郑国人有向秦国出卖自己国家的,秦缪公(得到情报后)发兵前往偷袭郑国。十二月,秦国军队经过我晋国都城郊外。晋襄公元年春天,秦国军队经过成周,没有礼仪法度,王孙满讥诮秦军。秦军到达滑国,郑国商人弦高将要到成周去做生意,正好相遇,弦高(随机应变)将十二头牛慰劳秦军。秦军感到惊诧而回师,灭了滑国而离去。

晋先轸曰:"秦伯不用蹇叔,[1]反其众心,此可击。"栾枝曰:"未报先君施于秦,击之,不可。"先轸曰:"秦侮吾孤,伐吾同姓,何德之报?"遂击之。襄公墨衰绖。[2]四月,败秦师于殽,[3]虏秦三将孟明视、[4]西乞秫、[5]白乙丙以归。遂墨以葬文公。[6]文公夫人秦女,谓襄公曰:"秦欲得其三将戮之。"公许,遣之。先轸闻之,谓襄公曰:"患生矣。"轸乃追秦将。秦将渡河,已在船中,顿首谢,[7]卒不反。

【注释】[1]"蹇叔",秦国大夫,对秦缪公发兵袭郑极力加以劝阻,参看本书《秦本纪》和《左传》僖公三十二年。 [2]"墨衰绖",将丧服染成黑色。丧服为白色,戎服为黑色,晋襄公居丧从戎,故将丧服染成黑色。按《左传》僖公三十三年云"晋于是始墨",即晋国从此丧服开始用黑色。 [3]"殽",音yáo,或作"崤",山名,亦称嶔崟山,为秦岭东段支脉,在今河南洛宁西北,西接陕县界,东接渑池界,东北—西南走向,分东、西两殽,为古代军事要塞。 [4]"孟明视",名视,字孟明,氏百里,本书《秦本纪》谓百里傒之子。 [5]"西乞秫",或作"西乞术",本书《秦本纪》谓西乞秫和白乙丙为蹇叔之子,不可信。 [6]"墨",即上文"墨衰绖",指黑色丧服。 [7]"顿首",叩头,头叩地而拜,为古代九拜之一。"谢",告辞。

【译文】晋卿先轸说:"秦伯不采用蹇叔的规劝,违背众人之心,这样的军队可以打击。"栾枝说:"没有报答秦国对先君的恩惠,反而打击它,不可以。"先轸说:"秦国欺侮我国君丧父初孤,攻伐我同姓之国,还有什么恩德可以报答?"就出兵攻击秦军。晋襄公把丧服染成黑色(出征)。四月,在殽山打败秦军,俘虏秦军三位将领孟明视、西乞秫、白乙丙而回国。晋文公于是穿着黑色丧服安葬晋文公。晋文公夫人是秦国之女,对襄公说:"秦君想得到他的三位将军而杀死他们。"襄公应许,遣返三人。先轸得知此事,对襄公说:"祸患就要发生了。"先轸就即刻追赶三位秦将。秦将正渡黄河,已经在船上,叩头告辞,先轸结果没能追回。

后三年,秦果使孟明伐晋,报殽之败,取晋汪以归。[1]四年,秦缪公大兴兵伐我,度河,[2]取王官,[3]封殽尸而去。[4]晋恐,不敢

出,遂城守。五年,晋伐秦,取新城,[5]报王官役也。

【注释】[1]"汪",秦国邑名,在今陕西澄城西南。"取晋汪以归",按本书《十二诸侯年表》云襄公三年"秦报我,败于汪";秦缪公三十五年"伐晋报殽,败我于汪"。又《郑世家》云郑缪公三年"发兵从晋伐秦,败秦兵于汪"。又《左传》文公二年云:"冬,晋先且居、宋公子成、陈辕选、郑公子归生伐秦,取汪及彭衙而还。"均以汪为秦邑,谓晋败秦于汪。此以汪为晋邑,且谓秦取晋汪以归,误。 [2]"度",通"渡"。 [3]"王官",晋国邑名,在今山西闻喜南。 [4]"封殽尸",为在殽之战中阵亡的将士于当地堆起封土台作为标志。 [5]"新城",秦国邑名,在今陕西澄城东北。

【译文】此后三年,秦君果然派孟明领兵攻伐晋国,来报殽山战败的仇,取得晋国的汪邑而返回。晋襄公四年,秦缪公大举进兵攻伐我晋国,东渡黄河,取得王官,在殽山为当年阵亡的将士筑起封土台以志纪念而离去。晋人恐惧,不敢出击,便据城固守。晋襄公五年,晋军攻伐秦国,取得新城,以报王官之战的仇。

六年,赵衰成子、栾贞子、咎季子犯、霍伯皆卒。[1]赵盾代赵衰执政。

【注释】[1]"霍伯",即先且居,先轸之子。霍为其封邑,在今山西霍县西南,故称霍伯。又食邑于蒲城,在今山西隰县西北,亦称蒲城伯。公元前六七二年任中军元帅。

【译文】晋襄公六年,赵衰成子、乐贞子、咎季子犯、霍伯相继去世。赵盾替代赵衰执掌国政。

七年八月,襄公卒。太子夷皋少。[1]晋人以难故,欲立长君。[2]赵盾曰:"立襄公弟雍。[3]好善而长,先君爱之;[4]且近于秦,[5]秦故好也。立善则固,事长则顺,奉爱则孝,结旧好则安。"[6]贾季曰:[7]"不如其弟乐。[8]辰嬴嬖于二君,[9]立其子,民必安之。"赵盾曰:"辰嬴贱,班在九人下,[10]其子何震之有![11]且为二君嬖,淫也。为先君

子，[12]不能求大而出在小国，僻也。母淫子僻，无威；陈小而远，[13]无援：将何可乎！"使士会如秦迎公子雍。[14]贾季亦使人召公子乐于陈。赵盾废贾季，以其杀阳处父。[15]十月，葬襄公。十一月，贾季奔翟。是岁，秦缪公亦卒。

【注释】[1]"太子夷皋"，即晋灵公，公元前六二〇年—前六〇七年在位。[2]"长君"，年龄较长之君。[3]"雍"，即公子雍，晋文公之子，晋襄公庶弟。其母，本书《秦本纪》谓"秦出"；《左传》文公六年谓杜祁，系秦国之女，在晋文公妃妾中位次第四。[4]"先君"，指晋文公。[5]"近于秦"，本书《秦本纪》云公子雍"秦出也，在秦"。按《左传》文公六年，则谓公子雍出仕秦国，任亚卿。[6]"旧好"，即前"故好"，指秦国。[7]"贾季"，即狐射姑，狐偃之子，食邑于贾（在今山西襄汾西），排行季，故称贾季。公元前六二一年任晋中军元帅，旋为赵盾取代，出奔投狄。[8]"乐"，即公子乐，晋文公之子，晋襄公庶弟，母辰嬴，时出居于陈，贾季派人迎归，在返回途中被赵盾派人杀死。[9]"辰嬴"，秦国公室之女，原为太子圉（即晋怀公）之妾，故亦称怀嬴；后嫁公子重耳（即晋文公），称辰嬴，辰似其谥。"嬖"，嬖幸，宠幸。"二君"，指晋怀公、晋文公。[10]"班"，班次，位次。"九人"，古时有诸侯一娶九女之制，则"九人"指诸侯的正式妃妾。"班在九人下"，位在九名正式妃妾之下。按《史记会注考证校补》引别本无"下"字，与《左传》文公六年合，则谓辰嬴位次第九。[11]"震"，震慑，威严。[12]"先君"，指晋文公。[13]"陈"，妫姓，相传为舜的后裔，始封君胡公满，西周初所封异姓诸侯国，建都宛丘（在今河南淮阳），有今河南东部和安徽西北部。公元前四七九年被楚国所灭。[14]"士会"，士蒍之孙，名会，排行季，谥武，食邑于随（在今山西介休东南），后更受范（在今山东梁山西北），故又称士季、随会、范会、随季、随武子、范武子、季武子等，曾任晋上军主将、中军元帅、太傅等职，公元前五九二年告老引退。[15]"阳处父"，晋国大夫，任太傅，曾为赵衰下属，因推荐赵盾为中军元帅取代贾季而招怨被杀。

【译文】七年八月，晋襄公去世。当时太子夷皋年纪还小。晋人因为国家多难的缘故，希望立一个年纪大些的国君。赵盾说："立襄公弟弟雍为君。他爱行善而又年长，先君喜欢他；并且与秦国亲近，秦国是晋国的旧日友邦啊。置立善良就稳固，事奉年长就和顺，拥护先君所爱就合孝道，结交旧日友邦就会安定。"贾季说："不如立他的弟弟乐。辰嬴受到两位国君宠幸，立她的儿子为国君，百姓必定服从。"赵盾说："辰嬴卑贱，位次排在九人之下，她的儿子有什么威望！况且辰嬴被两位国君宠幸，这是淫乱。作为先君的儿子，不能求得大国入居而外出住在小国，这是鄙陋。母亲淫乱而儿子鄙陋，便没有威严；陈国弱小而遥远，就无法为援：这将怎么可以呢！"赵盾派士会前往秦国迎接公子雍。贾季也派人到陈国去召公子乐。赵盾罢免贾季，因为他杀害了阳处父。十月，安葬晋襄公。贾季出奔到翟。这一年，秦缪公也去世了。

灵公元年四月，秦康公曰：[1]"昔文公之入也无卫，故有吕、郤之患。"乃多与公子雍卫。太子母缪嬴日夜抱太子以号泣于朝，[2]曰："先君何罪？[3]其嗣亦何罪？舍适而外求君，[4]将安置此？"出朝，则抱以适赵盾所，[5]顿首曰："先君奉此子而属之子，[6]曰：'此子材，吾受其赐；不材，吾怨子。'今君卒，言犹在耳，而弃之，若何？"赵盾与诸大夫皆患缪嬴，且畏诛，乃背所迎而立太子夷皋，是为灵公。发兵以距秦送公子雍者。赵盾为将，往击秦，败之令狐。先蔑、随会亡奔秦。秋，齐、宋、卫、郑、曹、许君皆会赵盾，[7]盟于扈，[8]以灵公初立故也。

【注释】[1]"秦康公"，名罃，秦缪公之太子；其母缪姬，系晋献公之女。公元前六二〇年——前六〇九年在位。详见本书《秦本纪》。[2]"缪嬴"，晋襄公夫人，秦国之女。[3]"先君"，指晋襄公。[4]"适"，通"嫡"。[5]"适"，往，到。[6]"属"，通"嘱"，属托，托付。[7]"齐、宋、卫、郑、曹、许君"，指齐昭公、宋成公、卫成公、郑缪公、曹共公、许昭公。[8]"扈"，郑国邑名，在今河南原阳西。

【译文】晋灵公元年四月，秦康公说："从前晋文公进入国都没有护卫，所以有吕省、郤芮的发难。"就多给公子雍卫士。太子母亲缪嬴日夜抱着太子在朝廷上哭泣，说："先君有什么罪？他的后嗣又有什么罪？舍弃嫡子而到外面寻找国君，将把这孩子置于何地？"出了朝廷，便抱着太子赶到赵盾的

住所,叩头说:"先君当初手捧这孩子托付给您,说:
'这个孩子将来成材,我就敬受您的恩惠;不成材的
话,我就死也怨您。'如今国君去世,话还在耳边,却
要背弃他,您看怎么办?"赵盾与众大夫都忧虑缪嬴
的纠缠,而且害怕被杀,于是背弃所迎的公子雍而
立太子夷皋为国君,这就是晋灵公。晋国发兵阻止
秦国护送公子雍的卫队。赵盾任主将,领兵前往攻
击秦军,在令狐打败秦军。先蔑、随会流亡投奔秦
国。秋天,齐君、宋君、卫君、郑君、曹君、许君都来
会赵盾,在扈地缔结盟约,因为晋灵公开始立为国
君的缘故。

　　四年,伐秦,取少梁。[1]秦亦取晋之
郡。[2]六年,秦康公伐晋,取羁马。[3]晋侯
怒,使赵盾、赵穿、[4]郤缺击秦,[5]大战河
曲,[6]赵穿最有功。七年,晋六卿患随会之
在秦,[7]常为晋乱,乃详令魏寿余反晋降
秦。[8]秦使随会之魏,因执会以归晋。

　　【注释】[1]"少梁",秦国邑名,在今陕西韩城
南。原为梁国,公元前六四一年被灭入秦。[2]
"郡",本书《十二诸侯年表》和《左传》文公十年均作
"北徵",此"郡"当系"北徵"之误。北徵为晋国邑
名,在今陕西澄城西南。[3]"羁马",晋国邑名,
在今山西永济南。[4]"赵穿",谥武,赵夙庶孙,
赵盾从父昆弟,晋襄公之婿,晋卿。公元前六○七
年杀死晋灵公,迎立晋成公。[5]"郤缺",郤芮之
子,谥成,亦称郤成子;食邑于冀(在今山西河津东
北),又称冀缺。因其父郤芮谋害晋文公未遂被杀
而受牵连,贬为庶人,居野务农。后经白季荐举,担
任下军大夫,旋为卿,晋成公时继赵盾执掌国政。
[6]"河曲",晋地名,在今山西永济南。黄河至此,
由原来的自北向南折而东流,故称河曲。[7]"六
卿",指晋国当时三军的六位将佐。具体是:赵盾、
荀林父、郤缺、臾骈、栾盾、胥甲。[8]"详",通
"佯",假装。"魏寿余",晋国大夫,毕万后裔。魏系
其采邑,在今山西芮城北,因以为氏。按魏寿余至
秦策反随会事,亦见于长沙马王堆三号汉墓所出帛
书《春秋事语》。"魏寿余",帛书作"魏州余"。

　　【译文】晋灵公四年,晋军攻伐秦国,取得少
梁。秦军也取得晋国的郡。六年,秦康公攻伐晋
国,取得羁马。晋侯发怒,派遣赵盾、赵穿、郤缺领
兵攻击秦国,在河曲展开激战,赵穿最有功劳。七
年,晋国执政的六卿担心随会在秦国,常有造成晋

祸乱的危险,就命令大夫魏寿余假装反叛晋国投降
秦国。秦康公派随会到魏邑接受投降,魏寿余乘机
拘捕随会而返归晋国国都。

　　八年,周顷王崩,[1]公卿争权,[2]故不
赴。[3]晋使赵盾以车八百乘平周乱而立匡
王。[4]是年,楚庄王初即位。[5]十二年,齐人
弑其君懿公。[6]

　　【注释】[1]"周顷王",名壬臣,周襄王之子,
公元前六一八年—前六一三年在位。详见本书《周
本纪》。[2]"公卿争权",指周王室卿士周公阅和
王孙苏争权。见《左传》文公十四年。[3]"赴",
讣告,报丧。[4]"赵盾以车八百乘平周乱",按本
书《十二诸侯年表》云:"赵盾以车八百乘纳捷菑,平
王室。"《左传》文公十四年云:"晋赵盾以诸侯之师
八百乘纳捷菑于邾。"又云:"周公将与王孙苏讼于
晋……赵宣子平王室而复之。"皆以赵盾用车八百
乘为送邾文公之子捷菑返国为君,而与调定平熄王
室争执无涉。则此误将两事合而为一。"匡王",即
周匡王,名班,周顷王之子,公元前六一二年—前六
○七年在位。详见本书《周本纪》。[5]"楚庄
王",名旅(或作"吕"、"侣"),楚穆王之子,为春秋五
霸之一。公元前六一三年—前五九一年在位。详
见本书《楚世家》。[6]"懿公",即齐懿公,名商
人,齐桓公与密姬所生之子,齐昭公之弟,因骄奢淫
逸,积怨甚多,而被侍臣所杀。公元前六一二年—
前六○九年在位。详见本书《齐太公世家》。

　　【译文】晋灵公八年,周顷王驾崩,由于王室
公卿争权,所以没有向诸侯各国报丧。晋国派遣赵
盾率领八百辆战车平定周朝王室内乱而扶立周匡
王继位。这一年,楚庄王开始即国君之位。十二
年,齐人杀死他们的国君齐懿公。

　　十四年,灵公壮,侈,厚敛以雕墙。[1]从
台上弹人,观其避丸也。[2]宰夫胹熊蹯不
熟,[3]灵公怒,杀宰夫,使妇人持其尸出弃
之,过朝。[4]赵盾、随会前数谏,[5]不听;已
又见死人手,[6]二人前谏。随会先谏,不
听。灵公患之,使鉏麑刺赵盾。[7]盾闺门
开,[8]居处节,[9]鉏麑退,叹曰:"杀忠臣,弃
君命,罪一也。"遂触树而死。

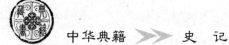

【注释】〔1〕"厚",重。"敛",收,征收,指征收赋税。"雕",画,绘饰。〔2〕"丸",弹丸,子弹。〔3〕"宰夫",厨子。"胹",音 ér,燉,煮。"熊蹯",熊掌。"蹯",音 fán。〔4〕"朝",朝廷,指国君与大臣议事的正厅。〔5〕"数",音 shuò,屡次,频繁。〔6〕"已",通"以"。〔7〕"鉏麑",音 chú ní,或作沮麛、鉏之弥、鉏麛,晋国力士。〔8〕"闺",内室,寝室。〔9〕"节",节度,法度。

【译文】十四年,晋灵公长大成人,十分奢侈,横征暴敛来绘饰宫墙。他常从高台上用弹弓弹人,观看行人躲避弹丸(以此取乐)。厨子炖烧熊掌不烂,灵公发怒,杀死厨子,让妇人们抬着厨子的尸体出宫扔掉,经过朝会大厅。赵盾、随会以前曾多次进谏,灵公不听;这次因为又在朝廷上见到死人手,两人前往劝谏。随会先去进谏,又不听。灵公讨厌再有人进谏,派遣鉏麑去刺杀赵盾。赵盾寝门敞开,起居极有法度,鉏麑(眼见此情)便退出来,叹息说:"杀死忠臣,背弃君命,罪过是一样的。"就用头撞树而死。

初,盾常田首山,〔1〕见桑下有饿人。饿人,示眯明也。〔2〕盾与之食,食其半。问其故,曰:"宦三年,〔3〕未知母之存不,愿遗母。"盾义之,益与之饭肉。已而为晋宰夫,赵盾弗复知也。九月,晋灵公饮赵盾酒,〔4〕伏甲将攻盾。公宰示眯明知之,〔5〕恐盾醉不能起,而进曰:"君赐臣,觞三行可以罢。"〔6〕欲以去赵盾,令先,毋及难。盾既去,灵公伏士未会,先纵啮狗名敖。〔7〕明为盾搏杀狗。〔8〕盾曰:"弃人用狗,虽猛何为。"然不知明之为阴德也。已而灵公纵伏士出逐赵盾,示眯明反击灵公之伏士,伏士不能进,而竟脱盾。盾问其故,曰:"我桑下饿人。"问其名,弗告。明亦因亡去。

【注释】〔1〕"常",通"尝"。《史记会注考证校补》引别本作"尝"。"田",通"畋",打猎。"首山",亦称首阳山,在今山西永济南。〔2〕"示眯明","示",音 qí,或作"祁"、"祇"、"提";"眯",音 mǐ,或作"弥"。晋国力士。按《左传》宣公二年,"示眯明"作"提弥明",并非首山饿人,后亦未为公宰,而系赵盾车右;有一首山饿人,乃名灵辄,后为灵公卫士而救赵盾。与此大异。〔3〕"宦",为人臣仆。〔4〕

"饮",音 yìn,使人喝,让人喝。〔5〕"公宰示眯明知之",《史记会注考证》引别本"宰"后有"夫"字。〔6〕"觞",音 shāng,盛酒器。这里指敬酒。"三行",三巡,三遍。〔7〕"纵",《史记索隐》引别本作"嗾",或作"蹴"。"啮",咬。"敖",通"獒",大犬,猛犬。〔8〕"搏",击,徒手搏斗。

【译文】当初,赵盾曾经在首山打猎,有一次看到桑树下有个饿汉。那个饿汉,就是示眯明。赵盾给他食物吃,他只吃了一半。问其中缘故,回答说:"我在外为人臣仆三年,不知道母亲还在不在,想把食物留给母亲吃。"赵盾认为他有孝亲的大义,就添加饭和肉给他。示眯明不久当上晋灵公的厨子,赵盾没有再知道他后来的情况。九月,晋灵公请赵盾喝酒,埋伏下身穿盔甲的武士准备攻杀赵盾。灵公的厨子示眯明知道这情形,恐怕赵盾喝醉不能起身,就进去说:"君主设宴赏赐臣子,酒过三巡便可作罢。"想借此让赵盾离开,使他先走脱,免遭杀身之祸。赵盾已经离席,但晋灵公事先埋伏的武士还没集中,就先放出名叫敖的咬人猛犬。示眯明替赵盾徒手击杀猛犬。赵盾说:"弃除人用狗,即使狗再凶猛,又有什么用。"然而赵盾不知道示眯明在暗中回报自己的恩德。旋即晋灵公唆使埋伏的武士出来追赶赵盾,示眯明反过来攻击灵公埋伏的武士,埋伏的武士不能前进,结果让赵盾脱身。赵盾问示眯明救自己的原因,示眯明说:"我就是当年桑树下的饿汉。"再问他名字,不肯告诉。示眯明也就此逃亡离去。

盾遂奔,未出晋境。乙丑,盾昆弟将军赵穿袭杀灵公于桃园而迎赵盾。〔1〕赵盾素贵,得民和;灵公少,侈,民不附,〔2〕故为弑易。盾复位。晋太史董狐书曰"赵盾弑其君",〔3〕以视于朝。〔4〕盾曰:"弑者赵穿,我无罪。"太史曰:"子为正卿,〔5〕而亡不出境,反不诛国乱,〔6〕非子而谁?"孔子闻之,曰:"董狐,古之良史也,书法不隐。宣子,良大夫也,为法受恶。惜也,出疆乃免。"

【注释】〔1〕"桃园",园囿名。〔2〕"附",依附,亲附。〔3〕"太史",史官之长,主掌记录国事、编撰史书。〔4〕"视",通"示",《史记会注考证校补》引别本作"示",宣示,示众。〔5〕"正卿",卿之长,执政之卿。"子为正卿",时赵盾任晋中军元帅,

居六卿之首,执掌国政,故云。 〔6〕"反不诛国乱",《史记会注考证校补》引别本"不"后有"能"字。

【译文】赵盾于是逃奔,还没来得及出晋国国境。乙丑这天,赵盾的兄弟将军赵穿在桃园袭击杀死晋灵公,同时迎回赵盾。赵盾素为权贵,又得人和;晋灵公年轻,又十分奢侈,百姓不亲附,所以被杀很容易。赵盾官复原位。晋国太史董狐记录道"赵盾弑其君",并在朝廷上宣示。赵盾说:"杀国君的人是赵穿,我可没有罪。"太史说:"你身为众卿之长,而且逃亡没有跑出国境,返归不讨伐国都暴乱,(杀国君的人)不是你还能是谁?"孔子听说这件事,说:"董狐,是古代所说的优良史官,据史法直书没有隐讳。宣子,是好大夫,因为史法而蒙受恶名。可惜啊,只要他一出国界就可以免遭杀君的罪名。"

赵盾使赵穿迎襄公弟黑臀于周而立之,是为成公。〔1〕

【注释】〔1〕"成公",即晋成公,公元前六〇六年—前六〇〇年在位。

【译文】赵盾派赵穿从成周迎回晋襄公的弟弟黑臀,立他为国君,这就是晋成公。

成公者,文公少子,其母周女也。壬申,朝于武宫。
成公元年,赐赵氏为公族。〔1〕伐郑,郑倍晋故也。三年,郑伯初立,〔2〕附晋而弃楚。楚怒,伐郑,晋往救之。

【注释】〔1〕"公族",国君同族。此为官名,系公族大夫省称,职掌公族及异姓卿大夫子弟的管理教育。"赐赵氏为公族",按《左传》宣公二年,指晋成公赐封赵括担任公族大夫。考晋国原以公族即同姓任公族大夫,至献公时因骊姬谗言而驱逐群公子,取消公族大夫之职。及晋成公即位,对诸卿嫡子授官予田,恢复公族大夫之职,以管理教育诸卿嫡子。赵括任公族大夫,打破了原由同姓担任此职务的惯例。 〔2〕"郑伯",指郑襄公,公元前六〇四年——前五八七年在位。详见本书《郑世家》。

【译文】晋成公,是晋文公的小儿子,他的母亲是周天子的女儿。壬申这天,到曲沃的武宫朝见

祭祀。

晋成公元年,赐封赵氏担任公族大夫。讨伐郑国,是因为郑国背弃晋国的缘故。三年,郑襄公开始即位,归附晋国而背弃楚国。楚君发怒,攻伐郑国,晋军前往救援郑国。

六年,伐秦,虏秦将赤。〔1〕

【注释】〔1〕"赤",通"斥",斥候,侦探。本书《十二诸侯年表》,晋成公六年"与鲁伐秦,获秦谍";秦桓公三年"晋伐我,获谍"。《左传》宣公八年云:"晋人获秦谍。"皆与此合。按本书《秦本纪》云:"桓公三年,晋败我一将。"则此"赤"似系秦将之名或指秦将之斥候。

【译文】晋成公六年,讨伐秦国,俘虏秦将派出的探子。

七年,成公与楚庄王争强,会诸侯于扈。陈畏楚,不会。晋使中行桓子伐陈,〔1〕因救郑,与楚战,败楚师。〔2〕是年,成公卒,子景公据立。〔3〕

【注释】〔1〕"中行桓子",即荀林父,时任中军佐。 〔2〕按本书《十二诸侯年表》楚庄王十四年"伐郑,晋郤缺救郑,败我";《左传》宣公九年云"晋郤缺救郑,郑伯败楚师于柳棼",皆以率救郑之师者为郤缺,与此谓中行桓子者异。 〔2〕"景公据","据"或作"獳",公元前五九九年—前五八一年在位。

【译文】七年,晋成公与楚庄王争夺霸主之位,在扈地会合诸侯。陈君畏惧楚国,没有赴会。晋君派遣中行桓子讨伐陈国,同时借此救援郑国,与楚军作战,击败楚军。这一年,晋成公去世,其子晋景公据继位。

景公元年春,陈大夫夏征舒弑其君灵公。〔1〕二年,楚庄王伐陈,诛征舒。

【注释】〔1〕"夏征舒",亦称夏南,陈国大夫,因陈灵公与其母夏姬淫乱并当众羞辱他,杀死陈灵公。"灵公",即陈灵公,名平国,陈共公之子,公元前六一三年—前五九九年在位。详见本书《陈杞世

家》。

【译文】晋景公元年春天,陈国大夫夏徵舒杀死他的国君陈灵公。二年,楚庄王攻伐陈国,诛杀夏徵舒。

三年,楚庄王围郑,郑告急晋。晋使荀林父将中军,随会将上军,赵朔将下军,〔1〕郤克、〔2〕栾书、〔3〕先縠、韩厥、〔4〕巩朔佐之。〔5〕六月,至河。闻楚已服郑,郑伯肉袒与盟而去,〔6〕荀林父欲还。先縠曰:"凡来救郑,不至不可。"将率离心,卒度河。〔7〕楚已服郑,欲饮马于河为名而去。楚与晋军大战。郑新附楚,畏之,反助楚攻晋。晋军败,走河,争度,船中人指甚众。〔8〕楚虏我将智䓨。〔9〕归而林父曰:"臣为督将,〔10〕军败当诛,请死。"景公欲许之。随会曰:〔11〕"昔文公之与楚战城濮,成王归杀子玉,而文公乃喜。今楚已败我师,又诛其将,是助楚杀仇也。"乃止。

【注释】〔1〕"赵朔",谥庄,亦称赵庄子,赵盾之子,娶晋成公姊(或说晋成公女)为妻,晋卿,此前任下军之佐。详见本书《赵世家》。 〔2〕"郤克",谥献,亦称郤献子,郤缺之子,晋卿,时任上军之佐,公元前五九二年继随会任中军元帅,执掌国政。〔3〕"栾书",谥武,亦称栾武子,栾枝之孙,栾盾之子,晋卿,时任下军之佐,公元前五八七年继郤克任中军元帅,执掌国政。 〔4〕"韩厥",或作"韩屈",谥献,亦称韩献子,韩万之玄孙,时任司马,后任新中军将、太仆,为卿,公元前五六六年告老致仕。详见本书《韩世家》。 〔5〕"巩朔",亦称巩伯、士庄伯,时任上军大夫,后任新上军将,为卿。 〔6〕"肉袒",脱去外衣,赤露上身,表示服罪,甘愿受刑。 〔7〕"度",通"渡"。 〔8〕"船中人指甚众",晋军士卒争相登船逃命,先登者恐楚军追来和超载沉覆,用刀斩砍后面攀援船舷者的手指,因争渡人众,致使被斩断而掉进船舱的指头很多。 〔9〕"智䓨",或作"知䓨",名䓨,字子羽,谥武,食邑于智(在今山西永济北),因以为氏,故亦称智武子、智伯。荀首之子,荀林父子从子,又称荀䓨。时为楚俘,公元前五八八年获释回国,为卿,任下军佐。公元前五六六年任中军元帅,执掌国政。死于公元前五六〇年。 〔10〕"督将",主将。 〔11〕"随会曰",按《左传》宣公十二年,谓劝谏者乃士渥浊,与此作"随会曰"异。

【译文】晋景公三年,楚庄王率军围攻郑国,郑国向晋国告急。晋君派荀林父率领中军,随会率领上军,赵朔率领下军,郤克、栾书、先縠、韩厥、巩朔辅佐三人。六月,到达黄河。听说楚军已降服郑国,迫使郑伯赤露上身投降认罪,与他缔结城下之盟然后离去,荀林父准备返回。先縠说:"大家一起来救援郑国,不到郑国是不可以的。"将帅之间意见分歧,最后还是渡过黄河。楚王已经降服郑国,原打算用饮马黄河作为出师成功名义而离去。结果,楚军与晋军进行激战。郑国新近归附楚国,畏惧楚国,因此反过来帮助楚军攻击晋军。晋军溃败,逃奔黄河,争相渡河,船舱里被砍下的手指很多。楚军俘获我晋国将领荀䓨。晋军回国,荀林父说:"臣下身为主帅,军队溃败,理当诛杀,请求死罪。"晋景公想答应他。随会说:"从前晋文公领兵同楚军在城濮作战(击败楚军),楚成王回国后杀死主将子玉,文公才开始高兴。如今楚军已经击败我军,我们又要诛杀军队主将,这是在帮助楚人杀仇敌啊。"景公便制止荀林父自杀。

四年,先縠以首计而败晋军河上,〔1〕恐诛,乃奔翟,〔2〕与翟谋伐晋。晋觉,乃族縠。縠,先轸子也。

【注释】〔1〕"首计",指首先提出贸然进击而导致兵败的主张。 〔2〕"翟",按《左传》宣公十三年,指赤翟,活动于今山西长治以北。"乃奔翟",按《左传》宣公十三年,先縠未曾奔翟,而是在晋被诛。与此出入较大。

【译文】晋景公四年,先縠因为首先提出进兵的主张而招致晋军在黄河岸边溃败,害怕被杀,就投奔翟人,同翟人谋划攻伐晋国。晋君察觉此事,便诛灭先縠家族。先縠,是先轸的儿子。

五年,伐郑,为助楚故也。是时楚庄王强,以挫晋兵河上也。

六年,楚伐宋,宋来告急晋,晋欲救之,伯宗谋曰:〔1〕"楚,天方开之,〔2〕不可当。"乃使解扬绐为救宋。〔3〕郑人执与楚,楚厚赐,使反其言,令宋急下。解扬绐许之,卒致晋

君言。[4]楚欲杀之,或谏,乃归解扬。

【注释】[1]"伯宗",字尊,亦称伯尊,孙伯纠(一作"孙伯起")之子,晋国大夫,公元前五七六年因郤锜等进谗言而被杀。 [2]"开",启,启示,开导,此引申为赞助、护佑。 [3]"解扬",字子虎,名扬,先人食邑于解(在今山西运城),因以为氏,晋国大夫。本书《郑世家》谓其霍人。"绐",音dài,欺骗。 [4]"致",送达,传达。

【译文】晋景公五年,攻伐郑国,因为郑国帮助楚军的缘故。这时候楚庄王称强诸侯,因为他在黄河岸边挫败了晋国军队。

晋景公六年,楚军攻伐宋国,宋人来向晋国告急,晋君准备救援宋国,伯宗说:"楚国,如今上天正在保佑它,势不可当。"晋君于是派遣解扬前去假装答应救援宋国。郑人抓到解扬交给楚人,楚王重礼相赠,让他把原来的话反过来说,命令宋国赶快投降。解扬假装答应楚王,结果却在喊话时传达了晋君的话。楚王要杀死他,有人劝谏,便放解扬回国。

七年,晋使随会灭赤狄。[1]

【注释】[1]"赤狄",按《左传》宣公十六年:"晋士会师帅灭赤狄甲氏及留吁、铎辰。"则此"赤狄"实指甲氏、留吁、铎辰各部,活动于今山西长治、屯留一带。

【译文】晋景公七年,晋君派遣随会领兵灭亡赤狄。

八年,使郤克于齐。齐顷公母从楼上观而笑之。[1]所以然者,郤克偻,[2]而鲁使蹇,[3]卫使眇,[4]故齐亦令人如之以导客。[5]郤克怒,归至河上,曰:"不报齐者,河伯视之!"至国,请君,欲伐齐。景公问知其故,曰:"子之怨,安足以烦国!"弗听。魏文子请老休,[6]辟郤克,[7]克执政。

【注释】[1]"齐顷公",名无野,齐惠公之子,公元前五九八年——前五八二年在位,详见本书《齐太公世家》。"齐顷公母",即下文之萧桐侄子。[2]"偻",音lóu,曲背,驼背。[3]"蹇",音jiǎn,跛足,瘸子。[4]"眇",音miǎo,瞎一只眼。[5]

"令人如之而导客",按《公羊传》成公二年云:"晋郤克与臧孙许同时而聘于齐。萧同侄子者,齐君之母也,踊于棓而窥客,则客或跛或眇,于是使跛者逆跛者,使眇者逆眇者。二大夫出,相与踦闾而语。"《谷梁传》成公元年云:"季孙行父秃,晋郤克眇,卫孙良夫跛,曹公子手偻,同时而聘于齐。齐使秃者御秃者,使眇者御眇者,使跛者御跛者,使偻者御偻者。萧同侄子处台上而笑之,闻于客。"可参看。 [6]"魏文子",按《左传》宣公十七年和《国语·晋语五》,此晋国执政告老者系范武子,而非魏文子。考《国语·晋语七》有令狐文子,即《左传》成公十八年之魏颉,系魏犨之孙、魏颗之子,可称作魏文子,但已是其后十九年晋悼公元年新任之卿,显非其人。此外,晋无称魏文子者。则此"魏文子"为"范武子"之误。 [7]"辟",荐举,推荐。或说通"避"。

【译文】晋景公八年,晋君派遣郤克出使到齐国。齐顷公的母亲从高台上观看而嘲笑来使。所以这样的缘故,是因为郤克背驼,鲁国使者腿瘸,卫国使者瞎一只眼,故尔齐人按照各位使者的生理缺陷让有相同残疾的人来导引宾客。郤克非常愤怒,返国途中到达黄河岸边,说:"来日不报齐国的羞辱,就让河伯作见证!"回到国都,向晋君请求,打算攻伐齐国。景公询问后知悉事情原委,说:"你个人的怨恨,怎么能来烦扰国家!"没有听从。魏文子告老请求退休,荐举郤克,郤克执掌国政。

九年,楚庄王卒。晋伐齐,齐使太子彊为质于晋,[1]晋兵罢。

【注释】[1]"太子彊",本书《十二诸侯年表》作"子彊",《齐太公世家》和《左传》宣公十八年作"公子彊"。考公子彊未被立为太子,时齐国太子为环(即齐灵公)。则"太子彊"系似"公子彊"之误。

【译文】晋景公九年,楚庄王去世。晋军攻伐齐国,齐君派遣太子彊作为人质到晋国,晋军才撤回。

十一年春,齐伐鲁,取隆。[1]鲁告急卫,卫与鲁皆因郤克告急于晋。晋乃使郤克、栾书、韩厥以兵车八百乘与鲁、卫共伐齐。夏,与顷公战于鞍,[2]伤困顷公。顷公乃与其右易位,[3]下取饮,以得脱去。齐师败走,

晋追北至齐。[4]顷公献宝器以求平,不听。郤克曰:"必得萧桐侄子为质。"[5]齐使曰:"萧桐侄子,顷公母;顷公母犹晋君母,奈何必得之? 不义,请复战。"晋乃许与平而去。

【注释】[1]"隆",或作"龙",鲁国邑名,在今山东泰安东南。 [2]"鞍",齐国地名,在今山东济南西北。 [3]"右",指车右,战车上立于右边负责护卫主帅者。按本书《齐太公世家》和《左传》成公二年,时车右者为齐大夫逢丑父。 [4]"北",败北,败退。此指败兵。 [5]"萧桐侄子",或作"萧同侄子"、"萧桐叔子"、"萧同叔子"。

【译文】晋景公十一年春天,齐军攻伐鲁国,夺取隆邑。鲁国向卫国告急,卫国和鲁国都通过郤克向晋国告急。晋君便派遣郤克、栾书、韩厥率领战车八百辆与鲁军、卫军共讨伐齐军。夏天,晋军与齐顷公的军队在鞍地作战,使齐顷公受伤被困。顷公就跟他的车右调换在车上的位置,装作下车打水,因此得以脱身逃去。齐军溃败逃跑,晋军追赶败兵直到齐国腹地。齐顷公奉献宝器请求媾和,晋军不答应。郤克说:"一定要得到萧桐侄子作为人质(才能讲和)。"齐国使者说:"萧桐侄子是顷公的母亲,顷公的母亲就好比你们晋君的母亲,怎么能一定要得到她作为人质呢? 这样做违背人伦大义,我们只能请求再战一场。"晋军这才应许跟齐国媾和而离去。

楚申公巫臣盗夏姬以奔晋,[1]晋以巫臣为邢大夫。[2]

【注释】[1]"申公巫臣",即屈巫,氏屈,字子灵,楚国大夫,任楚申县(在今河南南阳北)县尹,故称申公。"夏姬",郑穆公之女,陈大夫御叔之妻,夏徵舒之母,以美色闻名。陈灵公及大夫孔宁、仪行父曾与之淫乱。其子夏徵舒忿而杀死灵公,招致楚军讨诛。楚庄王及楚将子反欲纳夏姬,皆为申公巫臣所劝止,夏姬被赐予楚大夫连尹襄老。连尹襄老死后,又与其子黑要淫乱。申公巫臣串通夏姬,使之返郑,然后乘出使齐国之机迎娶夏姬,投奔晋国,则此"申公巫臣盗夏姬以奔晋"之谓。 [2]"邢",即邢丘,晋国邑名,在今河南温县东北。

【译文】楚国申公巫臣拐娶夏姬投奔晋国,晋君让巫臣担任邢大夫。

十二年冬,齐顷公如晋,欲上尊晋景公为王,[1]景公让不敢。晋始作六军,[2]韩厥、巩朔、赵穿、[3]荀雅、[4]赵括、[5]赵旃皆为卿。[6]智䓖自楚归。[7]

【注释】[1]"欲上尊晋景公为王",按《左传》成公三年云:"齐侯朝于晋,将授玉。"并无尊王之事。《史记索隐》引王劭云:"按张衡曰:'礼,诸侯朝天子执玉,既授而反之。若诸侯自相朝,则不授玉。'齐顷公战败朝晋而授玉,是欲尊晋侯为王,太史公探其旨而言。"然诸侯相见自有授玉之礼,不足信。则此尊王之事实乃误解"授玉"所致。 [2]"晋始作六军",晋国原有中、上、下三军,此时增设新中、上、下三军,共有六军。 [3]"赵穿",按《左传》成公三年,当作"韩穿"为是。韩穿曾任上军大夫。 [4]"荀雅",谥文。"雅",音zhuī。 [5]"赵括",赵衰之子,赵盾之异母弟,食邑于屏,因以为氏,亦称屏括,又称屏季。曾任中军大夫、公族大夫等职。于公元前五八三年因赵庄姬之潛被晋景公所杀。 [6]"赵旃",赵穿之子,公元前五八八年任新军主将。按以上六人为增设的新三军将、佐。《左传》成公三年杜预《注》云:"韩厥为新中军,赵括佐之;巩朔为新上军,韩穿佐之;荀雅为新下军,赵旃佐之。" [7]"智䓖自楚归",《史记会注考证》引枫山本,"归"后有"晋"字。

【译文】晋景公十二年冬天,齐顷公前往晋国,要尊奉晋景公为王。景公辞让不敢接受。晋国开始建立六军,韩厥、巩朔、赵穿、荀雅、赵括、赵旃都被封为卿。智䓖获释从楚国归来。

十三年,鲁成公朝晋,[1]晋弗敬,鲁怒去,倍晋。晋伐郑,取氾。[2]

【注释】[1]"鲁成公",名黑肱,鲁宣公之子,公元前五九○年——前五七三年在位。详见本书《鲁周公世家》。 [2]"氾",郑国邑名,在今河南巩县东北。

【译文】晋景公十三年,鲁成公朝见晋君,晋景公不礼貌,鲁君含怒离去,打算废弃与晋国的盟约。晋军讨伐郑国,夺取氾邑。

十四年，梁山崩。[1]问伯宗，伯宗以为不足怪也。

【注释】〔1〕"梁山"，故梁国名山，后入晋成为晋望，在今陕西韩城西北。

【译文】晋景公十四年，梁山崩塌。晋君询问伯宗，伯宗认为不足为怪。

十六年，楚将子反怨巫臣，[1]灭其族。巫臣怒，遗子反书曰："必令子罢于奔命！"乃请使吴，令其子为吴行人，[2]教吴乘车用兵。吴、晋始通，约伐楚。

【注释】〔1〕"子反"，名侧，字子反，楚公族，或谓楚穆王之子，亦称公子侧，任司马，于公元前五七五年鄢陵之战兵败后被杀。"楚将子反怨巫臣"，子反曾欲娶夏姬，被巫臣所劝阻，后巫臣却娶夏姬奔晋，子反因此怀恨。〔2〕"其子"，指巫臣之子狐庸，即屈狐庸，袭父食邑邢，故亦称邢侯、邢伯。后自吴返晋，为大夫。"行人"，官名，职掌朝觐聘问。

【译文】晋景公十六年，楚国将军子反怨恨巫臣，便杀灭其宗族。巫臣极为愤怒，给子反致送书信说："一定要叫你疲于奔命！"便向晋君请求派人出使吴国，让他的儿子当了吴国的行人，教吴人学习车战用兵之法。吴国与晋国开始交通往来，并相约讨伐楚国。

十七年，诛赵同、[1]赵括，族灭之。韩厥曰："赵衰、赵盾之功岂可忘乎？奈何绝祀！"乃复令赵庶子武为赵后，[2]复与之邑。

【注释】〔1〕"赵同"，赵衰之子，赵括之兄，食邑于原（在今山西济源西北）亦称原同，又称原叔，晋大夫，曾任下军大夫等职。〔2〕"武"，即赵武，谥文，亦称赵文子，又称赵孟，赵盾之孙，赵朔之子，母赵庄姬系晋成公之女（本书《赵世家》谓"成公姊"，误）。赵氏族灭时，随母养于公宫，幸免于难。后为卿，执掌国政，死于公元前五四一年。详见本书《赵世家》。

【译文】晋景公十七年，晋君诛杀赵同、赵括，

并且诛灭赵氏家族。韩厥说："赵衰、赵盾的功绩难道可以忘记吗？怎么能断绝赵氏的香火！"晋君于是又让赵氏庶子赵武为赵氏继承人，并又给他食邑。

十九年夏，景公病，立其太子寿曼为君，[1]是为厉公。后月余，景公卒。

【注释】〔1〕"寿曼"，或作"州蒲"、"州满"、"洲满"，公元前五八〇年——前五七二年在位。

【译文】十九年夏天，晋景公病重，立他的太子寿曼为国君，这就是晋厉公。此后一个多月，晋景公去世。

厉公元年，初立，欲和诸侯，[1]与秦桓公夹河而盟。[2]归而秦倍盟，与翟谋伐晋。[3]三年，使吕相让秦，[4]因与诸侯伐秦。至泾，[5]败秦于麻隧，[6]虏其将成差。

【注释】〔1〕"和"，和合，会合。〔2〕"秦桓公"，名荣，秦共公之子，公元前六〇三年——前五七七年在位。详见本书《秦本纪》。〔3〕"翟"，按《左传》成公十三年，指白翟，活动于今陕西延安、安塞、延川、延长、宜川、黄龙、洛川、富县、甘泉一带。〔4〕"吕相"，亦称魏相，魏犨之孙，魏锜之子；谥宣，又称吕宣子，晋大夫，晋悼公时为卿。"让"，责让，谴责。〔5〕"泾"，水名，渭水支流，源出今宁夏六盘山东麓，东南流经甘肃，至陕西高陵入渭河。〔6〕"麻隧"，秦国邑名，在今陕西泾阳西北。

【译文】晋厉公元年，因刚即位，厉公想会合诸侯，便与秦桓公隔着黄河互派使者结盟。双方回国后秦国即背弃盟约，与白翟密谋攻伐晋国。晋厉公三年，晋国派遣吕相出使谴责秦君，接着与诸侯讨伐秦国。军队到达泾水，在麻隧击败秦军，俘虏秦将成差。

五年，三郤谗伯宗，[1]杀之。伯宗以好直谏得此祸，国人以是不附厉公。

【注释】〔1〕"三郤"，指晋国卿大夫郤锜、郤犫、郤至。

【译文】晋厉公五年，三郤进谗言陷害伯宗，厉公诛杀伯宗。伯宗因为喜欢直言劝谏遭受这杀身之祸，国人因此不亲附晋厉公。

六年春，郑倍晋与楚盟，晋怒。栾书曰："不可以当吾世而失诸侯。"乃发兵。厉公自将，五月度河。闻楚兵来救，范文子请公欲还。[1]郤至曰：[2]"发兵诛逆，见强辟之，[3]无以令诸侯。"遂与战。癸巳，射中楚共王目，[4]楚兵败于鄢陵。[5]子反收余兵，拊循，[6]欲复战。晋患之。共王召子反，其侍者竖阳谷进酒，[7]子反醉，不能见。王怒，让子反，子反死。王遂引兵归。晋由此威诸侯，欲以令天下求霸。

【注释】[1]"范文子"，即士燮，谥文，排行叔，范文子士会之子，亦称范叔，晋卿，时任中军佐，死于公元前五七四年。　[2]"郤至"，郤克族侄，食邑于温，排行季，亦称温季，晋卿，时任新军佐，公元前五七四年被晋厉公所杀。　[3]"辟"，通"避"。[4]"楚共王"，或作"楚恭王"、"楚龚王"，名审（或作"葳"），楚庄王之子，公元前五九○年——前五六○年在位。详见本书《楚世家》。[5]"鄢陵"，或作"焉陵"，郑国邑名，在今河南鄢陵西北。　[6]"拊循"，或作"抚循"，安抚，抚慰。[7]"竖阳谷"，或作"竖谷阳"、"谷阳竖"。

【译文】晋厉公六年春天，郑国背弃晋国与楚国结盟，晋君大怒。栾书说："不可以当我们在世时失去诸侯。"晋国就发兵。晋厉公亲自领兵，五月渡过黄河。听说楚兵前来救援，范文子向厉公请示打算返回。郤至说："发兵诛讨叛逆，遇上强敌就逃避，将丧失号令诸侯的资格。"于是与楚军开战。癸巳这天，晋军发箭射中楚共王的眼睛，楚军在鄢陵战败。子反收拾残兵，安抚整饬余部，准备再战。晋人对此感到忧虑。楚共王召见子反，他的侍从竖阳谷献酒给子反，子反大醉，不能前来进见。楚王发怒，责备子反，子反自杀而死。楚王于是领兵回国。晋国因此威震诸侯，晋君想借此号令天下求为霸主。

厉公多外嬖姬，[1]归，欲尽去群大夫而立诸姬兄弟。宠姬兄曰胥童，[2]尝与郤至有怨，[3]及栾书又怨郤至不用其计而遂败

楚，[4]乃使人间谢楚。[5]楚来诈厉公曰："鄢陵之战，实至召楚，欲作乱，内子周立之。[6]会与国不具，[7]是以事不成。"厉公告栾书。栾书曰："其殆有矣！[8]愿公试使人之周微考之。"[9]果使郤至于周。栾书又使公子周见郤至，郤至不知见卖也。厉公验之，信然，遂怨郤至，欲杀之。八年，[10]厉公猎，与姬饮，郤至杀豕奉进，宦者夺之。[11]郤至射杀宦者。公怒，曰："季子欺予！"[12]将诛三郤，未发也。郤锜欲攻公，[13]曰："我虽死，公亦病矣。"郤至曰："信不反君，智不害民，勇不作乱。失此三者，谁与我？我死耳！"十二月壬午，公令胥童以兵八百人袭攻杀三郤。胥童因以劫栾书、中行偃于朝，[14]曰："不杀二子，患必及公。"公曰："一旦杀三卿，寡人不忍益也。"对曰："人将忍君。"公弗听，谢栾书等以诛郤氏罪："大夫复位。"二子顿首曰："幸甚幸甚！"公使胥童为卿。闰月乙卯，[15]厉公游匠骊氏，[16]栾书、中行偃以其党袭捕厉公，囚之，杀胥童，而使人迎公子周于周而立，[17]是为悼公。

【注释】[1]"外嬖姬"，按下文有"立诸姬兄弟"，此"外"似系衍文，当作"嬖姬"，指宠幸的姬妾。按《左传》成公十七年云"晋厉公侈，多外嬖"，则又似"姬"系衍文，当作"外嬖"，指宠幸的大夫。"外嬖姬"不词，必有讹误，译文姑从前者。　[2]"胥童"，字之昧，亦称胥之昧，胥甲之孙，胥克之子。此称"宠姬兄"，未详所本。晋大夫，于诛杀三郤后为卿。[3]"尝与郤至有怨"，按《左传》宣公八年，郤至之父郤缺为中军元帅执政时曾撤销胥童之父胥克的下军佐职务。言胥童"尝与郤至有怨"，当指此。[4]"栾书又怨郤至不用其计而遂败楚"，按《左传》成公十六年和《国语·晋语六》，在鄢陵之战中，栾书主张伺机出机，而郤至主张速战速决，结果晋厉公采用郤至之策大败楚军，栾书因此结怨。[5]"间"，乘间，乘机。"谢"，告致，告诉。[6]"子周"，亦称周子、孙周、公子周，即晋悼公，时居于成周，公元前五七三年——前五五七年在位。[7]"与国"，盟国。"具"，齐备，此指到齐。[8]"殆"，音 dài，大概，恐怕。[9]"微"，暗中。[10]"八年"，按以下所载晋厉公外出田猎，诛杀三郤等事，《左传》皆系于鲁成公十七年，当晋厉公七年。则此

"八年"系"七年"之误。〔11〕"宦者",按《左传》成公十七年,指晋厉公之寺人孟张。〔12〕"欺",欺负,轻视。〔13〕"郤锜",亦称驹伯,郤克之子,晋卿,时任上军将。〔14〕"中行偃",即荀偃,字伯游,谥献,故亦称中行献子,又称中行伯,荀林父之孙,荀庚之子,晋卿,时任上军佐。公元前五六〇年继荀罃任中军元帅,执掌国政。死于公元前五五四年。〔15〕"闰月乙卯",按《左传》成公十七年云:"闰月乙卯晦,栾书、中行偃杀胥童。"而记厉公出游被囚在此前十二月。厉公之死,下文和《左传》成公十八年皆谓于"正月庚申"。厉公自被囚至被杀,时历鲁历(即周历)十二月、闰月及翌年正月,与《国语·晋语六》、《吕氏春秋·骄恣》、《淮南子·人间》所言囚厉公三月而杀相合。可证《左传》所记不误。此以"闰月乙卯"下系厉公出游被囚,误。〔16〕"匠骊氏",指晋国大夫匠骊氏之家,地在翼,即今山西翼城东南。〔17〕"周",《史记集解》引徐广曰:"一作'纠'。"

【译文】晋厉公有许多宠幸的姬妾,鄢陵之战归来,准备全部除去众大夫而封立各姬妾的兄弟。有个受到宠幸姬妾的兄长叫胥童,曾经与郤至有积怨,至于栾书又怨恨郤至不采用他的计谋而结果击败楚军,于是派人暗中通报楚君(设计陷害郤至)。楚国来人欺骗厉公说:"鄢陵之战,是郤至招来楚军,他打算发动变乱,接纳之周立以为君。恰好遇上盟国之兵没有到齐,因此事情没有成功。"厉公告诉栾书。栾书说:"那恐怕实有其事了。望国君您试着派人到成周,暗中核实此事。"厉公果真派遣郤至到成周。栾书又另派人让公子周会见郤至,郤至不知自己已被人出卖。厉公验证此事,以为确实如此,于是怨恨郤至,想要杀死他。八年,晋厉公出外打猎,与姬妾宴饮。郤至杀死野猪前来进献,宦官夺走野猪。郤至用箭射杀宦官。厉公发怒,说:"季子欺负到我头上来了。"厉公将要诛杀三郤,但还没有行动。郤锜打算攻击厉公,说:"我即便死了,厉公也会狼狈不堪。"郤至说:"有信就不能反叛国君,有智就不可残害百姓,有勇就不许发动叛乱。失去这三件,谁还来跟从我?我只好死了吧。"十二月壬午这天,晋厉公命令胥童带领八百名士兵袭击杀死三郤。胥童乘势在朝廷上劫持栾书、中行偃,说:"不杀掉这二位,祸患必定延及国君。"厉公说:"一个早上杀死三卿,我不忍心再增加了。"胥童回答说:"人家将会忍心对您下手。"厉公没听从,把惩诛郤氏罪行的情况告诉栾书等人,并说:"大夫们各复原职。"二人磕头拜谢说:"幸运得很,幸运得很。"厉

公让胥童为卿。闰月乙卯这天,晋厉公出游住在匠骊家,栾书、中行偃率领党徒偷袭逮捕厉公,囚禁了他,杀死胥童,同时派人到成周迎回公子周而立他为国君,这就是晋悼公。

悼公元年正月庚申,〔1〕栾书、中行偃弑厉公,葬之以一乘车。〔2〕厉公囚六日死,〔3〕死十日庚午,智罃迎公子周来,至绛,刑鸡与大夫盟而立之,〔4〕是为悼公。辛巳,朝武宫。二月乙酉,即位。

【注释】〔1〕"悼公元年正月庚申",按《左传》成公十八年所记与此合。但《左传》记时用的是鲁历(即周历),换算成晋历(即夏历),此"正月庚申"实在去年,即晋厉公七年。此云"悼公元年正月庚申"系鲁、晋历法纪年混用。〔2〕"葬之以一乘车",按《国语·周语下》韦昭《注》云:"礼,诸侯七命,遣车七乘。以车一乘,不成丧也。"《左传》成公十八年杜预《注》云:"言不以君礼葬,诸侯葬车七乘。"〔3〕"厉公囚六日死",按《国语》、《吕氏春秋》、《淮南子》等皆谓厉公囚三月而死,《左传》亦载厉公被囚历三月死,当是。此言"囚六日死",当承上文误系厉公之囚于"闰月乙卯"所致。〔4〕"刑",杀,斩。

【译文】晋悼公元年正月庚申这天,栾书、中行偃杀死晋厉公,安葬厉公只用一辆遣车。厉公被囚禁六天而死,死后十天是庚午日,智罃迎接公子周来,到达绛,杀鸡饮血与大夫订立盟誓而立公子周为国君,这就是晋悼公。辛巳这天,朝拜武宫。二月乙酉这天,正式就国君之位。

悼公周者,其大父捷,〔1〕晋襄公少子也,不得立,号为桓叔,桓叔最爱。桓叔生惠伯谈,谈生悼公周。周之立,年十四矣。悼公曰:"大父、父皆不得立而辟难于周,〔2〕客死焉。寡人自以疏远,毋几为君。〔3〕今大夫不忘文、襄之意而惠立桓叔之后,赖宗庙大夫之灵,得奉晋祀,岂敢不战战乎!〔4〕大夫其亦佐寡人!"于是逐不臣者七人,〔5〕修旧功,施德惠,收文公入时功臣后。秋,伐郑。郑师败,遂至陈。〔6〕

【注释】〔1〕"大父",祖父。〔2〕"辟",通

"避"。〔3〕"几",通"冀",期望,企望。或说通"机",机会。〔4〕"战战",通"颤颤",发抖的样子,比喻小心谨慎。〔5〕"不臣者",不能恪守为臣之道者,即不称职者。〔6〕"伐郑。郑师败,遂至陈",按本书《十二诸侯年表》系于晋悼公二年,与《左传》襄公元年合。则伐郑事当在悼公二年。

【译文】晋悼公周,他的祖父名捷,是晋襄公的小儿子,不能立为太子,号称桓叔,桓叔最受襄公宠爱。桓叔生惠伯谈,谈生悼公周。周立为国君时,年仅十四岁。悼公说:"祖父、父亲不能立为国君而到成周避难,客死它乡。我本人因为与公室关系疏远,没有当国君的奢望。如今各位大夫不忘文公、襄公的志意而惠顾扶立我这个桓叔后人为国君,依赖祖宗、先大夫在天之灵,我才得以主持侍奉晋国祭祀,哪敢不战战兢兢呢!望诸位大夫辅佐我!"于是驱逐不能遵守臣道的七个人,修明旧日功绩,普施德泽恩惠,收容安抚于晋文公回国有功之臣的后代。秋天,攻伐郑国。郑国军队溃败,晋军于是抵达陈国。

三年,晋会诸侯。悼公问群臣可用者,〔1〕祁傒举解狐。〔2〕解狐,傒之仇。复问,〔3〕举其子祁午。〔4〕君子曰:"祁傒可谓不党矣!外举不隐仇,内举不隐子。"方会诸侯,悼公弟杨干乱行,〔5〕魏绛戮其仆。〔6〕悼公怒,或谏公,公卒贤绛,任之政,使和戎,〔7〕戎大亲附。十一年,悼公曰:"自吾用魏绛,九合诸侯,〔8〕和戎、翟,魏子之力也。"赐之乐,〔9〕三让乃受。冬,秦取我栎。〔10〕

【注释】〔1〕"悼公问群臣可用者",按《左传》襄公三年,中军尉祁傒告老引退,悼公因问可继此职者。〔2〕"祁傒","祁"或作"祈","傒"或作"奚"、"傒",字黄羊,晋献侯之后裔。〔3〕"复问",按《左传》襄公三年,解狐未及就职便去世,故晋悼公再次询问。〔4〕"祁午",继任父职中军尉。〔5〕"杨干",或作"扬干"。"行",行列,队列。〔6〕"魏绛",或作"魏降",本书《魏世家》云谥昭,亦称魏昭子;按《左传》、《国语》、《世本》等谓谥庄,又称魏庄子。魏犨之子(或谓魏犨之孙)。时任中军司马,掌管军中法纪。后为卿,历任新军佐、下军佐、下军将等职。详见本书《魏世家》。"仆",御者,驾车者。〔7〕"戎",即山戎,因多居山区;亦称北戎,因处北

方;又称无终。时活动于今山西太原一带,后迁至河北玉田西北无终山。〔8〕"九合诸侯",据《左传》和《国语》,指公元前五六八年会于戚,同年又会于城棣救郑;公元前五六六年会于郑;公元前五六五年会于邢丘;公元前五六四年会于戏;公元前五六三年会于柤,同年又成郑虎牢;公元前五六二年会于亳城,同年又会于萧鱼。或谓"九"系虚数,极言其多。〔9〕"赐之乐",按《左传》襄公十一年和《国语·晋语七》,晋悼公赏赐给魏绛女乐八人、歌钟一肆。〔10〕"取",本书《秦本纪》和《十二诸侯年表》均言"败",按《左传》襄公十一年亦云:"秦、晋战于栎,晋师败绩。"《史记志疑》谓"疑'取'当作'败'"。"栎",音lì,晋国邑名,在今山西永济西南。

【译文】晋悼公三年,晋君盟会诸侯。晋悼公询问群臣可以任用的人,祁傒荐举解狐。解狐,是祁傒的仇人。(解狐去世,)晋君又询问,祁傒荐举自己的儿子祁午。君子说:"祁傒可以称得上不结私党了!荐举外人不隐匿仇人,荐举家人不隐匿儿子。"当会合诸侯时,晋悼公之弟杨干扰乱军队行列。魏绛依法诛戮他的御者。悼公很恼怒,有人劝谏悼公,悼公终于认为魏绛是个贤材,委以重任,派遣出使安抚戎人,戎人都来亲附。十一年,晋悼公说:"自从我重用魏绛以来,九次会合诸侯,广泛安抚戎翟,是魏子的功劳啊。"赏赐给魏绛女乐歌钟,魏绛再三推辞才接受。冬天,秦军夺取我栎邑。

十四年,晋使六卿率诸侯伐秦,〔1〕度泾,大败秦军,至棫林而去。〔2〕

【注释】〔1〕"六卿",指晋国三军的将佐,具体是:中军将荀偃,中军佐士匄,上军将赵武,上军佐韩起,下军将栾黡,下军佐魏绛。〔2〕"棫",音yù。"棫林",秦国邑名,在今陕西泾阳泾水西南。

【译文】晋悼公十四年,晋君派遣六卿率领诸侯军队攻伐秦国,渡过泾水,大败秦军,直到棫林才离去。

【译文】晋悼公十五年,悼公向师旷询问治国之道。师旷说:"只有仁义才是治国之本。"冬天,晋悼公去世,儿子平公彪继位。

十五年,悼公问治国于师旷。〔1〕师旷

曰:"惟仁义为本。"冬,悼公卒,子平公彪立。[2]

【注释】[1]"师旷",晋国乐师,名旷,字子野。[2]"平公彪",公元前五五七年—前五三二年在位。

【译文】晋平公六年,鲁襄公朝见晋君。晋国栾逞犯有罪行,逃奔齐国。晋平公八年,齐庄公暗中派遣栾逞到曲沃,并用军队跟随其后。齐军登上太行陉,栾逞从曲沃城中造反,偷袭进入绛都。绛都没有戒备,晋平公准备自杀,范献子制止平公自杀,并率领他的私属攻击栾逞,栾逞战败逃奔曲沃。曲沃人攻击栾逞,栾逞战死,于是诛灭栾氏家族。栾逞,是栾书的孙子。他进入绛都,曾与魏献子密谋。齐庄公听说栾逞战败,便回军,夺取晋国的朝歌而离去,以报临菑之役的仇。

平公元年,[1]伐齐,齐灵公与战靡下,[2]齐师败走。晏婴曰:[3]"君亦毋勇,何不止战?"遂去。晋追,遂围临菑,[4]尽烧屠其郭中。东至胶,[5]南至沂,[6]齐皆城守,晋乃引兵归。

【注释】[1]"平公元年",按下载晋伐齐,本书《十二诸侯年表》、《齐太公世家》皆系于平公三年;《左传》在鲁襄公十八年,即晋平公三年。此"元"当系"三"之误。[2]"齐灵公",名环(或作"瑷"),齐顷公之子,公元前五八一年—前五五四年在位。详见本书《齐太公世家》。"靡下",即历下,齐国邑名,在今山东济南西。[3]"晏婴",名婴,字平仲,夷维(今山东高密)人,食邑于晏(在今山东齐河西北),齐卿晏弱之子。公元前五五六年其父去世,继任齐卿,历事齐灵公、庄公、景公三世,死于公元前五〇〇年。今传《晏子春秋》八卷,当为战国时人托名之作。详见本书《管晏列传》。[4]"临菑",或作"临淄"、"临甾",齐国都城,在今山东淄博东北,以临淄水而得名。[5]"胶",水名,源出今山东胶南西北胶山,北流即今胶莱河,至今山东掖县海仓口入渤海。按《左传》襄公十八年作"潍"。[6]"沂",水名,源出今山东沂源鲁山,流经沂水、沂南、临沂,至今江苏邳县入废黄河。

【译文】晋平公元年,晋军攻伐齐国,齐灵公领兵与晋军在靡下激战,齐军战败溃逃。晏婴说:

"国君既然没有勇气,何不停止战斗?"灵公于是撤军离去。晋军乘胜追击,接着围困临菑,在城郭肆意焚烧屠杀。东面到胶水,南面到沂水,齐人都据城固守。晋君这才退兵回国。

六年,鲁襄公朝晋。[1]晋栾逞有罪,[2]奔齐。八年,齐庄公微遣栾逞于曲沃,[3]以兵随之。齐兵上太行,[4]栾逞从曲沃中反,袭入绛。绛不戒,平公欲自杀,范献子止公,[5]以其徒击逞,逞败走曲沃。曲沃攻逞,逞死,遂灭栾氏宗。逞者,栾书孙也。其入绛,与魏氏谋。[6]齐庄公闻逞败,乃还,取晋之朝歌去,[7]以报临菑之役也。

【注释】[1]"鲁襄公",名午,鲁成公之子,公元前五七二年——前五四二年在位。详见本书《鲁周公世家》。[2]"栾逞",即栾盈,此作"栾逞"似系避汉惠帝刘盈之讳。谥怀,亦称栾怀子。栾书之孙,栾黡之子。晋卿,曾任公族大夫、下军佐等职。后为其母栾祁和范宣子诬谄而出奔,助齐攻晋。公元前五五〇年被晋人所杀。[3]"齐庄公",名光,齐灵公之子,公元前五五三年——前五四八年在位。详见本书《齐太公世家》。[4]"太行",即太行陉,为太行山八陉之一,在今河南沁阳西北。[5]"范献子",名鞅,谥献,亦称范鞅、士鞅,范宣子(即范匄、士匄)之子。晋卿。公元前五五九年因受栾黡责难而出奔秦。后返晋,任公族大夫,与栾盈不和,为驱逐、击杀栾盈的重要参与者。公元前五〇九年继魏献子任中军元帅,执掌国政。[6]"魏氏",指魏献子(即魏舒)。栾盈曾为魏献子之父魏庄子(即魏绛)所将下军之佐,私交甚好。[7]"朝歌",晋国邑名,在今河南淇县。

十年,齐崔杼弑其君庄公。[1]晋因齐乱,伐败齐于高唐去,[2]报太行之役也。

【注释】[1]"崔杼",齐国公族,齐丁公后裔。食邑于崔(在今山东章丘西北),因以为氏。谥武,亦称崔武子。有宠于齐惠公,惠公卒而被逐。后返国任大夫。娶棠公寡妻棠姜。齐庄公屡与棠姜通奸,并公开张扬,崔杼设计杀死庄公而扶立景公。公元前五四六年被庆封所杀。[2]"高唐",齐国别都,在今山东高唐东北。

【译文】晋平公十年,齐国崔杼杀死他的国君庄公。晋军乘着齐国内乱,在高唐攻伐击败齐军而离去,以报太行之役的仇。

十四年,吴延陵季子来使,[1]与赵文子、韩宣子、[2]魏献子语,[3]曰:"晋国之政,卒归此三家矣。"

【注释】[1]"延陵季子",名札,吴王寿梦之少子,故亦称公子札、季札,吴王诸樊、余祭、余眛之弟,屡让君位不就。封于延陵(在今江苏常州),故称延陵季子。后又封州来(在今安徽凤台),亦称延州来季子。学识广博,阅历丰富,此年出使鲁、齐、卫、晋等国。详见本书《吴太伯世家》。 [2]"韩宣子",名起,谥宣,韩献子(即韩厥)之子。晋卿,曾任上军佐。公元前五四〇年继赵文子(即赵武)任中军元帅,执掌国政。死于公元前五一四年。详见本书《韩世家》。 [3]"魏献子",名舒,谥献,魏庄子(即魏绛)之子(本书《魏世家》谓魏绛之孙。此从《左传》和《世本》)。晋卿。公元前五一四年继韩宣子任中军元帅,执掌国政。死于公元前五〇九年。详见本书《魏世家》。

【译文】晋平公十四年,吴国延陵季子来晋国出使,同赵文子、韩宣子、魏献子交谈,此后说:"晋国的大政,最终将归于这三家。"

十九年,齐使晏婴如晋,与叔向语。[1]叔向曰:"晋,季世也。公厚赋为台池而不恤政,政在私门,[2]其可久乎!"晏子然之。

【注释】[1]"叔向",名肸,字叔向,氏羊舌,故亦称羊舌肸,晋公族,晋靖侯(或说晋武公)之后,羊舌职之子。食邑于杨(在今山西洪洞东南),故又称杨肸。晋悼公时为太子傅,晋平公时任太傅。[2]"私门",指卿大夫之家,相对于国君公室而言。[3]"其",通"岂"。

二十二年,伐燕。二十六年,平公卒,子昭公夷立。[1]

【注释】[1]"昭公夷",公元前五三一年——前五二六年在位。

【译文】晋昭公在位六年去世。六卿强盛,公室衰落。昭公的儿子顷公去疾即位。

昭公六年卒。六卿强,[1]公室卑。子顷公去疾立。[2]

【注释】[1]"六卿",指晋当时世袭国卿、控制军政的韩氏、赵氏、魏氏、范氏、中行氏、智氏等六个家族。 [2]"顷公去疾",公元前五二五年——前五一二年在位。

【译文】晋平公十九年,齐君派遣晏婴前往晋国,同叔向交谈。叔向说:"晋国,已经到了末世。平公横征暴敛建造台观池沼而不忧虑国政,国政已经落入卿大夫私家之手,难道还能长久吗!"晏子认为是这样。

顷公六年,周景王崩,[1]王子争立。[2]晋六卿平王室乱,立敬王。[3]

【注释】[1]"周景王",名贵,周灵王之子,公元前五四四年——前五二〇年在位。详见本书《周本纪》。 [2]"王子争位",指周景王之子王子朝、王子猛等争夺王位。 [3]"敬王",即周敬王,名匄,周景王之子,公元前五一九年——前四七六年在位。详见本书《周本纪》。

【译文】晋顷公六年,周景王去世,王子们争夺王位。晋国六卿领兵平定王室之乱,扶立周敬王。

九年,鲁季氏逐其君昭公,[1]昭公居乾侯。[2]十一年,卫、宋使使请晋纳鲁君。季平子私赂范献子,献子受之,乃谓晋君曰:"季氏无罪。"不果入鲁君。[3]

【注释】[1]"季氏",指季平子,即季孙意如,季武子宿之孙,季悼子纥之子,公元前五三五年继季武子为卿,执掌国政,公元前五〇五年卒。"昭公",即鲁昭公,名裯(或作"稠"、"袑"),鲁襄公之子,公元前五四一年——前五一〇年在位。详见本书《鲁周公世家》。"鲁季氏逐其君昭公",按本书《鲁周公世家》和《左传》昭公二十五年,此年季平子与郈氏、臧氏发生争执,鲁昭公偏祖郈氏、臧氏而讨

伐季氏,季氏联合孟孙氏、叔孙氏进行反击,鲁昭公被迫出奔。〔2〕"乾侯",晋国邑名,在今河北成安东南。"昭公居乾侯",按本书《十二诸侯年表》、《鲁周公世家》和《左传》昭公二十八年,昭公居乾侯当为晋顷公十二年之事。〔3〕"不果",没有结果,没有成功。

【译文】晋顷公九年,鲁国季氏驱逐他们的国君鲁昭公,昭公住在乾侯。十一年,卫君、宋君派遣使者请求晋君护送鲁君回国。季平子私下贿赂范献子,范献子接受礼物,便对晋君说:"季氏没有罪。"结果没有送鲁君回国。

十二年,晋之宗家祁傒孙,〔1〕叔向子,〔2〕相恶于君。六卿欲弱公室,乃遂以法尽灭其族,而分其邑为十县,〔3〕各令其子为大夫。晋 益弱,六卿皆大。

【注释】〔1〕"宗家",同宗本家。"祁傒孙",指祁傒之孙祁盈,晋大夫。祁氏系晋献侯后裔,晋公族。〔2〕"叔向子",指叔向之子杨食我,亦称羊舌食我,字伯石,晋大夫。羊舌氏系晋靖侯(或说晋武公)后裔,晋公族。〔3〕"分其邑为十县",按《左传》昭公二十八年,祁氏之邑分为七县,羊舌氏之邑分为三县,十县具体是:邬、祁、平陵、梗阳、涂水、马首、盂、铜鞮、平阳、杨氏。〔4〕"各令其子为大夫",按《左传》昭公二十八年,司马弥牟为邬大夫,贾辛为祁大夫,司马乌为平陵大夫,魏戊为梗阳大夫,知徐吾为涂水大夫,韩固为马首大夫,孟丙为盂大夫,乐霄为铜鞮大夫,赵朝为平阳大夫,僚安为杨氏大夫。除知徐吾、赵朝、韩固、魏戊系六卿庶子,余皆非六卿子弟。

【译文】晋顷公十二年,晋国公室同宗本家祁傒的孙子祁盈、叔向的儿子杨食我,同与国君结怨。六卿有意削弱公室,于是就设法全部消灭这两个家族,接着把他们的食邑划分为十个县,各让自己的子弟担任县大夫。晋公室愈加衰弱,六卿势力都有扩大。

十四年,顷公卒,子定公午立。〔1〕

【注释】〔1〕"定公午",公元前五一一年—前四九〇年在位。

【译文】十四年,晋顷公去世,儿子定公午即位。

定公十一年,鲁阳虎奔晋,〔1〕赵鞅简子舍之。〔2〕

【注释】〔1〕"阳虎",即阳货,或谓名虎字货,鲁国季孙氏家臣。季平子死后,挟持其子季桓子,据有阳关(今山东泰安南),控制国政。公元前五〇二年,即晋定公十年,企图消灭左右鲁国的三桓势力,旋被击败,出奔阳关;次年奔齐,后经宋至晋,投奔赵鞅门下,为赵鞅家臣。〔2〕"赵鞅简子",名鞅,一名志父,谥简,亦称赵孟,赵文子武之孙,赵景叔成之子,晋卿,公元前四九七年起执掌国政,死于公元前四七五年。详见本书《赵世家》。"舍之",给他住宿,指收留阳虎。

【译文】晋定公十一年,鲁国阳虎逃奔晋国,赵鞅简子收留了他。

十二年,孔子相鲁。〔1〕

【注释】〔1〕"孔子相鲁",按本书《鲁周公世家》云鲁定公十年(即晋定公十二年),"定公与齐景公会于夹谷,孔子行相事"。与《左传》定公十年相合。则"孔子相鲁"实指孔子行傧相盟会之事,而非为鲁国相。然司马迁误以后者为言。

【译文】晋定公十二年,孔子任鲁国相。

十五年,赵鞅使邯郸大夫午,〔1〕不信,欲杀午,午与中行寅、〔2〕范吉射亲,〔3〕攻赵鞅,鞅走保晋阳。〔4〕定公围晋阳。荀栎、〔5〕韩不信、〔6〕魏侈与范、〔7〕中行为仇,乃移兵伐范、中行。范、中行反,晋君击之,败范、中行。范、中行走朝歌,保之。韩、魏为赵鞅谢晋君,乃赦赵鞅,复位。二十二年,晋败范、中行氏,二子奔齐。〔8〕

【注释】〔1〕"邯郸",晋国邑名,在今河北邯郸。"午",即赵午,为邯郸大夫,亦称邯郸午,赵穿曾孙,赵㫌之孙,赵胜之子,与赵鞅为五从兄弟。"赵鞅使邯郸大夫午",指赵鞅让邯郸午将卫国所进

贡安置在邯郸的五百家归还给他。〔2〕"中行寅",即荀寅,谥文,亦称中行文子。荀偃之孙,荀吴之子,晋卿。为邯郸午之舅。其子娶范吉射女,与范吉射为亲家。〔3〕"范吉射",亦称士吉射,谥昭,又称范昭子,范献子鞅之子,晋卿。按此谓邯郸午与中行寅、范吉射攻赵鞅,而本书《赵世家》和《左传》定公十三年皆谓邯郸午已被赵鞅囚禁而杀,未与攻鞅。此记有误。〔4〕"晋阳",晋国邑名,时为赵鞅封邑,在今山西太原西南。〔5〕"荀栎",或作"荀跞",亦称知栎,谥文,又称知文子、知伯文子,荀盈之子,晋卿。〔6〕"韩不信",或作"韩不佞",字伯音,谥简,故亦称韩简子,韩宣子起之孙,韩贞子之子,晋卿。详见本书《韩世家》。按《左传》定公十三年,与中行寅相恶。〔7〕"魏侈",或作"魏哆"、"魏曼多",谥襄,亦称魏襄子。魏献子舒之孙,魏简子取之子;或谓魏献子舒之子。晋卿。详见本书《魏世家》。按《左传》定公十三年,与范吉射相恶。〔8〕"二子",指中行寅、范吉射。

【译文】晋定公十五年,赵鞅让邯郸大夫赵午将卫国所进贡安置在邯郸的五百家归还给他,结果没办成,便打算杀死赵午。赵午同中行寅、范吉射是婚姻亲家,联合起来攻打赵鞅,赵鞅逃奔据守晋阳。晋定公派兵围困晋阳。荀栎、韩不信、魏侈与范吉射、中行寅有仇,就搬兵进攻范吉射、中行寅。范吉射、中行寅反晋,晋君下令攻击他们,打败范吉射、中行寅。范吉射、中行寅逃奔朝歌,筑城坚守。韩简子、魏襄子替赵鞅向晋君说情,定公便宽赦赵鞅,让他官复原职。二十二年,晋军击败范氏、中行氏,范吉射、中行寅二人逃奔齐国。

三十年,定公与吴王夫差会黄池,〔1〕争长,赵鞅时从,卒长吴。〔2〕

【注释】〔1〕"吴王夫差",吴王阖闾之子,公元前四九五年——前四七三年在位。详见本书《吴太伯世家》。"黄池",宋国邑名,在今河南封丘西南。〔2〕"卒长吴",结果以吴为盟长。按本书《秦本纪》、《赵世家》和《国语·吴语》、《公羊传》哀公十三年等谓吴主盟,同此;而本书《吴太伯世家》和《左传》哀公十三年则谓晋主盟。

【译文】三十年,晋定公与吴王夫差在黄池会合诸侯,争当盟主,赵鞅当时随从晋君,结果让吴王做了盟主。

三十一年,齐田常弑其君简公,〔1〕而立简公弟骜,为平公。〔2〕三十三年,孔子卒。

【注释】〔1〕"田常",亦称陈恒,"田"、"陈"古音同通假,"常"当汉人避文帝刘恒讳所改,谥成,陈釐子乞之子,齐相,奉行其父策略笼络人心,于此年杀死齐简公,扶立齐平公,正式确立田氏独揽齐国政权局面。详见本书《田敬仲完世家》。"简公",即齐简公,名壬,齐悼公之子,公元前四八四年—前四八一年在位。详见本书《齐太公世家》。〔2〕"平公",即齐平公,公元前四八〇年—前四五六年在位。详见本书《齐太公世家》。

【译文】晋定公三十一年,齐国田常杀死他的国君齐简公,接着拥立简公之弟骜,这就是齐平公。晋定公三十三年,孔子去世。

三十七年,定公卒,子出公凿立。〔1〕

【注释】〔1〕"出公凿","凿"或作"错",公元前四七四年——前四五二年在位。

【译文】三十七年,晋定公去世,其子出公凿即位。

出公十七年,知伯与赵、韩、魏共分范、中行地以为邑。〔1〕出公怒,告齐、鲁,欲以伐四卿。〔2〕四卿恐,遂反攻出公。出公奔齐,道死。〔3〕故知伯乃立昭公曾孙骄为晋君,是为哀公。〔4〕

【注释】〔1〕"知伯",或作"智伯",即荀瑶,谥襄,亦称知襄子,知文子栎之孙,知宣子甲之子,晋卿。公元前四七五年继赵简子执掌国政,卒于公元前四五三年。〔2〕"四卿",指知氏、赵氏、韩氏、魏氏。〔3〕"出公奔齐,道死",按晋出公在位年数,此谓十七年;《史记集解》引徐广云"《年表》云出公立十八年。或云二十年";《史记索隐》引《竹书纪年》作二十三年。当以《竹书纪年》为是。〔4〕"是为哀公",按继晋出公位者,此谓昭公曾孙晋哀公骄;本书《赵世家》谓昭公曾孙晋懿公骄;《史记索隐》、《史记正义》所引《六国年表》作晋哀公忌;《史记索隐》引《竹书纪年》作昭公孙晋敬公(公元前四五一年——前四三四年在位)。当以《竹书纪年》为

是。雷学淇《竹书纪年义证》卷三二云："传谓敬公是昭公之孙,孙即曾孙。"

【译文】晋出公十七年,知伯和赵氏、韩氏、魏氏共同瓜分范氏、中行氏的封地作为自己的食邑。晋出公很恼怒,通告齐国、鲁国,准备同来讨伐四卿。四卿恐惧,就反过来攻击晋出公。晋出公逃奔齐国,在途中死去。所以知伯就扶立晋昭公的曾孙骄为晋国国君,这就是晋哀公。

哀公大父雍,晋昭公少子也,号为戴子。[1]戴子生忌。忌善知伯,蚤死,故知伯欲尽并晋,未敢,乃立忌子骄为君。当是时,晋国政皆决知伯,晋哀公不得有所制。知伯遂有范、中行地,最强。

【注释】[1]"戴子",《史记索隐》引《世本》云"昭公生桓子雍",《史记集解》引徐广曰:"《世本》作'桓子雍',注云戴子。"

【译文】晋哀公的祖父雍,是晋昭公的小儿子,号称戴子。戴子生忌。忌与知伯相好,早年去世,所以知伯心想全部吞并晋国,但还没敢动手,就扶立忌的儿子骄为国君。在这时期,晋国的政事都取决于知伯,晋哀公不能有所干预。知伯于是占有范氏、中行氏的封地,在四卿中力量最强。

哀公四年,赵襄子、韩康子、[1]魏桓子共杀知伯,[2]尽并其地。[3]

【注释】[1]"韩康子",名虎,谥康,韩简子之孙,韩庄子之子,晋卿,卒于公元前四二五年。详见本书《韩世家》。 [2]"魏桓子",名驹,谥桓,魏襄子侈之子,或说魏襄子侈之孙,晋卿,约卒于公元前四四六年。详见本书《魏世家》。 [3]"尽并其地",按《史记索隐》云:"如《纪年》之说,此乃出公二十二年事。"则三家灭知氏在晋出公二十二年,即公元前四五三年。

【译文】晋哀公四年,赵襄子、韩康子、魏桓子共同杀死知伯,全部吞并他的封地。

十八年,哀公卒,子幽公柳立。[1]

【注释】[1]"幽公柳",即晋幽公,公元前四三三年——前四一六年在位。

【译文】十八年,晋哀公去世,儿子幽公柳即位。

幽公之时,晋畏,[1]反朝韩、赵、魏之君。独有绛、曲沃,余皆入三晋。

【注释】[1]"畏",或作"衰",于义较长。

【译文】晋幽公的时候,晋国公室衰败国君提心吊胆,反而去朝见韩、赵、魏三家君主。晋君只有绛都、曲沃之地,其余全部落入韩、赵、魏三家。

十五年,魏文侯初立。[1]十八年,幽公淫妇人,夜窃出邑中,盗杀幽公。魏文侯以兵诛晋乱,立幽公子止,[2]是为烈公。

【注释】[1]"魏文侯",名斯,魏桓子之子,或说魏桓子之孙,战国之魏国创建者,约公元前四四五年——前三九六年在位。详见本书《魏世家》。按魏文侯初立之年,本书《六国年表》列于晋幽公十四年,《史记索隐》引《竹书纪年》谓晋敬公十八年,雷学淇《介庵经说》、王国维《古本竹书纪年辑校》皆谓晋敬公六年(以《竹书纪年》之"十八"系"六"之误析),杨宽《战国史》谓晋敬公七年。杨说近是。 [2]"幽公子止",本书《六国年表》谓止系幽公之弟。公元前四一五年——前三八九年在位。

【译文】晋幽公十五年,魏文侯开始即位。十八年,幽公乱搞女人,夜晚私自从都城出来,盗贼杀死幽公。魏文侯领兵讨伐晋国动乱,扶立幽公的儿子止为国君,这就是晋烈公。

烈公十九年,周威烈王赐赵、[1]韩、魏,皆命为诸侯。[2]

【注释】[1]"周威烈王",亦称周威王,名午,周考王之子,公元前四二五年——前四〇二年在位。详见本书《周本纪》。 [2]"周威烈王赐赵、韩、魏皆命为诸侯",按本书《六国年表》系于晋烈公十七年,近代学者据古本《竹书纪年》推定为晋烈公

十三年,即公元前四〇三年。

【译文】晋烈公十九年,周威烈王赐封赵氏、韩氏、魏氏,全都册命为诸侯。

二十七年,烈公卒,子孝公颀立。[1]

【注释】〔1〕"孝公颀",《史记索隐》引《世本》作"孝公倾"。《史记索隐》云:"《纪年》以孝公为桓公。"当以《纪年》为是。晋桓公于公元前三八八年——前三六九年在位。

【译文】二十七年,晋烈公去世,儿子孝公颀即位。

孝公九年,魏武侯初立,[1]袭邯郸,不胜而去。十七年,孝公卒,[2]子静公俱酒立。[3]是岁,齐威王元年也。[4]

【注释】〔1〕"魏武侯",名击,魏文侯之子,公元前三九五年——前三七〇年在位。详见本书《魏世家》。按魏武侯初立,本书《六国年表》系于晋孝公七年;近代学者据古本《竹书纪年》推算为晋烈公二十一年,即公元前三九五年。 〔2〕"孝公卒",按《史记索隐》云:"《纪年》云桓公二十年赵成侯、韩共侯迁桓公于屯留。已后更无晋事。"又《水经·浊漳水注》云:"《竹书纪年》:梁惠成王元年,韩共侯、赵成侯迁晋桓公于屯留。"则晋史止于晋桓公二十年,即公元前三六九年。此后所载孝公以下世系纪年皆无证可稽,不足为信。 〔3〕"静公俱酒",《史记索隐》引《世本》作"静公俱"。 〔4〕"齐威王",名因齐(或作"婴齐"),田氏,齐桓公之子,公元前三五六年——前三二〇年在位。详见本书《田敬仲完世家》。"齐威王元年",近代学者据古本《竹书纪年》推算,为公元前三五六年。

【译文】晋孝公九年,魏武侯开始即位,袭击邯郸,没有获胜而离去。十七年,晋孝公去世,儿子静公俱酒即位。这一年,是齐威王元年。

静公二年,魏武侯、韩哀侯、[1]赵敬侯灭晋后而三分其地。[2]静公迁为家人,[3]晋绝不祀。

【注释】〔1〕"韩哀侯",韩文侯之子,详见本书《韩世家》。近代学者据古本《竹书纪年》推定韩哀侯在位年代为公元前三七六年——前三七四年,而晋国之灭在公元前三六九年,则参与灭晋者不可能是哀侯,应为其子韩懿侯(即韩共侯)。 〔2〕"赵敬侯",名章,赵烈侯之子,详见本书《赵世家》。近代学者据古本《竹书纪年》推定赵敬侯在位年代为公元前三八六年——前三七四年,而晋国之灭在公元前三六九年,则参与灭晋者不可能是赵敬侯,应为其子赵成侯。又魏武侯不及灭晋之事,晋灭已是武侯之子魏惠王元年。 〔3〕"迁",贬谪,放逐。"家人",庶人,平民。

【译文】晋静公二年,魏武侯、韩哀侯、赵敬侯灭亡晋国,三家瓜分其地。晋静公贬为平民百姓,晋国宗庙从此断绝香火无人祭祀。

太史公曰:晋文公,古所谓明君也,亡居外十九年,至困约,及即位而行赏,尚忘介子推,况骄主乎?灵公既弑,其后成、景致严,至厉大刻,大夫惧诛,祸作。悼公以后日衰,六卿专权。故君道之御其臣下,固不易哉!

【译文】太史公说:晋文公,是古代所说的明君。他流亡居住在外十九年,极端艰难困苦,及至登上君位颁行赏赐,尚且忘记功臣介子推,何况那些骄横的君主呢?晋灵公被杀,其后成公、景公实行苛政,到厉公大加严酷,大夫们因惧怕被杀,祸乱纷起。悼公以后公室日趋衰落,六卿专擅权柄。所以说把握人君之道,如何驾御他的臣下,实在不易啊!